Comparative Criminal Procedural Law

比较刑事诉讼法

（第二版）

陈瑞华 /著

图书在版编目(CIP)数据

比较刑事诉讼法/陈瑞华著.—2版.—北京:北京大学出版社,2021.1
ISBN 978-7-301-31751-8

Ⅰ.①比… Ⅱ.①陈… Ⅲ.①刑事诉讼法—比较法学—西方国家 Ⅳ.①D915.301

中国版本图书馆 CIP 数据核字(2020)第 194171 号

书　　　名	比较刑事诉讼法（第二版）
	BIJIAO XINGSHI SUSONGFA（DI-ER BAN）
著作责任者	陈瑞华　著
责 任 编 辑	邓丽华
标 准 书 号	ISBN 978-7-301-31751-8
出 版 发 行	北京大学出版社
地　　　址	北京市海淀区成府路 205 号　100871
网　　　址	http://www.pup.cn
电 子 信 箱	law@pup.pku.edu.cn
新 浪 微 博	@北京大学出版社　@北大出版社法律图书
电　　　话	邮购部 010-62752015　发行部 010-62750672　编辑部 010-62752027
印 刷 者	北京中科印刷有限公司
经 销 者	新华书店
	730 毫米×1020 毫米　16 开本　39 印张　639 千字
	2010 年 1 月第 1 版
	2021 年 1 月第 2 版　2021 年 1 月第 1 次印刷
定　　　价	118.00 元

未经许可，不得以任何方式复制或抄袭本书之部分或全部内容。
版权所有，侵权必究
举报电话：010-62752024　电子信箱：fd@pup.pku.edu.cn
图书如有印装质量问题，请与出版部联系，电话：010-62756370

作 者 简 介

陈瑞华,法学博士,北京大学法学教授,教育部长江学者奖励计划特聘教授。兼任北京大学法学院学术委员会主任,中国法学会常务理事。2004年,获得中国法学会第四届"全国十大杰出青年法学家"称号。

主要研究兴趣为刑事诉讼法学、证据法学、司法制度和程序法基础理论。曾在《中国社会科学》《法学研究》《中国法学》《政法论坛》等刊物发表论文200余篇,出版学术著作20余部。主要代表作有:《刑事审判原理论》《刑事诉讼的前沿问题》《程序性制裁理论》《程序正义理论》《刑事诉讼的中国模式》《刑事证据法的理论问题》《司法体制改革导论》《刑事辩护的理念》《刑事辩护的艺术》《论法学研究方法》《刑事证据法》《看得见的正义》等。

内 容 提 要

本书是一部以西方国家刑事诉讼制度为研究对象的著作。本书分四个部分,从比较法的角度讨论了西方国家的刑事诉讼程序、证据制度、程序性制裁制度以及刑事诉讼制度移植的问题。本书不仅对相关诉讼程序和证据规则作出了深入细致的比较考察,而且总结了西方刑事诉讼法和证据法的基本理念和原则,所作的研究覆盖了非法证据排除、诉讼行为无效、诉讼终止、未决羁押、侦查构造、证据概念、司法证明、证据展示、变更起诉、审判模式、定罪与量刑的关系、简易程序、程序性上诉、刑事再审等重大课题。从法律移植和法律变革的角度来看,本书还对英国、法国、意大利、俄罗斯等国的司法改革作出了比较法层面的分析和评价。本书适合那些对西方国家法律制度已有初步了解的读者进行阅读,可被用作法学本科生、研究生学习、研究西方国家司法制度的教科书,也可以作为法学研究人员以及法律实务工作者深入研究西方刑事诉讼程序和证据法的参考书。

第二版序言

2009年,笔者推出了一部题为《比较刑事诉讼法》的学术著作。这本书得到了众多关注西方国家刑事诉讼制度的读者的青睐。不少学术同仁将这本书作为讲授外国刑事诉讼法的教学参考书。10年过去了,坊间已经难觅这本书的踪迹。不断有学界同仁和学生询问这本书是否有再版的可能,也不断有朋友建议笔者对这本书进行修订,推出一个新的版本。如今,承蒙北京大学出版社不弃,这本书的第二版被列入该社的出版计划之中。笔者终于有机会对这本书进行全面修订了。

在正式启动修订工作后,笔者经过再三考虑,对本书的框架结构作出了大幅度的调整。本书第二版分为四个部分,对西方国家的刑事诉讼程序、证据法、程序性制裁制度进行了讨论,并对意大利、法国、英国、美国、澳大利亚、加拿大、俄罗斯等国的司法改革和制度移植作出了分析。为使读者更为深入地了解西方刑事诉讼制度的精髓,笔者在诉讼程序部分着重阐述了公正审判的国际标准、对抗式诉讼和审问式诉讼的模式、既判力理论与禁止双重危险原则、法院变更起诉的基本法理、未决羁押程序控制的原理等基本理论问题。在证据法部分,笔者对两大法系的证据概念、证明责任、证明标准、证据展示制度的原理进行了解释,并以加拿大刑事证据法为范例,深入讨论了普通法国家证据制度的制度框架和理论结构。由于笔者曾经对西方刑事诉讼中的程序性制裁问题作出了全方位的研究,因此本书将诸多这方面的研究成果一并加以集中展示,分析了英国和美国的非法证据排除规则以及德国的证据禁止制度,讨论了美国刑事诉讼中的权利救济机制,研究了英美法中的终止诉讼制度,并对作为程序性制裁机制有机组成部分的程序性上诉制度,进行了专门的介绍和评论。而在法律移植部分,笔者重点分析和评论了意大利1988年《刑事诉讼法》在融合两种法律传统方面所作的探索,对意大利和美国的控辩协商制度进行了深入的比较考察,对1999年以来发生在俄罗斯的重大刑事司法改革进行了分析,特别是对俄罗斯引进陪审团制度的前因后果作出了解释。

除了对第一版的内容作出全面调整以外，本书还结合笔者近期所做的一些比较法研究工作，增加了若干新的内容。例如，在诉讼程序部分，本书增加了美国无效辩护制度的分析；在证据法部分，增加了对英美法和大陆法证明责任和证明标准问题的讨论；在法律移植部分，本书还增加了对美国、英国、法国、加拿大、澳大利亚、新加坡暂缓起诉协议制度的比较考察，并着重从企业合规的视角，分析了暂缓起诉协议制度的来龙去脉以及在其他国家的传播。

本书不是典型的法学教科书，也不是传统意义上的学术专著，而是一部为初学者提供知识积累、为研究者提供学术资料以及帮助司法人员开阔视野的学术参考书。对于那些关注刑事司法改革和证据法发展的读者而言，这本书可以为你打开一扇窗户，引来外部的新鲜气息，开启你的学术想象力，激发你的学术创造力。愿读者在阅读这本书时能获得更多的愉悦和灵感。

陈瑞华
2020 年 3 月

初 版 序 言

奉献给读者的这部《比较刑事诉讼法》，是一部深入研究西方国家刑事司法制度的专著，也是笔者十余年来从事比较刑事诉讼与证据法研究的成果总结。

从形式上看，本书更像是一部比较法学研究的论文汇编。但读者仔细阅读后就不难发现，本书所分析的其实都是西方国家刑事诉讼和证据制度的基本问题。从基本理论和基本制度层面来看，本书对西方国家法院制度、法官制度、律师制度、陪审制度、权利救济制度、非法证据排除规则等都作出了简要但尽量系统的介绍；从比较法学的角度来看，本书对一系列法律理论和制度问题作出了深入的比较研究，涉及诉讼行为无效、诉讼终止、未决羁押、侦查构造、证据展示、变更起诉、审判模式、定罪与量刑的关系、简易程序、程序性上诉、刑事再审等重要问题；而从法律移植和法律变革的角度来看，本书还对法国、意大利、俄罗斯等国的司法改革作出了比较法层面的分析和评价。

迄今为止，国内已经出版了不少题为"外国刑事诉讼法""西方国家司法制度"或"外国证据法"的著作。但令人遗憾的是，这些著作尽管注重体系的完整性，却往往流于对一些基础知识的粗浅介绍。而稍为深入一些的比较研究成果，则经常分散存在于一些研究中国问题的著作之中。对于专业的研究者而言，或许通过研读这些法律著作就可以获得相关外国法的知识。但对于那些初学者而言，要系统而深入地了解西方国家司法制度的方方面面，除了阅读原著和翻译作品，似乎就没有其他途径了。但是，假如没有受过专门的学术训练，假如没有熟练运用专业外语的能力，依靠阅读原著来获取专业资料，又谈何容易？通过阅读翻译作品固然不失为一条捷径，但由于翻译选题的局限以及翻译者的文字表达水平，这种了解外国法的方式也存在种种缺憾。

记得在一次法学博士生入学面试的过程中，当主持考试的教授问及何谓"德国的自主性证据取得禁止制度"问题时，一些踌躇满志的专业考生竟然茫然失措。而对于诸如"英美法中的可采性与大陆法中的证据能力之异同""英美法中的举证责任、说服责任分别与大陆法中的行为责任、结果责任有何联系""英美非法证据排除规则之区别""英美法中诉讼终止的效力""大陆法中诉讼行为无效的分类""司法鉴定人制度与专家证人制度的异同""定罪与量刑程序的关系模式"等略微深入一些的问题,别说普通的法学本科生、研究生,就连一些专业的诉讼法学研究者,也经常是一头雾水。而在迄今为止的法学研究中,西方法学的概念、理论甚至术语、称谓都大量地出现在中国法学者的论著之中,成为交流法学思想、讨论法律问题的基本思维工具。而在制度建设层面,中国一直存在着移植西方法律制度的立法努力,尤其是在司法改革、刑事诉讼改革和证据立法方面,几乎无时无刻不面对着借鉴西方相关制度的问题。在这种背景下,了解和熟悉那些源自西方的诉讼程序和证据规则,就不仅是为增加智识所必需的,而且也是进行法律对话的知识前提。

想当年,在攻读法学博士学位期间,笔者通过阅读大量论著,对意大利1988年刑事诉讼法典进行了初步研究,发表了独立署名的第一篇论文。之后,又钻入中国政法大学图书馆的"外文资料堆"中,经过近半年的阅读和写作,终于完成了一篇题为"美国辩诉交易与意大利刑事特别程序之比较"的论文。上述第二篇论文发表后,在很长一段时间里,没有引起太大的反应,社会影响也远不及第一篇文章。但令人始料未及的是,到了2003年前后,随着法学界对"辩诉交易"问题关注度的急剧升温,笔者早年发表的那篇论文突然受到重视,在短短两年时间里,引证数量就超过300次,几乎成为言"辩诉交易"而必加引用的重要文章。甚至就连一些初学者,都将这篇论文作为初步了解"辩诉交易"问题的入门读物。或许,研究外国法的人士都有这样的体验:一些研究者自以为已经烂熟于心的问题,很多读者仍然可能十分陌生。

可以说,正是这些独特的体验,促使我下决心出版一部以"比较刑事诉讼法"为题的著作。就基本的出版功能而言,本书的面世旨在为刑事司法制度的研究者提供一些基础素材和资料。对于初学者而言,本书可以向其解释那些基本的法律概念、原理和制度,帮助其掌握一些法律人的思维方式;对于那些研习诉讼程序和证据法问题的研究生而言,本书可以向其揭示各种诉讼程序和证据规则背后的理论线索,通过比较相关制度的异同,来发现制度设计的基本规律;而对于那些专业的法律研究者而言,本书可以提供一种法学对话的桥梁和平台,使得相关讨论具有坚实的知识基础。正因为如此,本书具有一种高级法学参考书的功能,能够为各种层次的读者提供西方刑事司法制度的基本概念和基本原理。

本书的资料直接来源于笔者对英文原版论著的阅读、思考和总结。从研究意大利1988年刑事司法改革问题开始,经过对审判模式、司法体制、证据制度、强制措施、权利救济、程序性制裁等问题的比较考察,直到新近对定罪与量刑程序关系的比较分析,研读外文原版论著都属于笔者研习学问的重要方法。通过埋首于外文专业文献之中,与那些从未谋面的西方学者进行精神层面的对话,笔者可以从中发现一些对于研究中国法律问题富有启发性的资料和线索。最初,笔者与大多数初学者一样,每当发现一些尚未被翻译成中文的资料以及尚未引起国内法学界重视的改革动向,就会如获至宝,甚至欣喜若狂。回想当初在英国进行考察访问之时,在极为有限的时间里在伦敦法律书店进行搜索,发现了一本十分昂贵的比较法学著作后,毫不犹豫地将其买下;在法国巴黎进行司法考察的间隙,在索邦大学附近的书店流连忘返,却因几乎找不到任何英文著作而备感失望;在美国进行学术访问期间,对耶鲁大学法学院图书馆的文献进行了"地毯式"的搜索,甚至全文复制了百余部原版著作并托运回国;对两本涉及英美诉讼终止和程序正义的原版著作,委托两位在美留学的朋友,历经曲折,在美国某大学图书馆复印后带回国内……

本书的大部分内容都以不同形式出现在笔者的论著之中,有的以"比较分析"的形式作为论文的组成部分,有的以"附录"的形式被置于著作的尾部,还有的则作为完整的论文在法学期刊上公开发表过。多年以来,笔者形成了一个研究习惯:在就某一中国法律问题进行研究之初,经常会对相关资料进行搜集和整理,并就此进行不同程度的比较考察。有时候,往往要等到对相关外国法的理论和制度弄得差不多清楚了,才开始动笔研究这一领域的中国问题。通过这种研究,笔者在写出有关中国问题的论著的同时,也积累了一些比较法角度的资料和素材,甚至直接形成了一些颇成体系的比较法文章。这方面的典型例子有审判模式、未决羁押、程序性制裁、简易程序、变更起诉、重复追诉、定罪与量刑的关系等问题。

当然,本书并不是一部外国刑事诉讼法教材,笔者所做的主要是将十余年来散见于笔者各种论著之中的比较法研究成果,进行了整理、总结和汇编。在一定程度上,本书可能难以保证知识的体系性和完整性,而只能就笔者十年来所潜心研究过的问题给出比较法角度的解释。可以说,"不求全面,唯求深刻",这是本书的重要特点,也是笔者从事比较法学研究的一种志趣。当然,一部著作犹如一个有机体,一旦出版面世,就具有独立的生命力。将来随着笔者比较研究的更加深入,对这本书的修改完善还可以"再版"的形式延续下去。

陈瑞华
2009年暑期于北大中关园

目录

第一部分 诉讼程序

1. 公正审判的国际标准

1.1 国际人权公约中的公正审判权 / 004
1.2 公开审判 / 006
1.3 独立审判 / 008
1.4 法庭中立 / 009
1.5 无罪推定 / 010
1.6 及时获知被控罪名和理由 / 011
1.7 辩护权的保障 / 011
1.8 法庭上的公平质证 / 015
1.9 避免不合理的拖延 / 016
1.10 免费获得翻译的帮助 / 017
1.11 不被强迫自证其罪 / 017
1.12 获得向上一级法院上诉的机会 / 018
1.13 获得刑事错案赔偿 / 019
1.14 免受双重危险 / 019

2. 英国刑事司法制度

2.1 治安法院及其审判程序 / 022
2.2 刑事法院及其审判程序 / 029
2.3 英国律师的分类 / 036
2.4 近年来的刑事司法改革 / 038

3. 对抗式诉讼与审问式诉讼

3.1 刑事审判模式的划分标准 / 046
3.2 对抗式审判模式 / 051
3.3 审问式审判模式 / 058
3.4 刑事审判模式的融合 / 065

4. 美国的无效辩护制度

4.1 被告人获得有效辩护的宪法权利 / 074
4.2 无效辩护的双重标准 / 075
4.3 无效辩护的推定 / 076
4.4 无效辩护制度的局限性 / 077
4.5 美国无效辩护制度的理论贡献 / 078

5. 侦查模式比较考察

5.1 侦查程序概述 / 085
5.2 英国的侦查模式 / 086

5.3 美国的侦查模式 / 088
5.4 德国的侦查模式 / 091
5.5 意大利的侦查模式 / 094
5.6 比较分析 / 097

6. 未决羁押的程序控制

6.1 未决羁押程序控制概述 / 105
6.2 未决羁押与逮捕的分离 / 106
6.3 未决羁押的法定理由 / 114
6.4 对羁押的其他实体限制 / 118
6.5 羁押期限及其延长 / 123
6.6 羁押的场所 / 127
6.7 对未决羁押的司法救济 / 129
6.8 程序性辩护 / 136
6.9 结论：限制未决羁押的一般原则 / 139

7. 法院变更起诉制度之法理

7.1 英美法的经验 / 143
7.2 德国的诉讼客体理论 / 149
7.3 日本的诉因理论 / 152
7.4 比较分析 / 157

8. 定罪程序与量刑程序的关系模式

8.1 大陆法中的一体化模式 / 161

8.2　英美法中的分离模式 / 163
8.3　两大程序模式之评价 / 168

9.
既判力理论与禁止双重危险原则

9.1　大陆法中的既判力理论 / 174
9.2　英美法中的免受双重危险原则 / 187
9.3　既判力与免受双重危险原则之比较 / 200

第二部分　证　据　法

10.
英美法和大陆法中的证据概念

10.1　英美法中的可采性与相关性 / 208
10.2　大陆法中的证明力与证据能力 / 213
10.3　两大法系证据概念的简要比较 / 214

11.
英美法和大陆法中的证明责任与证明标准

11.1　英美法中的举证负担与说服负担 / 218
11.2　大陆法中的结果责任与行为责任 / 220
11.3　英美法中的证明标准 / 222
11.4　大陆法中的证明标准 / 225

12.
加拿大的刑事证据制度

  12.1 宪法性救济制度 / 228
  12.2 证明责任 / 230
  12.3 证明标准 / 234
  12.4 证据展示制度 / 240
  12.5 拒绝自证其罪的特权 / 244
  12.6 沉默权规则 / 250
  12.7 口供规则 / 257
  12.8 证据排除规则 / 263

13.
司法鉴定制度

  13.1 鉴定启动权的归属 / 270
  13.2 鉴定人资格 / 272
  13.3 鉴定人之选任 / 273
  13.4 鉴定人出庭作证 / 274

14.
英美证据展示制度之比较

  14.1 英国的证据展示制度 / 278
  14.2 美国的证据展示制度 / 285
  14.3 比较与评论 / 290

第三部分　程序性制裁

15.
英国的非法证据排除规则

15.1　排除证据的一般原则 / 298
15.2　1984年《警察与刑事证据法》/ 300
15.3　被告人供述的排除 / 302
15.4　派生证据的效力 / 306
15.5　排除规则的适用程序 / 307

16.
美国刑事诉讼中的权利救济

16.1　排除规则 / 321
16.2　撤销起诉 / 329
16.3　推翻有罪判决 / 335
16.4　民事侵权诉讼 / 342
16.5　内部纪律惩戒 / 353
16.6　刑事追诉 / 355
16.7　初步的结论 / 356

17.
美国的非法证据排除规则

17.1　引言 / 362
17.2　第四修正案与排除规则：历史的考察 / 365
17.3　排除规则与第五、六和十四修正案 / 373
17.4　"毒树之果"规则 / 385

17.5　排除规则的例外 / 389
17.6　审前动议与证据禁止之听证 / 393
17.7　证明责任与证明标准 / 402
17.8　证据禁止的再救济程序 / 409
17.9　几点结论 / 419

18.
德国的证据禁止制度

18.1　证据禁止的概念和分类 / 424
18.2　自主性证据使用禁止 / 425
18.3　非自主性证据使用禁止 / 427
18.4　证据禁止与宪法救济 / 429

19.
大陆法中的诉讼行为无效制度

19.1　诉讼行为无效制度概述 / 433
19.2　法国：法定无效与实质无效 / 435
19.3　澳门—葡萄牙：不可补正之无效与取决于抗辩之无效 / 445
19.4　意大利：一般无效与相对无效 / 454
19.5　诉讼行为无效的实施程序 / 460
19.6　初步的评论 / 466

20.
英美法中的诉讼终止制度

20.1　英国的诉讼终止制度 / 477
20.2　美国的撤销起诉制度 / 484
20.3　加拿大的诉讼终止制度 / 492

21.
程序性上诉制度的三种模式

21.1　美国的程序性上诉制度 / 501
21.2　英国的程序性上诉制度 / 510
21.3　德国的程序性上诉制度 / 518

第四部分　法　律　移　植

22.
意大利 1988 年刑事诉讼法

22.1　意大利刑事司法改革的背景 / 528
22.2　意大利普通诉讼程序的改革 / 530
22.3　特殊程序的确立 / 538
22.4　评价 / 541

23.
美国辩诉交易与意大利简易程序之比较

23.1　美国的辩诉交易制度及其发展趋势 / 545
23.2　意大利的两种特殊程序 / 550
23.3　对美国辩诉交易与意大利特别程序的深层比较 / 555
23.4　结论 / 561

24.
俄罗斯司法改革与陪审团制度

24.1　俄罗斯建立陪审团制度的背景 / 564
24.2　俄罗斯陪审团制度的主要特征 / 568

24.3　俄罗斯陪审团制度实施的效果 / 570

25.
针对企业的暂缓起诉协议制度

25.1　暂缓起诉协议制度的由来 / 575
25.2　暂缓起诉协议的检察官裁量模式 / 578
25.3　英国的司法审查模式 / 581
25.4　法国、加拿大、澳大利亚、新加坡的司法审查模式 / 583
25.5　暂缓起诉协议与企业合规的关系 / 588

参考书目 / 595

索引 / 598

第一部分 诉讼程序

1. 公正审判的国际标准
2. 英国刑事司法制度
3. 对抗式诉讼与审问式诉讼
4. 美国的无效辩护制度
5. 侦查模式比较考察
6. 未决羁押的程序控制
7. 法院变更起诉制度之法理
8. 定罪程序与量刑程序的关系模式
9. 既判力理论与禁止双重危险原则

1. 公正审判的国际标准

1.1　国际人权公约中的公正审判权
1.2　公开审判
1.3　独立审判
1.4　法庭中立
1.5　无罪推定
1.6　及时获知被控罪名和理由
1.7　辩护权的保障
1.8　法庭上的公平质证
1.9　避免不合理的拖延
1.10　免费获得翻译的帮助
1.11　不被强迫自证其罪
1.12　获得向上一级法院上诉的机会
1.13　获得刑事错案赔偿
1.14　免受双重危险

1.1 国际人权公约中的公正审判权

公正审判权(the right to fair trial)作为国际人权法律的一个准则已有四十多年的历史了。公正审判的国际标准作为有关国际人权法律文件确立的基本人权保障标准,其主要目的在于避免任何人受到国家机构对其基本权利和自由(尤其是个人的生命权和自由权)进行的非法或任意的限制或剥夺。大体上看,记载公正审判标准的人权文件可分为下述三类:(1)联合国大会通过的基本人权公约,如《世界人权宣言》,《公民权利和政治权利国际公约》(International Covenant on Civil and Political Rights)[1],《禁止酷刑和其他残忍、不人道或有辱人格的待遇或处罚公约》(the Convention against Torture and other Cruel, Inhuman and Degrading Treatment or Punishment)[2]。(2)联合国所属机构(如联合国预防犯罪和罪犯待遇大会、联合国人权委员会等)制定的有关刑事程序中人权保障的法律文件,如《关于司法机关独立的基本原则》,《关于律师作用的基本原则》,《关于检察官作用的准则》,《少年司法最低限度标准规则》,《为罪行和滥用权力行为受害者取得公理的基本原则宣言》,等等。(3)一些全球性或地区性的公约中的人权保障条款。如《非洲人权及人民权利宪章》(the African Charter on Human and Peoples' Right)以及《美洲人权公约》(the American Convention on Human Right)等多个全球性及区域性公约中的人权保障条款。这些法律渊源随着人权保障在诉讼中的加强以及诉讼民主化的发展进程有逐步扩大和越发具体化的趋势。对公正审判权进行解释的主要国际机构包括联合国人权委员会、欧洲议会及人权法院等。这些国际机构通过对一些案例的解释,详细地阐述公正审判权的内涵,并对这些权利的意义和适用范围作出持续不断的发展。

从内容上看,这些国际标准除一部分涉及犯罪的受害者的权利保障以外,大都是有关刑事被告人在审判过程中所应享有的基本权利保障。这些权利大致可分为三种:(1)防御性权利。即为对抗控诉方的指控、抵销其控诉效果所享有的程序性权利,如获知被指控的罪名和理由,拥有为准备辩护所必需的时间和便利,获得辩护律师的有效法律帮助,不受强迫自证其罪,获得

---

[1] 这个公约由联合国大会1966年12月16日第2200A(XXI)号决议通过并开放给各国签字、批准和加入。按照此公约第49条的规定,它于1976年3月23日生效。
[2] 1984年12月10日联合国第93次全体会议通过。

翻译的有效帮助,对他方证人予以质证并申请法院传唤本方证人出庭作证,等等。(2)救济性权利。即对国家追诉机构、裁判机构所作的对其不利的行为、决定、裁判,要求另一机构予以审查并作出改变或撤销的程序性权利,如要求法院对其所受的逮捕、羁押的合法性进行审查并进而要求保释,要求有关机构对其所受的非法逮捕、羁押或错误判决给予赔偿,要求上级法院对下级法院所作的判决予以复审,等等。(3)推定性权利。即通过赋予国家追诉机构、裁判机构一定的义务,而在客观上使受追诉者享有的程序保障,如在被依法证明有罪之前推定无罪,受到独立、公正无私的法庭之公开审判,不因同一行为而受双重追诉、审判或科刑,等等。

从立法目的上看,这些国际标准虽然在世界各国国内不直接发生法律效力,但在国际法律文件中设立这些标准旨在为各国刑事审判程序和刑事司法活动提供一种"最低限度"(minimum)的法律标准和要求。这种"最低限度"标准有以下特点:(1)它们能为各国普遍适用。这些标准超越了各国在政治、经济、社会、文化、法律传统等方面的多样性和特殊性,是评价其刑事审判制度和程序公正性的基本标准,也是各国在其刑事司法改革中所要实现的基本要求。任何国家和地区只要承认了这些标准的合法性,即有义务通过立法和司法活动全面贯彻这些标准的要求,以确保其刑事审判制度具备基本的伦理基础。(2)它们属于最必要和最起码的标准。确立和遵守这些标准并不一定使各国的刑事审判制度完全符合正义的要求,但不遵守这些标准则必然导致刑事审判的不合理和非正义,从而使那些受裁判影响的人受到不公正的对待。(3)它们具有开放性和容纳性。联合国及其所属机构不断通过制定一些新的国际法律文件,增设新的国际标准,以促使各国在优先满足这些标准要求的前提下,不断提高其刑事司法的伦理水平和保障程度。

从法哲学的角度看,在一个国家的刑事审判制度中确立这些国际标准具有两方面的直接意义。首先,符合这些标准的刑事审判程序具有形成公正结果(尤其是使受刑事追诉者免受不公正的定罪和科刑的结果)的能力。这些法律标准为国家对个人的追诉和惩罚设立了一系列的障碍,使刑事被告人拥有与追诉方相对应的程序权利,甚至还拥有一些必要的"特权",并使其具备为维护个人自由、财产乃至生命而与国家进行平等抗争的机会和能力。由此确保国家对个人所作定罪、科刑决定的公正性,最大限度地防止冤枉无辜,从而减少美国学者德沃金所说的关于刑罚的"道德成本"(ethical cost)或"道德错误"(ethical error)。其次,坚持这些标准可确保受刑事追诉者在审判过程中受到公正的对待,即作为一个自主的法律主体,与国家官员拥有同样的人格尊严,并与他们一起进行平等的协商、交涉及理性的争辩、论证和说服。由此使受刑事追诉者在诉讼过程中不沦为被动承受国家追究、消极等待国家处理的"客体",也不沦为被国家机构仅仅用来协助惩治犯罪、维护社会秩序的工具,而本身即成为一种"目的"。在这些法律标准的保障下,被告人可以充分而富有意义地参与裁判的制作过程,其人格尊严和自由意志得到承认和尊重。

不仅如此,一种刑事审判制度确立了这些国际标准,还可以确保国家追诉机构和裁判机构的权力受到法律的有效约束,使国家对个人的定罪决定经过正当的法律程序作出,并建立在明确的刑事实体法原则和规则的基础上,从而使法庭审判过程和裁判结果的公正性得到受刑事追诉者及其他广大社会公众的广泛认同和信服,保证国家的法律实施过程得到社会的普遍尊重。这有助于社会形成种良好的法治秩序。

公正审判的国际标准在联合国《世界人权宣言》(以下简称为《宣言》)中有所体现,并集中规定在联合国《公民权利和政治权利国际公约》(以下简称《公约》)的第 14 条之中。根据这一条款,任何一个受刑事追诉者在其刑事责任被判定时均享有"由一个依法设立的合格、独立和不偏不倚的法庭举行的公正和公开的审判"。由于这些标准都是有关保证被告人获得公正审判的最低限度标准,因此一些国际人权组织又将其直接称为"基本的公正审判标准"(the basic fair trial criteria)①。在下面的论述中,笔者拟按照《公约》第 14 条为被告人确立的各项权利保障的顺序,对公正审判的国际标准作一分析和评价。对于其中每一个标准,笔者均参照联合国人权委员会及其他有关国际组织所作的有关评论、解释,对其内容和适用范围作出简要的解释和分析。当然,由于各国在社会制度、政治结构、经济制度、法律文化传统等方面存在着程度不同的差异,它们在确立和理解公正审判国际标准方面肯定会采取不同的方法,甚至会得出不同的结论。

1.2 公开审判

根据《宣言》第 10 条和《公约》第 14 条(1)的规定,受刑事追诉者享有获

---

① "what is a fair trial?" A report of the lawyers committee for Human Rights.

得法院公开审判的权利,这被视为公正审判的基本要素之一。公开审判包括两大基本内容,即整个法庭审判过程的公开和法院对被告人的刑事责任所作的最终裁判的公开。获得法院的公开审判既是被告人的一项诉讼权利,也是普通社会公众的一项民主权利。为了保证被告人切实获得这一权利,法院的审判一般应采取口头和公开的形式,法院有义务将公开审判的时间和地点预先公布于众,并且为公众旁听法庭审判提供充分的便利。在审判过程中,法院或法庭不得将在场旁听审判的人限制在特定的范围内,而应允许当地人、国内其他地方的人甚至国际观察家在场旁听,并且允许新闻记者在场报道。

公开审判的例外情形应受到法律的明确限制。法庭在作出不公开审判的决定之前,应当慎重考虑在此情况下不公开审判的理由是否要比保障公众或个人因公开审判所获得的利益的理由更加充分。如果公开审判的例外情形不能充分证明举行不公开审判是完全合理的,那么法庭应当考虑只不公开审判一部分,或者只是将法庭采纳证据的过程不予公开。公开审判的例外情形主要是指由于民主社会中道德的、公共秩序的或国家安全的理由,或当诉讼当事人的私生活的利益有此需要时,或在特殊情况下法庭认为公开审判会损害司法利益时,法院可以不将审判过程的全部或一部分向社会公众(包括新闻媒介)公开。根据联合国人权委员会的解释①,不公开审判所赖以存在的道德理由主要是指有关诉讼参加者的陈述将会对旁听者产生有伤风化或者令人畏惧的影响。在涉及性犯罪的案件中,这种道德理由尤为突出。在为避免使公共秩序受到威胁而举行不公开审判的情形下,法庭必须考虑到公开审判是否足以造成这种威胁。为避免"国家安全"受到破坏,法庭应考虑审判过程是否涉及国家的国防秘密。审判过程中涉及的当事人的私生活利益主要是指其家庭生活中的利益,例如离婚、监护、涉及性犯罪的少年诉讼程序,这些问题在公开审判过程中会受到无理的损害。

尽管存在一系列公开审判的例外情形,但是法院所作的实体判决必须公开,除非这样做会对少年被告人的利益产生不利影响或者诉讼涉及儿童监护权的争端。判决公开的主要标志是法庭当庭以口头的方式宣布判决的全部内容,或者将判决书公开发表,以使被告人及其他社会公众了解判决的内容和法院据以作出判决的理由。

---

① "Genaral Comments of the Human Rights Committee of the International Covenant of Civil and Political Rights", twenty-first Session, 1984.

1.3 独立审判

根据《宣言》第 11 条和《公约》第 14 条(1)的有关规定,确保受刑事追诉者获得由依法设立的合格、独立和中立无偏的法庭举行的公正审判,是刑事程序公正的基本标准之一。1982 年,国际律师联合会(International Bar Association)在印度新德里召开的第十九届大会上通过了《关于司法独立最低标准的规则》;1983 年 6 月,在加拿大蒙特利尔举行的世界司法独立第一次会议又通过了《世界司法独立宣言》。上述两个法律文件试图为建立普遍适用于各国的"最低司法独立标准"做准备。1985 年举行的第七届联合国预防犯罪和罪犯待遇大会专门通过了《关于司法机关独立的基本原则》,就法院和法官独立问题为各国提出了一系列基本的标准和规则。独立审判的根本意义在于,避免法庭的审判因受到外界的不当干预而可能出现的任意性或偏见,确保受刑事追诉者获得公正的审判。

根据联合国人权委员会的解释[①],一个法庭要做到独立进行审判,就必须严格依据法律的规定设立并执行审判职能,即根据实体法的规定对案件进行裁判,依照程序法的规定进行审判活动。这一审判独立的核心要求又被称为"实体独立"或"职能独立"。为确保法庭的独立审判,法律必须建立一系列旨在约束法官活动和保障法官顺利履行职责的职业行为规范,如禁止法官从事政党活动和经营活动,保证法官在审判过程中享有言论豁免权等,同时每个主持法庭审判的法官的任职条件必须得到保障(即法官的"身份独立"),法官必须独立于法院内部的其他法官及上级法院(即法官的"内部独立"),而且法院必须在整体上独立于行政机关、立法机关、社会团体及政党(即法院的"整体独立")。在审判独立的上述保障条件中,法官的身份独立居于十分重要的地位。这种身份上的独立性包括法官的任职、提升必须由依法设立的专门机构严格依据法官的能力、品质及经验等因素决定;法官的调转、惩戒、降职、免职等事务必须由法定的专门机构严格依照法定的正当程序进行;法官的任职期间、退休年龄、薪金待遇等必须由法律明确加以保障,并且不因法官执行审判职能而受到不利的影响。

---

① "General Comments of the Human Rights Committee of the International Covenant of Civil and Political Rights", twenty-first Session, 1984.

1.4 法庭中立

法庭中立(impartial,又译为"不偏不倚")是一项与独立审判有着密切联系的国际标准,其基本含义是,法庭在制作法律裁判时应当将其结论建立在经过各方辩论和质证的客观事实和证据的基础上,而不受任何直接或间接的限制、压力、诱导、威胁或不适当的干预,不论其来自哪个部门或个人。对法庭中立威胁最大的是法庭成员在审判之前或审判过程中对控辩双方中的一方产生偏见(bias or prejudice)或者对案件事实或裁判结论形成预断(prejudication)。如果说审判独立因为要求国家建立一种能确保法官严格依照法律规则进行审理和裁判并免受任何外在因素不当干预的法律机制,从而为法官公正审判创造了较佳的外部环境的话,那么法庭中立则要求法官在审判时不得对案件的结局存有先入为主的预断,也不能对控辩双方中的任何一方产生偏见,从而确保法庭审判的公正性。审判独立的实现仅仅为法庭中立的形成创造了一个必要的外在条件,但法庭中立的完全实现尚需其他一系列条件的保障。根据联合国人权委员会的解释[①],判断法官是否保持中立地位应当主要考虑以下三个因素:(1)主持法庭审判的法官是否在诉讼过程中处于主导或决定性的地位;(2)法官是否在审判之前和审判过程中产生了会对其裁判结论的形成发生重大影响的预断性意见;(3)法官是否在开庭审判之前已经参加了有关诉讼活动而又不得不对同一个案件作出裁决。一般而言,法官遇有下列任何一种情况都会被认为难以保持不偏不倚的地位:一个原来在本案中曾担任检察官或者辩护律师的人现在成为主持法庭审判的法官;主持法庭审判的法官曾积极地参加在审判前对本案进行的秘密调查,或者曾在本案的初审或其他已进行完毕的程序过程中担任裁判官;法官与案件中的当事人有某种足以对公正审判构成威胁的关系;法官与诉讼正在争议的事实或案件结局有直接或间接的个人利害关系;法官对案件事实的认定或裁判结论的形成有明显的预先判断;存在着其他足以导致人们对法官的中立性产生合理怀疑的理由,等等。因此,为确保法庭保持最低限度的中立性或者不偏不倚性,法官遇有上述任何一种情形,或者在其他任何一种会导致人们对其中立性产生怀疑的情形下,均必须放弃对本案的审判或者回避。

---

① "Draft Declaration on the Right to a Fair Trial and a Remedy".

1.5 无罪推定

《宣言》第 11 条(1)规定"凡受刑事控告者,在未经获得辩护上所需的一切保证的公开审判而依法证实有罪以前,有权被视为无罪"。《公约》第 14 条(2)规定"凡受刑事追诉者,在未依法证实有罪之前,应有权被推定为无罪"。这被视为被告人在刑事诉讼中所应享有的基本权利和保障,也是公正审判的一项基本要素。根据联合国人权委员会以及其他国际组织的解释,无罪推定包含以下基本要求:(1) 在任何刑事案件的审判中,证明被告人有罪的责任始终由控诉一方承担,这一责任是不可转移的;(2) 无罪推定是一种可推翻的法律推定,但控诉一方要推翻这一推定,必须在有权对案件事实作出裁判的机构或者个人面前,将被告人有罪这一论点证明到确实存在的程度,或者达到排除一切合理怀疑的程度;(3) 被告人在刑事诉讼中不承担任何有关证明自己有罪或者无罪的责任,裁判者在对被告人是否有罪存有怀疑的情况下,应作出对被告人有利的解释;(4) 无罪推定既适用于审判阶段,也适用于审判前阶段,它始终赋予所有国家司法机构一种基本的义务或责任:在诉讼过程中不得对审判的最终结果作出先入为主的预先判断;(5) 无罪推定原则意味着被控告者在审判前的地位及应享有的权利。这就要求将审判前的被羁押者和已决犯区别开。羁押嫌疑人的理由应被限制在保证他们能够出席审判,防止他们对证据的妨害,以及防止进一步的犯罪发生。执法人员不应将审判前的羁押作为对被羁押者所实施的刑罚。

无罪推定实质上是一种对被告人在刑事诉讼中地位的保护性假定,它通过赋予被告人在法律上处于无罪的身份和地位,确保其享有一系列的特殊权利和保障,使其拥有足以与国家公诉一方相抗衡的能力。根据有关国际组织的解释,被告人在审判前所享有的保障,诸如不受与其被控告的罪行不相适应的强制措施,在被采取搜查、扣押乃至羁押等限制其隐私权或人身自由的措施时应有机会受到独立的司法机构的审查,在受到追诉时应被告知控告的罪名和理由等,都是从无罪推定中派生出来的。不仅如此,为保证被告人获得公正审判而赋予他的各种权利保障也是无罪推定的基本要求。无罪推定尽管从法律上而不是从事实上假定被告人处于无罪的地位,但它并不排除国家追诉机构为查明事实真相而依照法律对其采取限制人身自由或其他合法权益的强制措施或者专门性调查措施,而是禁止这些机构对被追诉者采取不必要或者过于严厉的措施,从而将对其人身自由等权益的限制或损害降低到最低的程度。无罪推定为国家追诉机构在对任何公民进行刑事追究、审判机构在对公民作出有罪判决时设定了一系列的程序性障碍,由此要求这些机构在确保被告人受到公正对待、使诉讼程序符合基本的公正标准的情况下才能作出对被告人不利的决定或结论。

1.6 及时获知被控罪名和理由

《公约》第14条(3)(a)将及时获知被控罪名和理由作为受刑事追诉者所享有的第一个"最低限度的保障",要求"迅速以一种他理解的语言详细地告知对他所提出的指控的性质和原因"。根据联合国人权委员会的解释,保证被告人及时获知被指控的性质和原因有两个基本目的:一是通过使被告人及时了解被控的罪名和理由,确保其充分而有效地进行防御准备;二是确保被告人拥有为获得释放而迅速采取必要辩护措施的能力。为保证被告人切实有效地行使这一权利,各国至少应确立下列规则:(1)被告人获知被控罪名和理由的权利,从有资格的机构第一次向其提出指控之时起开始享有。具体而言,法庭或检察机关一旦决定采取对其不利的程序措施或者公开将其称为犯罪嫌疑人,被指控犯罪的人就享有这种被告知的权利。(2)告知应当及时进行,以确保被告人获得对不利于他的证人进行询问和质证的公平机会,并能够使对自己有利的证人出庭作证。至少在被告人被要求作出任何陈述之前,应被告知指控的罪名和理由。(3)被告知的内容应包括两大部分:对指控罪行的名称和所适用的法律的详细描述(性质),以及指控所根据的有关事实(原因)。(4)被告人有权要求将被告知的指控以口头或书面的方式翻译成他可理解的语言。告知的内容应实际传达给被告人,而不仅仅是其辩护人,因此以一种仅仅能使辩护人理解的语言进行告知是不够的。

1.7 辩护权的保障

对被告人辩护权的保障主要体现在《公约》第14条(3)(a)和同条(3)(b)之中。根据这两个条款,受刑事追诉者应"有足够的时间和便利准备他的辩护并与他自己选择的律师联络,有权亲自在场接受审判,自行或者通过他自己选择的律师进行辩护,在他没有获得律师法律帮助时被告知这一权利,在司法利益有此需要的案件中为他指定律师提供法律帮助,并且在他没有足够能力支付律师费用的情况下免除他的费用负担"。联合国第八届预防犯罪和罪犯待遇大会通过的《关于律师作用的基本原则》对律师参加刑事诉讼问题又作出了一些具体的规定。总体而言,被告人要有效地行使辩护权,就必须同时拥有下列五个方面的程序保障:(1) 有权亲自出席法庭审判;(2) 有权及时地获得律师的帮助;(3) 有权被告知享有辩护权;(4) 在无力聘请律师辩护而案件又符合法律援助条件的情况下获得由国家提供的免费法律帮助;(5) 有权在获得足够时间和便利的情况下进行辩护准备。

被告人的在场权的含义是被告人在审判过程中有权亲自到场接受审判,法庭不得进行缺席审判(conduct trial in absentia)。这一权利为被告人充分地行使辩护权,有效地参与法庭裁判结论的形成过程提供了一个最基本的保障。缺席审判只能在非常必要的情况下才能进行,并且应被限制在最小的范围之内。如果被告人在审判前被充分告知审判的日期、时间和地点之后仍不出席法庭审判,那么缺席审判就可以进行。但是,如果被告人有证据证明法院的上述通知是不充分的(如通知不及时,没有提供详细的情况,或者没能以被告人能够理解的语言提供),或者上述通知没有直接向被告人本人提供,或者被告人不能按时出庭是因为他本人所不能控制的急迫的理由,那么被告人均有权申请法院重新进行审判。这种申请一经获得批准,被告人就可以得到法庭对其指控进行重新审查的机会。被告人也可以自愿放弃在场权,但这种放弃应当通过使人无可置疑的方式进行,并最好采用书面方式。

被告人有权及时地获得律师的帮助。联合国《关于律师作用的基本原则》第 7 条进一步指出:"被拘留或逮捕的所有人,无论是否受到刑事指控,均应迅速得到机会与一名律师联系,不管在何种情况下至迟不得超过自逮捕或拘留之时起的 48 小时。"美洲人权委员会通过一个案例解释这项权利时指出被告人在第一次被拘禁后应当被容许得到律师帮助。在一个案件中,美洲人权委员会审查一个法律,它阻止被羁押者在行政拘留及侦查阶段中拥有律师的帮助。委员会提出,案件的决定性证据可能在这一最初阶段产生,如果在审理的第一阶段缺乏法律建议,可能会严重地损害辩护权。① 除此之外,律师必须被容许在被告人进行陈述、被讯问以及签署文件时在场。②

被告人可以自行行使辩护权,也可以在其自行选择的律师的帮助下进行

---

① 美洲人权委员会 1985—1986 年年度报告。
② 美洲人权委员会关于危地马拉人权形势报告。

辩护。但相比之下，获得律师的有效法律帮助是被告人行使辩护权、避免自己的基本权利和自由受到无理侵犯的最佳手段。为保证被告人切实获得律师的法律帮助，各国至少应确立以下规则：(1) 受到逮捕或拘留，或者被指控犯有刑事罪的任何人，有权被迅速告知可自行或者通过自己选择的律师进行辩护；(2) 获得律师帮助的权利适用于任何刑事诉讼的各个阶段，尤其包括预审调查、行政性羁押、审判和上诉程序等阶段；(3) 被告人有权自由选择自己的辩护律师。被告人在第一次受到羁押或者指控时就享有这一权利。如果被告人自己选择了一名合格的辩护律师，法庭就不得再为其指定律师。

在确定为被告人提供法律援助的范围时，应充分考虑国家司法的利益是否有此必要。在特定的具体情况下，司法利益可以通过考虑被告人被控的罪行的严重程度以及可能对他判决的刑罚的严厉程度来加以确定。但在任何一个被告人可能被判处死刑的案件中，司法的利益总是要求被告人有律师帮助。在这种案件中，被告人在刑事诉讼的所有阶段都应有权自己选择律师辩护，并有权拒绝法庭指定的某一律师为其辩护。不仅如此，一名被判处死刑的受羁押者还应有权在法庭指定的律师的帮助下，请求获得宽恕或者赦免。另一方面，按照联合国人权委员会的要求，法庭为被告人指定的律师应为其提供有效的辩护。为此应确立下列规则：(1) 在为被告人提供法律援助时，法庭必须指定那些有能力代表其利益并为其辩护的律师担当此任；(2) 法庭为被告人指定的律师应受到过必要的培训并具备必要的经验，以在适应案件的性质和严重程度的情况下进行辩护；(3) 被法庭指定从事法律援助的律师应以一种独立的方式自由地进行职业上的判断，而不受政府或者法院的影响；(4) 被法庭指定从事法律援助的律师必须作对被告人有利的辩护，并根据自己的职业判断选择辩护策略；(5) 由法庭指定的律师应获得相当的经济补偿，以确保其有足够的动力为被告人提供充分有效的辩护。

为准备辩护而拥有足够的时间和便利，是被告人辩护权的基本要素之一。这一权利既适用于被告人，也适用于被告人的辩护律师，而且适用于刑事诉讼的各个阶段。《关于律师作用的基本原则》第 8 条指出所有被逮捕、拘留或监禁的人应有充分机会、时间和便利条件，毫不迟疑地、在不被窃听、不经检查和完全保密情况下接受律师来访和与律师联系协商。这种协商可在执法人员能看得见但听不见的范围内进行。此原则第 22 条指出：各国政府应确认和尊重律师及其委托人之间在其专业关系内的所有联络和磋商均属保密性的。联合国《囚犯待遇最低限度标准规则》第 93 条规定：未经审讯的囚禁者为了准备辩护应被准许申请社会上已有的义务法律援助,并被准许会见律师,以便商讨辩护,写出机密的指示交给律师。为此,被囚禁者如需文具应如数供给。警察或司法当局官员对于被关押者和律师间的会谈,可用目光监视,但不得在可以听见谈话的距离以内。欧洲法院的判决指出,辩护权还包括与辩护律师的协商不被拘留地的有关当局监视的权利。这个权利不仅适用于被羁押者与律师之间的私人访问,同样也适用于他们之间的通讯。

在某些案件中,欧洲委员会认为享有充分的便利准备一个辩护的权利包括能够合理地接触起诉材料。① 首先,被告人有权在与诉讼的性质和案件的事实情况相适应的足够的时间之内准备自己的辩护。影响准备辩护时间的充分性的主要因素有:案件的复杂程度,被告人获得本方证据的机会,诉讼程序规则对特定诉讼行为期间的限制,等等。其次,为确保被告人及其辩护律师获得必要的证据材料,各国至少应确立下列规则:(1)对于检察机关所掌握的所有对被告人有利的相关证据材料,被告人及其辩护律师均有权获得。(2)有关的国家机构有义务确保辩护律师在充分的时间内获得他们所占有或控制的材料、卷宗或文件,从而保证律师为其委托人提供有效的法律帮助。对于这些材料、卷宗或文件,被告人有权接触或者阅览。(3)在法庭有关被告人刑事责任的判决作出之前,被告人及其辩护律师有权了解被法庭采纳为定案根据的所有证据;在法院的初审程序结束后而上诉程序尚未开始之前,被告人及其辩护律师有权获得或者了解法庭在制作判决时采纳的证据以及法庭在作出判决时的推理过程。另外,为切实保证被告人及其辩护律师充分地准备辩护,法庭如果没有及时告知律师审判日期和指控内容,就不能对被告人进行审判;辩护律师在法庭审判过程中如果发现有对被告人有利的重要证据需要收集,或者发现对控诉方提出的某一证据还未作出充分的辩护准备,应有权要求法庭暂时中止审判过程。

被告人享有获得有效辩护的权利。《关于律师作用的基本原则》第21条指出:主管当局有义务确保律师能有充分的时间查阅当局所拥有或管理的有关资料、档案和文件,以便使律师能向其委托人提供有效的法律协助。应该尽早在适当时机提供这种查阅的机会。联合国人权委员会也已经认识到这种辩护权应当是有效的辩护权。该委员会在对一个案件的决定中指出提供

---

① X v. Austria(No.7138/75)欧洲人权法院1975年7月5日决定,《决定及报告》第9卷,第50页。

法律代理的人必须是有能力代表被告的人。① 辩护人必须充分代表被告的利益,提出对他们有利的主张。②《欧洲人权公约》在解释辩护权时指出:一个国家只是给贫穷的人指定辩护律师是不够的。国家必须提供有效的辩护并且有责任监督被指定的律师履行他的职责,替换他们,或督促他们充分履行他们的职责。欧洲法院曾经审理过一个案件,是一个国家的国内法院拒绝替换法院指定的律师,尽管被告人抱怨说律师没有履行他的职责。欧洲法院发现,由于没有替换被指定的律师,国家已经否认了申请者享有有效的律师辩护的权利。③ 通常情况下,被指定的律师不应当受到法院的严格控制。④

1.8 法庭上的公平质证

在判定对他提出的刑事指控时,任何人都有权询问或者业已询问对他不利的证人,并使对他有利的证人在与对他不利的证人相同的条件下出庭和接受询问,这一被《公约》第 14 条(3)(e)确立的受刑事追诉者所应享有的"最低限度权利保障",是刑事审判程序公正的一项基本要素。根据联合国人权委员会的解释,规定这一权利的根本目的在于,保证被告人在向法庭提出和询问对其有利的证人以及对不利于己的证人进行质证方面,拥有与检察官完全相同的权利和机会,从而确保"平等武装"原则(the principle of equality of arms)的实现。对于被告人而言,请求法庭以强制手段传唤对其有利的证人并不是一项不受限制的绝对权利,而要以与控诉一方提出对其不利的证人具有"相同的条件"和便利为限度。换言之,这一权利的实质在于,使控辩双方在向法庭提出本方证人以及对对方证人进行质证方面受到平等的对待。

被告人的这一诉讼权利实际包括三方面的内容:一是请求法院运用国家强制力量将对其有利的证人传唤至法庭上,使该证人能够亲自出庭作证;二是亲自或者通过其辩护人对该证人进行询问,使该证人能够将其所了解的对被告人有利的事实在法庭上陈述出来;三是通过亲自与控诉方提出的对其不利的证人进行对质,或者由其辩护人对这些证人实施交叉询问(cross-examination),审查和反驳其证言的证明力或证据效力。要确保被告人切实行

---

① Elena Beatriz Vasilskis v. Uruguay 案(1983 年 3 月 31 日)决定摘录,第 2 卷,第 105 页。决定指出此案的辩护律师不曾被训练作为一个律师。
② Miguel Angel Estrella v. Uruguay 案(74/1980)1983 年 3 月 29 日,第 93 页。
③ Atrico 案,欧洲人权法院 1980 年 5 月 13 日判决。
④ Kamasinski 案,1989 年 12 月 19 日判决。

使上述三方面的权利,一个国家的法律至少要设有下列诉讼规则的保障:(1)控诉方在审判前的一个合理时间之内必须向辩护方告知其将要在法庭审判过程中提出的证人的姓名、身份及其所要证明的案件事实,以使被告人及其辩护人有充分的时间为对质和交叉询问做准备。(2)对于控诉方以书面方式提出的证人证言,被告人及其辩护人有权请求法庭不予采纳,或者要求控诉方将该证人传至法庭,使其亲自出庭作证,以便获得交叉询问和对质的机会。(3)在法庭审判开始之前,法院必须为被告人及其辩护人向法庭提出本方证人提供必要的条件和便利,没有法律明确规定的合理理由,法庭不得拒绝将辩护方提出的证人证言纳入法庭调查的范围;对于辩护方提出的可向法庭提供案件真实情况而又拒不出庭作证的证人,法庭必须依法运用国家强制力传至法庭。(4)在法庭开始对任何证人进行询问和质证的程序时,辩护人均有权始终在场。对这一权利的剥夺,必须限制在法律明确规定的几个例外情形之下。这些情形主要是:证人有合理的根据担心作证会招致辩护人的报复,被告人正在进行严重干扰法庭审判正常进行的活动,被告人因为一些不重要的理由在接受两次通知之后拒不出席法庭审判,等等。为了防止被告人对证人的询问和质证权受到不合理的剥夺,法庭必须详细审查上述例外情形是否存在,并只在不这样做就不能保证其他更为重要的价值和利益不受损害的情况下才将被告人排除于询问证人程序之外。但在任何情况下,法庭都不能将被告人和他的辩护人同时排除于询问证人的程序之外。换言之,在被告人不出席法庭审判的情况下,其辩护人应享有始终在场并对证人进行询问和质证的权利。不仅如此,法庭如果在被告人不在场的情况下对证人证言进行调查,还必须及时向他告知证人证言的主要内容。

1.9　避免不合理的拖延

在对任何人的刑事指控进行判定时,被指控者都有权在"不受无理拖延"(without undue delay)的情况下接受审判,这一被《公约》第14条(3)(c)确立为受刑事追诉者"最低限度保障"的权利,是刑事审判程序公正的基本要素。根据联合国人权委员会的解释,这一权利的基本含义是,法院在对被告人的刑事责任作出最终判决以及对有罪被告人确定刑罚时应当迅速及时地进行,而不能无故拖延。在对审判是否存在"无理拖延"作出评价时,法院为对有罪裁断和量刑判决进行审查所花费的时间应被考虑在内。但是,在审判时不受不合理拖延的权利并不建立在被告人明确声明主张此权利的基础上,即使被告人并未提出行使这一权利,法庭仍然负有确保审判迅速及时进行的义务。确定是否存在"不合理拖延",应考虑下列几个因素:案件的性质和复杂程度;当事人以及有关司法机关的行为;在审判过程中被告人是否受到羁押以及与案件有直接利害关系的当事人的利益。

1.10 免费获得翻译的帮助

受刑事追诉者在审判过程中如果不懂或者不会说法庭上所用的语言,有权免费获得翻译的帮助。这一被《公约》第14条(3)(f)确立的"最低限度保障"是刑事审判公正的又一基本要素。因为被告人不懂法庭上正在使用的语言或者在理解法庭语言方面存在困难,会对他充分有效地行使辩护权构成一个重大的障碍,以至于无法充分而富有意义地参与刑事裁判的制作过程。为保证被告人切实行使这一权利,联合国人权委员会向各国提出了下列基本要求:(1)获得翻译帮助的权利仅适用于那些在理解法庭上使用的语言或者在运用法庭语言进行表达方面有困难的被告人,如果被告人精通法庭上使用的语言,他就无权因为任意选择一种法庭外的语言而要求提供免费翻译。(2)这一权利既适用于本国被告人,也平等地适用于外国被告人。(3)为保证被告人真正获得公正的审判,获得免费翻译帮助的权利不仅适用于法庭审判阶段,而且适用于刑事审判前的警察讯问或者预审法官的审讯阶段。(4)获得翻译帮助的权利既适用于法庭上的书面程序,也适用于口头程序。这一权利可以延伸至对被告人理解审判过程有必要或者对被告人准备辩护有帮助的所有文件和陈述的翻译上。(5)法庭为被告人提供的翻译应当达到使被告人充分理解审判过程以及使法庭充分理解被告人陈述和被告方证人的证言的程度。(6)翻译帮助必须是免费提供的,法庭不得因此而向被告人收取任何费用。即使被告人最终被法院判决有罪,法庭也不能向其索取翻译费用。

1.11 不被强迫自证其罪

根据《公约》第14条(3)(g)的规定,受刑事追诉者不得被强迫作不利于自己的证言,或者被强迫承认犯罪。这一条款实际是通过为追诉机构和审判机构施加义务的方式保证被告人在是否供认有罪方面享有自愿性和自主性。按照有关国际组织的解释,确立被告人上述权利的目的在于,禁止那些能够被用来强迫被告人作出不利于自己的证言或供认有罪的刑讯行为的发生,不论这种行为采取直接还是间接的方式,也不论他会给被告人的身体还是精神造成损害。为确保被告人切实享有自愿和自主地作出陈述的权利,各国至少应确立下列规则:(1)通过任何形式的刑讯或强迫行为获取的任何供认有罪的陈述或者其他证据,均不得被采纳为证据,尤其不能在审判过程中被采纳为据以认定被告人有罪或者据以对被告人判刑的根据。(2)在对被告人进行监禁或羁押的过程中所获取的被告人有罪供述均应视为采用刑讯手段得来的。(3)被告人的沉默不得被用来作为证明其有罪的证据,任何机构不得从被告人保持沉默这一事实中推导出相反的结论。

1.12 获得向上一级法院上诉的机会

根据《公约》第14条(5)的有关规定,凡被判定有罪者,均应有权由一个较高级的法庭对其定罪及刑罚依法进行复审。被定罪的被告人获得向上一级法院提起上诉的权利,是刑事审判公正的一项基本要素。这种权利的实质在于,使任何一个刑事案件至少要受到两次司法审查,而且第二次司法审查要在具有较高审级的法院进行。根据联合国人权委员会的解释,被告人的上诉权要得到切实的行使,就必须有下列规则的保障:(1)上一级法院的审查必须是富有实际意义的(genuine)。如果被告人在接受审判并被定罪以后,上一级法院在进行复审时发现了对其有利的证据,而且这种新证据足以影响原有罪判决的成立,就可以撤销原来的有罪判决。但在有证据证明这种新的事实在原审过程中未被及时发现全部或部分归因于被告人本人时除外。因此,上一级法院对上诉案件进行复审时如果限于对第一审判决涉及的法律问题进行审查,就可能违反上述标准。(2)上一级法院的审查必须是及时的(timely)。在被告人向上一级法院提起上诉,而该法院举行的复审程序进行完毕之前,第一审法院所作的有罪判决不具有执行的效力,除非被定罪的被告人自愿承受原判决的执行。(3)提起上诉属于所有被判决有罪的人的权利,不论他们被第一审法院判决的罪行和刑罚有多么严重。(4)上一级法院举行的所有复审程序都必须符合公正审判的基本标准。

1.13 获得刑事错案赔偿

根据《公约》第 14 条(6)的规定,在一个人按照最后决定已被判定刑事罪,而后来根据新发现的事实确实表明发生误判,他的定罪被推翻或被赦免的情况下,因这种定罪而受刑罚的人应依法得到赔偿,除非有证据证明当时不知道的事实未被及时揭露完全或者部分是由于他自己的缘故。因刑事错案而获得赔偿是受刑事追诉者的一项基本权利,也是公平审判的一项基本要素。对于因受到错误定罪而遭受损失或者伤害的人,给予必要的经济赔偿是对他所受到的不公平待遇的一种最低限度的补偿,也是对不公正程序过程的一种否定和纠正。按照有关国际组织的解释,对受到错误定罪者的赔偿只有在一项有罪判决发生终局性效力以后才能进行,而且不论所涉及的罪行的严重程度如何,他的这种主张都可以提出。不仅如此,对受到错误定罪者的赔偿还必须具备下列条件:(1) 错误的定罪判决必须后来被正式地推翻或者赦免;(2) 有关的事实未被及时揭露必须不是由于被定罪人自己的原因;(3) 被定罪人必须因误判而受到了惩罚。

1.14 免受双重危险

根据《公约》第 14 条(7)的规定,任何人已依一国的法律及刑事程序被最后定罪或者宣告无罪者,不得就同一罪名再予以审判或惩罚。被告人的这一权利又被称为"免受双重危险"(prohibition of neb is in idem or of double jeopardy)的权利,其实质在于禁止就同一罪名而对任何人进行两次以上的审判或者惩罚,防止受刑事追诉者的权益和命运因对其不利的刑事程序的反复启动而长期处于不稳定的状态,避免其因此受到不公正的对待。为保证被告人这一权利的切实行使,各国至少应确立以下规则:(1) 国家追诉机构一旦正式放弃对犯罪嫌疑人的追诉(尤其是作出了正式的不起诉决定),就不能再对其同一行为进行第二次追诉,除非发现案件明确具备法律所规定的可以进行第二次追诉的条件。(2) 法院经过法定的诉讼程序,一旦对被告人的刑事责任问题作出了发生法律效力的终局性裁判(不论是有罪还是无罪的决定),即不能再重新对其进行审判或科刑,除非发现了新的事实和证据,而且这些事实和证据足以推翻原来的裁判结论。(3) "免受双重危险"权利所限制的主要是对被告人不利的复审程序或者重新追诉程序,尤其禁止任意对一个法院已通过生效裁判对其追究刑事责任的被告人重新进行审判或判处重刑,但它并不禁止那种对被告人有利的再审程序。对于已经生效裁判确定为有罪并被判处刑罚的人而言,通过一定的法律程序申请法院进行对自己有利的复审程序,追求被判决无罪或者从轻判刑的结果,这是其基本的诉讼权利,这种复审程序的反复启动,并不损害被告人"免受双重危险"的权利。

2. 英国刑事司法制度

2.1 治安法院及其审判程序
2.2 刑事法院及其审判程序
2.3 英国律师的分类
2.4 近年来的刑事司法改革

2.1 治安法院及其审判程序

治安法院(Magistrates' Courts)是英国审理刑事案件的基层法院,在英国法院系统中发挥着极为重要的作用,每年由治安法院处理的刑事案件占英国全部刑事案件的97%。[①] 治安法院一般均设有四种法庭:成年人法庭(Adult Magistrates' Courts)、少年法庭(Youth Courts)、家庭法庭(Family Courts)和许可证法庭(Licensing Courts),其中有权处理刑事案件的是前两种法庭。在刑事诉讼方面,治安法院的职责主要有:(1)发布针对某一犯罪嫌疑人的逮捕令或搜查令,签署有关要求犯罪嫌疑人出席治安法院的传票,对警察逮捕的犯罪嫌疑人决定是否予以羁押或者保释等;(2)负责对应由刑事法院审判的可诉罪进行预审,这种预审又被称为交付审判或移送程序(committal proceedings),旨在审查控诉一方所掌握的指控证据是否达到足以对被告人进行起诉的程度;(3)负责对简易罪进行审判,但其所判处的刑罚一般限于6个月以内的监禁刑、总额不超过5000英镑的罚金或者其他轻微的刑罚,对于数罪并罚的案件,所能判处的监禁刑不超过一年;(4)负责对已满10岁但未满18岁的未成年人犯罪案件进行审判。

2.1.1 治安法院的法官

在治安法院从事审判工作的法官称为治安法官(Magistrates)。治安法官大致可分为两种:无薪治安法官(Lay Magistrates,或 Justices of the Peace)和领薪治安法官(Stipendiary Magistrates)。领薪治安法官,顾名思义,是指可获得报酬的治安法官。根据1997年《治安法官法》(the Magistrate's Act 1997)的规定,领薪治安法官由英国女王从上议院大法官(Lord Chancellor)推荐的执业至少7年的出庭律师或事务律师中加以任命。到1997年,在英格兰和威尔士共有大约100名这样的领薪治安法官,其中60名在伦敦的治安法院从事审判工作,另外40名则在伦敦以外的各地治安法院工作。[②] 这一数量相对于在450座治安法院工作的已达3万名的无薪治安法官队伍而言[③],的确是微乎其

[①] 参见 John Sprack, *Emmins on Criminal Procedure*, 1997, Blackstone Press Limited, p.76.
[②] 参见 John Sprack, supra note 1, p.79.
[③] 参见 John Sprack, supra note 1, p.77.

微的。实际上,目前在英国治安法院从事审判工作的主力是无薪治安法官。

无薪治安法官一般没有受过正规和专门的法律教育,他们都是一些在当地社会上有地位和名望的人士。无薪治安法官从事审判工作,不领取任何报酬,但他们为履行职务所付出的交通费等费用以及他们因此减少或损失的收入,可以依法得到适当的补偿。根据英国1997年《治安法官法》的规定,无薪治安法官由上议院大法官"代表女王并以女王的名义"加以任命。在决定谁可以被任命为治安法官的问题时,大法官首先要考虑的问题是候选人在品行和能力方面适合并胜任治安法官的工作,并且这一点要得到他所在社区的有关人士的认同。对治安法官任命方面的主要法律限制是,他必须是长期居住在该治安法院管辖地区的英国居民,但是几种特定的人员不得担任治安法官:年龄在60岁以上的人,在军队或警察机构任职的人以及那些因犯有严重罪行而被定罪的人。政治、性别等因素也是大法官在任命治安法官时所要考虑的问题。通常情况下,被任命为治安法官的人不得在某一政党内担任重要职务;治安法官队伍中男性和女性的数量大体上应保持在3比2的比例。20世纪90年代末,英格兰和威尔士的无薪治安法官中女性的比例实际已达到46%;在全部无薪治安法官中,又有6%的人来自英国居民中的少数民族。[①]

上议院大法官任命治安法官主要根据设于各地的顾问委员会(advisory committees)的推荐。在英格兰和威尔士共有超过100个这样的委员会。委员会成员的姓名要向社会严格保密,但委员会秘书的姓名和住址可以公开。每年,生活在特定社区内的合格居民都可以向该委员会提出担任治安法官的申请,任何个人或团体也可以向委员会秘书提供他们认为可以担任治安法官的人的具体情况。申请人或被推举的人最终能否被推荐到上议院大法官那里,要取决于委员会对他们的品行和能力的秘密考察和决定。

新的治安法官被任命之后,在其被任命后的第一年内要接受必需的专门培训,以便能够较为顺利地履行治安法官的职责。培训的目的在于向新任治安法官强调司法职能的重要性,使其了解有关法律程序、证据规则、犯罪和刑罚方面的基本知识,理解在治安法院工作的其他人(如法庭书记官、法庭职员和双方律师等)在审判工作中的角色和作用。培训的方式除参加正规的课程学习以外,还包括参观法院和刑罚执行机构,旁听法庭审判,以及集体讨论治安法官工作中可能面临的一些问题等。无薪治安法官年满70岁或者由于其

---

① 参见 John Sprack, *Emmins on Criminal Procedure*, pp. 77-78.

他原因不能继续从事审判工作的,大法官可以将其姓名列入专备的候补名册(supplemental list),此后该治安法官就不能再出席法庭从事审判工作。

无薪治安法官一般每人每年平均处理35至40件刑事案件,但所要处理的案件数不能低于26件。[①] 他们来自当地社区内的各个阶层,从事着各种正式的职业,却利用自己工作之余的时间来无偿地从事治安法官工作。笔者在考文垂市治安法院参观访问时了解到,这所治安法院的治安法官有的是大学讲师、中学教师、商人等,有的是已经退休的人员,他们的年龄大都在40岁以上。就连该法院的院长(chairman)也是业余担任治安法官的。当被问及为什么自愿从事这一只付出劳动而不取报酬的工作时,一位治安法官的回答是:从事这一"业余"职业的人一般都有着为当地社区服务的精神,加之治安法官一般只有当地德高望重的人士才能担任,在社会上拥有较高的地位,因此每年主动申请担任治安法官的人很多,但实际能够得到大法官任命的只占申请者的很小一部分。为什么绝大多数的刑事案件要由非专业人士以业余工作的方式进行审理?这其中的理论基础或背景是什么?对此问题,一位事务律师解释道:无薪治安法官制度一方面来自英国长期以来的法律传统,是法律制度多年演变的结果;另一方面这一制度的实质在于贯彻"平民治理"这一民主和法治精神,保证所有受到国家刑事指控的人得到与他处于同等地位的民众的审判,从而真正实现个人与国家在法庭上进行平等的理性抗争这一公正审判理念。而且,由于担任治安法官者大多为拥有固定职业和固定经济收入、在社会上享有较高威望的人士,他们在治安法院任职不取报酬,因而在审判中容易做到不偏不倚、公正办案,并保持独立和中立的地位。在这一点上,无薪治安法官与下面将要介绍的陪审团制度是具有同样的存在理由的。

2.1.2 法庭的组成与书记官的作用

治安法院审理刑事案件通常由两名或三名无薪治安法官组成合议庭进行。如果是领薪治安法官主持对案件的审判,则可以独任进行。在由无薪治安法官组成的法庭在审判过程中,法庭书记官(court clerk)具有十分重要的作用。由于无薪治安法官一般都属于非法律专业人士,他们尽管在任职后经过一年的培训,但对于英国复杂的法律程序、证据规则和刑法制度的了解毕竟还是十分有限的,因此需要专业人士的法律指导和帮助。法庭书记官恰好

---

① 参见 John Sprack, *Emmins on Criminal Procedure*, p.78.

充当了这种法律指导者的角色。根据1997年《治安法官法》的规定,这种法庭书记官可以由两种人担任:一是经过正式任命的治安法院书记官(magistrates' clerk),二是这种书记官的助理(assistant clerk)。治安法院的书记官由相关的治安法院委员会(magistrates' courts committee)从至少有5年执业经历或者至少担任5年治安法院书记官助理的事务律师和出庭律师中进行任命。该委员会经与法院书记官协商后,可以从那些符合条件的人中为其聘用法庭职员担任书记官助理。在治安法院审判过程中,法庭书记官的职责主要包括:为被告人提供有关法律信息;就案件证据问题制作记录;为那些没有律师帮助的被告人提供法律帮助;就案件中出现的法律或程序问题向无薪治安法官提供建议。这最后一项职责被认为是法庭书记官所要承担的最重要的职能。因为治安法官尽管从理论上是案件事实和法律问题的最终裁决者,但他们在法律问题上必须接受法庭书记官的建议。由于这种建议对于案件的处理会产生极为重要的影响,因此法律要求书记官在法庭上公开向治安法官提出,以便控辩双方都能了解他所建议的内容。如果控辩双方提出有关法律请求时书记官没有出席法庭审判,治安法官必须在召唤书记官出庭并在后者听取这种请求和给予法律建议后才能进行下一步的审判工作。同样,如果某一法律问题没有经过控辩双方的辩论,而书记官认为这一问题应当引起治安法官的重视,那么他应当在公开的法庭上提出这一问题,以便让控辩双方有机会在治安法官面前对此作出评论。在治安法官休庭后对案件进行评议时,书记官可以参加这一评议,但只限于向法官们提供法律方面的建议。一般来说,除非治安法官要求书记官参加评议,否则他不能自行决定参加这种评议。但实际上,如果书记官认为案件中确有法律问题需要向治安法官提供建议或者在法庭审判过程中未能就某一重要法律问题及时提出建议,他也可以自行决定参加治安法官的评议。一旦提出法律建议,书记官应当立即退出评议室。然而在一些十分复杂的案件中,法律问题与事实问题往往相互混杂在一起,书记官为了随时向治安法官提出法律建议,可以一直参加评议直到法庭作出裁决、评议终结时为止。当然,在书记官参加评议问题上有一条基本规则是不能违背的:无论如何书记官也不能干涉治安法官就案件事实问题的裁判,也不能在毫无理由的情况下参加治安法官的评议从而施加影响。

2.1.3 治安法院的审判程序

关于治安法院就刑事案件举行的第一审审判程序,此前已有考察报告进行过介绍,本书在此不再作一般性的论述。不过在这次考察中笔者发现了几点过去不了解、不注意的情况,现介绍如下。第一,英国治安法院就刑事案件举行第一审审判程序也就是刑事简易审判程序。这种程序与刑事法院就可诉罪案件进行的法庭审判程序大体上是相似的,区别在于治安法官在简易审判中既决定案件的事实问题,也决定法律问题,而在决定法律问题时要接受法庭书记官的法律建议。而在刑事法院的审判中,法律问题要由主持审判的法官决定,事实问题则要由陪审团作出裁断。第二,与刑事法院审判所赖以为据的公诉书(indictment)不同,治安法院举行简易审判的根据为检察官提出的起诉书(information)。第三,在简易审判过程中出庭律师与事务律师都可以出席治安法院的审判活动。过去一些论述曾认为,在英国只有出庭律师才可以出席法庭审判,事务律师只能从事法庭之外的律师业务,这恐怕并不准确。根据1980年《治安法院法》的规定,不仅被告人的辩护律师可以是事务律师,而且出庭支持公诉的检察官也可以具有事务律师的资格。第四,与刑事法院举行的陪审团审判不同,在简易审判过程中,被告人在法律允许的情况下可以不出席法庭审判,法庭在被告人缺席的情况下仍然可以进行一些审判活动。例如,针对起诉书指控的一项或者若干项罪状,被告人可以邮寄的方式作出有罪答辩;在治安法院事先确定的时间和地点进行法庭审判时,被告人没有出席,治安法官对于能否在被告人缺席的情况下继续进行审判拥有自由裁量权。第五,检察官一般不得在简易审判过程中缺席。如果检察官没有在首先确定的时间和地点按时出席治安法院的审判,治安法官可以撤销起诉,也可以决定休庭,等检察官能够到庭时再开始审判程序。

2.1.4 移送审判程序

移送审判程序,也可以称为交付审判程序或预审程序。举行这种程序的目的在于,由治安法官对那些按照公诉书起诉的可诉罪案件进行审查,以确定控诉一方是否有充分的指控证据,案件是否有必要移送刑事法院举行由法官和陪审团共同进行的法庭审判,从而保证被告人免受无根据的起诉和审判。移送审判不是一种审判程序,因为法官在这种程序中不对被告人是否有罪作出任何裁断,被告人也没有作出有罪或者无罪答辩的机会。法官在这种程序中所能作出的只能是撤销案件的决定或者移送刑事法院审判的决定。目前在英国,绝大多数的可诉罪案件在刑事法院进行审判之前,都要经过由治安法院举行的预审程序。

移送审判程序目前可分为两种:一是不审查证据的移送(committals without consideration of the evidence),即预审法官不用审查任何证据即可直接将案件移送刑事法院审判。适用这一程序的前提条件在于,被告人有律师的帮助,而辩护律师已经获得控诉一方提交的本方证据的复印件,并认为控方的证据足以证明将被告人移送刑事法院审判是合理的。二是通过审查证据的移送(committals with consideration of the evidence),即控诉一方必须将本方的证据提出于法庭上,以使被告人有机会对这些证据进行质证。过去,控辩双方在这种程序中都可以传唤证人进行询问,但1996年《刑事诉讼与调查法》只允许以书面方式提出证据,所谓的"言词预审程序"已不复存在。适用这种程序的条件是被告人没有获得律师帮助,或者即使获得律师帮助,律师认为控诉一方的证据并不充分,因此不同意将该案件移送刑事法院审判。

在英国刑事司法实践中,一方面,移送审判程序由于需要在审判之前对控方证据进行不同程度的审查,过去有些案件还授予被告人一方提出本方证据的权利,而控辩双方的证据还要在陪审团审判过程中再次提出和进行审查,这就带来了不必要的重复调查问题,造成严重的诉讼拖延。另一方面,实践证明移送程序在很多案件中经常流于形式,而缺乏实质性的意义。因此从20世纪80年代开始,有关移送审判程序的改革问题开始引起人们的重视。最先对这种程序作出改革的是1987年《刑事审判法》。该法设立了所谓"移交告知"(notice of transfer)的制度。根据这一制度,在严重和复杂的欺诈案件中,控诉一方不必经过治安法院的审查和批准,就可以直接将案件移送刑事法院进行审判。这种规定的目的在于避免由于治安法院举行言词方式的审查证据程序而可能造成的拖延,从而提高诉讼的效率。而在1991年通过的《刑事审判法》中,这种制度适用的范围又得到了扩大:在那些针对儿童的严重伤害或性侵犯案件中,为避免儿童在治安法院的移送审判程序中被迫提供证据,并防止这类案件的拖延,检察官可以不经过治安法院的审查而直接移送刑事法院进行审判。

在上述改革措施的影响下,1994年通过的《刑事审判与公共秩序法》设立了一种被称为"移交审判"(transfer for trial)的制度,试图以这种类似于"移交告知"的制度取代在实践中出现不少问题的移送审判程序。但该法律的这一规定从未发生法律效力,并被1996通过的《刑事诉讼与调查法》所废除。1996年的法律建立了一种改良的移送审判程序,即将在移送审判程序中进行审查的证据全部限制为书面方式。而且在这种程序审查的只能是控诉一方的证据——基本上为控方证人的书面陈述，辩护一方不得向法庭提出证据，不能对控诉一方的证人进行交叉询问，但可以提出有关对控诉一方的指控"无辩可答"(no case to answer)、从而要求法庭直接撤销案件的申请。但是，控辩双方仍然可以就是否应当移送刑事法院或者撤销案件作出口头陈述。①

2.1.5 少年法庭的审判程序

治安法院内设立的少年法庭是专门对未满18岁的未成年人犯罪案件进行审判的法庭。根据1980年《治安法院法》的规定，除非少年被告人被指控犯有杀人罪，或者被控与一成年被告人共同犯有可诉罪而治安法院认为将他们共同移送刑事法院审判更为合适，或者治安法院认为根据1933年《儿童和少年法》第53条(2)的规定对该少年被告人进行量刑是合适的，否则未成年人犯罪案件一般一律由治安法院的少年法庭进行审判。少年法庭的法官是从治安法官中经过特定程序专门挑选出来的，在从事对未成年人犯罪案件的审判之前还要经过一定的培训。少年法庭与普通成人法庭的区别主要有：(1)少年法庭一般必须与成人法庭分别设置并加以隔离，有条件的地方甚至将少年法庭与成人法庭分别设于不同的建筑物内；(2)少年法庭的审理是不公开的，可以参加这种审理活动的主要是当事人、控辩双方的律师、法庭职员、证人、缓刑监督官、社会工作者和新闻工作者等；(3)审理少年被告人的法庭不得超过三名法官，其中至少应有一名男性和一名女性；(4)法庭可以要求少年被告人的父母或监护人出席审判活动；(5)新闻媒介在报道案件时不得透露少年被告人的姓名或其他可能使人们对其身份作出推断的细节，也不得透露涉入该诉讼的其他未成年人的情况；(6)少年法庭的气氛应当较为轻松，并要与正规、严肃的成人法庭有所区别，如不必立于被告人席，而可以与其父母一起坐在面对法庭的椅子上；治安法官的桌子只能略高于被告人的座位；法官应直接称呼被告人名字的第一个字；在宣布对其定罪的判决时应尽量采用舒缓的语气等。

---

① 关于英国移送审判程序的改革情况，详见 John Sprack, *Emmins on Criminal Procedure*, pp.176-192；另参见 John Hatchard, Barbara Huber and Richard Vogler(editors), *Comparative Criminal Procedure*, p.200, 1996 by the British Institute of International and Comparative Law.

2.2 刑事法院及其审判程序

2.2.1 刑事法院的法官

在刑事法院(the Crown Court)主持审判的法官主要有高等法院法官、巡回法官、记录法官。英国目前约有 20 名高等法院法官(High Court judges)在刑事法院从事审判工作,他们负责审理起诉到刑事法院的最严重的可诉罪案件。这些法官大都来自高等法院王座法庭和大法官庭。一般只有从业至少 10 年、年龄在 50 岁以上的出庭律师才有资格经大法官提名,由英国女王任命为高等法院法官。刑事法院受理的大多数案件由巡回法官(circuit judges)和记录法官(recorders)主持审判。只有从业至少 10 年的出庭律师和被任命 3 年以上的记录法官才有资格被英国女王根据大法官的推荐任命为巡回法官。巡回法官一旦得到任命,即成为主要在刑事法院主持审判的专职法官。目前英国共有约 400 名巡回法官。与巡回法官不同,记录法官属于一种业余法官,他们由英国女王根据大法官从至少从业 10 年以上的出庭律师或事务律师中推荐的人员加以任命。但这种任命一般有一固定的期间,在该期间内记录法官须完成固定的审判工作量。当不在刑事法院主持审判的时候,记录法官仍可以从事其原有的执业律师工作。如果刑事法院受理的案件量出现大幅度增加的情况,上议院大法官可以临时任命一些副巡回法官(deputy circuit judges)和助理记录法官(assistant recorders)来协助主持刑事审判。他们在主持审判时可以分别代行巡回法官和记录法官的职务。一般而言,只有退休的上诉法院法官、高等法院法官和巡回法官才有资格被任命为副巡回法官;至少执业 10 年的出庭律师或事务律师才可以被任命为助理记录法官。

治安法官的首要职能尽管是在治安法院从事审判活动,但他们仍然拥有第二项职能,即在刑事法院作为法官参加对刑事案件的审判。治安法官在刑事法院参加审判的案件通常有两种:一是对治安法院的判决不服而向刑事法院提起上诉的案件;二是治安法院对被告人定罪后移送刑事法院进行量刑的案件。刑事法院在对这两种案件进行审判时必须有一名职业法官(即一名高等法院法官、巡回法官或者记录法官)主持审判,合议庭还要包括不少于两名但不多于四名的无薪治安法官。一些英国律师和学者认为,无薪治安法官在刑事法院与职业法官一起从事审判,可以使他们增加审判经验,增强对法律程序、证据规则和刑法规定的了解,从而最终对他们在治安法院的审判工作有所助益。职业法官与无薪治安法官在审判过程中享有同样的权利,评议出现意见分歧时按照多数意见进行判决。但是在法律问题上无薪治安法官要始终听取并接受职业法官的指导和建议。为了防止同一治安法官对刑事案件产生先入为主的预断,那些曾在治安法院审理过同一案件的治安法官不得参加刑事法院对该案件的上诉审或有关移送量刑的审判。

2.2.2 对抗式审判程序

众所周知,英国实行的是对抗式(adversary)审判制度,这种审判制度在刑事诉讼中集中体现在刑事法院对可诉罪案件举行的有陪审团参加的第一审审判程序中。这种制度的基本特点是:法官和陪审团一般不会主动调查证据、传唤证人及对证人等进行询问,而处于一种较为消极的地位,负责听取由控辩双方提出的证据。控辩双方向法庭提出各自的证人和证据,有权向本方证人进行询问,并向对方的证人进行反驳性的询问,意在使陪审团对该证人的可信性及其证言的可靠性形成合理的怀疑。除非对方提出异议,否则法官和陪审员一般均不得对控辩双方提出的证据范围及进行的询问进行干预。因此,调查证据并使自己一方的证据事实展示在法庭上,这完全是控辩双方的责任。法官与陪审团在作出裁决方面分别负责法律和事实问题,但法官除了对陪审团作出有罪裁断(verdict)的被告人作出有关量刑的判决(sentence)以外,还在法庭审判过程中充当法律问题仲裁者的角色,即在一方提出异议或申请,或者根据司法利益自己认为必要的情况下,对有关证据的可采性、控辩双方提出的请求是否许可等问题及时作出裁决,保证那些不具有可采性的证据不被提到陪审团面前,促使双方遵守法律程序和证据法规则。法官在审判过程中还有权对案件的法律问题向陪审团作出指导。这些特点通常是就对抗式审判的一般程序而言的。下面笔者就考察过程中了解到的近年来新变革的情况作如下介绍。

2.2.2.1 审判前程序

近年以来,刑事法院的审判前程序成为英国刑事司法改革的焦点之一。改革的原因在于,过去由于法官在审判前能够进行的活动太少,以至于在审判过程中(尤其是陪审团组成以后)控辩双方就证据的展示、证据的可采性等问题提出太多的异议,导致法庭审判经常被打断。另外,负责审理某一案件的法庭和法官已经确定并进行了一些准备工作,控辩双方也已做好准备,并将有关的证人全部传唤到法庭上,但是法庭审判开始后被告人却作出了有罪答辩,法庭审判因此没有必要进行。这种情况造成了巨大的人力、物力资源的浪费。为了提高刑事审判的效率,立法机构在20世纪90年代初开始考虑建立一些新的程序,以确保那些可能作出有罪答辩的被告人在审判前尽可能早的阶段作出这种答辩,使得那些可能在审判过程中提出的证据可采性等问题在审判前尽可能早的阶段得到处理。而且法官在审判前就这些问题所作的决定或裁定被认为对以后的法庭审判具有约束力。

1995年,一种被称为"答辩和指导的听审"(plea and directions hearing)的程序在法律中得到建立。这种程序被认为有助于控辩双方做好准备工作,使法庭做好必要的审判前安排并了解到足够多的情况。它适用于除严重诈骗案以外的其他所有案件。主持这一程序的法官可以是不主持法庭审判的法官。在这一程序中,被告人被从治安法院移送审判之后,法官在某一时间举行听审,届时辩护一方必须提供一份他打算要求出庭的控方证人名单,控辩双方都要向法官和对方以简要的形式提出有关将在法庭审判中申请法庭解决的问题。对于那些严重、复杂、审判时间可能很长的案件,控诉一方还要向法官提交本方简要的案情陈述。如果被告人答辩有罪,法官应当直接考虑量刑问题。如果被告人答辩无罪或者他的答辩不被控诉一方所接受,法官将要求控辩双方提交记载以下事项的材料:案件中的问题;传唤出庭的证人人数;所有实物证据或表格;控诉证人出庭作证的顺序;所有可能在法庭审判中出现的法律要点、证据可采性问题等;所有已被展示的证明被告人不在犯罪现场的证据;所有有关通过电视系统或录像带提供认同证言的申请;审判可能持续的时间长度;证人能够出庭作证及控辩双方可以出席法庭审判的日期,等等。了解了上述情况之后,法官就可以确定法庭审判的日期并作出其他适当的指导。

目前,除了严重诈骗案件以外,这种"答辩和指导的听审"已经成为其他所有案件必经的程序。但是,主持这一程序的法官所作出的决定能否得到负责审判的法官的承认?这种决定对以后的法庭审判程序是否具有法律约束力?对于这一问题,1996年《刑事诉讼与调查法》明确规定,在陪审团宣誓、有罪答辩被接受或者"预先听审"(preparatory hearings)程序开始之前,主持"答辩和指导的听审"的法官可以根据控辩双方的申请或自行就证据的可采性或者案件涉及的其他法律问题作出裁定(rulings)。这种裁定一旦作出,就在整个法庭审判程序中具有法律效力,除非主持审判的法官根据控辩双方的请求或者按照司法的利益对此加以撤销或变更。

1996年《刑事诉讼与调查法》还设立了一种只适用于审判持续时间长并且复杂的案件的"预先听审"程序。这种程序最先由1987年《刑事审判法》在严重诈骗案件中设立。举行"预先听审"的决定由刑事法院的法官在陪审团宣誓之前根据控辩双方的申请或者自行作出。实践中通常由法官在"答辩和直到的听审"进行过程中作出决定。需要注意的是,这种"预先听审"由主持法庭审判的法官主持,它被用来在陪审团不在场的情况下解决案件中的法律问题。在这一程序中,法官有权要求控诉一方将本方的案情陈述(case statement)提交给辩护一方,该陈述包括控方将要证明的事实,控方将要求陪审团从证据中作出的不利于被告人的推论等。之后,法官可以要求辩护一方提供一份书面陈述,其中载明将要提出的辩护的主要内容,控辩双方存有分歧的主要问题,辩方针对控方的案情陈述作出的反驳,以及辩方将要在审判中提到的涉及法律适用和证据可采性的问题等。主持"预先听审"的法官可以就有关证据可采性等法律问题作出裁定,该裁定对随后举行的法庭审判具有法律约束力。[①]

2.2.2.2 提审程序

提审(arraignment)是法庭审判开始后的第一个阶段。法庭书记官必须将记载有被告人罪状(counts)的公诉书在法庭上宣读,然后问被告人作出有罪答辩还是无罪答辩。但是答辩必须对每一罪状逐一进行。经常发生的情况是,被指控犯有数项罪行的被告人对其中一部分答辩有罪,而对其他罪行则答辩无罪。如果被告人作出有罪答辩,法庭审判就不再举行,而直接进入量刑程序。如果被告人作出无罪答辩,法庭审判就可以进入下一个阶段。

2.2.2.3 遴选陪审员程序

刑事法院在对可诉罪案件进行第一审审判时必须召集陪审团。在有陪审团参加的法庭审判中,一名合格的法官主持庭审,对审判过程中出现的诸如证据是否可采、被告人权利是否得到保证等法律问题作出裁决,陪审团的职责在于参加庭审,听取证据,进行评议,然后就诉讼中的事实问题——即被告人是否有罪作出裁断,法官只能在陪审团作出有罪裁断后才能对被告人的量刑问题进行判决。根据1974年《陪审团法》的规定,所有被登记为合格选民、年龄在18至65岁之间的人都可以依法担任陪审员。陪审员的遴选由大

[①] 关于英国刑事审判前程序的变化,详见 John Sprack, *Emmins on Criminal Procedure*, pp. 227-233.

法官通过刑事法院书记官从当地选民名单中以随机的方式抽签决定。被依法选出的选民有义务作为陪审员出席刑事法院的法庭审判,除非他因犯罪而被剥夺了陪审权,或者因为从事特定职业而无法担任陪审员。在12名陪审员遴选出来以前,法庭通常会举行一种对候选陪审员的审查(jury vetting)程序,届时控辩双方都可以向法官就被召集来的候选人提出申请回避的请求,但必须提供申请回避的理由,如对被告人持有偏见,事先了解案情,与控辩双方中的任一方有某种关系等,并就此向法官证明。与美国不同,英国从1988年起废除了对陪审员的无因回避制度。法官有义务对某一被申请回避的候选人是否具备担任陪审员的资格进行调查,并作出是否将某一候选人甚至已经选出的陪审员全部排除于陪审团之外的决定。

2.2.2.4　控诉一方作开头陈述和提出本方证据

陪审团一旦被遴选出来,法庭审判就可以进入控方开头陈述(open speech)阶段。这种控方陈述包括两部分内容:一是就指控的内容从事实和法律两个方面加以解释;二是简要介绍将要提出的控方证据,并向陪审团说明这些证据是如何能够结合起来证明被告人犯有被指控的罪行而且达到排除合理怀疑程度的。在开头陈述作出之后,检察官要按照在审判前确定的顺序依次向法庭提出本方的证据,包括传唤本方的证人,展示本方的物证,宣读本方的书证等。对于由本方传唤出庭作证的证人,检察官应当实施"主询问"(direct-examination)。主询问的目的在于将证人所了解的对本方有利的事实尽量全面地展示在法庭上,并尽量使陪审团产生直观、鲜明的印象。主询问中有一项较为重要的规则:控诉一方不得向证人提出诱导性问题(leading questions),这种问题通常是指强烈地暗示证人按照提问者首先已知的答案作出回答的问题,也就是从问题本身可以得到答案的问题。因为这种问题容易使证人按照提问者的暗示或意图回答问题,导致陪审团受到虚假证言的影响,以至于作出错误的裁断。

2.2.2.5　辩护一方对控方证据的反驳程序

由于在移送审判程序中已经得到控方证据的复印件,辩护一方可能认为某些控方证据不具有可采性。因此在控诉一方提出每一证据之后,辩护律师都可以要求法官排除该证据的可采性,使其不出现在陪审团面前。法官有权按照普通法和衡平法的要求,对此申请作出裁断。另一方面,对于控诉一方提出的每一证人,辩护律师都可以进行交叉询问(cross-examination)。实施交叉询问的目的在于使辩护律师有机会对控方证人证言的可信性进行质疑,使该证人吐露在主询问中未陈述的对被告人有利的事实,作出与其在主询问中所做证言相矛盾的新证言,从而达到使陪审团对该证人的可信性及证言的可靠性持否定或怀疑态度的目的。当然,辩护律师在实施交叉询问过程中必须遵守以下规则:一是询问的最终目的在于维护委托人的最大利益,因此询问不得使陪审团产生对被告人不利的印象;二是不得作出使证人的名誉或尊严受到损害的陈述或提出这种问题;三是不得对其有机会进行交叉询问的证人进行指责;四是不得向法庭发布有关某一证人犯有罪行、行为不端等意见,等等。

在控诉一方提出本方证据、辩护方对其证据进行反驳完毕之后,检察官通常会说:"这就是控诉一方所有的指控和证据。"随后,辩护律师可以向法庭提出"无辩可答"(no case to answer)的申请。也就是说,辩护律师认为控诉一方的证据根本不足以证明被告人犯有被指控的罪行,控诉方无法将被告人有罪这一点证明到排除合理怀疑的程度。由于被告人受到无罪推定原则的保护,证明其有罪的责任始终在控诉一方,辩护一方不承担证明被告人有罪或无罪的责任,因此辩护律师没有提出证据的义务。因此法官如果认为辩护律师的申请可以接受,也就是说控诉方已经提出的证据不足以证明被告人有罪,他就可以指导陪审团作出被告人无罪的裁断,从而就此结束法庭审判。如果法官认为情况相反,他可以驳回辩护律师的申请,继续进行以下的程序。

2.2.2.6 辩护方提出证据的程序

在英国刑事审判过程中,控辩双方在提出证据、询问证人等方面享有同样的权利和机会。辩护律师首先向陪审团作开头陈述。这种开头陈述只能在辩护方提出被告人以外的证人或其他证据时才能作出。在这一陈述中,辩护律师要向陪审团简要陈述本方辩护的内容和所要提出的证据证明的事实情况,并可以对控诉一方所提的证据进行批评。随后,辩护律师可以依次向法庭提出本方的证据,传唤本方的证人。辩护律师可以对本方证人实施主询问,控诉一方也可以对这些证人逐一作交叉询问。无论是对控诉方还是对辩护方的证人,实施主询问和交叉询问的规则都是相同的。

2.2.2.7 终结陈述程序

在辩护律师提出证据程序结束以后,检察官首先可以作终结陈述(closing speech),向陪审团总结本方提出的证据及其所能证明的事实,并对辩护一方证据的不可信性作出评论。接下来由辩护一方作终结陈述,对本方的辩护证据和所要证明的事实进行总结,说明控诉一方的证据尚不足以证明被告人有罪。当然,在终结陈述过程中,控辩双方都不能无中生有地编造事实,凭空无据地得出结论,所作的评论和所得出的结论都必须建立在法庭审判过程中提出和质证过的证据基础上。

2.2.2.8 法官的总结和提示程序

法官在这一阶段要向陪审团作出以下总结性提示:一是陪审团和法官各自的职责;二是证明被告人有罪的责任在控诉一方,辩护一方不需要证明任何事项,如果控诉一方不能证明被告人有罪并达到排除合理怀疑的程度,陪审团应当作出无罪裁断;三是解释被指控的犯罪,以及检察官需要证明的所有事项;四是就控辩双方的证明责任分担问题进行解释;五是对于被告人为两个或两个以上的案件,要求陪审团分别考虑他们各自的罪行是否得到令人满意的证明;六是向陪审团总结法庭审判过程中提出的证据并对它们进行评论,等等。

2.2.2.9 陪审团的评议、裁断程序

法官作出总结性提示之后,陪审团退出法庭,进入专门的评议室进行评议。评议秘密进行,陪审员不得将评议的情况向外界泄露,新闻界或出版界也不得试图了解或者透露评议的情况。根据1974年《陪审团法》的规定,陪审团在对被告人是否有罪进行评议两个小时后必须作出意见一致的裁断;届时如果没能达成一致意见,法官可以延长两个小时让陪审团继续进行评议;如果这时仍不能达成一致意见,法官可以要求陪审团作出多数裁断,但多数意见的持有者不得少于10人。如果这种多数裁断也不能作出,法官就可以解散该陪审团,并另外组成新的陪审团对案件进行重新审判。陪审团的裁断一旦作出,法庭即可重新开庭,法官首先问陪审团团长(the foreman of jury)是否作出一致或者法定的多数裁断,陪审团团长作出肯定的回答后,即将评议结果交法官宣布。如果陪审团作出有罪裁断,就开始法官量刑的程序。

2.2.2.10 法官的量刑程序

被告人在提审程序答辩有罪,或者陪审团对被告人裁断有罪以后,法官通常要听取有关被告人前科、劣迹或品行的证据,并阅读由缓刑监督官(对成年被告人)或社会工作者(对未成年被告人)提交的量刑前报告(pre-sentence report)。然后法官确定适当的刑罚,并作出判决。

2.3 英国律师的分类

英国律师制度中最具有特色的是事务律师(solicitors)与出庭律师(barristers)的分类。① 这两种律师的分类对英国的刑事辩护制度产生了极大的影响。我们下面依次分别这两种律师及其在刑事诉讼中的作用进行介绍。

2.3.1 事务律师

根据英国事务律师协会(The Law Society)出版的事务律师指南的介绍,目前英国有大约6万名执业事务律师,他们都必须接受过较高程度的教育和培训,并遵守其行业组织——事务律师协会制定的严格的行为守则。事务律师的主要法律业务是为委托人提供有关诉讼或非诉讼事务的法律咨询,制作法律文书,办理不动产的转移等。在刑事诉讼中,事务律师既可以接受犯罪嫌疑人或被告人的委托,或者接受法院的指定,担任辩护人,也可以接受皇家检察机构的聘任,担任专职检察官。他们作为辩护人所提供的法律帮助有:会见被逮捕或羁押的犯罪嫌疑人,为嫌疑人和被告人申请保释,制作诉讼文书,包括答辩书、证人证言笔录等。事务律师担任刑事辩护人,目前只能在治安法院出席法庭审判,为被告人提供辩护。而在刑事法院以及刑事法院以上的其他各级法院,举行法庭审判时要由出庭律师提供辩护。如果案件将在刑事法院或刑事法院以上的法院进行审判,事务律师必须将案件的有关诉讼文书提供给他所选任的出庭律师,由后者出席法庭审判,为被告人提供辩护。当然,当笔者旁听在伯明翰开庭的刑事法院的审判时,发现事务律师也可以与他们所选任的出庭律师一起出席法庭审判,不过在法庭上提出证据、进行辩论和对证人进行交叉询问的不是事务律师,而是出庭律师。事务律师尽管出现在刑事法院的法庭上,但他们的职责只能限于为出庭律师服务,如提供法律文书、准备辩护材料等。

事务律师在刑事诉讼中不仅可以为被告人提供辩护和法律帮助,而且可以被聘为检察官。目前,约有1000名事务律师受雇于皇家检察机构,代表国家对犯罪提起刑事指控。这些受雇于检察机构的事务律师,仍然必须遵守事

---

① 对于英国两种律师名称的翻译,笔者主要参考了英国事务律师协会和出庭律师编辑的有关介绍材料的中文版本,并根据这两种律师在英国刑事诉讼中的实际作用而作出的。当然,我国有关论著也将这两种律师分别称为小律师、初级律师与大律师、高级律师。

务律师协会规定的行为准则,也仍然可以是事务律师协会的会员。

事务律师的自治组织为总部设于伦敦的事务律师协会。事务律师协会委员会是该协会的行业管理机构,委员会的 75 名委员是按照事务律师的行业选区选举产生,或者按照专业任命的。按照规定,所有事务律师都必须在律师名册(Roll)上进行登记,该名册是记录所有取得事务律师资格的人的登记簿。所有从事私营业务的事务律师都要从事务律师协会领取从业执照。这可以保证事务律师具备适当的资格,并严格遵守其职业道德规范。如果某一事务律师违反了事务律师行为规范,就会受到一系列纪律处罚,包括最轻的批评和最重的除名。事务律师协会还设有专门的"律师投诉局"(Solicitor Complaints Bureau),专门负责调查指控事务律师违反执业纪律的案件。如果该投诉局认为该律师确有问题,可将案件提交一专门的法庭——事务律师纪律法庭(Solicitor Disciplinary Tribunal),后者可以对案件作出裁决。

2.3.2 出庭律师

目前,英格兰和威尔士有大约 6000 名执业出庭律师。出庭律师可以通过事务律师为委托人提供法律咨询和辩护。作为刑事辩护人,出庭律师可以在除治安法院以外的其他法院出庭辩护。在刑事诉讼中,嫌疑人和被告人不能直接委托出庭律师辩护,而必须通过事务律师作为中介人。被告人必须首先委托一名或若干名事务律师,然后再由事务律师为其聘请出庭律师。被告人的所有请求和意见均要通过事务律师向出庭律师转达。出庭律师既不会见委托人,也不进行直接调查证据,他的辩护所依据的是事务律师为其提供和准备的诉讼文书和有关材料。即使在法院为被告人指定提供法律援助的律师时,也要先指定一名事务律师,后者再选任出需要法院指定的出庭律师。

成为出庭律师,必须具备以下条件:(1) 为英国四大律师公会(Inns of Court)的成员,这四大律师公会为林肯律师公会(Lincoln's Inn)、格雷律师公会(Gray's Inn)、中殿律师公会(Middle Temple)和内殿律师公会(Inner Temple);(2) 有大学学历,并通过专门举行的资格考试;(3) 在指定的律师事务所实习一年。出庭律师从业 15 年以上,经本人申请和大法官推荐,可以由英国女王授予皇家大律师(Queen's Counsel,又称为女王法律顾问)的称号。

出庭律师的行业组织为总部设于伦敦的出庭律师公会(The General Council of the Bar)。该公会的职责是:保持出庭律师行业的荣誉与独立性,建立并保持行业标准并就职业行为指定规则;受理对出庭律师公会成员提起的玩忽职守行为的投诉。

英国的这种事务律师与出庭律师的分类,被认为具有很多优点,如所有重大案件实际上都要至少由一名事务律师和一名出庭律师共同进行辩护,而前者具有提供法律帮助的经验,后者则拥有丰富的出庭应诉经验,这种分工与协作对于保证刑事辩护的质量是有益处的。另一方面,出庭律师不直接接触委托人,而通过事务律师接受辩护委托,这对于保持出庭律师的独立性、维护出庭律师的职业声誉是有利的。尽管如此,占英国律师人数绝大部分的事务律师只限于在治安法院出庭辩护,而不能出席刑事法院以上的法院的审判,担任辩护人,这在英国法律界不断引起非议和批评。英国的事务律师协会也不断为事务律师争取在刑事法院以上的各级法院出庭辩护的权利,但是这一制度目前仍无改革的迹象。

2.4 近年来的刑事司法改革

长期以来,我国法律学者习惯上将英国和美国的法律制度统称为"英美法",对这两个国家的刑事诉讼制度不加细致的区分。但实际上,英国与美国的刑事诉讼制度在不少地方存在着很大差别。如在被告人口供的可采性、非法所得证据的排除等问题上,英国的刑事证据规则就具有其鲜明的特点。尤其是从20世纪80年代中后期以来,随着英国上诉法院对70年代判决的一系列刑事误判案件的重新审理和纠正,英国的刑事司法制度成为人们议论、批评的焦点。[①] 从1988年以来,英国议会通过了一系列重要的法律,试图对一些诉讼程序进行较大的改革。1991年,英国成立了旨在对刑事司法制度的改革问题进行全面研究的皇家刑事司法委员会(Royal Commission on Criminal Justice),该委员会经过近三年的研究和调查,于1993年提交了一份研究报告,就改革英国刑事司法制度问题提出了353条建议。但在此后通过的几项重要的法律中,英国刑事诉讼制度却发生了令人困惑不解的重大变化。如1994年颁布实施的《刑事审判与公共秩序法》(Criminal Justice and Public Order Act 1994)对证人在刑事法院出庭作证以及被告人的沉默权问题作出了极为重大的改革,允许控诉一方在辩护方不提出异议的情况下以书面的方式

[①] 有关这些案件以及围绕这些案件讨论英国刑事司法改革的情况,参见 John Wadham, Miscarriage of Justice: Pre Trial and Trial Stages, in *Criminal Justice in Crisis*, edited by Mike McConvile and Lee Bridges, Edward Elgar Publishing Limited, 1994.

提出证人证言,允许法官或陪审团在法定的情况下从被告人保持沉默这一事实中作出对其不利的推论。英国1996年通过的《刑事诉讼与侦查法》(Criminal Procedure and Investigation Act 1996)则对移送审判程序和证据展示制度作出了较大的改革,取消了在治安法院举行的言词预审程序,赋予辩护一方向控方展示本方辩护内容和证据的义务,并规定了不承担这种义务的法律后果。这对于被告人的辩护活动产生了极大的影响。本书拟对英国近年来在刑事诉讼制度方面发生的四个方面的重大变化情况作一分析,并对其实质和效果作出简要的评论。

2.4.1 沉默权问题

为了确保被告人获得公正的审判,英国普通法为被告人设立了一系列的诉讼权利或程序性保障,沉默权就是其中较为重要的权利和保障。在英国证据法上,保持沉默的权利(right to silence)又被称为不被强迫自证其罪的特权(privilege against self-incrimination),其基本要求有二:一是被告人不得被强迫提供证据或作出供述;二是被告人受到指控时有权不作对自己不利的陈述。规定被告人这一权利的最早成文法是1898年《刑事证据法》,因为在此以前被告人在进行辩护时根本无权向法庭提供证据,而这一法律首次赋予被告人提出本方证据的权利,并规定被告人只能在"自己提出请求时"才提供证据,这暗含着他不能被迫提供证据的意思。后来这一权利又被1984年《警察与刑事证据法》、法官规则以及一些实践法典所间接确立。从1898年以来直到20世纪90年代初期,英国法院在审判刑事案件时基本上都能保证被告人充分行使保持沉默的权利,因为无论是法官还是控诉一方,都不能从被告人在接受讯问时保持沉默这一事实中推导出对他不利的结论。这一点被视为对沉默权的最为关键的保障。

但是,英国判例法在适用这一权利时也规定了若干例外,这些例外都是在一些分散的案件判决中逐渐积累起来的。例如在有的判例中,被告人与讯问他的警察在经验、身体、心理、智力、掌握信息的能力等方面具有大体上不相上下(on even terms)的条件,而且被告人又得到非常有经验的律师的帮助,警察所讯问的问题又是被告人所独知的,结果被告人仍然保持沉默。在这种情况下,法官就可以从被告人的沉默这一事实中推导出对其不利的结论。又如在另外一些案件中,被告人在面临刑事指控时,突然向讯问他的警察发动袭击,或者立即逃跑。在这种情况下,被告人尽管只保持了动作方面的反应并实际在陈述方面保持了沉默,但是法官仍然可以从这一事实中推导出对他不利的结论。当然,正如很多判例所表明的那样,被告人在接受讯问之前如果受到警告:他有权保持沉默,那么这种不利的推论是不能实施的。但是,对沉默权保障的最为明显的例外是由 1987 年《刑事审判法》(Criminal Justice Act 1987)所确立的。根据该法第 2 条的规定,在严重欺诈案件调查局(the Serious Fraud Office)的官员调查欺诈案件过程中,接受讯问的嫌疑人如果在没有合理理由的情况下拒绝回答提出的问题或者说谎,这本身就构成犯罪,并可能被判处短期监禁的刑罚。①

从 20 世纪 70 年代开始,越来越多的英国法官对普通法有关保障沉默权的规则感到不满,认为这一规则实际上使被告人受到了不适当的偏袒,尤其是使许多职业罪犯用作逃脱法律制裁的工具。70 年代中期至 80 年代,由爱尔兰共和军实施的恐怖犯罪日益加剧,英国朝野上下出现了强烈要求打击包括恐怖活动在内的各种犯罪的呼声。而作为被告人权利重要保障的沉默权规则就首当其冲成为人们批评的对象。1988 年颁布的仅适用于北爱尔兰的《刑事证据法》就明确规定,法官在特定情况下可以从被告人保持沉默中作出对其不利的推论。皇家刑事司法委员会 1993 年作出的报告针对沉默权问题认为:"沉默权目前实际上只在少数案件中得到行使。它的行使经常发生在那些被告人可以得到有关法律建议的严重案件之中。"报告的结论是不应抛弃沉默权规则,原来实行的那种由讯问的警察警告嫌疑人不被强迫回答问题的做法应当继续坚持,不应从被告人的沉默中推导出对其不利的结论。但是,委员会建议对沉默权规则进行一定程度的改革。在此前后的一段时间,英国的学者、律师、法官等就沉默权规则展开了较为广泛的讨论甚至争论。讨论和争论的焦点问题是能否从审判前被告人保持沉默中得出对其不利的推论,以及这些推论能否在陪审团面前进行评论。反对与赞成的呼声都很高。这种争论一直持续到 1994 年《刑事审判与公共秩序法》颁布之后。②

尽管在沉默权问题上存在较多的争论,1994 年《刑事审判与公共秩序法》仍然对沉默权规则作出了较大的改革。这种改革集中体现在该法第 34、35、36、37 条的规定之中。改革的实质内容在于,在一些法定的情况下,被告人的

---

① 关于英国移送审判程序的改革情况,详见 John Sprack, *Emmins on Criminal Procedure*, pp. 176-192; *Comparative Criminal Procedure*, p. 200.
② 关于改革沉默权规则问题,详见 Steve Uglow, *Criminal Justice*, pp. 86-89, 1996 by Sweet & Maxwell; Peter Murphy, *Murphy on Evidence*, pp. 245-261; *Comparative Criminal Procedure*, pp. 189-191.

沉默可以被用作对他不利的证据。当然,在这些法定的情况之外,沉默权规则仍然有效。

《刑事审判与公共秩序法》第 34 条规定的是被告人在受到讯问或指控时没有提供特定事实的法律后果。该条的规定可分解为三点:(1) 被告人没有提供的事实必须是他用作辩护根据的事实,而这种事实由他亲自提供被认为是合理的;(2) 被告人没有提供事实的场合包括起诉前的讯问阶段以及提起公诉或者被正式告知可能受到起诉以后的阶段,但警察在讯问前需事先向他发出警告;(3) 被告人如果没有提供上述事实,其后果是法庭或陪审团可以在法定的情形下作出"看起来适当的"推论(such inference as appear proper)。

《刑事审判与公共秩序法》第 35 条规定的是被告人在法庭审判过程中保持沉默的法律后果。根据该条规定,法庭或陪审团在决定被告人是否犯有被指控的罪行时,可以因为他在法庭审判过程中没有提供证据或者无正当理由拒绝回答问题而作出"看起来适当的"推论。适用这一条的前提在于:被告人已年满 14 岁,他被指控的犯罪有待证明,并且法庭认为他的身体和精神条件适于提出证据。

《刑事审判与公共秩序法》第 36 条规定的是被告人对特定情况下的物品、材料或痕迹没有或拒绝解释的法律后果。根据该条的规定,警察在被逮捕者的身边、衣物、住处或被捕地发现了任何物品、材料或痕迹,确信这些物品、材料或痕迹系通过参与他被指控的犯罪所得,在将这一确信告知被捕者以后要求他对此作出解释,而该被捕者仍然没有或者拒绝这样做。在这种情况下,法庭或陪审团可以从中作出"看起来适当的"推论。

《刑事审判与公共秩序法》第 37 条规定的是被告人没有或拒绝解释他出现于特定地方的法律后果。根据该条的规定,警察发现被他逮捕的人在犯罪发生前后的时间里出现在某一地方,并确信他在那时出现于那一地方是因为他实施了被指控的罪行,而且警察在告知被捕者这种确信后要求其对此作出解释,而该被捕者没有或者拒绝这样做。在这种情况下,法庭或陪审团可以从中作出"看起来适当的"推论。

上述四个条文都没有对法庭或陪审团作出的什么推论属于"看起来适当的"推论作出明确的解释,英国法院对这四个条文的适用问题也没有作出系统的解释。不过,在 1995 年对 Cowan 一案的判决中,英国上诉法院对《刑事审判与公共秩序法》第 35 条的适用问题专门确立了几项带有指导性的规则。该法院要求在适用这一条文时应当满足以下五个方面的基本要求:第一,法官在审判过程中必须告知陪审团,证明被告人有罪的责任始终要由指控一方承担,这种证明责任是不可转移的,而且证明被告人有罪必须达到排除一切合理怀疑的程度;第二,法官必须明确告知被告人,保持沉默是他的一项基本诉讼权利;第三,如果被告人在审判过程中保持沉默,法官或陪审团不能仅仅从这一事实本身作出被告人有罪的推论;第四,陪审团在从被告人的沉默中作出任何推论之前,必须确信控诉方已经证明指控的论点和事实需要答辩(the prosecution has established a case to answer);第五,不论被告人是否有证据对自己的沉默作出解释,陪审团只要确信他的沉默只会明显导致被告人无法答辩,或者无法承受交叉询问,就可以从沉默中作出相反的推论。[①]

但是在这一问题上,英国学者和律师也有不同的看法。有人明确指出这四个法律条文意味着被告人的沉默权已经被取消,被告人事实上不得不被迫作出解释或者陈述,而不再享有不自证其罪的特权。[②] 不过,根据大多数学者和律师的观点,《刑事审判与公共秩序法》的这些规定并没有导致被告人的沉默权被彻底取消,也绝非强迫被告人自证其罪,而是要求他在法定的情况下负有一定的解释或者说明的义务;被告人即使没有或者拒绝履行这些义务,法庭或陪审团也不能以此作为对被告人进行定罪的唯一根据。他们认为,这些规定的实质后果是:如果被告人在上述四种情况下保持沉默,这将会对他的辩护产生不利的影响,因为法庭或陪审团可以作出对他不利的推论。

2.4.2 证人出庭作证问题

英国实行对抗式的审判程序。由控辩双方主导进行的交叉询问是这种审判程序的核心环节。为确保交叉询问程序的公平实施,英国法律要求证人一般必须亲自出庭作证,控辩双方均负有向法庭提出本方证据、传唤本方证人的义务。在刑事法院对可诉罪进行审判之前,控诉方必须将正式的控诉书提交给法院,并依照传统在该控诉书的背后记载下本方证人的姓名。按照英国法律的规定,控诉方必须传唤自己一方的证人出庭作证,除非该证人的书面证言可能会被宣读,或者控诉方采取各种办法都无法使该证人出庭作证,或者该证人不可信赖。可以说,除了法定的例外情形以外,控诉方始终负有

[①] 参见 John Hatchard & others, *Comparative Criminal Procedure*, pp.190-191.
[②] 英国文化委员会编辑的《法治与管理》第三期曾专门介绍英国的法律制度和最近的法律改革情况。该文在介绍英国沉默权规则的改革时明确指出:"尽管皇家刑事司法委员会和律师界都认为应当保留沉默权,政府最后还是决定废除这项权利。"参见该杂志中英文对照版第17页。

确保那些支持其指控的证人出庭作证的义务。与控诉方一样,辩护方如果打算在审判过程中传唤证人出庭作证,也必须在开庭审判之前安排这些证人的出庭事宜,承担保证本方证人按时出庭的义务。在法庭审判开始以后,如果某一证人没有来到法院,法官有权决定休庭还是继续进行审理。法官在行使这种自由裁量权时通常要考虑该证人可能提供的证据的重要性,他缺席的理由,以及他在短暂的休庭之后参加后一阶段审理活动的可能性。如果控诉方的某一证人没有按时出席法庭审判,而检察官愿意放弃传唤该证人出庭支持自己的指控,这时法官还应特别考虑该证人对于被告人的辩护是否至关重要。

不仅如此,在1996年《刑事诉讼与侦查法》实施以前,遇有控辩双方请求法院帮助传唤证人出庭的情况,通常都是由预审法官向所有提供了有效证据的证人发布一份证人令(a witness order)。如果某一证人的证据能够在法庭上宣读,辩护一方会同意发布一种附条件的证人令;如果辩护一方不打算这样做,可以要求发布一份完全的证人令,通知该证人亲自出庭。

但是,上述做法被1996年《刑事诉讼与侦查法》所取消,而被代之以一种新的做法,即在移送审判程序中提出过的所有证据"若不需要进一步的证明,可以在审判过程中被作为证据加以宣读……除非诉讼的某一当事人提出反对"。换句话说,如果对方不提出任何异议,控辩双方都可以不传唤本方证人直接出庭作证,而是将其在移送审判程序中提交治安法官审查的该证人的书面证言笔录直接提交给刑事法院。法官对这种显然属于传闻证据的笔录可以确认其可采性。由于在移送审判程序中一般只有控诉方提出了证据,反对者在实践中通常都来自辩护一方。如果辩护一方不提出反对,控诉一方可以自行决定传唤该证人出庭或者宣读他的书面证言。如果辩护方反对在审判过程中书面宣读某一证人的陈述,他必须在案件被移送刑事法院审判后的14天内向控诉一方和刑事法院同时提交书面的通知。但是,辩护方这样做并不一定会达到其预期的目的,因为法官仍然可以拒绝辩护方的要求。"法庭如果认为这样做符合司法的利益,就可以发布命令:辩护方的反对不会产生任何效果。"在考虑采纳证人提出的书面陈述是否符合司法利益时,法庭必须考虑到该证言的内容,对被告人造成不公正的危险,以及其他相关的情况。①

---

① 关于证人出庭作证问题的改革情况,详见 John Sprack, *Emmins on Criminal Procedure*, pp. 276-277.

由此看来,那种认为在英国刑事法院进行的审判中一切证人都必须出庭作证的看法显然就是一种深深的误解。事实上,正如控辩双方可以通过协商"鼓励"被告人作出有罪答辩一样,控辩双方也可以对证人是通过亲自出庭还是通过提交书面证言的方式进行作证达成某种协议。这恰恰体现了英国对抗式审判的精神:让控辩双方而不是法官去主导法庭审判的进程和方式。

3. 对抗式诉讼与审问式诉讼

3.1 刑事审判模式的划分标准
3.2 对抗式审判模式
3.3 审问式审判模式
3.4 刑事审判模式的融合

3.1　刑事审判模式的划分标准

所谓模式(model, pattern)，又可称为"模型"，是指某一系统结构状态或过程状态经过简化、抽象所形成的样式。模式所反映的不是系统或过程原型的全部特征，但能够描述出原型的本质特征。一般而言，模式的抽象程度越高，离系统或过程原型就越远，所需考虑的因素就越少，但越具特殊性。模式尽管可以用来研究和分析某一系统的结构，但它并不是结构本身，而是对结构特征的高度概括，是对系统内部诸要素和相互作用的特殊方式的抽象。我们在说某一系统的结构形成某种"模式"时，一般是相对于另一同类系统的结构而言的。这两种系统结构因具有各不相同甚至完全对立的本质特征而形成两种典型的模式。因此，模式分析方法的最大特点是具有高度的抽象性和概括性，它可以用来对各种同类的系统和过程进行深入的比较研究和分析。

在我国诉讼法学界，一些学者运用结构分析方法研究刑事诉讼程序，取得了一些进展。[①] 他们据此提出了刑事诉讼构造或刑事诉讼结构的基本概念。有人认为，诉讼构造是指控诉、辩护和裁判三方诉讼主体的法律地位及相互间的法律关系。也有人认为，诉讼结构是指控诉、辩护和裁判三职能之间的法律关系及由此形成的诉讼格局。有的学者还采取了折中的方法，将刑事诉讼结构直接定义为法官、检察官和被告人之间所形成的基本法律关系，以区别于其他诉讼参与者(如辩护人、被害人、证人等)与上述三方之间所发生的法律关系。这样，诉讼结构事实上就等于部分诉讼参与者之间的法律关系。诉讼结构或诉讼构造这一概念的提出，对于人们深入地揭示刑事诉讼原理起到了一定的推动作用。但是，这种所谓的"结构分析方法"对于刑事诉讼原理的研究又是具有很大局限性的。因为无论人们对诉讼结构的定义以什么样的方式表达，这一概念充其量不过是诉讼主体或职能间法律关系的代名词。但诉讼法律关系所包含的内容是极为广泛的，它可以涵盖诉讼程序规范的几乎全部内容，甚至涉及控诉、辩护和裁判三方在诉讼全过程中的权利和义务关系。从诉讼法律关系——即便单单是控、辩、裁三方之间的"基本法律关系"——的角度分析包括审判程序在内的诉讼程序，往往难以对一种程序的本质特征加以全面、合理的抽象和把握，也无法深入揭示不同诉讼程序的

[①] 李心鉴：《刑事诉讼构造论》，中国政法大学出版社1992年版。

个性特征和本质差异，因而难免流于对诉讼程序规范的一般性描述和分析，更难以对不同诉讼程序展开深入的比较研究。因此，结构分析者不仅不能为我们提供划分不同审判程序模式的具体标准，而且忽略了除三方法律关系之外的其他制约审判程序的因素，如一国刑事审判程序所赖以存在的法律传统、基础性价值观念等。

看来，我们不能满足于因抽象出刑事诉讼构造或刑事诉讼结构这一概念而在研究方面取得的进展。要对刑事审判程序作出深入的剖析，就必须设立若干项可用以揭示不同审判程序间本质差异的模式划分标准，以避免那种以三方法律关系这一笼统的单一标准分析审判程序所具有的局限性。通过设立这样几项标准，我们可以对不同刑事审判程序之间的那些"重要的"或"本质的"差异作深刻的揭示，也可以对一种刑事审判程序所具有的本质特征加以抽象和概括，而对那些不能代表该程序本质特征以及不同程序间不具有本质性的细微差异则忽略不计。但是，究竟有哪些因素在它们的共同作用中决定着各种刑事审判程序的基本模式呢？对于这一问题，学者们早已存在诸多争论。

西方学者一般将现代两大法系的刑事审判程序分别称为"对抗式"程序和"审问式"程序。前一种程序可追溯至古希腊和罗马共和国时期，成为当今英美等国采取的刑事审判模式。后一种程序则可追溯至罗马帝国统治的最后一个世纪，形成于中世纪的欧洲大陆各国，并成为当今大陆法系刑事审判程序的模式。这两种程序的划分标准有两个：一是对它们的形成具有极大影响的法律传统，这种传统与两大法系在其历史形成和演变过程中所具有的独特法律文化密切相关。二是两种程序分别设定了不同的发现真实的方式和途径：审问式程序依赖于法院主导进行的官方司法调查，对抗式程序则凭借那种由当事人主导进行的法庭对抗。[1]

这种影响极大的刑事程序模式划分标准引起了一些学者的批评。有人认为这种划分只具有有限的可取性，因为它不能涵盖上述两种程序实际具有的一些核心特征，如对抗式程序中的陪审团参与审判等问题；它也不能对两大法系刑事程序之间所存在的其他一些差异作出圆满的揭示。"它只是一种纯理论上的模式划分方法"，无法用来对两种程序的实际运作方式作出全面的比较分析。

---

[1] Jeffrey J. Miller, Plea Bargaining and Its Analogues under the New Italian Criminal Procedure Code and in the United States, 22 *N. Y. U. J. Int'L L. &Pol.* 215 (1990).

美国的达马斯卡（Damaska）教授提出了一种可用以替代上述划分方法的新标准。这种划分旨在通过考查和比较两大法系国家公共官员的态度、官员间的关系以及官员们用来制作判决的方式等因素，来对刑事程序作出解释。根据这些标准，大陆法系国家刑事程序采取的是一种"等级式结构"（hierarchical structure），英美法系国家则采取了一种可称为"对等式结构"（horizontal structure）的程序。达马斯卡认为，这种模式划分方法可以解释两种诉讼制度的更多特征，如为什么一种制度极为重视司法人员的职业化和官方的书面文件，而另一种制度却强调非职业陪审员和口头证言，等等。等级式模式以权力的集中化为特征，这种集中的权威可以产生一种"制度性思想（institutional thinking）。在欧洲大陆各国，法官和检察官一般沿着相同的途径升迁，并承担着非常专业化的任务。这种制度严格划分法官的等级并要求判决尽可能由更高一级法院进行审查。为便于审查，各级法院还保持了书面卷宗移送的制度。不仅如此，等级式程序还设有旨在确保司法判决专业化和统一化的程序规则，使法官的自由裁量权受到严格的限制。与此相反，对等式模式则缺少前一模式那种严格等级化的特征，而保留了权力机构的更大自治性。法官、检察官和陪审团所作的决定或裁判往往代表其个人的观点。法官和陪审员的裁断依当庭提出的口头证言作出，因而被认为更接近于案件的真实情况。上诉审查和再审只是极为有限的例外。另外，对等式程序也没有过于技术化和专业化的程序规则。①

达马斯卡的理论在比较两大法系刑事程序方面似乎偏离了主题，因为它太注重司法机关内部的组织特征了。这些组织特征对程序的运作确实会产生一些影响，但并不能代表一种程序的核心特征。看来，达马斯卡并没有为审判程序模式的划分设定科学的标准。

美国的米勒（J. Miller）教授最近又提出了一种新的程序模式划分理论。他通过分析一些传统的大陆法系国家在移植了对抗式程序后所出现的一些涉及法律传统冲突的问题，对两大程序模式——审问式和对抗式——所赖以建立和存在的基础进行了分析和比较。他认为，"文化"是指一个国家的宪法和政治文化，它在一国刑事程序的发展演变过程中产生着巨大的影响。"传统"则是指一国的法律传统，它能够解释刑事程序中的主要诉讼角色（如法官、检察官等）经长期司法实践而在行为方式上所具有的特殊性。"法律文化

---

① Jeffrey J. Miller, Plea Bargaining and Its Analogues under the New Italian Criminal Procedure Code and in the United States, 22 *N. Y. U. J. Int'L L. &Pol.* 215(1990).

传统不仅对两大法系程序模式的形成产生了极大作用,而且还制约着程序的发展。当不同法系的国家相互移植对方的程序时,法律文化传统就会发生作用和影响,以至于对司法改革产生阻碍作用。"①

从总体上看,上述程序模式划分理论并没有真正解决刑事审判模式划分标准的设定问题。它们实际上分别强调了某一方面的标准:第一种理论过于强调程序运作过程的特征,而对这种运作过程又没有提出具体的区分标准和尺度;第二种理论则过分注重司法机关的内部组织形式及相互间的关系,对程序参与者之间的关系模式却未作任何揭示;第三种理论强调了法律传统因素对程序的形成和发展所具有的重大影响,提示人们在研究程序模式时不可忽略法律传统这一因素的影响力和作用,但这一理论并没有将法律文化传统明确设定为划分刑事程序模式的标准。

在笔者看来,刑事审判模式的构成要素主要有三个:一是刑事审判程序在历史上的来源与发展;二是体现刑事审判程序核心特征的诉讼控制权分配情况;三是在刑事审判程序背后起着支配和制约作用的基础性价值观念和思想。这些要素事实上可以成为刑事审判模式的划分标准。

首先,作为一个国家法律制度的组成部分,刑事审判程序在各国都有其不同的起源、演变和发展情况,它在很大程度上要受制于一国法律制度所属的法律体系的特征。一般而言,属于同一模式的刑事审判程序往往在其形成的初期即有着相同或相似的历史渊源,或者相互间发生过明显的相互移植和吸收,而且这些程序所分别隶属的法律制度在本质上又属于同一法律体系。例如,美国和英国的法律制度由于历史的原因,同属于英美法系,它们的刑事审判程序在发端之际即有着共同的历史渊源,并受相同法律传统的影响,因此属于同一种程序模式。与此同时,属于不同模式的刑事审判程序也往往在其形成的初期即有着截然不同的历史渊源,它们在长期的演变中形成了各具特色的程序样式。例如,人们在分析英国和法国法律制度的差异时,很容易将此归结为两者在历史渊源上的不同:后者受罗马法的影响较大,前者则几乎没有受到这种影响,而保持了一种相对独立的发展形式。英法两国的刑事审判程序也受这一因素的影响,从而形成了两种不同的模式。

其次,法官、检察官和被告方在诉讼控制权方面的分配问题是对刑事审判程序本质特征进行概括和抽象时所要考虑的最重要因素,也是对刑事审判

---

① Jeffrey J. Miller, Plea Bargaining and Its Analogues under the New Italian Criminal Procedure Code and in the United States, 22 *N. Y. U. J. Int'L L. &Pol.* 215(1990).

程序模式进行划分所要依据的主要制度因素。实际上，诉讼控制一般可划分为两个方面：一为裁判控制（control over the decision），二为程序控制（control over the process）。"裁判控制"可以通过确定法官、检察官和被告人三方中的任何一方对裁判结果的最终决定和影响程度加以测定。例如，法官在不与控辩双方协商的情况下单独发布一项旨在确定被告人刑事责任的命令或裁判，这可以视作法官拥有完全的裁判控制权。又如，检察官与被告人或辩护律师私下经过协商、妥协，达成有关被告人刑事责任问题的协议，双方一致同意不再举行法庭审判，法官直接以双方协议的内容作为裁判的内容。在这种情况下，控辩双方实际上拥有完全的裁判控制权。所谓"程序控制"，是指法官、检察官、被告人三方对作为法庭裁判基础的证据在提出和调查方面的控制程度。如果在某一审判程序中，控辩双方有权决定证据调查的范围、方法和顺序，直接向法庭提出各项证据，并主导着对各项证据的评价和采纳，那么我们可以说他们实际上拥有着相当大的程序控制权。相反，如果法官自行决定调查证据的范围，有权自行收集证据、传唤证人，并在法庭亲自询问证人，出示书证和物证，控辩双方必须取得法官的同意方能提出证据或向某证人询问，那么，法官实际拥有很大程度的程序控制权。"裁判控制"和"程序控制"是诉讼控制的两项基本要素，它们有着内在的关联性。法官或者控辩双方一旦同时对证据调查和裁判制作拥有完全的决定权，即拥有完全的诉讼控制权。

通过分析法官、检察官和被告人在裁判控制和程序控制方面的分配情况，我们可以抽象出某一刑事审判程序在运作方面的本质特征。同时，我们在比较两种刑事审判程序时，也可以对诉讼各方所发生法律关系的共性特征略而不问，而专门分析和比较法官和控辩双方在程序控制和裁判控制方面所发挥的实际作用。某两种刑事审判程序即使在其他方面有一定的差异，但如果在诉讼主体对裁判和程序过程的控制上表现出相同的特征，我们即可以将它们归入同一种审判模式。因此，刑事审判程序模式的这一种划分标准实际又可分为两个相互联系的方面：（1）法官、检察官和被告方对法庭裁判结果的控制和影响程度；（2）法官、检察官和被告方对法庭证据调查和采纳过程的控制和影响程度。当然，这里所说的"法官"是广义上的裁判者，即有权对程序事项和实体结局作出裁断的诉讼主体，而不只是代表国家行使审判权的职业司法官员。

再次，作为刑事审判模式的最后一项构成要素，基础性价值理念是十分重要，也是极易受到忽视的。一种刑事审判程序经过司法改革可以在运作方式上有所变化,作为其表现形式的原则和规则也可能有所增、删、改,但是这些基础理念潜藏在程序的背后,构成了这一程序赖以存在并对该程序发生着决定性影响的持久性、稳定性因素。某两种刑事审判程序之所以具有不同的本质特征并被分别归入不同的模式之中,是因为它们背后都有着某些独特的价值观念和诉讼理念。在这些"形而上"的理念的作用下,某一刑事审判程序的基本特征可以得到长期的保持,并与其他属于同一模式的审判程序具备相同的运作方式。

将现代西方各国的刑事审判程序划分为对抗式和审问式这两大基本模式,是中外学者早已熟悉并为人们广泛接受的程序模式划分方法。在以下的论述中,笔者拟根据上述三项划分标准,对两个基本模式的本质特征、历史渊源及其基础理念作一深入的揭示和比较。

3.2 对抗式审判模式

传统上,英美法系国家的刑事审判被称为对抗式审判(the adversarial trial)。对抗式审判实际上是一种由控辩双方主导进行,法官作为仲裁者确保双方遵守规则的竞赛(contest)。美国的达马斯卡教授曾对对抗式审判下过一个著名的定义:"理论上处于平等地位的对立双方在有权决定争端裁决结果的法庭面前所进行的争斗"。[1] 基顿教授也认为,对抗式"审判是不相一致的事实陈述和法律理论之间的竞争"。[2] 在以下的论述中,笔者拟按照划分刑事审判模式的三项标准,对对抗式审判程序作一系统的分析。

3.2.1 对抗式审判的形成

作为盎格鲁—美国法律制度的重要组成部分,对抗式审判最早出现于英格兰和威尔士。其历史可追溯至诺曼底公爵对英国的征服时期。在11世纪以前的英国,几乎所有法律争端都以两种方式解决:一是宣誓断讼(a wager of law),二是神明裁判(trial by ordeal)。在前一种解决方式中,被指控犯有罪行或负有债务的人必须提出旨在使自己免负法律责任的宣誓。并为此提出一定数量的"宣誓协助者"(compurgators, oath-helpers),而且由后者作出支持被

---

[1] Jenny Mcewan, *Evidence and the Adversarial Process*, Blackwell Publishers, 1992, p. 4.
[2] 〔美〕乔恩·R. 华尔兹:《刑事证据大全》,何家弘等译,中国人民公安大学出版社1993年版,第7页。

告人的宣誓。如果被告人提出了法律所要求的 12 名"宣誓协助者",他就会被免除法律责任。这种争端解决方式建立在这样一种假定基础之上,即对上帝的恐惧将阻止任何人作出错误和虚假的宣誓。而在后一种争端解决方式中,被告人是否有罪须通过考察他能否受到身体的伤害而得到验证。被告人一般被要求手持滚烫的铁具行走一段距离,或者从滚沸的水中抓取一些石块,或者赤脚从燃烧的木炭上行走。如果他被烫伤或烧伤,裁判官即可据此认定他有罪。因为人们确信,上帝能够帮助无辜者免受上述伤害。

现代对抗式审判的种子是在 11 世纪初由诺曼底人通过征服带到英国去的。他们引进了两种制度:一是由争端双方通过自行攻击的方式解决争端的制度,二是由若干名公正无私的公民发现事实真相的制度。这两种制度成了现代对抗式审判得以确立和发展的基础。

对抗式审判的最早形式是决斗裁判(trial by battle)。这种裁判方式尽管仍建立在所谓"上帝能够帮助诚实的一方取得决斗的胜利"这样一种非理性的假定基础上,但它第一次要求争端双方以面对面对抗的方式共同参与争端的解决。司法决斗一般被用于解决有关土地所有权归属的争端。双方可以选择自行实施决斗,也可以各自指定一名斗士代其实施。尽管决斗裁判制度后来逐渐遭到废除,但是这种争端各方均应拥有一个平等的机会为其本人的利益而斗争的思想却在英国刑事审判制度中保留了下来。

诺曼底人所作的更为重要的改革是确立了由被告人熟识的人(recognitors)制作法律裁判的制度。在这一制度中,政府事先召集 12 名被告人的邻人或其他熟识的普通公民对被告人是否犯有被控罪行以及应否承担法律责任等问题进行裁断。这 12 名公民通过听取各方的口头陈述和证据制作裁判。这样,过去那种所谓"上帝能阻止错误宣誓"的信念被以下的理念所代替,即公正无私的听审更能够确保真相的揭示和正确裁判的作出。这一制度通过赋予各方对怀有偏私的裁判者申请回避的权利,并要求裁断的成立建立在 12 名裁判者一致同意的基础上,使裁判的公正性和客观性得到有效的保障。最初,这 12 名裁判者同时担当着证人、陪审员和法官的角色。他们负责提供证言,并听取各方就争议事实所作的陈述,然后就争议作出权威的裁断。到了 13 世纪,职业律师开始在英国出现,他们可以代为当事人进行诉讼行为,向陪审员解释其当事人的诉讼请求。在 14 世纪,由陪审员以外的人提供证言的做法已十分普遍,陪审员的数量已固定为 12 名,而且裁判一般须由全体陪审员一致同意方能制作和生效。到 15 世纪,大多数证据一般均须在公开的法庭审判中提出,证人可由法官和陪审员自由地询问。律师有权在法庭上作有关案件事实的开头陈述。在 16 世纪,陪审员除在公开法庭上作出宣誓以外,已很少再充当证人的角色。同时,一些旨在规范证人证言效力的证据规则开始建立。陪审员们尽管仍来自被告人的邻居,但他们并不一定了解案件事实。不仅如此,法官向陪审员们就法律问题作出专门指示的实践也开始得到发展。

经过几个世纪的演变,英国的陪审团审判制度已开始呈现一些新的特征:律师代表当事人进行诉讼;宣誓证人根据证据法规则提供证言;法官就法律问题向陪审团作出指示和提供指导;从被告人所在地区选择出来的 12 名陪审员决定案件的事实真相和适用法律,并作出全体一致同意的裁断。但这时的审判程序也有一些与现代审判制度不同的特征,如刑事案件中的证人只能由法庭传唤,传闻证据可被采纳为定案的根据,等等。

随着英国向海外的扩张,陪审团审判制度也在各个殖民地得以确立起来。尤其在美国独立以后,这种审判制度得到了前所未有的发展。在 18 世纪,陪审团审判制度日趋完善,已开始具备以下三个方面的新特征:(1) 控辩双方对证人实施交叉询问的程序开始确立,有关主询问和反对询问的规则开始出现;(2) 刑事被告人有权向法庭传唤证人、提出证据;(3) 被告人在审判过程中有权获得律师的协助。到了 19 世纪,英美刑事审判程序已基本具备了现代对抗式审判模式的特征:控辩双方有权选择陪审团组成人员,向法庭提出证据,在公开法庭上作出陈述,对证人实施交叉询问,并且在审理结束时对本方的观点和证据作出总结性陈述。不仅如此,律师在刑事审判中的作用越来越重要,检察官和辩护律师事实上成为对抗式审判的主导者和控制者,法官和陪审员在调查证据方面的积极作用也逐渐消失了。

3.2.2 对抗式审判制度的主要特征

对抗式审判与陪审制度是一对"孪生儿",它的许多特征都与陪审团的参与密不可分。在英美对抗式审判中,案件的事实和法律问题是明确地分开的。刑事审判程序也因此相应地分为两个阶段,即事实裁断阶段和法律适用阶段。对抗式刑事审判所要解决的核心问题是被告人是否有罪这一事实问题。对这一问题,陪审团拥有最终的裁断权。法官有权在陪审团作出有罪裁断后就有关法律问题——如量刑等——作出判决。对抗式审判模式一般仅适用于事实裁断阶段。在这一阶段,对抗式审判开始进行的前提是被告人自愿选择了无罪答辩(plead innocent)。由于受到无罪推定原则的保护,被告人不负证明自己无罪的责任,检察官则负有不可转移的证明被告人有罪的责任,并须将这一点证明到"排除合理怀疑"的程度,从而推翻无罪推定,说服陪审团作出有罪裁断。因此,对抗式审判的核心问题实际是检察官能否向陪审团证明被告人有罪。这样,对抗式审判具有以下几方面的特征:

3.2.2.1 法官保持消极仲裁者的地位

法官一般不参与收集和调查证据,也不单独提出证据,他甚至极少对证人进行询问。法官对控辩双方所提出的证据的可采性拥有"否决权"。他在法庭审判过程中的主要作用在于确保当事人双方在提出证据、询问证人和进行质证、辩论时严格遵守包括证据法规则在内的程序法规则。例如,控辩双方提出的某项证据如果属于传闻证据或者法律禁止采纳的其他证据,法官须将这种证据排除于法庭调查范围之外,以防止它对陪审团成员造成误导。又如,控辩双方如果在对证人进行主询问时提出了可诱使他作出某一特定回答的问题,法官也有权对这种问题进行制止或干预。

由于法官在庭审过程中处于消极仲裁者的地位,他在庭审前一般很少受到任何一方证据、观点的不当影响。法官几乎从不对证据作任何庭前调查,他甚至并不接触控诉方的案卷。在英国陪审团审判程序中,法官一般会收到控诉方准备在庭审中出示的记载证据目录和简要情况的书面材料。在美国,法官不接受控诉方移送来的案卷,但他也可能在庭审前的听证会上预先获悉双方将在审判中提出的证据的情况。但是,法官因此而受到不当影响的可能性很小,因为有权对双方证据作出评价以及对案件作出权威性裁断的是陪审团,而不是法官。

3.2.2.2 控辩双方控制着证据调查程序

被告人尽管是极为重要的当事人,但实际与检察官展开积极对抗并控制庭审程序的是他的辩护律师。对抗式审判之所以被视为控辩双方之间的竞赛,是因为双方都提出了各自有关案件事实情况的"一面之辞"(ones own case)。在庭审过程中,检察官和辩护律师所要做的就是向陪审团充分阐释自己对案件事实和法律结论的观点,并通过提出自己一方的证据来证明上述观点的可成立性和合理性,同时对对方的"一面之辞"进行反驳和证伪。双方为了说服陪审团接受自己的"一面之辞",会积极主动地以证人证言、专家鉴定以及实物等形式收集对自己有利的证据,并在庭审过程中依次以最有利于展示自己"一面之辞"的方式向法庭提出这些证据。对于任何一方提出的证人，双方均可以对其实施交叉询问。

交叉询问程序是对抗式审判的核心，也是检察官和辩护律师控制法庭审判程序的关键环节。在交叉询问过程中，控辩双方的活动只要没有违反证据法规则或其他程序规则，法官即不得对其进行干预和控制。所谓"交叉询问"，是指对抗式审判中控辩双方主导调查证人证言的一种方式。交叉询问一般按照主询问（direct examination）、反对询问（cross-examination）、再询问（redirect-examination）和再反询问（recross-examination）的顺序进行。主询问一般由提出证人的一方对证人进行询问，这种询问以问答的方式进行，目的在于使证人所了解的一切有利于自己一方的事实充分地展示在法庭上，并避免使证人作出任何不利于自己一方的证言。反询问则由对方向对其不利的证人进行反驳性询问。反对一方通常对证人在主询问中已作的陈述再次进行询问，以发现证人证言的矛盾之处以及证人隐而未提的事实。反询问的最大功能在于从不利于自己一方的证人口中找出对自己有利的事实，揭露对方证人的虚假证词，使陪审团对该证人的可信性及其证言的证明力产生怀疑。再主询问则是由提出证人的一方针对反询问中暴露出的问题作补充性询问，目的在于维护本方证人的可信性及其证言的证明力。这种交叉询问依情况需要可进行若干次，直到双方不再提出新的问题。通过交叉询问，检察官和辩护律师基本上控制了证据的提出和调查过程。

3.2.2.3 被告人在庭审中的角色

在对抗式审判中，被告人可以通过两种方式参与和控制法庭审判程序：一是行使不受强迫自证其罪的特权，始终保持沉默。在这种情况下，任何一方均不得对被告人进行询问，法官也不得从这种沉默中向陪审团作出任何不利于被告人的评论。二是自愿放弃沉默权，充当自己一方的证人。在这种情况下，被告人必须接受检察官和辩护律师的交叉询问，但他首先应由辩护律师实施主询问。被告人在询问中可以在律师帮助或提示下提供旨在支持自己一方"一面之辞"的陈述，并在不受法官调查性讯问干预的情况下强调有利于辩护的方面。检察官只有在主询问完毕后，才能开始进行反对询问。在英美对抗式审判中，被告人必须在检察官结束自己一方的举证之后，才能提供证言，但他可以根据辩护律师的意见选择作证的时机，以便对控诉方的证据和指控进行及时有效的反驳。

总体而言，在英美对抗式审判过程中，陪审团尽管控制着对事实问题的裁断权，但它对法庭审理程序没有任何控制权。检察官和辩护律师在提出证据、询问证人和进行证据评论方面起着主导作用，因而对作为裁判根据的事实形成过程拥有极大的控制权。他们尽管无权对案件事实作出裁断，却能说服陪审团接受自己的主张和论据，因而对陪审团的事实裁断发挥着较大的影响力。法官对案件事实的裁断不拥有控制权，但他拥有对法律适用问题的决定权。在对抗式的事实裁断程序中，法官只拥有一部分程序控制权。他有责任确保控辩双方在举证、调查、询问和辩论中遵守法律规则，并就有关法律问题向陪审团作出法律指示。被告人作为案件的当事人，主要由辩护律师代表他完成对审判程序和陪审团裁断结果的控制。因此没有辩护律师的参与，被告人将无法实施这种控制，对抗式审判程序将无法正常地运转。

3.2.3　对抗式审判模式的基础理念

对抗式审判程序赖以建立的第一个理念是"公平竞争理论"（the sporting theory of justice）。根据这一理论，国家与被告人个人之间发生的刑事争端应由检察官与被告方通过直接的对抗或竞争而解决。作为对抗式审判最初形式的决斗裁断程序，事实上已经包含了当事人双方直接主导解决争端过程的因素，因而体现了公平竞争或争斗的观念。陪审团审判制度的产生，使双方的竞争从形式上发生变化：双方从原来的武力争斗变为理性的对抗，即双方当事人在作为裁断者的陪审团面前展开理性的交涉和说服活动，他们的争斗武器已不再是刀剑和盾牌，而是有利于自己一方的各种证据。也正是在"公平竞争理论"的影响下，控辩双方各有自己的有关案件事实和法律结论的"一面之辞"。

随着人类程序正义观念的发展，"公平竞争理论"的具体含义也逐渐发生了相应的变化。例如，根据这一理念所产生的所谓"控辩双方不得为对方提供攻击和防御的武器"的观念，已不再被英美等国所遵守。被告人先悉权的产生和发展即为具体的例证。"公平竞争理论"事实上已开始由一种新的程序正义观念所补充。英美对抗式审判中控辩双方对抗性的减弱以及法官对程序控制程度增强的发展趋势，即说明了这种理念上的变化。但是从目前的情况来看，"公平竞争理论"仍不失为对抗式审判模式的一项基础理念。

对抗式审判模式赖以存在的第二个理念是一种建立在高度尊重个人主体性基础上的程序正义观念。这种观念有两项基本要素：一是作为司法裁判者的法官须尽量减少对裁判制作过程的控制和介入，保持消极的中立；二是个人有权通过积极、主动和广泛的程序参与来维护自己的权益,有权自行选择和处分自己的前途和命运。这两项要素的产生归根结底来源于古典自由主义政治哲学的影响。一些美国学者认为,对抗式审判程序深深地扎根于这种自由主义政治理论的基础上。这种由控辩双方在裁判者面前展开积极对抗的制度,要比那种由法院对裁判制作过程实施广泛官方控制的制度具有更大的公正性。

从历史上看,英美法官所拥有的极为有限的程序控制权源于英美人对"公共官员的不信任"以及对司法官员"滥用权力、压迫个人的恐惧"。尤其在美国,人们不愿赋予政府官员对个人事务和自己生活实施广泛控制和干预的权力。美国人的诉讼观念是宁肯自己主动选择不利的裁判结果,也不被动地承受公共官员强加给自己的有利结局。如果法官过分热心于追求事实真相,或者过多地介入到证据的提出和调查中,他们就会对个人在控制程序、选择诉讼结局方面的自主性造成限制,并且失去其中立、冷静、客观的裁判者形象,以至于产生对个人不利的偏见、预断。因此,法官的中立不仅意味着从态度上保持对控辩双方一视同仁,而且更意味着不介入双方的争辩和对抗过程,甘当一种维持秩序和判断孰胜孰负的仲裁人。只有这样,刑事被告人才能通过与检察官展开充分对抗而自行争取一种有利的结局。英国的培根勋爵即指出:"听审的忍耐和庄重是公正的必要因素,法官言多必失。"

此外,根据一些西方学者的解释,对抗式审判制度还建立在一种独特的裁判哲学基础之上。美国学者L.富勒将这种哲学称为"相对哲学"。根据这一哲学观念,刑事案件的事实真相不应由一名裁判官员单独、积极地去探究,而应由那些与案件结局有着直接利害关系的诉讼各方从有利于自己的角度通过对抗而得以揭示。在一个典型的对抗式审判程序中,控辩双方所进行的活动旨在说服裁判者接受其"一面之辞",以求获得有利于自己一方的诉讼结局,而不是以一种超然的方式报告案情。他们"不是像一个珠宝商,慢慢地在光线下转动钻石,使它的每一片小平面都全部显露",而是"好比把钻石稳定于一个角度,使它单独的一面特别惹人注目"。换言之,控辩双方的职责在于帮助法官和陪审团成员分别从不同甚至完全相反的两个角度看待和处理案件。这样,对抗式审判就没有被设计成一种由法官积极调查事实真相的司法调查程序,而是尊重双方在追求有利的实体利益目标方面的积极性和主动性,使事实真相在双方的对抗中得以显露。正如德维林(P. Devlin)教授所描述的那样:"获得案件事实真相的最佳方法是让每一方参与者都能主动寻找事实:在这两方面的事实对抗中,双方会将真相真正揭示于天下……两个与案件结局都有着利益牵连的探索者分别从正反两个方向开始搜寻事实真相,这要比那种仅由一名公正的探索者从田地的中间开始查明真相更不可能丢失任何方面。"①

不仅如此,相对哲学还认为,控辩双方的对抗事实上还可以抑制裁判官员的不当预断和偏见,迫使其从两个不同的角度审查证据和认定事实。一些来自实务方面的材料显示,在那些不采取对抗式审判的情形下,裁判官员大都有在调查早期即对被告人有罪与否形成判断的心理倾向,并在以后遇有与其冲突的情况下仍维持其原有结论。由控辩双方主导的对抗式审判"似乎是唯一有效的对策,借以抵御人们借熟识事物对并未完全清楚的事物作过分轻率结论的人性之自然倾向"。而且双方的辩论"等于使案件置于正反两方面意见之间悬而未决",直到裁判者可以"探索它的一切特性和微妙差别"为止。

3.3 审问式审判模式

审问式审判模式是现代大陆法系各国所采取的刑事审判模式。在西方学者的著述中,"审问式"审判有时与"纠问式"程序发生混淆(两者在英语中均表述为 inquisitorial system),但两者实际存在着本质上的差异。德国学者赫尔曼就此写道:"对于那些不十分熟悉德国刑事程序的外国人来说,'inquisitorial'一词可能会(事实上已经)造成一些误解。它可能在暗示人们德国似乎还在实行那种秘密进行的法庭程序:法官拥有不受限制的调查权,被告人没有律师的协助,也不受无罪推定原则等的保护。实际上,在以前的时代,这种类型的程序的确在德国和其他欧洲大陆国家存在过。但是,在19世纪上半叶,原有的古老纠问式程序已被一种革新的纠问式程序(reformed inquisitoral system)所代替,后一种程序建立在自由主义、人权以及启蒙哲学基础之上。"②因此,"inquisitorial 这一术语已不能再适用于这种革新的程序上了。原来那种广泛的司法权已经受到严格的限制,被告人的权利受到保护"。这种所谓"革新的纠问式程序"就是指"审问式"程序,又称为"职权主义"。

---

① 〔美〕哈罗德·伯尔曼:《美国法律讲话》,陈若桓译,三联书店 1988 年版,第 14 页。
② 转引自赫尔曼在美国芝加哥 De Paul 大学所作的学术演讲稿,中国政法大学图书馆收藏。

3.3.1 审问式审判的形成

毫无疑问,现代审问式审判程序是经过对古老的纠问式程序的改革而发展起来的。这种审判模式最早出现于法国 1808 年颁布的《刑事诉讼法典》(Code d'instruction Criminelle),并在 19 世纪中后叶逐渐为欧洲大陆各国所广为接受和采纳。[1] 在各国相继颁行的刑事诉讼法典中,一种被后世学者称作"混合程序"(mixed system)的刑事诉讼程序得到了确立。在这种程序中,诉讼的第一阶段预审(insruction)保留了纠问式程序的许多特征,而审判阶段则采纳了控诉式程序(accusatory procedure)。[2] 审判程序根据控诉原则建立了诉讼职能区分与制衡的机制,并采取了公开、直接、言词和辩论的审判方式。但是,在大陆法系各国浓烈的法律传统作用下,这种新的刑事审判程序虽从对抗式审判模式中移植而来,却并没有走向对抗式审判模式。因为作为裁判者的法官仍保留了较多的司法调查职责,这一审判程序仍建立在"职权调查原则"(principle of ex officio inquiries)和"实体真实原则"(principle of material truth)的基础上。根据前一原则,法院在检察官提起公诉后,可依职权继续从事收集证据和调查事实的工作。法院为对案件作出最终的裁判,须亲自收集和发现能够使案件事实真相得以揭示的证据和事实,而不受控辩双方所提供的证据的限制。根据后一原则,法院在审判中有权独立地探究事实真相,而不受检察官一方就案件的事实认定和法律适用所作结论的束缚,并为此对有利和不利于被告人的事实予以全面的同等重视。这样,这种新的审判程序实际就具有了法官在控辩双方协助下独立进行司法调查的模式。

从审问式审判模式形成至今,尽管大陆法系各国的刑事司法制度经历了无数次的改革和变化,但这一模式的基本特征仍得到一定程度的保留。第二次世界大战结束以后,伴随着各国加强刑事诉讼中人权保障运动的深入开展及其影响的逐步扩大,一些大陆法系国家开始了移植对抗式审判程序的新尝试。但这些国家的刑事审判程序仍保留了许多审问式审判程序的传统特征。迄今为止,尚没有哪一个大陆法系国家彻底抛弃审问式程序,而完全采行那种建立在陪审团审判基础上的彻底的对抗式审判模式。同时,在一些典型的大陆法系国家(如德国和法国),审问式审判模式仍然得到实行并得到不少学

---

[1] Esmein, *A History of Continental Criminal Procedure*, Little Brown&Company, 1913, pp. 393-478.

[2] Mireille Delmas-Marty, *The Criminal Process and Human Rights: Towards a European Consciousness*, Martinus Nijhoff Publishers, 1995, pp. 5-9.

者的肯定。

3.3.2 审问式审判模式的传统特征

与对抗式审判模式不同,审问式审判被视为一种"对客观事实的司法性调查"活动(judicial quasi-scientific search for the truth)。审问式审判的核心问题是由法官依职权查明案件的事实真相。与英美陪审团审判不同,大陆法系国家的审判并没有所谓事实裁断与法律适用的两个阶段区分,法官将对事实的认定和法律适用问题通过一次连续的法庭审判一并予以裁决。非职业法官尽管可以与职业法官一起组成所谓"陪审法庭",但他们并没有职能上的区分,而拥有同样的裁判权:既要对被告人是否有罪问题作出裁断,也要对有罪被告人的量刑问题作出裁决。据资料介绍,非职业法官由于不熟悉法律,他们不得不听从职业法官向他们就法律适用和程序运作等问题所作的指示。结果,非职业法官对法庭有关定罪量刑的裁决只能发挥极小的影响力;如在德国,他们对定罪问题的影响程度仅为14%,对量刑问题的影响则为6.2%。[①] 这样,职业法官(尤其是主审法官或首席法官)实际上主导着法庭的审判。受上述因素的影响,审问式审判模式具有以下几个方面的典型特征:

3.3.2.1 法官主导和控制着证据调查程序

在审问式审判中,法官的职责是采取一切必要手段来确定被告人是否犯有被指控的罪行。德国《刑事诉讼法典》规定:"为了调查事实真相,法院应当依职权调查一切对裁判有意义的事实和证据。"(第244条)法国《刑事诉讼法典》则要求法官"本着荣誉和良心",采取自己认为有利于查明事实真相的一切措施(第310条)。法官(或法庭的主审法官,下同)有权决定证据调查的范围和顺序。法官在庭审前一般详细阅览了检察官的案卷材料,了解了检察官用以支持其指控的证据,然后确定对案卷中所记载的证据的调查方法。被告人调查证据的请求一般可在庭审前提出,但这种请求须经过法官的审查。只有法官确认被告人要求调查的证据符合法定条件时才能将其纳入调查的范围。在庭审开始之前,法官一般还要对那些已列入调查范围的证人进行传唤,对书证和物证也要进行必要的保全、搜查、扣押等措施。对那些因法定理由不能出庭作证的证人,法官还要进行必要的庭外调查。不仅如此,检察官和被告方在审判过程中提出新的证人或要求调查新的证据,一般也须由法官

[①] 〔德〕赫尔曼:《中国刑事审判改革的模式》,1994年北京刑事诉讼法学国际研讨会论文。

审查决定。

法官负责提出和调查各项证据。在庭审过程中,法官按照庭审前确定的调查顺序,依次在法庭上提出各项证据:讯问被告人,出示物证,宣读书证,亲自询问证人、鉴定人。检察官、辩护人必须取得法官的许可,然后才能向被告人、证人、鉴定人发问。在法国重罪法庭的审判中,检察官和辩护人甚至不能直接向证人提问,而必须请求职业法官代其进行询问。这样做的目的在于防止控辩双方的询问干扰法官为发现事实所采取的策略和计划,以免对非职业法官造成判断上的误导。在德国,主审法官一般允许法庭其他成员、检察官和辩护人向证人、鉴定人和被告人提出问题,也给予被告人同样的权利,但这种提问不得导致这样一种后果:使审判长对被告人、证人和鉴定人的整个询问受到削弱。

法官如果认为某一证据对于调查事实真相确有必要,而它又没有被控辩双方提出,他有权自行提出和调查。换言之,法官在调查证据方面不受控辩双方所提证据范围的限制。德国《刑事诉讼法典》规定:"法庭主审法官可以依职权调取其他作为证据的物品。"(第 221 条)法国《刑事诉讼法典》规定:"在审理过程中,庭长可以传讯任何人,必要时用拘票拘传到案,或者根据庭审情况使人提交自己认为有利于查明事实真相的一切新证据。"(第 310 条)

3.3.2.2 控辩双方在证据调查程序中居于次要和辅助地位

与对抗式审判不同,检察官与被告方在审问式审判中并没有自己独立的"一面之辞"。由于法官负有依职权查明真相的责任,控辩双方只能充当消极和辅助的角色。在一些德国学者的著述中,庭审中的检察官和辩护方甚至被称为一般的诉讼参与人(德 Verfahrensbeteiligt),而不是当事人(德 Parteien)。①

检察官与辩护人向法庭提出的证据调查请求必须取得法官的同意,他们一般无权直接向法庭提出实物证据,也不得直接传唤证人并实施询问。在庭审过程中,几乎所有书证和物证都由法官主动出示,所有证人、鉴定人、被告人均由法官首先实施询问,检察官和辩护人只能作一些补充性提问,因而无法对证人实施充分的反对询问。对于法官依职权主动传唤的证人,检察官和辩护人甚至没有机会实施交叉询问,这种证人所提供的证言往往在得不到双方充分审查的情况下即成为法官裁判的根据。在审问式审判中,由控辩双方

---

① 〔德〕赫尔曼:《中国刑事审判改革的模式》,1994 年北京刑事诉讼法学国际研讨会论文。

主导的交叉询问一般是被法律所禁止的。德国《刑事诉讼法典》尽管作出了有关由检察官和辩护人联合向法官申请实施交叉询问的规定(第239条),但这种申请在德国刑事审判实务中几乎从没有提出过,这一规定事实上从未得到实施。在任何情况下,控辩双方对被告人本人或法庭自行发现并传唤到庭的证人,均不得实施交叉询问。

在审问式审判中,检察官被视为与法官具有同等地位的司法官员,他负有查明事实真相和维护司法正义的责任。检察官在庭审中与其说处于公诉人的地位,倒不如说是法官查明事实真相的协助者。他并不把追求本方的"胜诉"——使被告人受到定罪判刑——作为活动的唯一目标,而可以提出有利于被告人的主张、证据或申请。在一些特定情况下(如德国的强制起诉),检察官甚至并不与被告人处于相互对立的地位,控辩双方也不进行直接的对抗活动。在实施追诉方面,检察官一般处于十分消极的地位,他的公诉活动往往受到较大的限制,因为法官掌握着他的卷宗,他一般也不拥有案卷副本,案卷中载明的证据由法官提出、传唤、出示和调查。另外,对于作为积极调查者和裁判者的法官,检察官无法通过举证、论证、辩论等方式说服他接受控诉主张。对于被告人是否有罪的问题,法官会通过自行调查形成清晰的主观认识,而没有必要听从检察官的过多论证和说服。

3.3.2.3 被告人的作用

审问式审判通常以法官讯问被告人作为法庭调查开始后的第一项活动。从理论上讲,在法庭调查其他证据之前获得向法官作出陈述和申辩的机会应视为被告人的一项特权。但这项特权往往会赋予被告人一种责任:他不得不对一项尚未得到证实的指控进行抗辩。与此同时,法官不仅利用这种讯问给予被告人进行辩解和申明观点的机会,而且还能将它作为从被告人口中获取尽可能多的陈述的手段。这样,被告人事实上在庭审的开始即面临一种心理压力:他不得不针对指控证明自己无罪。

在德国和法国,法官对被告人实施讯问之前,一般会告知他有权拒绝回答任何问题。但由于上述心理上的原因,被告人只在很少的情况下才行使沉默权。被告人往往担心,如果拒绝回答法官的讯问,他将冒犯法官,并将招致法官对其判处较重的刑罚,或判定他的行为构成了较严重的罪行。

当然,被告人在审问式审判中仍始终拥有不受强迫自证其罪的特权,他没有义务向法官作出对自己不利的陈述,他的有罪供述只有在他自愿作出的情况下才能作为证据。这些都有助于维护其诉讼主体地位。被告人可以选择保持沉默,从而由其辩护律师代其实施对法庭调查程序的参与和有限控制;他也可以选择积极的防御者角色,与其辩护人一起参与庭审,影响法官的裁决结果。但被告人始终不具有证人的身份,控辩双方也不得对其实施交叉询问。在德国和法国,被告人即使没有律师的协助,审问式审判也照样能够顺利进行,因为法官作为积极的调查者,在一定程度上能够对被告人利益予以适当的保护。

综合上述三方面的特征来看,大陆法系国家的审问式审判实际上是一种由法官主导进行的司法调查程序。法官或陪审法庭通过一次连续的审判对被告人是否有罪以及对有罪的被告人应处以何种刑罚等事实和法律方面的问题一并予以判决。法官对整个法庭调查程序拥有着较大的控制权。检察官和辩护律师尽管可以参与到法庭调查中来,但他们的参与只是对法官提证和调查的补充或辅助。

3.3.3 审问式审判模式的基础理念

国内一些学者在分析和揭示大陆法系各国刑事司法制度的理论基础时,曾套用美国学者赫伯特·帕克有关"正当法律程序模式"和"控制犯罪模式"的划分标准,断定审问式程序所赖以存在的基础价值模式就是"控制犯罪模式"(mode of crime control)。事实上,帕克有关两个对立模式的理论是以美国刑事司法制度的实际运作情况为背景提出的,这两个价值模式代表了司法实务界的两种极端倾向。帕克自己都承认,经过抽象而归纳出来的两个纯粹的观念模式在任何一种现实的司法制度中都不可能单独存在。将大陆法系国家的审判程序理念归入纯粹的"控制犯罪模式",这恐怕是大陆法系国家的学者们所不能接受的。赫尔曼即认为:"像美国对抗式诉讼制度一样,现代德国审问式程序也以帕克所称的所谓'正当程序模式'为基础而构建起来的,尽管这两个制度在确保事实真相的查明、保护被告人的权利以及对这两个目标进行平衡方面采纳了不同的程序模式。"①看来,对于审问式审判模式的理论基础尚需从更深层次上作出准确、客观的评价。

在包括法国、德国在内的各大陆法系国家中,人们普遍对法院在控制审判程序、维护正义方面的作用表示信任、理解和尊重。但这里暗含着这样一种价值观念:审判程序主要是法院用以查明真相、实现公正裁判结果的一种

---

① 〔德〕赫尔曼:《中国刑事审判改革的模式》,1994年北京刑事诉讼法学国际研讨会论文。

工具或手段。换言之,作为审问式审判程序构成要素的每一项原则和规则,其主要意义都在于确保法官实现案件的实体真实目标。法官为查明真相,有权主动采取法律所允许的一切必要的手段和方法。

这种工具主义程序价值观念的产生可以追溯至纠问式程序盛行的封建专制时期。如前所述,纠问式程序最早出现于教会法之中,盛行于教会所设立的宗教裁判法庭。有的学者认为,在宗教裁判法庭上,罪行的"真实性"要比任何所谓"人权"更为重要,诉讼程序的各个要素都必须服从于确定犯罪行为的真实性。[32]在教会法中,犯罪无论会带来分裂教会、亵渎宗教教义的后果,还是会导致上帝的威严受到冒犯,都不再是一种针对某一个人的侵害行为,而是严重威胁教会统治秩序的公共危险行为。对于这种行为,裁判官员必须采取一切手段和方法查明事实真相,才能对其性质、危害后果等作出判断,并实施一种足以对后来者形成威慑的惩罚。同样,在世俗法院所采取的纠问式程序中,查明那些"严重危害社会和君主统治秩序"行为的事实真相,也是裁判官员(尤其是那些调查法官)的主要职责,因为唯此方能及时有效地发现犯罪、惩治罪犯,恐吓那些潜在的犯罪人,从而维护公共秩序。纠问式程序赋予调查官员巨大的调查权,他们几乎不受任何限制,并可以"为查明事实真相而采取一切手段并不惜任何代价"。

今天,这种绝对工具主义的程序价值观念已经在大陆法系国家失去了影响力。但是,法院仍保留了传统上十分强大的司法调查权,因为人们对法院作为公正实施法律、维护人权的司法机构保持了很大的信任。赫尔曼教授曾就此评论道:"愿意接受国家(司法官员)广泛控制的观念可追溯到现代国家出现的时期。它在绝对君主专制时期达到了顶点。19世纪,绝对的君主权受到了限制,立法机关承担起保障公民生命、自由和财产的任务。由于成文法律被认为是使公民免受政府不当行为侵害的保障,因此几乎没有人反对法院保持其对刑事程序的司法控制。人们愿意对法院产生信任,因为它们不再是君主的统治工具。即使在20世纪德国法院已成为确保公民免受政府压迫的屏障的情况下,这种愿意接受法院司法控制的观念仍没有发生变化。"①法院对审判程序的广泛控制固然导致控辩双方的参与受到了严格限制,但这有助于事实真相的查明,并促进刑事实体正义目标的实现。在大陆法系各国,这种对公正裁判结果的高度重视在一定程度上限制了程序正义观念的发展,造

---

① 〔德〕赫尔曼:《中国刑事审判改革的模式》,1994年北京刑事诉讼法学国际研讨会论文。

成了一种较为浓厚的工具主义程序价值理念的盛行。例如,在德国和法国的诉讼理论中,"职权调查原则"和"实体真实原则"至今仍被视为刑事审判程序的基础。而程序公正的观念则是在英美学者的影响下传播过来的。

3.4 刑事审判模式的融合

如果我们回顾一下大陆法系国家过去200多年的刑事诉讼制度发展史,就会发现这些国家的立法者们一直在从英美对抗式程序中寻找着改革的灵感和动力。与审问式程序相关的许多制度都是先从英美移植而来后又经过与法律传统的妥协而形成的(如陪审法庭制度)。甚至连审问式审判程序本身也是在对传统的纠问式程序与英美对抗式审判程序进行"混合"的基础上形成的。同样,我们如果再对英美对抗式诉讼制度的发展历史作一分析,不难发现这一制度也在缓慢地吸收、采纳大陆法系国家的一些制度或程序。如检察官作为国家的刑事追诉官员,以国家的名义承担起控诉职能,这一制度就是通过吸收大陆法系检察制度而发展起来的。通过吸收大陆法系的制度,英美刑事诉讼程序逐渐呈现出一些不同于其在民事诉讼中实行的纯粹对抗式程序的特征。西方两大法系国家的刑事审判模式就是在相互融合、相互吸收的基础上形成和发展起来的。而且,从20世纪40年代以来,随着第二次世界大战的结束,两大法系国家的刑事诉讼制度又出现了较为强劲的融合趋势,这种趋势的主流则是大陆法系国家纷纷移植英美对抗式审判程序,或者采纳对抗式审判程序的若干内容。

1948年颁布的瑞典《诉讼法典》没有规定某种单一的刑事审判模式,而是确立了两套分别按对抗式模式和审问式模式设计的审判程序,法庭在对某一案件开庭审判之前允许检察官和被告方对所适用的审判程序在上述两者之间进行选择,并按照双方共同选定的审判模式进行随后的法庭审判。在其后的30多年里,瑞典人逐渐习惯了对抗式审判程序,并使得这一程序在绝大多数案件的审判中均得到适用。在这种情况下,瑞典1988年颁布了新的《诉讼法典》,要求法院在大多数刑事案件中必须适用单一的对抗式审判程序。[1] 1948年,日本在联合国占领军的压力下,被迫对其刑事司法制度进行了改革:采纳了美国的对抗式审判制度,并建立了一种以对抗式审判程序为基础、以

---

[1] Mireille Delmas-Marty, *The Criminal Process and Human Rights: Towards a European Consciousness*, Martinus Nijhoff Publishers, 1995, pp. 5-9.

审问式审判程序为补充的新的混合式审判模式。1987年,葡萄牙颁布了新的《刑事诉讼法典》,吸收了对抗式审判程序的大量内容。葡萄牙学者认为,"当代刑事司法制度基本上采取了对抗式程序结构,并加进了国家主导调查的原则。如果说原来的模式属于混合的或革新的纠问式程序的话,那么我们现在采取的则是一种容纳了官方调查和实体真实原则的对抗式程序。"1988年,意大利经过30多年的酝酿、尝试和争论,终于颁布了新的《刑事诉讼法典》,作出了在一个传统大陆法系国家中全面移植对抗式审判程序的最新尝试。目前,意大利的改革正在对欧洲大陆法系国家产生着巨大的影响。

除了上述已作出系统改革的国家以外,还有一些大陆法系国家正在酝酿采纳对抗式审判模式。如德国在20世纪70年代进行了一系列的重大改革,其中包括废除预审程序,增强检察官在审判前程序中的主导作用;改革辩护制度,使被告人在刑事诉讼程序各阶段均可获得律师的有效协助,等等。进入80年代以来,德国又出现了有关采纳对抗式审判模式问题的争论。一些知名学者呼吁在德国确立对抗式审判程序以取代已在实际运作中出现种种弊端的审问式审判程序。法国的诉讼制度"正处于改革的前夜",1988年成立的刑事司法与人权委员会开始研究并提出了法国刑事司法改革的方案,其中包括吸收对抗式审判程序的设想。1988年,西班牙颁布了新的《刑事诉讼法典》,在传统审问式程序中引进了若干对抗式程序的因素,这与1978年的宪法改革一起,"标志着政治民主(在西班牙)的回归"。不仅如此,伴随着东欧国家政治上的巨变,一股以对抗式程序取代审问式程序的刑事司法改革潮流在东欧勃然兴起,一些国家开始酝酿以对抗式程序为模式修改刑事诉讼法典。①

如果把欧洲大陆国家200年前开始进行的刑事司法改革运动视为对抗式程序在大陆法系国家的第一次勃兴的话,那么今天,对对抗式诉讼程序的采纳则成为大陆法系国家刑事司法改革的主要目标。在第一次改革运动中,大陆法系国家通过吸收对抗式程序抛弃了纠问式程序,建立了一种新的程序模式。目前兴起的第二次刑事司法改革浪潮中,一种新的刑事审判模式也必将取代"审问式"审判模式。但是,发生如此巨大变化的原因究竟是什么呢?

赫尔曼认为,在传统大陆法系国家中引进对抗式审判程序,主要基于宪法、心理学以及结构等三方面的原因。首先,审问式审判程序已与法院在现

---

① Mireille Delmas-Marty, *The Criminal Process and Human Rights: Towards a European Consciousness*, Martinus Nijhoff Publishers, 1995, pp. 11-59.

代国家中扮演的角色不相适应了。法官在审判中充当主要的调查机构，这应当被视为19世纪的残留物。然而，法院目前在西欧国家已成为真正的第三种国家权力，它的职能在于解决其他政府部门与个人之间的争端，并保护个人免受其他部门的不当侵害。法官在刑事审判中所承担的主要调查者的角色，显然与这一新的宪法解释不相适应。相反，对抗式审判中法官所处的消极仲裁人地位则是与现代宪法观念相一致的。

其次，以对抗式审判取代审问式审判有其心理上的原因。法官在审问式审判中实际同时承担着多项任务：他既要审查证据，对证人等进行询问，又要对他们的陈述作出评定，最后还要对案件作出裁决。这样做的危险在于：同时承担上述不同任务的法官很可能心理负担过重。不仅如此，主持庭审的法官（主要是职业法官）还可能受到检察官和司法警察所作卷宗的不当影响，以至于难以在审判中公正、客观地调查证据，也难以接受辩护方面的新观点。

最后，从结构上看，审问式审判使被告人承受一些不适当的负担，法官往往偏向于检察官一方，被告人及其辩护律师难以进行充分有效的辩护。而在对抗制中，被告人可以不受干涉地进行辩护，拥有获得公正审判的机会，他们更有可能主动接受定罪的结果。①

赫尔曼教授的分析似乎在作出这样一种暗示：英美法系对抗式审判模式要比大陆法系审问式审判模式更为公正合理。但实际上，作出这样一个结论尚为时过早。对抗式审判与审问式审判究竟孰优孰劣，关键要看根据什么样的标准进行评价、衡量。欧洲大陆法系国家纷纷采纳和移植对抗式审判程序，固然可能基于立法者对审问式审判程序所存在的弊端的认识，但其更为直接的原因则是接受了一系列国际通行的人权保障标准，并受到了有关最低限度程序公正观念的深刻影响。

比利时学者Tulkens认为："所有这些改革的基础是《（欧洲）保障人权和基本自由公约》所确立的原则，它们对所谓法官根据国家主权拥有绝对权利的观念提出了挑战，并且对刑事程序的所有方面均提供了一种超国家的控制。"在西欧，随着政治经济一体化进程的发展，各国逐渐接受了一系列共同的程序正义观念和人权保障标准。欧洲人权委员会和欧洲人权法院在维护刑事诉讼中人权保障方面开展了卓有成效的工作，它们"使得（欧洲）人权公约成为一种充满活力而且首先是一种促进人权的工具"。在这两个组织的推

---

① 〔德〕赫尔曼：《中国刑事审判改革的模式》，1994年北京刑事诉讼法学国际研讨会论文。

动下,欧洲人权公约为刑事被告人确立的"最低限度程序保障"已为大陆法系各国的宪法所承认,并逐渐引导欧洲各国刑事诉讼制度朝统一的方向发展。"近年来,欧洲人权机构加强对刑事被告人权利保障的努力越来越显示出其重要性。欧洲人权公约正在为欧洲各国创立一系列统一适用的最低限度刑事程序要求。"[1]但是,大陆法系国家对对抗式审判程序的采纳或移植,并没有导致审问式审判程序的特征被彻底抛弃。日本战后通过刑事司法改革所确立的审判程序以及意大利1988年《刑事诉讼法典》所建立的审判程序都没有走向彻底的对抗式模式。在以下的论述中,笔者拟着重对意大利和日本确立的混合式程序模式作一评析。

意大利和日本战后的刑事司法改革尽管前后相距40多年,但两者都移植了对抗式程序或其本质要素。但是,日本和意大利的刑事审判程序并没有走向彻底的对抗式模式,而仍保留了一些传统审问式程序的特征。首先,两国并没有将英美的陪审团审判制度移植过来,这就使对抗式程序在两国的完全确立受到了内在的限制。其次,纯粹的对抗式程序建立在英美法系法律传统基础上,它有其固有的基础理念。而在日本和意大利,大陆法系的法律传统仍在发挥强大的作用,它们对于一切"异己"的程序模式、制度设计等均会产生相当强的排斥力。

日本和意大利均对其原有的卷宗移送主义的起诉方式进行了改革。日本《刑事诉讼法》规定,检察官在起诉时只应将起诉书移送给法官,而不得把任何可能使审判官产生预断的文书、物件或其他证据移送给审判官,也不得在起诉书中引用上述文书等的内容。法庭所要调查的证据一般由检察官和被告方当庭提出和调查,证人一般由双方当庭传唤和询问。意大利《刑事诉讼法典》尽管没有采纳这种彻底的"起诉状一本主义",但也对检察官向法院移送的材料进行了较大限制。除了预审法官在"附属采证程序"中收集和固定下来的证据,司法警察、检察官和预审法官在那些"不可重复进行的行为"中获得的证据,以及少量的书面文件之外,其他大量的证据均由各方当事人在法庭审判过程中自行提出和调查。这一改革既减少了主审法官在庭审前产生预断的可能,也会导致控辩双方对抗性的增强和法官主导作用的削弱。法官的作用在很大程度上局限于对各方当事人提出的证据进行评估,这为庭审过程中对抗式审判模式的建立创造了前提条件。

---

[1] Mireille Delmas-Marty, *The Criminal Process and Human Rights: Towards a European Consciousness*, Martinus Nijhoff Publishers, 1995, pp. 11-59.

在意大利和日本，当事人控制着法庭调查证据的范围。意大利《刑事诉讼法典》规定，当事人如果打算在庭审中询问证人、鉴定人或技术顾问，应当在开庭前向法院提出名单并说明需要了解的情况，当事人也可以依法自行在法庭审判过程中提出询问某一证人、鉴定人的请求。在庭审开始后，被告人有权要求法官采纳对其有利的证据，公诉人有权要求采纳对被告人不利的证据，双方还有权审查所有被要求采纳的文件。法官在听取当事人意见的基础上依照法律规定作出采纳证据的裁定。一般而言，除了那些法律明确禁止的证据和明显多余或意义不大的证据以外，法官对当事人请求采纳的证据均应予以采纳。日本《刑事诉讼法典》第297条规定："法院可以听取检察官和被告人或辩护人的意见，决定调查证据的范围、顺序和方法"，也"可以听取检察官和被告人或辩护人的意见，变更……调查证据的范围、顺序和方法。"检察官首先必须请求调查对审判案件有必要的证据，而且必须包括所有将在法庭上提出的证据。之后，由被告人或辩护人提出请求调查的证据。同时，检察官、被告人或辩护人请求询问证人、鉴定人时，应当预先给予对方知悉他们姓名及住所的机会。在请求调查证据文书或证据物时，应当预先给予对方阅览该项证物的机会。可见，在日本和意大利法庭审判过程中，对证据的调查范围基本上由当事人自行请求确定，法官所要采纳并作为定案根据的证据一般由控辩双方当事人直接向法庭提出，法官一般不再仅根据检察官卷宗的内容自行出示证据。

意大利和日本采纳了作为英美对抗式审判核心的交叉询问程序，使控辩双方在事实调查过程中起着主导作用。意大利《刑事诉讼法典》规定，法庭调查从调取公诉人要求的证据开始，随后依次调取其他当事人所要求的证据；公诉人或者提出询问证人要求的辩护人直接向证人提出问题（相当于对抗式审判中的主询问），随后，未提出询问证人要求的当事人依次向证人提出其他问题（相当于对抗式审判中的反对询问）。要求询问证人的当事人还可以提出新的问题（相当于对抗式审判中的"再主询问"）。法典要求当事人在进行交叉询问时遵守下列法律规则：询问证人应通过就具体的事实发问进行，禁止提出有损回答真诚性、有损证人人格尊严或有明显诱导或揭示倾向的问题，主审法官在交叉询问过程中负有确保询问问题的关联性、回答的真实性、询问的公平性和反驳的正当性的义务。由此可见，在意大利式的交叉询问程序中，控辩双方实际上控制了询问和质诘证人、鉴定人的程序，双方可以借此在法庭上证明自己的"一面之辞"，并说服法庭接受自己一方的主张。与意大利不同的是，日本《刑事诉讼法典》规定了两种调查证据的方式：一是由审判长或陪席审判官首先询问证人、鉴定人等，检察官、被告人或辩护人在前项询问已经完毕并告知审判长后，依次询问证人、鉴定人。在此情形下，对该证人、鉴定人的调查，如果是出于检察官、被告人或辩护人的请求时，应当由提出请求的一方首先进行询问。这种方式又可称为"由法官控制的交叉询问"。第二种调查方式是由检察官、被告人或辩护人主导进行的交叉询问程序。日本《刑事诉讼法典》第304条规定："法院在认为适当时，可以听取检察官和被告人或辩护人的意见，变更前两项的询问顺序（即前述由法官控制的交叉询问顺序）。"日本《刑事诉讼规则》对后一种交叉询问方式作出明确具体的规定，确立了主询问、反询问、再主询问、再反询问等询问方式和顺序，并规定了询问和回答的方式。由于日本实行了起诉状一本主义的起诉方式，法官在庭审前不了解当事人双方证据的内容，他无法对当事人提出的证人、鉴定人首先进行询问，因而在司法实务中，由当事人主导进行的交叉询问程序基本上被固定下来，并实际成为日本法庭调查过程中真正得到采纳的程序。日本《刑事诉讼法典》所规定的第二种调查证人方式实际上完全取代了第一种所谓的"由法官控制的交叉询问程序"。

为与这种由当事人主导控制的交叉询问程序相适应，意大利和日本还确立了一些证据法规则。如两国均确立了排除传闻证据的规则。传闻证据规则本为英美证据法上的重要规则，其目的在于保障证人证言的可信性和当事人对对方证人的反对询问权，从而使交叉询问公正地进行。根据日本《宪法》的规定，刑事被告人拥有对不利于己的证据进行反对询问的权利，这一权利对于确保被告人充分而富有意义地参与法庭审判过程具有十分重要的意义。日本《刑事诉讼法典》第320条据此规定：除法律明文规定的情况之外，"在公审期日代替供述的书面材料，或在公审期日外以他人的供述为内容所作的供述，都不得作为证据。"意大利《刑事诉讼法典》也规定："对证人的询问应围绕确定的事实，不得就公众中的传闻作证"；"当证人告知对事实的了解来源于其他人时，法官根据当事人要求决定是否传唤这些证人作证"；"证人就来源于其他人的事实所作的陈述是不可使用的，除非因上述人员死亡、患病或查无下落而不能对其进行询问"；"司法警察和警员不得就从证人那里得知的陈述内容作证"；"如果证人拒绝或不能够指出他获知有关事实的来源，不得对该证人证言加以使用"。因此，在采纳英美证据法中的传闻规则方面，意大利和日本明显走在其他大陆法系国家的前面。

另外，根据意大利1988年《刑事诉讼法典》的规定，被告人在法庭审判过程中如果自愿放弃沉默权，他可以作为证人接受检察官、辩护律师和民事当事人三方的交叉询问。在此情况下，询问被告人与询问证人适用相同的规则。如果被告人在审判中保持沉默，那么他在审判前程序中向检察官或预审法官所作的自愿供述可以被法庭采纳为证据。但在任何情况下，被告人向司法警察所作的供述笔录均不得直接作为据以对被告人定罪的证据，而只能在被告人接受交叉询问时被检察官用作证明被告人在法庭上所作陈述不可信的证据使用。由此可见，交叉询问程序在意大利比在日本得到更为彻底的实行。

在日本和意大利的混合式审判模式中，法官（或主审法官）的积极主导作用受到了很大的削弱，他事实上不能再像过去那样"为查明事实真相而采取一切证明手段和措施"。日本《刑事诉讼法典》规定，法院遇有法律明文规定的情形，在听取检察官及被告人或辩护人的意见的基础上，可以在公审期日内询问证人。法院在认为必要时，可以依职权调查证据。审判长或陪席审判官有权询问证人、鉴定人、通译人或翻译人。调查证据文书时，审判长应当使请求调查的人朗读该项文书。但审判长或陪席审判官也可以自行朗读。在法院依职权调查证据文书时，审判长应当自行朗读该项文书或使陪席审判官或法院书记官朗读。调查证物时，审判长可以使提出请求的人出示证物，也可以自行或使陪席审判官或法院书记官出示。在法院依职权调查证物时，审判长应当自行向诉讼关系人出示该项证物或使陪席审判官、法院书记官出示。可见，法官为查明事实真相，仍可依职权自行扩大证据调查的范围，自行提出证人、书证或物证，也可以对证人、鉴定人进行主动询问，他事实上在证据调查中仍可发挥一定的主导作用。

与日本一样，意大利也没有采纳完全的对抗式审判程序，而是保留了部分审问式审判的本质要素。这主要表现在，主持法庭审判的法官在提出证据和调查事实方面仍处于积极主动的地位。在庭审过程中，法官有权对当事人提出的调查证据的请求进行审查，如果认为某一证据为法律所禁止或者属于明显多余或意义不大，就可直接作出不予采纳的裁决。在由当事人主导进行的交叉询问程序中，主审法官根据法庭其他成员的请求，或基于在法庭调查中获取的证据等，可以向当事人提出有助于全面调查情况的新的或更为广泛的问题。同时，主审法官根据法庭其他成员的要求，也可以向已接受过询问的证人、鉴定人、技术顾问或有关当事人提出问题。不仅如此，法官还可根据当事人的要求或自行决定对案件中的某一专门问题进行鉴定,并立即自行传唤鉴定人出庭并当庭发表鉴定意见,或者暂时中断法庭审理,在若干期限内再传唤鉴定人出庭作证。尤其值得注意的是,根据意大利《刑事诉讼法典》第507条的规定,法官在调查结束后,如果认为确有必要,仍可以主动决定调取新的证据材料。这样,法官在庭审中就不可能像在英美对抗式审判中那样仅充当消极的仲裁者,而事实上仍对事实真相的查明负有责任。这似可认为是对传统审问式审判模式的部分保留,但其主要意义在于:使法官有机会介入法庭调查程序,对当事人主导的证据出示和事实调查进行必要的补充,从而纠正和克服那种完全由当事人主导法庭调查的做法所带来的弊端。

总体而言,在意大利和日本的混合式模式中,对抗式程序的因素占据了较大比例,审问式程序的因素仅起着辅助或补充的作用。法官在控制证据的提出和事实调查方面的作用受到很大削弱,控辩双方事实上对证据调查拥有了较大的控制权,并能够对法庭的裁判结果发挥更大的影响力。被告人在庭审程序中也可以更加充分有效地进行防御。

4. 美国的无效辩护制度

4.1 被告人获得有效辩护的宪法权利
4.2 无效辩护的双重标准
4.3 无效辩护的推定
4.4 无效辩护制度的局限性
4.5 美国无效辩护制度的理论贡献

4.1 被告人获得有效辩护的宪法权利

美国联邦宪法第六修正案规定,在任何刑事诉讼中,被告人都享有获得律师帮助的权利。根据联邦最高法院的解释,这一宪法权利既包括了被告人自行委托律师辩护的权利,也意味着那些无力委托律师帮助的被告人,有权获得指定律师辩护的机会。从1932年到1963年,联邦最高法院通过一系列案件的判决,逐步为那些因为贫穷而无力聘请律师的被告人,确立了获得政府所指定的律师辩护的权利。但是,被告人仅仅获得律师帮助的权利还是不够的,法院有必要保障被告人获得有效辩护的权利。

在1932年的鲍威尔诉阿拉巴马州一案的判决中,联邦最高法院第一次承认被告人享有"获得律师有效帮助"的宪法权利。根据这一判决,联邦最高法院认定,"如果提供的时间或其他情况使律师不能为案件的准备和审理提供有效帮助的话,则州政府的这一责任并不能认为已经完成"。[①] 在十年后对另一案件的判决中,联邦最高法院再次指出,假如某一司法行为否认被告人获得律师有效帮助,那么该行为就背离了宪法第六修正案的规定。在1970年的一个判决中,联邦最高法院认为,宪法第六修正案如果要实现它的目的,就不能将被告人交给一个不称职的律师。[②] 1985年,联邦最高法院再次重申,律师无论是被委托的还是被指定的,在初审或上诉程序中都应为其委托人提供有效的帮助。"对于一个无法获得律师有效帮助的被告人来说,其境况与根本没有律师帮助的当事人一样糟糕。"[③]

美国联邦最高法院尽管根据宪法第六修正案确立了"获得律师有效帮助"的宪法权利,却一直没有对何谓"有效律师帮助"作出解释。为保障被告人获得有效的律师帮助,一些联邦法院和州法院在判例中逐渐提出了"无效辩护"的概念,并将律师的无效辩护作为推翻原审判决的重要理由。但是,对于"无效辩护"的标准,这些法院却有着各不相同的理解。直到1984年,联邦最高法院在斯特里克兰诉华盛顿州案(Strickland v. Washington)中,才对无效

---

① 参见〔美〕拉费弗等:《刑事诉讼法(上册)》,卞建林等译,中国政法大学出版社2003年版,第660页以下。
② 参见〔美〕德雷斯勒等:《美国刑事诉讼法精解(第一卷)》,吴宏耀译,北京大学出版社2009年版,第627页以下。
③ 参见〔美〕拉费弗等:《刑事诉讼法(上册)》,卞建林等译,中国政法大学出版社2003年版,第661页。

辩护的标准作出了权威的解释。①

4.2 无效辩护的双重标准

根据斯特里克兰案的判决,美国联邦最高法院认为,"判断任何有效性主张的基本点必须是,律师的行为是否损害了对抗式诉讼的基本功能,以至于难以依赖审判得到一个公正的结果"。根据这一理念,被告人要申请法院宣告律师作出了无效辩护,就必须同时证明以下两项事实:一是律师辩护工作存在缺陷,也就是律师不是一个"合理称职的律师";二是律师的工作缺陷对辩护造成了不利的影响,也就是存在着一种合理的可能性,若不是律师的行为错误,案件的诉讼结果将是不同的。②

前述第一项有关辩护缺陷的标准又被称为"客观标准"或"行为标准",也就是律师的辩护行为存在着错误,而这种错误已经严重到"该律师并没有发挥第六修正案所保障的'律师'的作用",其具体衡量尺度是"该律师的辩护是否低于合理性的客观标准"。对于这一标准,联邦最高法院并没有作出明确的列举。在后来的判例中,最高法院经常以律师的"策略性选择"为由,认为律师的行为"完全属于合理的职业判断范围",从而驳回被告人所提出的律师存在辩护缺陷的主张。尽管被告人要证明律师存在宪法上的辩护缺陷难度较大,但在一些死刑案件的判决中,最高法院还是确立了一些"辩护缺陷"的标准。③

例如,律师在被告人的死刑听证程序中没有发现可以证明减轻情节存在的证据,这就被视为律师没有对被告人的背景进行彻底调查,因而没有达到合理性的客观标准。又如,律师在为死刑案件的量刑听证进行准备时,仅仅局限于从侦查报告和有关社会服务部的记录中发现证据,而没有进行更为深入的调查。再如,律师在准备死刑案件的量刑听证时,没有审查一个公众可以查阅的关于被告人先前定罪的法院档案。还有,律师因为错误地相信检察官会主动将所有有罪证据移交给自己,因而没有主动申请证据开示,结果造成他不了解警察在进行搜查和扣押方面存在法律上的错误,因而没有及时地

---

① 参见〔美〕德雷斯勒等:《美国刑事诉讼法精解(第一卷)》,吴宏耀译,北京大学出版社2009年版,第627页。
② 参见〔美〕戴尔卡门:《美国刑事诉讼——法律和实践》,张鸿巍等译,武汉大学出版社2006年版,第516页以下。
③ 参见江礼华、杨诚主编:《美国刑事诉讼中的辩护》,法律出版社2001年版,第180页以下。

提出排除非法证据的动议。这被认为违反了普遍的职业准则。①

除了要证明律师存在辩护行为的缺陷以外,被告人还需要证明这种缺陷对辩护产生了不利的影响。相对于律师的辩护缺陷而言,这属于无效辩护的"结果标准"。为满足这一标准,被告人必须证明,"要不是律师存在着辩护缺陷,那么案件产生不同的诉讼结果将是合理可能的"。那么,被告人如何才能证明律师辩护缺陷影响案件诉讼结果的"合理可能性"呢?

在斯特里克兰案判决之后,美国联邦最高法院通过对几个案件的判决,初步解释了辩护缺陷影响判决结果的"合理可能性"问题。在这些案件中,最高法院都明确指出,假如律师提供了更为充分的辩护,就有可能在死刑案件的量刑听证中引入更多的证据,从而创造出被告人不被判处死刑的合理可能性。例如,在罗比拉案中,辩护律师明知控方准备在量刑听证中提出被告人先前被定罪的事实和一些审判笔录,却没有对现有的法院案卷进行审查,以致忽略了一些通过其他途径难以发现的减轻情节。按照最高法院的说法,律师假如发现了这些证据,就有可能展开进一步的调查;而这种调查本来可以帮助律师"发现一些减轻罪行的证据",从而有可能说服法官作出不同的量刑裁决。

4.3 无效辩护的推定

当然,根据斯特里克兰案的判决,在一些特定情形下,被告人只要证明律师存在较为严重的失职行为,法院就可以直接推定辩护缺陷对诉讼结果造成了不利影响。换言之,被告人在这些情形下就无须证明辩护缺陷对诉讼结果的不利影响。例如,被告人假如"事实上或者相当于事实上"被否定了律师的帮助,那么,法院就可以推定这种不利影响的存在。典型的例子是辩护律师在法庭上陷入漫不经心的状态,或者当庭昏睡。这就等于被告人实际无法获得律师的帮助。

又如,假如被告人获得律师帮助的权利受到法院或者控方阻碍的话,那么,这也可以被直接推定为无效辩护。在考虑各州的干涉行为是否构成违宪时,法院应审查这种干涉是否"剥夺了律师完整、公正地参与对抗式事实调查程序的机会"。假如这种干涉确实达到这样的程度,就可以直接成为法院认

---

① 参见〔美〕斯泰克:《刑事程序故事》,吴宏耀等译,中国人民大学出版社 2012 年版,第 115 页以下。

定无效辩护的依据。典型的例子是初审法院在被告人接受交叉询问的一整夜间歇期内,不允许律师与被告人会面,这被视为对被告人获得有效帮助权的剥夺。当然,假如干预被告人律师帮助权的是检察官,那么,法院就可以将此作为认定无效辩护的直接依据。

再如,假如同一律师或同一律师事务所的律师同时为多个被告人提供帮助,特别是为多个同案被告人进行辩护的,这种多重代理的情况就会使不同被告人之间产生利益冲突。这种直接导致利益冲突的辩护活动,会导致两名以上被告人的利益不可能同时得到维护,法院会以此为由作出无效辩护的宣告。在1978年的一项判决中,联邦最高法院认为,代理共同被告人的律师及时提出了审前动议,以存在利益冲突为由要求另行指定律师,但法院仍然要求律师代理共同被告人的,那么,上级法院可以次为由直接宣告无效辩护。①

4.4 无效辩护制度的局限性

美国联邦最高法院在斯特里克兰案的判决中,同时确立了行为标准和结果标准,这使得被告人在提出无效辩护的诉讼请求时,要承担双重证明责任:一是证明律师辩护行为是存在缺陷的,二是证明律师的不当辩护行为造成了不利于被告人的诉讼结果。但经验表明,这种证明往往是极为困难的,大多数被告人在受到法院有罪判决之后,还要委托另一名律师启动一场无效辩护之诉,而这种诉讼仅靠事后的举证,很难说服上级法院认定原来的律师不仅辩护行为失职,而且造成了不利的裁判结果。②

经验表明,在绝大多数涉及无效辩护的案件中,被告人所提出的诉讼请求都没有成功。例如,从1989年1月1日至1996年4月21日,加州最高法院共收到103件无效辩护申请,最终以无效辩护为由撤销原判的只有6件。而在同一时间内,联邦第五巡回上诉法院共收到无效辩护的申请158件,其中也只有6件获得了支持。这显然说明,无论是州法院还是联邦法院,都倾向于认为绝大多数律师的辩护都是有效的,只有极少数服务质量极端低劣的案件才会因为无效辩护而被撤销原判。③

---

① 参见〔美〕德雷斯勒等:《美国刑事诉讼法精解(第一卷)》,吴宏耀译,北京大学出版社2009年版,第638页以下。
② 参见〔美〕拉费弗等:《刑事诉讼法(上册)》,卞建林等译,中国政法大学出版社2003年版,第660页以下。
③ 参见〔美〕斯泰克:《刑事程序故事》,吴宏耀等译,中国人民大学出版社2012年版,第107页。

斯特里克兰案的判决受到美国法学界的批评。有学者认为，这种双重标准的设立是不公正的，甚至是有违宪法准则的。按照美国联邦最高法院以往的判例，对于一个违宪性错误，检察机关若主张该错误属于"无害错误"，就需要承担证明责任，并且要证明到排除合理怀疑的程度。但在被告人以无效辩护为由，要求上级法院宣告下级法院违反有效辩护的原则时，却被要求承担证明辩护行为属于有害错误的责任。这显然是错误的。因为判断律师是否有效辩护的主要原则应当是，他是否热诚、忠实地履行了辩护人的义务，而不是他的辩护行为是否产生了法院所认为的公正的结果。[①]

也有学者认为，联邦最高法院的判决过分考虑了诉讼效率问题，通过设立严格的标准来阻止被告人过多地提出无效辩护的诉求，以防止"无效辩护异议的激增"，避免律师动辄受到无效辩护之诉的困扰。但是，律师的有效辩护对于对抗制功能的发挥具有关键的意义。斯特里克兰案的判决使得被告人申请无效辩护的成功机会变得很小，对于改善控辩双方诉讼地位不平衡问题几乎无所作为。同时，这一判决也显示出联邦最高法院在建立律师服务质量标准方面持一种消极的态度，也对辩护律师的不称职问题漠不关心。在美国，无效辩护属于一种带有结构性、制度性的问题，联邦最高法院的判决对于解决这一问题并没有发挥实质性的积极作用。[②]

4.5 美国无效辩护制度的理论贡献

美国联邦最高法院在斯特里克兰案的判决中确立了无效辩护的双重标准。这引起了普遍的争议，也招致多方面的批评。在这一判决出现后的十多年时间里，联邦最高法院再没有作出过一起有关无效辩护问题的判例。但自2000年起，联邦最高法院却在数起死刑案件的判决中宣告了无效辩护诉求的成立。更为重要的是，在这些案件的判决中，联邦最高法院都援引或者参考了美国律师协会所制定的刑事辩护指南。这些刑事辩护指南尽管并不具有法律约束力，却为法院判断律师是否尽职尽责提供了一套相对明确客观的判断标准。[③]

[①] 参见 Richard Klein, The Constitutionalization of Ineffective Assistance of Counsel, 58 *Md. L. Review*, 1433(1999)，转引自〔美〕德雷斯勒等：《美国刑事诉讼法精解（第一卷）》，吴宏耀译，北京大学出版社2009年版，第628页。

[②] 参见江礼华、杨诚主编：《美国刑事诉讼中的辩护》，法律出版社2001年版，第180页以下。

[③] 参见〔美〕斯泰克：《刑事程序故事》，吴宏耀等译，中国人民大学出版社2012年版，第115页。

当然,相对于无效辩护制度本身的发展而言,我们更加看重这一制度所蕴含的理论价值。可以说,美国的无效辩护制度给刑事辩护理论的发展带来了重要的影响。尤其是对发展中的中国刑事辩护制度而言,美国的无效辩护制度更是具有较大的理论启发意义。

4.5.1 有效辩护的理念

迄今为止,美国联邦最高法院并没有对"有效辩护"或"律师的有效帮助"作出过明确的定义。但根据该法院对无效辩护所作的判例,"有效辩护"与"无效辩护"并不是一对相互对应的概念。原则上,有效辩护属于被告人享有的宪法权利,它与诸如"获知指控罪名和理由""获得陪审团审判""获得正当法律程序""要求法院以强制手段调取证据""对对方证人进行质证"等一样,都属于刑事被告人所享有的基本权利。只不过,这一权利并不是联邦宪法所明文确立的权利,而是联邦最高法院根据宪法第六修正案有关"获得律师帮助的权利"所发展出来的宪法权利。可以说,在美国宪法中,"获得律师帮助的权利"就等于"获得律师有效辩护的权利"。

按照一般的职业标准,有效辩护是指律师为被告人提供了富有意义的法律帮助。假如律师无力为被告人提供任何法律帮助,或者所提供的法律帮助是流于形式或者缺乏实质价值的,那么,这种辩护就不是有效的辩护。大体上,有效辩护可以有以下几个方面的要求:一是律师要具备为刑事辩护所必需的法律知识、技能和经验;二是律师应当忠实于委托人的利益,作出最为恰当的职业判断;三是律师应当做好充分的辩护准备工作;四是律师应当尽早会见委托人,保证委托人的知情权,并在重要决策问题上与委托人进行充分协商;五是律师应当展开充分的调查,收集一切与定罪量刑有关且有利于被告人的证据……

一方面,有效辩护是一种具有开放性的律师职业标准。从根本上说,律师法和律师执业规范所确立的各种律师制度,都具有实现有效辩护的意义。例如,律师法对律师从业资格的要求,就可以保证那些进入律师职业之中的律师,具备基本的知识和素养;律师法有关禁止律师泄露职业秘密的规则,就有着督促律师忠诚于客户利益的考虑;律师法有关禁止同一律师或同一律师事务所的律师为共同被告人提供法律帮助的规则,也有着避免利益冲突的意义;律师法对法律援助制度的规定,也有着建立最低限度的法律服务标准的价值……甚至就连律师职业伦理规范以及律师惩戒规则的确立,也都可以发挥督促律师提供有效辩护的作用。

另一方面,有效辩护也是刑事辩护制度改革的重要目标。刑事诉讼法对辩护制度所作的任何改革,多多少少都有着维护有效辩护的意味。例如,刑事诉讼法对律师介入时间和介入方式的规定,就有着保证嫌疑人尽早获得律师帮助的意义;刑事诉讼法对律师会见、阅卷、调查等所确立的程序保障,就有着确保律师做好必要防御准备的考虑;刑事诉讼法有关律师保障委托人知情权以及律师与委托人充分沟通的规定,也有着维护有效辩护的价值,等等。

有效辩护是律师辩护所要达到的理想目标。如同"正义""自由""平等"等法律价值一样,有效辩护虽有较为明确的含义,却并不具备十分明确的标准。甚至随着时代的变化,有效辩护的含义和标准还处于持续不断的发展之中。有效辩护理念的出现,为律师职业标准的完善确立了重要目标。有效辩护理念的发展,也为刑事辩护制度的改革提供了理论动力。可以说,从"被告人有权获得辩护",到"被告人有权获得律师帮助",再到"被告人有权获得律师的有效帮助",这代表了刑事辩护制度发展的三个重要阶段。从根本上说,刑事辩护制度的改革和律师职业规范的完善,都不过是实现律师有效辩护的制度保障而已。

4.5.2 无效辩护的理念

律师没有做到有效辩护,并不必然构成无效辩护。无效辩护是指律师的辩护存在严重的缺陷,以至于对辩护的效果带来了不利的影响。律师在辩护中没有尽职尽责,或者在提供有效辩护方面存在缺陷和不足,并不必然意味着形成了无效辩护。要构成无效辩护,律师除了存在辩护方面的缺陷以外,还要对辩护造成了较为严重的消极后果。

无效辩护一旦成立,会带来撤销原判、发回重审的后果。这种程序性后果属于法院对无效辩护所作的程序性制裁。从程序意义上看,律师在原审程序中的无效辩护与原审法院的程序错误都会带来程序无效的后果。具体而言,法院一旦认定律师的辩护属于无效辩护,就可以撤销原审判决,也就是宣告原审判决无效。同时,还要发回原审法院重新审判,也就是将案件的诉讼程序恢复到无效辩护发生前的阶段,并给予原审法院重新启动审判程序的机会。

尽管如此,无效辩护与原审法院的程序错误在性质上并不相同。无效辩护主要是律师在原审程序中存在着严重的辩护缺陷,而这种辩护缺陷足以达到影响辩护结果的程度。但是,这种辩护缺陷本身并不都等于原审法院存在审判程序上的错误。即便原审法院并没有违反法律程序,也不存在明显的程序错误,但只要律师的辩护没有尽职尽责,上级法院仍然可以无效辩护为由,作出撤销原判的裁决。在美国刑事诉讼中,法院要审查宪法第六修正案有关律师帮助权是否受到侵犯,就需要确定律师的表现是否达到了无效辩护的程度,但要审查下级法院是否违反宪法第五修正案的规定,剥夺了被告人获得公正审判的权利,则要对整个审判活动的正当性作出评价。

当然,无效辩护也并不都是由律师辩护存在缺陷所造成的。根据美国联邦最高法院的判例,"各州"假如通过积极的作为或者消极的不作为,剥夺了被告人的有效辩护权,这也构成一种无效辩护。这里所说的"各州",既是指州法院,也可以包括州检察机关。无论是州法院还是州检察机关,只要阻挠了被告人获得律师帮助的机会,如拒绝律师与被告人进行正常的沟通和协商,推迟了被告人获得律师帮助的时间,就可以构成自动的无效辩护。被告人甚至都不需要提供证据证明律师的辩护缺陷带来了不利的影响。

这种法院或检察机关阻挠被告人获得律师帮助的行为,实际上既带来了无效辩护的后果,也属于一种严重的程序错误。只不过,美国联邦最高法院将这种阻挠被告人律师帮助权的行为,仅仅视为无效辩护,而不再视为剥夺公正审判权的程序错误。

4.5.3 无效辩护的证明与推定

美国联邦最高法院确立了无效辩护的双重判断标准。根据这种标准,法院要认定律师作出了无效辩护,就需要确定律师在辩护方面存在不尽职的行为,同时还要确定这种辩护缺陷对诉讼结果产生了不利影响。由于对律师辩护存在着合乎职业水平的一般推定,联邦最高法院认定那些提出无效辩护主张的被告人,要承担双重证明责任:一方面,被告人需要提出证据证明律师的辩护存在着缺陷;另一方面,被告人还要证明律师的辩护缺陷对辩护带来了不利影响,以至于假如没有这种辩护缺陷,案件的诉讼结果可能会有所不同。

这种由被告人承担双重证明责任的制度引起了很大的理论争议。因为通常情况下,被告人要挑战下级法院判决的合宪性,除了可以提出无效辩护的申请以外,还可以联邦宪法第五修正案为依据,申请法院认定下级法院的审判存在重大的程序错误。一般情况下,被告人要申请法院以下级法院违反宪法第五修正案为由,对原审判决加以撤销,只需要证明下级法院存在程序错误就可以了,而不需要提供证据证明这种程序错误对诉讼结果造成了不利影响。而在被告人证明存在程序错误的情况下,公诉方假如认为这只是一种"无害错误",也就是对审判的公正性没有不利影响的错误,倒是需要承担证明责任。换言之,被告人所承担的是证明程序错误存在的责任,而公诉方则可能承担证明这种错误没有产生不利影响的责任。

与程序错误的证明不同,无效辩护的证明具有不同的结构。被告人不仅要证明律师在原审程序中具有不称职的表现,而且还要证明这种辩护缺陷对辩护产生了不利的影响。要证明律师的辩护是无效的,被告人显然要承担双重证明责任。与程序错误的诉求相比,无效辩护的诉讼主张要取得法院的支持,显然要遇到更大的困难。

当然,律师假如存在着极为明显的辩护失误,法院也可以不考虑这种失误是否会造成不利的诉讼结果,而直接推定为无效辩护。迄今为止,美国联邦最高法院将这种无效辩护的推定限定在极为有限的几种情形之下。假如被告人获得律师帮助的权利遭到剥夺,或者律师存在利益冲突的情形,那么,法院就可以以此为依据,推定无效辩护的成立。这就等于被告方只需要证明上述辩护缺陷的存在,而无须证明这些辩护缺陷会对诉讼结果造成不利的影响。

4.5.4 无效辩护的程序性后果

在无效辩护制度产生以前,律师是否尽职尽责的问题主要属于委托代理协议的履行问题。在律师与被告人之间所形成的委托代理关系中,被告人是委托方,律师则属于代理人,双方根据委托代理协议来确立权利、义务和法律责任。假如律师在辩护过程中存在明显的失职行为,或者没有达到刑事辩护律师所应达到的最低辩护水平,那么,被告人可以单方面决定解除委托代理协议,或者要求律师给予必要的赔偿。假如律师在辩护方面不仅存在严重的缺陷,而且还实施了损害委托人利益的行为,那么,被告人还可以向律师协会提出投诉,要求后者启动纪律惩戒程序。

无效辩护制度的出现,使得原先仅仅依靠民事违约之诉或纪律惩戒程序来处罚律师的做法发生了显著变化。根据这种制度,律师假如在辩护中表现不佳并造成不利后果的话,被告人可以发动一场宪法性诉讼,也就是以自己"获得有效辩护"的宪法权利遭受侵犯为依据,要求法院撤销原审法院的判决。这一制度的实质在于,律师的无效辩护一旦得到认定,即意味着原审法院的审判程序被宣告违反了宪法,侵犯了被告人的宪法权利,原审法院的判决即被推翻,案件将被发回原审法院重新审理。与传统的处罚失职律师的做法不同,这种旨在宣告原审程序违宪、原审判决无效的制裁方式,并没有直接惩罚那些作出无效辩护的律师,而带有制裁原审法院的意味。

为什么上级法院可以无效辩护为由制裁下级法院呢?原因其实很简单。假如无效辩护确是由律师的失职行为所造成的,那么,原审法院没有对律师的失职行为加以制止,这本身就属于一种程序上的不作为,对于被告人无法获得有效辩护是有责任、有过错的。又假如无效辩护是因为原审法院或检察机关阻挠律师辩护的行为而造成的,那么,原审法院或检察机关本身就剥夺了被告人获得有效辩护的宪法权利,其行为就属于一种直接的违宪行为。

当然,这种以无效辩护为根据撤销原审判决的制度,除了对原审法院具有制裁效果以外,更主要的是发挥了对被告人实施宪法救济的功能。美国联邦最高法院根据联邦宪法第六修正案,将被告人获得律师帮助的权利解释为"获得律师有效帮助的权利"。既然如此,这一宪法权利一旦无法实现,那么,作为宪法性侵权行为受害者的被告人,究竟应获得怎样的救济呢?在这一问题上,联邦最高法院通过判例法建立了无效辩护制度,为被告人提供了一种新的救济机制,那就是将那种无法维护有效辩护的预审判决予以撤销,使其不具有法律效力。

5. 侦查模式比较考察

5.1　侦查程序概述
5.2　英国的侦查模式
5.3　美国的侦查模式
5.4　德国的侦查模式
5.5　意大利的侦查模式
5.6　比较分析

5.1 侦查程序概述

从技术的角度来看,侦查可以被视为侦查机构为收集犯罪证据、查明犯罪事实而进行的一系列调查活动。对于这些活动,侦查机构必须按照一定的程式、步骤和顺序进行,并履行一些形式上的手续。如果仅仅从这些方面来理解侦查,那么侦查不过是一种由侦查机构单方面实施的追诉活动,而不具有完全的诉讼性质。但是,侦查作为侦查机构代表国家针对个人进行的追诉活动,不仅涉及限制和剥夺公民基本权益的问题,也存在着追诉机构和官员滥用国家权力的危险。因此,如何构建一种旨在约束追诉机构权力的司法审查机制,确保那些处于被追诉地位的公民拥有一些最基本的防御权,就成为现代侦查制度的主要课题。对于侦查程序而言,现代刑事诉讼法学所关注的不应仅仅是侦查行为的具体实施方式、步骤以及侦查的策略问题,而更应当是有关确保嫌疑人的防御权、约束侦查机构的权力等问题。这些问题直接涉及侦查机构、被侦查者、司法审查机构等各方的法律关系,也因此涉及侦查程序的整体构造和模式问题。这也是从"诉讼"的角度研究侦查程序所需持有的基本态度。

然而长期以来,侦查程序在我国法学界一直受到不应有的忽略,真正从理论上展开系统研究的论著甚为少见。这一问题表面看来并不严重,但研究者一经接触侦查问题,就会有一种"拓荒者"的感觉。因为在这一问题上,法学界还没有提供一个较为完整的理论框架,也没有进行过深入的比较研究。尽管有一些学者的研究涉及这一问题,但更多的是从技术的层面来分析侦查制度,缺乏整体构造上的分析,以至于陷入到一些非常具体的程序环节问题上,而忽略了一些更具根本性的理论问题。

既然侦查活动的技术特征并非刑事诉讼法学的研究对象,那么我们从哪些方面对侦查程序进行研究才能体现侦查的诉讼特征呢?实际上,"无权利则无诉讼"。大凡社会利益争端的发生,往往导源于权利的争执;而争端一旦发生,与争端有关的当事者就可能将其提交国家裁判机构处理,由此导致诉讼活动的产生。可见,只有从基本权利的维护入手,我们才能对侦查程序的"诉讼"特征作出准确的分析。基于这一考虑,笔者将为侦查程序的模式确定四个方面的标准:一是侦查权的分配;二是司法审查机制的运行方式;三是嫌疑人、被告人的诉讼地位;四是辩护律师的参与范围。一般而言,任何一个国家的侦查程序在上述四方面所具有的特征,足以显示出它对公民基本权利和自由的保障程度,也足以体现它的基本"诉讼"样式。

在以下的论述中,笔者拟按照以上四个标准,对中外侦查程序作出初步的比较分析,以使读者真正认识中国与西方各国在侦查程序方面的显著区别。首先,我们将对英国、美国、德国、意大利等国侦查程序进行简要的比较分析,以使读者认识这些国家侦查程序的特点和共同趋势。其次,笔者将以西方各国的侦查程序为对应模式,对中国侦查程序的构造作出系统的分析,由此我们可以发现许多被人们所忽视的特征。

5.2 英国的侦查模式

英国侦查程序的一个显著特点是检察机构不参与侦查活动,司法警察是侦查行为的独立实施者。但是在警察机构内部仍存在一定的职能分工:侦查警察(investigation officers)负责实施具体的侦查行为,如讯问嫌疑人、执行逮捕、进行搜查和扣押等;"羁押警察"(custody officers)则负责维护那些受到羁押的嫌疑人的福利待遇和基本权利,对羁押的合法性进行监督,对羁押的全部过程制作书面笔录,并在条件具备时将案件移交检察机构起诉。"羁押警察"由于不承担具体的调查工作,长期驻守在羁押场所,并一般具有高于侦查警察的警衔和相对于后者的独立性,因此能够对侦查活动(尤其是羁押措施)的合法性实施一定的制约。

英国确立了较为完善的针对侦查程序的司法审查机制。一般而言,除了那些法律允许采用"无证逮捕"或"无证搜查"的情况以外,警察对任何公民实施的逮捕或者对任何公民实施的搜查和扣押行为,都必须事先向治安法官提出申请,并说明实施逮捕和搜查的正当理由。只有在治安法官经过审查发布许可逮捕或搜查的令状之后,警察才能实施具体的逮捕、搜查、扣押行为。警察对任何公民逮捕后的羁押一般不得超过24小时,但经具有较高警衔的警官批准,可以将这一期间延长12小时。警察在上述期间之外如果还要延长对嫌疑人的羁押期间,就必须取得治安法院或者其他法院的合法授权。当然,即使经过法院的授权,警察逮捕后的羁押期间一般也不得超过96小时。在此之后,警察必须将嫌疑人提交治安法院。后者将就是否对嫌疑人进行羁押作出裁决。在侦查期间,在押的嫌疑人有权向羁押警察直接请求保释,如遭到拒绝,则可以向治安法院提出请求。治安法院将就是否保释问题举行听审,届时警察和嫌疑人及其律师作为控辩双方,到庭陈述意见并进行辩论,法官将就此作出裁断。如果有关保释的申请仍然遭到拒绝,或者治安法院确定的保释条件过于苛刻,嫌疑人可以将此程序性问题上诉到高等法院。此外,在侦查阶段遭受不当或非法羁押的嫌疑人,还可以向高等法院王座法庭申请人身保护令(the writ of Habeas Corpus)。这一法庭一旦接受这种申请,就将专门就羁押的合法性和正当性举行由控辩双方同时参与的法庭审理活动,并作出裁决。

　　无论是逮捕、搜查,还是羁押,都属于涉及限制或剥夺个人人身自由、财产权和隐私权的强制性侦查措施。对于这些措施的司法审查主要表现在法院同步实施的许可和授权以及事后进行的听审和裁决方面。但是,英国法律还建立了另一形式的司法审查机制,也就是对非法取得证据的司法排除规则。这种排除规则主要有两项内容:一是"自动排除"(automatic exclusion)规则,二是"自由裁量的排除"(judicial discretion to exclusion)规则。所谓"自动排除",是指法官如果发现控方提交的被告人有罪供述系警察采用强制、压迫或其他非自愿的方法所获得的,就必须将该供述排除于法庭之外,而不论它是否真实可靠。所谓"自由裁量的排除",则是指法官发现控方提交的某一证据系采用非法的手段取得,或者在该证据的收集过程中违反了法律程序,就可以通过行使自由裁量权,将该证据予以排除。法官在进行这种排除证据活动时,必须对该证据的证明价值与它对诉讼的公正性所产生的不利影响加以权衡。也就是说,法官所要排除的是所有严重妨碍被告人获得公正审判的证据。无论在审判前的准备阶段,还是法庭审理过程中,法官都可以自行或者应辩护方的申请行使上述证据排除权。这种证据排除活动尽管发生在审判阶段,但对侦查活动构成了一种事后的司法审查。当然,对于从被排除的非法证据中延伸出来的其他证据,只要被证明具有可靠性和关联性,就可以将其采纳为证据。在这一方面,英国采取与美国不同的做法,即排除非法所得证据,但并不禁食"毒树之果"。不过,对于违反法定的程序实施侦查行为的警察,英国法允许受侵权者对其提起民事诉讼,上级警察机构也可以对其实施纪律惩戒。

　　在英国的侦查程序中,犯罪嫌疑人享有一系列重要的诉讼权利。警察在对嫌疑人实施逮捕时必须向其告知理由,并发出警告:"你不必说任何话,除非你自己愿意这么做,但你所说的一切都可能被采用为证据。"这被视为嫌疑人保持沉默的权利。过去法官和陪审团一般不得从嫌疑人保持沉默这一事实中作出任何对其不利的推论。但是，英国议会颁布的1994年《刑事审判与公共秩序法》规定了被告人行使沉默权的四项例外。在这些法定的场合下，被告人保持沉默将会导致法官或陪审团作出对其不利的推论。英国有关沉默权的例外主要确立在1994年《刑事审判与公共秩序法》的第34条、第35条、第36条和第37条。因此，在该法实施后，警察在逮捕嫌疑人时还必须补充以下警告："但如果你在讯问时不提及你将要在法庭上提出的事实，这将会对你的辩护造成损害。"而在嫌疑人被押至警察局后，"羁押警察"要向嫌疑人书面告知他的诉讼权利：将自己被捕的情况告知某人；秘密会见事务律师；如果无力委托律师，将获得免费的律师帮助，等等。目前英国已经建立了所谓的"当值律师计划"（duty solicitor schemes），只要被逮捕者不放弃获得律师帮助的权利，政府将及时为几乎所有犯罪嫌疑人提供法律援助。一般而言，警察局必须在嫌疑人被捕后24小时内为其提供一名事务律师，并安排他们会面或者联络。即使在特殊情况下，这一时间也不得超过36小时。

无论是由犯罪嫌疑人自行委托，还是由政府直接指定，为嫌疑人提供法律帮助的事务律师都是侦查程序极为重要的参与者。他接受委托或者指定后，一般必须尽快会见嫌疑人，查阅羁押警察制作的羁押记录；在警察对嫌疑人实施讯问时，有权自始至终地在场，这一点与警察进行的同步录音或录像一起，构成警察讯问有效性的两大关键保证。根据英国法律的规定，警察讯问嫌疑人一律在警察局进行，以便律师能够届时到场，并进行同期全程录音或者录像。为了防止将来在法庭审理过程中控辩双方就警察讯问过程是否合法发生争议，录音或录像一律采用同期双套录制的做法，即将讯问的全过程同时制作两套录音带或录像带。讯问结束后，其中一套交由治安法官封存，遇有控辩双方发生争议时作为裁判的依据；另一套则留给警察作为起诉的根据。辩护律师还有权直接向羁押警察和治安法官申请保释嫌疑人，并出席治安法官为此举行的听审活动，向高等法院或者其他法院提出上诉；必要时还可以代被羁押的嫌疑人申请"人身保护令"。在侦查结束之后，事务律师一般就有权对检察官用作指控证据的证据材料全面地进行阅览，从而为参与法庭审判做准备。

5.3 美国的侦查模式

美国刑事诉讼的一个显著特征是，将被告人所享有的一系列诉讼权利上升到宪法,并纳入宪法上的"正当法律程序"原则体系之内。一般而言,无论是《联邦刑事诉讼规则》还是各州的刑事诉讼法典,都很少对警察和检察机构实施的具体侦查行为作出明确规定。法律所规定的通常是警察实施的涉及限制个人人身自由、财产权和隐私权的强制性侦查措施。对于这些措施,宪法和法律都确立了一系列限制性规则,包括由法官实施的司法审查程序、被告人的防御权利以及辩护律师的参与程序等。正是这些规则,才使得侦查活动被纳入"诉讼"的轨道,而不再仅仅成为追诉公民的单方面活动。

与英国一样,美国也建立了针对警察逮捕、羁押、保释、搜查、扣押、窃听、讯问等项权力的司法审查机制。除了在法律规定的例外情况下以外,警察对任何人实施逮捕、搜查都必须首先向一名中立的司法官提出申请,证明被逮捕者或者被搜查者实施犯罪行为具有"可成立的理由"(probable cause),并说明对其予以逮捕或搜查是必需的。法官经过对警察的申请进行审查,认为符合法律规定的条件的,才发布许可逮捕或搜查的令状。这些令状通常界定了警察行使逮捕权和搜查权的方式、程序和界限。搜查是一个广义上的侦查行为,它通常是指警察对某人的人身、住宅、汽车、物品等进行的实际的搜索行为,其后果是将发现的与犯罪有关的物品、文件予以扣留,作为指控的证据使用。但是,根据美国联邦最高法院的解释,对个人电话、住宅、办公室、汽车等实施的窃听,也属于一种搜查行为,并要按照搜查行为那样接受法官的司法审查。除了在法定的"紧急情况"以外,警察在进行窃听之前,必须首先向法官提出有关窃听的附有誓言的书面申请,向法官证明存在"可成立的理由"和确有窃听的必要,并取得法官的许可。

根据美国《联邦刑事诉讼规则》的规定,无论是持法官签发的合法令状实施逮捕的警察,还是实施紧急逮捕的警察和民众,都必须在"无不必要拖延"的情况下,将被逮捕者立即送往"最近的"法官处,由后者对嫌疑人实施初次聆讯(the first appearance)。在联邦和大多数州,从逮捕到将嫌疑人送往法官处的时间间隔在6个小时以上的,将被作为考虑被告人有罪供述自愿性的一个重要因素。这种由法官主持进行的初次聆讯,保持了开庭审理的形式:负责逮捕的警察或检察官要出庭提出控告,并解释实施逮捕的理由;法官要向嫌疑人告知诉讼权利,如保持沉默、所作陈述可以被用作对其不利的证据、委托律师、获得免费的法律帮助、获得预审等。法官还将对嫌疑人作出是否允许保释的裁决。一般而言,除非涉嫌犯有那些特别重大的犯罪(如谋杀等),嫌疑人一般都可以获得保释。当然,出席法庭的警察或检察官如果认为保释不当的,也可以向法庭提出羁押申请。这样,对于嫌疑人被捕后的羁押问题,法官就拥有了最终的审查权和裁决权。

美国法院对侦查行为的司法审查还体现在针对控方非法所得证据的"排除规则"上面。这种证据排除通常在审判前的动议(pretrial motions)和法庭审理阶段进行,并首先由辩护方提出申请,法官在听取控方意见后直接作出裁断。与英国的证据排除规则一样,美国的证据排除也带有法院对侦查行为的事后审查的意味。不过,与英国不同的是,美国的证据排除规则包含的范围更加广泛,在适用上也更加严格。大体上看,美国的排除规则涉及的非法证据包括以下几种:第一种是非法搜查、扣押所得的证据,也就是违反宪法有关"禁止无理搜查和扣押"原则所获得的书证或物证。美国联邦最高法院在20世纪80年代通过判例,确立了排除规则的两项重要例外:一是"最终或者必然发现的例外",二是"善意的例外"。除此之外,这些非法证据都要被排除于法庭审判之外。第二种是通过非法逮捕、羁押、讯问所得的被告人供述和其他证据。在这一方面,美国法院通常所考虑的不仅仅是被告人供述的自愿性,而且还要审查口供是否通过违反诸如米兰达警告、令状、律师到场、合理的期间等一系列程序性规则所得。换言之,只要警察在讯问前后违反了法律程序,不适当地限制了嫌疑人的权利,法院就有权排除该有罪供述的可采性。而且,法院不仅可以排除非法所得的有罪供述,还可以将警察根据这一供述所获得的其他证据予以排除,也就是所谓的禁食"毒树之果"原则。此外,通过其他违反法律程序的手段获得的证据也可能被法院排除。可以说,尽管在此问题上存在着一定的争议,证据排除规则已经成为法院对侦查行为实施司法审查和控制的有效途径。

在美国侦查程序中,作为被追诉者的嫌疑人或被告人拥有一系列防御权。基于无罪推定原则的基本要求,被告人不承担证明自己有罪或者无罪的责任;而基于对抗制的理念,刑事诉讼要由控辩双方通过平等的理性对抗来发动和运行,任何一方都不得强迫对方提供进攻或防御的武器。因此,侦查机构不得强迫嫌疑人或被告人作出不利于自己的陈述,这也就是所谓的"不得强迫自证其罪"原则。根据这一原则,美国联邦最高法院确立了"米兰达规则",要求侦查官员在对任何人实施逮捕时必须发出以下警告:"你有权保持沉默;你所说的任何话都可能在法庭上用作对你不利的证据;你有权委托律师;如果你不能委托,政府将给你免费提供一个律师来帮助你。"除非嫌疑人或者被告人明确表示放弃这一被告知的权利,否则这一告知就构成证明逮捕合法性的重要因素。对于上述诉讼权利,法官在逮捕后的"初次聆讯"中还要向嫌疑人明确告知。目前,几乎在所有被告人被指控犯有重罪以及可能被判处监禁刑的轻罪案件中,政府都必须为那些无力委托律师的嫌疑人或被告人指定一名辩护律师。法官通常会在初次聆讯阶段为那些符合法定条件的嫌疑人指定辩护律师。

律师一旦接受委托或者指定,成为嫌疑人或被告人的辩护人,就可以参与一系列针对其委托人的侦查活动。律师可以随时与被羁押的嫌疑人进行秘密的会见和通讯联络,警察不得在场和监听,也不得强迫律师或者嫌疑人泄露这些会见和联络的内容。警察在对嫌疑人进行讯问之前或者讯问过程中,嫌疑人提出要求会见律师的,警察都只能等待辩护律师到场后再行讯问。在整个讯问过程中,辩护律师都有权始终在场。不仅如此,辩护律师还有权代嫌疑人申请保释,并在初次聆讯和预审程序中与嫌疑人一起参与诉讼活动。

5.4 德国的侦查模式

德国侦查程序有一个十分显著的特点:侦查权由检察机关行使,司法警察作为检察官的助手,在检察官领导和指挥下实施具体的侦查活动。当然,这只是法律所作的书面规定,实践中大多数案件的侦查活动一般都是由警察独立实施的。不过,检察机关有权随时指派检察官参与警察正在进行的任何侦查活动,并充当侦查的领导者;而且检察机关不论是否参与侦查活动,都对侦查的成果和证据的可靠性承担最终的责任。检察机关在侦查中的主导地位是在1974年的刑事司法改革中确立的。在这一年,德国对《刑事诉讼法典》进行了较大的修订,废除原来实行多年的预审制度,将侦查的领导权和起诉的决定权从预审法官转移给检察机关。从那时以来,法官在侦查阶段不再直接领导、指挥或者实施具体的侦查行为,其职能主要局限在司法审查方面。

根据德国《基本法》第19条第4款的规定,所有涉及限制公民自由、财产、隐私权的强制性措施一般都必须接受法院的司法审查。一般情况下,检察官或警察对任何人的拘捕都必须事先向法官提出申请,并证明实施拘捕的必要性,然后才能取得法官的逮捕令。当然在情况紧急时,检察官或司法警察也可以直接进行逮捕。但无论是由法官授权的逮捕,还是紧急情况下实施的未经授权的逮捕,都要立即接受法官的司法审查。检察官一般要在逮捕后尽快将被捕者带到法官面前，最迟不得超过逮捕的第二天结束之时。法官要对被告人进行讯问，以决定是否继续羁押嫌疑人或者被告人，是否可以对其适用保释；如果决定继续羁押，应当将此情况通知被告人所信任的人。根据刑事诉讼法的要求，羁押必须以被告人具有重大犯罪嫌疑而且存在羁押的适当理由为先决条件，而且羁押不得违背所谓"相适应原则"。嫌疑人或被告人在被羁押的任何阶段都可以向法官提出撤销羁押的申请。但是无论这种申请是否提出，法官都必须每隔3个月对羁押的合法性进行一次审查。对被告人羁押6个月以后，原来作出羁押决定的法官和检察官都可以将案件提交州高等法院进行审查。州高等法院接受法官或检察官的申请以后，要通过开庭的方式，就是否延长羁押期限问题进行审理。届时，被告人及其辩护律师有权到庭发表意见。一般情况下，法院会根据检察官移送的案卷材料，并在听取控辩双方意见后作出裁决。在法定的特殊情况下，高等法院可以决定继续延长羁押期间，但一般不得超过1年。不仅如此，被羁押的嫌疑人或被告人还可以直接向德国宪法法院甚至欧洲人权法院提出申诉，要求后者对其所受的羁押进行特殊的司法审查。由此可见，在审判前的羁押方面，德国的法官和法院是唯一能够进行审查并作出裁决的主体。尽管如此，与英国和美国相比，德国法官和法院很少对嫌疑人、被告人进行保释，而更多地适用羁押措施。正因为如此，法官和法院对审前羁押的司法控制就显得格外重要。

  法院的司法审查不仅适用于审前羁押，而且适用于其他强制性措施。除了在法定的紧急情况以外，检察官或警察强制实施的搜查、扣押、身体检查、窃听等措施，也都必须首先向法官提出申请，由后者经审查后发布许可的令状。不过，法官在这里并不仅仅对上述措施的合法性进行被动的审查，而且还可以建议检察官补充有关证据材料，以符合实施上述强制措施的法定条件。当然，如果检察官的申请仍不能达到法律的要求，法官就必须拒绝这一申请。对于检察官或司法警察在紧急情况下采取的强制措施，嫌疑人或被告人都可以向法院提出上诉。即使有关违法的强制措施已经得到执行，法院仍然可以将其撤销。但对于法官许可采用的强制性措施，嫌疑人或被告人只能向法院提出申诉，而且一旦有关措施已经得到执行，就不得提出事后上诉。

  法院不仅有权对强制性侦查措施进行司法审查，而且还可以在法庭审判中通过排除非法所得的证据进行事后的司法审查。按照德国学者的一般解释，刑事诉讼中的职权调查原则固然要求法官追求实体真实这一诉讼目标，但并不要求为达此目标而可以不择手段或者不考虑任何其他代价；相反，为了维护更高的受宪法保护的权利和利益,法院可以将一些具有证明力的证据排除于法庭定案根据之外。这些证据排除规则只有少量存在于刑事诉讼法典之中,如有关非法所得被告人供述的规则等,其他大量的证据排除规则则存在于法院的判例之中。这些证据排除规则大体上包括三种:一是禁止引入某些事项的规则;二是禁止某些证据形式的规则;三是禁止某些证据取得方式的规则。德国判例法所界定的典型非法证据有:在未告知诉讼权利的情况下获得的被告人口供;非法搜查获取的音像资料;非法窃听所得的电话录音等。不过,德国法院并不禁止那些基于被排除的证据所获取的侦查结果,也就是并不禁食"毒树之果"。法院排除非法证据的目的并不是为了惩戒违法的警察或警察机构,而是为了保护有关的利益和权利。

嫌疑人或被告人在侦查阶段享有一定的诉讼权利。根据德国《基本法》有关尊重个人尊严的原则和法治原则,被告人不得被强迫自证其罪,所谓保持沉默和不受伪证罪指控的豁免权均由此引申而来。在侦查阶段,保持沉默是嫌疑人或被告人的一项极为重要的权利。任何人都不能从被告人保持沉默这一事实中推导出对其不利的结论。无论是法官、检察官,还是警察,在对其进行初次讯问之前,都必须告知被控的罪名和法律依据;警告他不必就本案作出任何陈述;告知其有权委托一名律师并与其进行商议。此外,讯问者还必须告知他可以申请收集一些有利于自己的证据,并且给予其消除嫌疑、提出有利事实的机会。讯问的全部过程和情况必须如实记录下来,并交由嫌疑人或被告人进行审阅。德国《刑事诉讼法典》明确禁止采取一些不人道的方法进行讯问。一般而言,禁止的范围包括虐待、疲劳战术、伤害身体、服用药物、折磨、欺诈、催眠、威胁、利诱以及有损记忆力、理解力的措施;而且这种禁止不必顾及被讯问者的意愿,违反这些禁令所获得的陈述,即使被讯问者没有表示异议,也不允许在审判中采用为证据。

除了法定的例外情况,嫌疑人或被告人有权在刑事诉讼的任一阶段委托律师。在法律明确规定的情况下,如被告人被指控犯有重罪,案件证据和事实情节极为复杂,被告人无法自行辩护等,法院将为那些无力委托律师的被告人指定辩护律师。在德国侦查程序中,辩护律师有权参与一系列由法官主持的诉讼活动。例如,在法官对被告人进行的讯问中,辩护律师可以与检察官同时出席,并有权及时获知讯问的时间。在检察官主持进行讯问嫌疑人或被告人时,辩护律师也有权在场,并为后者提供法律帮助。但是如果律师在场会危及侦查目标的实现时,律师的这一权利就可能受到限制。同时,在法官询问证人、鉴定人时，辩护律师、被告人与检察官也可以在场参与。但是，考虑到侦查活动的秘密性质，被告人和辩护律师都无权在检察官询问证人、鉴定人时在场参与。另外，在司法警察对被告人进行讯问以及对证人、鉴定人进行询问时，辩护律师一律被禁止在场参与。当然，如果被告人表示除非律师到场，否则拒绝作出陈述，警察也可以通知律师到场。不过，警察在是否通知律师到场问题上享有相当大的自由裁量权。在侦查结束之后，辩护律师有权查阅检察官掌握的案卷材料。但是，如果这样做被认为危及侦查目标的实现，辩护律师在整个审判前程序中也将失去阅卷的机会。

5.5 意大利的侦查模式

在意大利刑事诉讼制度中，侦查分为初步侦查和正式侦查两个阶段，它们分别由司法警察和检察官负责实施，任何法官都无权采取具体的侦查活动，而只能对司法警察和检察官的侦查活动进行司法审查。这种侦查体制是由 1988 年颁布的现行《刑事诉讼法典》确立的。在此以前，意大利的侦查主要由专门的法官——侦查法官主持进行。这些法官集侦查权和司法权于一身，有权直接指挥、领导司法警察开展侦查活动，收集犯罪证据，同时又有权对司法警察和检察官申请采取的强制性侦查措施发布许可的令状，甚至还有权决定案件是否提起公诉。为了避免这种诉讼职能过分集中的情况，1988 年《刑事诉讼法典》废除了侦查法官制度，将侦查权从法官转移给司法警察和检察官。目前，司法警察负责刑事案件初期的侦查工作，而检察官则负责正式侦查阶段的调查和收集证据工作。在侦查阶段尽管仍然有司法官员（即"预审法官"）参与诉讼活动，但这一法官的职责主要局限于司法审查。换言之，预审法官在侦查阶段只保留了司法职能，其侦查职能已经不复存在。

意大利刑事诉讼中的初步侦查是指司法警察在获知有关犯罪发生的信息或报告之后的 48 小时以内进行的侦查活动。其目的在于查明犯罪是否确已发生，谁是犯罪嫌疑人，在哪里可以查获嫌疑人，以及犯罪证据的源头在哪里等。在初步侦查过程中，司法警察有权勘查现场，询问证人，讯问犯罪嫌疑人。在情况紧急时还可以对嫌疑人直接采取逮捕、搜查、扣押、查封、窃听等强制性侦查措施。经过这些侦查活动，司法警察发现案件具备继续进行侦查的条件的，就要在开始初步侦查后的 48 小时之内，向检察官提交一份报告，并将其收集的全部证据材料一并移送检察官。检察官收到有关的案件材料以后,会在专门的"犯罪登记表"中对案件进行登记。从此以后,检察官的侦查活动开始计入法定的侦查期限之中。在正式侦查阶段,检察官是侦查活动的领导者和指挥者,司法警察不再享有独立的侦查权,而只能担任检察官的助手。按照意大利学者的解释,正式侦查(在意大利语中称为"初期侦查")的目的主要是查明案件事实,收集案件证据,以便为提起公诉做准备。一般情况下,正式侦查应在检察官进行案件登记后的6个月以内完成,如果案件情况复杂,预审法官可以决定延长6个月,但不得超过18个月。

在整个侦查阶段,司法警察和检察官采取的所有强制性措施一般都要事先获得预审法官的许可或者授权。与德国一样,意大利的审前羁押措施只能由预审法官决定采取。司法警察对任何人实施逮捕后,都必须尽快移交给检察官,至迟不得超过逮捕后的24小时。无论是司法警察实施的逮捕,还是检察官授权司法警察采取的逮捕,嫌疑人在被捕后48小时以内都必须被送交预审法官面前,后者在接下来的48小时以内必须作出羁押或者撤销逮捕的裁决。为此,预审法官一般要举行一次专门的听审活动,届时公诉人、辩护律师和嫌疑人都有权出席,并有权发表意见。法官在上述听审活动中所作的裁决,还要接受控辩双方的上诉。在整个刑事诉讼活动中,被告人如果涉嫌犯有应判处6年以下监禁的罪行,审前羁押的法定最长期限是2年;而涉嫌犯有可能判处6年以上监禁或者终身监禁的犯罪的,审前羁押的最长期限则为4年。超过此限后,被告人只要没有被终审判决有罪,都必须一律获得释放。这一期限在特殊情况下还可以延长,但必须由预审法官严格按照法定的程序作出裁决。除了羁押措施以外,检察官或司法警察还可以对嫌疑人、被告人采取住地逮捕、在医疗场所的羁押、关于居住的禁令、定期向警察机构报到以及禁止出国等措施。但在采取这些措施之前,除法定的例外情况以外,一般必须取得预审法官的许可令。不仅如此,司法警察或检察官采取的其他涉及公民人身自由以外的权益的强制性措施,如搜查、扣押、窃听等,一般也必须首先取得预审法官的许可或授权。在紧急情况下,司法警察可以申请检察官直接许可实施这些措施,但在这种行为完成后必须立即向预审法官报告,并接受后者的司法审查。

与其他大陆法国家一样,意大利也建立了针对强制性侦查措施的司法救济程序。例如,对于司法警察或检察官直接采取的侦查行为,预审法官经过审查后,可以宣布无效或者进行纠正。又如,在审前羁押等涉及人身自由的强制措施采取后的法定期限内,被告人及其辩护人有权针对预审法官有关该措施的裁决,向该法官所在地的省府驻地法院申请复查。此外,公诉人、被告人、辩护人还可以针对有关限制人身自由的强制措施的裁决提出上诉,并说明有关的理由。针对上述通过复查和上诉所作的裁决,公诉人、被告人、辩护人还可以直接上诉到意大利最高法院,由该法院作出最后的裁决。不仅如此,根据意大利 1988 年《刑事诉讼法典》,在诉讼的任何一个阶段,法官或者法院发现警察或者检察官通过违反法律程序获得的证据材料,一般都应当予以排除。当然,这一"排除规则"在意大利司法实践中的例外情况越来越多。

意大利 1988 年《刑事诉讼法典》还设立了一种独特的"附属采证"(意 incidente probatorio)程序。这一程序由预审法官主持进行,并保持了对抗式法庭审判的形式。举行这一程序的前提条件是,检察官或者接受侦查的公民,有合理的理由确信某一证人在法庭审判之前可能身患重病、死亡,或者可能由于受贿、受到胁迫等原因而无法提供可靠的证言,或者发现出现了一些法定的紧急情况可能导致鉴定、司法实验、辨认在以后的诉讼阶段无法进行等,就可以向预审法官提出举行这种程序的申请。在这种"附属采证"活动中,公诉人、民事当事人、被告人、辩护人一般必须同时出席,他们有权向有关证人、鉴定人进行提问,有权就某一证人证言或鉴定结论的证明力发表陈述和评论。通过这一程序,有关的证据将被制作成书面笔录,将来检察官提起公诉时就可以直接移送负责审判的法院,并可以直接作为案件的证据。

较之其他大陆法国家而言,意大利被告人在侦查程序中的诉讼主体地位得到显著的加强。在嫌疑人或被告人被逮捕后的 48 小时之内,司法警察或检察官必须对其进行讯问。在讯问之前应明确告知其有权保持沉默,而且即使不回答问题诉讼也将继续进行。对于没有律师帮助的人,还应告知其有权获得律师的帮助。如果嫌疑人、被告人无力委托律师,法官或检察官将为其指定一名从事法律援助的律师提供法律帮助。处于被羁押状态的嫌疑人、被告人有权立即与其辩护律师进行秘密的会晤和商议。但即使出现特殊情况,嫌疑人与其律师的会晤也不得推迟 7 日以上。司法警察在初步侦查阶段讯问嫌疑人,必须通知辩护律师到场,否则讯问所得的陈述笔录不得作为证据使用。司法警察对有关的场所、人身进行搜查,对有关的物品、痕迹或人员进行紧急核查、扣押等活动,以及经公诉人批准对有关的邮件进行拆封,也应当允许辩护律师到场参加,但不负有通知律师到场的义务。而在检察官主持进行的讯问、勘验、检查、对质等侦查活动中,辩护律师也有权到场参加。甚至在检察官实施的搜查、扣押等活动中,辩护律师还可以不经通知而直接参与侦查。辩护律师对侦查活动的这种较为广泛的参与权,使得被告人在侦查阶段的诉讼地位得到显著的改善。

5.6 比较分析

通过就各国的侦查模式进行比较研究,笔者发现英美刑事诉讼的中心是审判(尤其是第一审程序),而不是侦查程序;相反,在德国和意大利,侦查程序乃至整个审判前程序在刑事诉讼中则具有举足轻重的地位。可以说,与英美相比,大陆法国家具有较为完整、发达的审判前程序。对于这一问题,似乎可以从诉讼价值观和诉讼构造模式方面找到合理的解释。

一般说来,英美刑事诉讼的主要目标是通过公平的途径解决控辩双方(也就是国家与个人)之间的争端。为达成这一目标,控辩双方在诉讼中应进行平等的理性对抗,在"平等武装"原则的规范下追求自己的诉讼目标;任何一方都不能被强迫为对方提供进攻或者防御的武器,裁判者也要尽可能地减少对控辩双方对抗的干预或限制,而尽量充当消极、中立的裁判者角色。这种被英美学者称为"公平竞赛"或"公平游戏"的原则,实为英美刑事诉讼的核心理念。受这一理念的影响和支配,英美的刑事审判前程序尽管与其对抗式审判程序不可相提并论,但仍然具有较强的对抗性。严格说来,英美审判前阶段同时存在着两种调查活动:一是警察代表政府进行的收集证据活动,二是被告人在辩护人的帮助下进行的收集有利于自己的证据的活动。这两种调查都是控辩双方为准备诉讼而进行的正当活动,并没有高低先后之分。司法警察为查明案件事实,尽管可以动用政府赋予的各种合法手段,如逮捕、羁押、讯问、搜查、扣押、窃听等,这种调查还可以通过限制或者剥夺嫌疑人、被告人的人身自由或隐私来完成,但是,警察的调查活动一般有一个不可逾越的界限:不能强迫嫌疑人、被告人自证其罪。这种不受强迫自证其罪或者保持沉默的权利,是嫌疑人、被告人实施辩护的最后一道防线。一般情况下,被告人的沉默不会成为使其受到不利对待的根据。同时,根据无罪推定原则,对被告人的审前羁押一般只能成为一种不得已而为之的例外,作为替代羁押的保释等措施应当得到尽可能多的适用。逮捕、羁押等措施的采用,应当以保证嫌疑人、被告人及时出庭、维护诉讼顺利进行为目的,而不能以所谓"防止被告人重新犯罪"为由限制其人身自由。而且,为增强被告人的防御权,辩护律师应当尽可能早地参与诉讼活动,无力获得律师帮助的被告人应当尽早地获得法律援助。辩护律师不仅有权与被告人进行秘密会见和通讯,而且在警察讯问时有权始终在场。不仅如此,英美还建立了针对警察调查权的司法审查机制,要求所有涉及限制或者剥夺公民自由、财产、隐私等权益的强制性措施一律由司法官员发布许可的令状,法院还可以通过对非法证据进行排除等规则来进行程序性裁判,从而对警察的调查行为实施事后审查。可以说,由不负有调查责任的法官对警察的调查活动进行司法审查和控制,这对于控辩双方在审判前阶段的平等对抗构成了一种"平衡器"的作用,成为被告人进行有效防御的必要保障。

与英美诉讼观念不同的是,大陆法国家将发现案件事实真相作为刑事诉讼的主要目标。为实现这一目标,德国、意大利的审判前程序基本上都被设计成国家侦查机构针对涉嫌犯罪的被告人进行的追诉活动。无论是司法警察、检察官,还是负有侦查责任的预审法官,都要客观地收集有利于和不利于被告人的证据,查明犯罪事实,保证有罪者受到公正的追究,防止无罪者受到不适当的牵连,并为此依职权主动实施某一诉讼行为。与英美注重公平的诉讼过程相比,大陆法国家更加强调公正的诉讼结果,并将整个审判前程序设计成为实现这一理想结果的工具。因此,大陆法国家审判前程序中并不存在控辩双方平行的两种调查活动,侦查机构的侦查活动才是审判前程序的主线,被告人及其辩护人的参与和防御活动不过是侦查活动的必要补充,是防止被告人地位恶化的必要保障。如果被告人及其辩护人的防御活动不利于甚至妨碍侦查目标的实现,侦查机构甚至司法机构还可能对其诉讼权利施加一定的限制。另一方面,大陆法国家也越来越强调对嫌疑人、被告人诉讼权利的保障,以及对其诉讼处境的改善。根据法国、德国、意大利学者的看法,被告人在审判前阶段的诉讼主体地位正在得到明显的加强。不过,与英美形成鲜明对比的是,大陆法国家在审判前阶段为被告人提供的防御权总是显得过于弱小。即使是在对被告人权利保护得较好的意大利和德国,被告人及其辩护律师在审判前阶段也不足以与司法警察和检察官相抗衡。在大陆法国家的学者看来,控辩双方在审判前的平等对抗既不可能,也不必要。相对于保障被告人的防御权而言,这些国家更加重视检察机构对司法警察的直接控制和领导。在大陆法国家,检察官和法官一样,属于国家的司法官员,他们通过同一的司法考试和培训方式产生,在国家权力结构体系中具有相同或相似的地位。法国学者更是形象地将检察官比喻为"站着的司法官",而法官则是

"坐着的司法官"。这些国家的法律明确要求检察官和负责侦查的法官以公正、客观的态度收集证据,既要注意不利于被告人的证据和事实,也要注意有利于被告人的证据和事实,检察官甚至可以为被告人的利益而提出申请或者上诉。根据德国学者的观点,检察官在审判前所具有的这种"客观和公正的司法官"地位,构成了对被告人的"实质性辩护",而辩护人的防御活动则不过属于一种"形式上的辩护"。

由于在诉讼价值观念和整体诉讼构造上具有上述传统的差异,英美与大陆法国家形成迥然有异的侦查模式就不足为奇了。在这两种不同的侦查模式下,不论是侦查权的分配方式、检察官与司法警察的关系、司法审查的途径和效果,还是嫌疑人、被告人的诉讼权利、辩护律师的参与方式和参与范围等,都存在较多的不同点。当然,即使在两大法系内部,如英国与美国之间,法国、德国与意大利之间,在具体的侦查构造上也各有自己的特点。我们不难发现,大陆法国家的审判前程序已经、正在并将继续从英美法中吸收越来越多的制度设计和改革灵感,这种程序将可能越来越远离中世纪时期曾广为盛行的纠问程序,其纠问色彩会越来越淡,职权化倾向会越来越轻,被告人的防御及辩护律师的参与也会越来越能得到有效的保障。我们从法国近年来有关预审和侦查制度的改革争论中不难看出,传统的职权主义侦查模式正在面临越来越强烈的批评,而从意大利的侦查模式中则又可以发现大陆法国家侦查程序的最新发展趋势。中国作为曾经长期受到大陆法影响的国家,对于大陆法国家的这些改革动向应当给予高度重视。与此同时,英美也在缓慢地吸收大陆法国家审判前程序的一些制度设计,以增强这一程序在追诉犯罪方面的能力。如英国1985年建立了检察制度,将起诉权从警察转移给专门设立的检察机构;1994年又通过立法对嫌疑人、被告人的沉默权作出了较大的限制,确定一系列的例外规则。

归结起来,现代西方各国基本上都抛弃了那种将侦查视为国家对公民个人进行单方面追诉的观念,大体上都能够按照"诉讼"的形态构建侦查程序,将国家追究公民刑事责任的活动纳入"诉讼"的运行轨道。无论是英美还是大陆法国家,其侦查程序都呈现出以下几个方面的发展趋势。

5.6.1 普遍建立了针对侦查行为的司法授权和审查机制

侦查程序中存在的最大"诉讼"问题是如何对那些涉及限制或者剥夺公民权益的侦查行为进行司法审查。在这一方面,西方各国普遍建立了由法官颁布许可令的"令状制度"。无论是逮捕、搜查、扣押、窃听还是羁押、保释或者其他强制性措施,司法警察或检察官都要事先向法官或者法院提出申请,后者经过专门的司法审查程序,认为符合法定的条件后,才能许可进行上述侦查活动。这样,强制措施的实施必须取得法官的授权和审查。侦查机构只有在法定特殊情况下才能自行实施上述措施,但一般要立即送交法官或者法院作出决定。在西方各国的侦查构造中,负责侦查的警察、检察官尽管有权实施具体的侦查行为,但对于那些涉及限制或者剥夺公民个人自由、财产、隐私等权益的强制性侦查措施,却没有最终的决定权,而要向司法官员提出申请,由后者依法发布许可的令状。这显然是"司法最终裁决"这一现代法治原则的典型体现,也符合"控诉与裁判职能分离"这一基本诉讼原则。当然,法国的预审法官制度属于一种例外,因为这种法官作为侦查活动的领导者,有权直接采取强制措施。不过,考虑到法国建立了专门针对预审法官的司法控制机制,上诉法院审查起诉庭可以通过接受控辩双方的上诉、申请无效等各种途径对预审法官的侦查活动进行事后审查。因此针对侦查活动的司法审查机制仍然是存在的。

5.6.2 普遍建立了对审前羁押的司法控制机制

审前羁押作为侦查程序中最为严厉的强制措施,会导致被告人的人身自由受到较长时间的限制和剥夺。对这一措施的司法限制集中体现了侦查程序的整体构造特征。大体说来,西方各国通过以下途径对审前羁押实施司法控制:(1) 逮捕被设计成保证嫌疑人到场或到庭的手段,因此只能带来较短时间的羁押,而正式的审前羁押则一律由法官或法院在控辩双方同时参与下专门加以确定。换言之,逮捕不过属于一种"行为",只能带来极短时间的羁押,而审前羁押才属于一种典型的羁押状态。这种"逮捕与羁押(在适用条件和程序上)相分离"的做法,能够确保法官对警察、检察官在实施羁押行为方面的严密控制。(2) 法官对于是否适用羁押以及羁押期间的问题,按照法庭审理的方式进行确定。这种程序性裁判活动具有典型的控、辩、裁三方主体参与的诉讼构造,并按照控辩双方平等对抗、法官居中裁判这一诉讼原则进行运作,使得有关羁押问题的裁判能够严格按照法定的条件和程序来进行。(3) 在有关适用羁押的实体性限制方面,各国确立了所谓的"比例原则"(又称为相适应原则),要求法官在确定羁押期间时要考虑被告人所涉嫌的犯罪的性质和被告人逃避诉讼的可能性等诸多程序性因素。(4) 对于审前羁押,各国普遍要求只在最必要的情况下加以适用,一般不将适用羁押作为保证诉讼进行的一般原则,而使其尽可能地成为一种例外和最后的措施。为此,各国确立了一系列旨在替代羁押的强制措施,尤其是广泛地采用保释这一措施,并采取了保证人担保、保证金担保和个人具结等多种保释手段。目前,不仅在英美,而且在法国、德国、意大利等大陆法国家,保释作为强制措施都得到了法律的确立。(5) 各国都允许嫌疑人、被告人对其所受的羁押措施随时向法院提起申诉或者上诉,以期引起法院对羁押合法性问题进行事后的司法审查。不少国家还确定了向法院提起这种诉讼的法定期限,超过此期限,嫌疑人和被告人都可以直接提请有关法院进行司法审查。英国高等法院王座庭、美国联邦地区法院和上诉法院、德国州法院、法国上诉法院审查起诉庭以及意大利省府所在地的法院都具有这种就羁押合法性进行司法审查的职能。各国甚至还允许遭受不当羁押的被告人直接向本国最高法院提起申诉。(6) 各国都建立了针对不公正羁押措施的国家赔偿制度,保证遭受不当羁押的被告人获得由一中立的司法机构主持的赔偿听审机会。

5.6.3 被告人的沉默权和律师帮助权得到较为普遍的确立

作为无罪推定原则的基本要求,任何侦查机构都不得强迫被告人自证其罪,被告人因此在接受讯问时享有保持沉默的权利和不作陈述的自由。这一权利目前在西方各国大体上都得到了确立。例如,在英美,警察逮捕嫌疑人以及对其进行讯问之前必须告知其有权保持沉默,否则整个讯问程序均属无效,由此获得的被告人口供也将被排除于法庭之外。在德国和意大利,警察、检察官在对嫌疑人进行讯问之前要告知其没有义务进行陈述。当然,在英美,被告人在行使沉默权时也逐渐出现了一些例外情况,尤其是英国1994年通过颁布成文法限制了被告人沉默权的适用范围,允许法官或陪审团在法定特殊情况下对被告人保持沉默这一事实作出不利于被告人的推论。而在法国、德国和意大利,基于所谓"自由心证"的原则,法官、陪审员在裁判过程中可以对嫌疑人、被告人在侦查阶段保持沉默这一事实,作出可能不利于被告人的适当推论。

作为与沉默权同样重要的律师帮助权,在西方各国的侦查程序中也普遍地得到保证。在英美,被告人在被逮捕时就要被告知有权委托律师给予帮助,如果无力委托,政府将为其指定一名律师提供法律援助。以后在讯问之前还要重复告知这些权利。在德国和意大利,警察、检察官和法官在进行第一次讯问之前,都要告知被告人有权获得律师的帮助,对于符合法定条件的被告人还要提供免费的律师帮助。而在法国,被告人获得律师帮助的权利长期以来只能在预审法官的第一次讯问时获得告知和保证,但在1993年通过修订《刑事诉讼法典》,使得嫌疑人在初步侦查阶段即可获得律师的帮助。如果嫌疑人无力委托律师,还可以通过律师协会会长获得法律援助。当然,被告人获得律师帮助的权利在司法警察面前仍然不如在预审法官面前得到更加充分的保障。

5.6.4　辩护律师在侦查中的参与范围得到扩大

与嫌疑人、被告人诉讼主体地位的增强相适应的是,辩护律师在侦查程序中的参与范围得到逐步扩大。在英美,辩护律师有权在警察讯问被告人时始终在场,并可以代被告人行使各项诉讼权利,如申请保释、申请就羁押问题进行司法审查,参加法官就一些涉及被告人权利的事项举行的听审程序等。而在德国,法官和检察官在对被告人进行讯问时,辩护律师有权到场,但在警察讯问时,则一般不允许律师到场。在意大利,无论是司法警察还是检察官对被告人进行讯问,都必须允许和通知辩护律师到场参与,甚至连检察官和警察进行一些侦查活动,辩护律师也有权直接参与。在法国,预审法官对被告人进行的任何讯问,都必须通知辩护律师到场参与,但警察进行的讯问则一般不允许律师到场。不过,无论在英美还是在大陆法国家,辩护律师在侦查阶段都可以与在押的嫌疑人、被告人进行秘密的会见和通讯;辩护律师能够阅览侦查机构制作的案卷材料;辩护律师的职业秘密都得到法律的确立和司法机构的尊重。这些传统上属于英美律师的权利,也逐渐为大陆法国家的律师所享有。

5.6.5　普遍通过司法裁判程序对侦查活动进行制约

与中国实行的"流水作业式"的诉讼构造相比,西方各国的刑事诉讼程序显然都属于一种"以裁判为中心"的构造。在这一构造之下,法院的审判活动对侦查活动实际进行着最终的司法审查。这种审查有两个方面:一为实体性审查,即就被告人在法律上是否有罪作出最终的裁断;二为程序性审查,即就侦查活动的合法性作出权威的裁判。为完成前一项审查,法庭可以不受侦查机构案卷材料和结论的控制,而是通过当庭进行的直接、言词、辩论、集中和不间断的证据调查完成其对事实的认定,从而作出独立自主的裁判。而为完成后一项审查，法庭则要对侦查机构收集、检察官提交的证据是否合法进行独立的审查，对于通过严重违反诉讼程序、侵犯公民基本权利和自由的手段获得的各种证据，即使确认其具有证明力，也要排除于法庭之外。这就使得侦查活动在法庭审判乃至司法救济阶段仍能受到司法机构的继续制约和控制。

6. 未决羁押的程序控制

6.1 未决羁押程序控制概述
6.2 未决羁押与逮捕的分离
6.3 未决羁押的法定理由
6.4 对羁押的其他实体限制
6.5 羁押期限及其延长
6.6 羁押的场所
6.7 对未决羁押的司法救济
6.8 程序性辩护
6.9 结论：限制未决羁押的一般原则

6.1 未决羁押程序控制概述

1992年5月,俄罗斯联邦在刑事司法制度方面作出一项意义深远的改革:在审判前阶段建立了司法审查制度。根据这一制度,被羁押人及其辩护人、法定代理人,对调查机关、侦查员、检察机关所采取的羁押和延长羁押期限的行为不服的,可以向羁押所在地的法院提出申请;法院审判员在检察长、辩护人、被羁押人及其法定代理人的直接参与下,就羁押是否合法和有无正当依据的问题举行不公开的听证;在听取申诉人的论证和其他各方意见的基础上,审判员就司法审查的结果作出附理由的决定。①

在此之前,俄罗斯的未决羁押主要是由警察机构和检察机构实施的,法院无权就羁押以及延长羁押行为的合法性进行任何形式的司法控制。结果,犯罪嫌疑人一旦通过拘留或逮捕受到羁押,只能向刑事追诉机构(尤其是检察机构)提出申诉,而无法向法院申请司法救济。司法审查制度建立以后,作为对人的自由限制最为严厉的未决羁押,终于成为法院司法审查的对象;对于警察、检察官在审判前实施的羁押和延长羁押行为,犯罪嫌疑人终于能够行使诉权,获得了"为权利而斗争"的机会。这标志着俄罗斯在法治化进程上迈出了重要的一步。

面对俄罗斯的司法改革动向,笔者不能不联想到中国的情况,尤其是中国的未决羁押制度。由于历史的原因,中国曾经以苏联为模式,建立起自己的刑事司法制度。长期以来,这一制度一直具有公检法三机关"流水作业"的整体构造,而未能形成"以司法裁判为中心"的诉讼格局。在公诉案件中,法院几乎从不参与审判前的活动,也无从对警察、检察官所采取的强制措施进行司法审查。对于拘留、逮捕,中国的法院既不能通过发布令状实施事前的司法授权,也不能就羁押的延长问题举行任何形式的司法听证,更不能就上述措施的合法性问题接受嫌疑人、被告人的申诉。结果,在刑事审判前阶段,对公民人身自由加以限制、剥夺的权力不是由法院、法庭或法官通过司法程序实施,而完全由警察和检察官通过一种极具行政化的方式来享有。

近年来,未决羁押问题已经引起越来越多的研究者的关注。然而,由于受理论深度和观察视野的限制,不少论著尽管都涉及诸如超期羁押、变相羁

---

① 《俄罗斯联邦刑事诉讼法典》,苏方遒等译,中国政法大学出版社1999年版,第220.1条和第220.2条。

押等问题,但大都就事论事,既没有展开深入的法理讨论,也缺乏有针对性的个案剖析和缜密的定量分析。在对西方各国未决羁押制度的了解方面,别说一般读者,就连专门的研究者也是一头雾水。由于比较法方面的研究极为欠缺,人们在分析中国的未决羁押制度时就失去了参照系和对应物,容易"身陷庐山而不识其真面目"。结果,一些有限的研究不仅无法就强制措施的基础问题展开深入的探讨,而且无法找到中国未决羁押制度存在的"真正问题"以及造成这些问题的原因,更谈不上对这一制度的改革提出富有见地的意见。

有鉴于此,笔者将从比较法的角度,对西方国家的未决羁押制度作一简要但尽量系统的分析。为避免分析过于分散和简单,笔者将重点讨论一些主要西方国家未决羁押的司法控制问题。至于被羁押者在羁押期间享有的一系列诉讼权利,如沉默权、讯问时的律师在场权、与已决犯的分离关押等,则被笔者有意地予以忽略。毕竟,本章所关注的核心问题不是整个未决羁押制度,而是对未决羁押的司法控制问题。

6.2 未决羁押与逮捕的分离

作为一种最严厉的强制措施,未决羁押无疑会使嫌疑人、被告人受到较长时间的监禁,从而使其人身自由受到最严重、最深远的侵害。尤其是考虑到未决羁押所针对的不是已决犯,也就是已由法院通过生效裁判宣告有罪的人,而是因为涉嫌犯罪而受到刑事追诉的嫌疑人、被告人,因此,必须对这一措施施加较之刑罚更为严密的法律控制。如果说定罪权和量刑权都属于法院的专属权的话,那么,未决羁押的决定权就更应被纳入司法权的范围,归属于法院行使。

但是,在未决羁押适用之前,检察机关、警察机构往往已经对嫌疑人采取了限制人身自由的措施,也就是逮捕(或者拘留)。那么,这种逮捕行为是否也必须经由司法机构授权才能实施呢?从西方各国的立法情况来看,逮捕不过是以强制方式使嫌疑人到案的一种措施,它一般只会带来较短时间的人身监禁。逮捕既可以由司法官员授权实施,也可以由司法警察、检察官自行决定采取。甚至在法定情形下,对那些正在实施犯罪行为的现行犯,普通公民将其强行押送警察机构的行为也被视为"逮捕"。但是,不论逮捕的实际授权者是谁,在逮捕后法定的羁押期限结束后,司法警察或检察官必须毫不迟延地将嫌疑人送交法官或其他享有司法权的官员、机构,后者有权对羁押的理由进行全面的审查。这样，除了那些由法官未经逮捕而直接授权实施羁押的情况以外，逮捕与羁押一般构成了两个相互独立的程序。

那么，将逮捕与未决羁押在程序上分离开来，究竟有哪些法理依据呢？这一问题可以从以下方面得到解释。首先，逮捕与羁押在法律上成为两种不同的强制措施，不仅有不同的适用条件，而且在程序上有受到两次独立审查的机会。甚至在许多情况下，这里的审查还属于独立的司法审查。这种双重审查机制的存在，可以使逮捕和羁押在授权方面受到更加完善的约束，防止权力的滥用。其次，出于侦查的需要，对逮捕适用的司法审查原则有了越来越多的例外。甚至在意大利、法国等大陆法国家，初步侦查阶段的逮捕或拘留大多变成侦查活动的一部分，而不再经由司法官员的授权。这种变化是符合侦查活动的规律的。但是，作为独立于逮捕的强制措施，羁押始终要受到严格的司法审查，这对于贯彻宪法上的司法听审这一法治原则，无疑是极为必要的。在这里，逮捕与羁押的分离实际上可以确保安全与自由、侦查的效率与程序的正义得到合理的平衡。再次，对于逮捕和羁押所采取的双重司法审查，可以使逮捕、羁押的决定者与实施者在主体上产生分离。对于侦查官员而言，即使出于侦查的需要而不得不采取逮捕、羁押，也不得由负责侦查和起诉的机构作出决定，而必须由那些不承担刑事追诉职责的司法官员，通过发布许可令状的方式进行司法授权。这一方面使作为行政权的刑事追诉权受到独立的司法权的控制，防止其出于惩治犯罪的需要而任意限制公民自由，另一方面也使得羁押连同羁押的期限、场所、程序、救济等一系列事项完全摆脱了警察、检察官的控制，这对于减少程序违法现象的发生，实现程序法治，都是最基本的保证。

6.2.1 逮捕的审查程序

尽管逮捕通常只会带来较短时间的人身监禁，但西方各国还是对其实施了一定的控制。例如在英国、美国，逮捕分有证逮捕（arrest with a warrant）与无证逮捕（arrest without warrant）两种。前者要由法官经审查后加以授权实施，后者则由警察或普通民众直接实施。在德国，逮捕分为法官授权实施的逮捕与检察官、警察实施的"暂时逮捕"两种，前者实际是在法官发布羁押命令之后进行的逮捕，后者则是由检察官和警察自行采取的逮捕。在意大利，司法警察拥有对现行犯的直接逮捕权，检察官则对现行犯以外的其他嫌疑人拥有逮捕决定权。在日本，逮捕分"通常逮捕""紧急逮捕"和"现行犯的逮捕"三种。其中前一种逮捕要由警察、检察官提出申请,法官经审查后作出是否批准的决定。

大体上看,西方各国只对那些较为正式的逮捕才适用司法审查模式,而在大量情况紧急的情形下(如对现行犯),则广泛地采取无证逮捕的模式。当然,警察、检察官在自行决定并实施逮捕后,必须尽快将被捕者提交司法官员进行审查。但这种审查是在逮捕后实施的,所要解决的则是羁押的合法性与必要性的问题。当然,在几乎所有大陆法国家,警察逮捕后应尽快(一般在48小时以内)将嫌疑人提交给检察官。后者对逮捕的合法性要进行事后审查,然后尽快(一般在48或24小时以内)将那些符合羁押条件的嫌疑人移交法官审查。在以下的论述中,笔者将着重就逮捕的司法审查程序作一比较分析。

西方国家针对逮捕实施的司法审查属于一种事前审查,也就是由司法官员对警察、检察官提出的逮捕申请进行合法性和必要性方面的审查,对于合乎逮捕条件的,签发逮捕的许可令状;对于不符合逮捕条件的,则不批准逮捕。这一点无论是在英国、美国的"有证逮捕",还是在日本的"通常逮捕"上都有所体现。但是,德国的正式逮捕是一个例外。因为这种所谓的"法官授权实施的逮捕",不过是警察、检察官对法官羁押命令的执行活动而已,这里直接存在着未决羁押的审查活动,而没有专门针对逮捕的司法审查。而在意大利法律中,针对逮捕的司法审查并不存在,几乎所有逮捕都是由警察、检察官自行决定、自行实施的。

在英国,有证逮捕通常以警察提出指控文书为前提。治安法官或书记官根据指控签发传票(summons)。传票一经签发,要立即送达被告人。超过传票指定的时间,被告人仍然不前来法庭应诉的,治安法院就面临着是否签发逮捕令的选择。如果指控的罪行属于简易罪(summary offence),法官可以决定延期,并通知被告人在新的时间参加听审,也可以在被告人缺席的情况下进行听审。但是,如果起诉书已经口头宣誓加以证实,而该罪行又可能导致监禁以上的刑罚,法官或书记官就可以签发逮捕令;嫌疑人收到传票后没有在指定的时间出庭应诉的,治安法官通常会签发逮捕令,以强制嫌疑人出庭。另一方面,如果指控的罪行为可诉罪(indictable offence),法官不能在被告人缺席的情况下进行移送起诉,更不能自行决定审判的模式,而只能将开庭时间予以延后。这样,如果被告人届时不能出现在法庭,法官通常会考虑签发逮捕令,以强制被告人在规定的时间出庭应诉。

当然,有证逮捕在实践中很少发生,就逮捕本身进行的司法审查也较为罕见。这是因为,发布逮捕令通常要受到成文法的一系列限制;如果签发传票就足以促使被告人到庭,就不得适用逮捕;而如果指控的罪行过于严重(例如,已达到可捕罪的程度),警察则可以直接进行无证逮捕,而无须向法官申请逮捕令。①

　　在美国,逮捕一般必须由治安法官或其他司法官员以发布逮捕令的形式加以授权,警察则根据逮捕令去执行逮捕。发布逮捕令的依据是有关犯罪事实的控告或者警察经过宣誓的控告书。治安法官或其他司法官员发布逮捕令的主要条件是有"合理的根据"(probable cause)相信犯罪已经发生,并相信即将被逮捕的人实施了这一犯罪行为。当然,根据检察官的请求,法官也可以首先签发一份旨在通知嫌疑人出庭的传票。如果嫌疑人没有按照传票的要求及时出现在法官面前,法官将签发逮捕令,以便强制其出席法庭活动。

　　存在"合理的根据"是法官签发逮捕令的法定条件,也是警察向法官申请逮捕令所要达到的证明标准。根据美国联邦最高法院的判例解释,所谓"合理根据",是指根据警察所了解的事实、情况及其所获得的可信信息,一个正常而谨慎的人足以相信某人实施了犯罪。换言之,警察所掌握的事实和材料可以使一个正常理性的人相信嫌疑人有罪的可能性要大于无罪的可能性。②

　　日本实行所谓"逮捕前置主义"(或"逮捕先行主义"),羁押适用的对象通常是那些已经被逮捕的人。这就意味着,为了羁押必须首先履行逮捕程序。按照日本学者的解释,"逮捕前置主义的主要内容,是在逮捕时实施司法抑制,在羁押时也实施司法抑制,即保障双重检查"。③ 同时,考虑到侦查阶段情况容易发生变化,在这一阶段有必要经过逮捕和羁押这两次司法审查。④

　　在日本的"通常逮捕"程序中,检察官、司法警察必须向法官提出逮捕的

---

　　① John Sprack, *Criminal Procedure*, published by Blackstone Press Limited, 1997, pp. 8-29. 另参见 John Hatchard and Others, Comparative Criminal Procedure, pp. 192-194.
　　② 参见《美国联邦刑事诉讼规则和证据规则》,卞建林译,中国政法大学出版社 1996 年版,第 7 页。对于"合理的根据",尽管美国联邦最高法院曾在判例中作出过明确的解释,但一般认为这一解释仍然有些模糊和抽象。根据一些美国学者的解释,这一"合理根据"是一个"客观的"标准,而不是警察主观上认为的标准。所谓"客观标准",也就是具有正常理性能力的一般人会这么认为。在实践中运用这一标准时,这里的"一般人"不能认为是警察,而只能认为是治安法官或者大陪审团,因为他们才是使用这一标准的司法裁判者。对于这一问题,读者可详见李义冠:《美国刑事审判制度》,法律出版社 1999 年版,第 31—33 页。
　　③ 〔日〕田口守一:《刑事诉讼法》,刘迪等译,法律出版社 2000 年版,第 54 页。
　　④ 〔日〕田口守一:《逮捕后的人身羁押》,载西原春夫主编:《日本刑事法的形成与特色》,李海东等译,法律出版社 1997 年版,第 317 页。

申请,法官需要审查逮捕的理由和必要性,然后决定是否签发逮捕证。首先,法官需要确定是否具备逮捕的理由,也就是是否"有相当的理由足以怀疑被疑人已经犯罪"。换言之,被疑人的犯罪是否有相当的嫌疑。其次,即使具备逮捕的理由,但如果根据被疑人的各种情况,足以断定其没有逃亡、毁灭证据的可能的,也不能签发逮捕证。显然,逮捕的必要性也是需要考虑的。最后,被疑人涉嫌犯有一些法定的轻微罪行的,只有在他们居所不定或无法接到侦查机构的传唤要求时,才可以对他们进行逮捕。

从上述比较分析中不难看出,英、美、日三国对逮捕适用的司法审查程序,具有这样几个特点:(1) 警察、检察官提出逮捕申请,法官负责对逮捕的合法性和必要性进行审查。也就是贯彻了"不告不理"这一诉讼原则。(2) 审查采取较为简易的方式。法官一般不举行由控辩双方同时参与的听证程序,没有实行那种直接、言辞、辩论式的开庭审判。(3) 经过审查,法官认为符合法定逮捕条件的,就签发逮捕令或逮捕证,并以此作为司法审查的裁决结论。

6.2.2　未决羁押的审查程序

尽管逮捕行为有的需要经过司法审查,而有的则由警察、检察官甚至普通民众直接决定和实施,但是未决羁押在所有西方国家都毫无例外地需要经过司法机关的审查和授权,才具有正当性和合法性。尽管各国的制度设计不尽相同,但大体上都确立了以下典型模式:警察、检察官实施逮捕之后,必须在尽可能短的时间内将嫌疑人提交给司法官员;后者经过听证或者讯问,听取被告人、辩护人、警察、检察官等的意见,就羁押的理由和必要性进行审查,然后就是否羁押以及羁押的期限作出明确的裁决。考虑到羁押的理由和必要性等实体层面的问题将在后面作专门的讨论,因此,笔者在此仅就未决羁押的审查程序作一比较分析。

根据英国法律,警察将嫌疑人逮捕后自行决定的羁押期限不得超过36小时。羁押满36小时后,警察如果认为还有必要对嫌疑人继续进行羁押的,必须向治安法院申请签发"进一步羁押的令状"(a warrant of further detention)。对此申请,治安法院一般要举行专门的听证程序。这种听审由两名以上治安法官主持,并采取秘密的方式。届时,警察与嫌疑人作为控辩双方参与听审的过程,并发表意见,进行辩论。为保证嫌疑人享有充分的辩护权,嫌疑人有权获得治安法院指定的事务律师(solicitor)的免费法律帮助。治安法官们在听取警察、嫌疑人及其辩护律师的意见和辩论后,作出批准或者不批准延长羁押期限的裁决。在此期间,警察可以反复提出类似的申请,治安法院应对此作出审查,并决定需要延长的羁押期限。但在警察提出起诉之前,羁押期限最长不得超过96小时。

如果在警察起诉之后,被告人未曾参与过任何司法听证活动的,治安法官在受理起诉的同时,还要举行一次专门的听审活动。这种听审与上述就延长羁押问题所举行的听证采取大体相似的模式。不过,治安法官除了要对羁押的合法性进行审查以外,还允许被告人提出保释的申请,并听取控辩双方就应否继续羁押、应否保释等问题的辩论,然后才能作出裁决。

在美国,警察对于被逮捕(无论是有证逮捕还是无证逮捕)的嫌疑人,必须立即将其解送到最近的联邦治安法官或者州地方法官处。届时警察将提出起诉,并说明构成逮捕所必需的"合理根据"。联邦治安法官或者州地方法官将传嫌疑人出庭。这种出庭由于是嫌疑人第一次与法官进行的接触,因此通常被称为"第一次出庭"(the first appearance)。在听审过程中,法官将告知被告人被起诉的罪名,告知其所享有的诉讼权利,同时要作出是否将被告人保释的决定。对于轻罪案件,被告人在法庭上将被要求作出有罪答辩或者无罪答辩;对于重罪案件,初次出庭结束后,法官要在尽可能短的时间内安排预审。一般情况下,被告人委托或被指定的辩护律师须参与听审,警察方也有代表出席,双方可以就是否羁押、应否保释等问题进行辩论。

由于嫌疑人被捕后涉及羁押期间的延长问题,因此美国法律和判例要求警察在将嫌疑人提交法官面前问题上不得有"不合理的拖延"(without unnecessary delay)。在联邦和大多数州,嫌疑人被捕后如果超过6个小时仍没有被提交法官面前,其供述的自愿性就可能受到怀疑。当然,即使警察毫不拖延地向法官提出了起诉,法官安排第一次听审也需要一定的时间。一般说来,对于那些在警察局已经被保释的被告人,第一次听审的时间会在逮捕数日内举行。而对于那些逮捕后一直被羁押的被告人,法律要求必须尽快举行听审。例如,如果被捕的时间为晚间,第一次出庭的时间为第二天;如果嫌疑人是在星期五晚上被捕的,第一次听审的时间则为下一个星期一上午。①

与英美不同,德国法中有一种法官先行签发羁押命令的制度。一般说来,对那些具备法定羁押理由的嫌疑人,经检察官申请,侦查法官可以不经过

---

① 李义冠:《美国刑事审判制度》,法律出版社1999年版,第23—24页。

逮捕程序而直接签发书面的羁押命令。当然，在法定特殊情况下，如果法官无法与检察官及时进行联系，并且延迟签发就会造成危险的，法官也可以依职权主动签发逮捕令。① 羁押命令是警察、检察官对嫌疑人实施逮捕的司法授权书。它必须载明被捕者的情况、被指控的犯罪行为以及行为的时间、地点、犯罪行为的法定要件及相应的刑法条款，还要说明能够证实行为嫌疑和逮捕理由的事实。

司法警察在执行逮捕（不论是依据羁押命令实施的逮捕还是暂时逮捕）之后，必须毫不迟延地将被捕的嫌疑人提交给管辖案件的法官。这种提交嫌疑人的行为最迟不得超过逮捕后的第二天结束之时。② 具有客观方面的原因，届时无法向逮捕地的地方法院法官提交的，警察也可以向最近的地方法院法官提交嫌疑人，最迟不得超过逮捕后的第二天。对于被提交的嫌疑人，法官应当毫不迟延地进行讯问，至迟不得超过提交后的第二天。讯问时，法官须告知嫌疑人有关的诉讼权利，给予嫌疑人提出辩解的机会，并且就是否继续羁押问题作出决定。一般说来，法官经过审查，发现羁押的理由仍然存在的，会继续维持羁押命令，但要告知嫌疑人提起抗告或其他法律救济的权利。相反，如果发现羁押无正当理由或者羁押的理由已经变得不复存在的，法官会立即撤销羁押命令，将嫌疑人予以释放。

根据意大利法律的要求，警察逮捕嫌疑人后必须尽快将其提交给检察官。检察官对嫌疑人经过讯问和审查，认为其不符合逮捕条件的，应当立即释放。符合逮捕条件的，则要在逮捕后的 24 小时以内，将嫌疑人提交给有管辖权的预审法官。③ 后者在随后的 48 小时以内，必须以裁定的形式决定是否认可逮捕，或者将其释放。上述法定期限如得不到遵守，那么逮捕将立即丧

---

① 对于羁押命令的签发，德国《刑事诉讼法》（第 125、126 条）作出了明确的规定：在公诉提起之前，羁押命令由拥有地区管辖权的地方法院法官，或者由嫌疑人居住地的地方法院法官签发。而在提起公诉之后，羁押命令则由受理案件的法院签发；案件进入上诉审时，由作出原判决的法院签发。

② 这就意味着，警察逮捕后羁押嫌疑人的时间最长不得超过 48 小时。警察将嫌疑人提交到法官面前以后，嫌疑人是否继续受到羁押，还是被有条件地释放，这都要由法官作出决定。

③ 预审法官是参与刑事审判前程序的重要司法官员。在 1988 年以前，意大利曾与法国、德国一样，长期实行侦查法官制度。这种侦查法官实际就是侦查活动的直接领导者和指挥者，这种指挥侦查的职能主要通过预先调查（预审）程序来进行。但同时，侦查法官还是提起公诉问题的决定者，也是那些涉及嫌疑人人身自由的强制措施的授权者和决定者。因此，人们对侦查法官这种一身兼三任——侦查、审查起诉和司法审查的制度，以其违背诉讼职能的分离的原理为由，提出了批评。继原联邦德国于 1975 年废除侦查法官制度，将侦查权完全赋予检察官、警察以来，意大利 1988 年《刑事诉讼法典》也采取了类似的改革。具体说来，意大利审判前程序中不再有侦查法官的参与，侦查基本上属于检察官和司法警察的权力，预审法官除保留一部分审查起诉的职能以外，主要从事的就是对司法警察、检察官申请采取的强制措施或者其他人身或财产方面的防范措施，进行司法授权和司法审查。

失法律效力。

为确定是否需要对被捕的嫌疑人采取强制措施,预审法官必须通过听审的方式进行审查。届时,检察官与嫌疑人及其辩护人有权到场;检察官须说明逮捕的理由,并就限制嫌疑人的人身自由问题提出要求。然后,预审法官必须听取嫌疑人及其辩护人的意见。对于合法的逮捕,法官要以裁定的方式加以认可;对于符合法定条件的嫌疑人,可以采取包括未决羁押在内的强制措施;对于不符合采取强制措施条件的嫌疑人,则立即予以释放。

日本法基于令状主义的宪法要求,建立了未决羁押的司法审查程序。司法警察、检察官将被疑人逮捕后,应在法定期限内,将其提交给法官,并提出羁押的请求。其中,司法警察实施的逮捕,经检察官审查后,提交法官的最长时间为72小时;检察官实施的逮捕,提交法官的时间最长为48小时。受理检察官的羁押申请后,法官应将指控的犯罪事实告知被疑人,并听取被疑人的陈述和辩解。这种由法官就羁押问题所作的讯问,在日本法上称为"羁押质问"。与英美等国的制度不同,日本法官就羁押问题所作的讯问是单独进行的,也就是在法院的羁押性讯问室,在检察官、司法警察都不到场的情况下进行的讯问。

在作出羁押决定之前,法官既要审查案件是否具备了羁押的实体条件,也要审查是否符合程序方面的要件。受逮捕前置主义的影响,法官还要审查业已完成的逮捕本身是否合法,以及逮捕后的羁押期限是否适当。因此,基于违法逮捕而提出的羁押请求是不合法的,应当予以驳回。经过审查,对于符合羁押条件的被疑人,法官经过羁押质问程序,决定采取羁押措施的,应当迅速签发羁押证。

从上述分析中可以看出,西方国家的法官在司法审查中一方面要对业已结束的逮捕的合法性进行审查,另一方面也要对羁押是否合法和必要作出事前的考量,并在被告人具备羁押条件时决定羁押的期限。这种司法审查程序在英美法与大陆法国家之间存在着一定的区别。例如,英美法的司法审查严格遵守不告不理的诉讼原则,这一程序不由法官主动提起,而是在警察提交法官面前之后启动。当然,在诉讼模式方面已经走向对抗制的日本、意大利,也基本上使法官处于这种消极裁判者的角色。但在德国,侦查法官除根据检察官的申请启动审查程序以外,在一些法定情况下仍可依据职权,主动对羁押的合法性和必要性进行审查。这显然受到了德国传统的职权主义诉讼模式的影响。又如,英美的司法审查一般通过听证的方式进行,被告人、辩护人、警察等都要同时出席,提出意见并进行辩论。但德国和意大利的司法审查则采取法官讯问的方式进行,日本至今仍保留了法官进行"羁押质问"的制度,这种讯问或质问都不具备开庭的形式,而是由法官单方面地向被告人提出问题。尽管辩护律师越来越多地参与进来,但这种讯问或质问仍然不具备基本的诉讼形态。

6.3 未决羁押的法定理由

为什么要采取羁押措施?在刑事诉讼中究竟基于什么样的理由才能使羁押的实施具有正当性?这是涉及未决羁押制度的理论基础的重要问题。

一般说来,采取未决羁押的最主要目的应当是程序性的,而不是实体性的,尤其不能演变成为一种积极的惩罚措施。具体而言,无论在什么样的情况下,未决羁押与其他任何强制措施都不能被赋予惩罚性的功能,也不能被视为变相的"预期刑罚"。这是因为,根据现代法治原则,无论刑事诉讼所涉及的公共利益有多么重要,也不能将那些受到刑事追诉的公民仅仅视为国家惩治犯罪的工具和手段。换言之,尽管对于那些涉嫌违法、犯罪的公民,国家不得不采取一些必要的强制措施,从而导致公民的人身自由、财产权利受到剥夺,但这些措施的采取应摆脱赤裸裸的报复性,而应具有最基本的合目的性。为此,国家有义务保持公民自由和国家利益之间的平衡,使得惩治犯罪的目的与保障个人自由的目的得到兼顾。而要做到这一点,就必须将刑事诉讼中的强制措施定位于程序保障方面,使得羁押被限制在最必要的层面上。另一方面,按照无罪推定原则,嫌疑人、被告人在被法院依照法定程序作出生效裁判之前,由于尚未被国家作出有罪这一否定性法律评价,因此始终处于法律上无罪(不是"事实上无罪")的地位。这一不确定的法律推定,必须在公诉方提出充足证据、证明被告人有罪之后,才能被推翻。但在被推翻之前,无罪推定与其他任何法律推定一样,都具有重要的法律拟制的作用。据此,嫌疑人、被告人在刑事诉讼过程中就拥有与国家追诉机构进行程序对抗的权利。无论是警察机构还是检察机构,都不能对其采取任何带有惩罚性的强制措施,未决羁押的目的也就与实现或者预先实现刑罚无关了。

显然,未决羁押并不是刑罚,也不应成为变相的刑罚。这就对未决羁押的适用提出了一个基本要求:绝对不能仅仅因为嫌疑人、被告人涉嫌犯罪甚至涉嫌重大犯罪,而对其采取羁押措施。未决羁押的适用还必须有其他方面的理由。根据西方各国的法制经验,适用未决羁押措施除了要具有重大的犯罪嫌疑这一条件以外,还必须具备两个特别的理由:一是为提供程序上的保障所必要,二是为防止发生新的危害社会行为所必需。这样,司法机构在对未决羁押的合法性进行审查时,就必须考虑采取未决羁押是否具备法定的理由,同时还要避免"一劳永逸"的做法,而是要对羁押的理由进行持续的审查,发现理由不存在时,应立即结束未决羁押的适用。

6.3.1 提供程序保障

在最一般的情况下,未决羁押的适用当具有程序保障的目的。具体来说,这种目的可以体现在三个方面:一是确保被告人及时到场或到庭;二是保证侦查机构顺利地收集犯罪证据,调查事实真相,从而为起诉做准备;三是为将来可能进行的刑罚执行活动提供必要的保证。为达到这些程序上的目的,西方各国在法律中对羁押的理由作出了明确的限定。

在英国,警察提出正式起诉之前,治安法官如果要作出延长羁押期限的决定,除了要考虑嫌疑人涉嫌的犯罪是否严重、警察侦查是否勤奋而富有效率以外,还要特别考虑羁押期限对于获取、保存证据或者进行有效的讯问是否为必需的。至于在警察起诉之后,治安法官在决定是否羁押或者是否延长羁押期限问题上,所要考虑的更主要是程序保障方面的因素。一般情况下,治安法官对被告人有以下行为的,会拒绝适用保释而继续羁押:一是有充分的理由相信,被告人在被释放后会骚扰证人,妨害司法进程,或者不会主动前来归押;二是被告人目前被指控的罪行发生时他正处于保释状态;三是继续羁押有利于保护被告人的人身安全;四是被告人正在服刑,且刑罚为监禁刑……

在德国法中,侦查法官发布羁押命令,首先必须审查嫌疑人是否具有实施某一犯罪行为的重大嫌疑。具体而言,法官必须考虑警察、检察官是否有足够的证据证明嫌疑人实施了有关犯罪行为。这被视为适用羁押措施的一般理由。除此以外,适用羁押还必须具有两项特别的理由:一是嫌疑人可能逃跑,或者有逃跑的危险;二是嫌疑人可能毁灭、变造、隐匿、伪造证据,或以不正当的手段向其他被告人、证人、鉴定人施加影响,或者指使他人从事上述行为,从而造成侦查工作难以进行的危险的。这两项特别的羁押理由,所要求的就是羁押的适用必须具备程序上的保障目的——要么是保证被告人按时到庭,要么是保证侦查的顺利进行而不被妨碍,而不仅仅是出于对嫌疑人涉嫌犯罪这一事实的考虑。

需要注意的是,德国法还规定了一种特别的羁押理由:嫌疑人涉嫌犯有谋杀罪、杀人罪、残害人群罪、爆炸罪,或者犯有暴力组织罪或对该组织提供帮助、特别严重的伤害罪和特别严重的纵火罪的,只要有实施这些重大犯罪行为的嫌疑,就足以构成羁押理由。对于这一理由,德国曾发生过激烈的争论。有些人士将此规定与纳粹时期的司法专横相提并论,认为它违反了基本法中的法治国原则。后来,德国宪法法院对这一羁押理由作了合乎宪法的解释:被告人确有实施上述行为的急迫嫌疑的,只有在其有逃跑或使侦查工作难以进行之危险时,才能被视为具备了羁押理由。但在认定这些羁押理由是否成立时,并不需要达到普通羁押所要求的严格条件,而只需具备稍微轻度的逃跑或使侦查工作难以进行之危险即可。显然,德国法中的这一羁押理由完全可以归入前面两项理由之中。[①]

其他西方国家的法律也将程序保障视为未决羁押的主要理由。例如在法国,羁押的理由可以有保全证据,防止嫌疑人对证人、被害人施加压力,防止嫌疑人与其他共犯进行串供,保证嫌疑人按时接受法庭审判等诸多方面。在日本,法官有相当的理由怀疑被疑人、被告人犯有犯罪行为,并认为案件具有以下情况之一的,可以作出羁押的决定:一是被告人没有固定住处的;二是有相当的理由足以怀疑被告人将隐灭罪证的;三是被告人有逃亡行为或者有相当理由足以怀疑被告人有逃亡可能的。

6.3.2 预防社会危险行为

除了要具有犯罪嫌疑和为程序保障的目的以外,未决羁押的适用还要考虑预防社会危险性这一特殊理由。构成这一羁押理由的根据,通常在于被告人有可能再犯新罪,继续危害证人、被害人,或者对整个社会具有极为严重的危险性。对于这一理由的正当性,西方各国法学界和司法实务界几乎都产生过激烈的争论。赞成者主要基于实用的考虑,强调这一羁押理由对于"防卫社会""维护公共利益"甚至"保障公共安全"的重要意义。而反对者则站在法治国的角度,认为这种预防性措施实质上是对那些尚未被证明有罪的嫌疑人预先进行自由之剥夺,带有一定的"预期惩罚"的意味,因而违背了法治国的基本原则,也不符合无罪推定的基本精神。尽管存在这样的一些争论,这

---

① 〔德〕Claus Roxin:《德国刑事诉讼法》,吴丽琪译,台湾三民书局1998年版,第325页。

种羁押理由还是在各国司法实践中大行其道。当然,一些国家也通过立法或司法判例,对这类羁押理由的适用作出了一些限制,使其在整个羁押理由中所占的比重大大降低。

例如在德国,对于特定种类的犯罪行为,被告人有继续实施其他同类犯罪行为或者连续实施同一犯罪行为之危险的,法官可以将其作为羁押的理由。最初,这一"再犯之虞"的理由仅仅适用于特定的性犯罪,但自1972年8月以来,法律又将这一理由适用到一系列特定犯罪案件之中。因为实务上认为趁早对那些具有"人身危险性"的被告人进行羁押,要比其他预防措施有效得多。但无论如何,这种羁押并不是为了确保刑事诉讼程序之进行,而是社会防卫性质的预防性措施。这种羁押不仅违反法治国原则,而且不符合刑事政策的要求,因为这种羁押有着极为不良的执行条件,影响了嫌疑人的再社会化。德国联邦宪法法院有条件地承认了这类羁押理由的合宪性,但也提出了一些限制性的要求。具体而言,所谓"再犯之虞"的羁押理由,要受到三方面的限制:一是被告人有急迫的嫌疑实施特定重大的犯罪,并存在特定事实足以认定他在判决产生之前,有再犯此类犯罪的危险,从而有必要对其加以羁押以防止该危险之发生;二是被告人有急迫的嫌疑再犯或者连续犯某一法定的侵害法秩序的犯罪行为的;三是以有"再犯之虞"作为羁押理由,必须是辅助性的。①

在法国,未决羁押在1970年以前曾长期被称为"预防性羁押"(法语 détention préventive)。经过1970年的改革,未决羁押被正式称为"临时羁押"(法语 détention provisoire)。目前,法国法将未决羁押的理由确定为两个方面:一是保证预审活动的进行;二是预防新的危害社会行为的发生,如保护被告人,终止犯罪行为,防止被告人再犯新罪,维持社会秩序不受犯罪的干扰等。这后一种羁押仍带有"预防性羁押"的意味。不过,这种以预防为根据的羁押已经成为未决羁押的一种特别措施或例外,而不再成为未决羁押的一般原则。②

与德国、法国法律不同的是,意大利法律至今仍将其未决羁押称为"预防性羁押"。与其他"人身防范措施"一样,未决羁押适用的一般条件是嫌疑人存在重大的犯罪嫌疑。但在适用未决羁押的三项具体理由中,预防性理由被

---

① 〔德〕Claus Roxin:《德国刑事诉讼法》,吴丽琪译,台湾三民书局1998年版,第325页以下。
② 〔法〕卡斯东·斯特法尼等:《法国刑事诉讼法精义(下)》,罗结珍译,中国政法大学出版社1999年版,第604—606页。

置于与其他两项理由——也就是保证侦查活动的进行和防止嫌疑人逃跑——同等重要的地位。具体而言,根据犯罪的具体方式和情节以及被告人的人格,有理由认为被告人将使用武器或其他施加人身暴力的手段,或者以旨在侵犯宪法秩序的手段实施严重的犯罪或有组织的犯罪,或者实施与被追究的犯罪相同的犯罪的,司法机构可以对被告人适用未决羁押措施。

当然,即使在英美,嫌疑人是否有可能再犯新罪,是否对社会具有人身危险性等,也是法官在适用羁押时所要考虑的重要理由。例如在美国司法实践中,法官通常对那些具有"高度危险性"的被告人不适用保释,而采取继续羁押的预防性措施。将被告人确定为"高度危险",就是考虑到他可能继续进行犯罪。根据这一理由对被告人保释申请的拒绝,往往导致被告人遭受"预防性羁押"(preventive detention)。这种为防止被告人再犯新罪而实施的羁押,尽管颇受争议,却为联邦法院和大多数州法院所接受。当然,对于这样的被告人,法院可以直接拒绝保释,也可以通过提出他无力支付的巨额保证金,来变相达到对其延续羁押状态的目的。

6.4 对羁押的其他实体限制

考虑到未决羁押的适用会给嫌疑人、被告人的人身自由造成严重的限制,对其社会生活带来极为消极的影响,因此,这一强制措施的适用除了要具备合法的理由以外,还必须具有必要性。对那些确实具备羁押理由的被告人,司法官员如果发现并无羁押的必要的,也应当及时解除羁押,使被告人获得人身自由。如果说羁押理由的限定是从目的正当性方面对羁押施加的限制,那么必要性原则的确立则是为法官在行使自由裁量权方面提供了一项指导准则。两者实际都是对未决羁押在实体构成上所作的限制。

当然,必要性原则可以有多种表述方式。例如,为防止滥用未决羁押,必须在制度设计上将其变成一项例外;未决羁押应在确属不得已的情况下适用;如果有其他强制程度较轻的措施也足以发挥未决羁押作用的,应尽可能地采取这种替代性措施;未决羁押应尽量适用于那些重大案件中,简单案件应尽量少用;未决羁押的适用应贯彻比例性原则……这些表述其实从不同方面强调了未决羁押只有在最必要的情况下才可以适用,都是对未决羁押提出的限定性要求。在西方各国,这一原则以不同的形式得到了确立。

在英美法国家,必要性原则是通过使大多数被告人获得保释的形式来实现的。通过适当放宽保释的适用范围,严格羁押的条件,完善申请保释的程序,使得未决羁押被严格限制在那些重案犯、曾经有脱保行为的人以及具有严重人身危险性的人等范围之中。

例如在美国,获得保释是被告人的一项基本权利。之所以要确保被告人尽可能获得审前释放,是因为根据对抗制的精神,被告人作为辩护一方应拥有与国家追诉机构进行平等的理性抗争的机会,而只有获得人身自由,被告人才可以充分地进行防御准备。同时,根据无罪推定的要求,被告人在法院作出终审裁判之前一律被推定为(在法律上)无罪的公民,因此不仅不能作为罪犯看待(长期羁押),而且应享有与国家追诉机构进行对抗的权利。

一般来说,一个被告人被指控的只要属于非适用死刑的犯罪,就可以在逮捕后直至终审裁判作出之前,向法院申请保释。保释不仅适用于逮捕后和法庭审判之前,而且适用于定罪后的申请司法令状阶段。对于那些具备保释条件的被告人,法院要确定一个适当的保证金数额。为防止过度收缴保证金,美国联邦最高法院曾通过判例确立了这样一个理念:适用保释的目的在于确保被告人按时出庭应诉,并在法庭定罪后按时服刑。如果保证金的数额明显高于这一目的所要求的金额,保释就应被视为"过度的"(excessive)。①

当然,保释并不是审前释放的唯一途径。如果被告人被指控的是一项轻罪,法院一般会让被告人以口头或书面的方式保证按时出庭后,直接将其释放。②

这样,通过适用保释和其他审前释放程序,未决羁押就被限制在必要的范围内。一般而言,在被警察起诉到法院的案件中,大约四分之三的嫌疑人(轻微的交通肇事者除外)受到逮捕,其余的嫌疑人都是以传票的形式出庭应诉的。这些被捕的嫌疑人中的大多数在警察局、第一次出庭或者随后的阶段先后被以保释或附条件(recognizance)的方式予以释放。只有大约10%的嫌疑人在逮捕后一直被关押到法院生效裁判产生之时。当然,在那些严重犯罪(尤其是暴力犯罪)案件中,被捕后一直处于羁押状态的被告人的比例是比较

---

① Christopher Osakwe, The Bill of Rights for the Criminal Defendant in American Law, in *Human Rights in Criminal Procedure*, edited by Andrews, J. A., Matinus Nijhoff Publishers, 1982, pp. 271-272.
② 当然,对于这些被告人,法院也会提出一些活动方面的限制,如不准接触某些人,不准到某些地方去,不准接触武器等。

高的。①

必要性原则在大陆法国家的法律中更是得到了充分体现。例如，在意大利，对于包括未决羁押在内的所有强制措施，司法机构只能对那些可能被判处3年有期徒刑以上刑罚的被告人适用。除未决羁押以外，意大利法律还确立了其他针对人身自由的强制措施，包括禁止出国、向司法机关报到②、禁止居住③、住地逮捕④、羁押以及在治疗场所的羁押等。⑤ 法官在将这些强制措施与未决羁押进行选择适用时，必须考虑两个因素：一是需要满足的预防要求；二是强制措施本身的性质和强制程度。同时，应当贯彻以未决羁押为例外的原则，也就是只有在其他强制措施均无法发挥效力或不宜采用时，才能实施未决羁押。根据这一原则，对于一些法定的特殊嫌疑人，除了存在严重的防范需要以外，一般不得适用未决羁押。这些特殊嫌疑人是指正在怀孕的妇女、正在哺乳子女的母亲、健康状况特别不佳的人、超过65岁的老人，或者是正在接受戒瘾治疗的吸毒者或酗酒者，而中断治疗就有可能影响治疗效果的。另外，在未决羁押采取一段时间以后，法官发现没有必要继续采取，或者羁押的法定期限已经临近的，可以将未决羁押变更为其他强制程度较为轻缓的强制措施。可以说，在法律上确定人身自由限制程度不同的强制措施，这本身就为法官尽量减少未决羁押的适用创造了条件。

法国于1970年建立了旨在替代未决羁押的司法管制制度。大体上看，司法管制可分为以下七大类：(1) 限制行动自由的措施，如禁止离开指定的区

---

① Richard S. Frase, Fair Trial Standards in the United States of America, in *The Right to a Fair Trial*, edited by David Weissbrodt and Others, p. 41. Also see Richard S. Frase, "Comparative Criminal Justice as a Guide to Amereican Law Reform: How Do the French Do it, How Can We Find Out, and Why Should We Care?" in *California Law Review*, Vol. 78, 1990, p. 600.

② 根据意大利《刑事诉讼法典》第282条的规定，向司法机构报到也就是按照预审法官确定的时间和地点，前往某一特定的司法警察办公室报到。

③ 根据意大利《刑事诉讼法典》第283条的规定，所谓禁止居住，是指法官要求嫌疑人、被告人不得在特定地方居住，或者未经批准离开其常住的市镇或村镇。

④ 根据意大利《刑事诉讼法典》第284条的规定，所谓住地逮捕，是指法官要求嫌疑人、被告人不得离开自己的住宅、其他私人居住地、公共治疗场所或其他场所。必要时，法官可以限制或者禁止其与共同生活的人以外的其他人进行联系。住地逮捕一律由司法警察或者检察官予以执行。这种住地逮捕在适用的程序、期限、变更等方面，与未决羁押大体上是相同的。也就是说，在所受的法律限制方面，住地逮捕与未决羁押是一样的。

⑤ 与英、美、德等国家不同，意大利《刑事诉讼法典》并没有规定财产保释制度。因为在意大利人看来，财产保释只会对那些较为贫穷的嫌疑人、被告人人为地造成歧视待遇。不过，对于那些依法被释放的嫌疑人、被告人，意大利法官除了可以采取其他强制措施以外，还可以要求他提交一个保证人。也就是说，保证人的担保在意大利仍是合法的。参见 Christine Van Den Wyngaert (editor) and Others, *Criminal Procedure Systems in the European Community*, Butterworth & Co. Ltd., p. 242.

域,不得离开指定的住所,不得前往某些处所或者只能前往某些指定的处所等;(2)要求嫌疑人向指定的机构进行定期报到;(3)限制嫌疑人的某些法律资格,如收缴其合法的证件,禁止其驾驶机动车,令其停止从事某项职业活动或社会活动,禁止其签发支票,禁止其保存或携带武器等;(4)禁止嫌疑人与指定的某些人进行交往、联系、会见;(5)要求提交保证金,以作为释放的附加条件;(6)要求嫌疑人服从某些医疗检验、治疗,尤其是戒毒治疗;(7)要求提供经济上的预付费用,以便使被害人的经济利益得到及时补偿。需要指出的是,财产保释作为司法管制的一种,可以与其他司法管制措施共同适用。对于保证金的数额和保证的持续期限,预审法官可以根据嫌疑人的收入情况和案件的严重程度自行加以确定。保证金除具有确保嫌疑人随时出席诉讼活动并履行与司法管制相关的义务之作用以外,还有助于在法院定罪裁判生效后,确保犯罪人支付罚金,并赔偿民事当事人的经济损失。预审法官强制嫌疑人交纳保证金的裁定还要具体说明分别用于这两部分保证的款项数额。当然,由于保证金制度一直被认为具有某种"歧视"贫穷被告人的意味,因此在法国司法实践中适用得并不太多。可以说,与英国、美国相比,法国的保释还远未成为嫌疑人的一项法律权利。

按照法国学者的解释,建立司法管制制度的目的,在于保证嫌疑人获得"与查明事实真相以及维护公共秩序之要求相适应的最大限度的自由"。因为,接受司法管制的人并没有受到羁押,而"仅仅是在行动与社会生活方面受到某些限制,并且法院要审查其是否真正遵守了强制规定其履行的义务"。换言之,司法管制制度的建立,使得预审法官在羁押之外有更大的选择替代性强制措施的余地,从而使羁押的适用尽可能地减少,这显然有助于贯彻那种以羁押为例外的必要性原则。[①]

不仅如此,必要性原则在德国法中更集中地体现在著名的比例性原则上。所谓"比例性原则"(principle of proportionality,德语 Grundsatz der Verhältnismäßigkeit),又称为"相适应原则"。该原则不仅是一项旨在限制强制措施适用的诉讼原则,而且还是大陆法国家宪法甚至整个公法领域中的一项基本法律准则。根据德国《基本法》的规定,任何旨在限制公民基本权利的法律都必须寻求符合《基本法》的目标,并使用适当的、必要的手段,以便使对公民权利的干预被控制在尽可能小的范围之内。这一旨在对政府限制公民

[①] 关于法国刑事诉讼中的司法管制,参见〔法〕卡斯东·斯特法尼等:《法国刑事诉讼法精义(下)》,罗结珍译,中国政法大学出版社 1999 年版,第 595—599 页。

权利和自由的行为加以控制的"比例性原则",被视为现代公法学中的"帝王条款",其地位可与"诚实信用原则"在民法学中的地位相比拟。[1]

就对未决羁押的实体限制而言,比例性原则的基本含义是未决羁押的适用及其期限应当与指控的犯罪行为的严重性和可能科处的刑罚相适应,或者成正比例关系。但按照德国学者的解释,比例性原则的含义似乎还远不止这些:

> 在考虑某项措施的比例性的时候,必须平衡犯罪的严重性、嫌疑的程度、保护证据或信息的措施可能带来的价值与对所涉及的人所带来的破坏或危害等因素。这也就意味着,如果对相对人不施加任何限制或者施以较弱较轻的限制,则无法取得预期的结果时,才能允许对所涉及的人的基本权利进行限制。[2]

显然,所谓的"未决羁押与所涉嫌的犯罪行为的严重性相适应",不过属于狭义上的"成比例原则"。完整意义上的比例性原则还包含了另外两个层面的含义:一是妥当性原则,也就是未决羁押的实施必须以达到法定目的为限度,而离开了法定的目的,未决羁押就可能受到滥用;二是必要性原则,也就是在所有能够达到法定目的的强制手段中,必须选择其中会使人的权利、自由受到最少侵害的方法,从而使未决羁押成为不得已而适用的最后手段。如果说妥当性原则所追求的主要是合目的性的话,那么必要性原则则强调对羁押与非羁押措施进行取舍时,应以羁押为例外。至于前面所说的狭义上的"成比例原则",则不过是在符合妥当性和必要性的前提下,使得未决羁押的适用幅度与其所要达到的法定目的取得平衡。换言之,确保未决羁押这一强制手段与强制的目的之间形成对称关系。

在德国的未决羁押制度中,"比例性原则"体现在很多方面。举例来说,法官在授权警察、检察官进行逮捕时,除要考虑一般的逮捕理由以外,还必须遵守一项特殊的规则:逮捕如果与案件的严重程度和可能判处的刑罚、矫正或保安处分不相称的,就不得签发逮捕令。这显然体现了狭义上的"成比例原则"。又如,对那些可能被判处6个月以下监禁或者轻微罚金的嫌疑人,法官不得以调查真相困难为由,签发逮捕令。再如,法官对被捕者进行初次讯

---

[1] 陈新民:《宪法学导论》,台湾三民书局1997年版,第76页以下。
[2] Gerhard Dannecker and Julian Roberts, The Law of Criminal Procedure, in *Introduction to German Law*, edited by Werner F. Ebke and others, 1996. 该文的中文译本,可参见宋冰编:《读本:美国与德国的司法制度及司法程序》,中国政法大学出版社1998年版,第384页。

问后,如果认为不采取羁押的措施,也足以达到羁押的预期目标的,可以将逮捕令予以延期执行。在延期执行期间,法官只须对嫌疑人、被告人的自由施加一些轻微的限制,以作为羁押的替代性措施,如责令定期到有关机构报到,责令不得擅自离开居所或一定的区域,责令提供一定的担保,责令不得与共同被告人、证人或者鉴定人进行联系,等等。这些显然符合必要性原则的要求。

不仅如此,即使在未决羁押的司法复审程序中,比例性原则也仍然是适用的。例如,负责司法复审的法院如果发现继续羁押将与案件的严重程度、可能判处的刑罚等不相称的,也应立即撤销羁押命令,解除羁押。又如,州高等法院在羁押超过6个月之后,如果经过特别复审发现不对嫌疑人、被告人继续羁押,也能够达到羁押所要达到的目的时,仍可以作出延期执行逮捕令的决定。

6.5 羁押期限及其延长

为对未决羁押作出严格的控制,法律必须对限制被告人人身自由的时间作出明确的规定,对这一羁押期限的延长提供可操作的程序规则。否则,未决羁押恣意延长、无限扩展的情况就可能出现。但是,如同刑法对刑罚幅度——尤其是自由刑的刑期所作的限制一样,刑事诉讼法对未决羁押的期限也很难有一个绝对确定的期限。目前,几乎所有西方国家都没有为未决羁押规定一个不可延长的最高期限,而大多是根据被告人涉嫌的犯罪行为的严重性和可能判处的刑罚的幅度,确定了一些灵活的限制性规则,尤其是规定了一系列有关延长羁押期限的规则。

当然,包括美国在内的一些西方国家的成文法甚至没有规定任何明确的羁押期限。至于被告人究竟应被羁押多长时间,几乎完全由法官根据正当程序原则加以自由裁量。不过,由于美国的保释率较高,未决羁押率相对较低,而未决羁押又主要适用于一些重案犯(如可能被判处死刑的被告人)、有过脱保记录的人以及有严重社会危险性的人等,因此未决羁押期限的延长并没有成为严重的法律问题。另一方面,被告人享有的获得迅速审判的宪法权利,作为正当法律程序的一部分,能够促使法官加快审案进度,防止不合理的拖延,也避免了对被告人的长期羁押。一般情况下,相对于被告人获得保释的案件而言,被告人在押的案件在法院从受理到审结的时间周期要快一些。

在大多数西方国家,未决羁押的期限及其延长还是有明确的法律规定的。在英国,羁押期限可分为警察起诉前的羁押期限和起诉后的羁押期限两种情况。一般情况下,嫌疑人被逮捕后羁押期限超过 24 小时的,警察必须将其释放,或者向治安法院提出起诉。但是,如果嫌疑人涉嫌犯有至少一项"严重的可捕罪"的,警察局长还可以决定将羁押期限延长 12 小时。警察羁押满 36 小时后,如果认为还有必要对嫌疑人继续进行羁押的,必须向治安法院申请签发"进一步羁押的令状"。对此申请,治安法院一般要举行专门的听证程序,在听取警察、嫌疑人及其辩护律师的意见和辩论后,作出批准或者不批准延长羁押期限的裁决。在此期间,警察可以反复提出类似的申请。但是,在嫌疑人被警察起诉之前,治安法院授权延长的羁押期限总计不得超过 60 小时。由此,嫌疑人在起诉前被警察羁押的最长时间为 96 小时。

一般情况下,在警察提出起诉、治安法院举行第一次听审以后,大多数被告人都有机会获得保释。但是,对于那些确实不符合保释条件的被告人,法院也会作出继续羁押的裁决,并确定羁押的期限。英国 1985 年《犯罪起诉法》对被告人在各个诉讼阶段的羁押都确定了一个期限。例如,从在治安法院第一次出庭到移送起诉程序为止,羁押期限为 70 日;从第一次出庭到简易审判时为止,羁押期限为 70 日;从移送起诉到刑事法院审判时为止,羁押期限为 112 日。

上述有关羁押期限的规定一旦被违反,被告人将立即获得保释。而且,这种保释通常不得附加诸如提供担保之类的严格条件,而最多只能附加诸如定期报告之类的一般条件。为避免出现这种局面,检控方通常会在羁押期限届满之前,向法庭申请延长羁押期限。但这种延长必须同时符合两个条件:一是有较好和充分的延长理由;二检控方的活动是有效率的。由此看来,这些"法定"的羁押期限并不是什么"最高羁押期限",而是可以延长的。

根据德国法律,未决羁押一般不得超过 6 个月。而在 6 个月的羁押期限届满之后,如果法院认为有必要或者检察机构申请继续羁押的,有关延长羁押期限的问题应由各州高等法院裁决。州高等法院必须听取被告人、辩护人的意见,一般还要就此举行专门的言辞听审程序,允许被告人、辩护人与检察官进行辩论。从实体方面来看,州高等法院要作出延长羁押期限的裁决,还必须满足特殊的理由:案件存在特别的侦查困难,侦查具有特殊性或者由于其他重要的原因,使得判决无法作出,而对被告人继续羁押对于解决这些问题是必需的。如果州高等法院决定对被告人延长羁押期限,那么必须至迟在

3个月内就羁押的合法性重复举行司法复审。对于那些以"再犯之虞"为理由而实施的羁押,德国法明确将羁押的期限限定为1年。但对于以其他理由实施的羁押,德国法并没有确定最高的羁押期限。不过,一旦羁押期限超过1年,羁押期限的延长必须由州高等法院甚至德国联邦最高法院通过言辞听审的方式作出裁决。从近年来的发展趋势来看,羁押期限延长到1年以上的案件越来越少。

意大利法律对羁押期限确定了另一种法律控制模式。首先,与英国法一样,意大利法律也对各个诉讼阶段的最高羁押期限作出了明确限定。例如,在预审法官作出移送审判决定,或者按照简易程序作出判决之前,对被告人的最高羁押期限为1年;在一审法院受理后和判决前,最高羁押期限为1年;在一审判决后和上诉审判决宣告之前,最高羁押期限为1年;在上诉审判决后和终审有罪判决宣告之前,最高羁押期限为1年。其次,意大利法律根据被告人可能被判处的刑罚的不同,分别确定了不同的最高羁押期限。例如,在预审法官移送审判之前,被告人可能被判处6年以下有期徒刑的,最高羁押期限为3个月;可能被判处20年以下有期徒刑的,最高羁押期限为6个月;可能判处无期徒刑或者20年以上有期徒刑的,最高羁押期限为1年。在其他诉讼阶段,被告人可能被判处6年有期徒刑的,最高羁押期限都是6个月。可能判处无期徒刑或者6年以上有期徒刑的,最高羁押期限都是1年。再次,对于"最高羁押期限"的延长,意大利法律也作出了明确的限定。一般情况下,延长"最高羁押期限",必须存在严重的防范需要,侦查工作特别复杂;并且要由检察官向法官提出延长的申请,法官必须举行由控辩双方同时参加的听审,才能作出决定。对"最高羁押期限"的延长幅度,意大利法律作出了两项限制:一是延长的羁押期限最长不得超过一个案件最高羁押期限的一半;二是终审判决作出之前的羁押期限绝对不得超过刑法为有关犯罪确定的最高刑期的2/3,如果最高刑期为无期徒刑的,这一最高刑期相当于刑法确定的最高有期徒刑的刑期。

法国法律对预审阶段的羁押期限,按照指控罪行的轻重程度,分别确定了不同的幅度。在轻罪案件中,羁押一般不得超过4个月。预审法官可以附理由的命令,将此期限予以延长,但不得超过4个月。但如果被告人涉嫌犯有较为重大的犯罪,并符合法定的条件的,羁押期限可以延长到1年。预审法官在期限届满时,还可以附理由的命令,宣布不超过4个月的延长,且这种延长还可以反复进行。不过,如果被告人可能被判处5年以下有期徒刑的,羁押期限最长为两年。而在重罪案件中,被告人的羁押期限不得超过1年。预审法官可以在期限届满时将其延长,但延长的期限不得超过1年。

日本法律对羁押期限作出了较为严格的限制性规定。原则上,自检察官提出羁押请求之日起,到提起公诉之前,羁押期限不得超过10日。检察官认为有不得已事由的,可请求法官延长羁押期限,但延长的期限总计不得超过10日。不过,对于日本《刑法》第二编第二、三、四、八章规定的重大犯罪案件,依据检察官的请求,法官可以将羁押期限再次加以延长,再次延长的期限总计不得超过5日。由此,提起公诉之前的羁押期限最长不得超过25日。

在提起公诉之后,羁押期限一般为两个月。有特别的延长羁押必要的,法院可以附有具体理由的裁定,每隔一个月延长一次。一般情况下,这种延长以一次为限。但是,被告人曾因犯有相当于死刑、无期惩役或无期监禁以及最高刑期超过10年的惩役或监禁的犯罪而受过有罪宣告,被告人为惯犯而犯有相当于最高刑期为3年以上的惩役或监禁之罪,或者被告人姓名或住处不明的,法官可以将羁押期限延长一次以上。

尽管西方国家就羁押期限所作的限制各具特色,不同国家的羁押期限也有相当大的差异,但一般来说,羁押期限或根据诉讼阶段的不同,或按照被告人可能被判处的刑罚的轻重,或根据不同的羁押理由等,而有大体上较为明确的法律限定。尽管各国几乎都允许司法官员对所谓的"最高羁押期限"加以延长,而且这种延长还可以反复进行,但每次延长都要在程序上受到较为严格的控制,如需要举行言辞听审,提供特别的延长理由,由较高审级的法院作出裁决等。这种对羁押延长程序的限制,在很大程度上弥补了羁押期限不够明确的实体性不足。考虑到西方国家的司法官员甚至法院本身具有高度的独立性,加上控诉与裁判职能在法律上得到了严格的分离,法官并不从事任何带有刑事追诉意义的活动,因此,由法官或法院对羁押的合法性所作的司法审查,足以在不同程度上防止未决羁押的滥用。

同时需要指出的是,为避免羁押期限完全服从于侦查、预审等诉讼活动的需要,西方各国一般还将羁押期限与诉讼期限严格地加以分离。尤其是检警机构进行侦查的期限,由于不同案件的具体情况不同,经常具有较大的灵活性和机动性。一般说来,西方国家从法律上对侦查期限作出明确限定的并不多见。但是,羁押期限由于直接涉及对嫌疑人、被告人人身自由的严重限制问题,加之这一期限由司法官员经司法程序来决定,而没有完全控制在检警机构手里,因此羁押期限并不会随着侦查、预审、审判等诉讼阶段的延长而随之无限地延长。很显然,羁押期限与诉讼期限的分离,是由羁押所受的司法控制程序的独立性所促成的。由于这种独立性的存在,诸如"侦查的需要""犯罪行为的重大""警察、检察官人手的不足"等方面的因素,不再成为延长羁押期限的正当理由,羁押也不再仅仅是国家刑事追诉机构开展侦查、起诉活动的工具。也正是由于这种司法审查程序具有独立性,嫌疑人、被告人不再处于协助国家追究犯罪的客体地位,其基本权利和自由也不再仅仅因为国家惩治犯罪的利益而受到任意的侵害。

6.6 羁押的场所

对于嫌疑人、被告人被羁押的场所问题,一般的法学论著往往予以忽略,而不将其作为需要讨论的重要学术问题。然而,羁押的场所直接涉及负责限制公民人身自由的法律主体问题,也与嫌疑人、被告人"究竟控制在谁手里"这一敏感问题密切相关。假如在整个刑事诉讼过程中,尤其是在审判前的侦查阶段,嫌疑人、被告人始终被羁押在警察控制的看守所或拘留所中,那么,不论羁押的决定是由哪个机构作出的,他们都很难摆脱侦查的工具、刑事追诉的手段等命运。因为那些受到检警机构控制的嫌疑人,轻则无法与辩护律师会见、通讯,重则受到警察、检察官的威胁、利诱、欺骗甚至刑讯。可以说,羁押场所一旦由检警机构所控制,那么,不仅嫌疑人的辩护权、沉默权、律师到场权无法行使,甚至就连其健康权、隐私权和人身安全也无法获得保障。审判前阶段可能发生的几乎所有侵犯人权的行为,都与羁押场所设置的不当有着千丝万缕的联系。

正因为如此,几乎所有西方国家都对羁押场所的设置作出了明确的法律限制。一般情况下,在司法官员就羁押问题举行司法审查之前,嫌疑人被羁押在警察控制下的拘留所里;而在法官经过审查作出羁押决定之后,被告人则通常被羁押在监狱或其他不由警察、检察官控制的监禁场所里。这样,与逮捕和羁押的分离相适应,检警机构决定的监禁与司法机构决定的羁押,就分别在不同的场所来执行。其中,后一种羁押场所往往是在司法机构的监督下,由各国司法行政机构来加以管理和控制的。

以英国为例。在警察向治安法院提出起诉后,羁押不再由警察或皇家检察署负责,而毫无例外地由法院作出裁决。对被告人的羁押场所也不再是警察局,而是其他限制人身自由的场所。具体而言,如果被告人年满21岁,羁押场所是监狱（prison）；如果被告人年龄在 17 岁至 20 岁之间，羁押场所为拘留中心（remand center）或者监狱；如果被告人不满 17 岁，他将被羁押在当地的看护中心（the care of a local authority），例外情况下，也可以羁押在拘留中心或者监狱。这些监狱、拘留中心、看护中心都不由警察机构、皇家检察署控制，而由专门的司法行政机构来加以管理。

而在警察提出起诉之前，被逮捕的嫌疑人几乎都被羁押在各警察局内设的拘留室之中。但为防止警察权的滥用，避免嫌疑人的权利受到任意侵害，英国法律将警察的侦查权与羁押权进行了分离。具体而言，负责侦查的警察拥有逮捕、讯问、收集证据等权力，但对被羁押的嫌疑人的控制和管理则掌握在两种特殊的警察官员手里，他们是"羁押官"（custody officer, or custody sergeant）和"审查官"（review officer）。这两种警察官员的警衔通常高于侦查警察，也不受当地警察机构的直接控制。其中羁押官的职责是确保被捕者在被羁押在警察局期间，获得法律所规定的适当待遇。对于被捕者在羁押期间的所有情况，羁押官都要作出详细的记录。羁押官还有权对被捕者的犯罪证据进行审查，对不符合起诉条件的及时释放，对符合条件的案件及时起诉。审查官的职责是对羁押的合法性进行持续的审查。一般来说，在羁押官决定对嫌疑人采取羁押的 6 小时以内，必须由审查官对羁押的合法性重新进行审查。他要考虑提出指控是否有足够的证据；如果证据不足，继续羁押是否合理。从此以后，每隔 9 个小时，审查官员都要对羁押的合法性进行自动的审查。这种审查一般会持续到警察对嫌疑人提出起诉之时。由于羁押官、审查官都不介入警察的侦查活动，也不对侦查的成功与否负有责任，因此他们能够对案件保持相对中立和超然的态度。

再看日本的情况。根据该国刑事诉讼法的规定，未决羁押的场所为监狱，也就是由日本法务省在全国设置的专门用来关押未决犯的拘置所。由于这种拘置所由法务省设置和管理，因而能够独立于司法警察机构，防止司法警察利用其羁押被告人的权力而滥用侦查权。不过，日本监狱法也允许在特殊情况下使用警察署下属的警察拘留所来替代监狱。这也就是所谓的"替代监狱"制度。据统计，目前约有 90% 的被疑人实际被羁押在警察署下属的拘留所，持续时间达 10 日至 20 日，甚至更长时间。由于有权讯问被疑人的警察同时又负责对其进行羁押，被疑人在拘留场所的管理由警察负责实施，这就很容易发生刑讯逼供的现象，并阻碍了被疑人对防御权的充分行使。为此，日本法学界和实务界一直存在着争论。

有一种观点认为,应当彻底废止代用监狱制度。但是,从 20 世纪 80 年代以来的立法和改革实践表明,政府倾向于逐步消除代用监狱的强制色彩,而不是取消这一制度。1980 年,日本警察机构进行了一次改革,也就是将侦查部门与监管部门在组织上加以分离,同时从保护被疑人的角度对拘留所的设置和建筑结构进行了改造。1982 年,日本国会曾数次将《刑事设施法案》和《羁押设施法案》提到立法议事日程,这些法案主张正式将代用监狱作为羁押被疑人的合法场所。对此,日本律师界持反对态度,主张废止代用监狱。法学界的主流观念认为,应当尽量避免使用代用监狱,特别是利用它来收容那些涉嫌犯有重罪、否认自己有罪以及正在行使沉默权的被疑人,将来应当增设隶属于法务省的拘置所,以逐步废止代用监狱,等等。① 就连日本各级法院的法官也大多对代用监狱制持有异议。1991 年东京高等法院在一起宣告无罪的案件中指出,代用监狱是很容易发生逼取口供情况的制度,对其使用需要慎重考虑;必须使侦查活动与拘禁事务在各自独立的基础上正确地进行。② 但直到目前,日本的"代用监狱"仍然是其司法制度中有待解决的问题。

看来,在嫌疑人的羁押场所问题上,西方国家并没有在立法上确立一个整齐划一的模式,甚至一些国家还存在不少问题。不过,将逮捕后的监禁场所置于警察的控制之下,而在司法官员作出正式羁押决定之后,使监禁场所置于司法行政机构的管理之下,也就是使警察的拘留所与监狱在诉讼功能上相分离,这对于防止羁押权的滥用,减少刑讯逼供,确保被告人不受妨碍地行使防御权,都不失为一项有效的保障措施。

6.7 对未决羁押的司法救济

在嫌疑人、被告人受到警察的错误逮捕,或者受到司法官员的错误羁押时,他们通过什么途径维护自己的人身自由呢?在此方面,西方有一个著名的法律谚语:"有权利则必有救济"(拉丁语 *Ubi jus*,*ibi remidium*)。就是说在个人权利和自由遭受国家机构的侵害时,必须给予个人获得法律救济的机会。否则,被侵害者将处于"告状无门"的境地,或者被迫诉诸私力救济,而法

---

① 有关日本代用监狱制度的争论,参见〔日〕田口守一:《逮捕后的人身羁押》,载《日本刑事法的形成与特色》,李海东等译,法律出版社 1997 年版,第 321—322 页。
② 宋英辉:《日本刑事诉讼法简介》,载《日本刑事诉讼法》,宋英辉译,中国政法大学出版社 2000 年版,第 7 页。

律确立的所有权利则将流于形式。对于那些处于羁押状态的嫌疑人、被告人而言，获得司法救济是其维护公民权利和自由的一条重要途径。因此，为防止未决羁押的滥用，西方国家普遍建立了旨在对羁押合法性进行持续审查的司法救济制度。

作为一种特殊的权利救济机制，司法救济旨在为那些处于被羁押状态的嫌疑人、被告人，提供"为权利而斗争"的机会。当然，获取这种机会的方式通常是向原来作出羁押决定的法官或者上级法院申请重新司法听审。从形式上看，这种听审与法官作出羁押决定时所进行的司法审查几乎没有什么较为明显的区别，有人甚至将这一司法救济视为司法审查活动的延续。但是，与司法审查不同的是，司法救济通常适用于两种情况：一是被羁押者认为原来的羁押条件就不具备；二是被羁押者在较长时间里一直处于被羁押状态，但认为羁押条件已经变得不复存在。同时，被羁押者要获得这种救济，一般必须向法定司法机构提出专门的申请。如果将针对羁押合法性的听审程序与法院的实体审判程序作一对比的话，那么所谓将"被捕者迅速带到法官面前"进行司法审查的程序大体相对于法院的一审程序，采取的是"官告民"的形式；而这种由被羁押者发动的司法救济程序，则与上诉审程序相类似。当然，一些大陆法国家还实行司法机构依据职权主动进行司法复审的制度，这属于司法救济程序的例外。

不难看出，司法救济的实质，就在于使那些被剥夺人身自由的人，有机会将羁押的合法性问题提交给一个中立的法庭进行持续的审查，并在羁押显属不合法、不必要时尽快地获得释放。作为旨在为被羁押者寻求事后权利救济的制度，司法救济程序其实就是为上级法院对下级法院司法权的限制而设计的，这与那种为限制警察权、检察权而建立的司法授权制度（针对逮捕）和司法审查制度（针对羁押）还是有所不同的。

司法救济程序在英美法与大陆法中形成了两种不甚相同的模式。在英美法中，被羁押者一般通过两种途径寻求司法救济：一是申请保释，二是申请人身保护令。而大陆法国家实施司法救济的方式主要是司法复审。当然，这种司法复审的实施有两种途径：一是被羁押者提出申请，法院对申请进行审查；二是法院依据职权主动进行审查。

6.7.1 英美法中的司法救济

英美法为被羁押者提供的第一种司法救济是保释。例如在英国，保释是指将那些符合法定条件的被羁押者暂时予以释放的制度。保释可以是不附加任何条件的。这就意味着被保释者不需要提供任何担保,而只需在指定的时间自动到警察局或治安法院归押(surrender to custody)。但在大多数情况下,保释往往是附加条件的,也就是需要由被保释者向警察局或法院提供一个或多个保证人,以担保其遵守法定的义务。

在警察向治安法院提出起诉之前,保释由羁押官作出决定。被告人的保释申请被拒绝的,警察必须毫不迟延地将其提交到警察局所在辖区的治安法院。该法院在起诉后的第一次开庭中,将就是否保释举行听审。

当然,绝大多数保释申请还是向治安法院提出的。原则上,被告人自治安法院第一次听审开始,直到法院对被告人予以定罪或无罪释放时为止,都有申请保释的权利。非有法定事由,法院不得拒绝被告人的保释申请。一般而言,被告人如果可能被判处监禁刑以外的轻微刑罚的,法院几乎从不会对其保释申请予以拒绝。相反,如果被告人被指控的罪行可能使其被判处监禁刑的,法院只有在法定情况下才能拒绝保释申请。一般的听审程序是:法官询问辩护人是否申请保释,检控方是否反对保释。然后,由控辩双方就应否批准保释问题进行相互辩论。[①] 原则上,是否批准保释申请始终是法院的权力,控辩双方就此达成的任何协议都不对法院具有约束力。但是,如果一项保释申请没有遇到任何反对,治安法院是不会自行提出反对意见的。在听取了控辩双方的意见并考虑了证人的证言之后,治安法官会宣布他们的裁决。法院如果拒绝了辩护方的保释申请,必须陈述其这样做的理由,必要时还要将这些理由载入书面案卷之中。

对于法院所作的拒绝保释申请的裁决,被羁押者还可以向上级法院提出上诉。例如在美国,对于法院拒绝保释、收缴过度保证金或者为审前释放附加其他条件的决定,被告人都可以向州上诉法院或者联邦上诉法院提出上诉。在英国,如果治安法院拒绝了有关保释的申请,或者尽管允许保释,但附加了条件,被告人可以直接向高等法院或刑事法院提出上诉。一般说来,刑

---

① 检控方的反对理由通常有:被告人被指控的罪行较为严重,或者他此前有犯罪的记录,使得定罪后的量刑可能是监禁刑;他正在因其他原因在其他法院接受审判,并在保释期间犯下现在的罪行;他过去有在保释期间拒不出席法庭审判的记录;他认识检控方的主要证人,如果获释,他会对证人施加影响,等等。在检控方提出反对意见后,辩护人通常对其进行反驳。辩护人可能会强调被告人有永久性的住处和较广泛的社会关系,因此即使罪行重大也不会违反保释义务。被告人如事先就有保证人,法院可以将其传唤到庭,以对其保证资格进行审查。一般说来,保证人越具有影响力,被告人获得保释的可能性就越大。当然,对于辩护人提出的这些意见,检控方会继续提出反对意见。法庭必要时也会传唤负责侦查的警察出庭,让其就有关的事项作出解释。

事法院受理的上诉只局限于那些被治安法院拒绝的保释申请,而高等法院则可以对治安法院附加的保释条件作出改变。

负责受理上诉的法院一般要举行专门的听审,就被羁押者是否具备保释的理由,听取控辩双方的陈述和辩论,然后作出是否批准保释的裁决。

英美法为被羁押者提供的第二种司法救济方式是申请人身保护令(writ of habeas corpus)。这种制度最早产生于英国,被用来确保那些被监狱、医院甚至私人监禁机构非法羁押的人及时获得自由。拉丁文 habeas corpus 的意思是"你必须(将被羁押者)全身带来"(You must have the body)。作为一种司法令状,人身保护令是向那些非法羁押他人者提出的命令,也就是必须在规定的时间将被羁押者带到法庭面前。这一令状早期曾由英国国王亲自签发,但后来签发权逐渐成为法院的权力。1679 年,英国议会颁布了著名的《人身保护法》(the Habeas Corpus Act 1679),允许那些因受到刑事指控而被长期羁押的人直接向法官申请人身保护令,从而获得保释。根据这一法律,那些依人身保护令而被释放者不得被以同一理由再次予以逮捕或者羁押。①

在英国,目前只有高等法院王座庭(the Queen's Bench Division of the High Court)有权发布人身保护令。作为特别救济手段,申请人身保护令并不是一种上诉,而只是一种获得司法审查的手段。② 从其最初目的上看,人身保护令旨在强制执法机构将被羁押者带到法官面前,并向法官说明剥夺该人人身自由的理由。如果法官发现羁押是不适当的,就可以发布人身保护令,命令释放被羁押者。对于这一司法令状的要求,任何警察机构、行政机构或者下级法院,都必须服从,被羁押者应立即获得释放。由此,申请人身保护令实际成为嫌疑人、被告人甚至罪犯获得人身自由的最后、也最为重要的权利救济途径之一。

获得"人身保护令"的权利被认为是美国宪法所确立的"最重要的人权",是"对个人自由的最好的和充分的保障"。③ 在美国,建立"人身保护令"制度的目的在于,为那些被非法剥夺人身自由的人提供一种获得快捷的司法审查

---

① 〔英〕威廉·韦德:《行政法》,徐炳等译,中国大百科全书出版社 1997 年版,第 276—277 页。

② 受理人身保护令之诉的法院所关注的是,确定有关拘捕的命令是符合管辖权范围的,还是应予撤销的,它并不关心拘捕本身是否正确。也就是说,只要拘捕本身是合法的,人身保护令就不能用来就拘捕的条件提出挑战。对于英国的人身保护令制度,英国学者韦德曾有过详尽的分析。参见同上书,第 276 页以下。

③ See Christopher Osakwe, The Bill of Rights for the Criminal Defendant in American Law, in Human Rights in Criminal Procedure, edited by Andrews, J. A., p.293.

的机会,从而在最大程度上防止被告人的人身自由受到非法的剥夺。根据美国的司法实践,任何受到羁押的人如能证明这一羁押违反宪法,都可以向法院申请发布"人身保护令";获得这一司法令状的人应被立即释放,即使检控方对这一令状的发布提出了上诉。

"人身保护令"既适用于对未决羁押的审查,也可以被用来解除那些被定罪者的羁押状态。不过,在联邦司法系统中,"人身保护令"只能用来审查那些拒绝保释的裁决,而一般不被用来审查保证金过度与否的问题。这类问题的救济方式通常是由申请人直接向联邦上诉法院提出上诉,以便使保释的条件受到司法审查。相反,在各州司法系统,"人身保护令"则既适用于法院拒绝保释的决定,也适用于收缴过度保证金的裁决。① 需要注意的是,对于"人身保护令"的申请,任何成文法都不得从时效等方面施加限制。

根据美国联邦宪法的规定,除非发生暴乱或外敌入侵的情况,被羁押者所享有的申请"人身保护令"的特权不得受到剥夺。在申请这一司法令状方面,无论在联邦还是在各州司法系统,一般的原则是:所有上级法院都有权通过接受申请并下达"人身保护令"的方式,对下级法院所作的涉及羁押个人的裁决进行司法审查。与此同时,从1867年美国国会通过《人身保护令法案》以来,根据各州法院的裁决而遭受羁押的人,都有权向联邦法院提出"人身保护令"的申请。②

6.7.2 大陆法中的司法救济

大陆法对于未决羁押提供的第一种司法救济是申请司法复审制度。通常情况下,被羁押者及其辩护人可以在诉讼的任意阶段向原作出羁押决定的法官提出复查的申请。如果羁押决定仍然维持,被羁押者还可以向上级法院提出上诉。这一上诉甚至可以向最高法院提出。法院针对被羁押者的申请和上诉而举行的程序性裁判,通常独立于法院就被告人的刑事责任问题举行的实体性审判。甚至在法庭审判尚未开始之前,这种程序性裁判就可以率先进行。

在法国,对预审法官所作的羁押或者延长羁押期限的决定,被告人有权直接向上诉法院审查起诉庭提起上诉。同时在任何诉讼阶段,嫌疑人、被告

---

① See Christopher Osakwe, The Bill of Rights for the Criminal Defendant in American Law, in *Human Rights in Criminal Procedure*, edited by Andrews, J. A. ,p.272.
② 李义冠:《美国刑事审判制度》,法律出版社1999年版,第142页。

人及其辩护人都有权请求预审法官予以释放。预审法官应将此事项通知检察官,并在法定期限内,作出释放或者不释放嫌疑人的决定。对此决定,检察官、嫌疑人、辩护人都可以向上诉法院审查起诉庭提出上诉。但是,如果预审法官没有在法定期限内作出任何决定,嫌疑人可以直接向上诉法院审查起诉庭提出释放的请求。后者必须在接受这一请求后的20日内,作出附理由的书面决定。

不仅如此,在案件进入法庭审判程序之后,任何轻罪或重罪被告人仍有权提出释放的请求。负责审判的法院有权决定对被告人解除羁押状态。但在重罪法院开庭之前或开庭的间隔期内,以及针对重罪法院判决的上诉提出后,羁押问题一律由上诉法院审查起诉庭负责决定。

在意大利,被羁押者对法官作出的羁押决定,有权要求法院对该决定的合法性进行复查。负责复查的省府驻地法院应在控辩双方参与下举行不公开的听审,在听取各方意见的基础上,作出是否维持原决定的裁决。同时,被羁押者还可以向作出羁押决定的法院的上一级法院提出"普通上诉"。对于法院经过复查和上诉审查后所作的裁决,被羁押者及其辩护人还可以向意大利最高法院提出"特别上诉"。最高法院将就羁押中的法律适用问题举行由控辩双方同时参加的不公开听审。当然,被羁押者及其辩护人也可以不经过复查和普通上诉,而直接向最高法院提出这种"特别上诉"。

在德国,被羁押者可以通过两种途径申请司法救济:一是提出抗告;二是申请司法复审。对于侦查法官所作的羁押决定,被羁押者可以向法院提出专门的抗告。一般情况下,受理羁押抗告申请的是州法院刑事审判庭。如果羁押命令是由州高等法院的侦查法官签发的,抗告法院则为州高等法院。不服州法院、州高等法院对抗告的裁决,被羁押者还可以分别向州高等法院、联邦最高法院提出再抗告。受理抗告申请的法院一般不举行言辞审理,而是在听取公诉方意见的基础上作出裁决。但依据被羁押者的申请或者依据法院的职权,抗告审查也可以采取言辞复审的形式。

为了使被羁押者获得较为充分的司法救济,使法院对羁押理由和必要性进行持续不断的审查,并在羁押理由不复存在时及时解除羁押命令,德国从20世纪20年代开始,正式建立了申请司法复审制度。根据这一制度,被羁押者在诉讼中有权随时申请法院撤销羁押命令,或者申请延期执行羁押命令。起诉前的司法复审由作出羁押命令的法官负责进行;而起诉后的司法复审则由负责审理案件的法院负责进行。对于司法复审的申请,法院一般有两种审查方式：一为书面复审，二为言辞复审。所谓书面复审，也就是法院不听取控辩双方的意见，而是通过审查书面的案卷材料，就羁押的合法性作出决定的程序。相反，言辞复审可以使被羁押者及其辩护人在法官面前直接陈述意见，对检控方的意见作出反驳，甚至在必要时还可以传唤证人出庭作证，当庭调查证据，因此通常被视为较为有效的复审。当然，并非所有复审都要采取言辞辩论的方式。德国法对言辞复审的适用范围和程序作出了明确的规定。

一般说来，是否举行言辞复审，要由法院依自由裁量权作出决定。不过，法院一旦经第一次言辞复审决定继续羁押的，嫌疑人、被告人只能在被羁押满3个月，并且距离上一次言辞复审已超过2个月之后，才能申请第二次司法复审。同时，案件已进入法院审判期间，或者有关自由刑、保安处分等方面的判决已经作出时，被羁押者无权申请言辞复审。举行言辞复审时，法院必须通知检察官、被羁押者和辩护人同时到庭。被羁押者没有辩护人的，法院必须为其指定一名律师，充任辩护人。对于羁押的合法性问题，法院必须听取控辩双方的意见，必要时还可以传唤证人，调查证据。言辞听审结束时必须宣布裁判结论。不能当庭宣判的，必须在听审后7天之内作出裁判。

对于法院通过司法复审所作的裁决，被羁押者不服的，可以申请州高等法院举行进一步的司法复审。当然，被羁押者如果能证明羁押违反了德国基本法，还可以将案件提交联邦宪法法院，后者将从合宪性的角度对羁押的合法性作出专门的司法听审。

司法复审除了可以由被羁押者通过申请而发动以外，还可以由法院依据职权主动发动，这明显地体现了大陆法诉讼程序的职权主义特点。下面以德国为例，对此作一简要分析。

根据德国法律，嫌疑人、被告人在被连续羁押满3个月以后，如果既没有就羁押问题提出抗告，也没有提出司法复审申请，并且没有辩护人帮助的，法院必须依职权就羁押的合法性进行一次司法复审。而对那些被连续羁押满6个月以上的嫌疑人、被告人，如果法院认为有必要继续羁押，或者检察机构要求继续羁押的，那么，管辖该案件的法院应通过检察机构将案卷移送州高等法院作出决定。州高等法院在作出是否继续羁押的决定之前，必须以言辞听审的方式，就羁押的合法性举行特别复审。另外，对于州高等法院决定继续羁押的被告人，在管辖该案件的法院作出判决以前，有关的司法复审均由州高等法院负责进行，而且这种进一步的司法复审必须每隔3个月自动进行一次。

这种由法院主动、定期进行的司法复审，对于及时发现非法羁押现象，以及对于持续地审查羁押理由是否仍然具备，至少在理论上属于较为完善的制度设计。

6.8 程序性辩护

传统上，作为嫌疑人、被告人的法律帮助者，辩护律师参与刑事诉讼的主要方式是在法庭上为其进行辩护。为履行这种辩护职能，辩护律师需要参与审判前的一些诉讼活动，以便更好地进行"辩护前的准备工作"。不过，这里所说的"辩护"都是指实体意义上的辩护，也就是以确保被告人获得无罪或罪轻判决为目的而实施的防御活动。但如果将辩护定位在"为嫌疑人、被告人提供法律帮助"上的话，那么，辩护还有其程序意义的一面。事实上，正如司法裁判活动有实体裁判和程序裁判之分一样，辩护也有实体辩护与程序辩护之别。只不过，所谓的"程序性辩护"是指辩护方在"程序性裁判"过程中所实施的防御活动。这种防御活动有很多，其中最典型的是针对那些涉及个人基本权利的强制性侦查行为所进行的防御。而在未决羁押程序中，由于嫌疑人、被告人经常面临着刑事追诉机构的逮捕、拘留，经受着法官的羁押或延长羁押决定，因此程序性辩护主要表现在被羁押者参与司法审查、申请司法救济等方面。那么，辩护律师能否以及在多大程度上参与这些活动，如何为被羁押者提供法律帮助呢？对于这一问题，西方各国在立法中作出了不同的程序设计。

在英国，嫌疑人被逮捕后，驻守警察局羁押场所的羁押官要以书面的方式告知其诉讼权利：在任何时间与一名事务律师（solicitor）进行秘密的会晤，以便获得后者的法律帮助；嫌疑人如果无力聘请律师，可以接受由政府提供的法律援助。目前，英国已经建立了一种由事务律师 24 小时值班的"当值律师计划"，贫穷的嫌疑人只要不放弃获得律师法律帮助的权利，就可以获得政府提供的事务律师的免费辩护。具体而言，警察机构在嫌疑人被捕后 24 小时以内，必须为其提供一名事务律师，并安排他们进行秘密会面或者联络。即使在特殊情况下，这一时间也不得超过 36 小时。

律师接受委托或者被指定为辩护人后，一般会尽快会见嫌疑人，查阅羁押官员制作的羁押记录；在警察进行讯问时，羁押官员有权随时到场。在嫌疑人处于被羁押的状态下，诸如申请保释、在治安法官面前参加听审、对保释问题提起上诉,甚至向高等法院申请"人身保护令"等方面的权利,都是由辩护律师代为行使的。在这些诉讼活动中,辩护律师都要亲自参与法官、法庭或法院的司法裁判活动。

当然,在上诉法院、高等法院甚至上议院就羁押所涉及的法律问题举行听审时,被羁押者通常不能亲自参与,而需要由其委托的辩护律师代其进行陈述和作出辩论。如果被羁押者无力委托辩护律师,有关法院将为其指定出庭律师。不过,英国的法律援助不适用于向高等法院申请保释这一程序环节。

在美国,被逮捕的嫌疑人有权随时委任律师,以便获取其有效的法律帮助。根据美国联邦最高法院于20世纪60年代确立的"米兰达规则",警察在逮捕嫌疑人时必须向他发出若干项"警告",其中就包括告知被捕者拥有沉默权,有权委托律师,并在无力委托律师时有权获得政府提供的免费的律师帮助。这些诉讼权利在警察每次讯问或者法官于逮捕后举行的"初次聆讯"中还要再次告知。目前,几乎所有被指控犯有重罪或者被指控犯有轻罪但可能被判处监禁刑的嫌疑人,如果无力委托辩护人,都可以获得政府提供的法律援助。通常情况下,法官会在初次聆讯阶段为那些没有律师帮助的嫌疑人指定一名辩护律师。

接受嫌疑人委托或法官指定担任辩护人的律师,有权参与一系列与未决羁押有关的诉讼活动。他们有权与在押的嫌疑人进行秘密的会面和通讯;嫌疑人要求会见律师的,警察只能在律师到场后才能进行讯问;在警察讯问过程中,律师有权始终到场参与;在法官主持的初次聆讯中,律师有权与嫌疑人一起参与,并向法官申请保释;对于法官作出的拒绝保释或者收缴保证金的决定,辩护律师还可以代嫌疑人、被告人进行上诉,甚至向上级法院提起人身保护令的申请。

根据德国法律,嫌疑人、被告人在诉讼的任何阶段均可以自行委托律师或其他符合法定条件的人担任辩护人。无论是司法警察、检察官还是法官,在对嫌疑人作第一次讯问之前,必须告知其有权委托辩护人。在第一次讯问前后,嫌疑人有权与其委托的辩护人进行商议。在整个诉讼过程中,接受嫌疑人委托的辩护人可以参与一些与未决羁押有关的诉讼活动。例如,在法官主持的讯问程序中,辩护人有权与检察官一起到场参与,并有权事先被告知讯问举行的日期。当然,如果法官认为这样做会妨害侦查目标实现的,辩护人的这一到场权将会受到限制。此外,辩护人还可以就羁押决定向法院提出抗告，为那些受到羁押或者被延长羁押期限的嫌疑人申请司法复审；直接参与法院就羁押问题举行的言辞听审，向法庭发表意见，等等。

与英美法国家不同的是，德国辩护人在警察主持的讯问程序中一般无权到场。由于嫌疑人在获得辩护人帮助方面受到一系列的限制，在德国要求改革辩护制度、扩大辩护人参与范围的呼声特别高涨。① 与此同时，德国的法律援助适用的范围较窄。在司法警察、检察官主持的初步侦查阶段，嫌疑人没有委托辩护人的，无权要求被指定律师提供帮助。而在由侦查法官主持的初次讯问阶段，嫌疑人也无权获得政府的法律援助。一般来说，审判前阶段的法律援助主要在两种场合下适用：一是嫌疑人被羁押满3个月，并且没有辩护人帮助的，经检察官、嫌疑人或其法定代理人提出申请，法院必须为他指定一名律师，充当未决羁押期间的辩护人。二是在法院就羁押问题举行言辞复审时，如果被告人因法定事由无法亲自前往法院参与听审程序，复审中必须有辩护人到场参与。如果被告人没有委托辩护人，法院应当指定一名律师为其提供法律帮助。

通过比较可以看出，英美法允许辩护律师较为充分地参与未决羁押的程序，而辩护人这种参与在大陆法国家还受到一些限制。例如，英国、美国的法律援助适用的范围较为广泛，嫌疑人获得法律援助的时间也较早；而德国、法国等国家的法律一般还不允许嫌疑人在警察、检察官控制的初步侦查阶段获得法律援助。又如，在英国、美国，从法官主持的第一次听审开始，几乎所有由法官或法庭举行的司法听审都允许辩护律师参与，作出陈述和进行辩论，甚至在警察讯问嫌疑人过程中，辩护律师也有权在场；而在德国侦查法官的讯问、日本法官的羁押质问等程序，则没有采取司法听审的形式，辩护律师的参与还受到一定的限制。当然，在就羁押的合法性举行的司法救济程序中，辩护律师的参与在这两种法律制度中都得到了较为充分的保障。无论对于英国、美国的申请保释、提出上诉、申请人身保护令，还是对于德国、意大利等国的申请司法复审、提起抗告等活动，被羁押者都可以直接参与。尤其是在那些由较高审级的法院（如高等法院、上诉法院、最高法院等）专门就羁押的合法性甚至合宪性问题举行的听审中，辩护律师的参与还是带有强制性的程序要求。

---

① John Hatchard and Others, *Comparative Criminal Procedure*, p.120.

6.9 结论：限制未决羁押的一般原则

未决羁押是对公民人身自由的严重剥夺，这是它与监禁刑的相似之处。但与此同时，未决羁押又是对作为未决犯的嫌疑人、被告人自由的剥夺，这是它与刑罚的不同之处。尽管从法律功能上看，未决羁押与监禁刑是不可同日而语的，但从对人身自由的限制程度来看，两者却并无实质上的区别。因此，在一个法治社会里，为防止任何人的自由不受任意的剥夺和侵害，未决羁押不仅要受到法律限制，而且还应受到比刑罚更为严格的法律限制。

在前面的论述中，笔者对西方各国的未决羁押制度作了一系列的比较分析。这些分析涉及未决羁押的实体构成要件、羁押与逮捕的关系、未决羁押的适用程序、羁押的期限和场所、对羁押的司法救济以及辩护律师的参与等多方面的问题。读者据此可以看到，一方面，在未决羁押制度的设计方面，各国有着一些相同的规则和程序模式，但也各具特色。一般认为，就未决羁押的司法控制而言，英美法要比大陆法更加完善和严密。另一方面，各国的未决羁押制度又处于变化之中。尤其是德国、法国、意大利、日本等大陆法国家，伴随着世界性的人权保障运动的进行，在未决羁押制度的改革方面已经并即将发生较为剧烈的变化。尽管由于诸多方面的原因，大陆法国家的未决羁押制度不可能完全采纳英美法的模式，但大陆法国家程度不同地吸收、借鉴英美法的一些制度设计，这却是有目共睹的事实。

从比较的角度来看，本章所作的研究并没有充分顾及一些体现两大法系未决羁押制度特色的细节，尤其是最近几年的司法实践情况。但是，考虑到中国目前虽有书面意义上的"未决羁押制度"，却没有建立起完善的用来控制未决羁押适用的法律规则体系，因此，笔者更多地注意到各国在制度设计上的一些共同点和共同的发展动态。当然，论述和分析似乎还不能到此为止。笔者有必要对西方国家控制未决羁押的法律原则作一简要整理和归纳。或许，各国对未决羁押的具体控制方式不尽相同，但这些法律原则却普遍存在于各国未决羁押制度的背后，对各种法律规则的存废增删起着决定性的作用。

那么，西方国家的未决羁押制度中究竟存在哪些一般原则呢？对于这一问题，各国法学理论都没有给出完整的解释。一般说来，有关"诉讼原则"的分析，即使在德国、法国、意大利等大陆法国家中，所针对的也主要是起诉、证据、审判甚至整个刑事诉讼程序。而对于控制未决羁押的诉讼原则的归纳，则甚为少见。不过，考虑到对未决羁押的法律控制大体上来自实体和程序两个方面，而对于任何一种旨在剥夺个人权利和自由的国家行为，刑事实体法和刑事诉讼法都已经确立了一系列的法律原则，因此，控制未决羁押的法律原则似乎可以由此得到归纳。

首先，从实体构成方面来看，对未决羁押的控制应当贯彻三项原则：一为羁押法定原则；二为程序保障原则；三为比例性原则。这三项原则与现代法治原则密切相关。

所谓"羁押法定原则"，是指任何针对嫌疑人、被告人的未决羁押措施，在适用的理由、根据、期限、场所、延长、变更、撤销等诸多方面，都必须明确地规定在刑事诉讼法之中；司法机构必须严格依据法律确定的标准来适用未决羁押措施，而不得在任何环节上采取与法律规定不一致的行为。与刑法上的罪刑法定原则一样，羁押法定原则所禁止的也是羁押的模糊性和任意性，所维护的也是羁押适用上的明确性和可预测性。

"程序保障原则"是对未决羁押在适用目的方面的一般要求。未决羁押的适用应当将保证嫌疑人及时到场、防止证据灭失等作为一般目的，而把"防止再犯"等社会危害行为的预防作为受到严格限制的例外，并绝对禁止将未决羁押变成一种惩罚措施。如果说"羁押法定原则"是从形式上对未决羁押作出的限制的话，那么，"程序保障原则"则是对未决羁押的理由和根据所作的实质上的限制。

"比例性原则"是与未决羁押的必要性相关的法律要求。其基本含义是：未决羁押的适用不仅要具备法定的条件和理由，而且还应具备合目的性、必要性和成比例性。具体而言，未决羁押的适用应以达到法定目的为限度；将未决羁押的适用限制在绝对必要的范围之内，尽量适用那些效果同样显著的替代羁押的强制措施；在未决羁押适用时，应使羁押的期限与涉嫌犯罪的严重程度、可能科处的刑罚相适应。

其次，从程序方面来看，对未决羁押的控制应当体现以下三个原则：一是羁押的司法授权原则；二是告知羁押理由原则；三是诉权原则。这三项原则显然都与无罪推定原则有着内在的理论联系。

所谓"司法授权原则"，是指在任何情况下，未决羁押必须由一行使国家司法裁判权的官员或机构加以授权，而不得由那些负责侦查、起诉等刑事追诉责任的警察、检察官直接控制。为此，必须将逮捕与未决羁押加以严格的分离,使得逮捕变成一种简单的强制到场的行为,而不会导致个人处于长期监禁的状态;必须将逮捕后的监禁期限限制在最短的时间内,逮捕后必须毫不迟延地将嫌疑人提交给司法官员,使后者对羁押的理由和根据进行审查。只有贯彻这一原则,未决羁押才能不依附于逮捕,并与逮捕一起经受两次相互独立的司法审查,以免发生滥用。

"告知羁押理由原则",与一般意义上的告知指控理由原则一样,要求任何适用未决羁押的官员或机构,在作出羁押或者延长羁押期限的决定时,都必须将羁押的根据和理由明确告知被羁押者,而不得作出无理由的羁押决定。贯彻这一原则,有助于被羁押者随时了解被羁押的根据,以便有针对性地从事司法救济活动;同时,在羁押已经持续一段时间之后,被羁押者也可以了解原来的羁押理由是否已经发生变化,或者变得不复存在。

所谓"诉权原则",则是指受到未决羁押的嫌疑人、被告人,应有机会和可能将羁押的合法性问题诉诸司法机构,使得这一问题能够以开庭审理的方式受到持续的司法审查。与那种针对下级法院判决的上诉一样,申请司法救济也是为了引发上级司法机构的复审,这是嫌疑人、被告人行使程序性诉权的一种方式。不仅如此,被羁押者提起的司法复审程序还应具备一定的审级:如果发现羁押违反程序法,可将问题提交高等法院进行裁判;如果发现羁押违反宪法,则可以将问题提交给最高法院进行违宪审查。这是保障被羁押者为了自由而在司法机构面前与刑事追诉机构展开"程序斗争"的必由之路。

7. 法院变更起诉制度之法理

7.1 英美法的经验
7.2 德国的诉讼客体理论
7.3 日本的诉因理论
7.4 比较分析

在法庭审理过程中,检察机关发现原来指控的罪名并不成立而主动要求变更起诉罪名的,法院对此能否允许呢？对于起诉书原来指控的罪名确实不能成立的,法院能否自行判处一项包含在原罪名之中的较为轻缓的罪名呢？如果提出重新变更起诉罪名的请求,法院根据什么标准来进行审查呢？一旦变更起诉罪名变成现实,法院应通过什么方式保证被告人获得必要的防御机会？……对于这些问题,我们有必要从理论上作出合理的解答。为使分析的视角更为独特,我们有必要将眼光投向中国之外,从西方国家寻求一些可资借鉴的经验和理论,考察两大法系国家在变更起诉罪名问题上的相关理论和制度。

7.1 英美法的经验

在英美法中,判决中对起诉罪名的变更原则上是不允许的。这是因为,这一制度中存在着较为严格的罪状（counts）制度,起诉书必须将指控的罪名与所使用的法律条文加以紧密的联系,而不得记载那种不受法律条文限制和界定的"犯罪事实";在法庭审理过程中,控方的责任就在于提出证据,对起诉书记载的各项罪状进行证明;经过审判,控方能够证明某一罪状可以成立的,法庭即宣告被告人有罪——也就是指控的罪行成立,否则即裁断指控的罪名不成立,被告人因此无罪。因此,负责对事实问题进行裁断的无论是陪审团还是法官,都只能针对起诉书指控的罪状是否成立进行裁判活动,而一般无权变更或者追加未经起诉的新的罪名。

但是,这种禁止变更起诉罪名的做法也存在着一些例外。例如,如果依据法律规定,某一新的罪名包含在起诉书指控的罪名之中,控方的证据能够证明这一新的控罪成立,而原来指控的罪名并不成立的话,那么,陪审团就可以裁断被告人犯有这一新的罪名。在英美法中,这种罪名之间相互包容的情况大量地存在。比较典型的例证是,谋杀罪（murder）包含着过失杀人罪（manslaughter）,夜盗罪（burglary）包含着盗窃罪（theft）,故意伤害罪（wounding with intent）包含着非法伤害罪（unlawful wounding）,等等。因此,如果起诉书指控被告人犯有谋杀罪,而陪审团认定控方的证据不足以证明被告人的行为构成这项罪名,那么,法官可以指示他们对被告人定以过失杀人罪。当然,这样做的前提必须是过失杀人罪能够得到证实。①

为了系统地了解并理解英美法在此问题上的经验,笔者将首先分析这一制度下的罪状制度,然后考察在被告人答辩有罪和陪审团进行裁断等程序阶段起诉罪名的变更问题。

7.1.1 英美法中的罪状制度

在英美法中,起诉书(indictment)是用来指控被告人构成犯罪的正式的法律文件。针对起诉书的指控,被告人作有罪答辩的,可导致陪审团审判程序受到规避,案件直接进入量刑阶段;被告人如果作的是无罪答辩,法庭则要组成陪审团,举行正式的法庭审判。起诉书的内容大体包括"开头"(heading)和"罪状"(count)两大部分,前者包括负责审判的法院、被告人的姓名等内容,后者则是指控的主体部分。根据指控罪行的不同,一份起诉书中可以有一项或者多项罪状。②

每一项独立的罪状都包括罪行陈述(statement of offence)和罪行细节(particulars of offence)两部分内容。罪行陈述部分要载明罪行的名称,如果该罪行属于成文法确立的,则要明确记载规定该罪的法律名称和具体条文;如果罪名属于普通法上的犯罪,则不必作此陈述。而罪行细节部分则要确定被告人所实施的犯罪行为的具体细节。具体而言,"罪行陈述"部分必须说明指控的罪行的基本要素,包括被告人的姓名、指控罪行发生的日期、行为的地点、实施情况、结果等构成要素。③ 下面的一份起诉书样本,就很直观地反映了英美起诉书的基本构成要素。

起诉书(Indictment)

皇家刑事法院在伯明翰的开庭地
女王诉 Wilson, Burton 和 Green
Wilson, Burton 和 Green 受到如下指控(charged as follows):
罪状 1 罪行陈述

---

① 对于英国刑法中的罪名包容制度,读者可参见〔英〕特纳:《肯尼刑法原理》,王国庆等译,华夏出版社 1989 年版,第 622 页以下。
② 参见同上。
③ John Sprack, *Emmins on Criminal Procedure*, pp. 203-208.

根据1861年伤害人身罪法第47条,构成攻击引起实际身体伤害罪。
罪行细节
Wilson 和 Burton,于1997年1月1日,对 Johnson 发动攻击,因而导致他的身体受到伤害。
罪状2 罪行陈述
根据1861年伤害人身罪法第20条,构成伤害罪。
罪行细节
Green 于1997年1月1日,对 Johnson 实施了蓄意伤害行为。

从上述虚拟的英国起诉书中可以看到,作为罪状的两个基本构成要素,罪行陈述部分首先明确指出被告人所构成的罪名(当然,普通法上的犯罪除外),并指明被告人所触犯的法律条文;而罪行细节部分则极为简要地概括出被告人行为的基本事实要素。换言之,起诉书首先对被告人行为作出了法律评价,然后才指明被告人行为的构成要素;起诉书对被告人行为的描述极为简要,基本上只局限于行为基本构成要素的概括。这些都与中国起诉书形成了极为鲜明的对比。

英美起诉书中对罪状的明确表述,显示出受到指控的行为在事实要素与法律评价上具有一体化和不可分离的特征。也就是说,英美法不承认所谓的"脱离具体犯罪构成要素的'犯罪行为'"。如果要对被告人的行为加以指控,就必须首先指明该行为所触犯的法律条文及其所构成的具体罪名。这些内容与该行为的事实构成一起,构成了起诉书中任何罪状不可分割的组成部分。其结果是,如果控方在法庭上能够证明所指控的某一罪状,那么,指控的罪名就是可以成立的,被告人也就随之被裁断构成该项控罪;否则,如果被告人的行为不构成起诉书所指控的罪行,那么,即使他可能构成其他的未经起诉的控罪,法庭也不得判定他有罪。更明确地说,在英美法中,简单地说被告人"构成犯罪"是没有任何法律意义的。真正符合法律规定的说法应该是:"被告人究竟是否构成起诉书指控的犯罪"。

被告人行为的法律评价与事实构成形成一体化的情况,对法院的审判活动产生了极大的影响。可以说,起诉书对罪状的明确记载,对法院的法庭审判活动具有制约和限定作用。我们可以假定,如果起诉书不对指控的罪行在事实要素和法律评价方面作任何明确的规定,那么,法院的审判很可能会是极为随意和不受约束的。法院可以抛开起诉书不问,而直接、自行判定被告人犯有一项未经起诉的新的犯罪事实。在这种情况下,法院不可避免地会替代控诉一方,成为事实上的刑事追诉者,从而丧失最基本的中立和公正立场。相反,在英美法国家的起诉书中,所有罪状的事实构成要素都是极为明确的,并与其法律评价密切联系在一起。在这一限制下,法院只能裁判被告人行为的事实要素是否存在,以及起诉书指控的罪名能否成立。起诉书对被告人的行为所认定的事实要素和法律评价只有同时得到证明,法院才会对被告人作出有罪的判决。否则,法院一般会裁断被告人无罪。很明显,法院不仅要在事实构成要素上将自己的裁判范围严格限定在起诉书记载的内容之内,而且在法律评价上也一般不得超越起诉书载明的罪名的范围,而自行认定被告人行为的法律性质。这样,法院的审判在范围上就受到了起诉书的严格限制,局限于判定"起诉书载明的罪状是否成立",而不是在经验和社会层面上裁判被告人"是否构成犯罪"。法院的中立、超然和不偏不倚由此也得到现实的保证。

不仅如此,起诉书对罪状作出明确的限定,还为被告人的防御活动划定了一个明确的范围。一般而言,被告人的辩护是针对指控并旨在将指控加以推翻或者削弱而进行的诉讼活动。假如起诉书指控的罪名在事实构成要素和法律评价上都过于概括、抽象,而处于不明确的状态,那么,被告人及其辩护人的防御活动注定将是没有多少实际效果的。这是因为,法院的审判很可能不受起诉书指控内容的限制,而使得一些未经起诉的事实或罪名成为法庭上争辩的对象。这种局面一旦形成,那么,被告人及其辩护人对原来指控事实的防御准备都将失去意义,而不得不应付那些随时随地会发生变更的事实要素和法律评价。在这种情况下,被告人将"防不胜防",完全陷入被动挨打、消极接受惩罚的境地。相反,起诉书对罪状的明确载明,使得被告人的防御有了具体的目标和对象,辩护方可在审判前进行有针对性的防御准备活动;在法庭审理过程中,面对控方提出并加以举证证明的罪状,辩护方也可以实施有效的反驳和质证,并对裁判者的判决结论产生有效的影响。因此,罪状的明确化具有极为重要的防御保障功能。

7.1.2 有罪答辩程序中罪名的变更

在英美刑事审判中,法院在开庭审判之前,通常会给被告人选择有罪答辩和无罪答辩的机会。被告人如果选择了有罪答辩,而且这种选择是被告人在自愿、理智和了解自己行为法律后果的情况下作出的,那么,法官通常会接受被告人的选择结果,直接判定其有罪,而不再举行正式的对抗式审判,案件就此直接进入量刑阶段。一般情况下,被告人所作的有罪答辩,往往要以他对起诉书所载明的罪状加以接受为前提。但是,为吸引被告人更多地选择有罪答辩,从而使越来越多的案件避开繁琐、复杂的陪审团审判,英美法确立了一种"变更罪名的答辩制度"。也就是说,被告人可以说自己并不构成起诉书指控的罪名,但承认自己构成另外一项新的、通常也较为轻微的罪名。但前提必须是新的罪名在法律上被包含在原来指控的罪名之中。例如,原来指控的谋杀罪可以被答辩为过失杀人罪,原来指控的夜盗罪可以被答辩为盗窃罪,等等。对于被告人的这种答辩,法官如果愿意接受的话,那么,他就可以直接撤销起诉书指控的犯罪,而按照新的罪名对被告人判处刑罚。

当然,控方律师并不需要无条件地接受被告人的这种答辩。他们如果认为自己有充足的证据证明被告人有罪,就可以拒绝被告人的答辩,而坚持要求举行正式的法庭审判。当然,即使控辩双方都同意被告人提出的变更罪名的答辩,法官如果认为这样做属于不正当的,也可以直接拒绝。①

被告人按照未经起诉的新罪名所作的有罪答辩一旦得到法官、控方律师的同时接受,就意味着法官未经法庭审判程序,即对起诉指控的罪名作出了变更。当然,这种变更一般只能是有利于被告人的变更,并取得被告人、辩护人以及控方律师的双方合意。而且,变更后的新罪名还必须与原来指控的罪名之间具有包容关系。显然,这些都构成了对法官变更起诉罪名的法律限制。

7.1.3 陪审团裁断程序中罪名的变更

一般情况下,陪审团在就起诉书记载的一项罪状作出裁断时,要么作有罪的裁断,要么作无罪的裁断。但是,在法定例外情况下,他们还可以有第三种选择,也就是判定被告人不构成指控的罪名,而将其改判为其他更加轻缓的罪名。根据英国 1967 年《刑事法令》的规定,除叛国罪和谋杀罪外,如果起诉书指控的罪名"相当于"或者"明确或间接地包含着"另一项法定的罪名,那么,陪审团可以在判定被告人不构成原来指控的罪名的情况下,改判其构成其他罪名。

---

① 有关被告人选择未经起诉的新罪名进行有罪答辩的情况,读者可参见 John Sprack, *Emmins on Criminal Procedure*, pp. 240-244.

这一法律规定其实包括两种情况：一是法律明确规定某一罪名包含着另一罪名；二是某一罪名暗含着另一罪名。在前一情况下，控方提出的证据不足以证明起诉书记载的全部罪行细节，但能够证明其中的一些事实要素，而这些要素恰恰能够支持另一项罪名的成立。例如，控方在陪审团面前提出的证据虽无法证明被告人犯有夜盗罪，但至少有一点已经得到证明：被告人以非法和秘密的方式占有了他人的财产，因此其行为可以构成盗窃罪。而在有关法律中，夜盗罪与盗窃罪确实具有包容的关系。

而某一罪名暗含另一罪名的情况则较为复杂。英国上议院曾于1984年Wilson一案中确立了若干项罪名的检验标准，以确定某两项罪名在何种情况下才暗含着相互包容的关系。其中最重要的是"必要步骤标准"。具体而言，如果实施起诉书指控的罪行必然意味着被告人实施另外一项罪行，换言之，如果实施另一新的罪行成为起诉书指控的罪行得以实施的一个必要步骤（a necessary step），那么，陪审团就可以裁断被告人构成另一罪名。因此，针对罪状中记载的被告人构成抢劫罪的指控，陪审团可以判定抢劫罪不成立，但盗窃罪成立。相反，如果被告人被指控构成夜盗罪，那么，陪审团就不能判定他构成刑事损害罪，即使控方能够证明被告人打破他人的窗户并非法进入他人的住宅。因为实施刑事损害行为并不构成夜盗罪的必然步骤。[1]

以上是陪审团变更起诉罪名的一般原则。而英国法律对于这种变更的具体情况则作出了一些明确的规定。首先，如果被告人被指控构成谋杀罪，那么，陪审团可以裁断被告人犯有下面的某一罪名——过失杀人罪、故意致人伤害罪、弃婴罪、残害儿童罪或者意图实施上述任一犯罪。其次，如果起诉书指控被告人构成了某一既遂犯罪，那么，陪审团可以裁断被告人构成意图实施该项罪行，或者构成意图实施其他根据该项罪状可以判处的罪行。例如，如果夜盗罪不能成立，那么，陪审团可以判定被告人犯有意图夜盗罪或者构成意图盗窃罪。再次，如果被告人被指控犯有一项可捕罪，而陪审团认定指控的罪行为被告人以外的其他人所为，那么，陪审团可以判定被告人构成帮助犯。最后，如果起诉书指控被告人犯有危险驾驶罪或者犯有危险驾驶致

---

[1] 有关英国上议院就陪审团变更起诉罪名问题，读者可参见 John Sprack, *Emmins on Criminal Procedure*, pp. 304-305.

人死亡罪,那么,陪审团可以判定其构成粗心驾驶罪。①

当然,对于陪审团变更起诉罪名的做法,法官如果认为这对被告人不公平,他也可以在总结陈词中不向陪审团提及有作此选择的机会。显然,在是否告知陪审团可以变更起诉罪名问题上,英国法律给了法官相当大的自由裁量权。但这一裁量权的基点则在于防止被告人受到不公正审判这一基本理念。

7.2 德国的诉讼客体理论

与英美法不同,德国法中有一个基本的理念:法院在判决中有权对被告人的行为作出独立的法律评价,而不受有关开始审判程序的裁定所引刑法条文的限制。换言之,对于起诉书指控的罪名,法院经过开庭审理,认为在刑法上不能成立的,可以判定被告人构成新的罪名。但是,对于指控中载明的事实要素,法院只能就开始审判程序的裁定中界定的犯罪行为作出裁判,而无权对那些未经起诉的被告人或犯罪行为进行审判。对于任何在法庭审理过程中新发现的未经起诉的犯罪行为,只能由检察机关重新提起公诉。不过,根据诉讼客体不可分割的原理,对于同一诉讼客体,也就是同一被告人之同一犯罪行为,起诉书即使仅指控其中的一部分,其法律效力也及于该同一诉讼客体的全部。也就是说,只要起诉与裁判所针对的诉讼客体是一致的,那么,检察机关即使在起诉书中没有载明该诉讼客体的全部内容,法院仍可以

---

① 对这些问题作出规定的英国法律有:1967 年《刑事法》、1988 年《道路交通犯罪法》等。读者可参见 John Sprack, *Emmins on Criminal Procedure*, p. 306. 另外,美国和加拿大的法律也对此作出了一些规定。例如,根据美国《联邦刑事诉讼规则》第 31 条的规定,陪审团即使裁断起诉书指控的罪名不能成立,也可以认定被告人犯有包含于原来被控罪行之中的某项新的罪名;如果原来被指控的罪行属于仅有意图实施该项行为就足以构成犯罪的话,那么,陪审团可以直接认定被告人意图实施被控罪行,或者认定其实施必然包容于被控罪行之中的某项新的罪名。

而根据加拿大《刑事法典》第 660、661 条的规定,当控方指控的完整罪行不能得到证明,但证据足以认定被告人具有实施该罪行的意图时,陪审团可以对该被告人作出关于犯罪意图的裁决。相反,如果控方指控的是被告人具有实施某项犯罪的意图,但证据能够认定其实施了完整的该项罪行,陪审团不得将被告人无罪释放,而一般可以对其作出有关犯罪意图的裁决。根据该法第 662 条的规定,如果起诉书上的罪状可以得到分解,而且被指控的罪行根据法律规定或者根据罪状指控的那样,包含另一项罪行的,陪审团可以将该被告人定以:(1) 业经证明的包含在被控犯罪之内的罪行,尽管被控的整个罪行未得到证明;(2) 意图实施包含在被控罪行之内的罪行。同时,如果罪状指控被告人犯有一级谋杀罪,但证据不能证明其一级谋杀,却可以证明其犯二级谋杀或者意图二级谋杀时,陪审团可以裁定一级谋杀罪不成立,同时裁断其犯有二级谋杀罪或者意图二级谋杀罪。如果罪状指控被告人犯有谋杀,但证据只能证明误杀或杀婴罪而不能证明谋杀罪的,陪审团可以裁定被告人谋杀罪不成立,但犯有误杀或者杀婴罪。

对全部诉讼客体作出裁判,而无须经过检察机关的变更起诉程序。可以说,诉讼客体的一致性和诉讼客体的不可分割性,构成了德国变更起诉制度的理论基础。①

7.2.1 诉讼客体理论

所谓"诉讼客体",也称"诉讼标的"或"程序标的",是指被告人的"被提起告诉行为",也就是法院诉讼程序的对象。根据德国法上的"控告原则"(德语 Klageformprinzip),只有在提起指控之后,法院才可以开启审判程序;法院的审理案件范围,不得扩展到起诉书所载明的被告人和犯罪行为之外。因此,法院的审判在范围上应受起诉书指控对象的严格限制。在起诉所针对的诉讼客体的范围内,法院才有义务对"犯罪行为"在事实和法律层面上展开全面的调查和审判。②

由于控告原则要求法院的判决只能局限于起诉书指控的客体范围之内,而德国基本法中的一事不再理原则,又要求法院对任何人实施的同一行为,不得进行重复审判和处罚,因此,诉讼客体的同一性问题就显得极为重要了。所谓诉讼客体的同一性,其实是指被告人的同一性和行为的同一性。换言之,同一被告人的同一"犯罪行为"构成一个单独的诉讼客体。

对于被告人的同一性问题,在理论上不存较大的争议。原则上,一个被告人的一个行为构成一个诉讼客体,而多个被告人的行为则构成多个诉讼客体。理论上容易发生争议的是行为的同一性问题。

一般的观点认为,不论案件的法律性质如何,"所有实际上无法分割并且

---

① 在德国刑事诉讼理论中,诉讼客体的确定具有三个方面的意义:一是限定法律程序的标的,二是确定法院审理和判决的界限,三是规定判决在法律效力上的范围。德国的诉讼客体理论对日本和我国台湾地区的刑事诉讼理论产生了深刻的影响。参见〔日〕田口守一:《刑事诉讼法》,刘迪等译,法律出版社 2000 年版,第 134—140 页,以及第 165—190 页。对于日本学者有关理论,笔者将在下文中专门提及,这里简单地对我国台湾学者的观点作一评析。在台湾刑事诉讼法学中,通说认为,诉讼客体理论上有"单一性"和"同一性"两个基本概念。在横向意义上,诉讼客体的"单一性"是指案件在刑事诉讼中被视为一个不可分离的客体,其法律后果是,起诉之效力及于单一案件之全部,判决之效力及于单一案件之全部。而诉讼自始至终在纵向意义上加以比较,如果案件前后同一者,即为案件"同一性"。诉讼客体"同一性"的法律后果是,刑事判决得就起诉之犯罪事实,变更检察官所引应适用之法条;同一案件为双重起诉者,对于后面的起诉应为不受理判决;同一案件已经判决确定者,对于后面的起诉应为免诉之判决。参见蔡墩铭:《刑事诉讼法论》,台湾五南图书出版有限公司 1996 年版,第 102—108 页。不过,为避免理论分析过于晦涩难懂,笔者这里只用诉讼客体的"一致性"或"同一性"的概念,来说明诉讼客体在起诉和审判这两个环节上是否一致的问题。

② 参见〔德〕Claus Roxin:《德国刑事诉讼法》,吴丽琪译,台湾三民书局 1998 年版,第 111—112 页,以及第 204 页。

交错复杂的事件均可视为一'行为'";而在实体法上实质竞合时可以分割的独立的数个事件,当其不法的内涵可以相互进行比较,并且相互在时间及空间上有关联性的,也可以视为同一行为。这种行为的一致性,一般不能因为起诉而被固定下来,法院在审判过程中所认定的事实只要仍与起诉事实具有同样的基本性质,即使在诉讼客体范围内对后来发现的与起诉书和开始审判程序的裁定中所载的事实有出入,也可以有自己独立的决定。关键的问题在于,除发生变更的部分事实以外,所被起诉的犯罪行为是否仍然有一个明显、且不会造成混淆的诉讼客体的个别性存在。[1]

诉讼上的行为需要与实体法上的单一行为、行为复数及结合犯加以区别。首先,如果行为属于实体法上的想象竞合犯,那么,诉讼法上的同一行为也就随之成立。但是,在有组织犯罪中,如果行为人为一犯罪组织的成员,其所实施的行为具有比组织犯罪更高的刑罚幅度时,则应视为一独立的行为。其次,如果若干项行为在实体法上属于行为竞合,也就是属于实质竞合之行为复数,那么,这些行为通常被视为诉讼法上的独立行为。而且,多个独立的犯罪行为不能经由某一轻微的持续犯而成为法律上的单一行为。但是,当案件发生过程有内在统一性时,它们也可以例外地成为同一诉讼法上的行为。再次,结合犯之各个单独行为,无论在营业性、习惯性还是职业性上,只要不属于实体法上的单一行为,那么,它们在诉讼法上也就不属于单一行为。[2]

在任何一种情况下,如果后来发现的行为与原来指控的行为不被视为一致的,而该行为又属于法院审判程序中新发现的,那么,法院无权直接对其作出裁判,而只能由检察机关重新提起公诉。相反,对于那些被视为具有同一性的行为,包括其事前准备行为、附属行为和事后行为,法院在审判过程中都应作全面的调查和审判,而不受起诉书指控范围的限制。这就是所谓的诉讼客体不可分割的原理。

这一原理除了对行为的事实判断产生作用以外,还直接影响到法院对行为的法律评价。在法律意义上,法院应对同一行为的法律评价进行全面审查,不受起诉书和开始审判程序的裁定中有关法律判断的拘束。例如,检察

---

[1] 参见〔德〕Claus Roxin:《德国刑事诉讼法》,第205—206页。
[2] 应当说,在若干个行为在诉讼法上是否具有同一性问题上,德国学说和判例还存在着不少争论。不过,最近的判例倾向于主张,这需要视各项事实经过在刑法上的意义而定。参见同上书,第206—209页。

机关如果以普通盗窃罪起诉,法院可判之以携带武器盗窃罪或者侵占罪;如果以伪证罪起诉,法院可判之以诬告罪;如果以共犯起诉,法院可判之以帮助犯。

7.2.2　对法院变更起诉的法律限制

前面的分析显示,法院经过法庭审判发现的事实,只要与起诉书和开始审判程序的裁定中认定的事实具有同一性,就有权对该事实直接作出判决。但问题的关键在于,法院在审判过程中发现了指控事实之外的新的犯罪行为时,究竟应如何处置?

对于这一情况,德国法建立了"追加起诉"制度。根据这一制度,检察机关对于法院在审判中新发现的独立的犯罪行为,应当重新提起公诉。但为防止被告人因受到重新起诉而招致过长的诉讼拖累,这种追加起诉通常采取较为简易的方式而进行。也就是由检察官在审判过程中以口头方式对被告人的其他犯罪行为补充起诉,但前提是被告人必须表示同意接受,并且取得法院的书面许可。同时,被告人有权要求中断审判程序,以便有较为充分的时间实施防御的准备工作。

另一方面,德国法尽管允许法院自由地对被告人的行为作出法律评价,从而变更起诉书记载的法律条文,但是,法院应当就法律判断和处罚条文的变更问题,及时向被告人及其辩护人告知,并且给予辩护方以足够的防御机会。

7.3　日本的诉因理论

在第二次世界大战以前,日本曾接受法国和德国的诉讼客体理论,确立了以职权主义的诉讼构造为基础的起诉变更制度。战后,随着当事人主义诉讼构造的建立,被告人的防御权得到大幅度的加强,"诉因制度"最终在日本法中得到了确立。可以说,日本法中的起诉变更制度与诉因制度有着极为密切的联系。[①]

[①]　关于日本刑事诉讼制度的发展和演变,读者可参见〔日〕松尾浩也:《日本刑事诉讼法的发展和现状》,载西原春夫主编:《日本刑事法的形成与特色》,李海东等译,法律出版社 1997 年版,第 35—43 页。

7.3.1 诉因理论

所谓"诉因制度",其实就是英美法中的罪状制度的日本化。在日本,刑事起诉书必须记载三方面的要素:一是有关特定被告人的具体事项;二是公诉事实;三是罪名及与此有关的惩罚条目。诉因主要体现在上述第二部分。

仅从法律规定来看,日本人所说的"诉因"似乎仅仅是指起诉书所指控的被告人行为的事实要素,也就是类似于英美法国家起诉书中的"罪行细节"部分。而英美法国家起诉书中的"罪行陈述"部分,也就是被告人行为的法律评价和罪名确定内容,并不包括在日本式的"诉因"之中。如果是这样的话,那么,日本式的"诉因制度"似乎并不就等于英美法中的罪状制度。不过,按照学说上的解释,诉因既包括事实性要素,也就是那些足以特定某一犯罪构成的事实情况,也包括法律性要素,即那些使事实性要素在法律上特定化的法律构成。有的学者甚至明确指出,由于不会有脱离法律构成的犯罪事实,因此应该确定诉因的法律要素;在起诉书中表示法律构成实际意味着诉因的表明,而表示具体的事实则意在确定诉因。①

根据这些解释,诉因所包括的法律要素也就是赋予那些事实性要素以法律意义的犯罪构成要件。当然,由于日本法明确将惩罚条文和罪名与公诉事实加以分离,因此,诉因仍与英美法国家起诉书中的"罪状"不可同日而语。这实际体现出大陆法国家的诉讼客体理论对日本法的深刻影响。不过,根据日本法学界的通说,通过建立诉因制度,诉因与诉因以外的事实得以区分,审判的对象由此得到确定;诉因还将被告人的防御活动限定在诉因范围之内,使被告人不必防御诉因没有记载的事实,这显然具有保证防御权行使的功能。可以说,通过明确诉因来限制审判的范围,并保障被告人的防御权,这种诉因制度的立法宗旨是与英美法中的罪状制度一脉相承的。

7.3.2 诉因变更理论

日本的诉因制度与原则上不承认变更罪状的英美法不同,与不采用诉因制度的大陆法也不相同。这种诉因制度的特色在于,在采用诉因制度的同时还保留着公诉事实的概念,并且允许变更诉因。正因为如此,诉因的变更才

---

① 当然,在这一问题上也存在另一观点,即认为罪名的确定和惩罚条文,也就是通常所说的"法律关系",不属于诉讼的对象,诉讼对象只包括诉因的事实性要素。参见〔日〕田口守一:《刑事诉讼法》,刘迪等译,法律出版社2000年版,第139页。

被称为所谓的"限制变更主义"。

在日本,诉因的变更可包括诉因的追加、撤回和狭义上的变更。有关变更诉因的理论基础,在日本法学界有所谓"公诉事实对象说"与"诉因对象说"之间的争论。前一学说站在职权主义诉讼构造的立场,认为法院有权利和义务对诉因背后的犯罪事实进行审判,而不受检察官起诉书记载的诉因制约,因此在认定与诉因不同的犯罪时,当然需要适用诉因变更程序。后一学说则认为,刑事诉讼的本质结构是当事人主义,法院的审判范围应受到诉因的制约,被告人也只对诉因进行防御,因此对于诉因以外的事实必须另行起诉之后才能实施追诉。但是,诉因基于以下情况也是可以变更的:一是对于一定诉因以外的事实,在一次诉讼中审理更有利于被告人;二是对追诉方来说,在同一诉讼程序中处理诉因以外的事实,符合诉讼经济原则;三是对于控辩双方之间在诉讼过程中已经辩明的事实,通过连续审判可以使法官的心证保持连贯性,有助于发现事实。①

应当说,与日本现行法采取的起诉裁量主义、诉因特定制度、起诉书一本主义等当事人主义的诉讼制度相适应,将"诉因对象说"作为诉因变更制度的理论基础是较为合适的。

在解决了诉因变更的正当性基础之后,紧接下来的一个问题是:起诉书指控的事实和法律评价在发生什么样的变化时,才允许进入变更诉因程序。首先来看事实的变更。一般认为,只有某些重要的事实发生变化才有必要变更诉因。但在哪些事实属于重要事实的问题上,则有具体防御说和抽象防御说两种观点。前者认为,不利于被告人具体地实施防御时,才需要变更诉因;后者则认为,只有在被告人抽象意义上的防御处于不利境地时,才需要变更诉因。应当说,抽象防御说从一类事实发生变化可能给被告人带来不利的观念出发,也包含了具体防御说的标准,这是较为妥当的,也是为判例所接受的通说。

关于法律评价的变更,有一种"法律构成说"的理论。根据这一理论,诉因是记载应当构成犯罪的特定事实,这种事实当然包含了法律所评价的犯罪事实,因此,在法律评价——也就是法律构成发生变化时,诉因也要有所变更。典型的例子是受贿的共同正犯变更为行贿的共同正犯,帮助犯变更为共同正犯,或者杀人罪变更为重大过失致死罪,等等。当然,根据日本最高法院

---

① 参见〔日〕田口守一:《刑事诉讼法》,刘迪等译,法律出版社2000年版,第168页。

的判例,只有在法律评价中存在着包容关系,或者变更对被告人的防御权不会发生实质性的影响时,这种诉因变更程序才能得到适用。另外,在罪数发生变化时,从一个诉因构成一个罪的原则出发,罪数的变化导致无法继续维持有效的诉因,因而需要适用诉因变更程序。

与法律评价变更有关的是处罚条款的变更问题。原则上,即使处罚条款的记载有误,但只要在实质上不会对被告人的防御造成不利影响,起诉书就是有效的。以前的观点认为,适用法律是法院特有的权利,记载处罚条款是为了明确诉因,只要不会对被告人防御造成实质性影响,法院就可以直接适用与起诉书记载不同的处罚条款。但近来的观点逐渐认为,处罚条款的意义是给被告人研究适用处罚条款的机会,而被告人对法律问题也拥有应诉权利,因此法院在适用与起诉书的记载有别的处罚条款时,也应经过处罚条款变更程序。

最后,也是最为重要的问题是,诉因变更的客观界限是什么。与德国法的理念相同,日本法上的诉因变更必须局限在"不损害公诉事实同一性"的范围之内。在日本学者看来,公诉事实同一性是涉及刑事程序整体的重要概念,其诉讼功能在于:(1)划定诉因变更的客观界限;(2)划定禁止双重起诉的范围;(3)划定一事不再理效力的范围;(4)划定公诉时效停止效力的范围;(5)划定在侦查阶段中"案件"的范围。

传统上,广义上的公诉事实同一性又分为公诉事实的单一性和公诉事实的同一性(狭义上)。公诉事实单一性的概念是由小野清一郎提出的。按照他的见解,案件的单一性是指处理程序上不可分的一个案件,案件的同一性则是指在程序发展过程中前后案件的客体相同。[①] 在旧刑事诉讼法时代,通说认为,在单一的被告人和单一的犯罪行为的情况下,存在着公诉事实单一性的问题,这种单一性是以实体法上的罪数为标准的,它与公诉不可分原则结合起来,发挥着划定审判对象的机能。不过,日本法学界越来越倾向于认为,在现行的诉因制度框架下,没有必要区分所谓的单一性和同一性,公诉事实的同一性事实上已经包含着单一性的概念。[②]

公诉事实的同一性是指同一被告人和同一犯罪行为。一定时期以来的判例认为,公诉事实的同一性是指构成犯罪的事实关系的基本部分的,社会一般观念所认识的同一事实。这一"基本的事实同一说"有两个标准:一是以

---

① 参见〔日〕小野清一郎:《刑事诉讼法讲义》,日本有斐阁1933年第三版,第194页以下。
② 参见〔日〕田口守一:《刑事诉讼法》,刘迪等译,法律出版社2000年版,第180—181页。

两个事实的共性为标准,也就是基本的事实关系之间存在亲近性、密切关系性和共时性的,才可以确定同一性。二是以两个事实的排斥关系为标准,也就是事实关系不重叠,从共性标准来看不是同一的,但认定一方事实就不能认定另一方事实,因此有同一性。

不过,在公诉事实的同一性问题上,日本法学界存在着各种各样的不同学说。产生这些学说的原因有两个:一是以前有关审判的对象有公诉事实对象说和诉因对象说,这两种观点从不同的角度理解公诉事实的同一性,因而产生了不同的学说;二是诉因对象说逐渐为人们所普遍接受以后,出现了消极和积极理解公诉事实概念的两种观点,这也导致公诉事实同一性理解上的多样化。在田口守一看来,鉴于日本法采取所谓的"限制性诉因变更主义",除使用诉因这一事实概念以外,还使用公诉事实这种抽象概念来划定诉因的概念。因此,日本法的变更范围要比英美法大,但比大陆法范围小,即属于中间型的诉因变更制度。[①]

7.3.3 对法院变更起诉的法律限制

一般情况下,诉因的追加、撤回和变更,应由检察官提出请求,法院在确定不违背公诉事实同一性的前提下,准许控方作此变更。但在法定例外情况下,法院认为有必要的,也可以命令检察官对诉因或处罚条款加以变更。

这种由法院所作的诉因变更命令究竟是否具有正当性?这在日本法学界不乏争论。通说认为,法院原则上没有命令变更诉因的义务,但在例外的情况下,法院对于重大犯罪和证据清楚的案件负有命令变更诉因的义务。当然,法院无权积极地变更起诉书所设定的审判对象。不过,从法院行使的所谓"监督作用"来看,在补充检察官追诉行为的限度内,法院应首先要求检察官加以说明,在其没有提出变更请求的情况下才可以作出变更诉因的命令。需要注意的是,即使作出这种诉因变更命令,变更的主体毕竟是检察官而不是法官,所以这种命令大体相当于"督促"或者"劝告"。按照田口守一的说法,"诉因变更命令制度是为了避免因疏忽而导致无罪的制度。诉因变更命令制度是让检察官知道用现有的诉因认定有罪很困难的一种手段,否则放弃这种疏忽行为而认定为无罪,这是不公正的。"[②]

[①] 参见〔日〕田口守一:《刑事诉讼法》,刘迪等译,法律出版社 2000 年版,第 184—185 页。
[②] 同上书,第 189 页。

法院所作的变更诉因命令不对检察官具有任何约束力。毕竟,变更诉因属于检察官的权限范围,在法院作出变更诉因命令之后,检察官最终是否维持现有的诉因,应由其独自作出决定,法院无权强制检察官变更诉因。

与诉因不同,处罚条款的适用属于法院的"专有权限",适用与起诉书记载不同的处罚条款时,检察官应请求变更处罚条款。检察官没有提出请求的,法院有义务作出变更处罚条款的命令,这一命令具有约束力。

无论是检察官主动提起的诉因变更程序,还是经法院作出命令后,检察官才请求的诉因变更程序,也无论是诉因的变更,还是处罚条款的变更,法院都应将追加、撤回或变更的部分及时告知被告人。如果被告人或其辩护人提出请求,而由于诉因或处罚条款的变更可能对被告人的防御产生实质性的不利影响时,法院应当裁定给予被告人充分进行防御准备的机会,并且在实施防御准备期间,停止公审程序。法院的这种告知和停止审判程序行为,对于保证被告人的防御权是极为有益的。

诉因变更除了要受到上述限制以外,还应有时间上的限制。原则上,在诉讼的最后阶段是不允许提出诉因变更请求的。这是因为,检察官应当在规定的时间内提出诉因变更请求而没有提出,却在被告人开始进行防御活动的最后阶段,为得出有罪判决而要求变更诉因,这种突如其来的变更诉因请求是滥用职权的追诉行为,而不是诚实地行使诉讼权利。而且,如果被告人继续要求进行新的防御活动,就必然导致诉讼的长时间拖延,并在实质上对被告人的防御产生不利影响,既违反迅速审判的宗旨,也损害审判的公平性。

7.4　比较分析

大体上看,英美法基于其对抗式的诉讼构造和诉讼理念,原则上是不承认罪状变更制度的正当性的。由于每一罪状都同时包含了"罪行陈述"和"罪行细节"这种双重要素,使得指控的事实要素与法律评价严密地结合在一起,而负责对案件事实问题作出裁断的陪审团又只能裁断指控的罪状是否成立,因此,陪审团一般不会将指控事实与法律评价加以分离,而是统一地加以裁断。正常情况下,凡是起诉书指控的罪状成立的,陪审团会裁断被告人有罪;相反,被告人则被裁断无罪。

当然,在被告人选择有罪答辩和陪审团裁断程序中确实存在罪名的变更问题。一般而言,这种变更是由法官和陪审团自行加以决定的。不过,这种变更通常有刑法上的基础,也就是指控的旧罪名与裁断的新罪名之间必须在刑法上构成包容关系,或者新罪行的实施属于旧罪行实施的必要步骤。而控方在法庭上提出的证据不足以证明旧的罪行,却能够证实新罪行的可成立性的,这种新的罪名才可以得到判定。应当说,这种对罪名的变更几乎都是属于有利于被告人的变更,而且裁判者在作出裁断之前,都给予了被告人以充分的防御准备机会,并听取了控辩双方就该罪行所进行的交叉询问和陈述意见。毕竟,法院的庭前准备和法庭审判都是针对某一指控罪行而进行的,而作为该罪行的一部分,变更后的罪名当然在保证被告人防御权问题上不会存在问题,而法院基本上也没有超越起诉书划定的范围进行审判,它对于起诉书记载的被告人和犯罪事实,也是无权自行变更的。

与英美法截然不同的是,德国法基本上将对指控事实的法律评价视为法院独立判断的事项,法院在裁判中对罪名的认定不受起诉书和开始审判裁定书的约束。换言之,德国的法院有权按照犯罪事实的性质,根据刑法分则的具体犯罪构成要件,对其作出独立的法律评价,并独立地确定被告人应被判处的罪名。但另一方面,基于控告原则的精神,德国法也要求法院的审判不得超越起诉书指控的被告人和犯罪行为,也就是要保持诉讼客体的一致性和同一性。尽管在有关诉讼客体同一性问题上还存在一定的争议,但指控的行为与法院认定的行为如果大体上具有同一性,也就是诉讼客体保持前后一致的,法院就可以直接作出裁判,而无须经过起诉变更程序。相反,如果法院经过法庭审判,发现被告人实施了与起诉书指控的行为不一致的一项独立的犯罪行为时,它无权直接加以裁判,而必须要求检察机关另行追加起诉,并给予被告人充分的准备防御时间。

日本在二战后确立了当事人主义的诉讼构造,建立了诉因制度和诉因变更制度。总体上看,这些制度介于英美法与德国法之间,既吸收了英美法中的罪状制度,又保留了德国法中的公诉事实变更制度。具体说来,日本法允许对起诉书记载的公诉事实作出变更,并将这种变更限制在不违背公诉事实同一性的程度之内。这显然属于对德国法中公诉事实变更制度的保留,而与英美法有着明显的不同。不过,近期的学说主张通过对旧诉因和新诉因加以比较,当两者在事实上有共性但有不同的规范性内容时,不允许变更诉因。这就使公诉事实的变更在范围上受到较大的限制。另一方面,对于法律评价和处罚条款的变更,日本的判例倾向于认为,只有在法律评价中存在着包容关系,或者变更对被告人的防御权不会发生实质性的影响时,这种变更才能得到允许。而且,近来的学说逐渐认为,处罚条款的变更必须考虑到被告人对法律问题所拥有的应诉权,法院在适用与起诉书的记载有别的处罚条款时,也应经过处罚条款变更程序。这显然又受到英美法的较大影响。

上述三种制度尽管存在着诸多的区别,但在不少问题上还是有一些共同点的。例如,法院在审判中无论是对公诉事实还是法律评价作出变更,都要经过专门的起诉变更程序,其中的核心程序是要给予被告人较为充分的防御准备机会和时间,并为此确立了专门的告知制度和暂停审判程序制度。显然,被告人的防御权和辩护权在起诉变更程序是受到特别考虑和关注,而没有被忽略不计的。

又如,在英美法和日本法中,尽管都允许法院对罪名作出变更,但这种变更基本上都是有利于被告人的改变,而没有因此使被告人处于更加不利的境地。

再如,在德国法和日本法中,有关公诉事实的变更尽管是允许的,但都有一个基本的外部限制——局限于公诉事实同一性的范围之内,法院一旦发现了某一独立于公诉事实的新的犯罪事实,必须交由检察机关重新提起公诉,而不得自行作出变更。

8. 定罪程序与量刑程序的关系模式

8.1 大陆法中的一体化模式
8.2 英美法中的分离模式
8.3 两大程序模式之评价

8.1　大陆法中的一体化模式

　　按照大陆法的传统,定罪与量刑在程序上是不可分离的,刑事法庭通过一个连续的审理程序,既解决被告人是否构成犯罪的问题,又解决有罪被告人的量刑问题。与英美法不同的是,大陆法国家不存在陪审团与法官在司法裁判上的分权机制,刑事法庭无论是由职业法官组成还是由法官与陪审员混合组成,都对事实问题和法律适用问题拥有完全相同的裁判权,这就使得定罪问题与量刑问题成为不可分离的裁判对象。

　　我们可以德国的法庭审理为例,来讨论这种定罪与量刑一体化的程序模式。

　　法庭审理通常以检察官宣读起诉书为开端。法官随后对被告人进行当庭讯问。理论上,法官会告知被告人有保持沉默的权利,而且让被告人一开始就对指控作出陈述,可以给他提供一种提前针对指控作出答辩的特权。但在实践中,被告人通常选择放弃沉默权。因为他们担心这样会激怒法官,以致使自己在定罪和量刑方面受到不利的影响。同时,法官由于事先已经查阅过检察官移交的案卷材料,一旦认定被告人当庭说谎,就会提出各种问题,以便澄清被告人所说的事实。而这显然会使被告人陷入针对卷宗进行辩解的不利境地。

　　在讯问被告人之后,法庭审理进入调查证据阶段。由于对控方证据和辩方证据不作区分,法庭自行决定调查的范围、顺序和方式,因此,整个法庭调查也就是法庭自行出示证据的过程。按照直接审理和言词审理的原则,裁判者应当接触所有证据的最原始形式,证人提供证言、法庭提问以及控辩双方发问都须以言词方式进行。为保证裁判者从当庭调查和庭审中获得的直观印象中形成裁判结论,法庭审理遵循着裁判者不更换、法庭审理不间断的原则,从而保持法庭审理的连续性。当然,法官对于证人、鉴定人当庭所作的证言,可以根据他们向侦查人员所作的案卷笔录,提出各种旨在澄清事实的提问。无论是案卷笔录还是当庭证言,在证据能力上并没有高低之分,只要具有证明力,就都可以成为法庭认定案件事实的基础。

　　如果说法庭调查更多地集中在事实认定问题上的话,那么,控辩双方在随后举行的总结陈述阶段,则可以针对定罪和量刑问题而展开辩论。首先,检察机关在对证据调查作出总结的前提下,提出定罪和量刑的意见。然后由被害人、诉讼代理人、辩护律师、被告人依次就定罪和量刑问题发表意见。控辩双方可以进行相互辩论。但被告人拥有最后陈述权。

法庭休庭评议是裁判者集中讨论定罪和量刑问题的阶段。首席法官(或者大陪审法庭中的报告法官)对全案证据和需要裁决的关键问题作出总结,也可以提出本人的裁决建议。其他法官、陪审员随后发表对定罪和量刑的意见。法庭首先要对诉讼要件是否成立的问题进行表决,然后依次对罪责和量刑问题进行表决。在罪责问题上,对被告人不利的裁决要有 2/3 多数才能通过,量刑问题也需要有 2/3 多数同意,才能变成法庭的裁决结论。最后,诉讼费用问题只需简单多数即可通过。①

公布裁决结论是法庭审判的最后阶段。法庭根据表决意见,将定罪和量刑结论写成书面判决,首席法官在公开法庭上予以宣读。在宣布量刑结论后,法官通常会对量刑的理由以及所考虑的各项因素作出口头解释。不仅如此,在公开法庭上宣布判决后,法庭必须通过书面判决对定罪和量刑的理由作出解释。

通过分析德国刑事法庭的审判过程,我们不难发现,大陆法的定罪与量刑程序一体化模式具有以下几个显著的特征:

一是定罪与量刑的审判组织是单一的。无论是职业法官还是陪审员,都要裁决被告人是否有罪的问题,又要对有罪被告人所要科处的刑罚种类和刑罚幅度作出裁决。

二是定罪程序与量刑程序是混同的。法庭调查固然是以被告人是否构成犯罪问题为中心的,但这里并不排斥有关被告人犯罪前科问题的证据。特别是法官所查阅的案卷材料,更是包含了各种旨在证明被告人犯罪情节和平常表现的证据材料。而在总结陈述阶段,无论是检察官、被害人还是辩护方,都可以就定罪和量刑问题发表意见并展开辩论。检察官既要证明被告人的犯罪事实是成立的,又要说明根据何种刑法条文适用刑罚以及具体的刑罚种类和幅度。辩护律师在陈述旨在证明被告人无罪的辩护意见之后,也不得不继续说明即使被告人构成犯罪,法庭也应考虑各种有利于被告人的量刑情节。至于评议阶段,法庭则遵循先定罪后量刑的原则,依次对定罪和量刑问题作出表决。

三是证据规则是单一的。大陆法并不存在那种专门针对定罪问题而建

---

① 参见〔德〕Claus Roxin:《德国刑事诉讼法》,吴丽琪译,台湾三民书局 1998 年版,第 517 页以下。

立的证据规则。例如,侦查人员以剥夺被告人自愿性的方式所取得的非法证据,不仅在定罪环节上是不可采纳的,而且在量刑方面也被排除了证据效力。又如,英美法中的传闻证据规则、品格证据规则,不仅在大陆法的量刑环节不能适用,而且在定罪阶段也不能发挥作用。再如,无论是定罪还是量刑,在证明标准上都要达到"内心确信"的证明程度。法官、陪审员需要根据从整个法庭审理中对案件事实所形成的印象,对定罪和量刑所依据的事实达到内心确信的程度,并排除了合理的怀疑。

四是法庭裁判的信息来源是统一的。由于不存在专门的量刑听证程序,也没有建立量刑前的信息调查制度,大陆法国家的法官、陪审员只能从两个方面获取定罪和量刑的信息来源:一是当庭的证据调查和辩论;二是检察机关移送的案卷笔录材料。

当然,这种一体化模式主要存在于典型的大陆法系刑事审判程序之中。而在诸如刑事处罚令等简易程序中,有关定罪问题的裁判过程不复存在,法官可以集中考虑对认罪被告人的量刑问题。而在一些重大刑事案件中,检察官与辩护律师通过协商和交易的方式促使法庭快速处理案件的做法,在德国司法实践中越来越盛行。当然,与美国辩诉交易不同的是,德国的协商程序通常不涉及定罪和指控问题,而只针对量刑问题。对于检察官指控的罪行,被告人必须供认,法官通过查阅案卷也必须确认其成立性,否则,答辩协商是不可能举行的。不仅如此,德国法官作为依据职权从事司法调查的司法官员,可以积极地参与协商过程,可以提出量刑交易的方案,也可以促成控辩双方协议的达成。在这种答辩协商过程中,那种定罪与量刑一体化的模式也就不存在了。[①]

8.2 英美法中的分离模式

在英美刑事诉讼制度中,定罪与量刑是完全相互分离的两种审判程序。一般情况下,陪审团负责对公诉方指控的犯罪事实作出裁判,法官则在陪审团作出有罪裁断之后,在专门的"量刑听证程序"中负责裁决有罪被告人的量刑问题。陪审团与法官在司法裁判权上的这种分权机制,为定罪与量刑程序的分离奠定了司法组织的基础。然而,并非所有案件都是由陪审团参与审判

---

① 参见〔德〕托马斯·魏根特:《德国刑事诉讼程序》,岳礼玲、温小洁译,中国政法大学出版社2004年版,第329页以下。

的,陪审团只负责作出事实裁判的制度也并非没有例外。例如,在英国治安法院对简易罪案件进行的审判中,治安法官既负责对被告人是否构成犯罪作出裁决,又可以对有罪被告人进行量刑。① 又如,在美国部分司法区,陪审团既有权裁决被告人是否构成犯罪的问题,又可以决定是否对有罪被告人适用死刑。尽管如此,定罪与量刑仍然是相对独立的两个程序。② 治安法官、陪审团在裁决被告人有罪之后,要通过专门的量刑听证来决定被告人的量刑问题。

尽管英国与美国在量刑程序方面有着一些明显的差异,甚至美国联邦和各州在量刑的具体程序上也不尽相同,但是,如果着眼于定罪与量刑的程序关系问题的话,我们就可以对这种量刑程序的框架产生宏观上的认识。一般说来,法官会以定罪阶段所确定的事实作为量刑的基础。但除此以外,法官通常会委托那些负责缓刑监督的官员制作一份"量刑前报告"(pre-sentence report)。而在英国,对于那些被定罪的未成年人,法官则会委托当地的社会工作者制作该种社会调查报告。在制作判决前报告之前,缓刑监督官员或社会工作者会进行各种调查活动,以便为法官提供有关犯罪人和犯罪事实的更详尽的资料。在大多数情况下,判决前调查会围绕着犯罪行为的细节、犯罪人悔改情况、再犯可能以及犯罪对被害人所产生的各种影响来展开。判决前报告特别要载明或者附具犯罪人的先前犯罪记录,包括犯罪人以前的犯罪事实、接受审理的情况以及所受到的刑事处罚。为了准确地衡量犯罪人被释放回社区所带来的再犯新罪的可能性,一些司法区的缓刑部门还会进行相应的风险评估,根据犯罪人的前科、吸毒史和首次被捕的年龄等情况作出预测。除此以外,判决前报告还要载明犯罪人的个人情况,如受教育程度、目前的职业、家庭状况等材料。③ 不仅如此,资料显示,一些法院还允许缓刑机构在量刑报告中提出具体的量刑建议。④

在美国,越来越多的司法区允许缓刑监督官提交"被害人影响陈述"(victim impact statement),并将该份书面材料附在判决前报告之后。这些报告可以是缓刑官员与被害人的会谈记录,也可以是被害人提供的书面陈述材

---

① 参见〔英〕麦高伟等主编:《英国刑事司法程序》,姚永吉等译,法律出版社2003年版,第423页以下。
② 参见〔美〕斯黛丽等:《美国刑事法院诉讼程序》,陈卫东、徐美君译,中国人民大学出版社2002年版,第567页以下。
③ 同上书,第569页。
④ 参见〔英〕麦高伟等主编:《英国刑事司法程序》,姚永吉等译,法律出版社2003年版,第431页。

料。有些法院甚至允许被害人参与整个量刑听证程序,并当庭提交口头陈述。这种书面的和口头的被害人影响陈述,一般会说明犯罪给被害人及其家庭造成的伤害,包括身体的、经济的、情感的和心理的伤害后果。被害人如果有机会亲自出庭,还可以公开说明犯罪给自己和家庭所造成的痛苦。这被认为是扩大被害人参与法庭审理过程的重要标志。但总体上,与判决前的调查报告功能相似的是,被害人影响陈述可以为法官提供有关被害人及其家庭受到犯罪伤害的具体信息,使法官可以更加准确地判定犯罪的严重程度和后果。一些司法区的法院还允许被害人直接提出具体的量刑意见。[1]

原则上,无论是量刑前报告还是附具在该报告之后的被害人影响陈述,都要事先尽早向辩护方展示。在美国大多数司法区,量刑前报告一般都要事先向被告方披露,以便被告人、辩护律师有机会进行听证前的准备,强调对被告人有利的事实情节。但是,缓刑官员提出的具体量刑建议则不在向被告方披露的范围之内。

除了在轻微刑事案件和适用辩诉交易的案件以外,量刑程序一般以公开听证方式进行。在英国,量刑程序一般由控方律师加以启动。控方律师不能就具体量刑问题向法官提出建议,但可以提醒法官注意有关量刑的法律规定以及高等法院发布的相关指导意见,并可以给出有关犯罪人先前有罪判决和量刑的具体情况。法官还将命令缓刑官员宣读量刑前报告。在必要情况下,量刑前报告的制作者也可以被传唤出庭作证。[2] 然后,辩护律师可以当庭提出对犯罪人从轻量刑的意见。通常情况下,辩护律师不会传召证人出庭作证,而是代表被告人发言,解释被告人实施犯罪的原因,表达被告人的悔罪之情,提醒法官注意那些有利于被告人的从轻量刑情节。在这些程序完成之后,法官一般会当庭作出量刑决定,并就适用某一刑罚的原因作出口头解释。[3]

美国的量刑听证程序与英国大体相似。法官会分别听取检察官提出的从重处罚意见和辩护律师有关从轻量刑的意见。法官还会给予控辩双方提交本方证据的机会。在量刑听证过程中,法官主要围绕着被告人的犯罪前科、平常表现、性格、工作经历、再犯可能等组织双方展开辩论。不过,与英国

---

[1] 参见〔美〕拉菲弗等:《刑事诉讼法》(下册),卞建林等译,中国政法大学出版社2003年版,第1371页以下。
[2] 参见 John Sprack, *Criminal Procedure*, eighth edition, Blackstone Press Limited, 2000, p.330.
[3] 参见〔英〕麦高伟等主编:《英国刑事司法程序》,姚永吉等译,法律出版社2003年版,第431页。

不同的是,美国联邦最高法院强调在量刑听证环节维持宪法所要求的正当程序,给予被告人必要的程序保障。比如说,被告人可以在量刑听证会上陈述对自己有利的事实和意见,法院应当保证被告人在量刑这一"关键环节"获得律师的帮助。①

与那种具有高度对抗性的定罪程序相比,量刑听证程序要适用较为简单的证据规则。一般说来,包括沉默权规则、传闻证据规则、品格证据规则、非法证据排除规则在内的一系列证据规则,其适用范围主要被限制在定罪阶段,而在量刑听证阶段则不再发挥作用。比如说,法官容许采纳被告人的犯罪前科、性格、被捕经历、吸毒历史等带有品格性质的证据,对于警察所获取的非自愿供述以及其他非法证据,法官可以在量刑时作为重要的证据。不仅如此,在证明标准问题上,法官一般也不再坚持"排除合理怀疑"这一最高标准,而接受"优势证据"的证明标准。

与定罪程序不同的是,英美法官在对被告人的量刑种类和量刑幅度作出决定时,对于证据来源和证据种类的采纳都可以行使广泛的自由裁量权。而从诉讼功能角度来说,量刑法官与事实裁判者的角色定位有着显著的区别。按照美国前联邦最高法院大法官布莱克的说法,事实裁判者通常"只关注被告人是否犯下特定的罪行",证据规则的设计旨在达到对事实认定过程的"精密限制",以保证证据材料能够与争议事实具有实质上的相关性。科刑法官则不受此限,而应"尽可能地获得与被告人有关的生活或者性格特征材料"。特别是基于"现代刑罚哲学要求惩罚应该与罪犯的个体相契合而不仅仅是被告人所犯下的罪行"的原则而言,此点更是正确的。布莱克大法官不仅强调科刑信息远比审判信息更为宽泛,而且指出获取这些量刑信息的方式也与审判方式迥然有别:

> 基于个体化的惩罚实践,调查技术日益获得重要地位。缓刑官员基于他们的调查而制作的报告并不是被视作起诉的辅助而是对被告人的救助方式。这些报告对于那些希图将科刑判决里基于最好的可用信息而不是猜测的或者不充分的信息基础之上的尽职法官而言无疑极具价值。倘若剥夺科刑法官掌握此种信息,则会破坏现代的刑罚程序政策……我们必须承认,如果我们将信息的获取途径仅仅局限于在公开的

---

① 参见〔美〕菲尼、〔德〕赫尔曼、岳礼玲:《一个案例,两种制度——美德刑事司法比较》,郭志媛译,中国法制出版社 2006 年版,第 152 页以下。

法庭上对证人进行交叉询问,那么,法官意图做出的明智的科刑判决所依据的大部分信息都将无从获得。现代的缓刑报告关注被告人生活的每一个方面的信息。如果在公开的法庭上通过交叉询问加以证实并不是不可能的,那么这些信息的种类和范围将完全变得不切实际……①

与大陆法形成鲜明对比的是,英美法实行的定罪与量刑相分离的程序模式,具有以下几个主要的特征:

一是事实裁判者与量刑裁决者在司法裁判权的行使上存在制衡机制。正如一位德国学者所评论的那样,陪审团制度的存在,是美国刑事诉讼实行单独的量刑听证的原因。② 由于陪审团只被赋予定罪问题的裁判权,而一般不拥有参与量刑的权力,因此,它才被排除了参与量刑听证的机会。可以说,司法裁判者的分离属于定罪与量刑程序分离的审判组织基础。

二是定罪与量刑各有一套独立的裁判程序。传统的对抗式诉讼程序只在定罪问题的裁决上发挥作用。在这种程序中,法官作为消极的仲裁者,不参与任何一方的证据调查,而只负责促使控辩双方遵守游戏规则,确保法律程序和证据规则不被破坏。控辩双方则遵照交叉询问的规则调查证据、询问证人,从而向事实裁判者证明本方对案件事实的"叙述方式"。而在量刑听证环节,主持量刑听证的法官则按照完全不同的程序听取缓刑官员的报告,听取双方的量刑意见。正是由于定罪与量刑各有一套独立的裁判程序,才使得即便在法官、陪审团同时负责定罪与量刑的案件中,定罪与量刑的程序分离模式也是存在的。

三是定罪与量刑有着截然不同的证据规则。英美刑事证据法主要是针对定罪程序而制定的。从功能上说,这些证据规则可以有效地约束法官在采纳证据上的自由裁量权,避免陪审员受到来自控辩双方的不当诱导,防止被告人受到不公正的对待,减少陪审团错误认定案件事实的可能性。很显然,这些功能都是围绕着确保定罪程序的公正性而存在的。相反,在量刑听证环节,刑事证据法发挥作用的前提不复存在了。诸如非法证据排除规则、口供自愿法则、传闻证据规则、品格证据规则等在内的一系列证据规则不再发挥作用,证明标准也不再是"排除合理怀疑",而最多是"优势证据"。这些较为

---

① 转引自〔美〕拉菲弗等:《刑事诉讼法》(下册),卞建林等译,中国政法大学出版社2003年版,第1343—1344页。
② 参见〔美〕菲尼、〔德〕赫尔曼、岳礼玲:《一个案例,两种制度——美德刑事司法比较》,郭志媛译,中国法制出版社2006年版,第351页。

宽松的证据规则,从根本上是为了确保法官在作出量刑裁决方面获得更为广泛的事实信息。

四是定罪与量刑的信息来源有着显著的区别。按照对抗式诉讼的基本理念,所有旨在证明被告人有罪的证据,都只能来自控辩双方当庭提出并经过对方以交叉询问方式加以质证的证据材料。无论是检察机关的案卷笔录还是其他传闻证据,都不能成为陪审团认定事实的基础。不仅如此,考虑到证据法对于证据的可采性作出了极为严格的限制,那些被认为违反法律程序的"非法证据"和不具有相关性的证据,都将被法庭排除于定罪根据之外。相反,法官在量刑上所依据的事实信息除了陪审团认定的事实以外,还包括缓刑官员制作的专门"量刑前报告",以及检察官、辩护律师当庭提交的其他旨在证明被告人罪重或者罪轻的证据材料。甚至在美国的量刑听证阶段,被害人就其所遭受的犯罪侵害后果也可以作出专门陈述。这些与量刑有关的事实信息来源大大超过了对抗式法庭审理中所调查的证据范围。

8.3 两大程序模式之评价

总体上,英美对抗式诉讼的一项基本假设在于,有关被告人有罪或者无罪的判决应当建立在与指控的犯罪事实有关的证据基础之上。定罪与量刑程序的分离模式为这一点的实现提供了很好的制度保障。若被告人选择无罪答辩,法院将组织陪审团就指控的犯罪事实是否成立的问题进行裁判。而在这种定罪裁决中,所有与量刑有关的证据和事实将被禁止提出,法庭只能围绕着控方的证据是否足以证明被告人有罪这一点而展开。尤其是那些涉及被告人先前犯罪前科和记录的证据,都被认为不具有相关性,从而被排除于法庭之外。这就能在很大程度上避免陪审员对被告人产生不利的预断和偏见。不仅如此,由于法庭在定罪阶段不讨论"有罪被告人的量刑问题",而专注于检察官指控的罪名是否成立的问题,被告人可以从容不迫地行使各项诉讼权利,无论是保持沉默还是充当辩方证人,都具有最大限度的自主性和自愿性;辩护律师也可以暂时不理会法官的量刑轻重问题,而充分地提出旨在证明被告人无罪的证据,对控方证人展开交叉询问,以检验这些证人是否具备诚实的品格,攻击这些证人所作证言的可信性。很显然,在定罪与量刑的程序分离模式下,定罪裁判阶段可以适用最为严格的证据规则,被告人陈述的自愿性有望得到最充分的保证,辩护律师的无罪辩护可以得到较为充分的展开,事实裁判者也可以倾听到控辩双方对指控罪名是否成立的完整辩论。一言以蔽之,只有在定罪裁判阶段,无罪推定的原则才有得到彻底贯彻的可能,那种国家与被告人进行平等、理性对抗的理念,也才具有诉讼程序上的保障。

另一方面,在量刑听证阶段,英美法可以围绕着犯罪人的量刑问题,展开较为充分的调查,以便获取犯罪人人格、成长经历、社会环境、犯罪原因以及给被害人所造成后果的全面信息,这既有利于控辩双方充分参与量刑的决策过程,确保利害关系人有效地影响法官的量刑结论,维护程序的正义,又可以有效约束法官在量刑方面的自由裁量权,确保量刑裁判的合理性和公正性。

在英美刑事审判制度中,定罪裁判与量刑裁决所依据的事实信息被明确区分开来。缓刑监督机构的量刑前调查制度,使得大量与定罪无关的证据材料和事实信息被系统地收集起来。作为一种受法官委托从事社会调查的机构,缓刑监督机构具有相对的中立性,它所提交的量刑前报告可以涵盖各种有利于和不利于被告人的证据和信息。由于不受证据规则的限制,这些证据和信息只要有助于法官确定被告人罪行的性质、后果以及被告人的人格及其再犯可能的,就都具有可采性。甚至就连被害人都有机会将自己及其家庭因犯罪所遭受的伤害后果陈述出来,并提交给法官作为量刑的信息来源。量刑听证制度的设计,不仅给检察官、被告人、辩护律师甚至被害人提供了一个参与量刑裁决过程、影响法官量刑决定的机会,而且可以最大限度地确保法官量刑决策的合理性。因为无论是缓刑官员提交的量刑前调查报告,被害人作出的影响陈述,还是检察官、被告人、辩护律师就量刑问题所提出的证据和意见,都使得法官从不同方面获得了与量刑有关的信息来源,各方的参与还使得量刑听证具有"量刑评估"的效果。相对于大陆法国家的法官单方面地依靠听审和阅卷来确定量刑种类和量刑幅度的裁判方式,英美法官在量刑信息的取得上要更为完整和全面,他们的自由裁量权也会受到更为严密的约束。

当然,我们并不认为英美模式是完美无缺的。通常情况下,一种制度的优势有时从另一角度来看恰恰构成了它的劣势。定罪与量刑的分离,势必造成同一个案件要经历两次司法裁判过程,控辩双方也要前后两次出席法庭审理,参与法庭证据调查和辩论。这不仅会给法院带来不同程度的办案压力,导致诉讼成本投入的增加,影响诉讼的效率,而且还使控辩双方承受更大的讼累,投入更多的旨在应付诉讼活动的精力和财力。定罪与量刑程序的分离还会带来诉讼结案期间的冗长拖沓,被告人长时间地接受定罪和量刑方面的裁判,也可能长时间地受到不适当的未决羁押。

相对而言,大陆法国家所实行的定罪与量刑一体化模式,可以在一定程度上克服英美模式的缺陷。因为在这一模式下,定罪与量刑要由同一审判组织经由同一审判程序来形成裁判结论。法庭经过一次连续的审理过程,既决定被告人是否构成犯罪,又对有罪被告人的量刑问题加以裁决。由于不实行英美法意义上的陪审团制度,职业法官与陪审员拥有完全相同的审判权,大陆法国家的刑事审判制度中不存在较为严格的证据规则,那些旨在限制证据之相关性、合法性的规则也相对简单得多。再加上法官在开庭前要全面查阅案卷材料,法庭上又可依据职权决定证据调查的范围、顺序和方式,因此,整个法庭审理过程显得十分流畅,避免了冗长拖沓。在法庭审理结束后,法庭在所有裁判者发表意见的基础上,依次对罪责问题和量刑问题进行投票,产生裁判结论。这种一体化的程序模式无疑是富有效率的。不仅如此,大陆法国家的法官在定罪与量刑裁决形成之后,还会就其裁判结论充分地阐述理由,并在裁判文书中对这些理由作出较为详细的记载。这种详细阐明裁判理由的做法,无疑对于法官的自由裁量权构成了一种有效的约束。

尽管如此,大陆法实行的定罪与量刑一体化模式,在正当性和合理性上正面临着越来越严厉的批评。在英美学者看来,在同一审判程序中作出定罪和量刑两个决定,无疑会带来一些十分棘手的问题:"除了列举证明有罪或者无罪所需的证据外,法庭还必须十分小心地收集其他量刑所需的证据。检察官和辩护律师本身也必须考虑证据、发问并在集中于证据、提问以及解决有罪与否问题所必需的主张的同时,就量刑进行辩论"。但是,由于控辩双方提出的证据和主张经常发生矛盾,他们"经常不得不选择是先作出定罪决定还是先作出量刑决定",这对辩护律师来说显得尤为艰难,因为"辩护律师很难既主张被告人无罪,同时又主张他对自己的罪行有所悔改"。不仅如此,由于定罪与量刑在同一程序中加以决定,"法官有义务将被告人先前的犯罪记录作为庭审中的证据",因此,无论是职业法官还是陪审员,都很难避免这些犯罪记录对于他们作出定罪裁决的影响。[①]

对于这种将定罪与量刑合二为一的裁判模式,德国刑事法学者罗科信教授曾作出过坦率的评论:

---

① 参见〔美〕菲尼、〔德〕赫尔曼、岳礼玲:《一个案例,两种制度——美德刑事司法比较》,郭志媛译,中国法制出版社2006年版,第384—385页。

依现行法,就犯罪行为及对决定法律结果有重大影响之事务应在同一的审判程序中提出证据。而未来法中将相对于此,经常会以英美法作为借镜,将审判程序一分为二,要求分别就罪责问题及刑罚问题提出证据。此种分法原则上应尽速采行。因为在被告的罪责未证明前,对为揭露被告之人别身份所作之调查常属多余,此对其结果亦为不利,并且会造成法官在罪责问题中受到拘束。此外,对于希望能变革为一有持续坚定性地在社会化的刑罚之执行及社会治疗的措施,实有必要为了要能依详尽的人格性项研究以作成适当的法律结果之裁判,而另设一特别的诉讼段落。①

罗科信教授既注意到一体化模式对被告人辩护权所造成的负面影响,也强调在这一模式下,法官难以有针对性地科处刑罚和作出社会治疗措施。另两位德国学者则强调一体化模式对于辩护效果的严重影响。在魏根特教授看来,

因为(法庭同时)审判处理罪与罚的问题,辩护方在作总结陈述时,经常面临两难境地:辩护人如果(现实中他应当这么做)请求法院在对被告人定罪时从轻量刑,则无疑削弱了他对当事人所作的无罪答辩的可信度。②

德国学者赫尔曼教授则更为明确地指出:

在德国的庭审中最后辩论可能给辩护律师带来一个特殊的问题。如果辩护律师想要主张被告人无罪,他或者她将申请无罪释放。由于律师无法确定法庭是否一定会判决无罪,他必须同时解决一旦被告人被认定有罪应当判处何种刑罚的问题。由于美国刑事诉讼中存在一个单独的量刑庭审,辩护律师就不必面临这种困境。③

可以看出,无论是英美法学者还是大陆法学者,都指出大陆法实行的定罪与量刑程序一体化模式,具有两个基本的缺陷:一是容易削弱无罪推定的效力,造成被告人诉讼地位的降低;二是造成法官在量刑上拥有太大的自由

---

① 〔德〕Claus Roxin:《德国刑事诉讼法》,吴丽琪译,台湾三民书局1998年版,第470页。
② 〔德〕托马斯·魏根特:《德国刑事诉讼程序》,岳礼玲、温小洁译,中国政法大学出版社2004年版,第145页。
③ 〔美〕菲尼、〔德〕赫尔曼、岳礼玲:《一个案例,两种制度——美德刑事司法比较》,郭志媛译,中国法制出版社2006年版,第352页。

裁量权，难以获得较为充分的事实信息，更无法在量刑裁决过程中听取控辩双方的意见。在前一方面，因为法庭在尚未确定被告人是否构成犯罪之前，即调查被告人的犯罪前科问题，这容易削弱被告人的无罪辩护效果，也可能使陪审员产生"被告人有罪"的印象。同时，在被告人保持沉默、拒不认罪以及辩护律师作无罪辩护的情况下，辩护律师难以就被告人的量刑问题充分发表意见，而陷入一种两难境地：如果选择支持无罪辩护，则没有机会充分地发表从轻量刑意见；如果提出各种旨在说服法庭从轻量刑的辩护意见，则会出现辩护律师在一场审判中先后作无罪辩护与从轻量刑辩护的局面，使得无罪辩护的效果受到程度不同的削弱。

而从后一角度来看，大陆法国家的法官作出量刑裁决所依据的信息与定罪的信息是完全一致的。法庭几乎不可能对被告人的罪行展开全面的社会调查，包括被告人犯罪的社会原因、成长经历、社会环境、被害人过错、家庭和教育情况等因素，不可能在法庭审理中受到认真关注；法庭不可能对犯罪造成的各种后果给予全面的关注，诸如犯罪给被害人带来的身体伤害、精神创伤，犯罪给被害人家人所带来的各种损害，犯罪给社区所带来的负面影响，都难以成为法官的量刑信息资源；法庭更不可能对被告人的再犯可能以及未来的刑罚效果作出科学的评估，法官更多地将精力放在判断被告人是否构成犯罪问题上，控辩双方也更多地关注被告人是否构成犯罪的问题，几乎没有一个人真正关注被告人的再犯可能以及所采取的刑罚是否足以遏制犯罪等刑罚效果层面上的问题，大陆法国家也缺乏类似英美缓刑监督机构那样的专业机构的参与，更没有可能就刑罚效果问题展开认真的辩论和评估。于是，尽管控辩双方有机会提出量刑意见，但量刑总体上是法官在"评议室"内完成的裁判事项，量刑信息既没有经过充分的辩论和审查，也没有经过专业人员的社会调查，而完全成为法官自由裁量权范围内的事项。

正因为大陆法这种一体化模式存在着如此严重的缺陷，国际刑事法学界早在 20 世纪 60 年代就呼吁大陆法各国改革刑事审判制度。1969 年在罗马举行的第十届国际刑法学大会，曾就此问题作出过专门的决议，认为至少在重大犯罪案件中，审判程序应分为定罪与量刑两个独立的部分。[①]

---

① 参见〔德〕Claus Roxin：《德国刑事诉讼法》，吴丽琪译，台湾三民书局 1998 年版，第 470 页。

9. 既判力理论与禁止双重危险原则

9.1 大陆法中的既判力理论
9.2 英美法中的免受双重危险原则
9.3 既判力与免受双重危险原则之比较

9.1 大陆法中的既判力理论

9.1.1 一事不再理与既判力

通常认为,大陆法中的一事不再理原则与英美法中的免受双重危险原则具有相同的法律意义。在以往的研究中,笔者本人也曾过多地阐释两者的相同点,而忽略了它们相互间的巨大差异。[①] 然而,经过较为缜密的分析和考察,笔者改变了这一观点。事实上,一事不再理作为一项诉讼原则,最早出现在罗马法之中。现代大陆法实际是以既判力理论作为一事不再理的理论基础的。但是,无论在含义、适用范围、例外还是价值取向等方面,既判力与免受双重危险原则都是不可同日而语的。对于这一点,笔者将在后面的讨论中集中加以分析。在这里,我们首先对大陆法中一事不再理原则以及与此有关的既判力理论作简要的分析和评价。

作为一项十分古老的诉讼原则,一事不再理(拉丁 *non bis in idem*)起源于罗马法之中,意指法院对任何一个案件(一事)不得作两次以上的审判。按照罗马时代的法学理论,法院的判决一旦生效,就产生了一种已决的法律效力,也就是"既判力"(拉丁 *res judicata est*)。一般情况下,既判的事实应当视为真实,不论其正确还是错误,任何法院或法官都不能将其推翻。否则,如果对一项已决的案件又重新作出了裁判,那么,法院第二次所作的裁判应被归于无效。

现代大陆法在继承罗马法中的一事不再理原则的基础上,发展出一套较为完整的既判力理论。这一理论与法院裁判的法律效力理论有着极为密切的联系。

在大陆法学理论中,法院的裁判可以分为两种:形式裁判(或程序裁判)和实体裁判。前者是法院就诉讼程序方面的事项所作的裁判结论,如免诉裁判、不受理裁判、管辖错误之裁判等。后者则是法院根据刑事实体法的规定,确定被告人有无刑事责任以及应否对其科处刑罚的裁判,大体包括有罪裁判(又可细分为科刑裁判和免刑裁判两种)和无罪裁判两大类。无论是形式裁判还是实体裁判,它们都将随着裁判的确定而发生裁判效力,这种裁判效力也就是确定力。这种裁判的确定力按其法律效果来看,又有形式的法律确定

[①] 陈瑞华:《刑事审判原理论》,北京大学出版社1997年版,第195页以下。

力与实质的法律确定力之分。① 其中,形式的法律确定力是指一裁判在同一诉讼程序中不再成为上诉的对象,也就是案件随着裁判的确定在程序中已经没有争议,诉讼关系随之而消灭。"裁判具有形式的确定力时,就是确定了裁判的意思表示内容,已经不能轻易更改。这叫做内容的确定,其效果叫做内容的确定力。"② 这在德国法中又被称为"终结力"(德Beendigungswirkung)③。这种形式的确定力无论在形式裁判还是实体裁判中都存在。相反,实质的确定力则只存在于实体裁判之中,而在形式裁判中并不存在。所谓"实质的确定力",是指一项实体裁判的内容确定力,也就是"使已确定判决之案件不得再为另一诉讼程序之标的"的法律效力④。它的内部效力是执行力,也就是使法律裁判付诸实现的效力;而它的外部效力则表现为既判力。既判力与实质的确定力关系如此密切,以至于不少大陆法学者都将既判力直接视为实质的确定力,而一事不再理原则在裁判确定力上的表现就是既判力。

那么,既判力究竟有何意义呢? 对于这一问题,法国学者斯特法尼等曾作出过以下完整的解释:

> 在刑事案件中,或者因为提起上诉的期限已过,或者因为已经提出过上诉并且已经受到判决,因而各种上诉途径……均不再有可能时,对该案所作的裁判决定即告取得既判力……依据既判力,刑事裁判决定,以法律规定的不可反驳之推定效果,被看成是对事实真相的表达。由此产生的效果首先是,对已经受到法律判决的同一人,不得以已经受到判决的相同犯罪事实继续进行追诉。既决事由使公诉消灭。……
>
> 由刑事法院作出判决的既决事由对其他刑事法院具有否定性质的既判力,也就是说,其他刑事法院不得再行受理针对同一人的、依据已经受到最终判决的相同事实提起的追诉。⑤

---

① 有关裁判确定力方面的法学文献,读者可参阅〔日〕田口守一:《刑事诉讼法》,刘迪等译,法律出版社 2000 年版,第 295 页以下;〔法〕卡斯东·斯特法尼等:《法国刑事诉讼法精义》(下),罗结珍译,中国政法大学出版社 1999 年版,第 875 页以下;〔德〕Claus Roxin:《德国刑事诉讼法》,吴丽琪译,台湾三民书局 1998 年版,第 542 页以下。
② 〔日〕田口守一:《刑事诉讼法》,刘迪等译,法律出版社 2000 年版,第 295 页以下。
③ 〔德〕Claus Roxin:《德国刑事诉讼法》,吴丽琪译,台湾三民书局 1998 年版,第 542 页。
④ 同上。
⑤ 〔法〕卡斯东·斯特法尼等:《法国刑事诉讼法精义》(下),罗结珍译,中国政法大学出版社 1999 年版,第 875 页以下。

很显然,既判力产生的前提是法院的裁判已经发生法律效力。这种法律效力之所以产生,要么是因为控辩双方的上诉权利已经用尽,要么是因为各方在法定期限内放弃了上诉权。也就是说,首先,只有那些法院所作的"终审裁判"才具有既判力。其次,既判力具有否定后来的审理和裁判活动的效果,要求对同一被告人的同一行为,在法院已经作出生效裁判之后,不得再次进行新的审理和裁判。从这一意义上说,既判力也就是前一诉讼的确定裁判对后来诉讼的拘束力。再次,从拘束效果来看,既判力对法院和控辩双方都会产生某种形式的约束。对于法院而言,凡是已有生效裁判加以确定的案件,都不得再行受理和审判,更不得作出新的第二次裁判。对于公诉方来说,只要被告人的某一行为已经被提起公诉,并有生效的裁判加以确定,就不能再重新进行追诉。换言之,对于被告人的这一行为,公诉已经消灭。而对于被告人来讲,由于其实施的某一行为已经受到过一次追诉和审判,因此不能在此问题上受到重新追诉和审判。

当然,对于既判力的意义,不同的大陆法国家在不同的时期会有不同的解释。传统的大陆法理论较为强调既判力对法院实体裁判的确定力的保证作用,认为只要案件的生效裁判业已形成,法院就不得对该案件再进行实体的裁判。这里所强调的其实是国家司法裁判权的自我节制和法院裁判的权威效果。用典型的大陆法语言来解释,就是防止因为对同一行为再度审理而作出与前次裁判相矛盾的新的裁判,从而维护国家司法权的威信,保证法秩序的安定性。但是,在第二次世界大战结束以后,大陆法各国相继进行了宪政改革和司法改革,诸如"一事不再理"甚至"免受双重危险"之类的原则被确立为宪法原则,既判力理论在价值取向上也就发生了较大的变化。

以德国为例。在1949年颁布的现行宪法——德国《基本法》中,一事不再理原则以一种新的面目被确立了下来:"根据普通刑事法律,任何人不得因为同一行为而受到一次以上的惩罚"(德国《基本法》第103条第3项)。在德国学者罗科信看来,基本法不仅禁止就同一犯罪行为同时进行两次审判程序,而且也禁止对同一被告人就同一犯罪行为发布两次羁押命令。同时,传统的一事不再理原则经由《基本法》第103条第3项之规定而具有宪法层次的地位,"虽其条文规定范围非常狭小,仅为禁止对一犯罪行为处罚两次,然其实际上也在保证该已被处罚过的,或者法律判决效力已确定之被判无罪的犯罪'行为人不再因同一行为受到第二次的诉追或刑罚'"。显然,既判力作为法院裁判的实质确定力,其目的就在于保护被告人。同时,它还具有一定的惩戒作用:"为了避免因案件的审判不够充分而必须后来又为补充性的侦查,因此犯罪追诉机关对事实之调查要仔细谨慎,并对犯罪行为为正确的法律评价"。①

由此看来,大陆法中的一事不再理原则和既判力理论似乎在逐渐向英美法中的免受双重危险原则靠拢。那么,两者会不会完全走到一起呢？从目前德国和法国刑事诉讼立法的现状和动向上看,这种可能性并不存在。要认识这一点,我们就要透过这两个国家宪法的原则规定,来看一下既判力理论的具体适用情况。

9.1.2 法国法的适用

在相当一段时间里,笔者对于讨论法国的相关制度一直有些踌躇。因为从1958年以来,法国的刑事诉讼程序甚至司法制度一直处于剧烈的变动过程之中。2000年6月15日,法国国会通过的第2000—516号关于加强无罪推定和被害人权利的法律,被视为欧洲大陆法国家修改刑事诉讼法典的最新动态。其中最为引人注目的修改莫过于设立"自由和羁押法官"以及建立重罪判决的上诉制度。② 不过,考虑到既判力问题主要涉及生效裁判的法律效力问题,而法国在此方面尚未作出明显重大的改革,因此,我们对此问题的分析似乎并不过时。

9.1.2.1 既判力发生的条件和后果

按照法国学者的看法,不仅负责审判的法院的裁判具有既判力,而且那些负责预先审查的法院的裁判也可以具有类似的效力。

首先来看预审法庭③所作裁判的效力。根据法国法律,预审法庭经过预先审查,一般可以作出两种裁定:一为"不予起诉"的裁定,二为向审判法院移送案件的裁定。这两种裁定的法律效力是不同的。其中,"不予起诉"的裁定又可分为"从法律上提出依据的不起诉裁定"与"从事实上提出依据的不起诉裁定"两类。如果预审法庭是以大赦、公诉时效完成等法律理由作出不起诉

---

① 〔德〕Claus Roxin:《德国刑事诉讼法》,吴丽琪译,台湾三民书局1998年版,第544页。
② 有关法国刑事诉讼法典的修改情况,读者可参见赵海峰:《法国刑事诉讼法典的重大修改评价》(上),载《欧洲法通讯》第一辑,法律出版社2001年版。
③ 这里的预审法庭是指预审法官和上诉法院起诉审查庭。有关法官的二级预审制度,读者可参见〔法〕卡斯东·斯特法尼等:《法国刑事诉讼法精义》(下),罗结珍译,中国政法大学出版社1999年版,第542页以下。

裁定的,那么,这类裁定一经最终确定生效,即具有既判力,从而构成阻止新的追诉的绝对障碍。但是,如果原来所作的不起诉裁定是从事实上提出依据,也就是以证据不足为依据的,那么这种裁定就只具有临时的既决事由的效力。因此,在发现新证据的情况下,预审法庭便可以应检察官的要求,对同一案件重新开始预审程序。由此可见,预审法庭以法律为依据所作的不起诉裁定具有绝对的既判力,而以事实为依据作出的不起诉裁定则只具有相对的既判力。另一方面,不论是预审法官还是上诉法院审查起诉庭,在预审结束后所作的将被告人提交法院审判的裁定,并不具有任何形式的既判力。因为这种裁定的效果只是使案件正式进入法庭审判程序。而在诸如犯罪事实是否存在、被告人是否真正有罪甚至受理案件的法院是否拥有管辖权等问题上,接受移送案件的法院都拥有完全的评价和决定自由。当然,对于由上诉法院起诉审查庭移送重罪法庭的案件,重罪法庭不得宣告其没有管辖权。

与预审法庭的裁定相比,审判法庭经过听审所作的裁判具有较强的既判力。这种既判力所引起的法律效果是,审判法院作出的定罪科刑、免除刑罚、宣告无罪或者免诉等方面的判决,一旦成为确定的生效判决从而属于不可撤销的,那么,检察官就不得因相同的事实,对被告人重新提起追诉,法院也不得再行审判。但是,任何一项生效裁判要取得这样一种既判力,必须同时符合三方面的条件:一是前后两次追诉之间必须具有同一诉讼标的;二是两次追诉之间必须具有相同的当事人;三是两次追诉之间必须具有相同的诉讼原因。简单地说,也就是所谓的"标的同一""当事人同一"和"诉讼原因同一"。

作为裁判发生既判力的第一个条件,"标的同一"也就是诉讼请求事由的同一。一般情况下,刑事诉讼中的请求事由都是"请求对受到追诉的人适用刑罚",这是十分明确的。但也有标的不同一的情况。所谓"当事人同一",是指再度提起的诉讼中的各方当事人应当与已得到最终裁判的诉讼中的各当事人完全相同,也就是提起追诉的当事人与受到追诉的当事人完全一致。一般而言,提起追诉的当事人始终是检察官。但是,那些已经受到追诉的人,只有在再度提起的诉讼中以完全相同的身份(如正犯、共犯或民事被告人)又重新受到追诉时,才能成立所谓的"两次诉讼中的当事人同一"。因此,既判力理论并不禁止就相同事实,对因该事实已受到无罪宣告或有罪判决的人之外的其他人提起诉讼。

作为既判力成立的第三个条件,"追诉原因同一"是指作为前后两次追诉之原因的"违法事实"的同一。也就是说,既判力所禁止的是对同一"违法事实"实施双重追诉和审判。那么,什么是"同一违法事实"呢?对于这一问题,法国法学理论界和最高法院的法官长期以来一直存在着争论。理论界的观点是,为使法院裁判具有既判力,违法事实的同一必须是指"事实上的行为同一",也就是与法律评价无关的事实同一。例如,对于同一被告人的同一行为,原来已经有生效的法院裁判作出有罪或者无罪裁判的,那么,对该同一行为实施的重新追诉和审判即使是以另外的罪名来进行,也是违背一事不再理原则的。相反,最高法院则将"违法事实同一"解释为"同一法律意义上的行为",也就是所谓的"罪名同一",因此,对那些已经按照某一罪名加以追诉和审判的"事实上的行为",仍然应准许"以另一罪名"再度提起追诉,从而纠正业已发生的司法错误。不过,从 1956 年开始,至少对于重罪法庭所作的宣告无罪裁判,最高法院刑事庭倾向于接受法学理论界的观点,也就是将"违法事实的同一"解释为事实行为的同一,而不是法律评价的同一。当然,1958 年颁布的现行法国《刑事诉讼法典》采纳了法学理论界的观点,使得有关此问题的争论告一段落。根据该法第 368 条的规定,"任何人经依法宣告无罪,不得因同一事实再行受到拘捕或者控诉,即使以不同的罪名拘捕或者控诉,亦同"。这就意味着,作为既判力发生作用条件之一的"违法事实的同一",必须是指事实上的行为,与它们在法律上的评价或罪名认定没有关系。只要这些事实已经受到追诉和判决,就不得对其再度进行追诉和审判。即使以其他罪名进行这种追诉或审判,也是应当受到禁止的。

无论是预审法庭的裁定还是审判法庭的裁判,一旦符合既判力的上述三项条件,就对以后的法院审判产生了约束力。具体而言,对于已有既决事由的法院裁判,无论同一法院还是另一法院就同一被告人的同一违法事实重新进行审判的,检察官和其他各方当事人都可以提出属于公共秩序性质的"既判事由之抗辩"。这一抗辩可以在诉讼的任何阶段并可以向任何法院提出,受理再次追诉的法官甚至可以依据职权自行提出这种抗辩。在任何情况下,受理新的追诉的法官都要依据所提出的抗辩,审查其受理的事实是否就是法院已经作出过判决的事实,并且审查抗辩所针对的裁判是否已得到最终的确定。不仅如此,既判力一旦产生,对于最高法院实施的非常救济程序也具有一定的约束力。

在法国,在审判法院的裁判发生法律效力——也就是具有确定力和既判力——之后,可以对原审裁判进行重新审查的法定途径有两种:一是再审,二是为法律之利益向最高法院提出的非常上诉。一般认为,这两种重新审查程序都是针对那些依据具备既判事由的法院裁判而进行的,从而构成了既判力适用的例外。不过,既判力理论对这两种非常救济程序仍发生着一定的影响。

9.1.2.2 再审程序与既判力

法院的裁判即使已经具备既判力,但仍有可能发生事实上的错误。如果因为发生事实上的错误而使某一无辜的人受到不公正的定罪科刑,那么,尽管该有罪判决已经产生既判力,仍应当对这种司法错误进行纠正。但是,如果法院裁判在事实上发生的错误已经导致某一事实上有罪的人受到无罪判决之宣告,那么,裁判一经取得既决事由的权威效力,便构成一种绝对的障碍,从而阻止任何企图对错误的无罪裁判加以变更的努力。很显然,既判力固然值得加以尊重,但在确保无罪者不受定罪科刑这一更重要的司法价值面前,应当退居次要地位。换言之,在既判力原则与保障无罪者权利发生冲突的时候,法国选择了后者。

从性质上看,向最高法院申请再审属于一种极为特殊的非常救济程序。因为法国最高法院不论是受理一般的上诉还是后面将要讨论的非常上诉,都只是针对原审裁判在适用法律方面存在错误时才进行的。但是,再审申请的提出则促使最高法院对案件的事实问题加以审查。毕竟,这种再审申请的目的在于改正原审裁判中存在的司法错误,从而避免误判无辜这一不公正结果的发生。由于这种再审程序的启动不可避免地损及既决事由的权威效力,因此,法律对申请再审规定了相当严格的条件。

第一,申请再审的前提条件是被告人受到有罪裁判之宣告,再审的目的仅仅在于纠正有关有罪判决的错误。当然,这种再审申请并无任何期限条件的限制。

第二,有权提出再审的人只限于司法部长、被判罪人(或其法定代理人)以及在被判罪人死亡后某些法律所特定的人。在申请再审过程中,这些有权提出再审申请的人可以由最高法院和最高行政法院的一名律师,或者一名在律师公会注册的普通律师提供法律帮助。被判罪人提出再审申请的,应说明所援用的新的事实,并将申请寄送"有罪判决复议委员会"。

第三,申请再审必须由申请人向"有罪判决复议委员会"提出有关的申请。该委员会由五名经最高法院全体会议指定的该院法官组成,其中一人来自刑事庭,并主持委员会的活动。委员会在对申请人的意见加以审查的基础上,可直接或者委托他人进行调查,收集证据,听取被判罪人和检察官一方的意见。委员会以附理由的决定得出结论,它可以驳回申请人提出的再审申请,从而导致案件立即终结;它也可以认可申请人的再审申请,从而将案件提交最高法院刑事庭进行重新审理。

第四,再审申请必须符合法国《刑事诉讼法典》第 622 条严格限定的理由。一是在认定被告人构成杀人罪并科处刑罚后,发现有证据表明原来认定的被害人仍然活着;二是对同一案件的不同被告人前后作出两个相互矛盾的判决,证明其中有一名被定罪的被告人是无罪的;三是在原来的审判中证人之一被判决犯有伪证罪;四是发现了原来审判中未曾知悉的新的事实或者证据,足以对被定罪人是否有罪产生怀疑。

为什么要将再审的理由限定在这四个方面?按照法国学者的解释,这四种情形不仅是指在法院作出判刑判决之后提出的新事实,同时也是指在庭审辩论时法庭所完全不了解的事实。无论是在涉及新的事实时,还是在涉及新的证据时,或者是涉及这些事实或证据材料具有足以认定当事人无辜的特征时,都意味着某一为一审法官所不了解的新事实后来被发现并提出了。当然,新出现的事实只要造成人们对被定罪人有罪产生疑问就够了,而不需要达到使人确信被定罪人无罪的程度。

最后,对于"有罪判决复议委员会"提交的再审案件,最高法院刑事庭主持重新审理。该法庭举行公开的听审,听取申请人及其律师的意见,并听取检察官方面的意见。经过审查,再审法庭认为申请再审的理由不足的,应当驳回申请。相反,如果认为申请再审的理由充分,则应当撤销原判。到此阶段,再审法庭需要考虑案件是否有可能重新进行对席辩论。如果可以进行,再审法庭应将案件移送原审法院以外的另一同级法院。如果由于存在法定事由使得对席辩论无法进行,如被定罪人死亡、精神错乱、追诉时效或行刑时效已满等,那么,再审法庭只能将其认为理由不足的定罪加以撤销,而不得再将案件发回重审。

9.1.2.3 非常上诉与既判力

与申请再审程序一样,为法律之利益而向最高法院提出非常上诉也是既判力原则的例外。但是,考虑到这种非常上诉与其他上诉途径具有易混淆的特点,因此,笔者需要对其性质作一界定。

在法国刑事诉讼中,所有上诉途径大体上可分为两大类:一是普通上诉途径,二是非常上诉途径。前者主要是指针对初审法院所作的未生效判决提出的上诉。其中包括对缺席判决提出异议以及向上诉法院提出上诉两种。

当然,根据法国 2000 年通过的旨在修改刑事诉讼法典的法律,一种专门针对重罪法院的判决的上诉制度得以建立。这种上诉也属于普通上诉途径。而所谓"非常上诉途径",是指只在法律有明确规定并且在普通上诉途径不再可行的情况下才能适用的上诉,其目的是请求最高法院从法律或者事实的角度,对原审法院所作裁判的正确性加以审查。笔者前面分析的申请再审程序与即将提及的"为法律之利益而向最高法院的上诉",就都属于这种非常上诉途径。当然,除了这两种非常上诉途径以外,控辩双方当事人在用尽了普通上诉途径以后,可以向最高法院提出非常上诉。这种非常上诉又被称为"为当事人利益而向最高法院的上诉"。但是,无论是申请再审程序还是"为法律之利益而向最高法院的上诉",都是在原审裁判业已取得既判力的情况下启动的特别救济程序,属于一事不再理原则的例外。相反,"为当事人利益而向最高法院的上诉"所针对的则是尚未发生法律效力的裁判,该裁判并不具有既判力,这种上诉的效果与普通上诉途径大体是一样的。因此,从广义上讲,"为当事人利益而向最高法院的上诉"与所有普通上诉途径一样,并不构成既判力理论的例外。

既然如此,为什么又将这种"为当事人利益而向最高法院的上诉"称为非常上诉呢?这是因为,原审案件的当事人向最高法院提出上诉,只能在法律明确规定的情况下进行。受理这种上诉的最高法院并不对案件的事实问题和实体问题进行审判,而只是审查原审裁判是否正确地适用了法律。一旦发现原审裁判违反法律,最高法院一般会撤销原判,发回与原审法院同一审级的另一法院重新审判。建立这种上诉制度,最终是为了确保法官对法律的解释统一,并促使法官遵守法律。不过,相对于普通上诉途径而言,向最高法院的上诉并不构成一个独立的第三审级。

尽管表面看来,"为当事人利益的上诉"与"为法律利益的上诉"都是向最高法院提起的非常上诉,并且都是为了审查和纠正原审法院裁判所存在的法律适用错误而提出的,但两者的性质和效果却不尽相同。所谓"为法律之利益而向最高法院的上诉",所针对的是那些业已具有既判力的裁判,并且只能由驻最高法院的总检察长提出。具体而言,这种非常上诉还可以分为两种:一是总检察长主动提出的非常上诉,二是总检察长依据司法部长的命令,为法律之利益提出的撤销原判的申请。

前一种非常上诉主要发生在总检察长认为所有具有司法裁判性质的终审裁判决定具有违反法律事由的情况之下。此种上诉的提出不具有中止原审裁判执行的效果。最高法院经过审查,如果认为总检察长的上诉具有充分的理由,就应当宣告撤销原判。但这种撤销并不影响原审裁判的继续执行,受原审裁判影响的有关各方当事人的命运将不会受到任何影响。换言之,这种撤销只是"一种纯理论上的撤销原判,宣告撤销原判并不将案件发回重新审理";"宣告撤销原判的目的仅仅是为了符合法律的原则,并向各刑事法院再次提醒最高法院作出的判例"。①

相反,总检察长如果依据司法部长的命令提出撤销原判的申请,就不仅可以针对那些具有司法裁判性质的决定,还可以针对与判决主文分开的裁判理由以及与判决无关的其他司法裁定而提出。在法国学者看来,这种撤销原判申请的目的在于"对司法机关所发生的法律上的错误立即进行审查监督",从而具有"纪律制裁性质的特征"。另一方面,这种依据司法部长的命令而提出的申请,虽然不会导致被定罪人的利益受到任何损失,但却可以使被定罪人受到更加有利的对待。

9.1.3 德国法的适用

9.1.3.1 既判力的适用范围

原则上,只有法院裁判的主文才发生既判力,而判决的理由则没有这种实质的确定力。在德国刑事诉讼中,法院的判决书一般包括主文和理由两大部分。其中,判决主文是法院判决中最重要的部分,它构成法律效力的基础,也是刑罚执行的基础。法院判决的主文也就是法庭审判的裁决结果,它通常被置于判决书的前部。在被告人被判决有罪的情况下,判决主文要表明被告人所犯的罪名,所科处的刑罚,被告人所承担的诉讼费用,以及判决所依据的具体刑法条文。而如果被告人被判决无罪,判决主文则一般表述为"被告人被判无罪。诉讼费用及被告人之必要费用由国库承担"。在此情况下,诸如"证据不足""已被证明无罪"等之类的措辞无需被写入判决主文,而被置于判决理由部分。② 紧接着判决主文的是判决理由。无论是有罪判决还是无罪判决,都需要较为详细地表述理由。有罪判决的理由一般包括已经证明的犯罪事实、所适用的刑法条文、量刑理由等若干内容,无罪判决则应叙明被告人究

---

① 〔法〕卡斯东·斯特法尼等:《法国刑事诉讼法精义》(下),罗结珍译,中国政法大学出版社1999年版,第863页。
② 〔德〕Claus Roxin:《德国刑事诉讼法》,吴丽琪译,台湾三民书局1998年版,第522—525页。

竟是因事实的原因还是法律上的原因而被判决无罪。与判决主文不同,判决理由的功能主要是告知被告人该案件已经法律途径加以裁判、为那些有权提起法律救济的人士明示了上诉的对象、使处于较高审级的法院能够对该判决加以审查,等等。

同时,德国也承认判决的既判力只对原裁判所针对的被告人具有拘束力。因此,某一法律效力已经确定的判决并不能约束在另外的诉讼程序中对其他被告人进行审判的法官。

另外,就法院判决所针对的犯罪行为而言,既判力的范围也适用诸如行为的同一性和诉讼客体不可分等之类的诉讼原则。换言之,检察官起诉书中所载明的被告人和犯罪行为,不仅对法院的审判范围作出了明确的限定,而且规定了法院判决既判力的基本范围。据此,德国《基本法》第103条所表达的"同一行为"之概念,意味着法院所调查和裁判的行为不仅要与起诉的行为保持同一性,而且该行为一旦有生效裁判加以确定,就对以后所有针对该行为的起诉、审理和裁判具有了禁止性效果。不仅如此,既然法院的裁判只受起诉的行为和被告人范围的约束,而不受法院开始审判程序的裁定所依据的法律评价的约束,那么,只要是针对已有生效裁判加以确定的行为再行起诉和审判,而不论依据什么样的罪名或法律评价,都应当受到禁止。也就是说,对已经确定判决裁判过的同一行为,不论以什么罪名再行起诉和审判,都违背了一事不再理原则的精神。当然,德国法学界在此问题上还存在着一定的争论。①

9.1.3.2 既判力的中断

确立既判力的目的在于维护法院判决的权威性和法的安定性,禁止就同一行为实施重复的追诉和审判,从而防止被告人因同一行为而受到多次的追诉。但是,如果不在此问题上设定若干项例外情况,而是机械地强调任何裁判均具有既判力,这反而会破坏法律秩序,并导致一些更加重要的法律价值无法得到实现。因此,德国法明确规定了既判力的中断情形。在这些情形下,那些已经生效裁判加以判决过的被告人和行为还可以重新受到追诉。

首先,导致既判力中断的第一项情形是再审程序的提起。对此问题,笔者将在后面展开讨论。

其次,德国《刑事诉讼法典》第44条规定的"恢复原状"情况,也导致既判

---

① 参见〔德〕Claus Roxin:《德国刑事诉讼法》,吴丽琪译,台湾三民书局1998年版,第546页以下。

力的中断。具体而言,诉讼参与人并非因自己的过失而引起的诉讼期间的延误(如因意外事件、生病或自然灾害等而延误),即使在诉讼期间已过、法院裁判已具有实质确定力的情况下,也可以申请法院准许对他恢复原状。恢复原状的申请本身并不会导致业已发生的裁判确定力消失,但法院一旦允许恢复原状后,法院裁判所发生的既判力也就随之而消失。

再次,根据德国《刑事诉讼法典》第357条的规定,负责第三审程序的法院发现原审裁判在适用法律上存在重大错误,因此撤销该裁判,并使提起第三审上诉的被告人受到有利对待时,那么,该撤销原审裁判的裁定将及于全部共同被告人。由此,某一被告人即使没有对原审裁判提起第三审上诉,也会受到第三审法院撤销原判之裁定的约束。

最后,对于违反德国《基本法》第2条、第3条、第101条和第103条的法院裁判,被判决者可以向德国宪法法院提起违宪审查之诉。如果宪法法院经过审查确认原审裁判确实违反了宪法,那么,该裁判即使业已产生既判力,也应受到撤销。

9.1.3.3 既判力与再审程序

作为德国刑事诉讼的重要价值,法的安定性与法的公平性经常发生冲突,而协调这种冲突的原则不能是单方面地强调一个而否定另一个,而应当是对其加以仔细的权衡,并以维持法的和平性作为权衡的终极标准。刑事再审程序的设置,就是这种权衡的产物。作为既判力中断的最重要情形,再审的目的在于对已具有既判力的判决排除司法错误。也就是说,当事后才被发现的新事实导致原审判决出现令人无可忍受的司法错误时,判决的既判力甚至实质确定力都应为纠正这种错误而让步。

与法国法不同的是,德国基本上不存在为纠正法律错误而提起的非常上诉制度,其再审仅仅是为审核原审判决的事实而设立的。同时,与法国只设立有利于被告人的再审也不相同,德国的再审明显地分为有利于被告人的再审与不利于被告人的再审两种。其中,有利于被告人的再审在提起上没有期限的限制。即使原审法院的判决已经执行完毕,或者被判刑人已经死亡,那种以改判无罪或者减轻刑罚为目的的再审申请,仍然可以提起。但是,如果被判刑人确已死亡,那么,不利于被告人的再审将被禁止提起。

在法律明确规定的三种情形下,有利于被告人的再审与不利于被告人的再审均可提起。这些情形实际是两种再审提起的共同理由:一是在法庭审判中曾提出过的书证是伪造或者变造的;二是证人、鉴定人在原审中犯有故意或过失违反宣誓义务,或者故意作虚假陈述之罪;三是参与原审裁判制作的法官、陪审员在与该案件有关的问题上犯有职务上的犯罪。其中,上述后两种情形作为提起再审的理由,以存在业已发生既判力的有罪判决为前提。

除上述三项理由外,提起有利于被告人的再审还可以有另外三项新的理由:一是作为原审刑事判决之基础的民事判决已被生效判决所撤销;二是对被告人有利的新事实和新证据被发现和提出,导致法院有理由判决被告人无罪,或者有理由对被告人科处较轻的刑罚;三是作为原审判决基础的法律条文,已经被联邦宪法法院宣布为违反宪法。

作为法律明显加以限制的再审申请,不利于被告人的再审只具有一条独特的理由,也就是被判决无罪的被告人在法庭上或者法庭外作出了可信的有罪供述。除此以外,即使在原审无罪判决生效后又发现了新的其他方面的事实和证据,对被告人不利的再审也不得被提起。

德国的再审程序可分为三个阶段:一为再审许可性审查;二为再审理由成立与否之审查;三是重新审判程序。

首先,申请人应提出附具再审理由和证据的书面申请。接受该申请的法院应为与原审法院有相同管辖权的另一同级法院。经过审查,对于那些没有依照法定形式说明申请再审的法定原因、提出适当证据的申请,法院应予以驳回。相反,法院认为申请具有法定再审理由、提出了证据并符合其他法定形式的,则直接宣告准许再审。显然,这一再审许可性之审查,并不涉及再审的理由是否成立等实质性问题,而仅仅属于对再审申请的形式审查。

其次,法院准许再审申请之后,即应将该申请书送交对方当事人,从而进入对再审理由的实质性审查。一般情况下,负责再审审查的法院会委托一名法官,对申请人提出的证据加以调查。这一调查程序遵循官方调查原则,法官可以在申请人提出的证据之外,对那些与再审有关联的重要事实加以全面调查。证据调查结束后,法官可以要求检察官、被告人在规定的期限内提出答辩意见。经过上述活动,法院认为再审申请没有足够的理由或证据支持的,可以不经开庭审理,而直接将再审申请驳回。相反,认为再审申请有法定理由的,法院则裁定案件重新开始审判程序。与申请人的申请不同,这一裁定具有排除原审判决既判力的效力,刑罚的执行也因此而中止。

最后,在再审申请具有法定理由时,法院应进行一次独立的审判程序。需要注意的是,这一重新审判程序与原来已经进行过的所有审判程序无关,而实际为完全的复审程序。被告人在审判中无需承担证明自己无罪的证明责任,检察官必须重新出庭支持公诉,承担证明被告人有罪的责任。经过重新开庭审判,法院可以依据经当庭调查和辩论过的证据作出判决。如果所作出的是有罪判决,法院不得作不利于被告人的刑罚变更。

当然,即使在再审申请确有理由的情况下,这一重新审判程序也不是必须进行。如果被告人在重新审判开始前业已死亡,或者法院认为再审证据充分而检察官也同意放弃法庭审判程序,那么,法院就可以不经开庭审理而直接宣告被告人无罪。但这种情况也只能限于宣告无罪的情况。

9.2 英美法中的免受双重危险原则

9.2.1 免受双重危险原则

在英美法中,任何人不得因同一行为而受到两次以上的刑事追诉。这通常被称为免受双重危险或禁止双重危险(prohibition against double jeopardy)原则。这一原则的理论基础存在于英美法律哲学之中,也就是国家不得运用其所有资源和权力,对一个公民的一项犯罪行为实施反复多次的刑事追诉,从而达到定罪的结果。如果没有这一限制,被告人就会身处尴尬境地,承担大量费用,经受痛苦考验,并将被迫生活在焦虑和不安全的状态之中,而且那些本来无罪的被告人受到定罪的可能性也会大大地增加。[1]

免受双重危险原则的起源,可以追溯到古希腊和古罗马时期,并在英国普通法中得到确立。与普通法中的其他许多制度一样,该原则曾受到过库克(Coke)和布莱克斯通(Blackstone)理论的影响。尤其是后者,在其《英国法释义》一书中对免受双重危险原则作出了深入的论证。根据布莱克斯通的观点,"有关(在同一案件上)先前已经开释(拉丁 autrefois acquit)的抗辩,建立在英国普通法中的这一普遍法则的基础上,那就是任何人都不得因为同一罪行而受到两次以上的生命危险。"[2]

美国独立以后,这一原则曾被一些州通过的人权法案或宣言所承认,并最终确立于美国联邦宪法第五修正案之中,成为著名的"权利法案"的一部分。然而,作为一项重要的宪法原则,免受双重危险原则当时只在联邦司法程序中得到适用。直到1969年,美国联邦最高法院在 *Benton v. Maryland* 一

---

[1] Carl J. Franklin, *Constitutional Law for the Criminal Justice Professional*, CRC Press LLC, 1999, p. 163.

[2] Ronald L. Carlson, *Criminal Justice Procedure*, Anderson Publishing Co., 1991, pp. 317-318.

案的判决中,才通过联邦宪法第十四条修正案规定的"正当法律程序"条款,正式将这一原则适用到各州的司法程序。在这一判决中,最高法院断言免受双重危险原则"代表着我们宪法传统中的一个基本理想",并与获得陪审团审判的权利一起,构成了"美国司法制度的基础"。①

那么,究竟什么是双重危险?禁止双重危险原则有哪些具体的法律要求?对于这一点,美国联邦宪法仅作出了简要而又十分含混的规定。要澄清这一原则的含义,我们需要借助于联邦最高法院所作的相关判例。在这些判例中,最高法院提出了以下具体的法律要求②:

> 任何人都不得因为一项错误的行为而受到连续的起诉;
> 任何人都不得因为同一罪行而受到两次刑罚;
> 按照罪行包容(offence included)理论,法院对于某一包容在更严重罪行之中的较为轻缓的罪行,作出无罪判决或者未被撤销的有罪判决之后,不得再对该重罪进行审判③;
> 即使是为了纠正某一错误和无效的科刑判决,法院也不能对同一行为加以重复判刑,但前提是该判决已经得到执行④;
> 如果被告人被法院判决无罪,那么,即使审判中存在着导致公诉方利益受到损害的法律错误,即使起诉书本身存在着瑕疵,甚至即使该判决与证据的证明力明显不符,公诉方也不得提起任何形式的上诉⑤……

从这些略显分散的判例法规则中可以看出,任何人因为某一行为而受到审判之后,检察机构不得再对其提起公诉,法院不得再对其进行审判,法官也不能再对其科处刑罚。这些要求不仅对判决生效后的重新审判产生着影响,而且对上诉制度的构成也有着极大的制约作用。甚至在法院判决产生之前的终止诉讼环节上,该原则都有重要的体现。

---

① Ronald L. Carlson, *Criminal Justice Procedure*, p.318.
② 有关美国联邦最高法院相关判例的情况,读者可参见 Christopher Osakwe, The Bill of Rights for the Criminal Defendant in American Law, in *Human Rights in Criminal Procedure*, Martinus Nijhoff Publishers, 1982, pp.286-287.
③ 在英美法中,这种罪名之间相互包容的情况大量地存在。比较典型的例证是,谋杀罪(murder)包含着过失杀人罪(manslaughter),夜盗罪(burglary)包含着盗窃罪(theft),故意伤害罪(wounding with intent)包含着非法伤害罪(unlawful wounding),等等。因此,根据免受双重危险原则,法院如果已经对上述被包容的轻罪作出了成立或者不成立的判决,就不能再对相关的重罪进行审判。
④ 在美国法中,法官对于科刑判决中存在的错误,可以在该判决得到执行之前加以纠正。
⑤ 不过,如果无罪或有罪判决是通过被告人的不正当行为、欺诈或者共谋行为取得的,那么,第二次起诉的提起就是合法的。

9.2.2 美国法中的适用

作为一项宪法原则,免受双重危险的理念体现在美国刑事诉讼的很多方面。下面就此原则在美国法中的适用作一分析。

9.2.2.1 适用的范围和限度

首先需要指出的是,根据"双重主权"原则,美国各州和联邦政府都可以对公民的行为确定为犯罪。结果,公民的某一行为可能同时触犯了联邦和州刑法的规定,因此受到联邦和州政府的双重起诉。或者由于行为同时触犯两个州的刑法,而受到两个州政府的起诉。在这种情况下,如果公民因为同一行为同时违反联邦法律和某一州法律而受到联邦和州法院的双重审判,或者因为同一行为同时违反两个州的刑法而受到两个州法院的双重审判,这都不违背免受双重危险原则。但是,在州和州所属的地方所发生的对同一罪行的双重追诉却是不容许的,因为地方政府只是州的从属机构,在一个州之内并不存在双重主权问题。①

在美国,几乎每一个州都在成文法或宪法中建立了各自的免受双重危险原则。但大体说来,美国联邦最高法院确立的保障标准要大大地高于许多州的规定。例如,有些州只要求在法院针对某一特定控罪作出有罪或者无罪判决之后,才禁止对被告人的同一行为进行重新审判。假如法庭审判开始后,检察官中途突然宣布他发现一个关键的控方证人缺席,并申请法官宣布业已进行的审判属于误审(mistrial)。检察官的意图很明显,即希望在传来该证人后重新开始审判程序。对此,一些州法院的判决已经显示出,由于第一次审判已经在有罪或无罪判决作出之前终止,因此被告人可以被重新提交法庭审判,而这并不违背免受双重危险原则。

然而,联邦法院确立的适用标准还要严格得多。一般说来,在由陪审团审判的案件中,陪审团一旦组成并作出了宣誓,免受双重危险原则即开始发生作用。而在没有陪审团参与的审判中,当第一份证据被提出于法庭之上,或者第一个证人出庭作证之后,该原则即发生作用。换言之,案件审判进展到这一步之后,法院不论是作出有罪或无罪判决,还是终止诉讼的裁定,被告人的同一行为都不得再受到重新起诉或审判。而在此之前,被撤销的案件则

---

① Christopher Osakwe, The Bill of Rights for the Criminal Defendant in American Law, in *Human Rights in Criminal Procedure*, p.288.

可以重新提起公诉。

当然,如同其他任何一项宪法保障条款一样,免受双重危险原则也有其适用上的例外。这通常发生在法庭审判过程中,由于发生了一些特殊的情况,使得该案件的审判不可能完成,也无法产生被告人有罪或者无罪的判决结论,而不得不中途终止。在这种情况下,就存在着法院能否对被告人原来已经审判过的罪行重新加以审判的问题。在这一问题上,美国联邦最高法院作出了一些明确的判例。首先,如果被告人申请法官宣布第一次审判属于误审(mistrial),而法官认为动议成立,并且动议并非控方有意造成的,那么,被告人可以受到重新审判。相反,如果第一次审判在判决形成之前被终止,是由于控方的疏忽或有意造成的,如控方没有尽力确保本方证人到庭,没有做好起诉的必要准备等,那么,被告人将被宣布无罪释放。在此情况下,重新审判将是受到禁止的。

其次,被告人在受到有罪判决之后,对定罪提出上诉或者申请人身保护令并获得成功的,上诉法院将案件退回初审法院,而退回的理由属于"证据不充分"之外的其他理由,如挑选陪审团的程序不合法,法官对证据问题的裁定存在错误等。在此情况下,对被告人的重新审判是容许的。

最后,如果第一次审判由于出现"悬置陪审团"(a hung jury)的情况而致使误审的发生,那么,控方可以重新提起公诉。[①]

这里需要对上诉法院推翻原审有罪判决之后发回重审的情况作一具体分析。根据最高法院所作的一些判例,对原审案件的重新审判会导致被告人因同一行为而受到重复的指控,但这一般不会受到禁止,除非上诉法院所作的推翻原审判决的决定是基于证据不足这一原因作出的。一般而言,上诉法院推翻原审判决的理由可以是法官向陪审团作出了错误的指示,法官对某一证据作出了错误的拒绝或者采纳的决定,以及其他方面的审判错误(trial error)。但无论如何,证据不充分绝不应成为法院对同一行为重新审判的法定根据。这是因为,如果控方没有将那些构成一项罪行的所有法定要素均证明到排除合理怀疑的程度,这就意味着对被告人的指控未能得到证实,无罪的推定没有被最终推翻。在这种情况下,上诉法院不仅应撤销原来的有罪判决,而且还应直接宣告被告人无罪。相反,如果上诉法院以此为理由裁定撤销原判、发回重新审判,这就直接导致被告人因为同一行为而受到双重起诉

[①] Ronald L. Carlson, *Criminal Justice Procedure*, pp. 320-321.

和双重审判,从而违背了免受双重危险的宪法原则。

9.2.2.2 控方上诉权的限制

美国的上诉基本上被设计成被告人就自己所受到的有罪裁决向上级法院寻求司法救济的制度。原则上,对一审法院所作的无罪裁断,控方是被禁止提出上诉的。但在法定的例外情况下,控方也可以就法院的裁决提出有限制的上诉。例如,美国联邦最高法院于1967年对 *Warden v. Hayden* 一案的判决,就是在控方提出上诉的情况下作出的。在这一案件中,美国第四司法巡回区上诉法院推翻了马里兰州法院的判决,后者此前曾判决被告人犯有武装抢劫罪。联邦上诉法院之所以推翻原判,是因为警察在逮捕时以非法的方式,扣押了属于被告人个人的物品,并将其用作定罪的证据。由于对上诉法院排除该有争议的证据不服,马里兰州检察总长向联邦最高法院申请调卷令。最高法院批准了这一申请,并经过听取控辩双方的辩论,撤销了上诉法院的裁决,从而维持了马里兰州法院原来所作的有罪判决。①

一般情况下,对于初审法院所作的裁判不服,控方有两种上诉渠道。其中之一是针对一审法院的判决,向本州的上诉法院提出上诉。即使被告人被一审判决无罪,这种上诉也是允许的。当然,控方提出这种上诉的理由通常是认为法官在审判过程中存有对控方不利的法律错误。上诉法院经过复审,可以裁定法官确实犯有这一错误,并要求其在以后的审判中不得重蹈覆辙。但无论如何,原来被判决无罪的被告人不得被重新审判,其无罪判决只能被永久性地维持。否则,免受双重危险原则就将遭到违反。

另一种上诉途径是在陪审团听审程序开始之前提出上诉。这在近年来一些州的成文法中逐渐得到确立。这种通常被称为"中间上诉"(interlocutory appeal)的上诉,通常发生在控辩双方就警察提交的供述或实物证据的可采性存在争议,而法官在审前听证中就此作出了裁定的情况下。如果法官将供述或实物证据加以排除,而控方则认为这种排除存在错误的话,那么,控方就可以将此问题提交上诉法院进行审查。而在上诉法院的裁决形成之前,正式的法庭审判将不得进行。

9.2.2.3 非常救济程序

在美国法律制度中,一个被法院定罪的人如果用尽了所有的上诉手段,

---

① Ronald L. Carlson, *Criminal Justice Procedure*, p. 296.

仍然无法促使上级法院推翻该判决，一般就只能认罪服刑了。但是，在法律明确规定的例外情形之下，即使决定被告人有罪的裁决已经发生法律效力，被告人还可以获得一些非常的救济手段。其中，对于那些上诉失败的被告人而言，最重要的非常救济手段还是人身保护令程序（habeas corpus proceedings）。

作为司法机构对各种羁押措施的合法性进行审查和控制的特别救济手段，人身保护令制度最早产生于英国，并在殖民地时代传播到北美洲，后来被确立在美国联邦宪法之中。根据该宪法第 1 条第 9 款的规定，"获取人身保护令的特权不得终止，除非在那些涉及叛国或外敌入侵的案件中，出于公共安全的需要而不得不加以终止。"

典型的人身保护令程序存在于美国联邦司法系统。但在几乎每一个州，都建立了各自独立的人身保护令或者与此相类似的制度。联邦法院进行人身保护令审查的法律依据主要是两部由美国国会通过的联邦成文法，也就是1789 年的《司法法》（The Judiciary Act of 1789）和 1867 年的《人身保护法》（The Habeas Corpus Act of 1867）。根据前一法律，联邦法院有权受理那些申请人身保护令的案件，实施人身保护令的审查程序，并发布人身保护令。而后一法律则将联邦法院发布人身保护令的案件范围从联邦扩展到各州。换言之，在美国各州受到羁押的人向联邦法院申请人身保护令，是从 1867 年正式开始的。①

需要注意的是，在美国刑事司法制度中，人身保护令制度适用的对象大致有两种：一是那些受到未决羁押的嫌疑人、被告人②，二是那些被生效裁判加以定罪科刑的在押犯。换言之，人身保护令制度既可以被受到未决羁押的嫌疑人、被告人用作解除羁押状态的救济手段，也可以被那些已被定罪者用作寻求无罪释放的非常救济途径。

从性质上看，人身保护令属于一种特别的民事诉讼（a civil action），而不是旨在对被告人是否有罪加以裁判的刑事程序，也与那种旨在寻求推翻有罪判决的上诉程序有所不同。实施这一程序的法院所要审查和裁判的不是被告人是否有罪的问题，而是嫌疑人、被告人所受的羁押措施或监禁刑是否合法的问题。正因为如此，申请者不享有法律援助的特权，也不能行使其他一

---

① Joel Samaha, *Criminal Procedure*, p. 655.
② 有关那些受到未决羁押的被告人申请人身保护令的程序，读者可参见陈瑞华：《未决羁押的法律控制——比较法角度的分析》，载《政法论坛》2001 年第 4 期。

系列的宪法性权利。甚至在整个人身保护令程序中，无罪推定原则都不再发生作用。无论是针对未决羁押措施还是定罪后的监禁行为，人身保护令的申请者都必须承担提出证据证明羁押违法性的责任。① 但是，作为一种为被定罪者提供的非常救济程序，人身保护令的申请是没有时效限制的。被告人在被初审法院定罪并用尽上诉程序之后的任何时间里，只要掌握了重要的新证据，证明自己符合发布人身保护令的条件，就可以向法院提出这方面的申请。

长期以来，围绕着人身保护令程序的适用范围问题，美国联邦最高法院的法官曾持续进行着激烈的争论。在 20 世纪 60 年代的"正当法律程序革命"时期，由沃伦领导的最高法院（the Warren Court）曾对人身保护令程序在各州的适用问题采取了扩大化的解释。② 但是，这种扩大化的努力也受到很多法官的质疑和挑战。批评者们认为，过于扩大人身保护令的适用势必威胁司法的终结性，而无休止地对案件中的法律问题加以审查还会增加诉讼的成本，降低诉讼的效率。甚至对于这种审查机制能否有效地保证被告人基本权利不受侵犯，不少人还表示了怀疑。因为没有理由认为第二次审查要比初审裁判做得更加准确。③ 后来的伯格法院（the Burger Court）和伦奎斯特法院（the Rehnquist Court）对人身保护令的适用采取了限制和缩小的态度。尤其是在被用来推翻那些被认为有问题的定罪裁判方面，这一程序所受的限制就更大了。在一系列判决中，伦奎斯特法院在适用人身保护令程序时一直强调对两方面利益的平衡。其中一方面的利益涉及个人的宪法性权利和控制政府权力的需要，而另一方面的利益则包括判决的终结性、判决的可靠性、判决的确定性、判决的稳定性、联邦主义、联邦司法资源的负担等。

在这种利益平衡理论的影响下，人身保护令程序的适用既保留了历史上的一些基本特征，又受到了一些必要的限制。例如，从历史上看，一个受到羁押的人可以向英格兰的任何一个法官反复提出人身保护令的申请。因为那种旨在禁止对已决事项重开诉讼的既判力规则（the rule of *res judicata*），对于

---

① Joel Samaha, *Criminal Procedure*, p.657.
② 例如，在当时的大法官布里南（Brennan）看来，扩大人身保护令的适用范围有助于实现这一制度的历史性目的，也就是为那些涉及侵害公民基本自由的羁押行为提供有效的救济。针对有关这样做可能导致司法终结性受到损害的批评，布里南认为，"传统上所谓的诉讼终结性（finality of litigation）的理念"，"在人的生命和自由面临威胁以及公民诉称自己的宪法性权利受到侵犯的场合，是没有地位的。"另一方面，按照沃伦法官的解释，扩大人身保护令的适用范围还有助于达成正确的裁判结果，因为一般说来，对案件审查的机会越多，法院最终所作裁判的准确性就越有可能得到保证。
③ 例如，杰克逊大法官就曾指出："上级法院对下级法院的判决加以撤销，这并不能证明正义因此得到更好的实现"。

人身保护令的申请并不适用。因此,被羁押者在首次申请发布人身保护令遭到拒绝之后,仍然可以向上级法院继续提出类似的申请。但是,在现代美国司法制度中,无限制地提出人身保护令的申请还是要受到禁止的。一般而言,申请者如果在后来的申请中提出一项原来在初次申请时没有提出过的问题,那么,法院有权拒绝这种重复提出的申请。

在有关限制连续申请的问题上,美国联邦最高法院确立了两项重要的规则:一为令状滥用规则(the abuse-of-the-writ rule),二是理由加损害规则(the cause-and-prejudice rule)。按照前一规则的要求,申请者必须向法院证明他在首次申请中没有提出某一问题,并非出于故意或者过失,也就是没有滥用人身保护令程序。而根据后一规则,申请者如果既不能证明没有提出该问题具有正当的理由,也不能证明该问题没能提出会影响案件的裁判结果的话,那么,法院就有权拒绝有关发布人身保护令的申请。但是,在被定罪者有证据证明他事实上确实无罪,案件的判决属于重大误判的情况下,上述规则可免予适用。

除此以外,人身保护令的申请还要受到以下的限制。首先,对于由各州法院终审裁判有罪的人而言,要想获得向联邦法院申请人身保护令的机会,就必须事先将该州法院系统提供的非常救济手段加以用尽,然后沿着联邦地区法院、联邦上诉法院和联邦最高法院的顺序,逐级申请人身保护令。其次,向联邦法院申请人身保护令救济的人还必须证明原审有罪判决损害了某一重要的联邦宪法权利(a federal constitutional right)。再次,接受有关人身保护令申请的联邦法院必须尊重州法院对事实问题的判定,而不得审查诸如证人可信性、证据证明力等之类的问题。最后,根据联邦最高法院对 *Stone v. Powell* 一案的判决,如果州法院在审判中已经为申请者提供了这样的机会,那么,申请者在联邦法院举行的人身保护令发布程序中,就不得再提出有关非法搜查、非法扣押等涉及联邦宪法第四修正案的问题。由此,有关依靠非法搜查和扣押手段获取的证据是否排除的问题,在联邦法院人身保护令程序中的提出就受到了限制。

由于发布人身保护令的程序不属于刑事诉讼程序,因此这一程序就具有一些有别于后者的特征。一般来说,某一被生效判决定罪并受到监禁的人,向有关法院提出申请时,应将有关刑罚执行机构的看管者作为被告人。法院受理该申请后,应举行专门的听证会,并传唤一名警察官员出庭作证,以便对申请加以反驳。听证会始终围绕着对申请者的羁押或监禁是否合法这一问题展开。根据美国的司法实践,如果申请者能够证明原来的审判程序中存在以下问题之一的,法院一般会发布人身保护令,从而撤销原审判决对申请者的定罪和判刑:

(1) 在法庭审判之前,被告人的案情被不适当地予以公开,致使审判的公正性受到影响;

(2) 在预审(preliminary hearing)、法庭审判或者上诉程序中被非法剥夺了法律援助的机会;

(3) 在上诉程序中被非法剥夺了查阅审判案卷的机会;

(4) 控方故意使用了错误的证据,而法官也没有加以纠正;

(5) 被告人在作有罪答辩或者接受审判时心神丧失;

(6) 被告人非自愿的有罪供述成为判决的根据;

(7) 控方没有向被告人披露对其有利的证据。①

9.2.3 英国法中的适用

与美国法不同,英国法并没有将免受双重危险原则确立在宪法性文件之中。但是,英国上诉制度和非常救济程序中却明显地体现了这一原则的精神。

9.2.3.1 对控方律师上诉权的限制

一般而言,对于治安法院就简易罪案件所作的判决,通常有三种上诉途径:一是向刑事法院提出上诉;二是以判案要点陈述的方式向高等法院提出上诉;三是向高等法院申请司法审查。其中,向刑事法院的上诉只有被告人一方可以提起,对于治安法院所作的无罪判决,控方律师则无权向刑事法院提出上诉。相反,对于向高等法院王座庭的上诉和申请司法审查,控辩双方均有权提起。

同样,对于刑事法院所作的无罪裁断,控方律师无权向上诉法院提出上诉。但是,如果法官在审判中适用法律有错误的,英国总检察长有权将这一法律问题提交给上诉法院,以便在对问题审查后加以纠正。根据1972年《刑事审判法》第36条的规定,英国总检察长(the Attorney-General)可以将法庭

---

① Ronald L. Carlson, *Criminal Justice Procedure*, p.229. 当然,法院发布人身保护令的理由并不完全限于这情形。但无论如何,这些情形都构成了法院发布人身保护令的最主要的根据。看来,与上诉程序相同,人身保护令程序同样不对"被告人究竟是否有罪"这一事实问题进行重新审查,而只是审查原来的审判过程是否存在法律上的错误,尤其是否侵犯了被告人的宪法性权利。

审判中涉及的任何法律问题提交给上诉法院,从而要求后者就此问题发表意见,并作出一项对以后的起诉工作有益的裁定。但无论如何,上诉法院的意见和裁定对刑事法院原来所作的无罪判决的效力不会产生丝毫影响。① 在上诉法院就总检察长提交的事项作出裁定之前,法官应听取他的意见,原来被判决无罪的被告人也有权通过其辩护律师提出意见。当然,上诉法院如果发现总检察长提交的问题超出其裁判的范围,也可以将问题提交给上议院,并要求后者作出最终的裁定。②

不仅如此,尽管对于刑事法院所作的量刑判决,控方律师通常也无权提出上诉,但是,如果刑事法院的量刑明显畸轻的,英国总检察长也可以将问题提交给上诉法院,要求后者加以纠正。根据1988年《刑事审判法》第36条的规定,如果总检察长认为刑事法院对有罪被告人判处的刑罚有不适当的从轻情况(unduly lenient sentences)的,他可以在取得上诉法院的同意之后,将案件提交给上诉法院对量刑加以审查。上诉法院的三名法官会就此举行听审,在听取总检察长的代表和被告人一方意见的基础上,科处更重或者更轻的刑罚。当然,在上诉法院作出新的量刑判决之后,无论是总检察长还是被告人一方仍然可以将量刑中涉及的法律问题提交给上议院。但前提是案件必须涉及普遍的重大法律问题,而上诉法院和上议院必须同意案件应由上议院加以受理。③

9.2.3.2 非常救济程序

在英国法中,上诉程序所针对的是尚未发生法律效力的法院判决,而非常救济程序则以纠正司法误判(miscarriage of justice)为目的,着眼于对那些已经发生法律效力的裁判的重新审查。尽管如此,两者仍然有着较为密切的联系。例如,非常救济程序一旦正式提起,就大体上采用与上诉审相同的程序;甚至就连对两者加以规范的法律文件都是一样的。④

在1995年以前,法院所作的有罪判决一旦发生法律效力,被定罪者在用

---

① John Hatchard and others, *Comparative Criminal Procedure*, p. 204.
② John Sprack, *Emmins on Criminal Procedure*, pp. 425-426.
③ Terence Ingman, *the English Legal Process*, seventh edition, Blackstone Press Limited, 1998, pp. 170-171.
④ 目前,调整英国上诉制度和纠正司法误判程序的法律主要有:1968年《刑事上诉法》和1995年《刑事上诉法》。其中,1995年《刑事上诉法》对1968年《刑事上诉法》的不少规定都作出了修改。但是,1968年的法律并没有完全失去法律效力。读者可参见:[英]迈克·麦康威尔,《英国刑事诉讼导言》,载《英国刑事诉讼法(选编)》,中国政法大学刑事法律研究中心组织编译,中国政法大学出版社2001年版,第76—77页。

尽了所有上诉程序之后仍然对定罪判决不服的,一般只能申请英国内政大臣(Home Secretary)将案件提交上诉法院进行再审。根据英国1968年《刑事上诉法》(第17条)的规定,内政大臣如果"认为适当",可以在判决生效后的任一时间里,将其认为属于误判的案件提交给上诉法院。对于这种由内政大臣转交来的案件,上诉法院将像审理被告人提起上诉的案件那样,进行再审程序。在司法实践中,内政大臣提交上诉法院开始再审程序的情况主要有:发现了原来没有发现的有利于被定罪者的新证据;出现了足以影响原判决成立的新的实质情况,等等。① 根据英国皇家刑事司法委员会于1993年提交的报告,从1981年至1992年,共有涉及97个申请人的64起案件被以这种方式转交上诉法院进行再审。其中,在1989年至1992年间,只有涉及49个申请人的28起案件被提交上诉法院。不过,那些被转呈再审的案件中大多数都被证明确有误判情况,并最终被推翻了原判。例如,在1990年,在涉及20个申请人的被转呈案件中,有19人的定罪被上诉法院推翻,其余的申请人也被上诉法院指令重新审判。与这些数字形成鲜明对比的是,从20世纪80年代以来,内政大臣每年所收到的声称遭受错误定罪并要求纠正的案件都达到700至800件。其中真正被内政大臣转交上诉法院再审的只是其中的极小部分。②

按照英国学者的解释,造成这种只有极少案件被提交上诉法院再审情况的原因是多方面的。被定罪者一旦将正式的上诉程序用尽而仍然不能推翻原来的有罪判决,他们在向内政大臣提出转呈申请时就不能再获得政府提供的法律援助,而只能自己准备申请所需要的书面文件。结果,这种申请通常无法将再审理由解释清楚,因此降低了成功率。另一方面,被定罪者的申请通常被交给内政部所属的官员进行审查。但非常不幸的是,他们缺乏相关的调查取证能力,经常不得不依赖于警察,而后者出于职业利益的考虑和明显的偏见,通常更倾向于支持原来的有罪判决,而不可能努力进行可能导致原判被推翻的调查工作。③ 皇家刑事司法委员会的报告在提出大量调查数据的基础上,对这种低效率而又阻碍了误判纠正的转呈制度提出了许多批评,并建议设立一个独立的刑事案件审查机构,来负责将可能属于误判的案件提交上诉法院,以取代内政部官员和内政大臣的工作。④

---

① John Hatchard and others, *Comparative Criminal Procedure*, p. 205.
② 〔英〕迈克·麦康威尔:《英国刑事诉讼导言》,载《英国刑事诉讼法(选编)》,第77—78页。
③ 同上注,第78页。另参见 Andrew Sanders and Richard Young, *Criminal Justice*, Butterworths, 2000, pp. 648-650.
④ Steve Uglow, *Criminal Justice*, Sweet & Maxwell, 1996, pp. 150-151.

在采纳皇家刑事司法委员会报告的基础上,1995 年《刑事上诉法》正式建立了"刑事案件审查委员会"(the Criminal Cases Review Commission)。委员会由不少于 11 人的委员组成,他们要由英国女王根据首相的推荐加以任命。按照 1995 年《刑事上诉法》的规定,委员会至少要有 1/3 的成员属于有 10 年以上工作经历的法官或者律师,其余 2/3 的成员则要具有与刑事司法系统有关的任一方面的经验或知识。刑事案件审查委员会设于伯明翰,于 1997 年 1 月开始工作。

刑事案件审查委员会可以在原判决生效后的任何时间,将案件提交有关的法院进行再审。可以说,它取代了内政大臣充当再审程序发动者的角色。不过,值得注意的是,该委员会在提起再审方面的权力较之内政大臣负责时期也有所扩大。因为它不仅可以将那些涉及定罪错误的案件提交法院,也可以将那些量刑畸重的案件提起再审;它不仅可以向上诉法院提交需要再审的可诉罪案件,也可以向刑事法院交付需要再审的简易罪案件。

具体而言,原来的有罪或科刑判决如果是由刑事法院一审作出的,委员会将转呈上诉法院进行再审;定罪判决如果是由治安法院一审作出的,委员会则将转呈刑事法院进行再审。刑事案件审查委员会可以自行发现误判案件,从而主动向法院提起再审程序,也可以接受被定罪者或其诉讼代理人的申请,并在审查合格后提交法院再审。无论是上诉法院还是刑事法院,在接受委员会转交的案件之后,将像对待上诉案件那样进行再审程序。不过,案件转呈给刑事法院之后,被定罪者经过再审,即使最终仍被定罪,其所被科处的刑罚也不能超过原来治安法院所判处的刑罚。①

根据 1995 年《刑事上诉法》(第 13 条)的规定,刑事案件审查委员会向法院提起再审的理由是,它认为存在着这样一种"确定的可能性"(a real possibility),即案件一旦提交法院再审,原来业已生效的定罪裁断或科刑判决将不再成立。在那些涉及定罪裁断可能有错误的案件中,这种"确定可能性"的判断,必须依据在原来的审判或被定罪者的上诉中从未提出过的辩论意见和证据来作出。而在那些仅涉及量刑不公正的案件中,"确定可能性"的判断,则需要依据在原来的审判或上诉中从未提出过的有关法律适用的辩论意见来作出。当然,为促使被定罪者尽可能多地用尽法律提供的上诉机会,从而减少不必要的再审,该法还要求被定罪者在判决生效前已经提出上诉,而

---

① Terence Ingman, *the English Legal Process*, seventh edition, Blackstone Press Limited, 1998, p. 178.

该上诉已经有了最终的裁判,或者上诉申请已经被法院驳回。否则,委员会提交的案件将不被受理。不过,在法定例外情况下,案件即使不能满足这一要求,法院也应受理委员会转呈来的案件。①

刑事案件审查委员会提交法院的案件大多来自被定罪者的申请。在考虑是否将案件提交法院再审时,委员会必须考虑被定罪者或其代理人提出的申请、意见以及其他相关的事项。尤其是在考虑是否向上诉法院提交案件时,委员会还可以就案件中涉及的任何问题提出自己的意见,上诉法院必须对这些意见加以认真考虑,并将自己的意见提供给委员会。委员会在提交需要再审的案件时,应将再审理由以书面陈述的形式提供给刑事法院或上诉法院,同时还要将这一理由陈述的复印件逐一发送给任何可能成为案件当事人的一方。当然,如果委员会拒绝将被定罪者不服其判决的某一案件提交法院,它也须将作出这种决定的理由提供给申请人。

上诉法院在对刑事案件审查委员会提交的案件进行重新审理过程中,有权要求委员会就其提出的问题进行专门的调查。委员会应按照上诉法院的要求提出调查报告,并将相关调查细节和文件材料一并收入该报告之中。为便于收集证据材料,委员会有权在法律授权范围内向公职人员调取文件和其他资料,必要时还可以委任一名警察或其他公职人员担任调查官。

案件一旦被提交给刑事法院或者上诉法院,那些向刑事案件审查委员会提出申请的被定罪者或其代理人,就具有上诉人的诉讼角色,案件的再审就将按照上诉程序进行。不过,上诉人在审判过程中仍可以就与定罪裁断或科刑判决有关的任何方面提出意见和理由,而不必受委员会业已提出的理由的限制。

需要指出的是,刑事案件审查委员会提交法院再审的程序属于英国纠正司法误判的主要方式。除此之外,英国法中还有一种特赦制度,也就是由英国女王根据内政大臣的建议行使皇家赦免特权(the royal prerogative of mercy),从而使被定罪者免除刑罚。② 此外,治安法院在法定情形下,也有权

---

① John Sprack, *Emmins on Criminal Procedure*, seventh edition, p. 428.
② 一般情况下,内政大臣根据被定罪者的申诉以及有关的证据材料,对定罪判决产生强烈怀疑并认为将其继续羁押为不正当的,就可以建议女王将该被定罪者予以特赦。特赦的后果是免除被定罪者尚未服完的全部刑罚和其他处罚,但法院原来所作的定罪判决仍然生效,而不能被女王废除。如果受到特赦的人想继续寻求司法救济,就必须向上诉法院申请撤销原来的有罪判决。随着 1995 年《刑事上诉法》的实施,内政大臣在作出有关特赦方面的决定之前,可以获得刑事案件审查委员会的协助。具体地说,他可以将与建议特赦有关的任何事项提交委员会,后者必须对该事项加以考虑,并提供给内政大臣一份结论性说明书,并就是否建议女王实施特赦的问题提出意见及相关理由。

对本院已经判决生效的案件发动再审。但是,这一自行提起再审的权力要受到法律的严格限制。一般而言,除了那些已经经由刑事法院或者高等法院处理过的案件以外,任何一个治安法院都可以随时对其所作出的科刑判决或其他命令予以修改或者推翻,或者随时指示对某一案件重新审判,只要这样做符合"正义的利益"。按照英国学者的解释,这种治安法院自行发动再审的制度,旨在使该法院具备纠正错误的能力。不过,对于那些被告人在治安法院作出有罪答辩或者不能向刑事法院提出上诉的案件,这一制度并不适用。①

9.3 既判力与免受双重危险原则之比较

从理论基础上看,既判力强调的是法院所作的业已确定的判决对后来的诉讼的法律约束力,这种效力因判决的确定而自然地产生。某一判决一旦具有既判力,就意味着同一被告人的同一行为不得再受到起诉和审判,从而产生所谓的"一事不再理"的消极效果。这一效果的实现,一方面有助于维护国家司法权的威信,通过防止法院就同一事实作出前后相矛盾的判决,以维护法的安定性,另一方面也避免就同一事实进行多次重复的起诉和审判活动,有利于实现诉讼经济原则。尽管在一些法国、德国学者的著述中,既判力在一定程度上被赋予了保障人权的含义,也就是防止被告人因同一行为而受到双重追诉的意义,但是,既判力在维护司法威信、保证诉讼经济、维护法的安定性等方面的作用,仍然得到主流理论的强调。

那么,英美法中的免受双重危险原则呢?尽管有学者指出这一原则与大陆法中的一事不再理原则都来源于罗马法,因而具有相当密切的联系②,但是,该原则却是以防止被告人受到多次重复的追诉这一观念作为理论基础的。事实上,在美国联邦宪法中,不因同一行为而受到双重危险,这既是被告人的一项宪法性权利,也是所谓"程序性正当程序"的有机组成部分。与其他正当法律程序条款一样,免受双重危险原则旨在对拥有强大追诉力量的政府与处于受追诉地位的弱小个人加以平衡,使两者有可能进行理性的、平等的

---

① Terence Ingman, *the English Legal Process*, seventh edition, Blackstone Press Limited, 1998, pp. 177-178.
② 例如,根据日本学者田口守一的观点,大陆法的一事不再理原则和英美法的双重危险原则都来源于罗马法,因此"从学说发展史来看,一事不再理效力以双重危险说为根据是很自然的"。参见〔日〕田口守一:《刑事诉讼法》,第303页。

抗争,防止政府利用其超强势地位,对个人进行任意的追诉,从而维护刑事诉讼中的"公平游戏"法则。

因此,相对于既判力和一事不再理原则而言,免受双重危险原则更多地站在保障被告人权利的立场上,发挥着限制政府追诉权的功能,而基本上不把诸如维护司法权威、维持法的安定性、实现诉讼经济原则等,作为自己的理论基础。表面看来,两者可能存在一些相同或相似的诉讼要求,尤其是在再审或者非常救济程序的设置上,它们都严格限制检控方申请重新审判的权利,而对被定罪者获得非常救济的权利则给予特殊的维护。但是,两者的基本立场、旨趣和功能仍具有明显的区别。而这些区别也在两大法系国家的一系列程序设计上表现出来。

首先,从适用范围上看,既判力理论只强调"既决的案件不得重新审判",也就是法院一旦对某一案件作出确定和生效的判决,那么,该案件就不得再受到重新追诉和审判。因此,只有那些业已产生法律效力的法院判决,才具有这种既判力,也才会发挥一事不再理的效果。而在法院判决生效以前,只要控辩双方依法提起上诉,案件都会进入第二审甚至第三审程序,从而接受上级法院的重新审判。

与此不同的是,英美法强调的是被告人不得因同一行为而受到"双重危险",也就是不得受到重复的起诉和审判。因此,检控方不仅不能通过发动再审,促使法院对一个已决案件重新审判,而且对一个已经进入第一审程序的案件,也不能随意地重新起诉。以美国为例,检察官不仅对一审法院所作的无罪判决不得提起上诉,而且在一审程序进入陪审团宣誓(联邦)或者第一个证据出示(各州)之后,也无权申请法院对该案件重新审判。可以说,英美法所禁止的是检控方对被告人的重复追诉,主张的是绝对的"一事不再理",也就是任何一个已经受过审判的被告人不再受到第二次起诉和审判;而大陆法则反对在判决确定之后再行追诉和审判,主张的是相对的"一事不再理",也就是不得对已决案件重新审判。

其次,两项原则对检控方提起上诉的限制存在明显的差异。根据大陆法国家的刑事诉讼法典,对于第一审法院的判决,检察官与被告人拥有几乎完全相同的上诉权,这种上诉权行使的后果都是引起第二审或第三审程序,从而引发上级法院的重新审判程序。因此,控辩双方的上诉既可以针对一审判决中的证据和事实问题,也可以针对审判中存在的法律适用问题。

相反，英美法对检控方的上诉却作出了极为严格的限制。原则上，对一审判决的上诉属于被告人的一项基本诉讼权利。检控方对一审法院所作的无罪判决一般是不得提起上诉的。检控方即便在极为例外的情况下对无罪判决提起上诉，也只能针对一审法院审判中的法律错误，并且不会导致无罪判决的撤销，被告人也因此不会被"改判"为有罪判决。

再次，两项原则的例外也具有明显的差异。在大陆法国家，已决判决一旦在事实或法律上存在重大的错误，经由法定的申请程序，法院就可以对案件进行再审。可以说，再审属于一事不再理原则的典型例外，再审既可以由被定罪者一方申请，也可以由检控方发动。

而在英美法中，被定罪者一方通过申请非常救济而导致已决案件受到重新审判，这当然属于免受双重危险原则的例外。但除此以外，被告人通过提起上诉或者申请法院宣告某一审判属于法律上的"误审"，从而引发同一案件的重新审判程序，这也属于该原则的例外。当然，陪审团经过评议无法形成法定多数或者一致裁断意见的，法官宣告撤销该陪审团，并且另行组成陪审团，对同一案件重新审判，这也属于免受双重危险原则的重要例外。可见，与既判力和一事不再理原则不同的是，免受双重危险原则的例外主要体现在检控方对未决案件的重新起诉以及法院对未决案件的重新审判等方面。但是，上级法院撤销原判、发回下级法院重新审判的理由，绝不是案件事实和证据问题，而只能是法律适用问题。这与大陆法国家的传统做法也形成了鲜明的对比。

最后，在对已决案件的重新审判方面，既判力理论与免受双重危险原则有不同的法律要求。作为一事不再理原则的例外，大陆法国家的再审基本上被设计成旨在纠正原审判决错误的重新审判程序。原审生效判决在事实认定和法律适用上发生错误，被视为判决既判力的法定中断理由。其中，法国的再审只能为被判刑人的利益而发动，而德国的再审则既可以是有利于被定罪者的重新审判，也可以是不利于被定罪者的重新审判。而后一种再审所导致的，很可能是原来被判决无罪的被告人受到有罪判决，或者原来被判决罪轻的被告人被科处较重的刑罚。当然，在那些规定有不利于被定罪者的再审的国家，这种再审要比那种有利于被定罪者的再审受到更加严格的法律限制。

但是，无论是英国还是美国，都没有建立那种旨在纠正原审判决错误的再审制度。原则上,法院的判决一旦生效,就不允许控辩双方提出任何重新审判的要求。不过在美国,被判刑人基于原审判决法律适用错误的理由,可以申请法院发布"人身保护令",从而引发法院的非常救济程序。而在英国,被判刑人基于原来证据调查和法庭辩论中从未提出过的理由,向"刑事案件审查委员会"提出重新审判申请的,该委员会应当将案件提交上诉法院或者刑事法院加以审判,从而达到纠正误判的目的。可以说,无论是美国的"人身保护令"程序,还是英国的"纠正误判"的特别程序,尽管都导致被告人的同一行为受到重新起诉和审判,但这是为了纠正原审判决中的错误,防止被告人受到不公正的定罪、科刑,而提供的一种非常救济措施。如果说"免受双重危险原则"的宗旨是不使被告人因同一行为受到重复追诉的话,那么,非常救济制度的设立,则更多地强调对业已生效的不公正裁判加以重新审查,以防止被告人遭受更大、也更为严重的非正义。表面看来,被告人因为非常救济程序的发动,而面临重新追诉和审判,但这几乎不会使其生命、财产和自由面临"新的危险",因为非常救济程序无论由哪一方发动,永远不会导致被告人受到更加不利的对待。这一程序的结果要么是将原来的有罪判决改为无罪判决,将原来的罪重判决改为罪轻判决,要么将原来的生效判决加以维持。

通过比较可以看出,作为大陆法系刑事诉讼的基本原则,既判力对已决判决形成之前的审判程序几乎是不发生任何法律约束力的。无论是在一审、二审还是三审程序中,检控方与被告人都拥有大体相同的上诉权,从而对发动新的审判程序拥有同等的权利。因此,英美法所强调的避免使被告人受到"双重危险"的观念,在大陆法中基本上并不存在。至于大陆法国家的再审程序,也更多地强调纠正原审生效判决中存在的事实和法律错误,而不仅仅是为被告人提供挑战法院所作的有罪判决的非常机会。归结起来,既判力所维护的是法院的司法权威和法的安定性,它在案件的实体真实面临危险时才会中断;而免受双重危险原则则确保被告人不因同一行为而承受生命、自由、财产等被剥夺的双重危险,它所限制的是来自检控方的刑事追诉权,并因被告人提出非常救济的申请而发生例外。

那么,作为两种法律理念,既判力与免受双重危险究竟孰优孰劣呢?一般说来,两者分别体现了不同的诉讼观念和法律文化传统,很难对它们作出价值上的评价。不过,假如我们将"一事不再理"视为一种诉讼现象的话,既判力和免受双重危险原则则分别属于对一事不再理的理论注释。换言之,大陆法更多地是从法院判决的确定力、权威性以及法的安定性等方面,来论证一事不再理的正当性。而英美法则从防止被告人受到双重追诉这一人权保障的角度,来阐明一事不再理原则的意义。应当说,第二次世界大战以来的大陆法刑事诉讼制度史就是一个不断吸收、引进英美法的历史。德国《基本法》对"一事不再理"原则的表述,已经部分地突破了传统上的既判力理论,而引入了更多的保障被告人权利的成分。或许,对于防止公共权力机构滥用刑事追诉权而言,免受双重危险原则要比既判力理论更有说服力。

第二部分 证据法

10. 英美法和大陆法中的证据概念
11. 英美法和大陆法中的证明责任与证明标准
12. 加拿大的刑事证据制度
13. 司法鉴定制度
14. 英美证据展示制度之比较

10. 英美法和大陆法中的证据概念

10.1 英美法中的可采性与相关性
10.2 大陆法中的证明力与证据能力
10.3 两大法系证据概念的简要比较

10.1 英美法中的可采性与相关性

10.1.1 事实问题与法律问题的区分

在英美法中，无论是法官还是陪审团负责认定事实问题，事实裁判者只能仅仅根据法庭上出现的证据作出裁判。换言之，英美证据法所要解决的首要问题在于哪些证据具有可采性（admissible），也就是具有出现在法庭上的资格。只有那些具备可采性的证据，才是可以在法庭上出现的证据。

在陪审团充当事实裁判者的审判中，法官的使命是决定证据是否具备可采性；一旦法官决定准许某一证据出现在法庭上，陪审团就要负责确定这个证据的证明力（weight）。例如，陪审团可以裁断某一证人的可信性（credibility），如果认为证人提供了错误的证言或者故意说谎，陪审团可以自行将某一被法官判定为具有可采性的证言，排除于裁判根据之外。

一旦某一不具有可采性的证据出现在法庭上，法官并不负有对此注意并加以排除的使命。按照对抗制（adversary system）的基本理念，诉讼的另一方（the other party）负有对该证据的可采性提出异议的责任。只有在诉讼一方对对方证据的可采性及时提出反对动议之后，法官才可以将该证据的可采性问题纳入裁判的范围。

按照传统的普通法，向法庭提供证言的证人必须具有适格性（competency），否则，他将失去当庭作证的法律资格。例如，如果证人犯有重罪，证人与诉讼的结局存在个人利益，证人为未成年人，或者证人为精神病人，那么，这些证人就被认为不具有适格性，因为他们可能不具有陈述真相的能力，或者根本不愿说出真相。

而在现代证据法中，这些旨在限制证人作证资格的规则大都失去了法律效力。原则上，所有了解案件事实的人都被推定具有适格性，事实裁判者所关心的问题已经从证人的适格性转移为证人的可信性。例如，假如某一证人与诉讼结局存在利益关系，诉讼一方可以此为根据，对证人进行弹劾（impeach），从而挑战其证言的可信性，但并不能因此而阻止该证人出庭作证。通常，证人基于两个理由失去作证的资格：一是对所要证明的事项缺少个人知识（lack of personal knowledge）；二是没有作出宣誓（oath），也就是没有作出说实话的承诺。

10.1.2　可采性与相关性

原则上,相关的(relevant)证据都是具有可采性的。反过来说,那些不具有相关性的证据,都是不可采的。但这并不意味着,所有具有相关性的证据都必然具有可采性。事实上,越来越多的相关证据都有可能被排除于法庭之外。这是英美证据排除规则存在的逻辑前提。例如,非法取得的证据尽管可能具有相关性,却仍然可能不具有可采性。

当我们说某一证据与某一案件具有相关性(relevancy)时,其实是在指出该证据与案件具有以下两个方面的联系:一是证明关系(probative relationship)。也就是说,一项证据的存在必须使某一事实主张更有可能成立。例如,在一起过失侵权诉讼中,A 诉称被 B 开车撞倒,并受到伤害。A 向法庭提出了 C 的证言,C 证明他看见 B 以每小时超过 100 公里的速度超速驾驶。这样,C 的证言与 A 所提出的事实主张——B 以每小时 100 公里的速度驾驶车辆,就具有了证明关系。相对于没有 C 的证言而言,C 的证言使得 B 超速驾驶的事实成立,具有了更大的可能性。

二是实质性(materiality)。证据具有实质性,意味着证据所要证明的某一事实主张与实体法之间具有直接的联系。例如,在上一例子中,假定案发现场的时速限制为 60 公里,那么,C 的证言就满足了实质性的要求。这是因为,这一有关 B 超过最高时速 40 公里驾驶的证言,足以证明 B 违反了实体法有关最高时速限制的规定。这一例子显示,证据与案件事实之间并不存在抽象的相关性。对于证据所要证明的任何一项事实主张而言,证据都要么与控方的主张具有相关性,要么与被告方的抗辩有直接的联系,而不可能与这两者都互不相干。

上述两个方面的联系已经被合并进入美国《联邦证据规则》第 401 条之中:"'相关证据'是证据具有某种倾向,使决定某项在诉讼中待确认的争议事实的存在比没有该项证据时更有可能,或者更没有可能。"(Relevant evidence means evidence having any tendency to make the existence of any fact that is of consequence to the determination of the action more probable or less probable than it would be without the evidence.)

其中,有关证据与事实主张的证明关系,已经被证据足以使"事实的存在更有可能"(the existence of the fact is made more probable)这一点所吸收;而第二方面的联系则体现在该事实属于诉讼中尚待确认的争议事实(the fact is of consequence to the determination of the action)。这一事实就是案件中的实质事实(the material fact)。

10.1.3 直接证据与情况证据

从相关性的原理出发,证据可以被区分为直接证据(direct evidence)和情况证据(circumstantial evidence)。

直接证据是指那种一旦被认为具有可信性,即可解决案件争议事项的证据。例如,证人 A 证明他看见 B 持枪打死了 C。显然,在 B 是否持枪打死 C 这个问题上,A 的证言就属于直接证据。因为只要 A 的证言是可信的,那么,有关 B 持枪打死 C 的事实就得到了证明,这一案件的争议问题就得到解决了。

情况证据则是指那种即使具有可信性,其本身并不足以解决案件争议事项,而需要与其他证据结合起来进行辅助推理(additional reasoning)的证据。例如,某地发生了一起持枪抢劫案。警察 A 在案发现场附近拦下正在匆匆逃走的 B,并从后者身上搜出一把手枪和被抢的物品。无论是 A 的证言还是 B 所持有的物品,对于 B 是否持枪抢劫这一事实而言,都属于情况证据,但是,这些证据结合起来经过推理,却足以证明 B 更有可能实施了持枪抢劫的行为。

一般说来,一项直接证据只要足以证明某一与实体法有关的实质事实的成立,就肯定具有相关性。相反,情况证据即使足以证明某一实质事实的成立,但假如不具有证明价值(probative value),也将被视为不相关的。

所谓证明价值,是指某一种证据可以对某一争议事实成立的可能性产生影响。确定某一证据是否具备证明价值,属于法官裁判权的范围。但一般而言,某一情况证据是否具有证明价值的问题,并不是一个法律问题,而属于逻辑问题和经验问题。法官只是根据他的经验、一般知识以及他对人类行为和动机的理解作出裁判。

例如,一个受到刑事指控的人,被发现试图逃离审判地。这种试图逃避司法审判的证据,对于证明行为人的犯罪故意,究竟是否具有证明价值呢?这就需要法官根据案件具体情况进行判断。在这一问题上,似乎并不存在明确的法律规则。

在对情况证据的证明价值作出评估时,法官必须确定该证据可以证明什么事实,并且必须按照证据与这一事实的"推理锁链"(chain of inference)作出判断。当然,所要经历的推理锁链环节越多,证据的证明价值也就越弱。

按照普通法中"一块砖不是一堵墙"(A brick is not a wall)的谚语,假如案件的争议事实为一堵墙,那么,具有证明价值的情况证据不过属于墙上的一块砖。情况证据不需要使某一实质事实的成立更具有可能性,而只要与不存在这一证据相比,更有助于增加这种可能性就足够了。

例如,A 被指控杀害了 B,检控方提出的一项重要证据是 A 属于 B 投保的一份人寿保险的唯一受益人。尽管在通常情况下,人寿保险的受益人并不必然具有杀害投保人的犯罪意图,但至少与没有这一事实相比,A 为保险受益人的证据增加了他实施杀人行为的可能性。

10.1.4　相关证据的排除

即便某一证据具有相关性,法官仍然可以基于若干自由裁量的考虑将其排除于法庭之外。根据联邦证据规则,这些自由裁量的考虑主要有以下几个方面:

(1) 证据对诉讼一方所造成的不公正的损害(unfair prejudice)超过了它的证明价值。

(2) 证据对争议事项所造成的混淆(confusion of the issues)超过了它的证明价值。

(3) 证据对陪审团所造成的误导(misleading the jury)超过了它的证明价值。

(4) 证据可能导致不适当的诉讼拖延(undue delay)或者浪费时间(a waste of time)。

原则上,对于所有不具备可采性的证据,控辩双方都可以向法庭提出异议,要求法官依据证据规则将其排除于法庭之外。对于这种旨在规范法官确定证据可采性的证据规则,英美法一般将其视为广义上的"证据排除规则"。其中,假如某一证据因为在取得方式、手段或程序上违反了法定的诉讼程序,因而导致其不具备可采性,并被法官排除于法庭之外的,就可以被称为"非法证据"。有关排除非法证据的规则也被称为"非法证据排除规则"。对于"非法证据排除规则",本书将在以后的章节予以讨论,这里只对广义上的证据排除规则作一简要分析。

根据美国联邦证据规则,证据即使具有相关性,但可能导致不公正的偏见、混淆争议或误导陪审团的危险大于该证据可能具有的价值时,或者考虑到采纳该证据将导致过分拖延、浪费时间时,法官也可以不采纳该项证据。典型的例子是"品格证据"(character evidence)。作为一般要求,有关某人品格的证据,不能被用来证明该人在特定场合下的行为与其品格特征相一致,也就是不具有相关性。但也有一些例外情况:(1) 被告人品格,被告人提供的旨在证明其品行良好的证据,或者起诉方提供的旨在反驳被告人品格的证据;(2) 被害人品格,被告人提供的关于被害人品格的证据,或者起诉方提供的用以反驳被告人有关被害人品格的证据;(3) 证人的品格,对于证人的诚信,任何一方都可以提出质疑,但有法定的例外。[①]

不仅如此,美国联邦证据规则对于证据相关性还作出以下的限制性规定:关于某人的习惯或某一机构日常工作的惯例,对于证明该人或该机构在特定场合的行为与其习惯或日常惯例相一致,是具有相关性的;原则上,某人在一起事件发生后采取了某种补救措施的,有关这些事后补救措施的证据不能被采纳为证明该人存在过失或者实施了应受处罚的行为;有关某一方提出、表示或者接受和解的证据,不能被用来证明该方对该项诉讼争议负有责任;支付或者表示、允诺支付医疗费用的证据,不能被用来证明对某一伤害负有责任;关于某人曾经或者未曾进行责任保险的证据,不能被采纳来证明该人行为有疏忽或其他过失的争议……

10.1.5 定罪与量刑之程序区分

原则上,英美证据法主要适用于定罪裁判阶段,也就是由陪审团负责认定事实的"定罪"程序。而在由法官主持的量刑听证程序中,证据规则的大部分都不再适用。例如,传闻证据规则、品格证据规则、意见证据规则、非法证据排除规则等,都不再成为法官限制证据可采性的依据。甚至就连那些以无罪推定为基础的司法证明规则,在定罪程序结束后的量刑环节上,也都不再发挥作用。但是,量刑程序并非没有任何证据规则,只不过所适用的证据标准较为简单而已。例如,法官在量刑事实的认定上,不采取"排除合理怀疑"的标准,而是采取"优势证据"的标准。

总之,英美法中的相关性,是可采性的前提。但是,假如该证据的取得手段是非法的,或者采纳某一种证据将背离某项法律政策,那么,即便它具有相

---

① 参见"美国刑事诉讼简介",载《美国联邦刑事诉讼规则和证据规则》,卞建林译,中国政法大学出版社1996年版,第1至29页。

关性,也是不可采的。过去,只要证据具有相关性,也就具有可采性。但随着证据规则越来越走向复杂,排除规则越来越多,那些具有相关性的证据不被认为具有可采性的情况也就越来越多。

10.2 大陆法中的证明力与证据能力

在德国、法国、意大利等大陆法国家,由于不存在陪审团与法官分享审判权力的制度,加之定罪与量刑在程序上是合二为一的,法院经过一场连续的刑事审判,既要解决被告人是否构成犯罪的问题,又要解决有罪被告人的刑罚问题,因此,总体上不存在类似于英美证据法那样的证据制度体系。尽管如此,大陆法国家仍确立了一些证据规则,也有一些有别于英美证据法的概念。

对于单个证据的审查运用问题,大陆法国家存在两个重要的概念:一为证明力,二是证据能力。

证明力又可称为"证据价值"或"证据效力",是指一项证据经过法庭调查程序之后,依据何种标准来评判其证据价值或者采信其证据效力的问题。按照大陆法中的"自由心证"或者"自由判断证明力"原则,证据的证明力大小强弱要由裁判者根据自己的理性、经验和良心,进行自由判断,法律不作任何限制性的规定。按照公认的观点,这是对中世纪欧洲大陆实行的"刑事证据制度"或"法定证据制度"的取代,将法官从那些非理性的证明力规则重压之下解放出来的标志,属于法国大革命的司法成果之一。

如果说证明力属于经验问题和逻辑问题的话,那么,证据能力则属于法律问题,是指法律为所有证据进入法庭审判程序所设定的资格和条件。在德语中,证据能力又称为"证据资格",也就是证据在法律上所具有准入法庭的资格。一项证据要成为法庭认定事实的依据,必须以具有证据能力为前提条件。从消极的层面来说,一项证据要具有证据能力,必须不属于法定的"证据禁止"之范围;而从积极的角度来看,一项证据要具有证据能力,还必须具有合法的证据形式,如证言由证人亲自出庭提供,而不是简单地宣读证言笔录,同时要经历严格的法庭调查程序。在德国法中,证据禁止是一项极为重要的制度,包括"证据取得之禁止"与"证据使用之禁止"两种,与英美非法证据排除规则相对应的主要是后一种证据禁止。按照证据使用之禁止所适用的法律规定,这一证据禁止又分为"非自主性证据使用禁止"与"自主性证据使用之禁止",前者主要是指根据德国《刑事诉讼法》第136条a所适用的证据使用禁止,后者则是根据德国《基本法》对于那些以侵犯公民宪法权利的手段所获取的证据在使用上的禁止。

大陆法中的证据能力规则,并非对一切程序都一视同仁地平等适用。在德国法中,有关认定案件事实的方式有"释明"与"证明"之分,后者又进一步有"严格证明"与"自由证明"之别。所谓"证明",是指使法官确信某一事实存在的活动。"释明"则是使裁判者对某一事实的可信性产生一定程度的确信的活动。一般而言,凡涉及法定回避,要求重新设定开庭日期,行使拒绝陈述、拒绝作证权等诉讼事实时所提出的理由,都使用"释明"而不使用"证明"的概念。

对于涉及认定犯罪行为的过程、行为人的责任以及量刑的幅度等实体问题的事实认定,所采用的证明方法,称为"严格证明"。对于严格证明所运用的证据存在两个方面的限制:(1) 法定证据方法的限制;(2) 证据规则的限制。而对于不涉及定罪量刑的事实情节的认定,可以采取任何方式加以证明,如通过查阅案卷、电话询问等方式,称为"自由证明"。[①] 由此看来,德国刑事证据规则也主要是在严格证明的场合下才有全部适用的可能性。

10.3 两大法系证据概念的简要比较

一个显而易见的事实是,英美法建立了大量繁杂的证据规则,甚至形成了专门的证据法典,而大陆法则只确立了极为有限的证据规则,并将这些规则规定在刑事诉讼法典或者民事诉讼法典之中。对于造成这一现象的原因,我们可以作以下解释:

首先,在审判组织上,英美法实行陪审团制度,作为法律外行的陪审员负责裁判事实问题,证据法必须发挥避免陪审员受到误导的功能,同时需要确立很多容易使普通人产生混淆的规则。因此,有关相关性的定义及其限制性规则就需要大量地建立起来。相反,大陆法实行陪审员与法官组成混合法庭的"参审制度",他们既有权裁决案件事实问题,也可以裁决法律适用问题,职业法官完全控制着事实认定和证据采纳问题。这在客观上不存在陪审员受到误导的风险,证据规则也无需发挥这样的功能。

---

① 参见宋英辉、孙长永、刘新魁等:《外国刑事诉讼法》,法律出版社2006年版,第402页以下。

其次,在审判程序上,英美法将事实认定与法律适用的程序作出了明确的分离,尤其是在刑事审判中,定罪的裁断程序与量刑听证程序是完全独立的两个程序。英美证据法主要适用于定罪裁断阶段,而在量刑听证程序中则不作太多的规范。相反,大陆法则采取了定罪与量刑合二为一的程序设计,法官、陪审员经过一场连续的审判,既要解决被告人是否构成犯罪的问题,又要解决有罪被告人的量刑问题。结果,英美证据法所确立的诸如品格证据、意见证据、传闻证据等方面的规则,在大陆法中就基本上不能适用。比如,被告人的前科在英美定罪裁断阶段是不具有可采性的,而在大陆法国家的法庭审判中就不在被禁止之列。

再次,在诉讼构造模式上,英美实行对抗式诉讼制度,控辩双方通过平等的、理性的诉讼争辩,来推动诉讼的进行,法官只是消极的仲裁者,而不是积极的调查者;而大陆法则实行职权主义的诉讼制度,法官作为"司法调查官员",可依据职权主动收集和调查证据,从而发现案件的事实真相,控辩双方不过属于法官发现事实真相活动的辅助者和参与者,而不会左右诉讼的进程。正因为如此,英美证据法才不得不发挥防止控辩双方混淆诉讼争议、拖延诉讼或者误导陪审员的功能,而大陆法的证据规则则不需要发挥这方面的功能。

对于证据法的初学者而言,最容易混淆的就是英美法中的"可采性"与大陆法中的"证据能力"的概念。即使在一些证据法论文和著作中,这种混淆也较为普遍地存在着。原则上,可采性和证据能力都属于法官控制证据"准入法庭"的法律资格和条件,都属于法律问题,也都属于建立证据规则的基础概念。但是,两者无论是在规则的结构还是在所发挥的诉讼功能方面,都存在着一些实质性的区别。下面对此作出简要的总结:

第一,"可采性"侧重强调某一不可采纳的证据不得为陪审员接触,以避免使陪审员受到不公正的误导。因此,可采性规则在开庭前的审判准备程序即开始得到适用,法官可以组织可采性异议之听证程序,以防止有问题的证据进入法庭审判程序。当然,作为一项例外,那些进入法庭审判阶段的证据,在法庭审理中还可以经受可采性之审查。法官一旦作出裁决,就可以命令陪审员将他们所接触过的不可采证据予以"遗忘",不得作为认定事实的依据。

而大陆法中的"证据能力"规则,则既强调某一不合法的证据不得进入法庭,也要求法官、陪审员在法庭审理中不得将其作为"制作判决的依据"。考虑到大陆法实行案卷移送制度,法官在开庭前已经查阅、研读过全部案卷材料,接触了控辩双方的全部证据,因此,庭前禁止法官接触不合法的证据的要求显得不可操作。当然,陪审员被禁止在审判前接触这些案卷材料。法官在审判前也可以依据职权主动将某一不合法的证据排除于法庭之外。但总体而言,大陆法中的"证据能力"规则,主要在法庭审理中得以适用。

第二,"可采性"作为英美证据法的核心概念,包含了几乎全部限制证据相关性的规则。而大陆法中的"证据能力",则主要是指证据取证手段、证据形式以及证据调查程序的合法性。

第三,"可采性"既包含了相关性的要求,又包含着对相关性的限制性规则。"可采性"属于逻辑、经验问题与法律适用问题的混合体。相反,"证据能力"属于单纯的法律问题,而原则上不包含一个证据的"证明力"或者"证据价值"的问题。对于一个证据的相关性大小和强弱问题,大陆法一般将其视为证明力问题,要交由法官、陪审员依据经验、理性和良心进行自由裁断,而不在法律上作任何限制性的规范。

第四,"可采性"的适用采取诉权推动的原则,也就是由控辩双方提出异议,法官作出裁决;而"证据能力"问题,则既可以由控辩双方提出要求审查的诉讼请求,也可以由法官依据职权主动加以审查和作出裁决。

11. 英美法和大陆法中的证明责任与证明标准

11.1 英美法中的举证负担与说服负担
11.2 大陆法中的结果责任与行为责任
11.3 英美法中的证明标准
11.4 大陆法中的证明标准

11.1 英美法中的举证负担与说服负担

证明责任是从英美法中引进的法律概念。在英语语境中，所谓证明责任，其实是指"证明负担"（burden of proof）。英美证据法基于陪审制和对抗制的制度背景，确立了一种颇具特色的证明责任双层次理论。根据陪审制，法官对案件的法律适用问题拥有裁判权，而陪审团在法官的法律指导下对案件的事实认定问题拥有权威的裁断权。而根据对抗制，法庭审判以控辩双方诉讼对抗的方式来展开，法官、陪审团所要裁断的就是控辩双方存在争议的事实和主张是否成立。在陪审制的影响下，英美证据法确立了主张者向法官承担举证责任、向陪审团承担说服责任的制度。而在对抗制的作用下，任何承担证明责任一方都需要首先承担举证责任，使得法官将该方所论证的事实和诉讼主张列为一个诉讼争点，然后才能提交陪审团对该方所主张的事实进行最终的裁断。论证本方事实和主张列为诉讼争点的责任，也就是通常所说的举证责任；而在法官列为诉讼争点之后，向陪审团证明本方待证事实存在的责任，则属于说服责任。

在英美证据法中，"证明负担"是一个多义的、容易被混淆的概念，判例法对此经常作出一些不同的解释。一般而言，有关"证明负担"的法律规则通常规定在实体法之中，证据法只是确立了有关证明负担分配的基本原则。在"证明负担"之下，存在着两个层次的概念：一是举证负担，二是说服负担。所谓"举证负担"（burden of production），又被称为"证据负担"（burden of evidence），在美国证据法中还被称为"提出证据推进诉讼的负担"（the burden of presenting evidence to put forward the proceedings）。任何承担证明责任的一方，首先应当证明某一特定事实的存在具有初步的证据支持，才能被法官纳入诉讼争点。如果负有证明责任的一方对于某一事实的存在没有提供足够的证据，那么，法官将不会将该项问题提交给陪审团，而是直接裁断该项事实在法律上不能成立。

另一个概念是"说服负担"（burden of persuasion），是指在法官将某一争议事实纳入诉讼争点的前提下，负有证明责任的一方证明该事实的真实性，并说服陪审团对该事实产生较高程度的内心确信的义务。作为事实裁判者，陪审团在审查完全部证据之后，假如对于所要证明的事实仍然存有疑问的，将会裁断有关待证事实不能成立，承担证明责任的一方也将会承受败诉的后果。

在英美刑事诉讼中,检察官对于其指控的罪行的每一项基本构成要素(essential elements)都承担说服负担。检察官必须将其指控的每一项罪状(count)的成立都证明到排除合理怀疑的程度,才能成功地承担"说服负担"。这一说服负担是不可转移的。但是,在陪审团确定检察官是否成功地承担了这种说服负担之前,检察官还必须就同一事项提出证据进行初步的证明,也就是承担前面所说的"举证负担"。只有在检察官首先满足了举证负担所要求的证明标准之后,法官才会将案件移交给作为事实裁判者的陪审团,后者也才会进一步确定检察官是否已经将其指控的罪状证明到排除合理怀疑的程度。而在检察官提出证据证明被告人有罪具备初步的或表面的证据之后,举证负担就转移给被告方,后者也要提出证据证明被告人有罪这一事实并不具备初步的或表面的证据。假如被告方发现检察官并没有提出初步的或表面的证据证明自己的指控事实,就可以提出"无辩可答"(no case to answer)的意见,要求法官直接在法律上宣告指控不成立。

在有些案件中,英美法允许被告方提出一些"积极抗辩"(affirmative defense)事由,以便证明被告人的行为在法律上不构成犯罪,或者证明被告人应被判定较低等级的罪名。通常情况下,这些旨在排除或者减轻被告人刑事责任的积极抗辩事由主要有:精神病、正当防卫、受到强迫、自愿醉酒、极端的情绪障碍等。原则上,被告人以上述事由为根据提出积极抗辩的,应当承担一定的证明责任。例如在美国和英国证据法中,被告方对这些积极抗辩事由都要承担说服负担。也就是说,被告方既要对这些事由的存在承担举证负担,说服法官将此抗辩事由纳入诉讼争点,也要在此基础上,说服事实裁判者对这些抗辩事由的存在形成较强的内心确信。当然,与检察官所承担的说服负担不同,被告方的说服负担不需要达到排除合理怀疑的最高程度,而至多达到优势证据就足够了。在美国一些司法区,法院要求被告方对特定的积极抗辩事由的证明,达到"清晰而有说服力的证明"这一更高的标准。

但在其他一些普通法国家中,判例法通常要求被告人对这些积极抗辩事由承担举证负担。例如,根据加拿大证据法,在提出积极抗辩的情况下,被告人需要承担举证负担。具体说来,辩护方必须提出证据证明自己的抗辩事由具有存在的可能性(a sense of reality),法官才会将此辩护意见提交给陪审团加以考虑。而一旦辩护方满足了这一举证负担,那么,证明这些抗辩事由不存在的责任,就将转移给检察官一方。不过,检察官证明这些抗辩事由不存在的责任,将不再属于举证负担,而相当于一种新的说服负担。与其他说服负担一样,对抗辩事由不存在的说服负担,也需要达到排除合理怀疑的程度。不仅如此,有权判定检察官是否满足这一说服负担的将是陪审团,而不是法官。

11.2 大陆法中的结果责任与行为责任

与英美证据法不同,大陆法国家的刑事证据制度并没有接受前述的双层次证明责任理论。这一方面是因为大陆法并不存在陪审团与法官在司法裁判权方面的角色区分,举证方无须分别向法官和陪审团承担不同的证明责任,另一方面也是因为大陆法实行职权主义的诉讼构造,法官始终拥有对案件事实的司法调查权,控辩双方在调查证据方面只起到辅助的作用,这就导致那种典型的"谁主张,谁举证"的原则并不能完全适用到刑事诉讼之中。尽管如此,大陆法国家的刑事诉讼中仍然存在着一种司法证明过程,也存在着相应的证明责任分配机制。对大陆法中证明责任制度作出理论总结的是德国学者,他们提出了结果责任与行为责任相结合的证明责任理论。

结果责任与行为责任的区分,首先发端于德国民事证据法理论。德国民事诉讼实行的是一种当事人进行主义的诉讼构造,这有些类似于英美刑事诉讼的对抗制构造。按照德国证据法理论,只有当法庭审理后待证事实仍然难以明确时,才会产生证明责任分配的问题。具体而言,在法庭审理进行到最后时,法官有时会面临所要证明的事实无法澄清或者难以查明的情形,对此"事实不明"的案件,法官要进行裁判,就必须遵循一套认定案件事实的规则。其中,证明责任的分配规则就是旨在解决"待证事实最后不明时如何分配法律效果"的规则。

所谓结果责任,又称为客观的证明责任,就是指法官在审理后无法确定待证事实或者对事实存在疑问的情况下,确定由何方承担败诉后果的责任。在当事人进行主义的诉讼构造中,负有结果责任的一方当事人,必须承受最后事实不明时的败诉后果。但是,结果责任与当事人的举证活动并没有必然的联系,法官的裁判直接取决于客观上"什么事实被澄清了",而不是主观上"什么人澄清了这件事"。正因为如此,承担结果责任的一方在事实不明情况下最终要承受不利的败诉结果。①

在当事人进行主义的诉讼中,行为责任是由结果责任所衍生出来的概念。也就是说,当事人为避免败诉后果,负有提出证据证明待证事实的责任。这种行为责任也称为主观的证明责任。但是,这种行为责任是由结果责任所派生出来的证明责任,承担证明责任的一方为避免败诉的结果,才向法官提出证据,论证待证事实的真实性。正因为如此,这种行为责任并不具有独立性,其主体和范围都取决于结果责任。②

但是,大陆法国家的刑事诉讼采取的是职权主义的诉讼构造。这一诉讼制度确立了实质真实原则和无罪推定原则。根据实质真实原则,法官对案件事实负有查明真相的责任,所认定事实的依据不限于控辩双方提交的证据,还可以自行收集新的证据。而根据无罪推定原则,证明被告人有罪的责任应由公诉方承担,被告人不承担证明自己无罪的责任,在检察官无法证明被告人有罪或者所证明的案件事实不清楚的情况下,法官应作出被告人犯罪事实不成立的无罪判决。

在这两个原则的影响下,那种"谁主张,谁举证"的原则就受到了一定的限制。由于法官负有调查义务,即使控辩双方不提出任何证据,法院仍然要依据职权调查案件事实,而不能直接作出裁判;法院所调查的证据也不以控辩双方当庭提出的为限,而可以自行调查新的证据。正因为如此,那种建立在诉讼主张基础上的行为责任就无法发挥作用了。尽管如此,在大陆法国家的刑事诉讼中,结果责任的概念仍然是可以适用的。也就是说,法官在审理后如果没有对被告人有罪这一点达到内心确信无疑的程度,就应遵循无罪推定原则的要求,作出被告人无罪的判决。但这种结果责任与民事诉讼中的结果责任有所不同,它仅仅被用来说明法官在案件审理后事实不明状态下的法律后果问题。

通过简要分析大陆法国家的结果责任和行为责任的理论,我们不难发现,这是一种与英美双层次理论截然不同的证明责任理论。假如有人将这两对概念等同视之,也就是将德国法中的结果责任等同于英美法中的说服负担,而将德国法中的行为责任归结为英美法中的举证负担,这属于一种严重的误读。其实,英美法中的举证负担与说服负担分别是用来向法官和陪审团承担的证明义务,前者是主张者说服法官将争议事实纳入诉讼争点的义务,

---

① 参见林钰雄:《刑事诉讼法(上册总论编)》,台湾元照出版公司2004年版,第432页以下。
② 参见林钰雄:《严格证明与刑事证据》,法律出版社2008年版,第164页以下。

后者则是在法官同意将待证事实提交陪审团考虑的情况下，主张者向陪审团证明案件事实的真实性具备较高可信度的义务。可以说，没有法官与陪审团的裁判职能分工，就不可能有这种双层次的证明责任理论的存在。

与英美法不同的是，大陆法国家没有确立陪审团制度，法官和陪审员都负有相同的裁判职能，控辩双方不需要将同一事实的证明区分为法律问题和事实问题，更不需要对同一事实前后进行两次证明过程。即使在民事诉讼中，控辩双方的证明责任也是单一的，也就是承担证明责任的一方首先要承受败诉风险，而为避免这一不利的诉讼结果，该方不得不承担行为责任，也就是提出证据证明待证事实的责任。可以说，满足结果责任是司法证明的目标和归宿，而满足行为责任则是避免败诉结果的手段。结果责任和行为责任是合为一体、不可分离的。当然，大陆法国家的刑事诉讼基本上没有接受民事诉讼中的这种证明责任理论。尽管在这一诉讼中也有结果责任的存在空间，但这种结果责任已经与民事诉讼中的结果责任不可同日而语了，它仅仅是指法官在案件受理后事实不明时的法律效果而已。在刑事诉讼中，即便在案件事实不清，法官无法形成内心确信无疑的情况下，也不存在"检察官败诉"的问题，而只存在"犯罪事实无法澄清"的问题。

11.3 英美法中的证明标准

在英美证据法中，大量被纳入司法裁判领域的证明对象，都存在着与之相适应的证明标准。在某种意义上，只要法院启动一项司法裁判程序，就要验证某一待证事实的真实性，也因此会适用特定的证明标准。主张者是否达到这类证明标准，已经成为检验其主张是否成立的重要依据。在审判程序中，检察机关要成功地证明被告人构成犯罪，被告方要成功地论证其积极抗辩事由，都需要达到法定的证明标准。而在审判前程序中，检察机关要申请法官签发搜查令、逮捕令或者启动预审程序，都需要对犯罪事实证明到法定的程度。

例如，美国证据法针对不同的待证事实，确定了多个等级的证明标准。其中，理论上的"绝对确定性"（absolute certainty），也就是达到100%的确信度，对于任何诉讼裁决都不需要达到这种证明程度；而"排除合理怀疑"（beyond a reasonable doubt），相当于达到95%以上的可信度，属于检察机关证明被告人构成犯罪的证明标准，检察机关对于犯罪事实的全部构成要素都需要证明到如此程度;"清晰而有说服力的证明"(clear and convincing proof),属于部分州民事诉讼的证明标准,相当于80%的可信度,在部分州被用来作为检验被告方证明存在精神病等积极抗辩事由的标准;"优势证据"(preponderance of evidence),属于一般的民事诉讼证明标准,相当于50%以上的可信度,被用来作为被告方证明积极抗辩事由的证明标准;"有理由的怀疑"(reasonable suspicion),相当于30%以上的可信度,被用来证明进行拦截和拍身搜查之事由存在的证明标准;"单纯的怀疑"(mere suspicion),相当于10%左右的可信度,被用来证明启动侦查或者大陪审团调查程序的证明标准;"合理的疑点"(reasonable doubt),相当于5%左右的可信度,只能被用来证明指控的犯罪事实存在合理的疑点,法院可以据此作无罪之宣告。而从理论上看,还有一种"无信息"(no information)标准,相当于0%的可信度,在此情况下,无论是警察、检察官还是法院,都不得采取任何对被告人不利的诉讼决定。①

在上述证明标准中,最重要的当属"优势证据"和"排除合理怀疑"这两项标准。

所谓"优势证据",主要是被告人用来证明各类积极抗辩事由的证明标准。同时,在量刑事实和程序事实的证明过程中,它也经常被用来作为被告方承担证明责任时的证明标准。

具体而言,优势证据是指支持某一待证事实的证据较之那些证明该事实不存在的证据而言,在证明力方面具有明显的优势。换言之,当证明责任的承担者能够证明某一待证事实的存在要比不存在具有更大的可能性时,也就等于达到了"优势证据"标准。在可信程度上,"优势证据"一般被认为相当于具有50%以上的可能性。

至于"排除合理怀疑"的证明标准,美国判例法很少直接给出准确的定义。联邦法院与各州法院对此也有一些不同的理解。不过,一般说来,判例法似乎都承认以下基本的理念:

一是无罪推定的理念。被告人在被证明有罪之前被推定为无罪,这被视为排除合理怀疑标准确立的理论依据。具体而言,这种无罪的推定将"排除合理怀疑地证明被告人有罪的责任"赋予检察机关,被告人不承担证明自己无罪的义务;对于检察机关是否证明被告人有罪存在合理怀疑的,法院应当

---

① 参见〔美〕戴尔卡门:《美国刑事诉讼——法律和实践》(第六版),张鸿巍等译,武汉大学出版社2006年版,第539页以下。

作出无罪裁决。

加拿大联邦最高法院曾经就此解释道:"如果在对全案证据继续仔细的考虑之后,你内心之中仍然对被告人有罪存有合理的怀疑,这就意味着公诉方没有满足法律所要求的证明标准,无罪的推定也就仍然成立,因此你必须——而非'可以'——作出无罪的裁断。相反,如果对全案证据经过仔细的考虑,你对被告人的有罪不存在合理的怀疑,这就意味着无罪推定已经被推翻,你就要作出有罪的裁断。"

二是"合理怀疑"的理念。判例法认为"合理怀疑"是可以界定的。一般认为,"合理怀疑"不能是一种想象出来的怀疑,也不能是一种基于推测的怀疑,它是一种实际的和实质的怀疑,它来源于证据,来源于证据所证明的事实或情况,或者来源于公诉方缺乏证据;合理怀疑"是指案件的这样一种状态,即在全面比较和考虑了所有证据之后,在陪审团成员心目中留下了这样的印象,即他们不能说自己对指控事实的真实性和确信的确定性感到了有一个可容忍的定罪"[1]。

加拿大联邦最高法院也曾对合理怀疑作出过一种著名的解释:"顾名思义,一项合理的怀疑准确地说就是一项建立在理性基础上的怀疑,亦即建立在逻辑推理过程之上的怀疑。它不是一种想象出来的怀疑,也不是基于同情或者偏见而产生的怀疑。它是这样一种怀疑,也就是如果你问自己'为什么我要怀疑'的时候,你能够通过回答这一问题,而给出一种逻辑上的理由。这种逻辑上的理由可以是指与证据有关联的理由,包括你在考虑了全案证据之后所发现的矛盾,也可以是指与某一证据的不存在相关的理由,而该证据在这一案件中属于定罪的前提条件。"[2]

三是"排除合理怀疑不等于排除一切怀疑"的理念。排除合理怀疑并不要求对犯罪事实达到绝对的确定性,或者达到数学上的确定性,也不等于要排除任何怀疑(beyond any doubt),因为"每件与人类事务相关的事情,都对某种可能性或者假想的怀疑开放着",而要达到排除一切怀疑的程度,这既是不可能的,也是不必要的。这一证明标准的真正要求在于,裁判者可能对犯罪事实的真实性达到了"确信无疑"的程度,但他仍然知道自己有犯错误的可能性;裁判者可以基于对犯罪事实存在的极大可能性而定罪,但这种可能性必

---

[1] 〔美〕罗纳德·J. 艾伦等:《证据法:文本、问题和案例》(第三版),张保生等译,高等教育出版社2006年版,第818页以下。

[2] David Watt, *Watt's Manual of Criminal Evidence*, Thomson Canada Limited, 1999, pp. 152-155.

须强大到足以排除任何合理怀疑的程度。

四是减少事实认定错误的理念。定罪达到排除合理怀疑的程度,这既是普通法的要求,也是美国联邦宪法的要求。考虑到刑事诉讼始终存在着错误定罪的可能性,而错误的定罪不仅严重侵犯被告人的个人利益,而且也使刑事司法的正当性受到质疑,因此唯有将对犯罪事实的证明标准确定为排除合理怀疑的程度,才能为法院定罪设置最为严格的法律条件,避免使一个人轻易而草率地被认定有罪,从而减少错误定罪的可能性。

11.4　大陆法中的证明标准

大陆法国家的证据制度并不发达,加上实行职权主义的诉讼制度,法官的司法调查权对法庭上的司法证明机制造成了很大影响,因此没有形成较为系统的证明标准制度。原则上,无论是在审判过程中还是在审判前的司法裁判程序中,法官要认定案件事实,就要掌握法定的证明标准。

按照德国的证据理论,认定案件事实分释明与证明两种方式,而证明又进一步分为自由证明和严格证明。一般而言,那些适用释明和自由证明的事实,并不需要达到令法官内心确信的证明程度,而只要令法官认为"很有可能"或"大致相信",就足够了。在德国,对于管辖权异议、回避争议以及适用证据使用禁止的情形,都可以采取释明或自由证明的方式,其证明标准也就是"很有可能"或"大致相信"的程度。但在那些与定罪判刑有关的实体事实的认定上,法院则遵循严格证明的规则。所谓严格证明,不仅包括适用较为严格的证据规则以及采用较为正式的证明程序,而且也要确立较高的证明标准。具体而言,这种证明标准就是法官内心确信的程度。

所谓"内心确信",是大陆法国家普遍确立的定罪标准,也就是证明被告人构成犯罪的证明标准。根据自由心证原则,法律不对每个证据的证明力大小强弱作出限制性规定,法律也不对裁判者形成内心确信的理由作出任何要求,对案件事实的认定完全交由法官、陪审员根据经验、理性和良心,根据其从法庭审判过程中所形成的主观印象,进行自由裁判。在德国,对于犯罪事实的认定,法官、陪审员应从整个审判过程中所获得的内心确信来作出裁决。而在法国,刑事诉讼法只要求法官、陪审员"平心静气、集中精神、自行思考、自行决定,本着诚实,本着良心,依其理智,寻找针对被告人及其辩护理由所提出之证据产生的印象。法律只向法官提出一个概括了法官全部职责范围的问题:您已有内心确信之决定了吗?"①

  表面看来,内心确信的标准似乎显得主观性很强。但是,根据无罪推定原则和证据裁判原则,被告人因为受到无罪推定原则的保护,不承担证明自己无罪的义务,而证明被告人有罪的责任则由检察机关承担;法官只有对被告人构成犯罪这一点形成内心确信的程度,才能作出有罪的裁决。但在法官对任何一个犯罪构成要件产生合理怀疑时,法官都不得作出有罪判决,而只能作有利于被告人的解释。根据这一"疑罪从无"的原则,大陆法国家的内心确信标准其实已经包含着"排除合理怀疑"的含义。正因为如此,这一证明标准有时又被称为"内心确信无疑"。

  除了要受到疑罪从无原则的约束以外,内心确信的标准还要受到诸多方面的客观限制。无论是内心确信还是自由心证,都特别容易引起人们的误解,以为法官、陪审员可以根据其纯粹的主观判断,来形成对案件事实的内心确信。其实,与其他任何证明标准一样,内心确信的标准既有其主观的一面,也有其客观的一面。作为主观层面的表现,内心确信意味着法官对被告人犯罪事实的真实性形成了最高的确信度。具体说来,法官通过审查全案证据并经历全部法庭审判过程,对被告人有罪这一事实产生了深信不疑的印象。但另一方面,内心确信也有其客观的衡量指标,而不单纯属于法官的主观确信。具体说来,法官对犯罪事实的调查结果,应当认定其具有高度客观的可能性。要达成这一客观标准,法官需要尽力调查全案事实,不仅要着眼于法庭上的证据调查,还要通过庭外调查来发现新的证据和事实;法官在形成内心确信时应当兼顾多种可能性,并对被告人无罪的可能性予以排除;法官不得采用那些无法经受客观验证的经验法则来确立其心证;法官的内心确信应当建立在客观事实基础上,并经得起反复的验证。② 这些都显示出"自由心证"并不是完全自由的,所谓的"内心确信"也不是纯主观的确信,而具有其客观的事实基础和可反复验证的效果。

---

  ① 参见〔法〕贝尔纳·布洛克:《法国刑事诉讼法》,罗结珍译,中国政法大学出版社2009年版,第79页以下。
  ② 参见〔德〕克劳斯·罗科信:《刑事诉讼法》(第24版),吴丽琪译,法律出版社2003年版,第117页以下。

12. 加拿大的刑事证据制度

12.1 宪法性救济制度
12.2 证明责任
12.3 证明标准
12.4 证据展示制度
12.5 拒绝自证其罪的特权
12.6 沉默权规则
12.7 口供规则
12.8 证据排除规则

12.1 宪法性救济制度

作为一种较为独特的立法体例,加拿大《权利与自由大宪章》(以下简称《大宪章》)针对那些侵权公民宪法性权利的行为,确立了两个专门的权利救济条款。考虑到任意侵犯宪法性权利的行为最主要地发生在刑事诉讼之中,尤其在警察调查证据、检察官提起公诉方面发生得较为频繁,且容易对公民的宪法性权利造成极为严重的侵害,因此,《大宪章》所确立的这两个权利救济条款通常与刑事诉讼中的程序性制裁发生较为密切的联系。

12.1.1 《大宪章》第 24 条(1)的救济

根据《大宪章》第 24 条(1)的规定,任何人在其宪法性权利遭受官方侵犯之后,可以向一个有合理管辖权的法院申请获得"适当和公正的"救济。然而,该条款并没有明确规定何谓"适当和公正的"救济。加拿大最高法院在二十年的司法裁判中,曾就此作出一系列的判决,并初步发展出了多种权利救济方式。

按照加拿大最高法院的判例,法院根据《大宪章》第 24 条(1)所提供的救济可以有以下方式:

(1) 休庭(adjournment),也就是暂时中止诉讼。

(2) 撤销(dismissal),亦即撤销起诉,命令检控方从法院撤回起诉,案件终止审理。

(3) 诉讼终止(judicial stay),也就是命令诉讼活动就此结束,效果相当于宣告无罪。

(4) 减轻刑罚(reduction of sentence),也就是因为检控方侵害被告人宪法性权利,而在量刑时减轻刑罚幅度。加拿大最高法院曾针对违反《大宪章》第 9 条的行为实施过这种救济方式。

(5) 民事赔偿(civil damage),亦即通过侵权诉讼获得民事赔偿,包括补充性赔偿和惩罚性赔偿两部分。

(6) 命令返还非法扣押物(the restoration of property unlawfully seized),适用于警察实施非法搜查和扣押的场合。加拿大最高法院曾针对违反《大宪章》第 8 条的行为采取过这一救济方式。①

当然,在加拿大最高法院根据《大宪章》第 24 条(1)所发展出来的各种宪法性救济方式中,最重要、最经常适用的是诉讼终止。原则上,法官一旦作出诉讼终止之宣告,整个刑事诉讼程序即告终结,检控方的起诉事实上被宣布为无效。这一结论尽管不是直接的无罪宣告,却具有无罪判决之效果。对此结论,检控方可向上级法院提出上诉。作为最普遍的救济手段,诉讼终止经常为法官采用来制裁无理拖延(unreasonable delay)和滥用程序(process abuse)行为。

例如,加拿大最高法院在 1987 年对 Rahey 一案作出判决,如果《大宪章》第 11 条(b)规定的"在合理时间内接受审判的权利"受到侵犯,最低限度的救济应当是永久性地终止诉讼程序(a permanent stay of proceedings)。而在安大略上诉法院于 1983 年所作的另一判决中,认为法院应被赋予控制诉讼程序的权力,并可以命令法庭审判尽早举行;如果检控方没有在指定的日期提出指控,就可以直接撤销起诉(dismiss the charge)。②

与无理拖延诉讼行为不同,滥用诉讼程序被认为是严重侵权宪法性权利的违法行为,它可以发生在警察和检察官的各种追诉活动之中。最典型的滥用诉讼程序的例子是警察的诱惑侦查行为,已造成侵犯公正审判权的无理拖延行为,以及检察官为阻止被告人的有效辩护所采取的违反公平游戏的举动等。

12.1.2 《大宪章》第 24 条(2)的救济

根据加拿大《大宪章》第 24 条(2)的规定,对于那种以侵犯公民宪法性权利的方式所获取的证据,法院如果认为采纳它们将使司法制度的声誉受到损害的,即可以将这些证据排除。即使在西方国家中,这也是迄今为止将排除规则确立在宪法之中的唯一立法例。

《大宪章》第 24 条(2)所确立的排除规则,可以包含三个基本的要素:一是证据的取得方式侵犯了公民的宪法权利,也就是《大宪章》所确立的某一公民权利受到了侵犯;二是侵犯宪法权利的行为与证据的取得之间具有合理的

---

① Don Stuart, *Charter Justice in Canadian Criminal Law*, pp.458-465. 另参见蒂姆·魁格雷:《加拿大宪章中权利、救济及程序的介绍》,载江礼华、杨诚主编:《美国刑事诉讼中的辩护》,法律出版社 2001 年版,第 296 页以下。

② Don Stuart, *Charter Justice in Canadian Criminal Law*, p.317.

因果关系,换言之,该证据是以侵犯某一宪法权利的方式获得的,而有关侵犯宪法权利的行为也恰恰发生在该证据的获得过程之中;三是采纳这一证据将损害司法制度的名誉,具体说来,任何一个有理性的人都会相信,采纳了这一侵犯公民宪法权利的证据,肯定会损害司法制度的名誉。

事实上,上述三个要素构成了法官排除一项非法证据的前提条件。在作出排除非法证据的裁决之前,法官必须谨慎地审查这些条件是否同时具备。按照加拿大最高法院大法官 Iacobucci 的解释,《大宪章》第 24 条(2)就有关是否采纳那些通过宪法侵权手段获得的证据的问题,可以从两个独立的角度加以分析:一是某一宪法性权利是否已经受到侵害;二是采纳该证据是否会导致司法制度的名誉受到损害。换言之,即便证据是通过侵害公民宪法权利的方式取得的,但如果法官将其采纳为定罪的根据,也不会造成损害司法制度名誉的后果,那么,该证据仍然是可以采纳的。显然,这种两步式的分析方法使法官即使在确定公民的宪法权利受到侵害之后,仍然对排除非法证据问题享有一定的自由裁量权。[①]

12.2　证明责任

在加拿大证据法中,"证明责任"(the burden of proof)是一个多义的、极容易被混淆的概念。这一概念在不同的场合有不同的含义,而没有一个固定不变的解释。一般而言,有关"证明责任"的法律规则通常规定在刑事实体法之中,证据法只是确立了有关证明责任分配的基本原则,而对有关的分配规则不作具体的规定。

大体说来,证明责任作为控辩双方负担的与证明有关的责任,有两个基本的含义:一是某一方当事人承担的证明某一争议事实(a fact in issue)存在或者不存在的责任;二是某一方当事人承担的提出证据,从而足以使事实裁判者对某一争议事项加以考虑的责任。对于前一种责任,加拿大证据法学者通常称之为"法定证明负担"(the legal burden of proof)[②],或者"说服负担"

[①] Frank Iacobucci, "Judicial Review by the Supreme Court of Canada under the Canadian Charter of Rights and Freedoms: the First Ten Years", in *Human Rights and Judicial Review: A Comparative Perspective*, pp. 123-125.

[②] David Watt, *Watt's Manual of Criminal Evidence*, Thomson Canada Limited, pp. 141-142. 持相同观点的还有 John Sopinka and others, *The Law of Evidence in Canada*, Butterworths Canada Limited, 1999, pp. 51-90.

(the persuasive burden)①。而对于后一种责任,学者则通称其为"举证负担"(the evidential burden)。

12.2.1　证明责任的分配原则

在其他普通法国家的证据法中,有关证明责任的分层理论都是存在的。例如,根据美国证据法的理论,证明责任可以分为"说服负担"(the burden of persuasion)和"提出证据推进诉讼的负担"(the burden of presenting evidence to put forward the proceedings)。这两种证明责任大体上与加拿大证据法中的"说服负担"和"举证负担"相对应。实际上,这种对证明责任的分类在某种程度上体现了在普通法的审判中法官与陪审团作用的基本区分。因为原则上,承担说服负担的一方究竟是否达到了法定的证明标准,要由作为事实裁判者的陪审团加以决定。而承担举证负担的一方是否成功地将自己提出的争议事项列入陪审团的考虑之列,则要由法官作出决定。

不过,有关证明责任的分配问题并没有一个一成不变的标准适用公式。几乎所有原则都是由法院的判例所累积形成的。

原则上,检控方须承担提出证据证明其指控的罪行的基本构成要素(essential elements)的责任。换言之,检察官必须将其指控的每一项罪状(count)的成立都证明到排除合理怀疑的程度,从而成功地承担"说服负担"。但是,在作为事实裁判者的陪审团确定检察官是否成功地承担了这种说服负担之前,检察官还必须就同一事项承担提出证据使其列入裁判者考虑范围的责任,也就是前面所说的"举证负担"。只有在检察官首先满足了举证负担所要求的证明标准之后,法官才会将案件移交给作为事实裁判者的陪审团,后者也才会进一步确定检察官是否已经将其指控的罪状证明到排除合理怀疑的程度。

在以诉讼抗辩(defence)、正当化申辩(justification)以及豁免(excuse)等为由进行辩护时,被告人则需要承担举证负担。在这些问题上,辩护方必须提出证据证明自己的辩护意见具有存在的可能性(a sense of reality),法官才会将此辩护意见提交给作为事实裁判者的陪审团加以考虑。而一旦辩护方满足了这一举证负担,那么,否定上述诉讼抗辩、正当化申辩或者豁免的可成

---

① Ronald J. Delisle, *Canadian Evidence Law in a Nutshell*, Thomson Professional Publishing, 1996, pp. 27-41.

立性的责任,就将转移到检察官身上。不过,检察官所承担的这种证伪责任不再属于举证负担的范畴,而实质上算作一种说服负担。与其他说服负担一样,检察官需要使其否定或证伪达到排除合理怀疑的程度。而有权判定检察官是否否定或证伪的将是陪审团,而不是法官。

那么,负责承担说服负担和举证负担的一方,如果无法成功地满足证据法所要求的证明要求,他要承担什么样的法律后果呢?根据加拿大判例法的要求,检察官不能就其指控的罪状满足法定的举证负担要求的,审判法官将不会将案件提交陪审团评议和裁决,而是直接作为无罪裁断。被告人在涉及诉讼抗辩、正当化申辩或者豁免等方面的举证负担问题上,如果不能满足法定的证明要求,审判法官将拒绝将其有关辩护意见提交陪审团考虑。最后,任何一方如果不能满足法定的说服负担要求的,该方在此问题上将招致败诉的后果。

在法庭审判过程中还有其他一些需要分配证明责任的场合。最典型的例子是当控辩双方就某一证据的可采性或者是否需要排除的问题发生争议时,究竟由哪一方承担证明责任的问题。对此,加拿大最高法院的判例认为,提出申请要求法官排除某一非法所得的证据的一方,需要承担一种特殊的说服负担。也就是说,申请排除证据的一方需要提出证据,证明有关证据是通过损害加拿大《权利与自由大宪章》的手段取得的,而且法官一旦采纳这一证据,就可能使司法制度的形象受到损害。需要注意的是,申请者尽管通常是辩护方,但这时所承担的不是举证负担,而是说服负担。只不过,满足这种说服负担并不需要达到"排除合理怀疑"的最高程度,而只须达到所谓的"优势证明"(a balance of probabilities)即可。换言之,申请者必须向法官证明,采纳这种非法证据对司法制度造成不利影响的可能性,要大于其不可能性。

12.2.2 举证负担

在加拿大证据法中,"举证负担"又被视为一种轻微的(minor)、次要的(secondary)的证明责任。在刑事审判过程中,决定某一方是否承担了举证负担的是审判法官。一般而言,在检察官将本方所有证据举证、出示完毕之后,法官将会审查检控方的证据,能否使得一个理性的陪审团(a reasonable jury),在接受法官适当的指导之后(properly instructed),作出指控的罪状成立的裁断。法官将会对检控方指控的罪状的基本要素是否得到证明进行全面的审查。经过审查,法官认为检察官的证据已经满足了举证负担的要求的,即决定将案件提交陪审团加以裁断。相反,法官认为检察官的证据尚未满足举证负担的要求的,就不会移交陪审团裁断,而直接针对有关的罪状作出一项无罪的裁断(a verdict of acquittal)。

如果证据法要求被告人承担举证负担,例如,就正当防卫的抗辩(self-defence)承担举证负担,那么,检验其是否满足举证负担的标准是,其提供的证据是否足以证明其抗辩的成立具有现实可能性(an air of reality)。如果辩护方达不到这一要求,法官将不会将此抗辩提交陪审团考虑。相反,法官如果认为辩护方已经达到上述要求,则可以指导陪审团对辩护方的辩护意见加以考虑,并且告知他们,检察官需要承担提出证据证明该抗辩不成立的说服负担。

12.2.3 说服负担

在加拿大证据法中,"说服负担"又被视为法定的(legal)、最终的(ultimate)和首要的(primary)证明责任。一般说来,有关说服负担的规则是由刑事实体法来规定的。负责承担说服负担的一方需要提出证据证明某一事实、主张的成立或者不成立。否则,事实裁判者就会裁断该方在此事实或主张的成立问题上败诉。这种说服负担的分配在不同的案件中针对不同的事项会有不同的规则。

在没有明确的例外规定的前提下,与一罪行的基本要素有关的说服负担由检控方承担。被告人一般只承担举证负担,而不承担说服负担。当然,这一原则也有例外。例如,刑法如果规定,不持有特许授权经营的执照,擅自出售某种商品或者违禁品的,即构成某一犯罪。假如被告人出售该商品或违禁品的行为已经得到证实,那么,被告人就需要证明自己持有合法获得的营业执照。否则,自己出售商品或违禁品的行为就构成犯罪。对于这种情况,加拿大最高法院曾一度作出过判例,认为这属于被告人独知的特别事实(facts peculiarly within the knowledge of the accused),因此要由被告人负责承担证明责任。而且,这种责任还不是一般意义上的举证负担,而属于一种特殊的说服负担。这种情况实际就属于检控方承担说服负担这一基本原则的例外。当然,加拿大最高法院也认为,这种转移说服负担到被告人身上的情况应受到极为严格的控制,否则,无罪推定原则就将遭受严重的破坏。

不过,根据无罪推定的原则,被告人绝对不承担证明自己无罪的说服负担。相反,被告人有权作出无罪的辩解。只要作为事实裁判者的陪审团,对于检察官提供的证据是否足以证明被告人有罪还存在合理的怀疑,他们就可以作出有利于被告人的解释,也就是裁断被告人无罪。

12.3 证明标准

证明标准是一个与证明责任有着密切关系的法律概念。一般说来,证据法如果就某一事项或申请确定了由哪一方承担证明责任,那么,紧接下来就需要明确该方应将该项事项、申请证明到什么程度,才能促使法官或陪审团作出对自己有利的裁决。否则,承担举证负担或说服负担的一方如果不能满足法定的证明标准,就将承担败诉的风险。在以下的讨论中,笔者将对加拿大证据法确立的证明标准作一简要的分析。

12.3.1 证明标准的一般原则

在加拿大证据法中,"证明标准"(the standard of proof)是指承担举证负担或说服负担的一方,对其有关事实或申请的证明所要达到的标准或程度。证明标准根据证明责任的性质和控辩双方的分配情况而有不同的确定原则。

一般而言,对于举证负担的满足而言,检控方需要提出证据证明,一个理性的陪审团在得到适当的指导之后,能够对被告人作出有罪的裁断。只有达到这一标准,法官才会驳回被告人提出的直接裁断无罪的申请,而将案件提交给陪审团裁决。而在被告人承担举证负担的场合下,被告人需要指出或者提出证据,证明某一事实的存在具有现实可能性,或者在事实裁判者面前提出了一个有效的争议点。对于举证负担标准的判断,属于法官的职责范围。

在刑事法领域,一般主要有两种说服负担标准:一是排除合理怀疑的证明,二是优势证据的证明。前者是检控方在证明一项指控罪行的基本要素时所要承担的证明标准。后者则是被告人在涉及诸如不具备刑事责任能力的辩论时,所要承担的证明标准。但在任何情况下,让被告人承担排除合理怀疑的最高证明标准,都是与加拿大《大宪章》所确立的基本正义原则相背离的。

12.3.2 检控方满足举证负担的标准

在加拿大的刑事审判中,辩护方在检控方将其全部证据举证、出示完毕后,可以向法官提出直接作出无罪裁断(a direct verdict of acquittal)的申请。

法官接受申请后,需要确定一个得到合理指导的、理性的陪审团,能否根据检控方提出的证据作出有罪的裁断。如前所述,这也就是检控方需要满足举证负担要求的问题。

那么,检控方要满足这种举证负担,需要达到什么样的证明标准呢？要弄清楚这一点,就需要了解辩护方需要将其申请证明到什么程度。事实上,美国和英国的证据法曾就此引入所谓"合理怀疑的标准"(the reasonable doubt standard)。也就是说,法官要在检控方举证完毕后直接作出无罪的裁断,需要对其指控的罪行是否成立存有合理的怀疑。与此不同的是,加拿大最高法院确立的基本原则是,审判法官在判断检控方的证据是否充分方面,不需要审查证据是否达到"排除合理怀疑的标准",而必须适用所谓的"无证据标准"(the no evidence standard)。

根据这一标准,法官只须对检控方的证据进行有限的审查,以判断一个理性的事实裁判者是否能够确信指控的罪状已得到证实,并对此达到排除合理怀疑的程度。换言之,法官需要考虑的不是检控方是否已将被告人有罪这一点证明到排除合理怀疑的程度,而是作出有罪的裁断是否合理,是否有足够的证据支持。

需要注意的是,作为法律适用问题的裁判者,法官无权对证据的证明力和可信性进行任何实质的审查,这些审查应当属于作为事实裁判者的陪审团的职责。法官的责任是审查检控方是否就其指控罪行的每一项要素均提出了相应的证据,从而满足了举证负担的要求。例如在一起谋杀案中,法官需要确认检控方是否就身份问题、因果关系、被害人的死亡以及被告人的心理状态等,都提出了证据。如果在上述任一问题上,检控方没有提出证据加以支持的话,法官就不会将案件提交陪审团裁断,而是直接作出无罪的裁断。

很显然,审查检控方指控的罪行是否在每一项要素上都有证据加以支持,这是典型的法律问题,而不是事实问题。如果法官认为检控方没有满足举证负担要求,也就是陪审团不可能合理地作出有罪的裁断,那么,他将告知陪审团检控方没有提出充足的证据,以支持有罪的裁决,从而指导陪审团作出无罪的裁断。相反,法官如果认为检控方已经满足了举证负担的要求,就将驳回辩护方提出的申请,并询问辩护方是否希望提出本方的证据。由于该项申请所涉及的问题与被告人是否有罪没有关联性,因此这一决定被禁止透露给陪审团。①

12.3.3 被告人满足举证负担的标准

根据前面的分析,被告人如果以诸如正当防卫、强制(duress)、激怒(provocation)等理由进行积极的辩护的话,就需要承担一定的举证负担。换言之,被告人对这些作为辩护理由的事实主张,有义务提出证据加以证明。证明的标准是记录中有一些证据使得该辩护成为一个有效的争议点(to ensure that there is some evidence on the record to make it a live issue)。换句话说,辩护方只需要指出记录中确实有某些证据,足以说明其辩论理由是适于被提交陪审团考虑的。当然,这些证据既可以属于控方证据的一部分,也可以是辩护方提交给法庭的证据。

作为一项涉及法律适用的问题,被告人是否满足了举证负担的要求,也需要由法官加以审查。法官掌握的标准是,是否有某些证据足以证明,一个得到适当指导的、理性的陪审团,能够根据这些辩论理由作出无罪的裁断。用更加明确的话来表达,就是某些证据是否能够导致陪审团对被告人有罪形成合理的怀疑。经过这种审查,法官如果认为这些被用来支持一项积极辩护主张的证据能够达到这一效果的,就可以决定将此证据提交陪审团考虑。

在1980年作出的一项判决中,加拿大最高法院确立了所谓的"现实可能性"(an air of reality)的标准。该法院认为,在有关性侵犯的案件中,被告人以错误地相信得到被害人的同意作为辩护理由的,法官要将该辩护提交陪审团加以考虑,就必须确定辩护方已经证明该辩护理由的存在具有现实的可能性。按照该法院的解释,所谓"现实可能性",意味着法官必须确定辩护方提出的证据,是否足以令一个理性并得到适当指导的陪审团据此作出无罪的裁断。这一标准提出后,得到了普遍的赞同和采纳。加拿大最高法院也通过一系列判例,将这一标准适用到那些涉及正当防卫、强制、事实错误、紧急避险、激怒、醉酒等方面的辩护中。

但是,仅仅就字面意思来理解的话,那么,所谓的"现实可能性"标准,并不比前面的"有效的争议点"标准更加明确和易于掌握。对此,加拿大最高法院在一系列的判例中作出了一些解释。但从这些解释中还难以总结出一般性的结论。例如,该法院有时将这一标准解释为,存在一些证据证明某一辩

---

① John Sopinka and Others, *The Law of Evidence in Canada*, pp.144-147.

护理由的成立,使得一个理性的陪审团能够作出无罪的裁断。也就是说,辩护方提出的这些辩护理由要有一定的事实基础和法律基础。而在有的判例中,法院则把"现实可能性"的标准解释为,是否有足够的证据来支持一项辩护主张。据此,法官需要审查辩护证据的证明力大小和强弱,以确定该辩护主张是否有充分的事实基础。

由此看来,加拿大法官在确定被告人是否满足举证负担的要求方面,还具有相当大的自由裁量权。不过,一旦法官确认被告人就其辩护所承担的举证负担已经通过了"现实可能性"的检验,他就可以将该辩护提交陪审团加以考虑。由于证明被告人有罪的说服负担始终要由检控方承担,因此,法官必须告知陪审团,检控方需要承担证明这些辩护不成立的责任,并且要将这一点证明到排除合理怀疑的程度。

12.3.4 检控方满足说服负担的证明标准

在加拿大证据法中,就说服负担的满足而言,一共存在着两种证明标准:一是民事诉讼中原告需要满足的较低的证明标准,也就是优势证据(balance of probabilities, or proof on a preponderance of probabilities);二是刑事诉讼中检控方需要满足的较高的证明标准,亦即通常所说的"排除合理的怀疑"(beyond a reasonable doubt)。

在民事诉讼中,原告通常承担说服负担,因为是他在试图改变现状。但是,在某种特定情形下,与某一争议事实有关的说服负担也会转移给被告人承担。一般来说,社会对于究竟原告还是被告在一项民事诉讼中胜诉并不关心,因此没有必要为了防止错误的裁判结果而将证明标准定得比优势证据的标准还要高。相反,社会对个人自由给予高度的重视,为了防止错误的定罪,就需要确定一个更高程度的确定性。按照加拿大最高法院的解释,检控方承担证明被告人有罪的责任,并且要达到排除合理怀疑的程度,这与无罪推定原则有着极为密切的联系,从而确保无罪的人不被任意定罪。与其他普通法国家一样,加拿大的法律传统中也有"宁愿放纵可能有罪的人,也不对可能无罪的加以定罪"的观念。[①] 因此,对于检控方证明被告人有罪的标准定得高一些,既为国家对一个人定罪增加了一些法律障碍,也可以有效地防止无罪者被定罪。

---

① John Sopinka and Others, *The Law of Evidence in Canada*, pp. 154-155.

那么,究竟什么是指"排除合理的怀疑"呢?按照加拿大的司法传统,联邦上诉法院通常对使这一证明标准具体化的努力表示怀疑甚至批评。例如,最高法院的一位法官就曾明确作出如下的评论:

"合理怀疑"这一术语,在很大程度上是不需要解释的。我认为,它的意思能够为一般人很好地理解。任何试图对其意思作出进一步解释的努力经常被证明是不成功的。而且,作为一般的规则,脱离开传统上可接受的表述方式,对该标准所作的解释将是不理想和不必要的。

不过,很多省级上诉法院都不赞同这种意见。它们认为,不对"合理怀疑"作出具体的定义将是一种错误,因为这一术语正在被如此普遍地适用,以至于难免造成理解上的误解和混乱。为解决这些问题,加拿大最高法院在一系列的判例中,要求法官向陪审团就检控方的证明标准作出准确的解释。例如,该法院认为,证明责任由检控方承担,是与无罪推定原则有着密切联系的;如果陪审团不能对检控方所承担的证明标准作清楚的理解,就不可能有公正的审判可言。因此,审判法官应当向陪审团就合理怀疑的含义作出解释。在 1997 年对著名的 *R v. Lifchus* 一案所作的判决中,最高法院要求审判法官,在解释"合理怀疑"这一术语的时候,应当避免采取如下的方式:

将"合理怀疑"描述为一个在刑事法领域没有特别意义的普通概念;

让陪审员按照他们日常生活中重要或者最重要的决定所需要的标准,来理解这一证明标准,以至于使这一标准被人为地降低;

将"排除合理怀疑"等同于"达到内心确信"(to a moral certainty)的证明程度,由此导致不同的陪审员对这一标准形成各自不同的理解;

将这里的"怀疑"用"合理的"以外的其他形容词来表述,如"严重的""重大的""高级的"等,从而使陪审团受到误导;

在对陪审团就"排除合理怀疑"的意思作出适当解释之前,就告知陪审团:如果"确定"(sure)被告人是有罪的,就可以作出有罪的裁断。

加拿大最高法院还从正面对法官的法律指导提出了要求。例如,它要求审判法官应当作出以下解释:

排除合理怀疑的标准与无罪推定这一刑事审判的基本原则有着密切的联系;

证明被告人有罪的责任在整个审判中始终由检控方负担,而在任何场合下也不能转移到被告人身上；

一项合理的怀疑不应当是以同情或偏见为基础的怀疑；

合理的怀疑应当以理性和共同意识为基础；

合理的怀疑应当与某一证据的存在或不存在有着逻辑上的联系；

合理的怀疑并不意味着检控方的证明要达到绝对的确定性，也不是指要排除任何怀疑(beyond any doubt)，它并不是一种想象出来的或者微不足道的怀疑；

证明被告人有罪的标准绝不等于民事诉讼上的证明标准，证明被告人很可能有罪(probably guilty)，并不足以达到排除合理怀疑的程度。

不仅如此，最高法院还就排除合理怀疑的标准，确立了一个典型的法官指导模式：

被告人在诉讼中应被推定为无罪的人。无罪推定应适用于整个诉讼过程，直到检控方根据提交到你们面前的证据，令你排除合理怀疑地相信被告人是有罪的。

什么是指"排除合理怀疑"呢？

"排除合理怀疑"这一术语的使用已经有很长的历史，它是我们的历史和司法传统的一部分。它在我们的刑事法中地位如此牢固，以至于有人认为不需要对其加以解释。但是，我还是要对它的意思作出一些说明。

一项合理的怀疑并不是想象出来的或者微不足道的怀疑。它不能建立在同情或偏见的基础上。相反，它应当以理性和共同的意识为基础。它在逻辑上源于某一证据的存在或不存在。

即使你相信被告人很可能是有罪或者可能是有罪的，那也是不够的。在那些情况下，你必须对你的怀疑作出有利于被告人的解释。因为检控方并没有令你排除合理怀疑地相信被告人是有罪的。

另一方面，你必须记住，将任何事项证明到绝对确定的程度，是完全不可能的。检控方并不需要证明到如此程度。这样一个证明标准已经高到不可能的程度。

简而言之，如果根据证据的存在或者不存在，你已经确定被告人实施了某一罪行，你就应当作出有罪的裁断，因为这证明你对他有罪的确信已经达到排除合理怀疑的程度。

而在 1995 年对 *R v. Brydon* 一案的判决中,加拿大最高法院还要求法官向陪审团指出,对于达到排除合理怀疑的标准而言,陪审团只是认为被告人很可能有罪或者可能有罪是不够的;陪审团绝不能将自己的怀疑建立在这样一种判断的基础上:没有任何事情是确定的或者不可能的,或者任何事情都是可能的。不仅如此,法官还应当告知陪审团:

> 如果在对全案证据继续仔细的考虑之后,你内心之中仍然对被告人有罪存有合理的怀疑,这就意味着检控方没有满足法律所要求的证明标准,无罪的推定也就仍然成立,因此你必须——而非"可以"——作出无罪的裁断。相反,如果对全案证据经过仔细的考虑,你对被告人的有罪不存在合理的怀疑,这就意味着无罪推定已经被推翻,你就要作出有罪的裁断。

对于什么是"合理的怀疑",最高法院的解释是:

> 顾名思义,一项合理的怀疑准确地说就是一项建立在理性基础上的怀疑,亦即建立在逻辑推理过程之上的怀疑。它不是一种想象出来的怀疑,也不是基于同情或者偏见而产生的怀疑。它是这样一种怀疑,也就是如果你问自己"为什么我要怀疑"的时候,你能够通过回答这一问题,而给出一种逻辑上的理由。这种逻辑上的理由可以是指与证据有关联的理由,包括你在考虑了全案证据之后所发现的矛盾,也可以是指与某一证据的不存在相关的理由,而该证据在这一案件中属于定罪的前提条件。①

12.4 证据展示制度

根据普通法的传统,审判前的证据展示属于检控方自由裁量权的范围,而在法庭审判阶段则属于法官裁量权的领域。在加拿大成文法中,有关证据展示的系统制度并不存在。加拿大刑事法典只是笼统地要求检控方的指控必须提供有关罪行的细节,以便使被告人获得有关该控罪的充足情况。但这并不足以导致证据展示制度的建立。不过,与其他普通法国家一样,加拿大刑事诉讼中有一个极为重要的预先审查(preliminary inquiry)程序。该程序的

---

① David Watt, *Watt's Manual of Criminal Evidence*, pp.152-155.

基本功能被认为是确定检控方是否有足够的证据证明将被告人移送法庭审判的合理性。但是,由于在这一程序中,检控方必须向法官提交指控证据,而辩护方为了在预审阶段有效地审查证据,也要事先了解这些证据的具体情况,因此,预审程序的设置客观上使辩护方在法庭审判之前有了一个了解控方证据的机会。[1] 不过,随着1982年加拿大《大宪章》的颁行,加拿大最高法院作出了一系列重要的判例,逐渐建立了一些有关证据展示的法律规则。

根据加拿大证据法的规定,检控方有义务将其掌握或控制的全部相关证据资料(all relevant material)展示给辩护方。这些资料可以是对被告人不利的证据,也可以是对被告人有利的证据。因此,检察官向辩护方展示的资料并不仅仅局限于他在法庭上作为指控依据提出的那些证据。但与此同时,辩护方也有向检控方展示部分证据的义务。

12.4.1 检控方向辩护方的展示

在检察官展示证据问题上,对证据资料是否具有相关性(relevance)的判断显得格外重要。这一判断的依据是该资料对于辩护方的防御活动是否有用。换言之,如果某一证据在有助于被告人的辩护方面具有一种合理的可能性(a reasonable possibility),那么,它就应当属于检察官向被告人展示之列。

在加拿大,被告方一经提出证据展示的要求,检察官就须承担向其展示证据的义务。从时间上来说,检察官的展示是一个持续进行的活动,它始于被告人对审判模式作出选择之前,并可以一直持续到审判前的准备以及法庭审判过程之中。加拿大法律要求检控方在确定哪些资料需要展示以及向被告人持续展示证据方面,必须保持最大限度的诚实。检察官拒绝承担法定证据展示义务的,将导致诉讼程序的终止或者其他对检察官不利的法律后果。另外,检察官的这种行为本身也将被视为一种对职业道德标准的严重违反。

当然,检察官向辩护方展示证据的义务并不是绝对的。基于以下三方面的法定理由,检察官有权延迟展示的时间,或者拒绝展示:

一是证据资料不在检控方控制之下;

二是证据资料明显地与被告人的辩护不相关;

三是检控方就某一证据享有拒不展示的法定特权(privileged material)。

---

[1] Don Stuart, *Charter Justice in Canadian Criminal Law*, Thomson Canada Limited, 2001, pp.151-153.

不仅如此，如果检察官认为某一证据资料符合所谓"公共利益豁免"（public interest immunity）条件的，检察官也可以拒绝被告人提出的展示该证据的请求。

不过，检控方如果基于上述任何一个理由，延迟展示时间或者拒绝展示的，都需要承担证明这些理由成立的责任。而在是否延迟以及是否展示的问题上，负责审判的法官拥有最终的决定权。

为了对检察官在证据展示的时间、范围和方式等方面的自由裁量权进行限制，加拿大判例法建立了专门的司法审查制度。根据这一制度，在法庭审判开始之前，检控方必须将其掌握的证据资料尽可能详细地列出一份书面清单，并提交给被告人，以便后者有机会确定哪些属于需要展示的证据。同时，检察官还要明确列明哪些证据资料属于准备展示给被告人的，而哪些则是不在展示之列的。并且，检察官还要明确陈述拒绝将某一证据资料展示的理由。

关于证据展示的方式，加拿大最高法院也建立了若干规则。首先，检控方向被告人展示的一般只限于某一证据资料的复制件，原件通常不需要提供给被告人。不过，被告人有权要求查看原件。检察官声称原件已经不复存在的，必须向被告人提供合理的解释。其次，即使是证人所作的陈述或者录音资料，检察官也无须向被告人提供原件，而只须交出一份复制件。再次，检察官已经从某人那里取得一份陈述，但后来不打算传唤其作为证人出庭作证的，也必须将该人的姓名和住址告知被告人，以便被告人可以将该人传作本方证人。在此情况下，检控方掌握的有关陈述记录并不需要展示给被告人。不过，检察官事先已经了解到该人的陈述不可信的，也要将这一情况告诉被告人，以使其有机会考虑是否传召该人作为证人。

为了防止检察官和警察任意毁灭证据资料，加拿大判例法建立了一些非常实用的规则。一般说来，检察官和警察都负有严格保全其在侦查过程中获取的证据资料的义务。因此，检察官对于自己保管不善导致证据丢失的情况，有责任向法官作出合理的解释。如果检察官的解释能够使法官相信该证据并非被故意毁灭，或者因为不可原谅的疏忽而丢失，这就不算作拒不履行证据展示的义务。否则，检察官的行为就将被视为对加拿大《大宪章》的违反，并将因此遭受不利的后果。另一方面，为确定检察官有关证据丢失的解释是否令人满意，法官必须考虑检察官或警察是否采取了合理的行动（reasonable steps）以保全该证据。如果警察的保全证据行为属于合理的，那么,证据资料的丢失就不会被视为对证据展示义务的违反。但总体说来,毫无理由地拒绝向被告人展示证据资料,将构成一种严重的程序滥用(an abuse of process),并被视为对社会正义感和公平游戏原则的破坏。这种程序滥用的行为包括——但不限于——故意地毁灭证据以逃避证据展示义务的行为,以及其他出于不适当的动机而实施的行为。一般情况下,对于这种程序滥用行为,法官会将其视为对被告人获得公正审判权利的严重损害,并作出终止诉讼过程的决定。[1]

需要注意的是,加拿大《刑事法典》对检控方的展示义务规定了一项重要的例外。根据该法典第278.1条的规定,涉及犯罪被害人或证人个人隐私的记录材料,一般不在检控方展示证据的范围。这些记录材料通常会涉及被害人、证人的医疗、精神病史、治疗、委托代理人、教育、就业、儿童福利、收养、社会服务等方面的个人资料。不过,辩护方要求检控方展示上述这些记录资料并遭到拒绝的,可以向法官提出专门的申请。法官要对被告人的申请进行司法审查,必要时甚至会举行秘密的听证会。辩护方必须向法官证明他的申请符合《刑事法典》第278.3条(2)—(6)规定的情形,而且有关的记录很可能与法庭审判涉及的问题相关,或者该记录与某一出庭作证的证人的资格有关联。辩护方还要说明获得该记录的复制件对于维护司法利益是必要的。法官一般会听取或研读被害人、证人以及记录保管人就此问题的意见,并权衡被告人辩护的有效性与被害人、证人隐私权的冲突,然后作出是否允许将该记录展示给辩护方的裁决。

12.4.2 辩护方向检控方的展示

在加拿大,无论是普通法、成文法还是宪法,都没有赋予辩护方将其辩护要点、辩护证据以及准备传召出庭的证人向检控方展示的义务。一般认为,尽管有些成文法和判例法要求辩护方在特定情形下向检控方展示某一证据资料,但是强制性地要求辩护方向检控方展示证据,仍被认为是与加拿大《大宪章》相违背的。

辩护方需要向检控方展示的首先是证明被告人不在犯罪现场(alibi)的证据。具体说来,在法庭审判之前,辩护方只要在适当的时间并以适当的方式,将有关不在犯罪现场的证据展示给检控方,使得检控方能够进行有效的

---

[1] David Watt, Watt's Manual of Criminal Evidence, Thomson Canada Limited, pp.267-288.

调查,其展示证据的义务即告完成。辩护方如果提出某一证据来证明被告人不在犯罪现场,而该证据在开庭之前并没有向检控方展示过,法官、陪审团作为事实裁判者,在对该证据进行衡量之时,可以作出对被告人不利的推论。换言之,不适当的展示将导致被告人提出的不在犯罪现场的证据的证明力受到削弱,但不会被排除于法庭之外。

根据加拿大判例法的规定,对不在犯罪现场证据的展示需同时具备两项基本要素:一是充分性(adequacy),二是及时性(timeliness)。前者是指被告人需要将不在犯罪现场的证据尽可能详细地提供给检控方;后者则要求被告人在法庭审判之前尽早展示,以便警察、检察官有足够的时间对该证据进行调查。当然,不在犯罪现场的证据不需要由被告人亲自展示,由证人等第三方展示(third party disclosure)就足够了。

除了不在犯罪现场的证据以外,被告人需要向检控方展示的还有涉及精神状态的证据。当然,加拿大普通法、成文法和宪法都没有明确要求被告人将其基于行为时精神状态的辩护,或者以精神失常为由所作的没有刑事责任能力的辩护,展示给检控方。不过,在司法实践中,被告人如果拒绝向检控方展示这种证据,特别是拒绝接受检控方聘请的鉴定专家的检查,法官、陪审团作为事实裁判者,可以作出对被告人不利的推论,也就是被告人的辩护要求经不住审查的推论。

12.5　拒绝自证其罪的特权

12.5.1　什么是拒绝自证其罪的特权

禁止自证其罪是英国普通法最早为刑事被告人确立的一项基本法律权利。在17世纪以前,被告人即使在由陪审团充当事实裁判者的法庭上,也有义务接受讯问,回答问题。在整个17世纪,作为对那些臭名昭著的法庭——如星宫法庭(Star Chamber)等——所采用的纠问程序的反应,被告人在法庭上逐渐开始抵制这种带有强制性的讯问。大约在1700年前后,一种崭新的法律理念在英国开始出现:任何人在任何法庭上,无论作为被告人还是证人,都不得被强迫回答那种可能使其受到有罪牵连的问题。由此,所谓"拒绝自证其罪的特权"(privilege against self-incrimination)在普通法中正式确立。[1]

---

[1] Ronald J. Delisle, *Canadian Evidence Law in a Nutshell*, p.131.

一般而言，拒绝自证其罪的特权所强调的是被告人不得被强迫作出不利于自己的言辞证据。而强迫一个人成为政府用来指控自己的证据来源，这无论如何都是与基本的正义观念相背离的。但是，如果被告人自愿放弃这一权利，主动选择作为证人出庭作证，法律对此是否应当允许呢？在 19 世纪末期之前，普通法是不允许被告人以宣誓的方式出庭作证的。这主要基于两方面的考虑：一是被告人由于与诉讼的结局有着如此密切的利害关系，因此被视为不具有证人的资格；二是被告人将会面临一种两难境地：如果选择作虚假的证言，尽管能够获得暂时的自由却会承受永远的谴责；如果选择如实提供证言，却又可能丧失自由。而这将损害被告人所享有的拒绝自证其罪的特权。或许，相对明智的选择是保持沉默，不提供任何证言。但这也会使他面临一种明显的风险：裁判者可能从他的沉默中推导出有罪的结论，从而对其更加不利。经过长期的争论和妥协，在 19 世纪末加拿大的法律改革中，被告人逐渐获得充当辩护证人的资格。而与此同时，普通法中所确立的禁止强迫（non-compellability）的原则也得到了承认。

拒绝自证其罪的特权在 1982 年颁布的加拿大《大宪章》第 11 条（C）中得到了确立，从而具有宪法性权利的地位：

> 任何被指控犯有某一罪行的人，都有权不被强迫充当那种提供证据指控自己犯有该项罪行的证人。

根据这一原则，禁止自证其罪的核心理念——也就是所谓的"非强迫性"或"自愿性"——得到宪法的承认。但是，如果被告人自愿充当辩方证人出庭作证，那么，他能否以自己的证言可能令其陷入控罪为由，拒绝提供证言呢？同时，一般的证人在向法庭宣誓如实提供证言之后，能否以问题可能使自己身陷其中为由，拒绝提供证言呢？对此，加拿大《大宪章》第 13 条（A）作出了这样的规定：

> 在任何诉讼中出庭作证的证人，如果提供了可能令自己陷入一项控罪的证据，有权要求该证据不得在任何其他诉讼中用作对自己提出刑事指控的证据。当然，证人受到伪证罪的指控或者提供了自相矛盾的证据时除外。

显然，任何证人，包括那些自愿选择作为辩方证人出庭作证的被告人，在法庭上经过宣誓如实作证之后，都不能再以证言可能令自己陷入控罪为由，拒绝提供证言。换言之，证人必须如实提供证言，接受本方的主询问和对方的反对询问,而不再享有所谓的"沉默权"。对于控辩双方提出的任何问题,不论自己的回答对辩护有利还是不利,证人都必须如实回答,而无权拒绝回答,也无权作出虚假的证言。不过,为了保护被告人和普通证人所享有的拒绝自证其罪的特权,加拿大宪法要求在其他诉讼活动中,证人提供的这种自证其罪的证据不得再次作为指控其犯罪的控方证据。

那么,上述有关禁止自证其罪的宪法性权利与被告人所享有的"沉默权",究竟有什么样的关系呢?按照一般的解释,沉默权是由禁止自证其罪的宪法权利中派生出来的诉讼原则,前者体现了后者的精神,但后者并不仅仅表现为沉默权。这种说法在中国法学界较为盛行,并被很多学者用来解释两者之间的关系。

但是,根据加拿大最高法院的判例,加拿大《大宪章》的第 11 条(C)和第 13(A)条这两个宪法条款,其核心宗旨在于保证被告人在法庭审判阶段提供言辞证据的时候,不受任何形式的强迫。它们并不必然包含着被告人享有沉默权的意思。尤其是与被告人在审判前的侦查讯问阶段所享有的沉默权,更是没有直接的关系。在法庭上被告人选择出庭作证时,他不仅不享有任何沉默权,而且还必须像普通证人一样,如实提供证言。那么,被告人的沉默权有无宪法保障呢?按照加拿大最高法院的解释,加拿大《大宪章》第 7 条事实上赋予了那些受到未决羁押的被告人,在面对任何官方讯问过程中,拥有保持沉默的权利。根据该条款的规定:

> 任何人都享有生命、自由和人身安全的权利。除非符合基本正义原则,否则,这些权利不受剥夺。

在 1990 年对 Hebert 一案的著名判决中,加拿大最高法院解释认为,这一宪法条款包含了被告人在处于未决羁押状态下,拥有保持沉默的基本权利。如果一位身着便装的官员在被告人被监禁的情况下,采用引诱的手段,获取了被告人的有罪供述,那么,被告人在审判前所享有的沉默权就受到了损害。该法院的裁决是,被告人的庭前供述不应仅仅建立在对其真实性的考虑基础上,而且还必须顾及拒绝自证其罪的特权。

迄今为止,在禁止自证其罪问题上,加拿大证据法所提供的是两方面的保护:一是法庭审判中的非强迫性;二是在先前诉讼中获取的不利于证人的证言,在后来的诉讼中不得使用。至于被告人在羁押状态下所享有的不向警察说任何话的权利,并不是一般意义上的禁止自证其罪特权的必然结果。所谓"沉默权",不过是被告人所行使的——同样是为任何公民所享有的——一般权利,也就是做自己愿意做的事情,说自己愿意说的话,或者选择不说特定的事情。当然,法律要求他必须做的情况除外。①

12.5.2 作为宪法原则的禁止自证其罪保护

按照前面的解释,加拿大证据法中的沉默权与拒绝自证其罪的特权并不像一些人认为的那样,具有相互包容的关系。事实上,加拿大《大宪章》还确立了其他一些基本的被告人权利。例如,《大宪章》第 10 条(B)规定了被告人获得律师帮助的权利:

> 任何人在受到逮捕或者羁押时,都享有毫不迟延地延聘和通知律师的权利,并有权被告知这一权利。

该宪章第 24 条(2)还从宪法救济的角度确立了证据排除规则:

> 在本条(1)所适用的诉讼中,如果法院断定某一证据是以损害或否定本宪章所确立的权利或自由的方式获取的,那么,它在考虑了所有情况后,认为在这一诉讼中采纳该证据将导致司法制度受到损害的,就可以将该证据加以排除。

有的加拿大法官就认为,《大宪章》的上述两个条款与第 7 条、第 11 条(C)、第 13 条(A)一样,都多多少少体现着禁止自证其罪这一特权的意思。② 这是因为,及时获得律师的帮助,被告人就可以尽早了解自己所享有的拒绝自证其罪的特权;而在自己的特权被严重侵犯之后,被告人也可以此为由,申请法院将有关的受污染的证据加以排除,从而使那些侵害其拒绝自证其罪特权的警察、检察官或法官,遭受不利的法律后果。

如此说来,"拒绝自证其罪的特权",作为被告人享有的一项宪法性权利,似乎就没有一个可以准确界定的含义了。这多多少少令人感到有些概念已经被混淆了。

事实上,加拿大最高法院也已经意识到了这一问题。该法院在 1994 年所作的一项判例中就认为,应当将拒绝自证其罪的特权(the privilege against self-crimination)与禁止自证其罪的原则(principle against self-crimination)区分

---

① Ronald J. Delisle, *Canadian Evidence Law in a Nutshell*, p.138.
② David Watt, *Watt's Manual of Criminal Evidence*, Thomson Canada Limited, p.607.

开来。这一原则给被告人所提供的是较之拒绝自证其罪的特权更为广泛的程序保护。而且,这一原则深深地扎根于普通法的传统之中,属于《大宪章》第 7 条所确立的基本正义原则的一部分。①

在 1994 年就 R. v. Jones 一案所作的判决中,加拿大最高法院更是就区分拒绝自证其罪的特权与禁止自证其罪的原则问题,作出了进一步的解释。首席大法官 Lamer 代表多数大法官的意见写道:

> 在最广泛的形式上,禁止自证其罪的原则可以表述为以下方式:
> ……个人具有主权者的地位……政府与个人之间的决斗所适用的规则,要求个人不得被他的对手强制用来打击他自己……
> 在个人与政府互为控辩双方的诉讼活动中,任何强制个人提供不利于自己的证据的政府行为,都违反了禁止自证其罪的原则。需要注意,强制意味着对自由和明智选择的否定。②

在 Lamer 首席大法官看来,与禁止自证其罪的原则相比,拒绝自证其罪的特权是一个较为狭窄的传统普通法规则(rule),它只涉及法庭审判中言辞证据的适用问题。他确信,"围绕着诸如沉默权、非强迫性和自证其罪等问题的大多数混乱,都是由没有将禁止自证其罪的双层保护加以区分所造成的结果。这一原则是一个一般性的刑法原则,由此可以派生出一些特定的规则(如禁止强迫被告人的规则,口供的可采性规则)。而有关的特权则只不过是一个由此派生出来的规则而已。"③

当然,这种将"拒绝自证其罪的特权"视为一种法律规则,而认为在其之上还存在着一种适用范围更广的"禁止自证其罪原则"的观念,明显属于加拿大最高法院的独特解释。包括英国、美国在内的其他普通法国家究竟对此是如何解释的,看来值得深入地研究。

12.5.3 拒绝自证其罪特权的具体内容

既然加拿大最高法院将"拒绝自证其罪的特权"解释为被告人、证人在法庭审判中提供证言方面的非强迫性,而加拿大《大宪章》第 7 条的规定又被解释为对那些处于未决羁押状态下的被告人在警察讯问时所享有的沉默权,那

---

① Ronald J. Delisle, *Canadian Evidence Law in a Nutshell*, p. 139.
② John Sopinka and others, *The Law of Evidence in Canada*, pp. 820-821.
③ Ibid., p. 821.

么,我们在分析这一特权的具体内容时,就可以暂时不提《大宪章》第 7 条,而集中讨论《大宪章》第 11 条(C)和第 13 条(A)。对于这两个条款,加拿大最高法院从 20 世纪 90 年代以来作出了大量判例,极大地丰富了拒绝自证其罪这一特权的内容。

《大宪章》第 11 条(C)所规定的是任何被指控犯有某一罪行的人,在提供言辞证据方面的非强制性(a guarantee against testimonial compulsion)。换言之,被告人不能被要求提供证言来帮助检控方指控自己,而有选择作证或不作证的自由。具体说来,在法庭审判过程中,被告人有权自愿地作出两种选择:不作任何陈述,也就是保持沉默;或者作为辩方证人出庭作证,承诺如实回答控辩双方的交叉询问(cross-examination)。

但需要注意的是,这一特权规则不是绝对的,而有其适用的例外。例如,它只适用于被告人选择自己诉讼角色的自愿性,而不适用于被告人在警察讯问阶段所作的陈述。同时,它也不适用于共同被告人,也不适用于那些在某一独立指控中被检控方传召作证证明另一项指控的被告人。因此,一个被告人在出庭作证时,不能以问题可能令其他同案被告人受到不利的牵连为由而拒绝提供证言;而在同一被告人受到某一独立指控时,如果他选择出庭作证的话,那么,对于检控方提出的涉及他其他需要另案指控的罪行时,他也不能拒绝提供证言。另外,这一特权规则更不适用于审判前被获取的实物证据。

《大宪章》第 13 条(A)所涉及的问题是,被告人如果自愿选择出庭作证的,他还能以作证可能导致自己受到有罪牵连为由,拒绝回答检控方的提问吗?同时,一名普通证人能否以其证言可能导致自己本人受到有罪指控为由,拒绝回答控辩双方的提问呢?

答案是否定的。因为不论是自愿出庭作证的被告人还是普通证人,作为向法庭宣誓如实作证的证人,都既无权作虚假的陈述,也无权在控辩双方发问时保持沉默,而必须如实回答问题。即使在回答问题时作出可能使自己陷入一项控罪的陈述,也必须如此。不过,为防止检控方在随后的诉讼中以证人的陈述为根据,对其提出一项新的独立的刑事指控,《大宪章》第 13 条(A)为其提供了另一项独立的宪法保护,也就是所谓的"随后使用豁免"(subsequent use immunity)问题。也就是说,证人在法庭上提供的不利于自己的陈述,不得被检控方在其他诉讼中用来作为指控该证人犯罪的根据。

所谓"其他诉讼"(other proceedings),主要是指那些与法庭审判的案件无关的其他诉讼活动。不过,对被告人同一罪行的重新审判(a re-trial of the same offence),以及对被告人同一罪行的独立审判(a separated trial),究竟是否算作"其他诉讼"呢?对此,加拿大最高法院的判例认为,这些都属于需要禁止使用证人先前所作不利于自己的陈述的"其他诉讼"。不仅如此,这里所说的"同一罪行",既可以是与原罪行按同一罪状名义起诉的罪行,也可以是包含于原罪行之中的其他罪行(one included)。

需要注意的是,与其他方面的程序保护不同,《大宪章》第13条(A)所确立的证人特权并不需要在利害关系人提出申请时才会实现。也就是说,这是一项可以自动实现的宪法保障(automatic protection)。即使证人没有明确提出在"其他诉讼"中将其原来所作的不利证言加以排除的申请,负责主持其他诉讼的法官对这类证言也要主动加以排除。

另外,加拿大最高法院在1995年所作的两个重要判例中,还确立了所谓的"派生证据使用的排除"(derivative use immunity)规则。根据这些判例,如果某一证据属于证人在前一审判中所作不利于自己的证言的派生证据,也就是说,没有证人所负担的强制作证义务,该证据即不可能获取,那么,在其他任何审判中,该派生证据也必须被排除。当然,这类派生证据的排除,需要证人(通常为被告人)向法官提出申请,并承担一种举证负担,也就是提出证据证明原来的强制证言与检控方提出的指控证据之间具有一种合理的联系(a plausible connection)。一旦被告人满足了举证负担的要求,检控方就必须证明即使没有原来的强制证言,该证据也将会被发现,并且要将这一点证明到"优势证明"(a balance of probabilities)的程度。否则,法官即应将该有关证据加以排除。

一些加拿大学者和法官认为,这种对派生证据的排除规则的建立,体现了《大宪章》第13条(A)条对于维护拒绝自证其罪的特权具有一定的局限性。实际上,加拿大最高法院恰恰是选择了《大宪章》第7条和第24条(2)作为建立该排除规则的宪法依据。这反映出《大宪章》第7条所提供的宪法保护已经远远超出所谓法庭上的"证言特权"(testimonial privilege)的范围,第24条(2)也超越了传统的"非法证据排除规则"的范围,而将所有有违基本正义原则的证据均排除于法庭之外。

12.6 沉默权规则

加拿大《大宪章》并没有明文确立被告人的沉默权。长期以来,在有关沉默权的范围和理论基础等问题上,学者和法官也存在着一些争论。不过,加拿大法院的判例还是一直宣称这一基本权利确实存在。占主导地位的司法解释认为,沉默权是从警察无权强迫被告人回答讯问这一点推导出来的必然结论。例如,安大略省上诉法院的 Martin 法官就明确指出:

> 嫌疑人、被告人保持沉默的权利深深地扎根于普通法的传统之中。这一权利在刑事诉讼的调查阶段和法庭审判阶段都存在。在加拿大,除了在一些特定情况下以外,嫌疑人对警察的讯问有回答和不回答的自由。我们说他有权保持沉默,是因为他不承担作出陈述的法律义务……①

尽管在诸如沉默权与拒绝自证其罪的特权的关系等问题上存在一些争论和分歧,加拿大最高法院在 1990 年对 Hebert 一案的判决中,还是对《大宪章》第 7 条作出了崭新的解释,使得沉默权的存在有了一个坚实的宪法基础。根据这一判决,在普通法有关口供自愿性规则和拒绝自证其罪的特权规则中,其实已经蕴涵着沉默权的理念。如果一个人在审判前的警察讯问阶段可以被强迫作出陈述的话,那么,《大宪章》第 11 条(C)和第 13 条(A)所确立的被告人在法庭上拒绝自证其罪的特权就将毫无意义。从《大宪章》第 7 条所表述的理念中,可以发现处于未决羁押状态下的被告人所享有的沉默权在保护范围上要比传统的口供规则广阔得多。不仅如此,这一权利还反映出《大宪章》对个人自由与司法程序的内在品格的关注,并且允许法官对那些损害这一价值的证据加以排除。这是因为,"允许官方调查机构在被告人行使了聘请律师的权利并拒绝作出陈述之后,以欺骗的伎俩迫使被告人向他们作出有罪的供述,就等于间接地允许这些机构去做大宪章明确禁止他们做的事情。而这是违背大宪章的宗旨的。"②在该判例中,加拿大最高法院不仅论证了嫌疑人在审判前阶段享有沉默权的必要性,还对沉默权的含义和范围作出了明确的界定。

尽管加拿大最高法院的判例主要将沉默权解释为处于未决羁押状态下的被告人所享有的一项宪法权利,但实际上,被告人在法庭审判阶段,也还继续享有保持沉默的权利。因为根据被告人所享有的拒绝自证其罪的特权,被告人在法庭上有权不被强迫作出不利于自己的证言,也就相应地享有在保持

---

① Don Stuart, *Charter Justice in Canadian Criminal Law*, pp.107-108.
② Ibid., p.110.

沉默与作为辩方证人出庭作证方面进行选择的自由。下面的分析旨在就沉默权在加拿大证据法中的具体内容和适用情况作一简要的说明。

12.6.1　未决羁押状态下的沉默权

从实质上讲,所谓"沉默权",也就是被告人所享有的向官方机构陈述或者不陈述的选择权。在是否作出陈述的问题上,被告人的选择必须是自由的(free)和富有意义的(meaningful)。

在加拿大证据法中,沉默权主要适用于未决羁押阶段。也就是说,嫌疑人、被告人只有在受到审判前的监禁的状态下,才享有这种保持沉默的权利。按照通常的解释,在受到未决羁押之前,嫌疑人还没有受到官方机构的直接控制,因此就没有必要通过赋予他沉默权来确保他抵御政府的强大权力。但是,"在被羁押之后,情况就完全不同了:政府不仅(对被告人)实施着直接的控制,而且还有责任确保被羁押者的权利得到尊重。"[①]显然,确立沉默权的宗旨主要是保证被告人不受不公正的审前讯问。而一旦发现警察的讯问违背沉默权规则的,那么,法官在审判中可以将其所获取的庭外供述加以排除。

作为一项证据规则,沉默权所禁止的是那些对受到羁押的被告人实施诱迫的行为(act of elicitation)。在确定被告人的沉默权是否受到侵犯问题上,加拿大证据法极其强调警察或者代表警察的便衣人员是否在被告人不放弃沉默权的情况下,仍然以积极诱迫(actively elicited)的方式获取了供述。一些判例还要求法官对一些边缘性行为与积极诱迫行为加以明确区分。例如,被告人在不知真相的情况下向一警方密探作出陈述,警察说谎、警察劝说被告人认罪等行为,都不属于积极诱迫行为。

当然,是否有"积极诱迫行为",是从警察讯问的角度来判断的。除此以外,加拿大证据法还提供了另一重要的标准,以便用来判断被告人的沉默权是否受到侵犯。这一标准也就是被告人在供述和不供述之间作出选择时,是否具有"意志独立"(operating mind)。这种"意志独立",是指一种有限的认知能力,也就是作出积极选择的能力。要具备这种状态,被告人就需要在律师的帮助下,在了解自己享有沉默权并知悉放弃这一权利的法律后果的情况下,作出明智的选择。

从形式上看,是否有诱迫行为似乎属于一种客观标准,而被告人在选择

---

① Don Stuart, *Charter Justice in Canadian Criminal Law*, p.111.

方面是否具有"意志独立",则为一项主观性较强的标准。但实际上,对后者的判断还是具有一些相对客观的检验尺度的。例如,被告人是否获得律师的帮助?被告人是否知道自己享有沉默权?警察在讯问时是否实施了一些导致被告人的选择权受到侵害的行为?……这些因素都有助于法官确定被告人的沉默权是否得到了有效的保证。

那么,在警察讯问过程中,受到羁押的被告人一旦行使沉默权,会导致什么样的法律后果呢?具体来说,被告人明确表示拒绝陈述的,警察还有没有权利继续讯问下去?根据加拿大最高法院的有关判例,被告人明确表示准备行使沉默权的,警察讯问必须立即终止。否则,在此之后实施的诸如长时间的说服、劝说、推延等行为,将被视为对被告人沉默权的侵犯。不仅如此,在警察讯问过程中,被告人表示希望自己的律师在场,而律师又正在赶往讯问场所的路途上的,那么,警察应当终止讯问过程。

与包含在《大宪章》第 10 条(B)之中的获得律师帮助的权利不同,沉默权并不包含告知的内容。较之其他普通法国家而言,加拿大证据法并不要求警察在讯问被告人之前告知其享有沉默权。不过,在司法实践中,作为一种法律惯例,警察通常都会向被告人发出这种警告。根据加拿大最高法院的判例,警察在实施逮捕时未曾告知被告人享有保持沉默的权利,并不必然违背《大宪章》第 7 条所体现的沉默权规则,更不必然导致被告人在羁押期间所作供述的证据效力的下降。原则上,沉默权不被告知这一事实只是法官确定被告人所作供述是否具有自愿性的一个因素。

同样需要注意的是,与英国和美国不同的是,加拿大证据法并不要求辩护律师在警察讯问过程中始终在场。而在律师不在场的情况下,警察向处于羁押状态下的被告人实施讯问,并获取其有罪的供述,这本身不违背沉默权规则。

以上所分析的都是审判前阶段沉默权规则的主要内容。那么,与其他证据规则一样,沉默权也是最终被用来规范法庭审判活动的法律规则。被告人在审判前阶段所享有的沉默权对法庭审判究竟有哪些影响呢?

首先,警察的讯问是否违背沉默权规则,将直接决定法官在法庭上是否将被告人的有罪供述加以排除。换言之,判断警察讯问是否侵犯沉默权的,是主持法庭审判的法官。该法官对警察讯问的司法控制以及对被告人沉默权的法律保护,主要是通过审查沉默权是否受到警察的侵犯来实施的。由此,法官对审判前阶段的沉默权实施着司法审查。

其次,在陪审团作为事实裁判者的法庭审判中,法官必须向即将退席评议的陪审团作出明确的法律指导:被告人在审判前的警察讯问中享有保持沉默的权利;被告人对警察讯问不作任何反应、不作任何陈述这一事实本身,不应成为判决被告人有罪的证据,不仅如此,陪审团还应被告知:不得从被告人向警察保持沉默这一事实本身作出任何不利于被告人的推论(no adverse inference from the accused's failure of reply)。

12.6.2 沉默权的适用范围

与其他任何一项权利一样,沉默权也不是绝对的,而有其适用的范围和界限,也因此有其适用的例外。

一般说来,作为一项法律权利,沉默权建立在被告人自愿行使的前提之下。因此,被告人自愿放弃这一权利的,其向警察所作的有罪供述可以在法庭上成为有效的控方证据。

沉默权主要适用于那些受到未决羁押的嫌疑人、被告人。因此,所有未被逮捕、羁押的嫌疑人、被告人,都不享有这一权利。

沉默权适用于警察或者警察授权的便衣人员的强制性讯问程序。因此,嫌疑人、被告人向同监室的其他人所作的自愿陈述,在法庭上仍然具有可采性。

无论是警察还是警察授权下的便衣人员,只有在对那些受到羁押的被告人实施积极的诱迫行为时,才侵犯沉默权。因此,在实施逮捕、羁押之前,便衣人员即使对嫌疑人、被告人实施了积极的诱迫行为,也不违背沉默权规则。同时,即使在未决羁押期间,作为一种侦查技巧,警察授权便衣人员与被告人进行交谈以便获取供述的,只要没有积极的诱迫行为,就不应被视为侵犯沉默权。

沉默权主要应视为一种对作出陈述和拒绝陈述的自由选择权,它应属于以言辞表达的范围,也就是"说"的自由,而并不包括"做"什么的自由。因此,嫌疑人、被告人无权以享有沉默权为由,拒绝有关的身体检查。根据加拿大最高法院的相关判例,如果被告人以行为时精神失常,因此不具备刑事责任能力为由进行辩护,而又拒绝接受检控方指派的鉴定专家的医学检查的,法官应告知陪审团:被告人有权保持沉默,被告人的沉默不应被用来作出被告人有罪的结论;被告人有权不接受这种医学检查,但是根据这一点,陪审团应推论被告人的辩护意见是经不起审查的。而且,陪审团在对控辩双方提出的有被告人精神状态的证据价值加以比较衡量时,应当将被告人拒绝接受检控方专家检查这一点作为一个重要的考虑因素。

最后,被告人如果在警察讯问中保持沉默,而在法庭上却作为辩方证人出庭作证,并作出不利于其他同案被告人的证言的,那么,同案被告人及其辩护人有权以其保持沉默为根据,在交叉询问中对其证言的可信性进行攻击和评论。

12.6.3　审判阶段的沉默权

原则上,加拿大证据法承认被告人在法庭审判中享有沉默权。因为根据加拿大《大宪章》第 11 条和第 13 条的规定,被告人、证人都享有拒绝自证其罪的特权。作为辩方证人出庭作证,是被告人的权利而不是义务。因此,如果被告人自愿选择不出庭作证,也就相应地选择了在法庭上的沉默权。这应当是拒绝自证其罪特权的内在应有之义。

然而,问题远没有这么简单。在一些特定的场合下,如果被告人在法庭上始终保持沉默,而不能对检控方提出的有关问题给予解释的话,法庭可以被告人没有作证为由,作出不利于被告人的推论。对于这一点,加拿大最高法院的判例是明确予以承认的。

例如,在著名的 LePage 案件中,最高法院认为,至少在只有情况证据的案件中,如果被告人对案件的一些事实有所了解,而又拒绝出庭作证的话,那么,法庭可以此为由作出不利于被告人的推论,并且,检控方所负担的证明被告人有罪达到排除合理怀疑的程度,可以为所谓的"初步可能性"(the *prima facie* case)这一较低的标准所代替。

在这一案件中,被告人被指控拥有违禁药品。警察搜查了他的住处,在其房间的沙发下面发现了一包违禁品,并在包裹上面找到了唯一可辨认出来的指纹。经过鉴定,指纹为被告人所留。在法庭上,被告人拒不出庭作证。法庭后来裁断被告人有罪。加拿大最高法院的判例认定,检控方只要提出证据,证明被告人构成犯罪达到具有"初步可能性"的程度,审判法官就有权对被告人作出有罪的推论。①

对于这一判例,加拿大最高法院代表多数法官意见的 Lamer 首席大法官

---

① Don Stuart, *Charter Justice in Canadian Criminal Law*, pp. 128-129. Also see Ronald J. Delisle, *Canadian Evidence Law in a Nutshell*, pp. 133-134.

作出了理论上的解释：

> 如果……检控方已经承担了将自己的指控证明到初步可能性的义务，由此导致对指控直接申请裁断无罪的可能性已经不存在的，被告人就被期待着作出反应……（被告人）不这样做的话，法庭就可以据此作出对其不利的推论……（一旦）检控方的指控已经得到初步的证明（a case to meet），并可直接导致控罪的成立，被告人就不能再继续充当消极的参与者的角色，而要在广义上承担一种义务。也就是说，被告人必须对案件作出答辩，否则就将面临被定罪的可能性。

在其他一系列案件中，加拿大最高法院的判决一直坚持，一旦检控方的证据足以满足举证负担的要求，也就是法官在正常情况下可以将案件提交陪审团裁断，被告人在这时如果仍然拒不出庭作出答辩的话，法官就可以指导陪审团对被告人作出有罪的推论，证明被告人有罪的说服负担标准，也就由"排除合理怀疑"降低为"初步可能性"。

但是，由于这些判例都是针对具体的个案而作出的，而明显地缺乏系统性。因此，要归纳出有关法庭作出有罪推论的一般规则，几乎是不可能的。不过，在那些检控方的证据特别充足的案件中，法庭对拒不出庭作证的被告人作出不利推论的可能性就比较大。因为这些案件尤其需要被告人作出无罪的申辩。当然，法院实际需要考虑的情况还要复杂得多。

一些证据法学者主张，需要将审判前的沉默权与法庭上的沉默权严格地区分开来。因为对于被告人在未决羁押状态下的保持沉默，法庭当然是不能作出不利于被告人的推论的。但是，较之审判前的警察讯问阶段，被告人在法庭上会得到更为充分的程序保障。例如，被告人在法庭上几乎都能获得律师的帮助，他可以了解指控的性质并对证据进行反驳；审判是公开的，一个中立的法官按照自然正义的原则主持听审；在被告人被要求回答问题之前，法官已经作出案件已得到初步证明的结论，而认定一个经过适当指导的、理性的陪审团根据检控方提出的证据会作出有罪的裁断。因此，在公开的法庭上，面对检控方的指控和证据，被告人保持沉默本身就应当被视为一种足以证明其有罪的证据。

但是，不少法官和学者担心，允许法庭对保持沉默的被告人作出有罪的推论，会带来极为消极的后果。因为这种推论客观上将证明自己无罪的责任转嫁到被告人身上，从而违背了证明责任分配和无罪推定的基本原则，否定了被告人所享有的拒绝自证其罪的宪法特权,从而造成了对《大宪章》所确立的基本正义原则的损害。

到目前为止,这两派对立的意见一直存在。加拿大最高法院的判例也因此出现了左右摇摆的局面。1997 年的 Noble 一案的审理中,加拿大最高法院以 5 比 4 的微弱多数作出判决。Sopinka 大法官代表多数派意见认为,如果在检控方没有将被告人有罪证明到排除合理怀疑程度的情况下,就允许事实裁判者以被告人拒不答辩为根据作出有罪的裁断,这会严重损害被告人所享有的拒绝自证其罪的特权。因为利用被告人保持沉默这一点来达到证明有罪的标准,就等于强迫一个人用自己的陈述来证明自己的罪行。正如同一个人的陈述不应被官方强迫作出和用作指控他有罪的根据一样,运用被告人的沉默来达到证明其有罪所需要的排除合理怀疑标准,也是一种对被告人人格尊严的践踏。

结果,最高法院的判决禁止事实裁判者以被告人在法庭上保持沉默为根据,作出对其不利的推论。不过,代表多数派意见的法官也承认,被告人作出不在犯罪现场的辩护的情况,应当属于上述原则的例外。确立这一例外的理由有二:一是不在犯罪现场的辩护很容易被伪造;二是不在犯罪现场的辩护一般都是"确定性的"(affirmative)辩护,而与有关犯罪要素的证明无关。

12.7　口供规则

根据前面的分析,受到羁押的嫌疑人、被告人对警察的讯问,有拒绝回答的权利。这是由沉默权规则所带来的结果。但是,如果嫌疑人、被告人有效地放弃了沉默权,而向警察或其他调查官员作出了陈述,那么,这种通常以笔录的形式被提交到法庭上的陈述,是否具有可采性呢？这其实就涉及独立于沉默权规则的口供规则问题。

在加拿大证据法中,被告人在审判前所作的供述笔录,作为传闻证据规则(hearsay rule)的一项例外,是可以被法官采纳为证据的。不过,被告人供述的可采性是有着严格的法律条件的。根据普通法的传统,检控方必须提出证据证明被告人的供述是在其自愿的情况下作出的,并且要将这一点证明到排除合理怀疑的程度,然后法官才能确认该供述的可采性。可见,自愿性(voluntary)是被告人供述具有可采性的基础,也加拿大证据法所确立的口供规则的重要内容。在以下的论述中,笔者将就这种口供规则作一简要分析。

12.7.1 口供规则的适用范围和理论基础

一般而言，口供（confession）是指被告人向一个负责官员（a person in authority）所作的口头或书面陈述，而该陈述后来被检控方用来作为指控被告人犯罪的证据。

口供规则对被告人所作的有罪供述（inculpatory statements）和无罪供述（exculpatory statements）都具有法律效力。但在最初，口供规则仅仅适用于有罪供述，也就是只有在检控方将被告人供述笔录用作指控其有罪的证据的时候，检控方才需要证明供述的自愿性。不过，从1971年以来，最高法院的判例开始强调，无论是被告人提供的有罪供述还是无罪供述，检控方都需要证明其自愿性。

口供规则主要适用于预审和法庭审判阶段。前者是在法庭审判之前举行的旨在确定检控方是否有充足的证据指控被告人有罪的程序，而后者则是就检控方指控的罪状是否成立而举行的正式听审活动。在这两个诉讼阶段，检控方都会向法庭提交被告人在警察讯问期间所作的供述笔录。因此，这种供述笔录的证据效力都要受口供规则的调整。但根据加拿大证据法，口供规则在法官主持进行的有关暂时释放（judicial interim release）和量刑问题的听审程序中并不适用。另外，在那些被告人的陈述本身就构成一项罪行的案件中，口供规则也不适用。

在加拿大证据法中，建立口供规则的主要目的，是确保被告人口供的可信性（reliability）。换言之，之所以要强调被告人口供的自愿性，并为此确立专门的预先审核程序和有关证明责任分配标准，其主要意图就是使被告人供述成为可靠和值得信赖的证据。当然，也有一些法院在判例中认为，对可信性的关注并不是口供规则的唯一目标，至少在部分场合下，维护拒绝自证其罪的特权也是排除非自愿口供的重要理由。但是，加拿大最高法院并不同意这一解释。该法院在1970年的一个判例中指出，口供规则的唯一目的就是对供述可信性的关注。而根据普通法的传统，审判法官是没有权力排除那些具有实体证明价值的证据的。不过，随着1982年加拿大《大宪章》的颁行，证据排除规则逐渐被用作对那些侵犯宪法权利的行为的司法救济措施。在这一背景下，加拿大最高法院所作的判例也开始强调除了供述的可信性以外，诸如被告人获得律师帮助的宪法权利，被告人的自由选择权等，是否受到侵犯和损害，也是法官排除非法口供时需要考虑的因素。因此，被告人在调查程序中是否受到公正的对待,也逐渐被解释为口供规则的理论基础。①

12.7.2 口供的自愿性

加拿大口供规则中有两项基本的实体构成要素:一是口供的自愿性,二是负责讯问并制作口供笔录的官员的法律资格。鉴于这两个问题极为重要,笔者拟对其分别加以分析。

被告人在审判前所作的供述笔录要具有可采性,首先应具有自愿性。为确定供述是否具有自愿性,法官必须对被告人作出供述的情况进行全面的审查和评估。检控方要想达到令法官采纳被告人供述的目的,必须将该供述的自愿性证明到排除合理怀疑的程度。

那么,究竟为什么要强调供述的自愿性呢? 一般认为,供述自愿性规则的根本目的在于确保被告人供述的真实性。因为根据司法实践的基本经验,非自愿的供述往往更有可能是不可信赖的。另一方面,自愿性规则也保障被告人的基本权利,当然这种保障不应不适当地限制社会在调查和控制犯罪方面的需要。

根据加拿大证据法,法官在确定一份供述是否具有自愿性时,至少需要考虑以下五项因素:

一是有无威胁(threats)行为;

二是有无许诺(promises)行为;

三是有无强迫(oppression)行为;

四是被告人在作出供述时是否具有"意志独立"(operating mind);

五是负责讯问的警察有无欺诈(police trickery)行为。

按照加拿大法官的解释,上述前三项因素的主要关注点在于被告人供述的可信性;而后两项因素则更加强调维护被告人的基本权利,确保刑事诉讼的公正性。

当然,法官对被告人供述的审查,不会仅仅局限于以上情况。而且,法官即使发现被告人的供述确实存有上述情况,也并不意味着被告人供述必然不具有自愿性。这里确实存在着对供述非自愿的程度进行权衡和加以判断的问题。例如,警察允诺从轻处理或者降低起诉的罪状,并以此来换取被告人

---

① Ronald J. Delisle, *Canadian Evidence Law in a Nutshell*, pp.142-143. Also see David Watt, *Watt's Manual of Criminal Evidence*, p.509.

的供述，这可能导致供述受到排除。但是，警察如果通过许诺将会为其提供精神状态的检查，或者答应其获得律师帮助的请求，来换取被告人的供述，则未必对其供述的自愿性造成实质的影响。而警察所说的诸如"说出真相将对你有好处"之类的话，也不会导致供述的自动排除。

需要注意的是，加拿大证据法对上述第三项因素是格外强调的。因为只要法官确认一项供述是在受到警察强迫的情况下作出的，该供述一般会受到排除。根据加拿大最高法院的判例，容易造成一种"强迫"氛围的因素主要有以下几种：一是剥夺被告人吃饭、穿衣、饮水、睡眠或医治条件的；二是剥夺被告人获得律师帮助的机会的；三是长时间地实施带有攻击性、恐吓性讯问的；四是谎称掌握根本不存在的证据的。

被告人在作出供述时是否具有独立的意志自由，是鉴别其供述是否自愿的重要指标。例如，被告人处于被催眠的状态，在一场交通事故之后处于惊栗之中，或者处于极度兴奋状态等，都属于不具有独立意志的情况。要使被告人具有独立的意志，就必须使其拥有一定程度的认知能力。也就是说，被告人必须能够清楚他在说什么，并且了解他所作的供述可能被用作指控他有罪的证据。同时，供述的作出还必须是被告人自由选择的结果。

12.7.3　负责官员的法律资格

被告人供述是否由法定的"负责官员"所获取，是口供规则的重要要求。事实上，被告人只有向具有法定资格的"负责官员"作出供述，有关该供述自愿性的证明才有实际的意义。如果对被告人的诱导、威胁根本就不是由"负责官员"实施的，或者讯问时虽有"负责官员"在场，但非法讯问并没有取得他的同意的，那么，被告人的供述就有可能不被法官采纳。由此看来，对被告人实施讯问的"负责官员"的法律资格问题，实际属于口供规则的重要内容。

一般说来，"负责官员"是指一个对被告人实施逮捕、羁押、讯问或起诉的人。任何一个被被告人合理地相信正在代表国家，并且能够对刑事指控程序施加影响或控制的人，都可以说是"负责官员"。具体说来，实施讯问的人究竟是否"负责官员"，主要取决于被告人接受讯问时的心理状态和主观判断。这里的核心问题是被告人是否真诚地相信，在他作出供述时，向他提问并与他交谈的人对他本人拥有某种程度的控制力。当然，讯问人是否"负责官员"并不完全取决于被告人的主观判断。被告人如果作此判断，还必须有一定的合理基础。对此，法官在审查时需要考虑被告人的判断是否具有这种客观的因素。

12.7.4　预先审核程序

加拿大证据法专门设立了一种旨在对被告人供述的自愿性问题进行审查的"预先审核"(voir dire)程序。被告人可以声明对供述的自愿性没有任何异议，因此主动放弃举行这种"预先审核"程序，但他必须明确表明自己的态度。否则，在没有明确表示放弃的情况下，法官也可以主动决定举行这种预先审核程序。当然，被告人供述的自愿性属于一个法律适用问题，这需要由法官在陪审团退席的前提下作出裁决。只有在法官认定被告人供述的自愿性不存在问题之后，该供述的证明力问题才可以由陪审团作出判断。

在预先审核程序中，检控方承担证明被告人供述具有自愿性的责任。在通常情况下，检察官会传召证人就逮捕、羁押、讯问被告人的情况作证，以便证明在警察讯问时不存在威胁、许诺或诱导的行为。被传召出庭作证的一般都是那些参与过逮捕、羁押、讯问的调查人员。如果被告人供述过程曾经被录音或者录像的，有关的录音带、录像带也会被要求当庭播放和出示。

在检控方传召证人出庭作证时，被告人一方有权对证人进行反对询问。在检控方将证据出示完毕之后，被告人还有权向法庭提出本方的证据。必要时，被告人甚至还可以亲自出庭作证，以证明原来所作的供述是非自愿的。当然，这绝对不是被告人的一项义务。

在听取控辩双方的举证和意见之后，法官在预先审核程序的最后，需要对供述的可采性作出裁决。一般而言，法官采纳供述的前提条件有二：一是必须有证据证明检控方向法庭提供的供述确实是被告人所作出的；二是检控方证明该供述的自愿性，已经达到排除合理怀疑的程度。

12.7.5　证明责任与证明标准

如果检控方在预审或者法庭审判阶段将被告人的供述作为证据提出，法官需要对以下两个问题加以审查：

一是供述究竟是否为被告人所作出；

二是如果供述确为被告人所作，那么，该供述究竟是否为被告人自愿作出的。

对于这两个问题，检控方都要承担证明责任。

如果要证明上述第一个问题，检察官只需要提出一些证据，证明供述事实上就是由被告人所作的。对此问题的证明标准可以是最低的,而通常不构成控辩双方争议的对象。

而对于被告人供述的自愿性问题,检察官则需要提出证据加以严格证明。对此问题的证明标准需要达到排除合理怀疑这一最高标准。而且,法官在预审阶段对此问题所作的裁决,对法庭审判阶段并不具有预先的决定性作用。换言之,如果法官在预审阶段裁断供述的自愿性并不存在问题,而控辩双方在法庭审判阶段就此问题仍然存在争议的话,那么,主持法庭审判的法官将对供述的自愿性重新启动预先审核程序,而不受预审法官所作裁决的约束。

12.7.6 被告人供述的证据价值

在大多数案件中,被告人的供述往往同时包含有不利于和有利于被告人的部分。与对待其他证据一样,事实裁判者可以将其采纳为定案的根据,也可以将其弃置不顾;可以将其全部采纳,也可以对其中的一部分加以采纳。对于被告人供述的证明力问题,事实裁判者需要结合其他证据一并予以考虑,而不应孤立地考量。

通常情况下,对于被告人在审判前向警察或其他调查官员所作的供述笔录,检察官会主动向法庭提出。检察官在法庭上提出供述笔录并希望法官采纳的意图,通常有这样几种情况:

检察官可以运用这一供述笔录在实体意义上支持自己的指控,也就是利用供述来证明指控的罪行的部分或全部要素;

某一被告人供述笔录可能既不重要也不具有确定的相关性,但是检察官可以利用它作为先前不一致的陈述,来对那些出庭作证的被告人实施反对询问;

在被告人出庭作证之前,检察官也可以不将无罪供述的可采性提交法庭决定。但是,如果被告人当庭作出的证言与其原来所作的供述笔录不一致的,检察官就可以将该供述笔录作为先前不一致的陈述,来对被告人进行反对询问。

当然,被告人的供述也可能包含有一些有利于辩护方的内容,从而被被告人在法庭上提出。

这里需要对被告人当庭作出与其原供述不一致的陈述的情况作一分析。一般来说,被告人一旦当庭选择出庭作证,就成为一个重要的辩方证人。与其他任何出庭作证的证人一样，被告人也要接受控辩双方的交叉询问，尤其是检察官的反对询问。由于被告人在警察讯问阶段可能已经作出了有罪的供述，该供述的笔录也可能已经被检控方当庭提供给法官，被作为指控的重要证据。这时就发生了一个需要审查的问题：究竟被告人在审判前所作的供述是可信的，还是被告人当庭所作的证言更加可靠呢？为解决这一问题，检察官当然会以被告人作出了"前后不一致的陈述"为由，对被告人的可信性（credibility）进行攻击，以便使事实裁判者相信，被告人当庭所说的话并不可靠，他原来向警察作出的供述才是真实可信的。

不过，如果检察官利用所谓"先前不一致的陈述"，来对被告人当庭所作证言的可信性进行攻击时，他必须首先证明先前的供述是由被告人作出的，并且该供述是被告人自愿作出的。在此前提下，检察官才能利用这一供述笔录来反对被告人当庭的证言。当然，如果是同案的共同被告人准备利用被告人原来所作的供述笔录，来对被告人的诚信性提出质疑时，则不受这一限制。

12.8　证据排除规则

按照普通法的传统，法官在审判中应当关注的是证据的相关性，而不是获得证据的方式和手段。因此，如果一项证据被认为具有实体上的证据价值，那么，无论它是以什么样的方式获得的，加拿大法官通常都会承认其可采性。尤其是对于那些警察非法搜查、扣押而来的实物证据，加拿大法官基本上不会将其排除。直到 20 世纪 60 年代，加拿大最高法院对于警察以故意侵犯公民权利的方式调查证据的行为，通常都视为民法上的侵权（civil tort）行为，并对此采取民事赔偿的方式加以救济。但是，大量的实证研究表明，那些遭受非法搜查和扣押的公民极少愿意将此问题诉诸民事法庭，而在有限的提起民事侵权诉讼的案件中，被侵权的公民所获得的经济赔偿也极为可怜。可以说，利用民事侵权的原理来处理警察侵犯公民权利的行为，至少在实际效果上并不理想。针对这一问题，20 世纪 70 年代成立的加拿大法律改革委员会（the Law Reform Commission of Canada），倡议以排除非法证据的方式来解决警察侵犯公民权利的问题。加拿大最高法院在 1970 年对 Wray 一案所作的判决中，也首次对一项非自愿的被告人供述作出了排除，从而使得法官拥有对那种通过侵犯公民权利的方式获得的证据加以排除的自由裁量权。因此，在 1982 年加拿大《大宪章》颁行之前，加拿大法官已经拥有了排除非法证据的裁量权。不过,这种对非法证据的排除还远没有形成一个稳定的法律规则,法官也只是在非常例外的案件中,才对那些严重侵犯公民权利的证据行使排除的权力。

加拿大《大宪章》第 24 条(2)正式确立了对非法证据的排除规则。不过,由于这一规则是在宪法条款中确立的,因此它远不只是一种带有技术性的证据规则,而属于旨在为所有公民权利提供保障、为所有侵犯公民权利的行为提供救济的宪法原则。从 20 世纪 80 年代以来,围绕着这一宪法救济条款,加拿大最高法院作出了一系列判例,并通过这些判例逐步扩大了排除规则的适用范围,也使得排除规则的法律效果得到加强。在以下的讨论中,笔者拟对加拿大证据法中的证据排除规则作一简要但尽量系统的分析。

12.8.1 证据排除的一般原则

《大宪章》第 24 条(2)是有关对侵犯公民宪法权利的证据是否具有可采性的原则性条款。具体分析起来,这一条款可以包含三个基本的要素:

一是证据的取得方式侵犯了公民的宪法权利。也就是《大宪章》所确立的某一公民权利或自由受到了侵犯或者否定。

二是侵犯宪法权利的行为与证据的取得之间具有合理的因果关系。换言之,该证据是以侵犯或者否定某一宪法权利的方式获得的,而有关侵犯宪法权利的行为也恰恰发生在该证据的获得过程之中。

三是采纳这一证据将导致司法制度受到损害的效果。具体说来,任何一个有理性的人都会相信,采纳了这一侵犯公民宪法权利的证据,肯定会损害司法制度的形象。

事实上,上述三个要素构成了法官排除一项非法证据的前提条件。在作出排除非法证据的裁决之前,法官必须谨慎地审查这些条件是否同时具备。不过,根据司法实践的一般经验,证明前两项要素的存在并不是很困难,因为警察的刑讯、欺诈、诱导、非法搜查、扣押等行为,往往是较容易认定的。但是,要判定上述第三项要素,也就是是否存在"司法制度受到损害的效果",则要相对困难得多。为解决这一问题,加拿大最高法院在 1987 年对 Collins 一案的判决中,归纳出了法官在确定是否存在司法制度受到损害这一问题时需要考虑的九个因素:

(1) 所获取的是何种证据?
(2)《大宪章》所确立的哪一权利受到了侵犯?

(3) 对《大宪章》的违反是否严重,或者这只是一个技术性问题?

(4) 这种侵权行为是警察故意和有预谋地实施的,还是在良好愿望的驱使下因为过失而发生的?

(5) 这种违反是在紧急或必要情况下发生的吗?

(6) 在获取该证据过程中有无可供选择的其他调查技术手段?

(7) 是否该证据在任何情况下都能够得到?

(8) 所涉及的犯罪案件是否严重?

(9) 该证据对于实体上的指控是否重要?①

最高法院进一步又将这九个因素归类为三组:前两个因素所涉及是"审判公正性"(trial fairness)的问题;中间五个因素可归结为"侵犯权利的严重性"(seriousness of the violation);而最后两个因素则与"排除证据后的后果"(effect of exclusion)有着直接的关系。

首先来看"审判公正"问题。应当说,在审查证据的可采性时,"审判公正"问题是法官需要解决的最重要问题。为了确定采纳某一侵犯公民宪法权利的证据,是否会使审判的公正性受到影响,法官必须首先考虑该证据属于"强制性的证据"(conscriptive evidence)还是"非强制性的证据"(non-conscriptive evidence)。

所谓"强制性的证据",是指代表国家进行调查的官员,以言辞、使用身体或者提取身体样本的方式,强迫被告人自证其罪,从而通过侵犯其宪法权利而获得的证据。原则上,除非该强制性的证据是可以重新发现的(discoverable),否则,采纳这一证据就将损害审判的公正性。那么,究竟什么是"可以重新发现的"呢?具体说来,就是某一证据即使当初不采取侵犯宪法权利的手段,换言之,即使当初采取完全非强制性的手段,它也将最终和必然被发现。这一标准显然类似于美国联邦最高法院所确立的有关排除规则的"最终和必然发现的例外"。

所谓"非强制性的证据",则是指那些被证明不具有强制性的证据。采纳非强制性的证据,一般不会对审判的公正性造成消极的影响。如果某一证据属于非强制性的,那么,法官就必须考虑侵权行为的严重性和排除证据所带来的后果这另外两项因素,然后才能决定是否对该证据加以排除。

一般情况下,那些带有强制性而本身又属于不可重新发现的证据,会被

---

① Ronald J. Delisle, *Canadian Evidence Law in a Nutshell*, pp.144-145.

法官视为严重影响审判公正,并因此加以排除。在考虑是否排除这种证据时,法官不会再对其他因素,如"侵权行为的严重性",或"排除后的后果"等加以考虑。相反,如果某一强制性的证据属于可以重新发现的,或者属于非强制性的证据的,那么,其他两种因素,也就是"侵权行为的严重性"和"排除后的后果",才需要加以审慎的考虑。

作为法官需要考虑的第二类因素,"侵权行为的严重性"需要由一系列具体的标准加以确定。除了加拿大最高法院在判例中所列举的五项标准以外,法官还通常要考虑以下问题:侵权行为所涉及的是一项还是多项宪法权利?该侵权行为是对大宪章标准的重大背离吗?侵权行为有无正当化证明?侵权行为的发生有无先前的司法判例或成文法可作依据?……

与证据可采性有关的最后一类因素是"排除证据后的效果"问题。也就是说,排除那种涉及侵犯公民宪法权利的证据之后,刑事司法制度的形象是否会因此得到改善,甚至是否因此而导致司法制度的形象受到其他的不利影响。为对此作出决定,法官除了考虑上述第 8 和第 9 两个问题之外,通常还要考虑以下问题:对有问题的证据加以排除或者采纳是否会对司法制度造成长期的影响?排除或者采纳有问题的证据会对司法制度造成更大的不利影响吗?宪法性侵权的严重性究竟有多大?在侵权行为与该证据的取得之间有无因果关系?……

12.8.2 强制性证据与非强制性证据

根据前面的分析,加拿大排除规则对于强制性证据和非强制性证据的态度是截然不同的。因此需要对于这种区分作出准确和详尽的解释。

一般说来,如果某一强制性的证据是不可重新发现的,也就是如果警察不采用侵犯公民宪法权利的手段将无法获取该证据的,那么,采纳这种证据将导致审判的公正性受到消极的影响。因此,为维护审判的公正性,法官就可以直接将该证据加以排除,而不必再对其他两项涉及司法制度形象的因素加以考虑。

相反,如果某一强制性的证据属于可以重新发现的,也就是当初如果没有采取其他没有侵犯公民宪法权利的行为,也最终能够获得该证据的,那么,采纳该证据就将不会导致审判的公正性受到消极的影响。但是,在这种情况下,法官还需要考虑"侵权行为的严重性"和"排除证据后的效果"这两个因素,然后才能对该证据的可采性作出决定。不言而喻的是,即使某一证据的取得方式并没有损害审判的公正性,但是由于侵权行为本身较为严重,或者采纳这一证据将会给司法制度的形象造成较为严重的损害,那么,法官仍然可以考虑将该证据予以排除。

需要注意的是,证明某一证据属于强制性证据的责任,要由被告人一方来承担。有关的证明标准是"优势证明"。

由于强制性的证据只要是可以重新发现的,就对审判的公正性不产生消极的影响,因此有义务证明某一强制性证据属于可重新发现的责任,要由检控方负责承担。有关此问题的证明标准同样是"优势证明"。具体说来,检控方的证明必须令法官相信下面的任一情况是存在的:

（1）实际存在着其他可替代的非强制性的手段,例如,具有独立来源（an independent source）的手段,使得检控方能够获得该证据;或者

（2）该证据本来必然会被发现（inevitable discovery）。

这里需要对实物证据的排除作一专门说明。根据加拿大最高法院在1993年所作的一项判例,包括书证、物证等在内的实物证据,如果是以《大宪章》第8条和第9条所禁止的不合理搜查、扣押以及任意羁押等手段所获得的,那么排除该证据还需要同时具备以下三项条件:

（1）如果没有侵犯公民宪法权利的行为,该证据的发现将是不可能的;

（2）该行为对宪法权利的侵犯十分严重,并且是警察在对其权力作出错误和危险的理解的情况下实施的;

（3）默许这种行为将会对司法制度的形象造成消极的影响。

由此可见,加拿大最高法院对于同样属于强制性证据的言辞证据和实物证据,在排除标准上有着一些细微的差别。可以说,对那些通过非法搜查、非法扣押或者非法羁押等手段所获取的书证、物证等实物证据的排除,加拿大最高法院事实上设定了更加严格的标准,法官在此问题的自由裁量权也会相应地大一些。

12.8.3　预先审核程序

与被告人供述的自愿性一样,如果任何证据的可采性基于其取得方式侵犯公民宪法权利的理由而发生异议,那么,问题也需要在专门的"预先审核"程序中加以解决。

申请排除某一在宪法方面存有瑕疵的证据（constitutionally-tainted evidence）,需要由被告人一方提出,因为被告人与该程序的结果有着直接的

个人利益。为证明某一证据的取得方式侵犯了大宪章所保护的某一公民权利,并且采纳该证据将会对司法制度的形象造成消极的影响,被告人需要承担有关的举证负担和说服负担。而且,有关此问题的证明标准将是优势证明。不过,在某些特定问题上,证明责任也可以转移给检控方承担。例如,如果检控方辩称,即使没有警察的侵权行为,被告人的行为也不会有任何不同之处,那么,该方就要在这一问题上承担证明责任。

需要注意的是,除了非自愿的被告人供述以外,其他证据的排除只能在法庭审判阶段作出裁决,而不能在预审阶段决定。

12.8.4 派生证据的排除

如果某一在取证方式上涉及侵犯公民宪法权利的证据被法官排除,那么,警察根据该证据所获取的其他证据,是否具有可采性呢?这一问题在美国被视为"毒树之果"(the fruits of poisonous tree)的问题,而在加拿大则属于"派生证据"(derivative evidence)的合法性问题。

所谓"派生证据",是指因为某一强制性证据的发现而获取的证据,或者直接来源于某一强制性证据的证据。顾名思义,"派生证据"必须是派生于某一强制性证据的独立证据。例如,警察以欺诈、诱导或强迫的手段获得了一份被告人的供述,该供述因为损害了被告人的自愿性而被排除。但是,警察根据被告人供述提供的线索,又获得了作为作案凶器的一把刀。那么,这把刀就属于被告人供述这一强制性证据的"派生证据"。

派生证据可以是实物证据,也可以是言辞证据。有关派生证据的最重要的要求是,在该"派生证据"与某一强制性证据之间必须存在可得到证明的因果关系。换言之,某一强制性证据必须被证明是该证据被获得的必要原因。只有这样,该派生证据的强制性才能由其与某一强制性证据的紧密关系而得到证明。

根据加拿大证据法,"派生证据"也属于强制性证据的范畴。因此,这类证据的排除也要受有关强制性证据的排除规则的影响。具体说来,如果该证据属于不可重新发现的,就要直接被法官排除;而一旦该证据属于采取合法手段也可以被重新发现的,那么,该证据的排除就需要结合"侵权行为的严重性"和"排除后的法律后果"等因素,在一并考量后才能决定。

与一般强制性证据的证明一样,对某一派生证据属于强制性证据的证明责任也要由被告人一方承担。该证明也要达到"优势证明"的程度。

13. 司法鉴定制度

13.1 鉴定启动权的归属
13.2 鉴定人资格
13.3 鉴定人之选任
13.4 鉴定人出庭作证

近年来,中国司法鉴定制度的改革问题已引起人们的普遍重视。但从有关研究和讨论的情况来看,不少人士似乎依然受到传统思维方式和司法现状的限制,未能提出系统的改革思路和框架。在市场经济日益发展、法制建设日益得到加强的今天,中国现行司法鉴定制度所赖以存在的理论基础正在弱化,实践中也暴露出越来越多的缺陷和问题。人们发现,在一个不甚完善甚至弊端百出的鉴定制度下,鉴定人不可能是"科学的法官",鉴定结论也不可能是"科学的判决",由于司法鉴定方面的错误得不到纠正而导致的冤假错案也会时有发生。在这种情况下,我们有必要将观察的视角从国内投向国外,研究一下西方各国司法鉴定制度的现状和发展趋势。中国有句古语:"他山之石,可以攻玉"。或许从西方有关司法制度及其实践中,我们能够发现改革中国司法鉴定制度的灵感和动力。本章首先将对西方各国的司法鉴定制度进行一次比较法意义上的考察,以帮助读者发现两大法系在鉴定制度上存在的差异,并同时注意各国的共同发展趋势。

13.1　鉴定启动权的归属

在英国、美国等普通法国家,刑事诉讼采用的是对抗式的程序模式。无论在侦查还是审判阶段,大体上都存在着平等对抗的控辩双方,诉讼程序也主要由控辩双方自行推动进行,法官一般只是根据法律确定的原则和规则,在一方提出申请时作出是否接受的裁断。这样,案件是否需要由专家进行鉴定,如何实施这种鉴定,一般都要由控辩双方自行决定。换句话说,检控一方在进行诉讼准备时,如果发现"科学、技术或其他专业知识将有助于事实裁判者理解证据或确定争议事实",可以直接委托专家证人进行鉴定,以使自己的指控更具有说服力,胜诉的机会从而更多一些。同时,辩护律师如果要向法庭作出某一特定的辩护,或者对控方的证据存有疑义,也可以主动委托专家进行鉴定,以便削弱控方的指控,达到使裁判者对指控罪名的成立产生"合理怀疑"的目的。可见,与其对抗式的诉讼模式相适应,英美法国家司法鉴定的决定权是由控辩双方平等拥有的。[①]

而大陆法国家的刑事诉讼采取的则是职权主义的程序模式,法官不仅在审判阶段居于主导地位,而且在审判前阶段也可以就司法问题作出决定。鉴

---

①　参见〔美〕乔恩·R.华尔兹:《刑事证据大全》,何家弘等译,中国人民公安大学出版社1993年版,第353—364页。

定被认为是"帮助裁判者发现真相、实现正义"的活动,它被认为是司法权的一部分。因此,不论在侦查还是在审判中,法官可以根据检察机构和当事人的请求,或者依职权主动决定是否就案件中的某一专门事项进行司法鉴定。例如,法国《刑事诉讼法典》规定,"任何预审法官或审判法官,在案件出现技术方面的问题时,可以根据检察院的要求,或者依自己的职权,或者依一方当事人的要求,命令进行鉴定。"(第156条)在德国,法官有权决定就某一专门事项进行鉴定,如发现鉴定人的鉴定尚有不足,还可以要求原鉴定人或者委托其他鉴定人进行新的鉴定(德国《刑事诉讼法典》第73条、第83条)。而根据意大利《刑事诉讼法典》,"当需要借助专门的技术、科学或技艺能力进行调查或者获取材料或评论时",法官可以任命合格的鉴定人进行鉴定,并决定鉴定人的人数及与鉴定有关的其他事项。可见,在上述国家,司法警察和检察机构都不拥有司法鉴定的直接决定权,即使在侦查活动中发现案件确有技术性事项需要进行鉴定,也一般必须请求法官作出这方面的决定。

不过,近年来,西方两大法系国家在司法鉴定的决定权问题上,出现了相互吸收和融合的趋势。在美国,鉴于鉴定事项由控辩双方决定、鉴定人由控辩双方委任的做法,容易导致鉴定人丧失中立性和客观性,鉴定结论也容易仅仅服务于双方诉讼的需要而不是正义的要求,因此法官主动决定鉴定事项的实践越来越多。例如,根据美国《联邦证据规则》,法庭可以根据自己的选择指定专家证人,也可以指定经控辩双方同意的任何专家证人,就案件中的某一科学或技术性问题进行鉴定。而在英国,人们对那种只能由控辩双方出于胜诉的需要传唤专家证人的做法越来越表示不满。有人主张通过让法官或法庭直接决定鉴定事项,来作为当事人委托制的补充,以克服这一制度的缺陷。[①] 而在大陆法国家,尽管控辩双方还不能直接决定实施鉴定,但他们对司法鉴定程序的启动却能够施加越来越大的影响。检察官、被告人一方如果认为案件需要由专家进行鉴定,可以向法官提出请求,以促使后者启动司法鉴定程序。在法庭审判过程中,控辩双方还可以平等地传唤鉴定人出庭作证,以作出有利于自己的证明。另外,如果法官拒绝了控辩双方有关司法鉴定的某一请求,后者还可以向上级法院申请司法救济。

---

① John Hatchard and others, *Comparative Criminal Procedure*, pp.149-151.

13.2 鉴定人资格

英美等国对于什么人能够担任鉴定人这一问题并无专门的法律限制。原则上,所有"经过该学科科学教育"的人,或者"掌握从实践经验中获得的特别或专有知识"的人,都可以作为鉴定人。鉴定人的意见、推论或结论,应当依靠其专门性知识、技能或训练而不是普通经验作出;鉴定人必须证明自己作为专家在该专门领域内具有合格的经验。不过,鉴定人是否具有就某一科学或技术性问题提供权威性证言的能力,要在法庭上接受审查。一般情况下,控辩双方提出的任何一个专家证人,在陈述鉴定意见之前,要由传唤方就该专家的特别知识、经验或技术水平进行询问,对方也可以就此提出问题和表达疑义。双方对该专家资格的审查,有时可以通过询问他的教育程度、学术水平、个人素养、有无鉴定失误的经历等方面来展开。控辩双方还可以直接请求法庭将某一鉴定人排除于专家证人之外。当然,最后决定某一鉴定人能否担任专家证人的是法官,而不是控辩双方。

与英美法国家不同,大陆法国家建立了专门的鉴定人资格制度。法国和意大利等国都建立了鉴定人名册制,由专门机构通过特定的考评和登记程序,将全国具有司法鉴定资格的专家根据行业登记造册,注明各自的教育程度、学术成果、专业经历等内容,供法官根据案件的需要从名册中选任鉴定人。根据法国《刑事诉讼法典》的规定,鉴定人"应当从最高法院办公厅制作的全国专家名册中所列的自然人和法人选取,或者从各上诉法院与总检察长商定提出的名册中选取"。所有被登录进鉴定人名册的专家,都"应当在其住所所在地的上诉法院宣誓将依据自己的荣誉和良心对司法工作提供协助",这种宣誓不必在每次受委托时进行;但是,"没有列入上述名册的专家,在每次受委托进行鉴定时,应当在预审法官或者经该主管法院指定的法官面前,作前款规定的宣誓"。而根据意大利《刑事诉讼法典》的规定,"法官在任命鉴定人时应当从在专门登记簿上注册或者在具备某一特定学科的专业能力的人员中挑选"。可见,这些国家尽管建立了鉴定人名册制度,但仍允许法官从未被登录进名册的专家中指定鉴定人。

西方两大法系国家在鉴定人资格方面尽管存在上述明显的不同,但有一点大体上是一致的:接受法官委任、指定或者控辩双方传唤的鉴定人,必须是自然人,而不能是某一鉴定机构。也就是说,从事司法鉴定应当属于一种个人行为,而不是集体行为;某一专家一旦经法定程序被确定为案件的鉴定人,就应当亲自实施具体的鉴定活动,亲自在鉴定报告上签字,并亲自接受法庭的传唤或者控辩双方的申请,在法庭上出庭作证。这种做法,显然有助于增强鉴定人个人的责任感和荣誉感,在就司法鉴定结论发生争议时也可以分清法律责任。当然,法国《刑事诉讼法典》在这一方面有一些例外规定,它允许司法鉴定机构作为法人登录进鉴定人名册,并允许法官将这种法人指定为鉴定人。不过,"如果指定的专家是法人,其法定代表人应在取得该主管法院的同意后,从其所辖人员中,选定一名或一名以上自然人,以该法人的名义进行鉴定"。这样,法人虽然能够成为鉴定人,但具体代表该法人实施司法鉴定的,仍然是法人内部所属的自然人,该自然人的选任仍要取得法院的同意。

13.3 鉴定人之选任

在英美法国家,由于鉴定的启动权掌握在控辩双方手里,法官只在特定情况下才可以自行决定就某一专门问题进行鉴定;又由于英美法国家在鉴定人资格问题上不作特别的法律要求,某一专家能否成为专家证人,要依其具备专门的科学、技术知识而定,因此,鉴定人的选任权可以由控辩双方和法官共同行使,也可以由各方单独行使。在这种选任制度下,鉴定人要接受控辩双方的询问和质疑,其资格要在向法庭证明具有司法鉴定所要求的专业水平和经验、并具有公正鉴定所需要的中立性、客观性之后,才能得到法庭的认可,其专家证言也才能为法庭所接受。

而在大陆法国家,鉴定人则要经受较为复杂的选任程序。在法国,预审法官和案件的主管法院拥有选任鉴定人的权利。鉴定人既可以从列入名册的专家中选任,也可以从没有列入名册但具有专门知识、能力和经验的专家中进行挑选。不过需要注意的是,司法警察和检察官在紧急情况下,也可以自行委托合格的人进行科学技术方面的检验和认定(法国《刑事诉讼法典》第60条、第77条)。但这些被检警机构委任的人员还不具有鉴定人的资格,而只能算作就技术问题作证的证人。在德国,鉴定人一般由法官从具有专门科技知识的专家中选任。法官认为鉴定尚有不足时,可以要求原鉴定人或者委任其他鉴定人进行新的鉴定。对于法官选任的鉴定人,检察官、被害人、被告人如对其鉴定能力或公正性、客观性存有怀疑,可以申请他回避。法官一旦决定让原先委任的鉴定人回避,就必须另行委任新的鉴定人。需要注意的是,德国法律除了授权法官委任鉴定人以外,还允许被告人在法定情况下委任自己的鉴定人。根据德国《刑事诉讼法典》的规定,法官勘验时需要聘请鉴定人的,被告人可以申请传唤他提名的鉴定人到场;如果法官对该项申请予以拒绝,被告人可以自行传唤他自己的鉴定人。对于被告人提名的鉴定人,"在不妨碍法官指派的鉴定人工作条件下,应当准许参加勘验和必要的调查"。这样,德国鉴定人的委任实际就由法官和被告人共同行使。在意大利,法官从具有法定资格的专家中委任鉴定人。不过,在鉴定人选任出来以后,公诉人和当事人都有权委任各自的技术顾问。这种技术顾问可以参加委任鉴定人的活动,以保证鉴定人具备合格的专业技术能力和经验;可以参加鉴定人的所有鉴定活动,对鉴定报告进行研究。他们还可以就鉴定事项发表意见和询问被鉴定者。从证据法的角度来看,这些技术顾问处于证人的地位,他们在法庭上要像其他普通证人一样,进行宣誓作证并接受各方的询问。

显然,在英美法国家,控辩双方在鉴定人的选任问题上拥有较大的决定权,法官的选任一般只具有补充的性质。而在大陆法国家,鉴定人的选任则主要由法官进行,控辩双方可以像对法官那样对鉴定人申请回避,并可以委任各自的技术方面的证人。在极为例外的情况下,也可以委任自己的鉴定人。不过,各国一般都禁止检警机构直接委任鉴定人,也不允许鉴定机构本身自行决定谁来担任鉴定人。

13.4 鉴定人出庭作证

在英美法国家,对鉴定结论的审查主要是通过传唤鉴定人出庭作证的方式进行。在英美证据法中,鉴定人属于"专家证人",在承担出庭作证义务方面与普通证人并没有任何实质性的差异。例如在美国,鉴定人一般要由控辩双方传唤出庭作证。在法庭对其鉴定人资格加以审查、法官同意其担任专家证人之后,鉴定人首先要接受传唤方的主询问,接下来接受反对方的反询问,并可依案件情况接受若干次再主询问和再反询问。在法官自行委任鉴定人的情况下,鉴定人的资格也要经受控辩双方的审查和质疑,并要接受控辩双方的交叉询问。鉴定人在法庭上一般必须陈述所作鉴定结论的根据、过程和科学基础,回答各方的询问和质证,就自己鉴定结论的疑点进行辩解。在不少情况下,如果控辩双方就同一问题都委任了鉴定人,那么法庭审判往往就会成为对立专家证人的科学技术观点之论战。当然,与一般证人证言一样,有关鉴定结论的审查也受到传闻规则的制约：一般情况下，鉴定人必须亲自出庭作证，而不能由某一方仅仅提交鉴定结论，否则法官可以直接将其鉴定结论排除于法庭之外。但在法定例外情况下，鉴定人也可以不出庭作证，而向法庭提交书面鉴定报告。

在大陆法国家，鉴定人与一般的证人一样，都必须亲自出庭作证，接受法官、控辩双方的提问。根据直接、言词审理的原则，法官必须亲自接触证据的最原始的形式，并按照言词和口头的方式实施诉讼行为。因此，对于言词证据，包括证人证言、鉴定结论等，都要传唤这些证据的提供者亲自出庭作证。例如，在法国，鉴定人应在宣誓以自己的荣誉和良心协助公正审判以后，当庭宣示他已进行的技术鉴定的结果；审判长可以依职权或者根据检察官、当事人或其律师的要求，向鉴定人提出任何有关鉴定的问题。在德国和意大利，对鉴定人的询问一般要适用与询问证人相同的法律规则。

无论是英美法国家还是大陆法国家，鉴定人都不具有官方人员的地位和背景，而只是接受控辩双方或者法官委任，帮助事实裁判者确认某一事实是否存在的人。即使是在法国、意大利等国被列入鉴定人名册的专家，也不过是普通的专家而已。鉴定人参与刑事诉讼活动的主要目的在于协助法庭查明事实真相，作出公正的裁判。在这一点上，鉴定人与证人几乎没有什么两样。因此，对于实施鉴定并出庭作证的鉴定人，法院一般要依据有关法律规定给予经济补偿。但无正当理由拒绝鉴定或者拒绝出庭作证的鉴定人，法院可以根据具体情况，处以罚款或者令其承担有关费用，甚至采取其他更加严厉的强制措施。与此同时，西方各国在法律中也都规定了一系列鉴定人出庭作证的例外情况。遇有这些情况，法庭一般会允许鉴定人不出庭作证，但对其鉴定结论则会采取其他调查措施，如在开庭前到鉴定人住处进行调查，对鉴定人的报告事先进行证据保全程序。尤其值得注意的是，大陆法国家的鉴定人一般由法官在侦查阶段加以委任，除了控辩双方可以参与鉴定活动以外，法官一般也可以直接主持鉴定活动的进行，并在鉴定报告上签字。由于在侦查阶段已经有法官参与鉴定活动，因此鉴定结论的可信性也可以在一定程度上得到保证。

14. 英美证据展示制度之比较

14.1 英国的证据展示制度
14.2 美国的证据展示制度
14.3 比较与评论

英国和美国均实行对抗式的刑事诉讼制度。所谓对抗制,实际上是控辩双方通过在中立的裁判者面前进行平等的理性争斗而解决争端的诉讼制度。在这种制度中,控辩双方主导和控制着证据的调查和事实的形成过程,他们各自提出本方的案情(one's own case),并通过举证、交叉询问、辩论等方式向法庭进行论证。为维护对抗式审判程序的公平运行,英国和美国的法律均禁止控辩双方在审判前向法庭移送证据材料,指控方也不得移送记载其侦查过程和成果的卷宗材料。这种程序设计对于防止法官和陪审团事先形成预断,保证审判公正进行是有利的,但也引发出一个问题:辩护律师无法像大陆法系国家的同行那样,在审判前直接到法院查阅检察官掌握的证据材料,难以充分地进行辩护准备活动。同时,控辩双方如在审判前互不了解对方掌握的证据材料,就会在法庭审判中形成所谓"对抗的白热化",即互相实施突然袭击,令对方措手不及,无法对某一证据进行防御准备。这对于对抗的公平性而言,无疑是极大的威胁。

为解决这一问题,英国和美国均建立了证据展示制度。在我国法学论著中,证据展示(discovery,或disclose)又被译作"证据披露""证据开示""证据公开"或"证据发现"。这一制度的核心要求是,在辩护方提出合理申请的情况下,法庭可以要求指控方在审判前允许辩护方查阅或得到其掌握的证据材料;同时,在法律规定的特定情况下,法庭也可以要求辩护方将其准备在审判中提出的证据材料向指控方予以公开。在英美法学者看来,建立证据展示制度有助于实现代表国家提起公诉的检察官与被告人之间的资源平衡,确保控辩双方尽可能做到"平等武装"(equality of arms)。[①] 另一方面,建立证据展示制度,使控辩双方在审判前的专门程序中进行证据信息的交换,可以防止审判的拖延和无序,确保诉讼的高效快捷,减少司法资源的浪费。可以说,证据展示制度已成为英美对抗式审判程序得以公正有效运行的关键保障之一。

我国1996年修订的《刑事诉讼法》吸收了英美对抗式审判程序的一些特点,大大减少了检察官向法庭移送卷宗的范围,使得辩护方无法获得对检察官掌握的证据进行全面查阅的机会,这在客观上导致证据展示制度在我国的建立具有极大的必要性。基于这一认识,本章拟对英国和美国的刑事证据展示制度作一全面的分析和比较,使读者了解这一制度在两国的现状和发展趋

[①] 关于英美证据展示制度的理论基础,参见 John Sprack, *Emmins on Criminal Procedure*, Blackstone Press limited, 1997, p. 122. 另见 Patrick O'Connor, Prosecution Disclosure: Principle, Practice and Justice, in *The Criminal Law Review*, July 1992, pp. 464-477。

势。需要注意的是,美国联邦和各州在证据展示问题上做法不一,各州在这方面的立法和判例更存在着较大的差别,笔者对美国制度的分析只能着眼于联邦法律和判例的规定。

14.1 英国的证据展示制度

在英国,刑事诉讼中的证据展示制度包括两大基本内容:一是检察官向被告人的展示义务,二是辩护方向检察官的展示义务。其中检察官的证据展示义务包括两方面的基本内容:一是检察官应当向辩护一方告知他将要在法庭审判中作为指控根据使用的所有证据,这被称为"预先提供信息的义务"(duty to provide advance information)。就对可诉罪的正式审判而言,在案件移送到刑事法院之前检察官就要将本方全部起诉证据的复印件移送给辩护一方,任何新的证据也要在以后的阶段展示给辩护一方。二是检察官应向辩护一方展示其不准备在审判过程中使用的任何相关材料,即所谓对检察官无用的材料(unused material),这种义务被称为展示的义务(duty of disclosure)。实际上,在英国司法实践中容易出问题的是上述第二种义务,这也是英国证据展示制度所要解决的主要问题。英国1996年通过的《刑事诉讼与侦查法》(Criminal Procedure and Investigation Act 1996)对证据展示制度作出了较大的改革,明确规定了检察官向辩护方进行证据展示的规则,同时赋予辩护一方向控方展示本方辩护内容和证据的义务,并规定了不承担这种义务的法律后果。这对于被告人的辩护活动产生了极大的影响。

在1996年以前,英国调整证据展示的规则主要存在于法院的司法判例之中。这种规则的基本要求是,为保证被告人在审判之前了解不利于他的证据并为法庭审判中的辩护做好准备,检察官应当将所有他不准备在审判过程中使用的相关证据——不论这些证据对被告人有利还是不利——全部展示给辩护一方。另一方面,除了在一些极为特殊的情况下以外,辩护一方没有义务将其准备在审判中使用的证据预先向检察官进行展示,这些例外情况有:辩护一方提出了不在犯罪现场的证据,辩护一方提出证明自己精神状态不正常的证据,以及辩护一方将专家证据作为支持辩护的证据。当然,检察官的证据展示也有例外,例如根据"公共利益豁免"的原则,在特定的情况下检察官有权拒绝将一些涉及国家秘密的材料移送给辩护一方。证据展示是1991年成立的皇家刑事司法委员会所拟议改革的重要问题之一。委员会建议扩大辩护一方在审判前向控诉一方所展示的证据范围,理由是这不仅可以保证控辩双方在诉讼的较早阶段并较好地为审判中的对抗做准备,且能够缩短审判平均持续的时间,并使那些被告在最后阶段突然提出新的证据,以至于使陪审团成员混淆视听、法庭审判陷于混乱的案件减少到最低程度。①

委员会的这种建议对 1996 年《刑事诉讼与侦查法》的制定产生了直接影响。该法以及根据该法所制定的《实施法典》(Code of Practice)对英国普通法中的证据展示规则作出了较大的改革。这些改革的核心内容主要有四:(1) 负责调查犯罪案件的警察有义务将其在调查过程中收集和制作的材料进行记录和保存;(2) 在"控诉一方的初次展示"中,检察官应将其在审判过程中不打算使用的特定材料展示给辩护一方;(3) 辩护一方随后有义务将其准备在审判中提出的辩护理由和证据展示给控诉一方;(4) 在辩护一方作出证据展示后,控诉一方有义务将新的证据材料向辩护一方作第二次展示。另外,对于控辩双方可能就某一指控证据应否向辩护方展示问题发生的争议,英国法律也为法院规定了若干项处理规则;对于辩护方未能依法向检察官承担法定的证据展示义务的,法律也规定了有效的制约机制。不仅如此,新建立的证据展示制度主要适用于刑事法院的审判程序中,而对于治安法院的审判程序,证据展示制度则不具有强制性。②

14.1.1 侦查官员的保存证据义务

为保证辩护一方及时接触到控诉一方所掌握的证据情况,警察在侦查阶段将其所收集的证据材料作出适当的记录和保全是十分必要的。《刑事诉讼与侦查法》及其《实施法典》要求负责调查的警察与证据展示官员(disclosure officer)之间应有明确的职能分工。负责调查的警察必须确保所有与案件相关的材料和情况都能被记录和保全下来,不论它们是在调查过程中收集的(如在搜查和扣押过程中取得的物品等),还是通过调查制作的(如在讯问中制作的被告人供述笔录,录制供述过程和情况的录音带等)。而证据展示官员则专门负责向检察官提交证据材料和有关目录,以及向辩护方展示证据。

警察在侦查过程中对于某一材料是否与侦查有关系,可以主动获得检察官的建议。如果证据展示官员相信被告人可能在简易审判中作出无罪答辩,

---

① 参见 John Hatchard(editor),Comparative Criminal Procedure,the *British Institute of International and Comparative Law*,1996,p.188.
② 关于英国证据展示制度的改革问题,详见 John Sprack,*Emmins on Criminal Procedure*,pp.64-75。

或者将在刑事法院受审,他必须准备一份书面目录,将其掌握的那些不会成为指控证据(通常是对指控方不利而对辩护方有利的证据)的材料,均编入该目录之中。证据展示官员必须确保每一份证据材料均被单独列入目录,并将其细节尽可能清楚地予以说明,以使检察官对于应否向辩护方展示作出准确的判断。遇有涉及国家秘密的证据材料,证据展示官员还必须另外单独编制一份表格。

证据展示官员应将列明不准备采用为指控证据的材料的书面目录移送给检察官,同时还应尽可能将所有准备作为指控证据使用的材料制成一份卷宗,一并移送检察官。对于那些符合"检察官初次展示"范围的证据材料,证据展示官员应向检察官指明,以引起后者的注意。证据展示官员还要将以下材料的复印件移送检察官:(1)证人向警察描述嫌疑人的第一次证言笔录;(2)被告人就其被指控的犯罪所提供的情况;(3)任何使人对供述产生怀疑的材料;(4)任何使人对证人的可信性产生怀疑的材料;(5)属于初次展示范围的任何其他材料。在检察官提出要对那些没有被复制的材料进行审查或者要求复制时,证据展示官员应立即让其审查或予以复制。有时证据展示官员对哪些证据材料可以成为指控证据并不清楚,也没有从检察官那里获得有关证据与起诉间关系的建议,而在这些事情清楚以后,就应将那些被遗漏的不准备采用为指控证据的材料列入一份新的目录之中,有关要求与第一份目录相同。在辩护方将其辩护陈述向检察官提交以后,证据展示官员必须对其掌握的材料重新加以检查,对于任何符合向辩护方展示条件的证据材料,都应引起检察官的注意,并向后者提交复印件。证据展示官员必须将其掌握的所有对检察官有用的材料均向其提交,并就此签署证明文件。

对于某一没有向检察官提交复印件的材料,如果该材料属于第二次证据展示范围,而法院也已作出向辩护方展示的命令,检察官可以要求证据展示官员直接向辩护方展示。而对于某一已经向检察官提交复印件而又符合展示范围的材料,检察官与证据展示官员可以协商决定由谁向辩护方展示。辩护方向负有展示义务的官员提出复制或者审查证据材料的要求的,后者不得予以拒绝。

14.1.2 检察官的初次展示

按照《刑事诉讼与侦查法》第3条的规定,检察官应当将以前没有向被告人展示的证据材料向辩护一方予以展示,只要检察官认为该证据可能会"削弱"(undermine)控诉一方的指控。而且,证据展示官员为检察官准备的列明不予采用的证据的材料目录也应向辩护方展示。这被称为"检察官的初次展示"(primary prosecution disclosure)。与检察官的第二次展示相比,"初次展示"是一个带有主观性的证据展示义务,是否展示以及展示什么,基本上取决于检察官的决定。检察官如果认为并不存在这种材料,应当向辩护方提交一份书面说明。

在司法实践中,检察官在"初次展示"阶段向辩护方展示的证据通常是指他已经掌握并审查过的材料。这些材料可以直接提交给辩护律师,也可以由后者在合理的时间和地点进行查阅。如果法院认为这种材料涉及国家秘密因此不能展示,检察官就不承担这种义务。既然初次展示的证据范围由检察官自己确定,那么就存在着一个展示的标准问题。对于这一问题,英国法院曾经作出过有关的判例,将其限定为三个标准:(1)与案件有关或可能相关;(2)其存在提出或可能提出一个新的问题;(3)会成为发现上述两种证据的线索。1996年《刑事诉讼与侦查法》设定的展示标准要比判例标准略显狭窄。人们对该判例是否符合该法的精神问题存在着分歧。分歧的焦点在于判例确立的后两项标准应否适用。按照英国前内务大臣 David McLean 的观点,检察官在初次展示阶段需要展示的证据是那些"对支持检察官的指控具有不利影响的"证据,它们不限于"对指控提出基本问题的材料",而主要是"可以帮助被告人的辩护而又未经展示的材料"。但是,如果某一材料能够提出一个新的问题,而该问题对于被告人的辩护又是有利的,它为什么就不能列入初次展示的范围呢?

这种分歧表面看来是由法律规则缺乏可操作性引起的,但更主要的是与立法者为初次展示设定了过于主观的标准有关。这种设计的意图在于排除法庭对此进行司法审查的可能性,促使辩护方随后依法履行其向检察官展示本方证据的义务。了解检察官不采用的证据目录的辩护方也许会要求检察官进一步展示证据,但检察官有权予以拒绝,而不受法官的干预。不过,1996年《刑事诉讼与侦查法》还规定了"检察官的第二次展示",这一展示的范围具有相对客观的标准。检察官即使在初次展示阶段故意将某一对被告人有利的材料隐瞒起来,辩护方在后一阶段还有机会提出展示的请示。

14.1.3 辩护方的证据展示

检察官的初次展示通常是在移送起诉过程中完成的。而在案件被移送刑事法院后和法院审判开始前,辩护一方有义务将自己的辩护陈述(defense statement)提交给检察官和法庭。辩护陈述是一份记载着辩护要点以及辩护方与指控方主要争议点及理由的书面陈述。在刑事法院对可诉罪案件进行的审判中,辩护方的这种展示是带有强制性的,因为他们如果不能依法承担这一义务,就将失去获得检察官第二次证据展示的机会。而由于初次展示标准的主观性特征,检察官往往将大量对被告人有利的证据纳入第二次展示的范围。不仅如此,法官、陪审团还可能因为辩护方没有履行展示义务而作出对被告人不利的推论。

辩护方需要展示的辩护陈述必须包括以下内容:(1)辩护方提出的辩护的一般性质;(2)辩护方与检察官发生分歧的事项;(3)辩护方与检察官发生分歧的理由。如果辩护方准备提出不在犯罪现场(alibi)的辩护,那么辩护陈述还必须载明这一证据的细节,包括证明被告人不在犯罪现场的证人的姓名和住址,以及可用来发现姓名和住址不明的这种证人的信息等。辩护一方的辩护陈述是有时间限制的,它必须在检察官完成初次展示之后的14天之内进行。如果辩护方认为这一期限是不合理的,他还可以向法官提出延长的申请。

需要注意的是,辩护一方的证据展示与检察官的初次展示是十分不同的。由于检察官在移送起诉之前已经将所有将要在法庭上作为指控证据使用的材料均移送给了辩护方,因此检察官在这时需要展示的是他在法庭审判过程中不准备采用的证据。但辩护一方在其辩护陈述中展示的则是他将在审判过程中用作辩护证据的材料。无论是普通法还是成文法都不要求辩护一方将其不准备在法庭审判中采用的证据向检察官进行展示。这也是为控辩双方的"公平竞赛"设置的一个外部界限。因为检察官与辩护方在收集证据的能力上毕竟不可相提并论,为了维持双方的实质而不是形式上的平等,必须赋予辩护方一定的程序性"特权",而同时使检察官负有一定的特殊义务。

14.1.4　检察官的第二次展示

在辩护一方将本方的辩护陈述展示给检察官之后,检察官必须将所有原来没有展示给辩护一方的材料向后者进行"第二次展示"(the second disclosure),只要这些材料"可以被合理地期望有助于被告人的辩护"。但是法院根据公共利益认为不应展示的材料,以及根据1985年《通讯截获法》截获的材料不在展示之列。如果不存在符合第二次展示标准的材料,检察官必须提供给辩护一方有关这一情况的声明。

与检察官的初次展示不同,第二次展示具有客观的适用标准,并需接受法院的司法审查。这一阶段展示的是所有为检察官所掌握并依照《实施法典》审查过的材料。如果辩护方认为检察官没有依法履行展示义务,有权向法院请求发布要求其展示的命令。在决定需要展示的材料范围时,检察官并不需要亲自对警察在侦查中查获的所有证据材料进行全面考虑,这一工作主要由警察机构内的证据展示官员负责实施。换言之,证据展示官员在对辩护方的辩护陈述进行阅览后,必须对其所保存的材料重新加以检查,对于任何可望有助于被告人辩护的材料,都应尽量使其引起检察官的注意。检察官如果注意到某一材料可能符合第二次展示的标准,他有权决定是否将其从证据展示官员那里调阅和审查。任何材料如不经过检察官的调阅和审查,均不得被纳入证据展示的范围。这样,检察官的第二次展示的有效实施在很大程度上决定于证据展示官员的工作。

14.1.5 对证据展示范围的司法审查

无论是在初次展示还是在第二次展示阶段,检察官均可以事关公共利益为由,请求法院将某一材料排除于展示范围之外。同样,辩护方也有权请求法院发布有关要求检察官向其展示某一证据材料的命令。辩护方请求检察官展示的材料可以是为检察官所掌握并审查过的材料,也包括证据展示官员必须向检察官提供或允许检察官调阅和审查的材料。但这一申请必须在辩护方将其辩护陈述展示完毕之后提出。

辩护方提出有关要求检察官作进一步展示的申请,必须向法院证明:(1)检察官掌握着可以被合理地期望有助于辩护的材料;而且(2)该材料过去并没有向辩护方展示。法院通过审查,如果"有合理的理由确信"存在着这样的材料,就应发布一项要求检察官展示有关证据的命令。由于事先掌握并查看过检察官不准备采用的材料目录,辩护方一般可以较为容易地提出哪些材料需要作进一步的展示。但是,对于那些该目录上并未列明的材料,辩护方申请能否取得成功就可能会出现问题。因为辩护方申请展示的材料范围必须限于其在辩护陈述中提及的事项;辩护方难以对警察掌握的材料中究竟哪些符合进一步展示的条件作出准确的判断。

14.1.6 检察官的持续展示

根据 1996 年《刑事诉讼与侦查法》第 9 条的规定,检察官在诉讼中负有对证据展示问题进行"连续性审查的义务"(the continuing duty to review)。在案件被撤销或者被告人被判决有罪或无罪之前的任何时间里,检察官如果发现存在着可能削弱指控或者被"合理地期望可有助于辩护"的材料,就必须尽快地向辩护方展示。例如,检察官发现某一控方证人在法庭上所作的证词与其在警察面前所作的陈述存在实质上的差异,而辩护方并没有发现这一点,检察官就应将此向后者展示,以使后者能够运用这一证据对有关证人进行反对询问,对其证词的可信性进行质疑。当然,在检察官负有连续性的展示证据义务的同时,法庭也要对展示的材料是否属于应予展示的范围进行审查。

14.1.7 公共利益豁免原则

无论是在初次展示还是在第二次展示阶段,如果有关证据材料涉及所谓"公共利益"(public interest),检察官所负的展示证据义务都可以得到免除。这被称为"公共利益豁免"(public interest immunity)的原则。这一原则最初产生于英国 19 世纪的判例法中。在 1890 年 *Marks v. Beyfus* 一案的判决中,法院确立了检察官不透露向警察告密者身份的规则,理由是防止对告密者的报复,并避免由于公布其身份而可能导致的警察侦查线索的枯竭。但是法官如果认为透露告密者的身份将使被告人洗脱罪名时除外。在 1986 年对另一案件的判决中,法院又将上述规则的适用范围扩大到为警察担任犯罪监视者(observation posts)上面,理由同样是防止使那些警察聘用的监视犯罪嫌疑人的人受到报复。这两个判例的产生时间尽管相距遥远,但它们都涉及事关公共利益的材料不被展示的问题。英国上诉法院 1993 年对著名的 ward 案的判决确立了一项新的规则:基于公共利益豁免原则免除某一证据涉及公共利益而不予展示,法院有权对其请求的合法性进行审查;如果检察官不提交法院审查,就必须将案件撤销。[①]

1996 年《刑事诉讼与侦查法》尽管一般并不适用普通法有关证据展示的规则,但它明确规定,普通法有关证据展示是否适用公共利益豁免原则的规则仍然有效。这一原则既适用于检察官的初次展示和第二次展示阶段,也对

---

① 关于公共利益豁免原则的演变情况,详见 John Sprack, *Emmins on Criminal Procedure*, pp. 64-75。

法庭在控辩双方发生争议时作出是否展示证据的命令有效。不仅如此,在检察官承担持续性展示义务时,也适用这一原则。一般适用的程序是:检察官认为某一证据材料事关公共利益,而辩护方又要求其展示这一材料的,前者可以向法庭申请根据公共利益豁免原则免除其展示这一证据的义务;法庭将检察官的申请事先告知辩护方后,对双方争议事项进行审查,并作出展示与否的命令。

14.1.8 辩护方不承担展示证据义务的后果

为确保新的证据展示制度的有效实施,根据1996年《刑事诉讼与侦查法》的规定,辩护方如果不承担或者不能较好地承担证据展示义务,将负担一系列消极的法律后果。首先,辩护一方如果不向检察官展示本方辩护陈述和证据,将失去获得检察官向其进行第二次证据展示的机会。其次,辩护一方有以下情况之一的,法庭可以作出证据展示不足的评论,法官或陪审团可以因为辩护方没有适当地履行证据展示义务而作出对其不利的推论:(1)没有向检察官展示本方辩护陈述;(2)在法律规定的最后期限超过以后进行展示;(3)在辩护陈述中有前后不一致的辩护意见;(4)在法庭审判中提出的辩护意见或理由与其展示过的辩护陈述有区别;(5)在庭审中提出不在犯罪现场的辩护,而在辩护陈述中没有事先提供有关的细节;(6)在庭审中传唤某一证明被告人不在犯罪现场的证人,而没有在辩护陈述中透露该证人的姓名和住址。

需要注意的是,法庭发现辩护方在法庭上提出的辩护与辩护陈述有所不同时,应考虑这种不同的程度以及有无正当的理由。而且,仅仅根据法官或陪审团的上述推论,任何被告人均不得被认定有罪。

14.2 美国的证据展示制度

在美国刑事诉讼中,证据展示通常发生在预审(preliminary hearing)和审前动议提出(pretrial motions)阶段。举行预审是受到重罪指控的被告人的一项诉讼权利,它一般由美国联邦地方法院和各州基层法院负责实施。预审的首要目的在于对检察官提起重罪指控的案件进行审查,以确定指控是否存在合理的理由。通过预审,法院对不具有法定理由和根据的案件予以撤销,从而防止将被告人轻率地交付审判。但是,由于在预审中检察官为证明其指控确有根据,不得不将其起诉证据提交法庭,被告人及其辩护人因此获得了对其证据进行质证、对其证人进行交叉询问的机会。而要有效地进行质证和交叉询问,就必须事先对检察官在预审中提出的证据进行了解。根据美国法律规定,检察官在预审开始之前,必须将其准备传唤出庭作证的证人名单和其他准备在法庭上提出的证据的目录提交给法庭和辩护方,并在法庭和辩护方提出要求时进行解释和说明。这样,本来是为了对指控的合理性进行审查而设计的预审,在实践中就成为辩护方了解控诉方证据的重要场合。可以说,预审阶段检察官向辩护方进行的证据展示,主要是由于检察官负有向法庭证明其重罪指控的义务而发生的。被告人有关举行预审的申请,也通常只是为了配合辩护律师辩护策略的实施而提出的。至于通过预审能否成功地阻止检察官将案件交付审判,则在所不问。

但是,检察官在预审中对其指控合理性的证明不需要达到"排除合理怀疑"(beyond reasonable doubt)的最高程度,而只需证明被告人有罪具有"合理的根据"(probable cause)即可。检察官不需要将其所掌握的全部证据均在预审中提出,也不必将所有证人全部传唤出庭作证。而且在实践中,检察官为了避免自己掌握的全部证据均在预审中被辩护方所获悉,也经常有意识地限制向辩护方展示证据的范围,故意不透露一些关键的证据或证人。这就导致辩护方一般不可能在预审阶段了解控诉方的全部证据。不仅如此,美国一些州还对预审阶段证据的可采性规则作出了放宽规定,允许检察官提出在法庭审判阶段被禁止提出的传闻证据等。检察官据此可以不传唤证人出庭作证,而由询问证人的侦查人员代替证人说明该证人证言的内容。这使得辩护方在这一阶段了解控方全部证据的希望更不可能成为现实。因此,审前动议提出阶段的证据展示就显得尤为重要了。所谓审判前的动议提出阶段,是指法院在决定对案件开始法庭审判之后,在组成陪审团之前,控辩双方就证据展示、禁止提出某一证据等法律问题向法官提出动议和申请的阶段。对于双方存在意见分歧的法律问题,法官还要进行听审,并根据事实和法律作出是否支持某一动议或申请的决定。事实上,美国《联邦刑事诉讼规则》有关证据展示问题的规定也主要是针对这一阶段而作出的。[①] 对于这一问题,笔者拟在以下论述中展开分析。

---

① 参见 Ronald L. Carlson, *Criminal Justice Procedure*, the W. H. Anderson Company, 1991, pp. 63-64.

14.2.1 审判前的证据展示动议

在法庭审判开始之前,辩护律师通常可以向即将主持法庭审判的法官提出申请,要求查看控诉方所掌握的某些记录或文件,以帮助被告人做好审判前的准备工作。律师要求查看的通常有控方证人向警察或检察官陈述的证言,控诉方制作的司法检验报告,警方摄影师拍摄的案发现场的照片等。在很多情况下,控诉方为确保在庭审中出奇制胜,往往不愿意让辩护方查看这些证据。一旦控辩双方就有关辩护方是否有权查看某一证据的问题发生争议,法庭就必须在审判前举行听审,以确定控诉方应否向辩护方展示这一证据。在这种听审中,辩护方作为提出动议的一方,应向法庭证明:他想查看的证据对于其辩护准备活动是至关重要的,而且他的请求是合理的。如果法庭经过听审认为辩护方的请求是合理的,就可以发布一项命令,要求控诉方将有关证据材料向辩护方展示。对于这一命令,控诉方必须服从。

控诉方在审判之前为什么会反对将其掌握的证据展示给辩护方?除了有控诉方以此作为法庭制胜法宝这一因素以外,还有这样两个原因:一是担心被告人预先了解控诉方证据的细节后,会伪造证据;二是担心被告人在了解控诉方证人的身份及证言的内容后,会对该证人进行恐吓,威胁其改变证言。事实上,这也是反对审判前证据展示制度的人士长期以来一直坚持的主要理由。前新泽西州首席大法官 Vanderbilt 曾就证据展示问题提出过著名的观点:

> 在刑事诉讼中,长期的经验使法庭认为,证据展示通常并不会使事实真相得到揭示,相反这会导致伪证和隐瞒证据的发生。了解整个案件对其不利的犯罪人为了提出一份虚假的辩护,经常去制造虚假的证言。……建立充分的证据展示制度的另一后果是,获悉控诉方全部证人姓名的被告人会对他们实施贿赂或者恐吓,以诱迫其提供伪证或者拒绝出庭作证。另外,许多证人在审判前了解到被告人已经知道他们的姓名后,不再愿意提供任何有关犯罪事实的信息。①

Vanderbilt 大法官的这一观点在美国引起极大反响,并导致有关修改美国《联邦刑事诉讼规则》第 16 条的努力归于失败。而按照该未获通过的修正案

---

① Brennan,"The Criminal Prosecution:Sporting Event or Quest for Truth? A Progress Report",68 Wash. U. L. Q. 1(1990).

的规定,控诉方在审判前应将其准备传唤出庭作证的证人的身份透露给辩护方。但是,不同的意见一直存在。美国联邦最高法院大法官 William Brennan 就极力主张扩大控诉方向辩护方展示证据的范围,并就此发表过同样著名的观点:

> 有关证据展示会导致恐吓证人的说法已经成为将展示范围扩大至证人名单这一改革的主要障碍……对控诉方证人证言内容的展示同样存在问题。我并不否认展示会导致某些证人在某些案件中受到恐吓,或者导致一些证人拒绝出庭作证。……但是,对恐吓问题的合理反应不应当是拒绝证据展示,而应当在那些可能出现恐吓证人的案件中对证据展示问题进行适当调整。①

Brennan 大法官还对专门调整证据展示问题的《联邦刑事诉讼规则》第16条大加抨击,认为它为辩护方提供了太少的展示控诉方证据的机会,会"阻碍审判的发现事实真相功能的发挥,使被告人无法获得他本应有权获得的公正审判"。Brennan 倡导的扩大控诉方证据展示范围的改革努力也得到了美国律师协会的支持。美国律师协会制定的《刑事审判标准》(the ABA Standards for Criminal Justice),就建立了一种所谓"充分和自由的展示"制度。根据这一标准,控诉方应在审判前将其掌握的"全部材料和信息"向辩护方展示,包括证人名单、证人证言的内容、证人在大陪审团面前作出的证言、共同被告人的陈述以及有关人员的犯罪记录等。这一标准尽管不具有法律效力,但它有关证据展示的规定却代表了美国律师界要求改革这一制度的普遍呼声。

14.2.2 控诉方向辩护方展示的证据范围

目前,确定控诉方证据展示范围的法律根据主要是美国《联邦刑事诉讼规则》第16条。根据该条(a)(1)的规定,在被告一方提出请求的情况下,控诉方必须向其透露的证据范围是:控诉方掌握的有关被告人向实施逮捕的人员或大陪审团所作的书面或口头陈述的记录或副本;控诉方掌握的有关被告人先前的犯罪记录;控诉方掌握的文件及有形物品;控诉方掌握的有关身体、精神检查或科学实验的结果和报告。但该条(a)(2)明确禁止将控诉方证人或者可能成为控诉方证人的人的陈述记录向辩护方透露。属于禁止透露范

---

① Brennan,"The Criminal Prosecution: Sporting Event or Quest for Truth? A Progress Report", 68 *Wash. U. L. Q.* 1(1990).

围的还有控诉方制作的与侦查、起诉有关的报告、备忘录或其他内部文件。不仅如此,《联邦刑事诉讼规则》第 16 条(b)(1)还确立了所谓的互惠机制(reciprocal device),控诉方在向辩护方透露法定的证据的同时,还有权要求辩护方向其展示以下证据:被告人掌握并准备在审判中作为证据出示的文件和有形物品;被告人掌握的有关身体、精神检查或者科学实验的结果和报告。但是,辩护方透露上述证据的前提条件是控诉方根据该规则第 16 条(a)(1)的规定向其透露了有关证据。但是,该条(b)(2)也明确禁止将被告人及其辩护人所作的与案件侦查或辩护有关的报告、备忘录或其他内部文件,被告人所作的陈述,以及控辩双方的证人对被告人的辩护人所作的陈述等透露给控诉方。

为保证证据展示的有效进行,规则第 16 条(a)和(d)还分别规定了所谓"继续透露"的责任和透露的规则,即要求在审判前或审判过程中,发现新的属于应当透露的证据或材料的一方,应将这一事实告知对方和法庭。同时,法庭根据一方的请求,可作出有关拒绝、限制或者推迟展示的命令;遇有一方没有按照该规则的要求进行展示,法庭可以命令该方进行证据展示,同意延期,或者禁止将未展示的证据在法庭上出示等。法庭根据情况限定证据展示的时间、地点和方式,也可以规定适当的期限和条件。

14.2.3　辩护方向控诉方的证据展示

在 1970 年对 Willianms v. Florida 一案的判决中,美国联邦最高法院确定了有关辩护方在审判前向控诉方展示证据的原则。根据这一判例,在控诉方提出有关请求的情况下,准备提出不在犯罪现场辩护的辩护方应当在审判之前将其准备传唤出庭证明被告人不在犯罪现场的证人的姓名和住址告知控诉方;但是控诉方在辩护方进行有关证据展示之后,也应当承担相应的义务。考虑到这一原则有助于维持控辩双方在诉讼程序上的对等性,并可防止因为控诉方对辩护方突然提出的不在犯罪现场的辩护来不及准备所带来的审判拖延,因此它被美国各州法院普遍加以确立,并被《联邦刑事诉讼规则》吸收。目前,根据美国《联邦刑事诉讼规则》第 12.1、12.2 和 12.3 条等各条的规定,辩护方在审判前向控诉方进行展示的证据不仅包括证明被告人不在犯罪现场的证据,还包括有关被告人精神状况的专家证词,以及证明被告人以公共权利为由进行辩护成立的证人的情况。对于有关不在犯罪现场的证据展示,规则要求辩护方在法定期限内应以书面的方式告知检察官准备向法庭提出不在犯罪现场的证明,说明在被指控的犯罪发生时自己身在何处,并且告知检察官准备提出的证明自己不在犯罪现场的证人的姓名和住址。为贯彻互惠原则,控诉方在辩护方作出上述证据展示后,应以书面方式向辩护方告知其准备提出的证明被告人案发时在犯罪现场的证人的姓名和住址,以及其他用来反驳被告人不在犯罪现场证词的证人的姓名和住址。如果有诉讼一方没有履行上述证据展示义务,法庭有权排除该方提出的任何未经展示的证人有关被告人在或者不在犯罪现场的证词。辩护方如果意图以被指控的犯罪发生时精神不正常为由进行辩护,就应当在法定的期限内将此意图书面告知检察官,并提交法庭。否则,辩护方就不能提出精神不正常的辩护。辩护方如果意图提出证明被告人患有精神病、精神缺陷或其他与承担刑事责任相关的精神状况的专家证词,应当在法定期限内将此意图书面告知检察官,并提交法庭。法庭根据检察官的请求,可以对该被告人的精神状况进行强制检查。如果被告人未能按要求告知意图,或者不服从法庭对其精神状况检查的命令,法庭可以排除其提出的有关专家证词。

辩护方如果意图以在被控的犯罪发生时实际或者相信是在代表执法机关或联邦情报机构行使公共权力为由进行辩护,应当在法定期限内将此意图书面告知检察官,并提交法庭。辩护方应当说明其所代表的执法机关或联邦情报机构的名称,代表该机关的有关人员,及被告人声称代表它们行使公共权力的期间。在收到被告人通知后的法定期限内,检察官应当向辩护方送达书面答复,对被告人声称的行使公共权力问题加以承认或者否认。在这以后的法定期限内,检察官可以要求辩护方向其提供准备用其证词证明其辩护理由的证人的姓名和住址,并向辩护方书面提供其准备用来反驳被告人辩护理由的证人的姓名和住址。对于任何一方未按规则要求进行有关证据展示的,法庭都可以将该方用来支持或者反对这种辩护理由的证人证言予以排除。

14.3 比较与评论

可以看出,英国和美国在其各自的成文法和判例法中均建立了一套证据展示制度。但是英国的制度经过20世纪80年代以来的多次改革,到1996年的《刑事诉讼与侦查法》通过后,已经趋于完善和定型。而美国证据展示制度的改革问题尚处于酝酿之中,法学界和司法界对于一些重大问题的态度至今还存在着较大的分歧。不过,这并不妨碍我们对两国现行的证据展示制度进行一些比较分析。为了使读者对英美制度的共同点和差异之处有更为明确的认识,笔者拟从以下几个方面进行比较。

首先来看指控一方向辩护方展示的证据范围。英国和美国的法律均将以下两种证据材料列入展示的范围:一是检察官在法庭审判中准备作为指控根据提出的证据;二是检察官掌握但不准备在法庭上采用的证据。在英国,至少在对可诉罪的审判程序中,辩护方在预审前就可以得到第一种证据材料的复印件。第二种证据的展示则通过专门初次展示和第二次展示的程序设计得以完成,当然第二次展示的前提是辩护方依法向检察官履行了展示辩护理由和证据的义务。而在美国,只有在举行预审的案件中,辩护方才有可能对检察官准备在法庭上采用的证据进行查阅,而且由于证明标准和检察官对抗策略的缘故,辩护方所能得到的一般也不是检察官将在法庭上提出的全部证据材料。而到了审判前的动议提出阶段,辩护方要想查阅或得到检察官的其他材料,往往要在审判前向法官提出申请,只有那些对辩护方准备辩护活动有益而又属于法律规定的展示范围的材料,才允许查看。这样,即使是检察官将在法庭上采用的证据材料,辩护方也不一定都能得到,尤其是对控诉方证人的证言笔录的展示,更是为法律所明确禁止。第二项比较的内容是两国在保障证据展示方面的司法审查机制。根据英国和美国的法律,控辩双方在证据展示的范围或方式问题上一旦发生争议,即可向法官提出申请,后者经过审查,可以发布一项有关申请是否获准的命令。换言之,主持审判的法官有权依法决定控辩双方应否将某一证据材料展示给对方。不仅如此,控辩双方在法庭审判中如果发现对方掌握有某一符合展示条件而以前并未展示过的证据材料,还可以继续向法官提出申请,这样就使证据的展示一直持续到法庭审判结束。不过,对于检察官不用的证据材料的展示问题,英国法官拥有一定的自由裁量权,他认为如果展示某一证据材料将使公共利益受到损害,即可根据所谓"公共利益豁免"原则,作出拒绝展示的命令。第三项比较涉及辩护方向指控方展示的证据材料范围。英国和美国的法律均建立了所谓的"互惠机制",即在要求控诉方向辩护方展示证据的同时,也要求辩护方承担一定的展示本方证据的义务。这种"互惠性"的程序设计带有保证控辩双方平等取得对方防御武器的意味,使辩护方既可以增强防御能力,也要承担相应的义务和风险,避免双方均采用"突然袭击"策略进行对抗。因此,两国法律均将证明被告人不在犯罪现场或患有精神疾病的证据作为辩护方展示的对象。因为这种证据一经查实,即可彻底推翻检察官的指控,因此必须给予检察官事先进行防御准备的机会。但是,按照英国法律的规定,辩护方向检察官展示的材料还必须包括一份记载其与控诉方主要分歧点及理由的"辩护陈述"。这就使得辩护方的辩护要点及主要证据均要向检察官进行公开。同时,美国《联邦刑事诉讼规则》还要求检察官在得到辩护方告知的有关证据之后,还必须将其用来反驳的证据情况向辩护方展示,这就使证据展示的"互惠性"贯彻得更为彻底。最后来看一下违反证据展示义务的法律后果。为保证证据展示制度的有效实施,英国和美国的法律均规定了有关的法律制裁措施。美国在确定不履行义务的法律后果方面是一视同仁的:不论是检察官还是辩护方,只要没有依法向对方展示有关证据材料,法官均可以将该证据材料排除于法庭之外,使其不具有可采性。但相比之下,英国对辩护方的制裁偏于苛刻:辩护方如果不履行或者不适当地履行法定的展示义务,检察官可以因此不再进行关键的第二次展示,而且法官或陪审团也可以从中对被告人作出不利的推论。但是,检察官如果不依法适当地履行初次展示或第二次展示义务,法律并没有明确规定任何法律后果。这种在施加制裁方面明显存在的不平等做法,遭到英国学者和律师的普遍批评。

英国和美国的证据展示制度尽管存在一些明显的差异,但它们都能提供一种可保证被告人获得公正审判的程序机制。实际上,被告人事先有机会查阅检察官掌握的证据材料,也就等于有机会了解检察官据以指控的理由和根据,这对于被告人事先做好充分的辩护准备,充分地对控诉方的证据进行质证,有效地参与法庭裁判的制作过程和影响法庭的裁判结论,都是十分必要的。可以说,建立一套适当的证据展示制度,对于维护对抗式诉讼制度的公正运转是十分必要的。

正因为如此,那些在诉讼结构上从传统的审问式转为对抗式的国家,在摒弃那种"卷宗移送式"的起诉方式的同时,都建立了证据展示制度,以保障被告人不因控辩双方对抗性的增强而无法获得并利用检察官证据材料的机会。例如,日本《刑事诉讼法》实行所谓"起诉状一本主义"的起诉方式,要求检察官在起诉时除起诉书以外,不得移送任何可能使法官对案件产生预断的其他文书和证据,也不得引用这些证据和文书的内容。但与此同时,该法第299条第1款又明确规定:"检察官、被告人或辩护人请求询问证人、鉴定人……时,应当预先给予对方知悉他们的姓名及住所的机会。在请求调查证据文书或证据物时,应当预先给予对方阅览该项证物的机会。但对方无异议时不在此限。"1988年通过的意大利《刑事诉讼法典》废除了卷宗移送式的起诉方式,除允许法定的少部分证据材料移送法院以外,其他大部分指控证据都只能在法庭审判过程中由检察官直接提出。同时,该法典又确立了两方面的证据展示机制:一是在预审程序举行之前允许辩护方对检察官的书面卷宗进行全面查阅;二是在预审结束后和法庭审判开始之前,允许辩护方分别到检察机关和法院特别设立的部门查阅卷宗材料。

第三部分 程序性制裁

15. 英国的非法证据排除规则
16. 美国刑事诉讼中的权利救济
17. 美国的非法证据排除规则
18. 德国的证据禁止制度
19. 大陆法中的诉讼行为无效制度
20. 英美法中的诉讼终止制度
21. 程序性上诉制度的三种模式

15. 英国的非法证据排除规则

15.1　排除证据的一般原则
15.2　1984年《警察与刑事证据法》
15.3　被告人供述的排除
15.4　派生证据的效力
15.5　排除规则的适用程序

15.1 排除证据的一般原则

按照英国普通法的传统,对于以不适当的手段获取的控方证据,法官除了在极为有限的场合下可以行使自由裁量权加以排除以外,一般是承认其可采性的。而在行使自由裁量权时,法官排除非法证据的理由通常是经过权衡,认为有关证据对事实裁判者所造成的不利于被告人的影响大大超过该证据的证明价值。具体而言,这种"不利影响"主要是指陪审团会因一些证明价值极低的事项而产生不利于被告人的偏见或者不公正的看法。当然,法官在排除证据方面的自由裁量权只适用于由检控方提出的证据,而不适用于那些同案被告人提出的证据。①

不过,上述原则对于被告人供述并不适用。根据普通法的传统,被告人庭外供述只有在检控方能够证明其自愿性(voluntary)的情况下才可以被采纳。具体而言,被告人在面对侦查官员的讯问时,不能因为害怕受到不利对待或者希望受到有利对待而作出有罪的供述,甚至是在受到压迫的情况下作出供述。否则,该供述就将被法官排除。长期以来,英国法庭对于非法获取的被告人供述采取了较为严格的排除标准,因此,即使是那些中等程度的威胁或引诱行为都足以导致法官对供述证据的排除。按照英国法院的解释,对于被告人供述、自认或者其他从被告人获得的证据,法官对其行使自由裁量权的基础是"任何人不得被迫充当不利于自己的证人的原则"。这一原则源自一句著名的罗马法格言:"禁止自证其罪"(拉丁 *nemo debet se ipsum prodere*)。如果证据系侦查官员通过欺骗、逼迫被告人的方式所获得的,那么,这种收集证据的方式本身就损害了禁止自证其罪原则。因此,法官在对非法所得的被告人供述加以排除时,需要考虑被告人供述的自愿性是否受到损害。而考虑自愿性是否受损的基点则是被告人在作出供述时是否受到强迫(oppression)、欺骗(trick)、引诱(inducement)等不正当行为。

然而,与被告人供述不同的是,其他证据的排除基本上不以证据取得的非法方式为基础。一个多世纪以来,英国法庭从来不是以证据的取得方式系属非法为由,作为排除证据的依据。对于这一点,我们可以从几个有影响的

---

① Michael Zander, *The Police and Criminal Evidence Act 1984*, revised second edition, Sweet & Maxwell, 1990, p.198. Also see Peter Murphy, *Murphy on Evidence*, Blackstone Press Limited, 1995, pp.69-70.

判例中发现端倪。

在 1955 年对 Kuruma, Son of kaniu v. R 一案的判决中,英国枢密院司法委员会拒绝了上诉方有关排除某一以非法搜查手段获取的证据的申请,认为如果证据具有相关性,那么,它是如何取得的并不重要。该委员会指出:"在考虑证据是否具有可采性问题上,可适用的检验标准是它是否与案件具有相关性。如果有的话,该证据就具有可采性,法庭并不关心该证据是如何取得的。"① 不过,该委员会也承认:"在刑事案件中,法官如果认为严格的证据可采性规则会对被告人造成不公正的影响,他总是拥有不采纳证据的自由裁量权的……"②

在 1978 年对 Jeffrey v. Black 一案的判决中,英国高等法院王座法庭认为法官拥有对非法所得证据加以排除的自由裁量权。该法庭认为,如果法官认为采纳某一控方证据将是不公正的和令人难以忍受的,那么,他们就可以拒绝接纳该证据,这属于他们所享有的一般的自由裁量权。而且,这是"任何一个刑事法官在任何时间对检控方提交的任何证据都享有的自由裁量权"。

英国上议院在 1980 年对 R v. Sang 一案所作的判决,对法官在排除非法证据方面所享有的自由裁量权,作出了适用范围上的限制。该判决认为,一个审判法官无权因为某一证据系通过警察圈套的手段所获取,就对其加以排除。针对法官在排除证据方面的自由裁量权,上议院指出:

(a) 法官对于控方证据的排除拥有一般的自由裁量权,其理由是该证据的偏颇性可能导致被告人无法获得公正的审判(the accused's being denied a fair trial)。

(b) 除了自认、供述以及其他直接来自被告人的证据(如文件证据)以外,法官没有权利排除那些以不正当或不公正手段获取的证据,因为法庭所关注的是证据的相关性,而不是它的来源。③

很显然,英国上议院对 R v. Sang 一案的判决仍然沿袭了普通法的传统,也就是法官不以控方收集证据的不正当方式为由,来否认这些证据的可采性。法官如果要排除控方证据的话,其根据也只能是"使被告人无法获得公正审判"这一较为抽象的标准。而这一作为法官行使自由裁量权依据的理

---

① Peter Murphy, *Murphy on Evidence*, p.76.
② Michael Zander, *The Police and Criminal Evidence Act 1984*, p.199.
③ Peter Murphy, *Murphy on Evidence*, p.79.

由，所关注的只是证据的偏颇性(the prejudicial nature)，而不是该证据取得的方式。至于某一证据究竟具有怎样的"偏颇性"，以至于导致被告人无法获得公正的审判，则需要法官在每一具体案件中作出具体的权衡。对于这一判决，一些英国学者认为，它标志着英国法院对保护刑事被告人问题的关注"达到了低潮"，并且显示出在一个缺乏宪法保障的制度中，被告人权利将是何等的脆弱。① 事实上，在上议院对 R v. Sang 一案作出判决以后，英国法院一般只对警察以丧失诚信、逼迫、欺诈等方式从被告人那里获取的证据，作出排除的决定。即使在被告人受到非法搜查、非法扣押，甚至被警察强行提取身体检验样本的情况下，法院仍然认为并没有对公正审判造成不利影响，法官并不能因此行使排除证据的自由裁量权。

15.2　1984 年《警察与刑事证据法》

在 1984 年《警察与刑事证据法》颁布之前，英国皇家刑事诉讼委员会就对包括排除规则在内的一系列制度的改革问题展开了研究。在 20 世纪 80 年代初期，很多英国学者、律师向往美国的证据排除规则，并提出改革英国证据制度的建议。但是，委员会最终否决了借鉴美国证据排除规则的方案。它认为美国的经验表明这样一个排除规则并没有发挥遏止警察非法行为的效果，它只在少数被告人作无罪答辩的案件中发挥了影响力。委员会甚至认为，对警察非法行为最合适的制裁方式莫过于提起民事侵权诉讼，或者在警察机构内部实施纪律惩戒。当然，委员会的这些观点受到了各界尖锐的批评。

1984 年颁布的《警察与刑事证据法》对英国的排除规则作出了改革。该法第 78 条规定：

> 在任何诉讼中，法庭在考虑了包括证据取得在内的所有情况之后，如果认为采纳该证据将会对诉讼的公正性造成如此不利的影响，以至于不应将其采纳为证据的，就可以将检控方提出的证据加以排除。

1984 年《警察与刑事证据法》以成文法的形式确认了法官对于排除控方证据的自由裁量权。但较之以往的法院判例而言，该法对于法官排除证据问题作出了两项重要的改革：一是明确规定法官行使自由裁量权的一般标准不

---

① Peter Murphy, *Murphy on Evidence*, p. 79.

是前述所说的"丧失诚信""逼迫"或者"欺诈"等警察不法行为,而是诉讼不公正这一总体的评价;二是明确将警察获得证据的方式作为确定诉讼是否公正的一项重要因素,当然仅凭警察以非法手段取得证据本身尚不足以形成排除证据的充分依据。很显然,较之上议院在 Sang 案中所作的判决而言,1984 年《警察与刑事证据法》赋予法院更加广泛的排除证据的权力。

在 1984 年《警察与刑事证据法》颁布之后,一些评论者曾认为英国法院传统上对于排除控方证据所持的消极态度,会促使它们对该法第 78 条作较为狭窄的解释。或许,即使警察实施了极为严重的非法收集证据的行为,法官也会以该行为并未影响程序的公正性为由,拒绝排除有关的证据。从理论上看,这完全是可能的。

但是,《警察与刑事证据法》颁行后的实施状况表明,英国法院似乎对该法第 78 条的适用采取了较为积极的态度。尤其是在 1986 年以来,法院以第 78 条为根据排除控方证据的判决出现了显著增加的趋势。据统计,在 1986 年至 1990 年的时间里,大约有 70 余件刑事案件涉及了控方证据的排除问题。在其中 46 起案件中,被告人提出的排除控方证据的申请都取得了成功。具体分析起来,共有 28 起案件的被告人向一审法院提出了排除控方证据的申请,结果,只有两起案件的被告人遭到失败;而在 44 起涉及排除控方证据的上诉案件中,高等法院或者上诉法院作出排除控方证据裁决的有 20 起。不难看出,在被告人提出排除证据申请的大多数案件中,法院都作出了有利于被告人的裁决。①

尽管 1984 年《警察与刑事证据法》第 78 条对于排除非法证据问题,赋予法官相当大的自由裁量权,使得那种模糊的"影响诉讼公正性"标准得以适用,但是,从英国上诉法院所作的一些判决来看,法官对于一系列涉及侵犯被告人诉讼权利的违法行为还是给予足够的重视,并以此作为排除非法证据之依据的。例如,在 1989 年的 Absolam 案中,上诉法院以被告人在侦查阶段没有被告知有权获得律师帮助以及警察的讯问违反录音规则为由,将刑事法院所作的有罪裁决予以撤销;在 1989 年的 Keenan 案中,上诉法院以警察违反有关讯问录音的规则为由,撤销了刑事法院对被告人所判的非法持有攻击性武器罪名。上诉法院认为,尽管并非每一项违反《警察与刑事证据法》的实施细则 C(Practice Code C)的行为都会导致证据的排除,但那些通过严重违法

---

① Michael Zander, *The Police and Criminal Evidence Act 1984*, p.202.

手段所获取的证据则通常会被排除;在1989年的Parris案件中,上诉法院撤销了被告人的一项武装抢劫罪名,理由是警察在侦查中违反了法律规定,没有保证被告人及时地获得律师帮助,更没有确保辩护律师与被告人尽早进行会面。初审法官显然没有考虑诉讼公正的问题,因为如果他考虑了就应将有关证据加以排除。①

大量的案例显示,英国法官运用1984年《警察与刑事证据法》第78条对非法证据的排除主要是针对以下警察违法行为而进行的:故意不遵守有关保证被告人及时获得律师帮助的规则;违反有关对警察讯问嫌疑人过程录音的规则;违反有关"适当的成年人"在场的规则;警察在侦查过程中不适当地使用了诱惑侦查(entrapment)手段,等等。当然,按照法院的解释,采纳某一证据将会对诉讼的公正性造成不利的影响,这并不必然意味着法庭对该证据的排除。证据排除的前提是这种不利的影响如此之大,以至于排除该证据属于正义的要求。同时,对被告人造成不公正并非法官排除控方证据的唯一理由,法官一般会对控辩双方的利益予以同等的考虑,并防止因为排除非法证据而使得检控方受到明显不公平的对待。

15.3　被告人供述的排除

在英国普通法中,被告人就某一犯罪行为作出于己不利的供述后,检控方可以将该供述提交到法庭,作为指控被告人有罪的证据。这被视为传闻证据规则的一项重大例外,是确保检控方有效证明案件事实的制度保证。然而,被告人供述被采纳为证据,并不是无条件的。原则上,被告人供述只有在其内容确属真实可靠(reliable)的前提下,才具有可采性。而要确保供述的真实可靠性,被告人在作出有罪供述方面,必须是自由和自愿的。一旦被告人是在受到外力强制或者逼迫的情况下作出的,那么,该供述的可靠性就会受到消极的影响,司法制度的内在品质也将受到损害。因此,早在18和19世纪,英国法院就对那些以刑讯、暴力或其他强制性方法获取的被告人供述加以排除,并将此作为保护被告人的手段。可以说,在排除警察以非法手段获取的证据问题上,英国法院唯独对非自愿的被告人供述,采取了强制排除的态度,而几乎没有保留任何自由裁量的余地。②

---

① Michael Zander, *The Police and Criminal Evidence Act 1984*, p.203.
② Peter Murphy, *Murphy on Evidence*, p.220.

对被告人供述可采性的经典表述,存在于英国法院于1914年所作的一项判例之中:

> 长期以来,以下观点得到普遍的接受……被告人所作的于己不利的供述不具有可采性,除非检控方能够证明该供述系被告人自愿所作,也就是说,它不是以被告人害怕受到某一官员的不利对待,或者期望得到该官员的有利对待的方式获取的。①

按照通常的解释,自愿性的意思是"出于自由意志"。这是从正面和积极的角度对自愿性所作的理解。但是,被告人只要作出不利于自己的供述,尤其是作出可能成为控方证据的有罪供述,他绝对不可能是完全自由自愿的。尤其是在警察羁押性讯问阶段,几乎所有供述的作出都有一定的非自愿性。如果一味强调供述自愿性的积极方面,那么,只有将被告人在法庭之外所作的任何供述都加以排除,才能符合这一要求。但这在任何现行制度下都是难以接受的。事实上,对于被告人供述的自愿性应当从负面和消极的角度加以解释。也就是说,检验一项供述是否具有自愿性的标准是该供述是否在受到外部强迫的情况下作出的。因此,是否存在强迫性(oppression)是判断被告人供述是否自愿的主要标准。当然,英国法院在判例中也认为,确定被告人是否受到"强迫",要考虑一系列的因素。如被告人是否受到刑讯,有无暴力或者暴力威胁行为,一次讯问延续的时间长度,两次讯问之间间隔的时间,被告人在接受讯问之前是否得到足够的休息,以及被告人本身的一些具体情况。

英国皇家刑事诉讼委员会对自愿性标准提出了批评,认为这是不切实际的标准。它认为,即使是一个训练有素的心理学家在警察讯问时始终在场,他也不能确定某一供述是否确属自愿。该委员会的改革建议是,应当放弃那种区分自愿性与非自愿性的供述的徒劳努力,转而关注警察的讯问行为。只要被告人受到了刑讯、暴力、暴力威胁或者不人道、有损尊严的对待,那么,以此手段获取的供述就应当被排除。

1984年《警察与刑事证据法》第76条对被告人供述的可采性规则作出了一定的改革。根据该法第76条(1)的规定,被告人供述只有与案件的待证事实具有关联性,并且没有被法院依法加以排除,才可以被采纳为证据。当然,这里所说的被告人供述主要是指被告人在法庭之外向警察作出的有罪供述,

---

① See *Ibrahim v. R* (1914), AC 599, 609.

该供述被检控方作为有罪证据提交到法庭之上。

第76条(2)确定了新的排除被告人供述的标准。而该条(3)则赋予法官自行审查被告人供述可采性的权力。该条规定：

(2) 在检控方提议将被告人供述作为本方证据提出的任何诉讼中，如果法庭认为该供述确系或者可能是通过以下方式获得的——

(a) 对被告人采取强迫的手段；或者

(b) 该供述的作出系在当时情况下那些可能使任何供述都不可靠的任何语言或者行为的结果，

那么，法庭不得将该供述采纳为不利于被告人的证据，除非检控方能够向法庭证明该供述（尽管可能是真实可靠的）并非以上述方式取得，并且该证明要达到排除合理怀疑的程度。

(3) 在检控方提议将被告人所作的供述作为本方证据的任何诉讼中，法庭可以主动(of its own motion)要求检控方证明该供述并非以本条(2)所规定的上述方式所获得的，并以此作为采纳该证据的条件。

相对于英国法院以往所作的判例而言，1984年《警察与刑事证据法》第76条(2)和(3)对被告人供述的排除问题确立了以下几项新的规则：首先需要注意的是，与其他证据的排除不同，被告人供述如果是通过该条所禁止的非法手段获取的，那么，法官在排除该供述方面就不再拥有任何自由裁量权，也不需要对不同的利益进行所谓的"权衡"，而可以直接排除。相对于对其他证据的"自由裁量的排除"而言，这种排除可以称为"强制性的排除"(mandatory exclusion)。

其次，与前一规则有关的是，检验被告人供述是否具有可采性的标准不是证据的真实可靠性，而是警察获取被告人供述的方式是否合法。无论被告人供述真实与否，只要检控方没有证明它并非是通过上述两种方式获得的，那么，法官就必须将该供述加以排除。当然，与其他任何证据一样，被告人供述的真实可靠性最终要由陪审团通过听审作出裁断，但在此问题出现之前必须首先由法官确定供述是否具有可采性。

事实上，该条所规定的导致供述不具有可采性的非法方式，也就是法官据以排除供述证据的标准。它们包括：(1) 供述系通过强迫(oppression)手段而获得；(2) 供述系通过那些可能导致任何陈述不可靠的语言或者行为所取得的。对于"强迫"行为，《警察与刑事证据法》第76条(8)是这样解释的：

"在本条中,'强迫'包括刑讯、不人道或者有损尊严的对待,以及暴力或者以暴力相威胁(不论是否相当于刑讯)。"由此可见,"强迫"行为大都是严重侵害被告人肉体、折磨其精神或者损害其尊严的行为。当然,从法院在该法颁布后所作的判决来看,"强迫"行为还不仅仅限于上述行为。诸如剥夺嫌疑人与律师接触的权利、非法的羁押等,都可能构成该法所说的"强迫"行为。

但是,何谓"可能导致任何陈述均不可靠的语言或行为"?《警察与刑事证据法》对此并没有给出明确的解释。但英国法院在该法颁布后所作的判决则显示,这里用来衡量语言或行为适当性的标准有二:一是该语言或行为必须是违法和不当的;二是该语言或行为可能导致供述不可靠。很显然,这一点是为"强迫"以外的其他不当行为确定的法律界限。这些行为可以有欺骗、引诱、恐吓、施加压力、长时间的讯问、讯问前不给嫌疑人足够的休息时间、不能保障嫌疑人基本的休息条件等。这些行为如果构成"强迫",就足以成为法官排除供述的条件;但如果不能达到"强迫"的程度,那么,法官就需要考虑这些行为是否可能导致供述不可靠,并将那些可能损害供述真实性的行为,作为排除供述的前提。

对于被告人供述的可靠性问题,我们可以从英国法院所作的有关判决中发现法官对这一点的理解和适用情况。在 1988 年对 *Bary v. Trussler* 案件的审理中,刑事法院排除了一被告人的有罪供述,理由是该被指控犯有涉及毒品犯罪的被告人,在被警察羁押长达 18 个小时的时间里,没有得到任何休息的机会,从而违反了法律有关任何 24 小时的羁押必须至少给予嫌疑人 8 小时休息的规定。法官认为这种讯问方式就可能导致被告人的供述不可靠。而在同年由上诉法院审理的 Everett 案件中,被告人是一名心理年龄只有 8 岁的智障人士,被指控犯有蓄意攻击罪行。但警察在对其讯问时没有传唤一位独立的成年人到场。结果,上诉法院将下级法院依据该被告人供述所作的有罪判决予以撤销,理由是该供述很可能是不可信的。[①]

值得指出的是,1984 年《警察与刑事证据法》还赋予法官主动要求检控方证明被告人供述可采性的权力。也就是说,即使被告方没有申请法庭排除供述证据,法官也可以自行要求检控方证明供述的取得方式没有违法之处。传统上,在对抗式诉讼的背景下,英国法官无权像大陆法国家的同行那样,可以"依据职权主动"介入控辩双方的诉讼争执之中,更无权主动要求某一方就某

---

① Michael Zander, *The Police and Criminal Evidence Act 1984*, pp.194-195.

一事项提供证据。但是,被告人供述的可采性问题如此重要,以至于影响到"禁止任何自证其罪"这一重要理念的实现问题,因此,为防止那些违法供述因为被告人诉讼能力的弱小而侥幸进入事实裁判者的视野,法官有必要主动审查供述证据的可采性,以弥补作为弱者的被告人对抗能力的不足。这显然体现了"平等武装"的基本要求。

15.4 派生证据的效力

在被告人所作的供述被法庭排除之后,由该供述所派生出的其他证据是否具有可采性? 比如说,警察在取得被告人的有罪供述之后,又根据供述提供的线索,获取了一只手枪、一包毒品或者一些盗窃得来的财物。法官如果排除了这份供述,那么,上述这些以被告人供述为来源所获得的物证,是否也要随之而被排除呢?

对于这一问题,美国判例法曾建立了著名的"毒树之果"原则。根据这一原则,由非法证据所派生的其他证据,尽管本身并非警察直接非法所得,但由于它们来自于非法证据,并与后者有着因果关系,因此受到了非法取证行为的"污染",当然也应在排除之列。

与美国不同的是,英国普通法从来不承认"毒树之果"原则的正当性。根据一项形成于 18 世纪的判例,即使被告人供述被排除,由该供述所派生出的其他证据仍具有可采性,但前提是该派生证据必须被"充分地和令人满意地证明"与供述没有任何关系。[①] 过去,曾有人建议供述的一部分如果有助于解释派生证据的发现过程的,那么,这部分供述可以在此意义上被采纳;而供述的其他部分则可以排除。但这一建议最终没有得到广泛的接受。在某些案件中,派生证据与那些被排除的供述证据之间具有如此密切的联系,以至于就连前者的可采性都受到了影响。在 1941 年判决的一个案例中,被告人的供述是在受到警察引诱的情况下作出的,因此被法庭排除。但是,检控方向法庭出示了被告人提供的书证,以证明被告人有欺诈行为。但是,该书证本身就是被告人供述的一部分和供述的一种载体,并且被作为供述的一部分和为解释供述的目的而提出的。法院最终拒绝将该书证采纳为证据。[②]

1984 年《警察与刑事证据法》第 76 条(4)(5)和(6)对于派生证据的效力

[①] R v. Warickshall (1783), 1 Leach 263.
[②] Peter Murphy, *Murphy on Evidence*, p.229.

问题作出了明确的规定。作为一项基本原则,被告人供述无论其一部分还是全部被排除这一事实本身,并不影响由该供述所派生的其他证据的可采性。因此,即使在供述被排除之后,检控方仍然可以将该供述的派生证据提交给法庭,以作为指控被告人有罪的证据。

但是,该法还规定,由被告人供述所派生而来的其他证据不具有可采性,除非那些用以证明该派生证据如何取得的证据,是由被告人一方作为辩护证据提出的。也就是说,如果派生证据离开被告人供述的佐证,其来源就无法得到证明,它本身就无法在法庭上提出的话,那么,该派生证据就应被排除。当然,那些用以证明派生证据直接来源于被排除的供述的证据,可以被辩护方作为辩护证据提交给法庭。不过,辩护方一旦提交该种证据,检控方就可以将此证据用作证明派生证据来源的证据。

由此可见,尽管英国法院原则上不接受"毒树之果"原则,但是被告人供述一旦被排除,就不得以任何目的被提交到法庭上来。结果,该供述的派生证据由于缺乏被告人供述的印证,其来源往往难以得到充分的证明,其可采性也无法轻易地为法庭所承认。这显然使检控方在证明派生证据的可采性方面面临一定的困难。

15.5 排除规则的适用程序

1984年《警察与刑事证据法》没有规定排除规则的适用程序。通常情况下,被告方对某一证据的可采性提出质疑,或者法官对证据的可采性产生怀疑时,法官会命令中止其他诉讼程序,而举行专门的预先审核(voire dire)程序。由于这一程序发生在正式的审判程序之中,并且属于对证据可采性这一专门问题所作的独立裁判活动,因此,英国法律界经常将其形象地称为"审判之中的审判"(a trial within a trial),或者被称为"案中案"(case in case)。[①]

1984年《警察与刑事证据法》第76条和第78条分别确立了两个方面的排除规则。其中,第76条要求法官对于那些被证明以强迫方式获取的口供或者可能不可靠的供述予以排除,而第78条则赋予法官在排除非法所得的证据方面享有一定的自由裁量权。英国法院允许辩护方在申请排除被告人供述时既可以将第76条作为法律依据,也可以第78条为基础来提出这种申请。

[①] Michael Zander, *The Police and Criminal Evidence Act 1984*, p.196. 另参见 John Sprack, *Emmins on Criminal Procedure*, pp.150-151, 280-282.

不过,在按照第76条适用排除规则时,举行"审判之中的审判"对法官而言,属于强制性的法律义务;而根据第78条来适用排除规则,则由法官考虑是否举行这种"司法复核"程序。当然,辩护方如果依据第78条来申请排除被告人供述的,法官仍然必须举行司法复核程序。① 不过,法官在决定是否举行司法复核程序时,通常会考虑案件究竟仅仅涉及法律的适用问题还是要就证据取得方式展开调查等方面的问题。

15.5.1 证明责任的分配原则

在排除规则的适用程序上,最为关键的是如何确定证明责任的问题。也就是说,在就某一证据可采性的异议提出之后,究竟是要由提出该申请的一方证明该证据不具有可采性,还是应由另一方证明该证据具有可采性。毕竟,承担证明责任的一方一旦不能证明有关证据的可采性问题,就将承担相应的"败诉"责任,使得法官作出对其不利的裁定。

英国1984年《警察与刑事证据法》在第76条和第78条分别确立了两个不同的证明责任分配原则。按照该法第76条的规定,对于被告人口供是否属于警察强迫所得以及口供是否可靠的问题,应当由控方律师承担证明责任。换言之,只要检控方不能证明被告人在法庭之外向警察所作的供述不是以强迫手段取得,或者该口供是完全可靠的,则法官就可以将该口供予以排除。而根据该法第78条的规定,申请排除某一控方证据的被告人,如果能够证明法官采纳该证据将会使诉讼的公正性受到不利影响的,则法官就可以裁定该证据不具有可采性。否则,该证据的可采性就将是不可挑战的。

其实,1984年《警察与刑事证据法》第76条的适用可分为两种情况:一是辩护方申请法官确认被告人供述系属非法所得,因此需要将其排除;二是法官对于被告人供述的可采性提出了疑问,责令控方律师证明该证据为合法所得。无论在何种情况下,只要检控方提交给法庭的被告人供述笔录被怀疑为非法所得,则检控方都必须始终承担证明该供述可采性的责任。否则,法官将拒绝将该证据予以采纳。不仅如此,与检控方所要承担的证明其指控被告人所犯罪行的证明标准一样,在被告人供述的可采性问题上,检控方也要将此证明到排除合理怀疑的最高标准。只要检控方没有证明到这一标准,法官就可以认为供述可能是以违反第76条(2)的方式取得的,从而排除该证据。

---

① Michael Zander, *The Police and Criminal Evidence Act 1984*, p.196.

换言之,法官在排除供述时,不需要确信该供述是以违法手段取得的,而只要相信警察有可能以违法手段取得就足够了。不过,法官在排除供述时,不仅要相信警察可能实施了强迫行为或者其他违法行为,而且还要审查这些违法行为与被告人作出有罪供述之间是否可能存在因果关系。

相反,1984年《警察与刑事证据法》第78条所确立的则属于传统的"谁主张谁举证"的原则,也就是提出排除非法证据申请的一方要承担证明该证据为非法所得的责任。具体而言,申请排除某一控方证据的被告人,需要承担证明责任,来证明该证据系属警察非法所得的,而法庭采纳该证据将会对诉讼的公正性造成不利的影响。这显然不同于对被告人供述证据的排除。因为在排除供述证据问题上,需要由检控方证明被告人供述的自愿性,这种证明必须达到排除合理怀疑的最高标准。

15.5.2 刑事法院的预先审核程序

在英国,一个可诉罪案件在进入刑事法院审判之前,一般都要经过专门的移送审判程序(committal proceedings),使得治安法院对这些案件进行审查,以便确定检控方是否掌握了充分的指控证据,以防止被告人受到无根据的起诉和审判。自1988年以来,英国法院一度允许治安法官在这种移送审判程序中就证据的可采性问题举行预先审核程序。但随着1996年《刑事诉讼与调查法》的颁行,英国的移送审判程序被改造成为一种书面审查程序,治安法官只就检控方提交的证据进行审查,而不再进行任何形式的言辞预审活动。与此相适应,有关排除非法所得证据的申请也被禁止在这一阶段提出。这就意味着,辩护方只能等到法庭审判开始之后,才可以依据1984年《警察与刑事证据法》第76条或第78条的规定,向法官提出排除非法证据的请求。①

在刑事法院组织的陪审团审判程序中,这种涉及排除非法证据的预先审核活动只能在法庭审判过程中举行。这就使得这种专门用来适用排除规则的程序成为名副其实的"审判之中的审判"。一般情况下,这种程序的启动方式有两种:一为辩护方向法官提出排除非法证据的申请,二是法官因为主动要求检控方就被告人供述的自愿性提供证明而发动这种程序。但在一些学者看来,在法官依据1984年《警察与刑事证据法》第76条(3)的规定主动提

---

① John Sprack, *Emmins on Criminal Procedure*, pp.184.

出证据的可采性问题时,"审判之中的审判"究竟能否以及按照什么方式举行,是一个并没有得到确定的问题。不过,根据英国法院近年来所作的判例,法官对于是否举行预先审核程序的问题拥有一定的自由裁量权。当然,如果辩护方提出举行这种程序的申请的,法官也会考虑举行这种程序。①

在法庭审判过程中,有关排除非法证据的申请绝大多数是由辩护方提出的。由于在陪审团裁判程序中,法律问题要由法官而不是陪审团作出裁决,因此,有关非法证据的排除问题只能向法官提出,并由法官在陪审团不在场的情况下作出是否同意排除的裁定。在有关排除非法证据的问题上,一个至关重要的问题是防止陪审员们了解那些被排除的证据的情况,避免其受到不适当的误导。

一般情况下,辩护律师在审判开始之前已经查阅过检控方的案卷材料,了解到对方的指控证据情况。如对检控方某一证据的可采性存有异议,辩护律师即可在审判开始后告知控方律师,他将向法庭提出排除该证据的申请。控方律师在开头陈述中将不提及该项证据,并按照正常的顺序向法庭依次提出其他证据。假如控方律师仍然打算将那项有争议的证据提交给法庭,就只能在最后向法庭提出。辩护律师此时应当以案件涉及法律争议问题、应由法官与控辩双方律师单独加以讨论为由,立即请求法官让陪审团退出法庭。在陪审员全部离开法庭之后,辩护方正式提出排除证据的申请,控方律师对此进行答辩,法官经审查后就此作出裁定。如果该证据被确认不具有可采性,则法官会将该证据排除于法庭之外,陪审团也没有机会了解该证据的情况。相反,假如该证据被裁定具有可采性,则法官会立即将陪审团召集回来,就该证据的证明力进行调查。无论如何,法官都不会告诉陪审团在其缺席期间法庭上发生过什么。

需要注意的是,如果法官只根据检控方提交的证据本身,就可以对有关证据的可采性问题作出判定的话,则根本不需要举行任何预先审核程序。换言之,在案件仅仅涉及法律适用问题的场合下,"审判之中的审判"是不会举行的。这时被用来裁决证据可采性问题的程序将是一种较为简易的双方辩论、法官裁决程序。真正需要举行预先审核程序的情况,是控辩双方就证据是否为非法所得的事实存在重大争议的案件。

在正常情况下,法官在预先审核程序中需要解决两个问题:一是检控方

---

① John Sprack, *Emmins on Criminal Procedure*, p. 282.

取得某一证据的手段和方式是否违反诉讼程序；二是根据对上述事实的认定，裁定该证据是否具有可采性。前者属于典型的事实认定问题，后者则是法律适用问题。我们可以被告人口供的可采性为例，分析一下"审判之中的审判"究竟是如何举行的。

由于被告人口供的可采性问题应当由检控方承担证明责任，因此，控方律师一般会积极地提出证据，证明侦查人员在取得该证据时不存在违法行为。为达到这一目的，控方律师通常会传唤警察出庭作证。警察在宣誓后，会就其讯问被告人的过程提供证言，以说明被告人在作出有罪供述方面是自愿的，而不是被强迫或被引诱的。警察甚至会将被告人当初就供述无异议的签字出示给法官。然后，辩护律师会对该警察进行交叉询问（cross-examination）。辩护律师通过这种反驳性反问，试图说明警察使用的威胁手段，或者承诺对被告人使用保释，或者被告人在没有及时会见辩护律师或者没有得到人身检查的情况下被警察不合理地羁押了较长时间，等等。在一个控方证人被询问完毕后，第二个控方证人（可以是警察，也可以是其他相关证人）出庭，接受同样顺序的主询问和交叉询问。

一旦检控方将本方的证人传唤完毕，被告人可以选择亲自出庭作证，也可以传唤本方证人出庭。例如，辩护方可以传唤一位为被告人检查过身体的医生，令其证明被告人在离开警察机构后身上有被殴打、虐待的痕迹等情况。当然，无论是被告人本人提供的证言，还是辩方证人提供的证言，都只能围绕着被告人口供的可采性来提供。对于提供证言的被告人以及其他辩方证人，控方也可以对其进行交叉询问。

在控辩双方各自提出本方证据之后，法官将听取控辩双方的辩论意见，然后就所争议的被告人口供的可采性作出最后的裁决。如果法官裁定排除该项供述，则陪审团将无从了解该证据的情况；如果法官确认该供述具有可采性，则检控方会再次将该证据在陪审团面前提出，有关的交叉询问也会相应地举行。不过，控辩双方的交叉询问将不再围绕着该证据的可采性而进行，而只能涉及该证据是否具有证明力以及证明力的大小强弱问题。假如被告人本人选择在陪审团面前出庭作证，那么，控辩双方都不得提及他在预先审核程序中所作的陈述，除非被告人就其如何作出供述的事实提供了前后不一致的说法。

当然，"审判之中的审判"所适用的对象并不仅仅限于被告人口供的可采性问题，还包括其他所有根据1984年《警察与刑事证据法》第76条和第78

条所要排除的证据。不过,这种预先审核程序适用的前提是控辩双方对于有关证据的取得方式是否合法存在重大分歧,而法官也认为只有通过专门的审判才可以查清这一事实问题。事实上,法官只要认为仅仅通过审查检控方提交的指控证据就足以裁定某一证据的可采性的,就可以不举行"审判之中的审判"。显然,尽管辩护方可以提出举行预先审核程序的申请,但最后的决定权还是掌握在法官手中。

15.5.3 治安法院的预先审核程序

英国高等法院在1982年的一项判决中曾裁决"审判之中的审判"是一种不适用于治安法院的程序。但随着1984年《警察与刑事证据法》的颁行,高等法院逐渐改变了原来的态度。在1988年所作的一项重要判决中,高等法院针对某治安法院拒绝就被告人供述的可采性问题举行预先审核程序的裁定,决定启动司法审查(judicial review)程序,并裁决在被告人供述的可采性存在争议时治安法院必须举行"审判之中的审判"程序。①

目前,英国约有97%的刑事案件是由治安法院负责审判的。但与刑事法院不同的是,治安法院的审判不区分定罪裁断与量刑听证程序,治安法官在一个统一的诉讼程序中既要认定事实,也要适用实体法、证据法和程序法。因此,治安法官事实上充当了陪审团和法官在陪审团审判程序中的共同职能。这就使预先审核程序在适用上面临这样的疑问:究竟治安法官是如何解决证据可采性争议问题的?"审判之中的审判"在治安法院的法庭上是如何实施的呢?

在1984年以前,有关排除非法证据的一般程序原则是,治安法官对于处理控辩双方就证据的可采性提出的异议,具有不受约束的自由裁量权。法官们可以将此异议作为一个初步的问题加以裁定,可以在证据被提交法庭之前立即作出裁定,也可以暂时先接纳该有争议的证据,然后在其他所有证据调查完毕再将该证据予以排除。而在这些裁定作出之后,辩护方即便提出被告人供述为非自愿的主张,治安法院也不会再举行"审判之中的审判"。

但在1984年之后,治安法官的自由裁量权开始受到较大的限制。如果辩护方提出被告人供述为警察以强迫手段得到的,或者以可能导致供述不可靠

---

① Robert Stevens, "Trials within Trials in the Magistrates' Courts: A Panoramic View", *J. P. N.*, August 22, 1988, p.531.

的方式获取的,则治安法官必须举行"审判之中的审判",并通过这一程序就被告人供述的可采性作出裁定。但治安法官对于审查被告人供述的可采性问题仍然拥有一定的自由裁量余地。在大多数情况下,法庭将允许检控方将其所掌握的全部控诉证据在法庭面前提出,以便使治安法官获得了解全部情况的机会。在作出决定时,治安法官通常要考虑被告人所提出的证据所涉问题的范围。如果所涉及的问题是有限的,则"审判之中的审判"一般就容易举行;相反,如果被告人提出的证据可采性问题需要在正式审判过程中加以审查和裁决的话,则治安法官将不太可能举行这种预先审核程序。不过,无论证据可采性问题在哪一阶段得到审查,治安法官都将接触到这些有争议的证据。即使他们后来将这些证据排除于法庭之外,也不可避免地会受到这些证据的影响。

15.5.4 证据排除问题的再救济

在初审法院就排除证据问题作出裁定之后,辩护方对该裁定不服时怎么办?换言之,辩护方如果认为法官应当排除某一证据而没有排除的,应获得什么样的救济呢?与美国法院的做法不同,英国法院并不允许控辩双方就裁定提出即时上诉或者中间上诉,有关排除证据问题的救济只能在统一的上诉程序中来完成。因此,对于刑事法院所作拒绝排除证据的裁定,辩护方只能向上诉法院提出上诉;对于治安法院所作的拒绝排除证据的裁定,辩护方则只能通过向高等法院的上诉来寻求救济。

15.5.4.1 对刑事法院所作裁定的上诉

对于刑事法院所作的定罪裁断,上诉法院要对上诉的根据进行审查。需要注意的是,这种上诉的理由在 1995 年曾发生较大的变化。在此以前,根据 1968 年《刑事上诉法》的规定,上诉申请符合下列条件之一的,上诉法院予以批准,并撤销原审判决:一是考虑到案件的所有情况后,认为陪审团的裁断是不可靠和难以令人满意的;二是原审法院在法律适用问题上作出了错误的决定;三是在审判过程中存在着严重的程序违法情况。但是,根据 1995 年《刑事上诉法》的规定,提起上诉的理由被简化为一条,也就是上诉法院认为原审法院的定罪裁断是不安全的(unsafe)。一般认为,所谓定罪裁断"不安全"并无具体的客观标准,而是主观性较强的理由。在实践中,上诉法院的法官如果对原来的有罪裁断的可靠性产生了合理的或者潜在的怀疑,那么,定罪就被认为是"不安全的"。

但问题在于,那些发生在原审中的法律错误和程序违法行为,能否构成上诉的正当理由呢?事实上,法律上的错误和程序上的违法可以被被告人用来作为上诉的直接根据。这些程序违法可以有很多表现形式,其中最为普遍的情况是法官向陪审团作出了错误的指示。例如,法官对指控的犯罪要素作出了错误的解释;没有引导陪审团考虑一项已经有事实支持的辩护主张;没有对证明责任分配和证明标准问题作出充分的解释等。除此以外,审判过程中发生的其他程序违法行为也可以成为上诉的理由。例如,法官允许检控方对指控作出了修正,而这有可能带来司法的不公正;法官同意某一不具有可采性的证据出现在法庭上;法庭没有遵守成文法有关对多数裁决(majority verdicts)的限制性规则等。然而,无论审判过程中发生的程序错误有多少,有关上诉是否具备法定理由的关键问题是:这些程序违法行为是否会造成定罪裁断的不安全?也就是说,上诉人仅仅证明原来的审判存在这些程序错误还是不够的,他还必须证明这些程序错误确实造成了定罪判决的不安全。

经过审判,上诉法院的法官认为案件具有上述理由的,就应当批准被告人的上诉请求,并在听审后作出撤销原判的裁定。否则,就将驳回上诉,维持原判。一般情况下,撤销原判的裁定所带来的是被告人被改判无罪,也就是相当于陪审团对被告人作出无罪的裁断。但在法定例外情况下,上诉法院在撤销原判后,也可以将案件发回重新审判。不过,英国上诉法院实际发回重新审判的案件数量极少。传统上,只有在原审过程中不曾发现的新证据被提出的情况下,发回重新审判才是被允许的。① 而在其他任何情况下,发回重新审判都被视为违背了免受双重危险的原则,因而是被禁止的。但是,1988年《刑事司法法》对此作出了一定的改革。根据这一法律,上诉法院一旦决定启动上诉程序,就在是否发回重新审判方面拥有了自由裁量权。当然,上诉法院在作出这一决定之前,必须考虑这是否属于司法正义的利益所要求的。②

因此,对于刑事法院所作的拒绝排除证据的裁定,辩护方可以这种裁定存在法律错误和程序违法为由,向上诉法院提出上诉。上诉法院经过审判,认为初审法院所作裁定违反法律的,则可以在上诉审程序作出排除非法所得证据的决定;如果经过继续审查其他剩余的控诉证据,发现初审法院对被告

---

① John Sprack, *Emmins on Criminal Procedure*, pp. 410-411. 根据英国学者的介绍,1990年英国上诉法院对来自刑事法院的上诉案件,在撤销原判之后作出发回重新审判决定的,只有3件。而在1991年和1992年,这一数字也才分别增加到13件和23件。

② John Sprack, *Emmins on Criminal Procedure*, pp. 418-419.

人的定罪不可靠的,则可以将原来的有罪裁决予以撤销。

15.5.4.2 对治安法院所作裁定的上诉

一般而言,对于治安法院就简易罪案件所作的判决,通常有三种上诉途径:一是向刑事法院提出上诉;二是以判案要点陈述(case stated)的方式向高等法院提出上诉;三是向高等法院申请司法审查(judicial review)。其中,向刑事法院的上诉只有被告人一方可以提起,对于治安法院所作的无罪判决,控方律师则无权向刑事法院提出上诉。不过,无论是辩护方还是检控方,都有权向高等法院王座庭提出上诉,或者向该法院提出举行司法审查的申请。

从理论上讲,针对治安法院所作的有关排除某一控方证据的裁定,控辩双方既可以通过向高等法院提出上诉来获得救济,也可以向该法院申请举行司法审查程序。

所谓以"判案要点陈述"方式提出的上诉,所针对的主要是治安法院在适用法律方面存在的错误,以及这种法院在诉讼管辖方面超越职权的行为。受理这类上诉的高等法院王座法庭经过审判,会纠正下级法院在诉讼程序上发生的错误,但不对案件的事实问题进行任何形式的复审。[1]

上诉方必须明确列明治安法院在适用法律或管辖问题上存在的错误。通常情况下,这类错误可以有以下表现形式:起诉书不适当地重复;治安法院无权审理检控方起诉的案件;法庭非法地同意或者拒绝了辩护方"无辩可答"(no case to answer)的申请;法庭采纳了不具有可采性的证据,或者排除了具有可采性的证据;即使根据其当庭认定的证据和事实,法庭也不应作出这一裁决……当然,上述最后一种形式是这类上诉最常涉及的法律问题。[2]

这种以"判案要点陈述"方式提起的上诉,目的在于推翻治安法院所作的有罪或者无罪的裁决,而不是改变原先的量刑结论。这种上诉针对的只能是治安法院所作的最终裁决,而不是这种法院在移送起诉或者移送刑事法院量刑方面所存在的程序错误。

审判由高等法院王座法庭负责主持进行。法庭通常由两名或者三名法官组成。在审判过程中,法庭不对案件的证据和事实问题进行任何形式的调查,而只是听取控辩双方就法律适用问题进行的口头辩论,以便审查治安法院在初审中是否错误地适用了法律,以及是否超越自己的管辖权。经过复

---

[1] Steve Uglow, *Criminal Justice*, Sweet & Maxwell, 1996, pp. 150-151.
[2] John Sprack, *Emmins on Criminal Procedure*, p. 449.

审,高等法院可以撤销、维持或者修正治安法院所作的初审判决,也可以将案件发回治安法院重新进行审判。

在英国法中,对下级司法机构的工作加以监督是高等法院的一项重要职能。这种监督的最主要途径就是司法审查(judicial review)程序。通过对下级法院的裁决进行司法审查,高等法院可以发布一些特权性命令(prerogative orders),包括调卷令(certiorari)、强制令(mandamus)和禁止令(prohibition)三种。其中,调卷令可以撤销下级法院的判决,强制令可以迫使下级法院履行自己的职责,而禁止令则能够阻止下级法院从事某一非法的或者超越其管辖权的行为。不过,所有这些特权性命令都只能通过一种方式发布,也就是高等法院根据申请,对下级法院的裁判实施司法审查。在行政法领域,高等法院的司法审查权是极其重要的,它被用来对下级司法机构或者行使司法权的个人的行为加以控制。但在刑事法领域中,司法审查则主要用来对治安法院的裁判加以司法控制。除此以外,刑事法院所实施的"与对可诉罪的审判无关"的裁判活动,也可以被纳入高等法院司法审查的范围。在刑事司法中,控辩双方以"判案要点陈述"方式提出的上诉一旦未获成功,他们还可以向高等法院提起司法审查的申请。因此,申请司法审查就成为英国高等法院提供的第三种司法救济途径。

申请司法审查的主要目的是阻止下级法院超越其管辖权,强制下级法院行使本应由其拥有的司法管辖权,并且通过纠正其审判中发生的程序违法行为来控制其行使审判权的方式。如果治安法院以适当的方式依法行使了司法管辖权,那么,在审判中发生的法律错误问题则不属于司法审查的对象,而应被列入以"判案要点陈述"方式上诉的范围。

值得指出的是,与强制令和禁止令不同,调卷令通常被高等法院用来撤销下级法院的某一裁判,而其中最为普遍的是撤销下级法院的有罪判决。除此以外,高等法院的调卷令还可以用来撤销其他与起诉进程有关的法院裁决或者命令,如移送审判或量刑的裁决,拒绝法律援助的裁决等。一般情况下,这一适用广泛的司法令状可以在以下三种情况下发布:一是下级法院超越了审判管辖权;二是下级法院在审判中违背了自然正义法则(the rules of natural justice);三是根据下级法院的审判记录,发现审判存在明显的法律错误。其中,第一种情况主要是指治安法院在定罪或量刑方面超越了法律授予的管辖权。第三种情况则是指高等法院仅仅通过阅读下级法院的审判记录,而无须审查控辩双方提交的任何证据,即发现审判出现了错误。但是,对于高等法院的司法审查而言,最有意义的莫过于上面的第二种情况。

传统上,自然正义法则有两项基本的要素,也就是任何人不得担任自己案件的法官;裁判者必须听取双方的意见。治安法院的审判如果违背了上述任何要求,其裁判结论就可能被高等法院以调卷令的方式加以撤销。大量的案例表明,治安法院的法官或书记官如果与案件结局有着经济上的利益关系,而又参与案件的审判活动的,或者他们对案件有着其他方面的利益关系,以至于可能产生明显的偏见的,高等法院都可以发布调卷令的方式撤销治安法院的有罪裁决。与此同时,如果治安法院的审判存在可能导致一方受到不利对待的程序违法行为,如没有给予被告人充分的时间准备辩护,拒绝发布证人令,没有应被告人的要求及时作出休庭的决定,在没有听取辩护人终结辩论的情况下宣布一项有罪判决,没有及时通知一名能够支持辩方主张的证人出庭等,都违背了自然正义法则,也都可以成为高等法院发布调卷令的依据。另外,如果控方实施的一项错误行为导致辩方受到严重的不公正对待,而治安法院没有及时纠正这一行为的,高等法院也可以据此发布调卷令。

原则上,高等法院的司法审查只能由那些与相关裁判有着充分利益关系的人提出申请。具体到刑事法领域,有资格提出这种申请的主要是控方律师和被告人一方。首先,申请必须得到一名高等法院法官的准许。一般情况下,该法官以不开庭的方式对申请书进行审查,并对申请者提交的宣誓证书进行审核,以便确定申请是否具备"表面的证据"(a prima facie case)。而在申请者提出请求的情况下,这种审查也可以开庭的方式进行,但不得对外公开。申请如果成功地得到批准,就可以被呈交高等法院的一个法庭。该法庭由三名法官组成,要对申请者和其他与案件有利害关系者的辩论。在刑事法领域,与案件有利害关系者通常是控辩双方,有时也可以包括下级法院的法官。在听审中,控辩双方的证据都必须以经过宣誓的书面陈述方式提交。所提交的证据必须能够证明申请调卷令、强制令或禁止令的正当性。例如,证据可以被用来证明下级法院的法官存有偏私,下级法院的审判活动违反了自然正义法则,或者下级法院超越了法定的司法管辖权。任何一方都可以申请宣誓证书的制作者出庭接受交叉询问。最后,法庭认为申请符合法定条件的,就可以发布一项或多项司法令状。当然,如果发布的是调卷令,法庭可以将案件发回下级法院重新裁决。

表面看来,以判案要点方式提起上诉与申请司法审查有一些相似之处:它们都可以既针对治安法院的判决,也可以针对刑事法院的审判而提起;它们都不涉及下级法院认定的事实问题,而主要以下级法院审判中存在的法律错误以及超越管辖权问题作为纠正其裁决的依据。因此,初步研究这一问题的人士可能会产生一种疑问:英国为什么要设立两种非常类似的救济制度呢?尤其是究竟如何区分在适用程序和功能方面都较为接近的调卷令程序与前面所说的上诉程序呢?

应当承认,作为两种司法救济方式,以"判案要点陈述"方式提起的上诉与调卷令程序有着一些相似的救济功能。例如,对于治安法院非法超越司法管辖权的行为,控辩双方既可申请高等法院发布调卷令,也可以向其提出上诉。

而一旦下级法院在合法地行使司法管辖权过程中发生了法律错误,控辩双方可以优先考虑向高等法院提出上诉。但是,如果所发生的法律错误十分明显地存在于下级法院的审判记录之中,那么,申请调卷令也是一种可行的选择。不过,大多数法律错误都不是明显地存在于审判记录中,而具有不同程度的隐蔽性。而隐蔽的、潜在的法律错误则只能通过上诉方式加以救济。

如果下级法院在审判中违反了自然正义原则,那么,申请调卷令是唯一适当的救济方式。同样,如果辩护方希望撤销治安法院所作的移送刑事法院审判或者移送刑事法院量刑的裁决,那么,申请调卷令也是唯一的选择。

当然,如果在一些场合下,向高等法院提出上诉和申请司法审查都是可行的,那么,提出上诉应被作为优先考虑适用的救济方式。这是因为,通过这种上诉,高等法院可以对下级法院审判中认定的事实加以全面的审查,而不像申请调卷令程序那样,只能对申请者提交的正式书证以及审判记录加以间接的审查。

16. 美国刑事诉讼中的权利救济

16.1 排除规则
16.2 撤销起诉
16.3 推翻有罪判决
16.4 民事侵权诉讼
16.5 内部纪律惩戒
16.6 刑事追诉
16.7 初步的结论

自罗马法以来,人类社会一直存在这样的法律观念:法律不允许违法者从其违法行为中获得利益。因此,对于任何违反法律的行为,都应当有相应的法律责任制度,使违法者受到适当的法律制裁,被剥夺因违法而取得的不当利益,从而承担消极的法律后果。因此,民事违法者一般要承受民法上的侵权责任或违约责任,行政违法者会受到一定的行政处罚,违反某一特定职业道德的人可能被施以纪律惩戒。作为最严重的违法,犯罪行为可能会使行为者受到刑事处罚,其自由、财产乃至生命遭到剥夺。以上这些追究法律责任的方式,大都着眼于实体层面的违法行为,属于公共权力机构对违法个人的实体制裁。当然,违法案件一旦进入法律程序的轨道,那些"涉嫌"违法的人也会受到一系列的程序性限制。例如,一个被合理地怀疑实施过犯罪行为的人,很可能受到警察的逮捕、搜查、扣押和窃听,在有罪证据充足时可能被检察机构提起公诉,并受到法院的持续审判,甚至在公开的法庭上被作出有罪的宣告。这些程序限制所针对的往往是涉嫌犯罪的个人,仍然是警察、检察机构、法院等公共权力机构对个人权利的限制。

但是,作为公共权力行使者的警察、检察官、法官一旦违法了法律,要不要承担一定的法律后果? 具体而言,对于非法收集证据的警察,滥用刑事追诉权的检察官以及违反公正审判原则的初审法官,法律应否确立必要的制裁措施呢? 针对这些问题,美国建立了一套复杂的法律规则体系。不过,与实体法层面的制裁体系不同,这种针对程序违法而建立的制裁机制更多地与权利救济(right remedy)问题相联系。尤其是一些诉讼程序内的救济措施,更是被视为对公民宪法权利(constitutional rights)的救济。很显然,法律所关注的与其说是警察、检察官、法官的违法问题,不如说是他们侵犯公民权利——尤其是公民的宪法权利——问题。

美国法所建立的这种权利救济体系大体可分为四个方面:(1)刑事诉讼程序内的救济,也就是对刑事诉讼的结局具有直接影响的救济途径,包括排除非法证据、撤销起诉、推翻定罪裁决等;(2)民事侵权救济,亦即由被侵权者对违法官员、违法机构及其负责人或者违法机构所属的政府部门提起专门的民事诉讼,以获得适当的经济赔偿;(3)纪律惩戒,也就是在违法官员所属的政府部门内部,提起针对违法官员的纪律惩戒程序;(4)承担刑事责任,亦即针对那些构成犯罪的违法官员而发动刑事起诉活动。

当然,这些救济方式并不相互排斥,而是可以交叉适用的。例如,对于一个实施了非法搜查并造成他人财产损失的警察,检察机构可以非法侵入罪对其提起公诉;受害者可因其损害财产和侵犯宪法权利而提起民事赔偿之诉;警察当局可以对该违法警察施以撤销职务的行政处罚;受害者可以请求法院发布命令,以禁止警察继续采取类似非法搜查行为;受害者也可以起诉警察局长、警察局甚至该警察局所隶属的市政当局;最后,受害者可以向法院提出有关的动议,要求将警察非法搜查所得的证据加以排除,以禁止其出现在法庭上;如果警察非法搜查的消极后果极其严重,法庭也可能撤销起诉——即使被告人事实上已经构成犯罪。

在以下的论述中,笔者将首先分析排除规则、撤销起诉、推翻有罪裁决等几种刑事诉讼程序内的救济方式。然后,对民事赔偿诉讼、法院强制令、纪律惩戒以及刑事追诉等诉讼程序之外的救济方式作出简要的讨论,并分析它们的优势及其局限性,解释它们何以不可能完全取代在实践中已引起极大非议的排除规则。笔者还将以美国的权利救济制度为范例,讨论刑事诉讼法如何构建程序性违法的法律后果的问题,从而使我们的分析从特殊走向一般。

16.1 排除规则

排除规则(the exclusionary rule)是美国最重要的宪法权利救济方式,也是迄今为止适用最广、争议最大的一种程序性制裁措施。顾名思义,"排除规则"就是关于排除非法证据的法律规则。根据该规则的要求,对于警察通过侵害公民宪法权利的方式获得的非法证据,无论其是否具有相关性,法院都应禁止其出现在法庭上,尤其不允许其为陪审团所接触;如果此类证据出现在法庭上,法官应当立即排除其证据效力,事实裁判者也不得将其采纳为认定事实的根据。

很显然,根据排除规则所要排除的不是一般意义上的"非法证据",而是警察以侵犯公民宪法权利的手段所获得的证据。不过,美国联邦宪法所确立的公民宪法权利内容十分庞杂,范围也非常广泛。但排除规则所要救济的不是所有的宪法权利,甚至不是刑事被告人所享有的全部宪法权利。根据美国联邦最高法院的解释,能够作为排除规则救济对象的通常是以下四项宪法权利:(1)联邦宪法第四修正案关于不受无理搜查和扣押的权利;(2)联邦宪法第五修正案关于不被强迫自证其罪的权利;(3)联邦宪法第六修正案关于被告人获得律师帮助的权利;(4)联邦宪法第五和第十四修正案关于未经正当法律程序不得被剥夺自由、财产和生命的权利。① 由此,排除规则的适用范围可以包括非法逮捕所得的证据,非法搜查、扣押所得的实物证据,非法讯问所得的被告人供述,非法辨认所获取的证据等。②

排除规则不仅仅被用来排除那些作为违宪行为直接结果的非法证据,而且还适用于那些由违宪行为所间接派生出来的证据。根据"毒树之果规则"(fruit of the poisonous tree doctrine),如果警察以违反宪法的手段所获取的证据是不可采纳的,那么,所有由该证据所派生出来的其他证据也同样应被排除。不难看出,警察在以违反宪法的手段获得物品、书证和有罪的供述之后,按照其从这些"非法证据"中所得到的线索和信息,继续展开讯问、搜查、扣押、辨认等侦查活动,从而又获得了某种证据。这种证据虽然不是直接来源于违宪行为,但仍为其所派生而来的证据,也就是受到了违反宪法行为的"污染",因此也应在被排除之列。典型的"毒树之果"主要有:警察在对被告人采取非法逮捕后,经过讯问所获得的被告人有罪供述;警察经非法讯问并获得供述后,又根据供述的信息逮捕了新的被告人,从而获得了新的供述;警察经过非法讯问后,了解到某一实物证据的所在地,从而经过搜查获取了该证据。

当然,排除规则所针对的不仅仅是那些侵犯公民宪法权利的行为,还可适用于某些违反特定成文法的证据。例如,警察违背《联邦反窃听条例》的规定,对某一公民实施了非法窃听,并获得了可证明被告人有罪的证据。对于这种经非法窃听所得的证据,法院也应予以排除。不过,与非法搜查、扣押一样,非法窃听行为也侵犯了公民的隐私权。排除规则对这一非法行为的适用,同样也是基于对公民基本权利的保护和救济。

16.1.1 排除规则的理论基础

为什么需要建立排除规则? 联邦最高法院在多年的判例中曾对此反复作过解释。根据这种解释,排除规则被认为可以发挥以下重要的法律功能:确保联邦宪法第四修正案有关不受无理搜查和扣押的权利切实得到实现;对警察的非法行为进行有效的抑制;维护司法制度的诚实性;确保公民隐私权不受任意侵害;促使执法警察得到更好的培训,从而提高其职业化程度;阻止

---

① Joel Samaha, *Criminal Procedure*, Wadsworth Publishing Company, 1999, p.431.
② Wayne R. LaFave and Jerold H. Israel, *Criminal Procedure*, second edition, West Publishing Co., 1992, pp.459-498.

那些侵犯公民宪法权利的官员从其非法行为中获得不当的利益。① 不过,其中影响最大的还是前三种解释,也就是"宪法权利理论"(constitutional rationale)、"司法诚实性理论"(judicial integrity rationale)与"抑制理论"(deterrence rationale)。

根据"宪法权利理论",排除规则尽管并未为联邦宪法确立为明确的法律条款,但它实为宪法权利的有机组成部分。具体而言,排除规则既包含在不受任意搜查、扣押、不被迫自证其罪以及获得律师帮助等宪法权利之中,也是正当法律程序的一部分。这是因为,英美法有重视权利救济的传统,并有"救济先于权利""没有救济的权利根本无法实现"等著名的法律格言。而排除规则作为对公民宪法权利的有效救济途径,足以成为各项宪法权利赖以存在的基础。因此,联邦最高法院在著名的 Weeks v. United States 一案中指出,"如果信件和私人文件能够……被(警察)扣押、占有并采用为对被告人不利的证据,那么,第四修正案所宣告的他所享有的不受任意搜查和扣押的权利就将毫无意义……"。②

"司法诚实性理论"则从法院维护司法正义的角度解释了排除规则的基础:为维护自己的荣誉和诚实,法院不得间接地参与到违反宪法活动中来。换言之,对于警察以违反宪法的手段获取的非法证据,法院如果将其采纳为对公民定罪的根据,就在事实上成为故意破坏宪法行为的共犯或帮凶(accomplices in the willful disobedience)。因此,为实现司法的正直和正义,法院就必须对那种侵害公民宪法权利的警察行为施以必要的制裁,不允许政府官员从其非法行为中获得利益。而排除非法证据就是这样一种最为必要的制裁。③

根据联邦最高法院的解释,"抑制理论"是排除规则最为重要的基础,也是该法院历经数十年一直坚持的理论。根据这一理论,排除非法证据是对警察违反宪法行为的最有效的抑制。这是因为,如果警察了解他们通过违反宪法的手段所取得的物品、文件、供述根本不可能作为证据使用,那么,他们就会失去非法搜查和非法讯问的动力。这一带有工具主义色彩的理论着眼于排除规则的一般预防功能,而不是特殊预防效果。也就是说,排除规则并非

---

① Barnett, Resolving the Dilemma of the Exclusionary Rule: An Application of Restitutive Principles of Justice, 32 *Emory L. J.* 937 (1983).
② Joel Samaha, *Criminal Procedure*, pp. 431-433.
③ Wayne R. LaFave and Jerold H. Israel, *Criminal Procedure*, second edition, p. 107.

为惩罚那些违法官员而建立;它的目的在于向所有从事执法活动的警察和官员传达一种信息:一旦通过违反宪法的方式获取证据,就将招致证据无效的后果。联邦最高法院在 Elkins v. United States 一案中曾就此作出过经典的阐述:

> (排除)规则着眼于预防而非补救。它的目的是通过消除违法行为动机的方式,来发挥抑制(警察违法)之功效——也就是以一种唯一有效的方式迫使(警察)对宪法权利保持尊重。①

在 1980 年以前,联邦最高法院的大法官在解释排除规则时持一种多元化的态度。但是,1980 年以后,该法院的多数派逐渐将"抑制理论"奉为排除规则的唯一基础。在此后的一系列有关判例中,联邦最高法院越来越强调一种"利益权衡"观点,也就是把排除非法证据所导致的放纵犯罪的社会成本,与排除非法证据所带来的抑制警察违法的可能预防效果加以权衡。经过权衡,如果社会成本超过了预防违法的效果,则非法证据就可能被作为可采的证据。尤其是在 1984 年对 U. S. v. Leon 一案的判决中,联邦最高法院明确抛弃了"宪法权利理论",认为排除规则并不是一项宪法权利,也不是宪法的必然要求。相反,这一规则不过是一种由法官所创制的抑制执法官员违反宪法的方法,也是对侵犯宪法权利行为的救济而已。②

尽管联邦最高法院的多数派越来越坚持认为排除规则的社会成本大大超过了抑制效果,但是 20 世纪 80 年代和 90 年代展开的一些实证研究显示,这一规则所带来的放纵犯罪的社会成本远没有人们所预期的那样大,同时该规则在预防警察违反宪法方面也取得了出乎人们所预料的积极效果。

美国芝加哥大学的 Orfield 教授曾就排除规则对于芝加哥反毒品警察的影响展开过研究。他发现法院对于非法证据排除的反复实践,使得警察对于这一规则的意义和适用规则有了较为深刻的认识。这是因为,在法官将某一警察提交的非法证据加以排除时,该警察几乎都出现在法庭上。警察不仅对法官排除控方证据这一点产生了深刻印象,而且也几乎都能理解法官排除非法证据的理由。结果,这种当庭对排除规则影响的认识促使警察按照法定程序收集证据。有证据表明,在联邦最高法院确立排除规则之后,芝加哥警察

---

① Milton A. Loewnthal, Evaluating the Exclusionary Rule in Search and Seizure, *University of Missouri at Kansas City Law Review* 49 (1980).
② Joel Samaha, *Criminal Procedure*, p. 433.

向法官申请搜查令的案件比例出现了较大的提高。不仅如此,对排除规则的了解还促使警察在没有获得法官签发的搜查令之前,更加注意研究联邦和本州有关搜查、扣押的法律规则。而在过去,警察在对毒品案件展开紧急搜查时几乎都没有任何合法的司法授权令状。于是,芝加哥反毒品警察都尽可能在展开搜查之前向法官申请令状,而在不得不实施无证搜查的场合则保持了高度的谨慎。[1]

不仅如此,Orfield 教授的研究还表明,排除规则使那些实施过非法搜查的警察在不同程度上受到了惩罚。在排除规则的影响下,芝加哥警察当局建立了有关的奖惩制度。根据这一制度,由于法官适用排除规则而导致证据的无效,被视为警察的责任。这可能对该警察职务的升迁造成消极的影响。当然,Orfield 也发现,几乎所有出庭作证的警察都会尽力避免自己非法搜查而来的证据被法官排除。这种发生在法庭上的警察伪证现象确实限制了排除规则的积极效果。但是,警察当局对这种当庭作伪证的行为采取了严厉的惩治措施,法院也对一些作伪证的警察作出了有罪裁决。这在相当程度上降低了警察作伪证对于排除规则适用的消极影响。[2]

关于适用排除规则将导致更多的犯罪人逃脱法网的问题,有关的实证研究也显示,这并不像人们想象的那样严重。美国司法研究所通过研究发现,排除规则主要被应用于一些特定类型的案件之中,且只影响到这类案件中的极少数。一般情况下,排除规则对于谋杀、强奸、抢劫、人身攻击等暴力案件的裁决结果,几乎没有发生任何消极的影响。受排除规则影响较大的主要是毒品交易、赌博以及涉及淫秽出版物的犯罪案件。以加利福尼亚州为例,排除规则大多适用于非暴力性案件,尤其是涉及毒品的犯罪案件,而几乎对暴力性的重罪案件没有发生明显的影响。同时,因为非法扣押的证据被排除而导致起诉被撤销的案件,只占被起诉的全部刑事案件的0.8%左右;而在全部被提起公诉的重罪案件中,则只有4.8%的案件因为适用排除规则而被撤销。尤其值得注意的是,排除规则对于暴力犯罪和严重的财产犯罪案件几乎没有任何影响。[3]

美国律师协会(ABA)曾在一些有代表性的城市就排除规则的适用效果

---

[1] Myron W. Orfield, The Exclusionary Rule and Deterrence: An Empirical Study of Chicago Narcotics Officers, *University of Chicago Law Review* 54 (1987).
[2] Ibid.
[3] National Institute of Justice, *The Effects of the Exclusionary Rule: A Study of California*, Washington, DC: U.S. Government Printing Office, 1982, p.12.

问题,向警察、检察官、辩护律师和法官展开过调查。该协会还以随机的方式向400名工作在小城市和乡镇的警察、检察官、法官和辩护律师进行了电话访谈。调查人员发现,检察官和警察并不认为排除规则对于控制犯罪问题造成了重大的妨碍。一些警察甚至认为,排除规则促进了警察培训工作的开展,并在全国范围内提高了警察机构的职业化水平。因此,排除规则在有效维护宪法权利的同时,也没有使犯罪控制和刑事追诉活动付出太高的代价。①

16.1.2 反对排除规则的理由

自1914年联邦最高法院在Weeks一案中确立排除规则,尤其是1961年在Mapp案件中将这一规则适用于各州以来,反对排除规则的声音就一直没有中断过。最初,这种反对观点主要存在于联邦最高法院的少数派意见之中。但这种少数派意见的影响逐渐扩大,以至于排除规则的正当性受到越来越多的法官的怀疑。1984年该法院对Leon案件的判决,为排除规则确立了影响深远的"善意的例外",使得这一规则的适用范围大大缩小。不仅如此,由于美国社会的犯罪率呈现出多年来持续上升的发展趋势,警察、检察官甚至法学界对于排除规则表示不满的声音也越来越强大。

反对排除规则的首要理由,是警察以侵犯公民宪法权利的手段所获得的证据,尤其是通过非法搜查而取得的实物证据,其可靠性和关联性往往是没有问题的。法官将这种证据排除于法庭之外,在很多案件中都削弱了检控方指控的基础,甚至直接导致起诉的撤销或者无罪裁决的产生。这必然使相当多的有罪被告人逃脱法网。尤其在那些警察过于热心地从事调查的案件中,排除规则更明显地会带来放纵犯罪的效果。例如,1990年5月7日的《华尔街日报》曾有报道称,自1961年联邦最高法院作出Mapp案的判决以来,美国全国的暴力犯罪出现了惊人的增加,其中,"谋杀案件增长了一倍,强奸案件增加了三倍,而抢劫案件则有四倍的飙升"。②

一些法学界人士则认为排除规则直接带来大量犯罪者逃脱法网的恶果:"排除规则的首要'代价',是那些逃避有罪裁决的犯罪人的数量增加,而原因仅仅在于不利于他们的证据被排除。按照保守的估计,仅仅因为(法官)以第四修正案为根据批准有关排除证据的动议这一点,就导致每年有1万名犯有

---

① American Bar Association, *Criminal Justice in Crisis*, Chicago: American Bar Association, 1988, p. 11.
② *Wall Street Journal*, May 7, 1990, at A14, Col. 1.

重罪和 5.5 万名犯有轻罪的人逃避了法律的制裁。"①

由于 1980 年以来联邦最高法院主要以"抑制理论"作为排除规则的基础,因此围绕着排除规则究竟能否发挥预防警察违反宪法的作用,法官们曾有激烈的争论。相当多的法官对此持否定态度。前任首席大法官伯格曾在 1971 年的一份判决中发表过反对意见:"指望在刑事审判中排除可靠证据的方法",来确保宪法第四修正案得到实施,"这不过是一个可望而不可即的梦想";迄今为止,"还没有任何经验性的证据证明该规则对于执法官员的违法行为实际起到了抑制作用"。②

另外,批评排除规则的人士还提出了其他一些反对理由:排除规则的适用迫使大量调查的警察不得不在法庭上作伪证,以反驳被告人提出的有关动议;排除规则导致大量有罪者逃脱法网,容易削弱公众对司法制度的信任和尊重;排除规则事实上不仅没有使那些违反宪法的官员受到惩罚,反而通过放纵犯罪而惩罚了被害人乃至整个社会;排除规则尽管使违反宪法的警察没有从其违法行为中获得利益,但也使犯罪人从警察违法中获得巨大的利益。③

16.1.3 排除规则的替代救济措施

20 世纪 80 年代以来,随着反对排除规则的力量逐渐强大,越来越多的人士认为排除规则只在抑制警察违反宪法方面具有正当性,而它在这一方面并没有取得令人满意的积极效果,因此,应当探索其他更为有效的救济方式,以取代这一无效而又有明显负面作用的排除规则。相当多的人士主张以民事侵权诉讼和行政纪律惩戒制度来取代排除规则。

例如,联邦最高法院前任首席大法官伯格就认为,应当通过立法来建立一种特别的法庭,使得那些受到无理搜查和扣押的受害者,可以有更大的机会从政府部门那里获得经济赔偿。这是取代排除规则的最好救济方式。

Slobogin 教授则明确指出,如果将抑制非法搜查和扣押作为目标的话,那么,排除规则显然不是一个有效的方法。事实上,"改变或者抑制某一行为是一件非常复杂和困难的工作"。尤其是在这种行为得到同事、上级甚至社会

---

① Slobogin, Why Liberal Should Chuck the Exclusionary Rule, *University of Illinois Law Review*, (1999)363.
② Wayne R. LaFave and Jerold H. Israel, *Criminal Procedure*, second edition, p.108.
③ Stephen A. Saltzburg and Daniel J. Capra, *American Criminal Procedure: Cases and Commentary*, Sixth Edition, West Publishing Co., pp.454-456. 另参见 Stuntz, The Virtues and Vices of the Exclusionary Rule, 20 *Harv. J. L. and Pub. Pol.* (1997)443.

公众或明确支持或默许的情况下,纠正这一行为就显得格外困难。"如果不建立一种消除这种行为动机的强大机制,这种行为还将会继续"。因此,一种能够使违法官员及其所属的机构都受到直接制裁的制度,显然要比排除规则在抑制违法行为方面更加有效。他所设想的这种有效救济制度有以下几个核心要素:(1) 为所有违宪行为所支付的损害赔偿金,根据普通官员的工资而确定;(2) 在损害赔偿金总额中确定违法官员的个人责任;(3) 在损害赔偿金总额中确定违法官员所属部门的责任;(4) 各州为违宪行为的受害者支付法律援助费用;(5) 建立一种专门受理这类案件的法庭。①

很显然,Slobogin 教授所设想的这种新的救济制度就是民事侵权诉讼制度。他认为,这一制度同样能够取得排除规则所可能发挥的效果,却大大避免了排除规则的适用所要付出的巨大代价。同时,这一替代方式不仅可望抑制违反宪法的行为,而且还能对那些遵守宪法的行为有所激励。例如,一个警察如果缺乏"可能的理由"(probable cause),就不会直接实施搜查,而是继续展开调查,并收集为获得法官的搜查授权所要求的足够的证据。而这种情况恰恰将是经济赔偿制度所具有的优势之所在。②

再如,耶鲁大学法学院的 Amar 教授就认为,只要对侵权救济制度作出一系列的改革,这一制度就可以提供有效抑制警察违法行为的能力,排除规则也可以借此得到废除。他提出了五个方面的改革建议:一是建立政府部门为警察非法行为承担民事责任的制度,使得侵权诉讼的被告真正有经济支付能力,并且在政府政策制定层面上发挥抑制违法的作用。二是建立高额经济赔偿制度,扩大惩罚性赔偿的适用标准,在赔偿侵权行为受害者的同时,使一部分额外的赔偿金逐渐集中起来,从而建立"第四修正案基金"(Fourth Amendment Fond)。该基金可用来教育美国人民了解第四修正案的意义,并对犯罪的受害者和警察侵权的受害者予以必要的抚慰。三是被侵权者即使提出的是小额赔偿诉讼,其律师费也应被列入政府法律援助的范围,同时就此建立专门的集团诉讼制度。四是适当放宽受害者在申请法院强制令方面的现有限制。五是一些必要的行政救济渠道应当建立起来,使得一部分侵权

---

① Slobogin, Why Liberal Should Chuck the Exclusionary Rule, *University of Illinois Law Review*, (1999)363.
② Ibid. 另参见 Perrin, If It's Broken, Fix It: Moving Beyond the Exclusionary Rule—A New and Extensive Study of the Exclusionary Rule and a Call for a Civil Administrative Remedy to Partially Replace the Rule, 83 *Iowa Law Review*, 669(1998).

案件可以得到迅速快捷的解决,而不必非得经过民事诉讼这一正式途径。①

16.2 撤销起诉

在美国法中,"撤销起诉"(dismiss of charge)是法院基于控辩双方的动议,针对某一指控所作的终止审理的裁定。案件一旦被法院撤销起诉,就意味着起诉方提出的某一指控被法院在未经宣告判决的情况下驳回。一般情况下,无论是民事诉讼还是刑事诉讼,只要起诉方的指控缺乏必要的法律依据,法院就可以作出撤销起诉的裁定。从其法律后果来看,撤销起诉可以分为两类:一是"无不利影响的撤销"(dismiss without prejudice),二是"有不利影响的撤销"(dismiss with prejudice)。在前一情形下,法院撤销起诉仅仅导致审判活动的终止,但并不阻止起诉方针对同一事项重新提起第二次起诉。相反,后一种撤销则相当于法院对该项指控的最终判决,任何针对同一事项而重新提起的起诉都是被禁止的。②

在刑事诉讼中,撤销起诉是一种针对警察、检察官侵犯宪法权利的行为而提供的重要救济方式。与排除规则一样,撤销起诉也属于一种"诉讼程序内的救济",也就是通过宣告检控方提交的证据或指控失去法律效力,而使违法者承受消极法律后果的制度。在联邦最高法院逐年所作的判例中,撤销起诉可用来对联邦宪法第五和第六修正案所确立的各项宪法权利实施法律上的救济。

16.2.1 撤销起诉的适用范围

首先,根据联邦宪法第五修正案有关"禁止双重危险"的条款,任何人不得因同一行为而受到重复的起诉和审判。因此,法院一旦经过法庭审判作出无罪裁决,检控方既无权提出上诉,也无权以原来的罪名或者新的罪名重新提起公诉。对于检控方针对被告人的同一行为提起的第二次起诉,法院根据被告人的动议,可以作出撤销起诉的裁定。不仅如此,只要检控方的起诉所导致的"一次危险"已经成立,而案件由于检控方的原因而被终止审理的,检控方也不得对该案件重新提起公诉。否则,法院也会撤销这种重新提出的

---

① Akhil Reed Amar, Fourth Amendment First Principle, 107 *Harvard Law Review* 757 (1994).
② 〔美〕彼得·G.伦斯特洛姆编:《美国法律辞典》,贺卫方等译,中国政法大学出版社1998年版,第245页以下。

起诉。

撤销起诉也可以被用来救济有关获得律师帮助的宪法权利。如果警察在讯问过程中剥夺了嫌疑人获得律师帮助的权利,被告人在必要时可以将提出撤销起诉的动议作为救济手段。不过,法院在考虑此类动议时一般较为慎重。联邦最高法院在 1981 年对 U. S. v. Morrison 一案的判决中认为,除非有证据证明警察的违法行为给被告人造成了不利的影响,或者产生了这方面的重大威胁,否则,撤销起诉就不得作为针对警察违法的救济手段。①

不仅如此,警察如果在逮捕嫌疑人过程中使用了严重违反正当法律程序的方法,被告人也可以向法院提出撤销起诉的动议。在 1974 年对 U. S. v. Toscanino 一案的判决中,美国第二司法巡回区上诉法院判定警察以绑架方法逮捕某一意大利公民的行为,违反了联邦宪法有关正当法律程序的权利。被告人曾向联邦地区法院提出撤销起诉的动议,但遭到拒绝,并随即被判决有罪。第二巡回法院最终撤销了地区法院的有罪判决,并将案件发回重审。该法院在判决中认为,根据正当法律程序的要求,法院在警察"故意地、不必要地并且不合理地剥夺公民宪法权利"的情况下,应当拒绝对其提请起诉的案件行使管辖权。"这一结论所表示的不过是一项众所周知的联邦法院民事司法权的延伸",而根据这一权力,对于那种以暴力或欺骗手段强制被告人出庭的案件,法院可以拒绝审判。②

在涉及非法逮捕问题的案件中,撤销起诉一般都属于"无不利影响的撤销"。在法院作出撤销起诉的裁定后,如果警察或其他执法机构重新以合法方法实施逮捕行为,检察官仍然可以启动一项不受原先非法逮捕行为"污染"的新的起诉程序。当然,警察绝对不能等候在法庭之外,并在被告人走出法庭后立即重新逮捕他。不过,一旦警察消除了原来逮捕行为的"污染",检察官就可以对被告人的同一事项重新提起公诉。

另外,被告人如果有证据证明自己所实施的犯罪行为是执法官员的诱惑的结果,就可以提出有关"警察圈套之辩护"(the defense of entrapment)。这种辩护尽管不属于联邦宪法的一项权利,却是被联邦最高法院所确认的积极抗辩(affirmative defense)。一般来说,构成警察圈套的条件是,被告人最初本没有实施犯罪行为的主观意图,但在执法官员的引诱下产生了犯罪的意愿并

---

① *U. S. v. Morrison*, 449 U. S. 361 (1981).
② Joel Samaha, *Criminal Procedure*, p.451.

实施了犯罪行为。被告人可以此为根据,向法院提出撤销起诉的动议。①

16.2.2 迅速审判权与撤销起诉

当然,撤销起诉作为诉讼程序内的权利救济手段,还可以用来保障其他宪法权利的实施。其中最为重要的莫过于对联邦宪法第六修正案有关迅速审判权利的救济。根据这一修正案,"在任何刑事诉讼中,被告人都享有获得迅速和公开审判的权利"。按照联邦最高法院的解释,这一宪法权利所保护的至少有三方面的利益。首先是被告人在法庭审判之前不受长期羁押的利益。"未经审判,就将被告人监禁几个月的时间,这很显然是不公正的"。其次,迅速审判也可以确保被告人在被提起公诉后不受长时间的焦虑情绪之困扰,并尽快消除被告人因受到起诉和羁押而招致的不利影响。再次,迅速的审判还可以防止证据因为拖延审判而可能出现的灭失,避免证人因为记忆不清而无法提供可靠的证词,从而确保裁决的公正性。②

在美国刑事司法的历史上,联邦和州法院为确保被告人获得迅速审判的权利,曾采取各种不同的救济方式。其中最常适用的是加速审判(to expedite the trial)的裁定。也就是在检控方拖延了将案件提交法院审判的时间之后,法院基于被告人的申请而作出立即开始法庭审理的裁定。但如果加速审判由于种种原因不太可行的话,法院通常根据拖延诉讼的具体情况采取若干种补救方法。例如,如果审判前的拖延只是造成被告人羁押期限的不当延长,法院会命令将被告人解除羁押,予以有条件的释放;如果被告人因为长时间的羁押而受到严重的精神和社会生活的困扰,法院会考虑撤销起诉,但这种撤销一般都是无不利影响的撤销,检察官还可以对被告人的同一事实再次起诉。只有在诉讼拖延对被告人的辩护活动可能造成严重损害的罕见情形下,法院才会作出"有不利影响的撤销",使得检察官永远不得对同一事实重新起诉。③

在1972年判决的Barker v. Wingo一案中,联邦最高法院撤销起诉的方式开始发生一定的变化。在此之前,大多数司法区都默认一种"事先要求规则"(demand rule),也就是被告人不可能在申请"有不利影响的撤销"上获得

---

① Joel Samaha, *Criminal Procedure*, pp. 451-460.
② Anthony G. Amsterdam, Speedy Criminal Trial: Rights and Remedies, *Stanford Law Review*, Vol. 27, Feb. 1975.
③ Ibid.

成功，除非他原来曾提出过迅速审判的要求，并遭到法院的拒绝。这一规则被认为有助于督促被告人主张迅速审判的权利，以防止法庭审判因为无人提出要求而陷入长期拖延的局面，同时也避免法院轻易动用撤销起诉而带来的消极后果。而通过 Barker 案件，联邦最高法院放弃了"事先要求规则"，认为"被告人对其迅速审判权利的主张或者没有主张，只是在审查侵犯此项权利问题上需要考虑的众多因素之一"。表面看来，这种态度的转变似乎为法院采用"有不利影响的撤销起诉"打开了绿灯。不过，最高法院也承认，"有不利影响的撤销"作为对迅速审判权利的救济方式，是难以令人满意的，因为"它意味着那些可能被定重罪的被告人未经法庭审判就逃避了制裁。相对于排除规则而言，这种救济方式会产生更为严重的消极后果"。①

联邦最高法院在第二年的 *Struck v. U.S.* 一案的判决中，对"有不利影响的撤销"的适用作出了极为重要的解释。在此判决形成之前，上诉法院曾认定该案确实侵犯了迅速审判的宪法权利，但宣布"有不利影响的撤销起诉"属于一种"极端"的救济方式。上诉法院认为"更为适当的救济"应当是减少被告人 Struck 的刑期，以补偿其因为不必要的拖延而被延长了的羁押期限。联邦最高法院撤销了上诉法院的裁决。② 在由全体大法官一致同意的裁决意见中，最高法院认为，这种情形下的拖延"可能使被告人不得不长期受到巨大的精神压力"，结果使被告人"回归社会的前景受到了影响"。因此，"根据迅速审判权所依据的政策，撤销起诉必须……成为唯一可能的救济途径"。这里所说的"撤销起诉"指的是"有不利影响的撤销"。③

16.2.3 "有不利影响的撤销"引发的争议

联邦最高法院将撤销起诉奉为"唯一可能的救济途径"，这引起一些法官和法学者的激烈批评。在不少学者看来，与排除规则一样，"有不利影响的撤

---

① Akhil Reed Amar, *The Constitution and Criminal Procedure—First Principle*, Yale University Press, 1997, p.96.
② Stephen A. Saltzburg and Daniel J. Capra, *American Criminal Procedure: Cases and Commentary*, Sixth Edition, p.1023.
③ Wayne R. LaFave and Jerold H. Israel, *Criminal Procedure*, second edition, pp.789-790. 在美国联邦最高法院看来，"有关被告人被剥夺迅速审判权利的司法决定一经作出，法院所能提供的唯一救济就是'推翻定罪（to reverse the conviction），撤销量刑（to vacate the sentence），甚至撤销起诉（to dismiss the indictment）'。"显然，在诉讼程序内使违反宪法的追诉行为招致不利的法律后果，这是撤销起诉与排除规则、推翻定罪等救济方式的共同特点。参见 Anthony G. Amsterdam, Speedy Criminal Trial: Rights and Remedies, *Stanford Law Review*, Vol. 27, Feb. 1975.

销"也是从宣告某一指控证据和起诉主张无效的角度提供权利救济的,因此会直接导致犯罪者逃脱法网,这是令人难以满意的。尤其是考虑到对审判拖延问题完全有其他救济方法,而"由于(一个法官或者法院)犯有错误就使罪犯逍遥法外",这是令人难以容忍的。另一方面,"有不利影响的撤销"在适用时还必须考虑一些具体的因素。如果诉讼的拖延确实损害了被告人的辩护能力,撤销起诉也是可以接受的一种救济途径。同时,如果这种拖延发生在审判前的起诉阶段,那么,为了促使检察官尊重公民的宪法权利,法院也可以将撤销起诉作为唯一有效的救济方式。在这一方面,撤销起诉可以发挥与排除规则相似的功能。但是,那些发生在法律审判阶段的拖延行为,往往不会对被告人的辩护权造成消极的影响,对其采用撤销起诉的救济显然就不合适了。① 事实上,迅速审判权所保护的至少有三方面的利益,诉讼拖延行为对这三种利益所造成的损害也因案而异。权利救济方式也应根据所损害的利益而有相应的调整,而不应一味依赖于"有不利影响的撤销"。②

还一种更为尖锐的批评意见认为,联邦最高法院在 Barker 和 Struck 两案中所作的判决,将"有不利影响的撤销"奉为排他的(exclusive)、极端的(extreme)救济方式,这导致很多法院对认定诉讼拖延问题采取消极的态度。为避免撤销起诉所带来的消极后果发生,法院一般只对那些极为恶劣的拖延诉讼行为采取这一救济措施,而在一般案件中则拒不承认拖延已经侵害了被告人的宪法权利。结果,上述极端的判决反过来损害了被告人获得迅速审判的宪法权利。③

尽管撤销起诉有这样那样的缺点,却几乎没有任何一个法学者主张将这一救济方式完全废弃不用。他们所反对的是将撤销起诉作为唯一的救济手段。因此,很多人士都提出了建立新的救济制度的设想。例如,Amar 教授就主张以民事侵权诉讼的方式对侵犯迅速审判权的行为加以救济,尤其是更多地运用惩罚性赔偿(punitive damages)手段。Amaterdam 教授也认为,应当继续建立一系列适应不同违法情况的救济方式,而不应将撤销起诉作为救济侵犯迅速审判权行为的唯一途径。④ 他特别推崇"人身保护令"的救济方式,认为诉讼拖延的后果应当是被告人通过申请人身保护令,来促使法院适用保释

---

① Anthony G. Amsterdam, Speedy Criminal Trial: Rights and Remedies, *Stanford Law Review*, Vol. 27, Feb. 1975.
② Akhil Reed Amar, *The Constitution and Criminal Procedure—First Principle*, p.97.
③ Arkin, Speedy Criminal Appeal: A Right Without a Remedy, 74 *Minn. L. Rev.* 437, 482 (1990).
④ Akhil Reed Amar, *The Constitution and Criminal Procedure—First Principle*, pp.115-116.

或其他有条件的释放。这既可发挥惩戒违法者的作用，又不至于带来放纵犯罪的后果。① Akin 教授则主张通过减少刑罚或者将被告人直接释放的方式，来发挥对迅速审判权的救济作用。②

16.2.4　1974 年《迅速审判法案》与撤销起诉

"有不利影响的撤销"尽管受到一些学者的批评，但它仍然是法院用来为迅速审判权提供救济的重要方式。1974 年，美国国会通过了《迅速审判法案》，就诉讼拖延的标准和撤销起诉的救济方式建立了明确的法律规则。该法首先规定了将被告人诉诸法庭审判的期限。例如，在警察实施逮捕行为之后，检控方必须在 30 天之内向法院提交起诉书，重罪案件（在不实行大陪审团审查公诉的司法区）则最多可延长 30 天；在检察官提交起诉书 10 天内，法院必须举行答辩程序（arraignment）；被告人作出无罪答辩后的 60 天之内，法庭审判必须开始。该法还对那些不计入诉讼期间的拖延情况作出了明确的规定。这些"可排除的拖延"情况包括：确定被告人精神状况的时间；由其他对被告人的审判活动所带来的迟延；由中间上诉程序所引发的拖延；由审前动议程序所导致的拖延，以及为"正义的利益"所需要的拖延等。

该法还规定，一旦法定的诉讼期限没有被遵守，法官可以作出撤销起诉的裁定。这种撤销可以是"有不利影响的撤销"，也可能是"无不利影响的撤销"。在确定是否适用"有不利影响的撤销"时，法官必须考虑以下三个方面的因素：所涉及的罪行的严重程度；导致撤销起诉的具体事实和情节；对被告人重新起诉可能对确保迅速审判以及实现司法正义所带来的影响等。

在 1988 年对 U. S. v. Taylor 一案所作的判决中，联邦最高法院认为，1974 年《迅速审判法案》并没有对"有不利影响的撤销"或"无不利影响的撤销"表现出明确的偏爱。它只是要求法院正确地行使自由裁量权，在这两种撤销起诉之间作出适当的选择。法院在适用救济手段时除了要考虑该法所确立的三种因素以外，还应审查诉讼拖延是否使被告人的辩护权受到了损害。③

美国法院在适用撤销起诉这一救济手段时，对"有不利影响的撤销"还是

---

① Anthony G. Amsterdam, Speedy Criminal Trial: Rights and Remedies, *Stanford Law Review*, Vol. 27, Feb. 1975.
② Arkin, Speedy Criminal Appeal: A Right Without a Remedy, 74 *Minn. L. Rev.* 437, 482 (1990).
③ Stephen A. Saltzburg and Daniel J. Capra, *American Criminal Procedure: Cases and Commentary*, Sixth Edition, p.1025.

给予了相当程度的重视的。一般情况下,只要被告人及时地提出了撤销起诉的动议,并提出证据证明那种违反成文法和判例法的情况存在,被告人的迅速审判权确实受到了侵犯,那么,法院完全可以作出撤销起诉的裁定,并禁止检控方重新就原来的事实提起公诉。尤其是被告人在上诉期间就已经服完大部分刑期的情况下,上诉法院如果认定其迅速审判权受到了侵犯,那么,通常的救济方式都是"有不利影响的撤销"。不过,有些州法院除了在一些情节轻微的案件中适用"有不利影响的撤销"以外,在更多的场合则采取另一种撤销起诉方式。尤其在短期拖延诉讼的情况下,法官更倾向于适用"无不利影响的撤销"。在这些州,法官在选择撤销起诉的形式时就拥有更大的自由裁量权。①

16.3 推翻有罪判决

无论是排除非法证据还是撤销起诉,都是用来对警察不法行为(police misconduct)加以救济的措施。那么,如果初审法院在审判过程中发生了侵犯被告人宪法权利的情况,后者又能获得什么样的救济呢?在这一方面,美国法建立了较为发达的推翻有罪判决(reversal of the conviction)制度。一般情况下,上诉法院撤销原来的有罪判决后,不会直接宣告被告人无罪,而是将案件发回下级法院重新审判。当然,下级法院的重新审判应以消除原来的法律错误为前提。

在美国,对初审法院有罪判决的撤销通常不是基于事实问题,而是基于法律上的错误(the legal errors)来作出的。不过,作为上诉法院撤销原判根据的法律错误,一般必须是那些可能使被告人宪法权利受到不利影响的错误。这种可导致上诉法院推翻原有罪裁决的法律错误,一般被称为"可撤销的错误"(reversible errors)。如果初审法院所犯的法律错误尚未达到十分严重的程度,就属于一种"无害错误"(harmless error)。这种错误一般不会导致上诉法院撤销原判的后果。②

16.3.1 无害错误

按照联邦最高法院的解释,所谓"无害错误",是指那些没有对被告人的

---

① Wayne R. LaFave and Jerold H. Israel, *Criminal Procedure*, second edition, p.798.
② Joel Samaha, *Criminal Procedure*, p.461.

实体权利(the substantial rights)造成不利影响的法律错误。这类错误不会导致上诉法院推翻原审法院的有罪裁决。例如,初审法院错误地采纳了非法搜查所得的证据,但是即使在该证据被排除之后,其他证据也已经足以证明被告人有罪,那么,初审法院采纳该非法证据尽管构成了法律错误,却对案件的裁决结果不会造成影响,因此属于无害错误。上诉法院不会以此为根据撤销原有罪裁决。

在联邦最高法院就 Chapman v. California 一案作出判决以前,联邦和各州法院都已经确立了无害错误的规则。但是,这一规则对于宪法性错误并不适用,因为这种错误会带来侵犯公民宪法权利的后果,因而被认为"本质上是有害的"。但在 1967 年对 Chapman 案件的判决中,联邦最高法院摈弃了这种将宪法性错误与无害错误对立起来的观点。在该法院看来,除了那些因为严重违反宪法而导致原审裁决自动撤销的少数情形以外,在大多数情况下,初审中存在的宪法性错误都要经受无害错误规则的检验。这是因为,初审法院审判中存在的细小的错误或缺陷,几乎不会导致审判的结果发生任何改变,上诉法院仅仅以这些错误或缺陷为根据,就将原来的有罪裁决加以推翻,这是非常不合理的。适用无害错误规则的目的就在于为那些既不重要也不严重的宪法性错误,确立一种可能的豁免机制,以避免这种错误带来有罪裁决被撤销的后果。①

作为一种诉讼程序内的救济方式,推翻有罪裁决并不针对所有的违宪行为而提供救济。某一侵犯公民宪法权利的行为一经得到其他途径的救济,则上诉法院就没有必要作出撤销原判、发回重新审判的裁决,当然也就不可能再对有关宪法性错误是否属于无害错误进行专门检验了。例如,如果被告人在审前动议中就成功地促使法官排除了某一非法扣押而得的证据,如果初审法院因为检控方侵犯被告人获得迅速审判的权利,或者重新提起某一令被告人因同一行为而受到双重危险的诉讼,因而作出撤销起诉的裁定,那么,案件即使最终被上诉到上诉法院,该法院也不会以推翻有罪裁决作为救济手段。事实上,相对于排除规则和撤销起诉而言,推翻裁决只是诉讼程序内的最后救济手段。

被告人如果以初审法院的宪法性错误作为上诉的根据,而该宪法性错误又不属于那些可导致自动排除的严重错误的,则上诉法院就需要对该错误实

---

① Jerold H. Israel and Wayne R. LaFave, *Criminal Procedure—Constitutional Limitations*, West Publishing Co. 1993, pp.480-489.

施无害错误规则的检验。一般情况下,这种检验有两个标准:一是实体标准,也就是该错误是否对被告人的实体权利造成不利的影响,是否足以导致法院审判结果的变化;二是证据标准,亦即检控方能否提出证据,以排除合理怀疑的最高标准证明该宪法性错误属于无害错误。联邦最高法院明确指出,在确定有关宪法性错误对于被告人实体权利的影响时,上诉法院必须审查该错误的受益者(beneficiary)——也就是检察官一方——能否证明该错误并没有直接导致原有罪裁决的形成,并且要将这一点证明到排除合理怀疑的程度。①

联邦最高法院在 Chapman 案件中的判决,为美国法院区分"可撤销的错误"与"无害错误"确定了明确的标准。事实上,早在这一判决产生之前,美国国会就曾为法院确立过这样的规则:仅仅因为那些并不影响当事人实体性权利的错误或者瑕疵,上诉法院不得推翻有罪裁决。② 联邦最高法院的上述判决,使得"无害错误"的性质和范围得到了更为明晰的解释。结果,在审判阶段发生的大多数宪法性错误都要接受无害错误规则的检验。换言之,被告人只要提出法院在审判中侵犯其宪法权利的,检控方都可以主张这种侵权行为不过属于无害错误,并不足以成为上诉法院撤销原有罪裁决的充足理由。至于该错误是否属于无害错误,以及原有罪裁决该不该撤销,则要由法院根据检控方是否承担了证明责任而定。

在 20 世纪 90 年代所作的一系列判决中,联邦最高法院对于无害错误的标准作出了一些新的解释。例如,在 1991 年就 *Arizona v. Fulminante* 案件的判决中,最高法院改变了过去一直坚持的"法院采纳非自愿供述绝对不是无害错误"的观点,认为这种错误也可以成为无害错误。该法院将法律错误明确区分为一般的审判错误(trial error)与"结构性错误"(structural defect)两种。前者是发生在法庭审判过程中的个别的、不连贯的法律错误,并且很容易被发现。这种错误被确认为无害错误的前提是检控方以排除合理怀疑的标准证明其"无害性"。相反,"结构性错误"则是对整个审判程序造成污染的法律错误,它不需要经过无害错误规则的检验。例如,采纳非自愿的供述属于前一种错误,而完全剥夺被告人获得律师帮助的权利则属于结构性错误。③

法官向陪审团作出指示时可能会发生法律上的错误。尤其是在解释证

---

① 联邦最高法院在 Chapman 一案的判决中认为,上诉法院在运用无害错误标准进行检验时,需要考虑有关错误是否对陪审团的有罪裁决造成了影响,而不是能否在没有该错误的情况下仍然作出有罪裁决。参见 Jerold H. Israel and Wayne R. LaFave, *Criminal Procedure—Constitutional Limitations*, p. 484.
② *Chapman v. California*, 386 U. S. 18 (1967).
③ *Arizona v. Fulminante*, 499 U. S. 279 (1991).

明标准和证明责任问题时,法官一旦作出了错误的解释,上诉法院是否都将其视为可撤销的错误呢? 在 1993 年对 *Sullivan v. Louisiana* 一案的判决中,联邦最高法院的大法官一致认为,初审法官就排除合理怀疑的证明标准所作的错误指示,会损害宪法第六修正案有关被告人获得陪审团审判的权利,因此绝对不属于无害的错误(can never be harmless error)。[①] 而在 1999 年就 *Neder v. U. S.* 一案的判决中,联邦最高法院认为,初审法官将确定证据的"实质性"(materiality)解释为法官而不是陪审团的权力,这属于在解释犯罪行为构成要素方面发生的法律错误。按照多数派的意见,"与那种完全剥夺被告人辩护权或者由有偏见的法官主持审判的情况不同,在法官指示中对犯罪构成要素的疏忽既不会导致不公正的刑事审判,也不会使确定是否有罪的裁决在可靠性方面受到影响"。因此,法官就犯罪构成要素所作的错误指示,并没有对陪审团的整个裁决造成损害,属于无害的错误。[②]

16.3.2 自动撤销

联邦最高法院在 Chapman 一案中提出了"自动撤销"(automatic reversal)的概念。所谓"自动撤销",是指上诉法院对于某些特别严重的宪法性错误,不再将其列入无害错误规则的检验范围,而是直接将初审法院的有罪裁决加以推翻。换言之,上诉法院一旦发现这类宪法性错误,就不再审查该错误是否对被告人的实体权利造成了影响,也不必考虑这一错误是否导致审判结果的改变,而是以这一错误为唯一根据,将原审裁决予以推翻。

在联邦最高法院看来,"有一些宪法性权利对于公正审判是如此重要,以至于侵犯了它们将绝对不能被视为无害错误"。[③] 但是,究竟哪些违反宪法的错误可以导致有罪裁决的自动撤销,这一判决并没有作出全面的说明。对于这一问题,联邦最高法院经过多年的争论,在多个案件的判决中作出了一些明确的解释。迄今为止,这种可导致初审法院的有罪裁决自动撤销的宪法性错误主要有:

(1) 剥夺了被告人在中立无偏的法官面前接受审判的权利[④];

---

① *Sullivan v. Louisana*, 508 U. S. 275 (1993).
② *Neder v. U. S.*, 527 U. S. 1 (1999).
③ Stephen A. Saltzburg and Daniel J. Capra, *American Criminal Procedure: Cases and Commentary*, Sixth Edition, p. 1501.
④ *Tumey v. Ohio*, 273 U. S. 510 (1927).

（2）在初审和初次上诉阶段剥夺了被告人被指定律师帮助的宪法权利[1]；

（3）由于辩护律师与案件存在利益冲突而导致无效的辩护[2]；

（4）损害了被告人获得公开审判的权利[3]；

（5）损害了被告人自行辩护（self-representation）的权利[4]；

（6）在遴选审判陪审团时违反宪法，如不适当地将某一不愿适用死刑的陪审员排除于陪审团之外[5]；

（7）法官就证明责任和证明标准问题向陪审团作出了不正确的指示[6]；

（8）在遴选大陪审团组成人员时存在种族歧视情况[7]。

自动撤销制度的实质在于上诉法院以上述宪法性错误作为推翻原有罪裁决的唯一根据，而不必考虑这些错误对于被告人实体权利和审判结果的影响。换言之，只要初审法院在审判中存在重大的程序错误，而这种错误本身又侵犯了被告人的宪法权利，并对审判的公正进行造成了严重的消极影响，那么，上诉法院就可以宣告初审有罪判决之无效。在这里，程序上的错误和缺陷已经足以对实体裁判的法律效力构成否定的影响。这是一种典型的"程序本位主义"或者"过程中心主义"的救济方式。相反，对于上述情形之外的普通宪法性错误，上诉法院则要进行无害错误规则的检验。根据前面的分析，这些在宪法性错误中占大多数的普通错误，如果不会影响被告人的实体权利，也不足以使审判结果发生改变的，则上诉法院不会以此为根据撤销原审判决。因此，这属于"实体本位主义"的救济方式。

不仅如此，如果重新进行的审判本身就存在法律上的错误，那么，无害错误规则也不再适用了。因此，重新进行的审判如果侵犯了被告人的迅速审判权或者不受双重危险的权利，那么，这种错误就将不被视为无害错误，而实际等于一种会导致有罪裁决自动撤销的严重错误。另外，对于其他一些可导致自动撤销的宪法性错误，联邦最高法院要求提供其具有不利影响的证明。在过去的判决中，被告人如果没有获得律师的有效帮助，或者检控方没有将其

---

[1] *Gideon v. Wainwright*, 372 U.S. 335(1963); *Penson v. Ohio*, 488 U.S. 75 (1988).
[2] *Holloway v. Arkansas*, 435 U.S. 475 (1978); *Geders v. U.S.*, 425 U.S. 80(1976).
[3] *Waller v. Georgia*, 467 U.S. 39(1984).
[4] *McKaskle v. Wiggins*, 465 U.S. 168(1984).
[5] *Gray v. Mississippi*, 481 U.S. 648(1987).
[6] *Sullivan v. Louisana*, 508 U.S. 275 (1993).
[7] *Rose v. Mitchell*, 443 U.S. 545 (1979).

掌握的无罪证据展示给被告人的,联邦最高法院都认为这种错误是有害的,也就是可撤销的错误。①

16.3.3 非宪法性错误

以上就无害错误的分析都是针对初审法院侵犯被告人宪法权利问题而展开的。但是,初审法院在审判中有时尽管没有侵害被告人的宪法权利,却存在明显的法律错误。这种"非宪法性错误"(non-constitutional error)一旦发生,究竟能否导致有罪裁决的撤销呢？

早在 1946 年 *Kotteakos v. U. S.* 一案的判决中,联邦最高法院就针对非宪法性错误确立了无害错误检验标准。具体说来,如果上诉法院确信某一非宪法性错误并未对陪审团的有罪裁决造成影响,或者只是造成非常轻微的影响,那么,初审法院的有罪裁决就可以不予撤销。相反,如果某一非宪法性错误对陪审团的裁决已经造成了严重的、有损害后果的影响,那么,上诉法院就应当撤销原来的有罪裁决。②

尽管在标准表述上并不十分明确,但是关于非宪法性错误的保护标准显然要比宪法性错误低得多。例如,法官直接将警察提交的某一书面辨认记录采纳为证据,这如果仅仅被认为违反了传闻证据规则(hearsay rule),就属于一种无害错误。相反,如果采纳这份辨认笔录被证明侵害了被告人获得与控方证人对质的宪法权利,那么这种错误就足以构成可撤销的错误了。③

16.3.4 明显错误的例外

无论是宪法性错误还是非宪法性错误,在确定其是否属于无害错误时,法院都以被告人提出适当的动议或申请为前提。但是,如果被告人在审判中并没有及时提出有关的动议或反对意见,却在上诉中认为初审法院犯有某一法律错误,那么,上诉法院还会接受这一上诉,并以该法律错误为基础推翻原审法院的有罪裁决吗？

在美国,被告人在法庭审判中必须对某一法律问题提出反对意见,向法官陈述理由,并促使法官就此事项作出裁定,否则他将丧失就此事项提出上

---

① Stephen A. Saltzburg and Daniel J. Capra, *American Criminal Procedure: Cases and Commentary*, Sixth Edition, p.1501.
② *Kotteakos v. U. S.*, 328 U. S. 750 (1946).
③ *U. S. v. Owens*, 789 F. 2d 750 (9th Cir. 1986).

诉的权利。但是，这一规则也有一个例外：如果初审法官在审判中存在一个明显的法律错误，那么，即使被告人当时并没有提出动议或者其他反对意见，上诉法院仍然可以将其列入上诉审查的对象。这就是"明显错误规则"（rule of plain error）。

根据这一规则，被告人在初审程序中未能就某一法律问题提出反对意见的，上诉法院仍然可以将其列为上诉审查的范围。但前提是初审法官在这一问题上犯有"明显错误"。一般而言，如果某一审判错误影响了被告人实体权利的行使，而这一错误又不属于无害错误的，那么，上诉法院应当撤销原审所作的有罪判决。相比之下，如果被告人没有就某一法律错误向初审法官提出反对意见，而上诉法院认为该错误属于"明显错误"的，上诉法院可以——而不是必须——将原有罪裁决撤销。

在1993年对 U. S. v. Olano 一案的判决中，联邦最高法院对于明显错误规则的适用作出了四项具体的解释。首先，初审程序必须存在某一法律错误，而被告人对于该错误尽管没有及时提出反对意见，却没有放弃对其提出动议的权利。在这一方面，被告人没有行使权利与放弃权利应当得到区分：如果被告人自愿和故意地放弃行使某一权利，则明显错误规则不能适用；相反，被告人如果对初审法院所作的某一错误裁定表示反对，那么，明显错误规则仍然可以适用。其次，初审法院的法律错误必须是清楚的、明显的，即使辩护律师没有当庭提出反对意见，该初审法官也应该已经发现这一错误。再次，这种明显错误必须对被告人的实体性权利造成了影响，也就是该错误对于案件的裁决结果形成了不利的影响。最高法院就此认为，"负责受理上诉案件的法院应当纠正某一影响实体权利却为(被告人)所忽略的明显错误，但前提是该错误对于司法程序的公正性、正直性或其公共声誉造成严重的影响"。[1] 最后，最高法院还对明显错误与无害错误在适用证明责任方面的区别作出了解释。如果被告人已经对某一错误及时提出了反对意见，上诉法院就可以通过审查初审法院的审判记录，确定该错误是否造成了不利的影响。对于该错误属于无害错误这一点，检控方要承担证明责任，并且要达到排除合理怀疑的程度。相反，如果被告人没有及时提出反对意见，上诉法院也会就该错误是否构成明显错误进行审查，但是，需要提出证据证明该错误有不利影响的不是检控方，而应属被告人一方。在绝大多数案件中，除非被告人能

---

[1] *U. S. v. Olano*, 507 U.S. 725 (1993).

够证明审判错误具有不利的影响,否则,上诉法院不会对这一被忽略的错误加以纠正。①

16.4　民事侵权诉讼

对于警察侵犯嫌疑人、被告人权利的行为,美国法提供了一些刑事诉讼程序之外的救济方式,其中最为重要的是民事侵权诉讼。

一般说来,美国侵权法是以个人对个人的起诉为基础而构建起来的。换言之,作为调整平等民事主体之间法律关系的侵权法,主要被用来救济一个人被他人所非法侵犯的民事权利。作为对民事侵权行为的必要反应,救济法(law of remedy)的主要内容——如补偿性赔偿、惩罚性赔偿等——也是按照侵权的性质和后果而建立的。但是,在侵权法中有一个特殊的领域,涉及公共权力机构对个人权利的侵犯问题,并建立了一些不同于普通侵权行为的救济措施。这个领域通常被称为"公共侵权法"(public tort law)。②

在刑事诉讼中,由于检察官、法官和辩护律师在受到民事侵权诉讼方面享有"绝对豁免权"(absolute immunity),因此,作为救济手段的民事侵权诉讼所针对的几乎都是警察的违法行为。其中,警察的错误逮捕、错误羁押、非法侵入、非法致人死亡、非法搜查和扣押等,又占了所有警察违法行为中的绝大部分。

受害者向法院起诉警察、警察部门负责人、警察机构以及有关政府机构的目的主要有两个:一是获得经济上的赔偿;二是获得法院的强制令(injunction),也就是法院要求政府机构、警察部门或者警察官员去做某些行为,或者停止做某些行为的命令。为获得这些民事救济,受害者可以州法律为根据提起民事侵权诉讼,也可以联邦宪法和民权法为根据,提起宪法侵权诉讼。

16.4.1　州侵权诉讼

应当说,大多数违反联邦宪法的警察行为同时也违反了各州的侵权法,那些被侵权的个人有权根据各州法律获得经济上的赔偿。例如,州警察对某

---

① *U.S. v. Olano*, 507 U.S. 725 (1993).
② Dan B. Dobbs, *The Law of Torts*, West Group: A Thomson Company, 2000, pp.693-749.

一公民实施的非法搜查和扣押行为,就是一种典型的侵权行为。除此以外,非法致人死亡、攻击、殴打、错误逮捕、错误羁押、非法侵入公民住处等,也都是常见的警察侵权行为。

以州法律为根据而提起的侵权诉讼,通常可以针对警察官员个人,也可以针对州或地方政府部门。首先,受害者可以向那些实施具体侵权行为的警察官员起诉,要求获得民事赔偿。不过,各州法律一般都确立了"官方豁免法则"(the doctrine of official immunity),从而使警察官员因其侵权行为而承担赔偿责任的范围受到了一定的限制。根据这一法则,一个负有法定责任的公共官员对于其行使判断权或者自由裁量权的行为,个人不负民事责任,除非该行为是其故意所为,或者他有疏忽大意的过错。

明尼苏达州最高法院在1992年所作的一项判决中曾指出:"为鼓励警察在刑事执法活动中尽职尽责",法律赋予其相当大的自由裁量权,因为一种较为严格的责任标准可以使警察避免轻易受到民事起诉。因此,警察对其在高速驾车追捕逃犯过程中造成一个幼童死亡的行为,享有官方豁免权,从而不负民事责任。该法院认为,如果不这样判决的话,警察在未来的执法活动中就将缩手缩脚,而不敢承担责任。①

其次,根据传统的"长官负责法则"(the doctrine of respondeat superior),州和地方政府及其下辖的警察机构,应当为其所雇佣的警察官员的侵权行为承担民事责任。因此,受害者可以对警察所属的警察机构、市政当局以及政府部门,就警察的侵权行为提起诉讼。当然,并非所有的州都确立了"长官负责法则"。一些不承认这一法则的州赋予政府部门"代理豁免权"(vicarious official immunity),使得政府部门从其雇员所享有的"官方豁免权"中获得相应的利益,从而不承担民事责任。为确定某一政府部门是否有权享有"代理豁免权",一些州法院建立了两个旨在确定地方政府民事责任的平衡标准:一是刑事执法有效进行的需要;二是保护那些因刑事执法行为而陷入危险境地的公众的需要。在明尼苏达州最高法院所作的上述同一判决中,刑事执法有效进行的需要就被认为超过了保护公众不受刑事执法机构威胁的需要。因此,为避免因民事赔偿而导致的刑事执法的低效率,当地市政当局对警察高速追捕逃犯过程中导致的幼童死亡,也不负民事责任。②

---

① *Pletan v. Gaines* et al., 494 N.W.2d 38, 40 (Minn. 1992).
② Joel Samaha, *Criminal Procedure*, p.468.

16.4.2 宪法性侵权诉讼

如果某一警察行为侵犯了联邦宪法所确立的公民权利，那么，受害者可以对警察、警察机构或者有关州、地方政府部门提起宪法性侵权诉讼（constitutional tort action）。这种诉讼是以联邦法律为根据而提起的唯一一种民事侵权诉讼。它大体可分为两种：一是针对联邦官员的侵权诉讼，简称为"联邦宪法性侵权诉讼"（federal constitutional tort action）；二是针对州或地方政府及其官员的侵权诉讼，简称为"1983 条款诉讼"（Section 1983 action）。

"联邦宪法性侵权诉讼"只能针对联邦政府官员，而不能对联邦政府部门提起。联邦最高法院曾认为，联邦政府官员一旦侵犯公民的宪法权利，受害者只能直接依据联邦宪法对其提起民事诉讼。在 1971 年 *Bivens v. Six Unknown Named Agents* 一案的判决中，联邦最高法院就以联邦警察的非法逮捕和非法搜查行为违反了联邦宪法第四修正案为由，确认受害者可以对联邦警察提起有关的民事侵权诉讼。① 因此，受害者直接以联邦宪法为依据对联邦政府官员提起的民事侵权诉讼，有时也被称为"Bivens 诉讼"。不过，由于联邦政府官员受到一系列诉讼豁免法则的保护，这种诉讼在司法实践中很少提起。②

但是，美国联邦政府并非对任何民事诉讼均享有豁免权。事实上，国会 1974 年修订的联邦侵权诉讼法案（FTCA），就允许受害者对联邦政府提起有关的侵权诉讼。只不过，这种诉讼并不是这里所说的"宪法性侵权诉讼"，而是普通的民事侵权诉讼。这种诉讼所适用的法律也是有关的州法律。③ 根据这一法案，对于联邦政府机构所实施的攻击、殴打、错误羁押、错误逮捕、滥用诉讼程序或者恶意起诉行为，受害者都可以提起民事侵权诉讼。

"1983 条款诉讼"是由于将《美国法典》第 42 章第 1983 条（Chapter 42, Section 1983 of the U.S. Code）作为民事诉讼的法律依据而得名。而这一条款本身又来自美国国会于 1871 年颁布的《民权法案》（Civil Rights Act of 1871）。这部产生于内战时期的人权法律，允许公民个人针对州及地方政府、政府部门以及政府官员违反联邦宪法的行为，向联邦法院提起侵权诉讼。根据这一条款，任何以执行州法律、命令、条例、习惯法的名义，滥用权力并侵犯

---

① *Bivens v. Six Unknown Named Agents*, 403 U.S. 388 (1971).
② Joel Samaha, *Criminal Procedure*, pp. 468-469.
③ Dan B. Dobbs, *The Law of Torts*, p. 749.

公民联邦宪法权利的人,都应当对受害者承担民事责任。这是受害者针对州及地方政府机构及其官员提起民事诉讼的直接法律依据。

联邦最高法院在 1961 年所作的一项判决中认为,"1983 条款诉讼"不仅在州法律的救济不充分时提供一种联邦民事救济,而且即使在州法律救济理论上很充分,但实际上并不可行的情况下,仍然可以充当有效的联邦民事救济手段。"联邦救济是州救济措施的补充,而且在联邦救济机制被启动之前,州救济措施甚至没有必要非得被寻求并被拒绝不可。"①

大体上看,"1983 条款诉讼"可分为两个基本的类型:一是针对州或地方政府官员个人提起的民事诉讼;二是针对州或地方政府部门以及有关警察机构提起的诉讼。当然,也有一些诉讼既针对官员个人,也将该官员所属的政府机构列入被告的范围。例如,联邦最高法院于 1961 年判决的 *Monroe v. Pape* 一案,就是受害者以 1983 条款诉讼为根据,将芝加哥市政当局以及 13 名芝加哥警察官员列为共同被告的典型一例。②

在针对州或地方政府官员个人的民事侵权问题上,法律要求该官员必须以州法律或习惯法授权的名义而行事。也就是说,该官员在行使州法律赋予的职能的过程中,侵犯了公民的某一宪法权利。例如,警察在没有持法官签发的搜查令,也没有"可能的理由"(probable cause)的情况下,实施了非法搜查和扣押行为。另一方面,侵犯公民宪法权利的行为还必须是政府官员在其个人处置范围内(personal or individual capacity)的行为,而不能是在其公职权力范围内(official capacity)的行为。否则,应当负民事责任的就不应是官员个人,而应为政府机构。因此,一个警察官员对其自行实施的违反宪法行为,应当承担民事侵权责任;而一个警察局的局长则由于对其下属监控不力所导致的违反宪法行为,承担个人的民事责任。③

由于"1983 条款诉讼"属于联邦民事侵权诉讼的范畴,因此,州及地方政府官员并不享有各州法律提供的豁免权。这显然有助于受害者获得胜诉。不过,联邦最高法院针对"1983 条款诉讼"本身,也确立了一种"有限豁免权"(qualified immunity),使得符合判例法规定条件的州及地方政府官员,被免除了民事侵权责任。④ 具体而言,如果政府官员的侵权行为具有"客观上的合理

---

① *Monroe v. Pape*, 365 U. S. 167 (1961).
② Joel Samaha, *Criminal Procedure*, p. 469.
③ Dan B. Dobbs, *The Law of Torts*, p. 743.
④ Joel Samaha, *Criminal Procedure*, p. 469.

性"(objectively reasonable),也就是他们的行为没有明显违反业已生效的成文法,或者没有侵犯任何一个理性的人都应当了解的宪法权利,那么,该官员就将被免除民事侵权责任。

根据联邦最高法院的解释,政府官员之所以要享有"有限豁免权",是因为保护公民宪法权利的利益与政府官员有效履行法律责任的利益,必须得到适当的平衡。在该法院看来,只要一个政府官员在实施某一行为时能够确信自己行为的合法性,那么,即使其行为违反了联邦宪法,他也可以享有有限豁免权。例如,联邦宪法第四修正案明确要求政府官员在实施搜查和扣押时必须具备可能的理由,并持有合法取得的司法授权令状。但是,警察以违反这一宪法条款的方式实施的搜查,并不必然构成宪法性侵权。如果警察当时确信其搜查行为是合理的,那么,即便其搜查行为后来被证明是不合理的,其搜查行为也具有"客观上的合理性"。[①]

如果被侵权者认为州或地方政府机构对于某一侵权行为的发生负有责任,他也可以针对其提起民事侵权诉讼。"1983 条款"尽管允许受害者向那些侵害其宪法权利的任何人提起民事诉讼,但按照联邦最高法院的解释,美国各州并不是该法律意义上的"人",因此,受害者不得直接对各州政府提起这类宪法性侵权诉讼。

一般说来,各州所辖的市、郡、区等地方政府机构可以成为"1983 条款诉讼"的合格被告。例如,受害者可以对某一城市的市政当局、警察局等,提起这类宪法性侵权诉讼。但是,这类诉讼的提起要受到两方面的限制:一是地方政府机构不享有那些为政府官员所享有的"有限豁免权",因此它们在侵犯公民宪法权利方面并不能因为具备"客观上的合理性"而被免除民事责任。另一方面,地方政府机构并不对任何宪法性侵权行为承担民事责任,而只对那些由政府机构的政策、惯例或官方决定所导致的侵权行为承担责任。例如,一个警察在逮捕嫌疑人时滥用警力的行为,一般只会导致警察本人受到民事起诉,而警察所属的警察机构甚至市政当局则不承担任何责任。相反,如果某一宪法性侵权行为是由某一地方政府机构的政策、惯例或者官方决定引起的,如警察机构对警察培训不力、职业道德教育效果不佳等,则警察机构甚至市政当局就有可能承担民事责任。在这一方面,联邦最高法院曾解释说,地方政府机构不需要对其雇员的侵权行为承担代理责任,而只需对其自

---

① *Anderson v. Fitzgerald*, 457 U.S. 800.

身的行为负责。①

被侵权者对地方政府机构提起民事诉讼一般有两种方式。首先,他们可以提出证据证明某一政府部门的连续计划、项目或者政策实践本身是违宪的,或者引发了违宪性行为。典型的例子是某一城市的市政当局制定的警察培训计划,由于存在诸多方面的缺陷,导致警察侵权事件不断发生。其次,受害者也可以证明某一单纯的官方决定本身是违宪的,或者直接引发了违宪行为。例如,某一警察局针对当地毒品犯罪猖獗的情况,决定警察在紧急情况下可以不持有任何司法授权令状而实施搜查行为。这种官方决定本身就是违反宪法的,因此非法搜查的受害者可以直接起诉该警察机构。

16.4.3 宪法性侵权诉讼的实践情况

美国联邦最高法院尽管为宪法性侵权诉讼的最终解释者,但绝大多数"1983 条款诉讼"都发生在联邦地区法院和联邦上诉法院。当然,也有少部分这类诉讼由于同时涉及联邦和州侵权法的适用问题,因而由州法院管辖。这类诉讼所涉及的大多是警察的非法搜查和扣押、错误逮捕、错误羁押、非法致死、非法侵入、滥用暴力等违法行为,有时也涉及警察机构的非法决定、市政当局的违宪培训警察计划等问题。从近年来的司法实践情况来看,大多数针对警察、警察机构以及其他地方政府部门的民事诉讼,都以原告的败诉而告终。②

不过,从有限的一些原告胜诉的案件情况来看,法院为受害者提供的赔偿一般都有补偿性赔偿和惩罚性赔偿两个方面。前者是一种补偿性的经济赔偿,也就是对受害者所受到的实际损害作一恢复性的补偿。而惩罚性赔偿则被视为一种抑制性的制裁措施,也就是在原告证明侵权者的行为纯属恶意的情况下,法院责令侵权者支付补偿费以外的费用。惩罚性赔偿一般被作为警察违法行为的威慑手段而存在。通过科处这类赔偿费用,不仅实施侵权行为的警察本人会在未来的执法活动中吸取教训,遵守宪法和法律规定,尊重公民的宪法权利,而且会对其他可能会侵犯公民宪法权利的警察造成一种警诫效果。以下是几例原告获得胜诉的宪法性侵权诉讼案件:

1984 年,位于波多黎各地区的联邦地区法院对 *Flores Caraballo v. Lopez*

---

① Dan B. Dobbs, *The Law of Torts*, p. 745.
② Joel Samaha, *Criminal Procedure*, p. 479. 另参见 Stephen A. Saltzburg and Daniel J. Capra, *American Criminal Procedure: Cases and Commentary*, Sixth Edition, pp. 550-553.

一案作出判决,认定警察官员在对原告采取追捕、搜查、逮捕、起诉过程中,实施了一系列的攻击、殴打、非法搜查、错误逮捕行为,令其精神遭受了极大的痛苦。法院判决警察赔偿原告3万美元。①

1984年,美国第七巡回上诉法院对 Bell v. Milwaukee 案件作出判决,认定警察在追捕过程中非法射杀了一个年仅23岁的嫌疑人,而警察所在的城市市政当局在培训警察项目中存在严重的缺陷,以至于造成了警察侵权事件的发生。法院最后判决市政府和警察向原告——受害者的父母——提供150万美元的赔偿金。②

1987年,美国第四巡回上诉法院在 Spell v. McDaniel 案件的判决中,判定市政当局对于警察滥用暴力行为负有责任,因为警察的行为是地方政府有关政策以及对警察非法行为的纵容惯例所导致的。原告有证据证明该市的警察培训计划存在一定的不足;有证据证明该市警察滥用暴力、殴打他人的情况十分普遍。最后,法院判决违法警察与该市政府共同赔偿原告90万美元。③

1958年,美国第七巡回上诉法院对 Wakat v. Harlib 一案作出了判决,认定警察在未持司法授权令状的情况下对原告实施了逮捕,并将其羁押了6天,其间没有提出任何指控,还拒绝为原告提供与律师联络的机会。法院判决警察支付给原告1.5万美元的赔偿金。④

1958年,美国第五巡回上诉法院对 Jacson v. Duke 案件作出判决,认定警察在没有对原告作出辨认,也没有就调查原告提供任何理由的情况下,对原告采取了殴打行为。法院最后判决警察向原告支付5000美元的赔偿。⑤

1975年,美国第五巡回上诉法院在 Palmer v. Hall 案件的判决中,认定警察对一12岁男童实施了非法射击行为,致使其腿部受伤。事情的起因是警察误将男童持有的玩具枪视为真正的手枪,并在男童逃离时向其实施了枪击。法院最后判决警察支付给原告3.5万美元的补偿性赔偿,以及1.5万美元的惩罚性赔偿。⑥

---

① Ronald L. Carlson, *Criminal Justice Procedure*, p. 373.
② *Bell v. Milwaukee*, 746 F. 2d 1205 (7th Cir. 1984).
③ *Spell v. McDaniel*, 824 F. 2d 1380 (4th Cir. 1987).
④ *Wakat v. Harlib*, 253 F. 2d 59 (7th Cir. 1958).
⑤ *Jacson v. Duke*, 259 F. 2d (5th Cir. 1958).
⑥ *Palmer v. Hall*, 517 F. 2d 705 (5th Cir. 1975).

16.4.4 强制令救济

在美国法中,强制令(injunction)是享有一般管辖权的初审法院发布的司法命令。从其命令的指向来看,强制令可分为两类:一是要求当事人从事某一行为的命令;二是要求当事人不得继续从事某一行为,或者禁止其从事某一行为的命令。因此,强制令并不是单纯的司法禁令,还可能包括强制当事人履行某一义务、完成某一行为的要求。①

作为一种针对警察违法行为的救济手段,强制令通常被用来命令警察、警察机构或者地方政府停止某种已经被受害者诉诸民事诉讼的非法行为。强制令有时可以由受害者单独向法院提出申请,也与其他诉讼请求一起,被附带提起。在前一情况下,强制令往往被用来制止那些针对特定个人或特定群体的非法行为。例如,警察对某一枪杀警察后逃逸的持枪抢劫犯进行追捕过程中,在特定区域实施了大规模的搜捕活动。其间,警察在没有合理理由的情况下,不分昼夜地搜查民宅,并于午夜时分将可疑人员强行送往警察局。在这种情况下,受害者可以向法院申请强制令,以阻止警察这种滥用搜查和逮捕权力的行为。②

而在后一情况下,受害者可以向法院提起民事侵权诉讼,并同时要求获得经济赔偿和申请法院的司法强制令。例如,1983年,一名黑人男子起诉洛杉矶市政府和该市警察局的四名警察,指控警察在对其实施逮捕时非法使用一种足以使人的颈部动静脉受到严重压迫的戒具,从而造成其人身伤害。原告要求市政府和四名警察向其提供经济赔偿,并同时要求法院发布强制令,禁止该市警察以后继续使用这种足以造成人窒息的戒具。受理该案的联邦地区法院和联邦上诉法院均判决原告胜诉。但判决最终被联邦最高法院推翻。③

显然,强制令不仅可以用来禁止警察继续实施某一非法行为,还可以作为要求警察机构、地方政府停止实施某种一般政策的司法命令。不仅如此,强制令还可以分为暂时性的强制令与永久性的强制令两类。前者是法院在案件判决之前发布的保持某种状态直至诉讼程序结束为止的命令,该命令一

---

① Don B. Dobbs, *Law of Remedies: Damages—Equality—Restitution*, West Publishing Co., 1993, pp. 162-163.
② Joel Samaha, *Criminal Procedure*, p.492.
③ *City of Los Angeles v. Lyons*, 461 U.S. 95 (1983).

般在法院判决产生后即告失效。后者则是法院在全部诉讼程序结束后发布的具有永久法律效力的命令。①

16.4.5 侵权诉讼在权利救济方面的局限性

从实施效果上来看,侵权诉讼在提供权利救济方面发挥了一定的作用。应当说,一次成功的民事侵权诉讼足以令违法警察甚至警察机构、地方政府付出一定的经济代价,受到程度不同的惩戒。尤其是法院在补偿性赔偿之外科处的惩罚性赔偿,更是带有对那些恶意侵权的警察或者政府部门加以严厉制裁的意味。考虑到排除规则、撤销起诉以及推翻有罪裁决等诉讼程序内的救济手段,容易带来有罪者被放纵的负面效果,而且在抑制警察违法的实际效果方面也有一些不同的认识,因此,民事侵权诉讼的救济方式几乎得到美国各界的普遍重视,经常被赋予补充排除规则之不足,甚至替代排除规则的地位。②

然而,这种主张以民事侵权诉讼来补充甚至替代排除规则的观点,由于没有实证或经验层面的证据加以支持,因而也属于一种主观上的推断或假设而已。事实上,运用侵权诉讼来实施权利救济也有相当严重的问题。一个最直观的证据是,在联邦宪法第四修正案实施以来,尽管警察违法搜查和扣押的事件越来越多,层出不穷,但被侵权者真正向法院起诉警察或地方政府的案件并不多。而在1914年联邦最高法院在联邦法院系统确立排除规则之前,那些受到非法搜查的人所能够得到的唯一救济恰恰就是民事侵权诉讼,他们借此要求警察对其非法侵入行为作出赔偿,并返还被非法扣押的物品。不过,一旦被扣押的是违禁品,那么即使警察采用了违法搜查方法,被侵权者就既得不到赔偿,更谈不上被返还被扣押物了。③

具有讽刺意味的是,当初美国联邦最高法院正是基于警察非法搜查和扣押的情况极为严重,且仅仅通过民事侵权诉讼无法发挥有效救济作用的情况,才不得不通过一系列判决确立排除规则,并逐渐将这一规则适用到各州的。而从20世纪80年代直至现今,法官——甚至联邦最高法院的大法

---

① [美]彼得·G.伦斯特洛姆编:《美国法律辞典》,贺卫方等译,中国政法大学出版社1998年版,第250—251页。

② Ronald L. Carlson, *Criminal Justice Procedure*, pp. 375-378. 另参见 Akhil Reed Amar, *The Constitution and Criminal Procedure: First Principle*, Yale University Press, 1997, pp. 1-45.

③ Stephen A. Saltzburg and Daniel J. Capra, *American Criminal Procedure: Cases and Commentary*, Sixth Edition, pp. 444-445.

官——却重新对侵权诉讼对抑制警察违法的作用寄予了过高的期望。

但是,由于美国联邦及各州法律确立了如此繁杂的豁免规则,使得提起侵权诉讼的公民难以获得胜诉。几乎所有州都确立了绝对豁免规则,使得法官、检察官、辩护律师在刑事诉讼中实施的行为,即使违反了联邦宪法,也不承担任何侵权责任。于是,一个签发了无效搜查令的法官并不因警察的违宪行为而受到任何民事诉讼,而依据法官签发的搜查令——即使后来被发现是无效的——实施搜查和扣押的警察,也肯定不必承担民事责任。因为警察享有"有限豁免权",除非原告能够证明警察的侵权行为是在法律有明确规定而警察应合理地了解这一规定之情况下实施的。但在联邦宪法第四修正案的实施方面,美国法所能提供的明确"法律规定"又是微乎其微的。

侵权诉讼难以获得成功的原因还有道德层面的因素。一般说来,许多受到警察非法搜查、非法逮捕、非法羁押的都是刑事案件的嫌疑人,他们作为民事原告,经常是很难让人产生同情心的。例如,在一个涉及非法逮捕的侵权诉讼中,原告以前的犯罪记录经常被被告方用来证明其证言之不可信,从而说明警察当初的逮捕是具有可能的理由的。这样一个先前有犯罪前科、被逮捕时又有犯罪嫌疑的原告,在"道义上"就不是容易令人尊重的人,又如何能取得陪审团的同情呢? 相反,对于那些为追查犯罪而尽职尽责的警察,即使他们在搜查、扣押、逮捕等方面存在一些问题,作为普通民众的陪审团成员也极易产生发自内心的同情心。结果,对有犯罪记录的原告的不同情,促使陪审团不愿意轻易作出赔偿判决;而对警察的同情心又使其不忍心判决被告败诉。①

即使原告成功地证明被告的民事责任,他们也很难获得足以弥补其所受损害的经济赔偿。例如,在涉及非法侵入的侵权诉讼中,原告通常只能就其实际所受的经济损失而获得微薄的赔偿。当然,那些极为严重的侵权案件属于一种例外。这种通常只具有象征意味的赔偿令大量被侵权者对于提起侵权诉讼难免犹豫不决,甚至望而却步。不仅如此,即使法院判决被告向原告支付高额赔偿金,这种判决也很难得到切实的执行。由于相当严格的主权豁免规则阻碍了原告从政府部门那里获得赔偿,因此,原告只能向那些实施违法行为的警察追索赔偿。但这些警察却往往不具有较高的支付能力。在一项"1983 条款诉讼"中,警察即使实施了违反宪法的行为,政府部门也不需替

---

① Joel Samaha, *Criminal Procedure*, p. 491. 另参见 Stephen A. Saltzburg and Daniel J. Capra, *American Criminal Procedure: Cases and Commentary*, Sixth Edition, p. 551.

其承担民事责任。除非原告能证明警察所属的政府部门的政策、惯例、官方决定等本身导致了侵权行为的发生，否则，原告就只能从警察本人那里索取赔偿。在这种情形下，原告获得高额赔偿的希望注定是会落空的。①

以上是从被侵权者获得民事胜诉和有效取得赔偿的角度来分析的。那么，假如宪法性侵权行为的受害者大都能获得足额的民事赔偿，这种侵权救济究竟能否发挥抑制警察违法的实际作用呢？对于这一问题，美国律师界提出过不同的观点。

针对日趋热烈的有关废除排除规则和完善侵权救济制度的议论，纽约市律师协会于 1995 年发表了一份报告。该报告指出，如果侵权救济制度不作任何改善的话，它就不可能吸引受害者积极提起宪法性侵权诉讼。但即便被侵权者愿意提起这种侵权诉讼，甚至他们也最终能获得足够的经济赔偿，这种救济方式对于警察的违法行为也不可能发挥有效的遏止作用，更不可能完全替代排除规则。这是因为，侵权救济制度是基于这样一种理论假设而建立的：联邦宪法第四修正案所规定的公民权利能够甚至应当被置于一种特殊市场效应之中，因为政府只要愿意为其违宪行为支付经济赔偿，它和它所雇用的官员们就可以放心地侵犯公民的宪法权利，而不必因此承担其他方面的不利后果。但是，政府不可能建立专门的财政预算，从而将警察因侵犯公民宪法权利所需支付的赔偿费列入整个刑事司法成本之中。而那些被侵犯的宪法权利也不会因为政府支付经济赔偿而得到补救。另一方面，侵权救济制度怎样制止警察不法行为，也是十分不明确的。毕竟，排除规则对于刑事执法机构能够发挥立竿见影的影响，因为非法的搜查和扣押注定是没有效率，也是徒劳无功的。在一项侵权救济成功之后，刑事执法机构表面上为其侵犯宪法权利行为支付了赔偿金，但这种赔偿费用通过财政预算制度的运作却最终转嫁到全体纳税人身上。而让财政预算部门对刑事执法机构施加压力，以促使其遵守联邦宪法和尊重公民的宪法权利，这几乎是不可能的。②

正是由于侵权救济制度存在一些难以克服的缺陷，一些学者提出了改革这一制度的建议。如有人认为应当逐渐减少地方政府对于宪法性侵权行为的责任豁免规则，使得郡、市一级政府为其雇员的侵权行为承担更多、更大的

---

① Stephen A. Saltzburg and Daniel J. Capra, *American Criminal Procedure: Cases and Commentary*, Sixth Edition, pp. 551-552.

② Proposed Changes to the Exclusionary Rule, 50 *The Record of the Association of the Bar of the City of New York* 385 (1995).

民事赔偿义务。同时,应当确定最低限度的经济赔偿标准,尤其要加大惩罚性赔偿的最低额度。①

16.5 内部纪律惩戒

几乎所有国家都建立了针对警察违法的内部纪律惩戒机制。通过对警察的奖惩,可以对遵纪守法的警察加以激励,而对有违法记录和行为不检的警察则予以惩罚,并促使其他警察尊重公民的宪法权利。因此,一名警察一旦实施了违法或为警察行为准则所不容许的行为,通常会面临训诫、暂停执行职务甚至被开除的纪律处分。

鉴于排除规则的适用会导致一些刑事指控的失败,以至于使真正的有罪者逍遥法外,许多人都将抑制警察违法行为的希望依托在排除规则的替代性救济途径之上。其中,建立和完善警察机构内部的纪律惩戒机制,就被视为这类替代性救济措施之一。支持这一救济制度的人士认为,通过对守法警察的奖励和对违法警察的惩戒,警察机构可以有效地对警察实施行政层面的控制,从而保护公民的诸项宪法权利不受任意侵犯。②

相对于民事侵权救济制度而言,纪律惩戒机制的意图并不是对宪法性侵权行为的受害者提供赔偿或强制令救济,而是通过惩罚促使警察在调查犯罪案件时尊重公民的宪法权利。而要达到这一目的,就必须使所有实施非法搜查和扣押、错误逮捕、错误羁押、非法侵入的警察及时地受到纪律惩戒,从而令其遭受由侵犯宪法权利所带来的不利后果。在这一方面,各州警察机构内部的纪律惩戒制度发挥了一定的积极效果,但也有明显的不足。

根据一项在芝加哥警察局展开的实证研究,警察受到纪律惩戒的最主要理由是执法中存在腐败行为。例如,警察在实施搜查、扣押过程中,假如有故意不将扣押的私人财物列入扣押清单的行为,就有可能受到停职甚至开除的处分。但如果警察在搜查中既没有贪污的嫌疑,也没有实施野蛮、暴虐的行为,那么,即使被搜查者提出了抗议或投诉,纪律惩戒程序也不会轻易地启动。即使警察的搜查明显有违反正当法律程序的情况,如没有持法官的授权令状,没有合法搜查所需要具备的"可能的理由"等,警察机构也绝不会因此惩罚有关的警察。一般情况下,只要非法行为发生在警察正常履行职务的范围之内,警察机构的负责人就对此不予理会,而负责起诉的检察官就更熟视

---

① Joel Samaha, *Criminal Procedure*, p.492.
② Ibid., p.497.

无睹了。① 或许,警察机构内部以及警察与检察官之间所存在的共同利益,决定了警察机构和检察官对警察的程序违法更容易采取宽容和谅解的态度。

当然,几乎每个州都建立了由当地选民组成的警察审查委员会(police review committee)或与此类似的警察惩戒机构。实证研究的结果表明,这类委员会所处理的案件也大都涉及腐败、暴力或者其他情节特别严重的警察不法行为。而对于警察在搜查、逮捕、羁押等方面存在的程序违法行为,即使有侵犯公民宪法权利的情况,该类委员会也没有时间和资源从事调查。尤其值得关注的是,由于警察几乎普遍对这类委员会持冷漠和不信任的态度,因此委员会即便作出了惩戒警察的处理决定,这种惩戒制度对于警察的执法方式也不会产生明显的影响。②

与警察机构内部的纪律惩戒问题相关的是,很多地方警察委员会和立法机构开始了公布警察执法行为规则的努力。例如,有些州就对搜查和扣押的范围建立了专门的标准,并将这些标准向当地社区予以公布,以接受公众的审查和监督。警察对这些规则和标准遵守的情况将被记录在案,并被作为确定警察晋升的依据。这种制定和公布警察行为规则的实践,对于减少任意搜查和扣押情况的发生,改善警察的执法形象,促使警察树立规则意识,甚至提高警察机构决策的透明度,都具有一定的积极意义。尤其值得重视的是,这种制定和公布规则的努力,以一种警察能够理解和接受的方式将联邦宪法有关公民权利的内容融入了警察的日常行为守则之中,客观上加强了公民宪法权利的保护。③

应当说,各州目前的纪律惩戒机制对于抑制警察侵犯公民宪法权利的行为,还存在一定的缺陷和不足。尤其是对于大量涉及公民权利的程序性违法行为,纪律制裁制度还具有明显的局限性。因此,一些学者提出了一系列有关完善纪律惩戒制度的建议。④

---

① Spiotto, An Empirical Study of the Exclusionary Rule and its Alternatives, 2 *Journal of Legal Studies* 243 (1973).
② J. Hudson, Police Review Boards and Police Accountability, 36 *L. & Contemp. Prob.* 515 (1971).
③ Amsterdam, Perspectives on the Fourth Amendment, 58 *Minn. L. Review* 349 (1974).
④ 例如,有的学者就建议,为了有效地控制警察的调查行为,而又尽力避免危及刑事指控的成功,应当对那些侵犯公民宪法权利的警察实施剥夺警察资格(decertification of police office)制度。也就是由各州设立的警察标准和培训委员会(P.O.S.T.)确定警察的职业标准。一旦某一警察因为违法搜集证据,侵犯公民宪法权利而被剥夺警察资格,那么,他就为各州的警察机构所不容,其警察生涯也将就此结束。参见 Goldman and Puro, Decertification of Police: An Alternative to Traditional Remedies for Police Misconduct, 15 *Hasting Const. L. Q.* 45 (1987).

16.6 刑事追诉

根据《美国法典》第 18 章第 242 条的规定,联邦和各州政府官员以法律、命令、条例或习惯法授权的名义,故意剥夺任何由宪法和法律确立的权利的,应当被科以 1000 美元以下的罚金,或者判处 1 年以下的监禁;如果上述侵权行为导致公民死亡的,应当被判处任何法定幅度的监禁,直至终身监禁。[1] 可见,对于联邦和州政府官员侵犯公民权利的行为,追究刑事责任是最为严厉的一种制裁方式。

而在刑事诉讼中,警察实施的非法搜查、非法殴打、非法逮捕、非法羁押、非法致人死亡等行为,如果符合刑法规定的条件,就可能构成犯罪行为。例如,严重的非法搜查行为可以构成夜盗罪(barglary);非法逮捕行为则根据不同情况,可以构成绑架罪(kidnapping)或者非法攻击罪(assault);故意监听他人通讯信息的行为可以构成非法监听罪以及其他罪行;非法致人死亡的还可能构成与杀人有关的罪行。

与民事侵权诉讼和纪律惩戒一样,刑事追诉也被不少人视为有效抑制警察不法行为的手段,甚至在提供权利救济方面可以起到替代排除规则的作用。然而,根据大量实证研究的结果,只有在警察的侵权行为造成某一公民的死亡或者严重的人身伤害结果之后,检察机关才会主动对警察提起公诉。但是警察所从事的如果只是简单的非法搜查、非法扣押、非法逮捕或者非法羁押行为,那么,这种针对警察的刑事追诉则极少会提起。美国国会于 1921 年曾颁布过一项法案,规定参与非法搜查的联邦警察构成一项轻罪(misdemeanor),并要被科处高额的罚金。然而,迄今为止,法院根据这一法案对非法搜查的警察加以定罪判刑的情况还没有发生过。当然,各州也都有类似的对警察治罪的法律,但真正对那些非法搜查的警察加以治罪的案例则微乎其微。[2]

实证研究的结果还显示,除了在那些造成公民死亡或者人身伤害的极端案件以外,美国检察官一般对于追究警察的刑事责任持非常消极的态度。有的学者将这种现象解释为检察官在刑事起诉工作中需要警察的密切配合,因

---

[1] Jerold H. Israel and Wayne R. LaFave, *Criminal Procedure—Constitutional Limitations*, p. 123.
[2] Stephen A. Saltzburg and Daniel J. Capra, *American Criminal Procedure: Cases and Commentary*, Sixth Edition, p. 553.

而对其产生了严重的依赖性。而一旦起诉警察就容易破坏这种良好的工作关系。另一方面，除非警察的违法行为造成了极为严重的后果，否则陪审团一般也不愿意对警察作出有罪裁决。而在整个司法职业阶层中还普遍存在着这样的观念：仅仅因为违反正当法律程序就追究警察的刑事责任，无论是从抑制警察违法还是制裁违法警察的角度来看，都是一种过分的举动。这种追究肯定会打击警察刑事执法的积极性，使得他们在搜集证据、搜捕罪犯时优柔寡断，从而危及公共安全和社会秩序。[①] 或许，以上这些情况有助于解释为什么检察官对警察提起公诉的情况非常少见。

16.7　初步的结论

针对警察、检察官、法官在刑事诉讼过程中侵犯公民宪法权利的行为，美国法建立了上述六种主要的制裁方式。其中，前三种属于刑事诉讼程序之内的救济方式，也就是通过在诉讼程序范围之内使违法官员承受消极的法律后果，来发挥制裁和抑制宪法性侵权行为的效果。后三种制裁方式则属于诉讼程序之外的救济方式，它们并不会使违法者遭受不利的程序后果，而是导致其承担民事赔偿责任，或者遭受训诫、停职、开除等内部的纪律惩戒，甚至被追究刑事责任。如果说排除规则、撤销起诉和推翻原审裁决大体属于程序性制裁方式的话，那么，无论是民事赔偿、纪律惩戒还是刑事追究，都只能算作实体性制裁手段。毕竟，后三种救济制度使违法者承担的都是实体性法律责任。

在抑制侵权行为的实际效果上，这些救济手段究竟孰优孰劣？对于这一问题，由于缺乏大量翔实的实证研究资料，我们很难下一简单的断语。但是，通过考察各项救济制度发挥作用的方式，我们倒可以大体按照诉讼程序内的救济与实体性救济的分类，对上述救济制度的特点作一综合评价。

首先来看诉讼程序内的救济制度。作为美国刑事诉讼中最重要，也是最有争议的救济方式，排除规则是通过排除非法证据可采性的方式发挥救济作用的。具体说来，警察以侵犯公民宪法权利的手段所获得的证据，由于受到违法手段的"污染"，因此它即使具备关联性，能够被用来证明被告人的犯罪行为，也被认为失去了作为合法证据的能力和资格。撤销起诉制度则是通过

[①] Stephen A. Saltzburg and Daniel J. Capra, *American Criminal Procedure: Cases and Commentary*, Sixth Edition, pp. 553-554.

终止某一项刑事指控的方式来制裁宪法性侵权行为的。尤其是"有不利影响的撤销"裁决,不仅有终止针对某一指控的诉讼程序之效果,而且还禁止检控方对同一事项重新提起公诉,从而使被告人被客观上宣告为无罪。至于上诉法院推翻原审有罪判决,则是以原审法院在审判过程中侵犯公民权利为根据,撤销其裁决结果并将案件发回重新审判的。尤其是"自动撤销"制度,使得一系列严重侵犯公民宪法权利的审判活动,直接导致初审判决被撤销的结果,而不需经受所谓的"无害错误检验"。

很显然,这三种救济方式的实质在于由法院宣告某一诉讼行为失去法律效力。具体说来,排除规则所带来的是控方证据无效,撤销起诉的决定使得检控方提出的某一指控无效,而推翻有罪判决的前提当然也是宣告该判决失去法律效力。这种宣告诉讼行为无效的救济方式带来了两个方面的效果:一是剥夺了警察、检察官、法官可能从其违法行为中获得的利益,令其承受了不利的诉讼法律后果;二是使那些作为侵权行为受害者的被告人,因为警察、检察官或法官的违法行为而在客观上获得了"意外"的有利结果。应当说,这三种救济方式对受害者的补偿作用并不明显,但对公共侵权者的惩罚和制裁作用则极为突出。不过,最终承受这种惩罚和制裁的往往并不只是违法警察、检察官或法官个人。尤其是警察和检察官尽管可能因为案件无法实现定罪的结局而受到不利的评价,但他们毕竟与案件的结局没有切身的利害关系。或许,警察机构、检察机构确实会因指控证据的排除、指控的撤销和有罪判决的推翻而承受巨大的压力。而最终受到惩罚的却是社会公众——他们无法看到正义的伸张,却只能接受真正的犯罪者逍遥法外的现实;可能还有犯罪行为的被害人——他们因为法院放纵有罪者而无法实现在法律范围内追求报应的欲望。

这三种救济方式还有一个突出的特点:它们所针对的主要不是一般意义上的违法行为,而是以侵犯公民宪法权利为实质内容的宪法性侵权行为。事实上,如果仅仅以"违反法律规则"为由来确立程序性违法的法律后果或者所谓的"程序性法律责任"的话,那么,许多不甚严重的程序性违法行为究竟能否以宣告无效的方式加以"制裁",这确实是存在问题的。例如,警察在从事搜查、扣押行为时,因为疏忽大意而没有将某一被查获的违禁物列入"扣押物品清单"之中。这在任何刑事诉讼制度中可能都属于一种违法行为。毕竟,警察的行为违反了法律明确规定的程序。但是,对这样的违法行为采取什么样的制裁方式?法律能要求法官对通过这样的搜查程序所获取的证据加以排除吗？如果检控方将案件起诉到法院，法官能以警察存在这样的违法行为为由，作出撤销起诉的裁决吗？又假设一审法院以检控方提交的上述扣押物品作为定罪判决的根据，上诉法院能推翻原审有罪判决吗？

可见，刑事诉讼中发生的许多程序性违法行为，可能并没有明显侵犯当事人的利益，或者没有侵害重大的公民权利。对于这种由公共权力机构实施的虽违反程序法但并没有侵犯公民权利的违法行为，我们可以将其视为一种"技术性违法"。如果对这种"技术性违法"也一律要求适用排除规则、撤销起诉或者推翻原判等救济方式，那么，这些诉讼程序内的救济方式究竟有什么样的根基呢？程序性违法的严重性又究竟以何为评价标准呢？

对于这些问题，美国刑事诉讼制度是以这样的方式加以解决的：不是仅仅针对程序性违法行为来建立制裁后果，而是根据警察、检察官、法官对公民宪法权利的侵犯情况，确立权利救济方式。这种权利救济制度具有以下几个基本特点：一是关注警察、检察官、法官在刑事诉讼中侵犯公民宪法权利的严重程度，并根据侵权行为的方式和程度来建立相应的制裁措施；二是这些诉讼程序内的制裁制度被赋予明显的权利救济功能，也就是从维护公民宪法权利不受继续侵犯的角度出发，以有效地抑制警察、检察官、法官的侵权行为为目的而建立起来的；三是对于宪法性侵权行为的构成，不是以其是否违反法律程序为评价标准，而是以"对公民的何种宪法权利造成怎样的侵害"这一点来确定的。

由于将程序性违法转化为宪法性侵权问题，而把程序性法律后果又解释为一种公民宪法权利的程序救济，因此，美国刑事诉讼制度就与宪法发生了极为紧密的结合，刑事诉讼意义上的程序制裁问题就实际成为被告人基本权利的宪法救济问题。这样的理论建构和制度设计所要保护的不是一般意义上的被告人权利问题，而是普遍意义上的公民宪法权利问题。这一方面使被告人的诉讼权利和其他公民权利具有了极为坚实的宪法基础，另一方面也使制裁那些严重违反诉讼程序的行为具有了宪法上的正当性。

因此，排除规则的适用不仅仅是为了惩罚那些从事非法搜查和扣押的警察，而是为了确保联邦宪法第四修正案有关公民不受不合理搜查和扣押的权利之实现；那些非自愿的被告人供述之所以应被排除，不仅是因为警察的讯问方式违反了法律规定，而且更因为警察的行为侵犯了任何人不得被强迫自证其罪这一宪法权利；表面看来，警察在组织辨认程序时没有允许辩护律师在场，这只是一种技术上的违法行为，但这种行为却违反了联邦宪法第六修正案有关被告人获得律师帮助的权利。而撤销起诉的救济方式则更多地适用在警察、检察官的行为侵犯公民其他宪法性权利的场合,如侵犯第六修正案有关迅速审判的权利和有关不因同一行为受到双重危险的权利等。不仅如此,上诉法院对初审法院所作的有罪判决之推翻,更主要的理由是初审程序存在严重的法律错误,而这种错误构成的前提是侵犯了公民的宪法权利,而且造成了严重的消极后果。当然,那些造成公民宪法权利受到严重侵害的法律错误,还会导致初审判决的"自动撤销"。

对于这三种诉讼程序内的救济措施,美国联邦最高法院也注意到其适用过程中所带来的消极效果。毕竟,这三种权利救济方式都有明显的负面作用:由于宣告证据无效、起诉撤销或者有罪裁决无效,使得一些"事实上"有罪的被告人得以顺利地逃脱法网,检控方已有足够证据支持的指控主张无法成立。另一方面,作为一种制裁那些宪法性侵权行为的方式,排除非法证据、撤销起诉以及推翻原审有罪判决究竟能否起到抑制警察违法、减少宪法性侵权行为发生的实际效果,对于这一点,社会各界还存在相当大的分歧和争论。因此,联邦最高法院为了限制这些诉讼程序内的救济方式的适用,避免其出现较大的消极作用,设置了越来越多的例外规则。

与诉讼程序内的救济不同,实体性救济措施并不会带来某一刑事诉讼行为的无效,而是直接使实施了侵权行为的警察承担法律责任。这些救济方式如果应用得当,可以在抑制警察违法方面发挥较为明显的社会效果。毕竟,那些亲自从事宪法性侵权性行为的警察会因其违法行为而承担民事赔偿责任、受到行政纪律惩戒甚至被追究刑事责任。违法者本人所受到的这种切身不利后果,会对其以后继续实施违法行为具有明显的阻遏作用,而对那些潜在的可能实施宪法性侵权行为的警察,则可以发挥一般预防之功效。正因为如此,越来越多的美国学者和法官将未来遏止宪法性侵权行为的希望寄托在民事侵权诉讼、内部纪律惩戒甚至追究警察刑事责任等方面。甚至有人提出了以民事侵权诉讼取代排除规则的极端主张。

但是,根据大量实证研究的结果,由于检察官、法官和辩护律师在刑事诉讼过程中享有绝对的豁免权,他们即使实施了宪法性侵权行为,也不承担民事赔偿责任。而警察、警察机构以及州政府机构也享有各种繁杂的豁免权,陪审团对于从事刑事执法活动的警察经常持同情的态度,而对那些尽管受到宪法性侵权却明显有劣行的刑事被告人则很容易产生歧视心态。这使得此类民事侵权诉讼的胜诉率明显偏低。尤其是在起诉警察机构、地方政府机构方面，由于原告需要证明侵权行为是这些机构的政策、惯例或者某一官方决定所造成的，这使得这一方面的胜诉尤为艰难。至于警察机构内部的纪律惩戒制度，则由于惩戒所针对的主要是警察腐败或者严重的暴力案件，普通的程序性违法不能进入惩戒的轨道，而宪法性侵权行为也引不起足够的重视，因此在提供权利救济方面并无明显的积极效果。不仅如此，追究刑事责任尽管为惩罚警察违法的最严厉方式，但由于警察被追究刑事责任的情况往往是发生在致人死亡或造成严重人身伤害的案件中，加上检察官在起诉警察方面犹豫不决，陪审团对警察一般存有同情态度，使得检察官对警察提起公诉的情况甚少发生。这都表明，实体性救济制度如果不经受大规模的改革，仍然无法有效地发挥其抑制宪法性侵权、救济公民权利的作用。而那些主张以这些实体性救济来取代或弥补程序性救济之不足的观点，将变成一种不切实际的空想和一厢情愿的假设。

美国刑事司法的实践表明，尽管排除规则存在着诸多不能令人满意的方面，但它迄今仍然是最重要的抑制警察违法行为的救济途径。① 事实上，实体性救济作为追究警察个人法律责任的方法，一般要求警察的侵权行为达到一定的严重程度，并符合侵权法、纪律条例以及刑法的严格构成要件。而普通违反法律程序的行为一般不可能达到这样的严重程度，也不可能与这些构成实体违法的要件完全相吻合。因此，针对大量的并未构成刑事犯罪、行政纪律违法或者民事侵权的宪法性侵权行为，在刑事诉讼程序内寻找权利救济的资源，使违法者承受消极的程序性后果，可能是最正当、也最有效的救济方法。或许，在提供权利救济方面，排除规则、撤销起诉以及推翻有罪判决等程序性救济方法，仍然具有一些无可替代的独特作用。

---

① Joel Samaha, *Criminal Procedure*, p. 492.

17. 美国的非法证据排除规则

17.1 引言
17.2 第四修正案与排除规则：历史的考察
17.3 排除规则与第五、六和十四修正案
17.4 "毒树之果"规则
17.5 排除规则的例外
17.6 审前动议与证据禁止之听证
17.7 证明责任与证明标准
17.8 证据禁止的再救济程序
17.9 几点结论

17.1 引言

在现代刑事诉讼中,警察、检察官和法官如果违反了法律规定的诉讼程序,一般会承担相应的法律责任。这是因为,任何法律制度的实施都要靠法律责任制度加以保证。如果不针对违法行为建立必要的制裁机制,那么,违法者就会因不受任何惩罚而继续实施违法行为,其他社会公众也会由此形成违法的内心动力。在这种情况下,法律制度就将名存实亡,最基本的法律秩序也将不复存在。因此,对于刑法为什么需要针对犯罪行为而建立刑罚制度,民法为什么针对侵权或违约行为而确立民事责任体系,甚至行政法何以要设置行政法律责任制度,几乎没有人深入探究下去,而是将其视为不证自明的道理。同样,作为一项重要的程序法,刑事诉讼法所确立的各项原则、规则、方法、程式和步骤如果要得到具体的实施,也需要有特定的法律责任制度加以保障。否则,这些主要被用来约束警察、检察官和法官权力的程序规则,也将无法得到施行,甚至形同具文。

那么,刑事诉讼法如何构建一套合理而有效的程序性法律责任呢?一般而言,对于警察、检察官或法官的程序性违法行为,几乎所有现代国家都在实体法中建立了相应的制裁机制。例如,对于警察以刑讯手段逼取口供的行为,各国刑法都将其确立为犯罪行为,并规定了具体的刑罚幅度。警察在搜查和扣押活动中造成他人财产损失的,作为被侵权者的受害者可以向法院提起民事赔偿诉讼。而警察如果在刑事诉讼过程中有不尊重法庭或者其他违反职业操守的行为,警察惩戒部门也可能对其发动纪律惩戒程序。但是,这些制裁机制要么具有刑事法律责任和民事法律责任的性质,要么属于行政法或警察职业规范的调整范围。这些实体性制裁措施所针对的只能是那些已经构成犯罪、达到民事侵权程度或者足以符合纪律惩戒标准的违法行为。

但是,对于那些尚未构成犯罪的程序性违法行为,如没有造成严重后果的刑讯逼供行为,刑事诉讼法该如何设定法律责任呢?对于一些并未造成多少财产损失的违法行为,如在没有持搜查令的情况下进行的搜查和扣押行为,刑事诉讼法应怎样确立制裁措施呢?而对于警察为收集犯罪证据而采取的程序违法行为,其本身并未违反警察职业规范,刑事诉讼法又当如何处置呢?很显然,上述实体性制裁措施都是根据实体法或有关职业规范而建立起来的。而如果某一程序性违法行为无法以上述任何一种实体性方法加以制裁的话,那么,刑事诉讼法本身应当建立什么样的制裁措施呢?

对于这一问题,美国联邦最高法院以判例法的形式确立了一系列程序性救济方法。这些程序性救济方法既不以追究违法者的刑事责任和民事责任为目的,也不以对违法者施以纪律惩戒为宗旨,而是通过宣告某一证据、指控甚至有罪裁决丧失法律效力,否定某一程序性违法行为的实体结果,从而发挥程序性制裁之功效。[①] 例如,法官可以对那些严重违反程序规则的起诉作出撤销起诉的裁定;上诉法院可以初审法院的审判有程序性违法情况为由,作出撤销原审有罪裁决、发回初审法院重新审判的裁决。但是,对于抑制警察在调查证据中的违法行为而言,最重要、也最具影响力的制裁方式当属排除规则。

与大陆法国家不同,美国并没有颁布一部系统规范刑事诉讼各个阶段的成文程序法典,也没有确立所谓的"诉讼行为无效"理论。美国法是以联邦最高法院所作判例法的形式,经过长期的司法判决实践,逐渐累积起一套非常实用的权利救济制度。这一制度的核心特征是,判例法并不对一般意义上的程序性违法行为加以制裁,而是将惩治手段指向那些侵犯公民基本权利——尤其是侵权公民宪法权利——的行为。换言之,美国判例法所要制裁的并不是那些"违反诉讼程序"的警察行为、检察官行为或法官行为,而是已经侵犯公民宪法权利的"违宪行为"。表面看来,这些"违宪行为"确实也违反了美国判例法确立的法律程序,但它们实质上是一种侵权行为,甚至可以说是一种"宪法性侵权行为"。毕竟,"无权利则无程序"。离开对公民权利——尤其是宪法权利——的保护,法律程序可能只是一系列带有技术性的程式规则而已。对这种纯粹技术层面上的法律程序的违反,并不一定会导致程序性制裁措施的适用。相反,如果警察在违反法律程序的同时,实际又侵犯了公民的某一宪法权利,那么,这种程序性违法就不再是技术层面上的"程式违法",而构成一种实质意义上的宪法性侵权。而对这种侵犯公民宪法权利的行为加以制裁,当然是刑事诉讼制度责无旁贷的任务。

美国刑事诉讼制度具有一种独一无二的特点,即将刑事诉讼法与宪法紧密地结合在一起,并将刑事诉讼中被告人的基本权利上升为宪法性权利的高

[①] 有的美国学者认为,这种诉讼程序内的救济方式主要有排除规则、撤销起诉和推翻有罪判决等三种。但是,如果被告人获得迅速审判的权利受到侵犯,以至于受到长时间的审前羁押,那么,法院有可能采取以下方式加以救济:将正在被羁押的被告人立即采取其他非羁押性强制措施,甚至取保释放;在量刑时减轻刑罚,甚至有时候连取消某一公民的被捕记录也被作为对违法逮捕行为的救济手段。参见 Joel Samaha, *Criminal Procedure*, Wadsworth Publishing Company, 1999, pp.431-467.

度。美国的刑事诉讼经常被直接称为"宪法性刑事诉讼"(constitutional criminal procedure),美国联邦宪法前十条修正案经常被称为美国的"权利法案"(Bill of Rights),其中包含了被告人在刑事诉讼中所享有的几乎所有基本权利。例如,第四修正案规定了不受无理搜查和扣押的权利;第五修正案确立了接受大陪审团审查公诉的权利、不因同一行为而受双重危险的权利、不受强迫自证其罪的权利以及正当法律程序的权利;第六修正案设定了一系列有关公正审判的权利,包括获得迅速和公开审判的权利、接受由无偏私之陪审团审判的权利、被告知指控性质和理由的权利、与对方证人对质的权利、通过强制性程序确保本方证人出庭的权利以及获得辩护律师帮助的权利;第九修正案规定了不被过度收取保释金的权利;第十四修正案则确定了各州未经正当法律程序,不得剥夺任何人的生命、自由或财产的原则。

美国联邦宪法为刑事被告人确立的这些基本权利,尽管以书面宪法条文的形式已经存在了一个半世纪以上的时间,但是它们的具体内容、范围、实现途径以及例外等,却是由联邦最高法院经过多年的解释,逐渐明晰和发展起来的。然而,任何没有救济机制加以保证的权利都很难说是一项真正的权利,正如任何无法实施的法律根本毫无价值一样。联邦宪法确立的所有上述宪法权利,其生命力不在于这些权利的表述和内容的解释,而恰恰在于联邦最高法院所确立的权利救济方面。① 换言之,在公民的宪法权利遭受侵犯的具体场合,究竟有没有一种足以制裁侵权者和纠正程序法律错误的有效救济手段?这才是刑事诉讼中人权保障问题的核心之所在。

排除规则就是这样一种被用来制裁警察侵权行为的权利救济手段。所谓"排除规则",其实有广义和狭义之分。广义上的"排除规则"泛指法庭将所有不具备关联性(relevance)、实质性(materiality)或可采性(admissibility)的证据,禁止其出现在法庭上的法律规则。例如,对于那些为证据法所禁止使用的传闻证据、意见证据、品格证据等,法庭都可能拒绝承认其证据资格。狭义上的"排除规则"则主要是指"非法证据的排除规则",也就是法庭将那些以非法手段获取的控方证据排除于法庭之外、拒绝在法庭上使用的规则。本书中所分析的排除规则是就后一意义而使用的。这种"排除规则"的实质在于,对于警察通过侵犯公民宪法权利的方法所获取的证据,即使其具有相关性和实质性,法庭也不承认其可采性。

---

① 〔美〕哈罗德·伯曼编:《美国法律讲话》,陈若桓译,生活·读书·新知三联书店1988年版,第53页。

当然,排除规则并不是对上述所有宪法权利都能发挥救济作用。事实上,这一规则主要被用来抑制警察的侵权行为,而对初审法官在审判中实施的违宪行为并不必然具有制裁作用。最初,排除规则是通过维护宪法第四修正案有关不受无理搜查和扣押的权利而逐渐产生和发展起来的。后来,联邦最高法院将排除规则的保障范围扩大到第五修正案有关不受强迫自证其罪的权利、第六修正案有关获得律师帮助的权利以及第五、第十四修正案有关正当法律程序的权利上面。也就是说,对于警察通过侵犯公民上述宪法权利的方式所获得的证据,法庭可以适用排除规则,将其阻止于法庭之外。

需要指出的是,本书不以研究美国的排除规则作为唯一的目的,而是通过对这一规则的分析,来讨论刑事诉讼中的程序性制裁问题。之所以将美国的排除规则作为分析的范例,是因为这是迄今为止最为发达、权利救济效果也最好的排除规则。美国联邦最高法院在大量的判例法中不仅确定了排除规则的性质、适用范围和例外,而且建立了较为完善的申请排除非法证据的程序。

美国的排除规则为我们考察程序性制裁机制中的实体要素和程序裁判要素,提供了一个很好的研究素材。在以下的讨论中,我们首先要考察排除规则的历史演变和适用范围,分析"毒树之果"原则及其主要例外,关注排除规则的正当性危机以及联邦最高法院确立的主要例外,然后会剖析被告人申请排除非法证据的具体程序模式,总结法官在动议程序中解决适用排除规则的具体方式,了解有关的上诉及其他救济途径。在上述分析和总结的基础上,笔者将会就刑事诉讼中的程序性制裁机制作一综合性评论,以总结出这一制裁机制的基本构成要素。

17.2 第四修正案与排除规则:历史的考察

按照普通法的传统,法官在审判中应当关注的是证据的相关性,而不是获得证据的方式和手段。因此,如果一项证据被认为具有实体上的证据价值,那么,无论它是以怎样的方式获得的,法官通常都会承认其可采性。尤其是对于那些警察非法搜查所得的实物证据,法官一般不会将其排除。但是,随着时代的推移,各国判例法对待非法证据的态度逐渐发生了变化。法官在排除非法证据——尤其是以侵犯公民权利的方法获取的非法证据——方面,开始拥有一定的自由裁量权。这种裁量权从无到有,从小到大,逐渐得到发展和完善。不过,在行使这种自由裁量权时,法官通常要对排除非法证据所涉及的不同利益进行适当的权衡。因此,所谓的"利益平衡理论"在普通法国家的判例中十分盛行。

美国建国之初大量采纳了英国普通法和衡平法的内容,也没有确立针对非法证据的排除规则。不过,在对待被告人供述笔录方面,美国也接受了供述自愿性的规则,强调对那些以强迫、威逼等非自愿手段所获供述不得采纳为证据。但这种专门针对被告人供述的"排除规则",并非现代意义上的排除规则,而是基于传统的"禁止自证其罪"原则而确立的证据规则。

美国联邦宪法第四修正案将不受无理搜查和扣押列为公民的一项宪法权利。为防止公民的隐私权受到警察的任意侵犯,该修正案对搜查和扣押提出了四项要求:一是应有法官签署的搜查令状(warrants);二是应具备"可能的理由"(probable cause);三是警察须提出口头宣誓或者确认;四是搜查令应事先详细载明搜查的地点和所需扣押的人和物品。但是,无论是该项修正案还是其他成文法都没有规定警察非法搜查和扣押所得的证据究竟有无可采性的问题。

在联邦宪法第四修正案实施后的近一个世纪的时间里,那些非法搜查的受害者所能获得的唯一救济途径是提出民事侵权诉讼。通常,原告向法院起诉警察非法侵入,要求法院判决警察提供经济赔偿,或者命令警察返还被非法扣押的财物。尤其在被扣押物为法定违禁品或者犯罪工具的情况下,无论搜查是否合法实施的,返还被扣押物甚至获得赔偿的可能性就很小了。[1]

为什么在美国联邦宪法前十条修正案通过后的如此长的时间里,排除规则一直没有被确立为权利救济手段?对此问题的解释可能有助于我们了解联邦最高法院何以在20世纪之初确立了排除规则,并在60年代的"正当法律程序革命"时期,将这一规则适用于各州。首先,美国制宪者们并不打算在宪法修正案中直接确立权利救济方式,而是将保护宪法权利的责任和方式让与法院决定。早在1789年,詹姆士·麦迪逊在美国国会有关确立权利法案的辩论中就明确指出:

> 如果这些权利被确立在宪法之中,那么,独立的法庭将会自行以独特的方式考虑如何确保这些权利的实现;它们在反抗立法机构或行政机

---

[1] Stephen A. Saltzburg and Daniel J. Capra, *American Criminal Procedure: Cases and Commentary*, Sixth Edition, West Publishing Co., pp. 444-445.

构之强权方面,将成为坚不可摧的堡垒;它们当然也将抵御任何对公民宪法权利的侵犯行为。①

但是,被授予维护民权、抵御强权之重大使命的美国法院,在长时间里却仅仅通过民事侵权赔偿的方式对侵犯宪法权利的行为施以惩罚,而并没有发展出程序性救济制度。按照联邦最高法院的解释,在权利法案实施后的相当长的时间里,最高法院都没有受理刑事案件的机会。无论是联邦法院还是各州法院,都遵循对被告人的同一行为禁止提出双重追诉的原则,对控辩双方提出上诉的权利施加了严格的限制。后来,这种限制有所放宽,一些刑事案件在取得某一联邦巡回上诉法院同意的情况下,可以上诉到联邦最高法院。但被告人仍然不享有向最高法院直接提出上诉的权利。直到1889年,美国国会才允许刑事被告人以申请司法令状的方式,将刑事案件提交最高法院审理,但也只限于死刑案件。联邦最高法院之所以能够在1914年首先在联邦法院系统确立排除规则,就是因为当时它已经能够通过发布调卷令的方式受理那些涉及联邦宪法或重大法律问题的刑事案件。② 很明显,在无法直接受理刑事案件的时代,联邦最高法院当然也就没有机会考虑权利救济问题,也就无从发展出类似排除规则这样的救济制度了。

1914年,在 *Weeks v. U. S.* 一案的判决中,联邦最高法院决定在各级联邦法院适用排除规则。本案中的被告人是一名在堪萨斯城工作的美国人,警察在未持任何司法令状的情况下闯入他的住宅,搜查了各个房间,并扣押了他的全部书籍、来往信件、钱、文件、证券以及大量衣物。警察随后还逮捕了他。初审法院拒绝了他提出的返还被扣押物的动议请求,并将其定罪判刑。通过上诉,联邦最高法院最终受理了这一案件,并以警察的搜查和扣押行为违反宪法第四修正案为由,推翻了原来的有罪判决。根据最高法院的解释,"如果一个人的信件和私人文件能以这样的方式被扣押、持有并被用作指控其犯罪的证据,那么,第四修正案所宣称的他不受这种搜查和扣押的权利就将毫无价值了"。因此,"在联邦刑事起诉中,第四修正案禁止使用那些通过非法搜查和扣押所得的证据。"③ 可见,Weeks 一案确立的排除规则只适用于联邦警察实施的非法搜查行为,并只在联邦法院采纳非法搜查而来的证据时发挥法律效力。排除规则被视为联邦最高法院对联邦法院实施司法控制的一种重

---

① *Annals of Congress* 1 (1789):439.
② *U. S. v. Scott*, 437 U.S. 82 (1978).
③ *Weeks v. U. S.*, 232 U.S. 383 (1914).

要方式。

联邦最高法院在 Weeks 一案的判决中提出了两个极为重要的理由:一是排除规则是保护第四修正案所确立的宪法权利的唯一有效的手段;二是司法公正的利益要求法院不得以采纳非法搜查的成果为前提,来考虑对非法搜查的制裁问题。这些被用来支持排除规则的理由,在以后的很多判决中又多次被提及。

在此后的三十多年里,联邦最高法院不断对排除规则的内容进行完善和发展,并逐渐在判决中触及排除规则在各州的适用这一宪法难题。在 1920 年对 *Silverthorne Lumber Co. v. U. S.* 一案的判决中,联邦最高法院将排除规则的适用范围扩大到非法证据的派生证据上面,从而首次确立了非常重要的"毒树之果理论"(fruit of the poisonous tree doctrine)。根据这一理论,如果警察的搜查本身是违法的,它就成为一种有毒之树。作为这一搜查之结果而获取的任何证据也就受到了这一毒树的污染,从而不得被作为指控被告人的证据。这也就是所谓的"有毒之树上结出的有毒之果"。①

而在随后一系列案件的判决中,联邦最高法院不仅明确拒绝将排除规则适用于各州,而且还允许联邦法院将那些由州警察非法搜查和扣押所得的证据加以采纳。在 1927 年的两项判决中,该法院确立了所谓的"银盘理论"(silver platter doctrine)。根据这一理论,各州警察通过非法搜查所获得的证据,在联邦法院的刑事审判中具有可采性。但前提是联邦警察没有参与这一搜查过程。② 适用这一理论的结果,是各州警察以非法搜查手段获取的证据,不仅在本州法院的审判中可以采纳为证据,还可以被移送给联邦警察,使其规避排除规则对非法搜查所得证据的禁止。直到 1960 年,联邦最高法院才在 *Elkins v. U. S.* 案件的判决中,正式将这一理论废止。自此以后,非法搜查行为无论是由联邦警察实施的还是由各州警察采取的,联邦法院都要将通过这一搜查所获得的证据加以排除。③

尽管联邦最高法院在 Mapp 案判决作出之前,一直不愿将排除规则适用于各州,但是在 20 世纪 40 年代中后期,美国已有 16 个州同意将排除规则作为制裁警察非法搜查行为的手段。当然,也有 31 个州明确拒绝接受 Weeks 判决所确立的排除规则。在这一背景下,最高法院大法官的态度也在发生变

---

① *Silverthorne Lumber Co. v. U. S.*, 251 U.S. 385 (1920).
② *Byars v. U. S.*, 273 U. S. 28 (1927); *Gambino v. U. S.*, 275 U. S. 310 (1927).
③ *Elkins v. U. S.*, 364 U.S. 206 (1960).

化。在 1949 年对 *Wolf v. Colorado* 案件的判决中,联邦最高法院的九名大法官一致同意将禁止无理搜查和扣押的宪法保障标准适用于各州。但是,他们对排除规则能否在各州适用的问题却产生了分歧意见。少数派中的三位大法官认为,对于抑制非法搜查和扣押行为来说,只有一种有效的救济方式,那就是排除非法所得证据的规则。因为只有通过排除非法证据,法院才能使那些过于热心于非法搜查的检察官形成这样一种印象:侵犯公民的宪法权利将一无所获。① 但是,多数派大法官仍然拒绝将排除规则适用于各州。

在后来的十年时间里,联邦最高法院又有两次机会触及类似的问题。在 1952 年的一份判决中,最高法院认为加利福尼亚州警察为收集有罪证据采用了令人震惊的方法,以至于伤害了人类最基本的"正义感"。在该案中,警察采用给被告人胃部抽气的方法获取鉴定样本。② 而在 1954 年的另一案件中,最高法院尽管认为州警察以令人震惊的方式非法搜查了被告人的住宅,但仍以 5 比 4 的比例维持了 Wolf 案件所确立的原则。③

究竟是什么原因使得 1961 年以前的最高法院在承认州警察的非法搜查"令人震惊"的情况下,仍然不能在将排除规则适用于各州的问题上形成多数意见呢?一般的解释是在厄尔·沃伦出任首席大法官之前,最高法院的大法官中保守派占据相对优势的地位,使得运用排除规则来抑制警察非法搜查这一"激进"的救济方案,只能取得少数"自由派"大法官的支持。而沃伦首席大法官的出现以及其他一些保守派大法官的退休,使得自由派与保守派在最高法院的比例关系发生了微妙的变化。20 世纪 60 年代以后的几个带有里程碑意义的判决,如 1961 年的 Mapp 案判决和 1966 年的米兰达案判决等,都是以 5 比 4 的比例被通过的。这显示出自由派与保守派在很多问题上观点对立之尖锐。

但是,排除规则在各州的适用是与联邦宪法中的各项公民权利逐步适用于各州的问题紧密相关的。事实上,没有 1949 年 Wolf 一案的判决,第四修正案有关禁止无理搜查和扣押的条款不首先被联邦最高法院适用于各州,那么,排除规则对各州的约束力是不可能建立起来的。这一问题的实质在于,联邦最高法院在 20 世纪 60 年代领导了一场被后人称为"正当法律程序革命"的运动,通过联邦宪法第十四修正案有关正当法律程序的条款,将联邦宪法前十条中刑事被告人所享有的各项权利逐步适用于各州。联邦最高法院

---

① *Wolf v. Cololado*, 338 U. S. 25 (1949).
② *Rochin v. California*, 342 U. S. 165 (1952).
③ *Irvine v. California*, 347 U. S. 128 (1954).

通过重新解释第十四修正案有关"正当法律程序"的条款，成功地将联邦宪法中的"权利法案"列为各州公民权利保障的最低标准。于是，继第四修正案和排除规则之后，其他宪法权利也相继被最高法院解释为对各州具有约束力。例如，最高法院1963年通过 Gideon v. Wainwright 一案的判决，将获得律师帮助权适用于各州；1964年通过 Malloy v. Hogan 案件的判决，将不受强迫自证其罪的权利适用于各州；1965年通过 Pointer v. Texas 案件的判决，将与对方证人对质的权利扩展到各州；1967年还通过两个案件的判决分别将以强制程序获得证人的权利和迅速审判权适用到各州。

联邦最高法院对权利法案能否以及怎样适用于各州的问题进行了长期的争论。当然，这种争论主要体现在各个判决书中的意见表述上面。由于最高法院的判决不仅要载明多数派大法官的意见，以便形成判决的理由，同时还将少数派的反对意见及其理由写入判决。但从历史的角度来看，所谓"多数派"和"少数派"都是相对而言的。随着时代的变化和大法官的更换，今日的多数派意见可能在后来的判决中被废弃不提，而过去的少数派意见也可能变成后来的多数派意见。早在1884年，就有大法官在一些判决的少数派意见中坚持将第十四修正案作为最高法院在各州适用权利法案的中介和桥梁。但是，这一意见一直未能占据上风。而代表最高法院的多数派大法官更倾向于运用一种抽象的"公正审判"观念作为解释这一问题的理论基础。但这种解释具有相当大的灵活性，也为该法院拒绝将一些宪法权利适用于各州提供了理论支持。随着时代的变化，尤其是随着纳粹政权在德国的上台以及欧洲法西斯政权的兴起，美国社会对集权政治的怀疑和人权保护的鼓吹与日俱增。联邦最高法院提出了一种"基本公正理论"（fundamental fairness doctrine），将一种建立在自然法理论基础上的正当法律程序观念引入到判决之中。根据这一理论，正当程序作为一个一般的道德命令，要求各州在对刑事被告人加以定罪之前，必须提供公正的审判，尤其要提供听取控辩双方证据和意见的机会。但是，在20世纪30至50年代，最高法院一直拒绝将权利法案中的绝大多数宪法权利适用于各州。

但是，20世纪40年代以来，几乎所有大法官都逐渐接受了以联邦宪法来限制各州剥夺公民权利的观念。不过，他们在如何界定这种限制的方式上存在较大的分歧。"基本公正理论"引起极大的争议，并逐渐被最高法院的少数大法官所抛弃。在一系列案件的判决中，少数派大法官接受了由哈兰大法官曾提出过的"并入理论"（incorporation doctrine），使权利法案中的宪法权利被并入第十四修正案的正当法律程序条款之中。到了 20 世纪 60 年代,大多数大法官都接受了"并入理论"。① 随着原来坚持"基本公正理论"的大法官相继退休,最高法院运用"并入理论"追求各州刑事诉讼宪法化的努力获得成功,权利法案中的各项宪法权利都逐渐通过最高法院对第十四修正案"正当法律程序"条款的解释适用于各州。

正是在"并入理论"的影响下,联邦最高法院将权利法案中的各项宪法权利解释为第十四修正案"正当法律程序"本来所包含的内容。② 于是,正当程序就成为一项单纯的程序保障,它所体现的是权利法案已经保障的程序公正要求。按照布莱克大法官的解释,正当程序条款只是赋予公民获得一种由独立和中立的法庭根据业已建立的程序和有效的法律所提供的审判权利。因此,根据第十四修正案"正当法律程序"条款的要求,各州既然在剥夺公民的生命、自由或者财产之前,要遵循正当程序的要求,而各项宪法权利实际又包含在"正当法律程序"的要求之中,那么,各州当然就要适用权利法案所确立的各项宪法权利了。

通过以上分析,我们就可以理解为什么联邦最高法院在 20 世纪 60 年代之前的大量判决中,一直在将排除规则适用于各州的问题上表现出犹豫不决的态度,也可以解释何以在 1961 年的 Mapp 案件中排除规则才正式适用到各州了。在 Mapp v. Ohio 案件的判决中,最高法院第一次将排除规则适用到美国各州。这是一项与 Weeks 案判决有着同样里程碑意义的判决。它结束了

---

① "基本公正理论"之所以成为权利法案适用于美国各州的理论障碍,是因为它将"正当程序"解释为盎格鲁—美国法律制度自英国大宪章(Magna Carta)时代以来一直坚持并有所发展了的公正审判概念。这一理论将正当程序解释为一种灵活的正义标准。结果,正当程序被认为是游离于宪法和权利法案之外的抽象理念,它可能包含权利法案中的全部权利,也可以是部分权利,还可能包括一些权利法案之外的权利。这样,"正当法律程序"的条款就不被视为第四、五、六、八条修正案处于平等地位的宪法权利,而是要靠法院在日常审判实践中按照逐案解释的方法,来确定其具体内容和要求。于是,法院必须根据案件的所有情况,在特定的时间和地点确定美国文明社会中的基本公正观念是否受到损害。结果,各州甚至地方法院当然有权根据各地的公正标准,自行确定各自的权利保障标准。因此,联邦最高法院将权利法案中的宪法权利统一适用到各州,当然被认为不符合"基本公正理论"。参见 Joel Samaha, *Criminal Procedure*, pp. 67-69.

② 事实上,即使在"并入理论"被广泛接受的 20 世纪 60 年代,联邦最高法院对于权利法案中的哪些宪法权利应被"并入"第十四条修正案问题,也存在激烈的争论。根据所谓的"全面并入"(total incorporation)理论,权利法案中的所有宪法权利都应被解释为"正当法律程序"条款的基本要求。而根据"选择性并入"(selective incorporation)理论,权利法案中只有一部分宪法权利应被解释为正当程序的内在应有之义。在 20 世纪 60 年代,联邦最高法院按照"选择性并入理论",在一系列的判决中逐渐将权利法案中的大多数权利适用于各州。到了 70 年代,选择性并入理论的应用明显改变了"美国法律的面貌"。当时,只有四项与刑事司法有关的宪法权利没有被适用于各州,它们是获得公开审判的权利、获知指控性质和理由的权利、禁止过度收取保释金以及接受大陪审团审查公诉的权利等。参见 Joel Samaha, *Criminal Procedure*, p. 69.

围绕着排除规则是否在各州适用这一问题的长期争论,为第四修正案有关不受无理搜查和扣押的宪法权利提供了最为重要的救济途径。

Mapp 案判决对排除规则在各州的适用作出了一系列的论证。最高法院重新提及在 1960 年 *Elkins v. U. S.* 一案的判决中已陈述过的"抑制理论":"排除规则的目的在于通过消除违法的动力,来发挥抑制作用——以唯一有效的方式促使(警察保持)对宪法性权利保障的尊重"。首先,该法院引述加利福尼亚州的例证,认为该州为促使警察遵守宪法而采取的所有其他救济措施均告失败。其次,Mapp 案判决将排除规则视为维护公民隐私权的有效救济手段。针对 Wolf 案判决曾论述过的"隐私权的救济尚有其他方式"的观点,最高法院多数派认为加州以及其他各州的经验足以证明,其他被用来对公民隐私权加以救济的方式是没有意义和毫无用处的。而要有效地为公民的隐私权提供救济,就必须引入排除规则这一制裁机制。否则,有关不受无理搜查和扣押的权利保护将成为一句空话。再次,Mapp 案判决将维护司法诚实性的需要(imperative of judicial integrity)解释为排除规则的又一目的。过去,卡多佐大法官曾对排除规则提出过著名的批评:"**因为警察犯有错误,就使罪犯逍遥法外**"。针对这一批评,最高法院的多数派认为,罪犯是会逍遥法外,如果他必须这样的话,但导致他被放纵的恰恰是法律本身。没有任何事情比政府不守法律会更迅速地导致政府毁灭的了……因此,政府是一个全能的教师,它以自身的作为来教育全体人民。"如果政府本身成为一个法律破坏者,那么,它必然会播下轻视法律的种子;它也会诱使每个人变成仅仅适用其自身的法律;它甚至会造成无政府状态。"[1]最后,最高法院多数派还认为,自 1914 年 Weeks 案判决作出以来,排除规则在联邦法院已经施行近半个世纪的时间,但是尚无任何证据表明像联邦调查局那样的执法机构,在排除规则的影响下出现执法效果不好的情况,联邦法院的刑事审判也没有出现混乱的迹象。联邦最高法院最后的结论是,"我们的判决,以理性和真理为基石,给予公民个人的不过是宪法提供给他的权利保障而已,给警察带来的不过只是诚实地执法而已,而给法庭所带来的则是为司法公正的实现所必需的司法诚实。"[2]

---

[1] *Mapp v. Ohio*, 367 U.S. 643 (1961).
[2] Ibid.

17.3 排除规则与第五、六和十四修正案

排除规则的历史发展是与第四修正案有关禁止无理搜查和扣押的条款密切联系在一起的。但是,排除非法搜查和扣押所得的证据,不过是排除规则的最初基本内容,也可以称为狭义上的非法证据排除规则。20世纪60年代以来,联邦最高法院通过一系列逐渐积累起来的判例,将排除非法证据这一救济手段适用到其他宪法权利上面。目前,第五修正案有关禁止自证其罪的宪法权利,第六修正案有关获得律师帮助的权利,以及第五和第十四修正案有关正当法律程序的权利,都是法院适用排除规则的直接宪法依据,也是排除规则所要发挥救济作用的对象。当然,警察采取的非法窃听或电话监听行为尽管并不违背联邦宪法,却为美国国会1934年通过的《联邦通讯法案》所禁止。因此,警察以非法窃听手段获得的证据也在排除规则的适用范围之内。

17.3.1 禁止自证其罪与排除规则

在英国早期普通法中,被告人的有罪供述即使是暴力或胁迫的结果,也可以被采纳为定罪的证据。但是,这种完全根据关联性确定可采性的规则后来逐渐被废除。原因在于相当多的被告人仅仅为了免受刑讯之苦而不得不作出了有罪供述。而经验表明,这种被迫作出的有罪供述经常是不可靠的,且容易导致司法误判。于是,法院逐渐发展出一种"自由和自愿规则"(free and voluntary rule)。

美国联邦最高法院在19世纪的判例法中明确接受了"自由和自愿规则",并以其来限制被告人供述的可采性。根据这一规则,被告人的有罪供述只有在以下条件下才可以成为法院对其定罪的证据:被告人自由和自愿地提供该供述;在提供该供述中未曾受到过恐吓、威胁或强制;被告人对供述的性质和法律后果有完全清楚的了解。最初,最高法院认为只有使被告人供述建立在自由和自愿的基础上,该供述的可靠性才能得到保证。后来,"自由与自愿规则"被解释为宪法第五修正案有关禁止强迫自证其罪的直接要求。在1897年的 *Bram v. U. S.* 案件的判决中,最高法院首次认为,被告人向警察所作的有罪供述一旦是暴力、胁迫的结果,那么,这就等于警察强迫其作出了不

利于自己的证言。而这恰恰侵犯了公民所享有的不受强迫自证其罪的宪法权利。[1]

自由和自愿规则是法院对被告人供述适用排除规则的理论依据。但是，这里的"自由"和"自愿"并不是在积极意义上使用的概念，而带有一种"非强迫"的意味。换言之，只要警察以刑讯、威逼、引诱等手段迫使被告人违背自己真实意愿作出了对其不利的供述，则该供述的获得就是不自愿的，也就因此不具有可采性。但是，最高法院一直不愿意对"自愿性"作出明确的界定，而是以逐案分析的方式作出了解释，使得"自愿性"标准经历了一个发展演变的过程。例如，在1936年的一项判决中，最高法院发现警察为逼取口供，曾将被告人吊到大树上并对其反复拷打。该法院认为被告人的供述是警察拷问和肉体折磨的结果，因此侵犯了第十四修正案有关正当程序的宪法权利。[2] 而在1940年的某一判决中，最高法院认为被告人的供述是在遭受长时间的连续讯问和中断与外界联系的结果，这种讯问具有明显的强迫性，也侵犯了第十四修正案中的宪法权利。[3] 在1944年的一个判决中，最高法院发现警察对被告人进行了连续两天的讯问，中间没有给予其任何睡眠的时间。同样，该法院认为这种讯问侵犯了第十四修正案中的宪法权利，所获取的供述不具有自愿性和可采性。[4] 1959年，最高法院在 *Spano v. New York* 案件的判决中认为，警察通过给被告人施加强大精神压力的方式获取供述的做法带有明显的欺骗性，有违基本公正原则，这种讯问也侵犯了被告人的宪法权利。[5]

不难看出，"自愿性"在理论上并没有一个确定的内容和标准，而是由联邦最高法院随着时代的发展作出相应的解释。不过，警察对被告人的拷问、肉体折磨、长时间地连续讯问、威胁、引诱，或者施以精神强制和压力等，都被认为违背了"自由和自愿规则"。除了这一规则以外，最高法院在20世纪60年代还提出过"堂讯迟延规则"（delay in arraignment rule），以作为限制供述可采性的又一理论依据。

---

[1] *Bram v. U. S.*, 168 U.S. 532 (1897).
[2] *Brown v. Mississibi*, 297 U.S. 278 (1936).
[3] *Chambers v. Florida*, 309 U.S. 227 (1940).
[4] *Ashcraft v. Tennessee*, 322 U.S. 143 (1944).
[5] *Spano v. New York*, 360 U.S. 315 (1959).

根据这一规则,如果检察官在将被告人提交法官"堂讯"(arraignment)[①]之前存在拖延行为,而供述又恰恰是在这一拖延期间被警察获取的,那么,该供述即使是被告人自愿作出的,也不具有可采性。在这里,排除被告人供述的依据不是它违背了"自由和自愿规则",而是该供述是以剥夺被告人被迅速带至法官面前接受堂讯的权利为代价而取得的。[②] 在美国刑事诉讼中,"堂讯"通常发生在被告人接受保释之后,属于检控方对被告人正式提起控告的程序。在该程序开始之后,法庭要将指控的内容和理由告知被告人,并就被告人可以采取的防御措施提出建议。被告人还要在有罪答辩或者无罪答辩之间作出选择。为确保被告人获得与检控方进行平等对抗的机会,美国法要求警察在逮捕嫌疑人后应尽快将其提交法庭举行堂讯程序,以避免不必要的延长羁押,也减少警察不适当地从被告人处获取对后者不利的陈述的机会。因此,警察通过延迟将被告人提交堂讯的手段所获取的有罪供述,当然就被视为违反了宪法上的"正当法律程序"条款,应被纳入法庭排除的对象。[③]

迄今为止,"自由和自愿规则"与"堂讯迟延规则"都仍然具有法律效力,并成为美国法院排除被告人供述可采性的依据。但是,最高法院 1966 年对 Miranda 案件的判决,使得被告人供述的可采性受到了更加严格的限制。在这一判决中,最高法院认为,除非检控方能够证明警察在维护被告人不受强迫自证其罪方面提供了有效的"程序保障"(procedural safeguards),否则,被告人在"羁押性讯问"(custodial interrogation)中作出的供述不得被用来作为指控其有罪的证据。所谓"羁押性讯问",是指执法官员在将被告人带至羁押场所或者以其他方式剥夺其人身自由之后所作的讯问。而所谓的"程序保障",则是指警察在羁押讯问之前,必须向被告人告知其四项基本权利:一是有权保持沉默;二是他所说的任何事情都可能在法庭上被用作对其不利的证据;三是他有权要求他的律师到场并与其协商;四是如果他无力委托律师,则在讯问开始之前他有权要求被指定一名律师。[④] 这种基本权利的告知习惯上

[①] 所谓"堂讯",是英文 arraignment 的一种译法。在以往的论著中,arraignment 一词也有被译作"答辩程序"的。在美国刑事诉讼中,arraignment 是一个极为重要的诉讼阶段。这一阶段往往介于预审和法庭审判的中间,被告人届时将被带到法庭上,针对检控方提出的指控,选择有罪答辩或者无罪答辩。如果被告人作有罪答辩,则法庭将不再就其是否有罪举行任何形式的审判,而直接确认为有罪,并随后安排量刑听证(sentence hearing)程序。相反,如果被告人选择无罪答辩,则法庭将随后进行陪审团遴选程序,法庭审判然后开始。

[②] *Mallory v. U. S.*, 354 U. S. 449 (1957).

[③] 〔美〕彼得·G. 伦斯特洛姆编:《美国法律辞典》,贺卫方等译,中国政法大学出版社 1998 年版,第 142 页以下。

[④] *Miranda v. Arizona*, 384 U. S. 436 (1966).

又被称为"米兰达警告"(Miranda warnings)。①

最高法院在 Miranda 案件的判决中特别强调,"羁押性讯问"一律应被推定为带有强制性,通过这种讯问所获取的被告人有罪供述天然地不具有自愿性。这是之所以要以"米兰达规则"的形式来保障第五修正案有关禁止自证其罪条款得以实施的主要原因。② 因此,检控方如果试图说服法官将该供述采纳为指控证据,就必须证明警察已经为被告人提供了足以防止其被迫自证其罪的程序保障。当然,警察不仅要在羁押性讯问开始之前向被告人发出上述"米兰达警告",而且还要提供以下程序保障:一是被告人在讯问中的任何时间一旦表达出与律师交流的愿望,则讯问应立即停止;二是在讯问过程中被告人表达出不愿继续接受讯问的愿望,则讯问也应立即停止;三是被告人没有主动要求指定一名律师,并不等于他放弃了获得律师帮助的权利;四是被告人在没有律师在场的情况下向警察作出了有罪的供述,则检察官必须证明被告人是有意地(knowingly)、明智地(intelligently)和自愿地放弃了不受自证其罪和获得指定律师帮助的权利,而仅仅依据被告人在警告后保持沉默或者最终作出供述等事实,是不能证明被告人的放弃具有上述条件的。③

需要指出的是,"米兰达规则"的确立并没有导致最高法院原先提出的"自由和自愿规则"和"堂讯迟延规则"失去法律效力。相反,这三项规则作为对被告人供述适用排除规则的基础,都从不同的方面保障第五修正案有关禁止自证其罪的被告人特权不被任意侵犯。当然,"米兰达规则"的适用范围在后来的判决中受到一定程度的限制。例如,在 1971 年的一项判决中,最高法院认为,即使 Miranda 判决有关羁押性讯问的程序保障要求并没有得到完全遵守,只要被告人的供述具有自愿性,仍然可以被检控方用来作为对出庭作证的被告人加以"弹劾"(impeachment)的证据。具体说来,检控方不能将这种供述用作指控被告人有罪的证据,但如果被告人放弃沉默权而作为辩方证人出庭作证,检控方可将他原来向警察所作的供述笔录加以宣读,以便证明

---

① 当然,根据最近的一项判决,这些"米兰达警告"并不需要以最高法院在 Miranda 案判决中所要求的字句准确地发出,但是警察的警告必须能够合理地表述出被告人的基本权利。参见 *Duckworth v. Eagan*, 492 U.S. 195 (1989).

② 沃伦首席大法官代表最高法院的多数派意见认为,羁押性讯问具有内在的强制性。嫌疑人处在一个完全陌生的环境中,并失去了回家或者向亲属和朋友寻求支持的自由。另外,那些训练有素的警察运用着讯问技巧并对嫌疑人施加心理上的压力,并在一种与世隔绝的、秘密环境中,参与"摧毁"被告人意志的活动。在这样的情况下,被告人供述的自愿性需要有更加严格的保护。参见 Joel Samaha, *Criminal Procedure*, p. 347.

③ John C. Klotter, *Criminal Evidence*, Fifth Edition, Anderson Publishing Co., 1992, p. 412.

被告人当庭所述事实的不可靠。① 但是,如果被告人供述不具有自愿性的话,那么,即使警察的羁押性讯问完全遵循了"米兰达规则"的要求,该供述也不能被采纳为证据,哪怕仅仅被用作弹劾被告人所述证言之目的。

在 1984 年的一项判决中,最高法院则对"米兰达规则"的适用确立了另一项重要的例外,即所谓的"公共安全的例外"(public safety exception)。具体而言,即使警察在羁押性讯问之前没有向嫌疑人告知各项"米兰达警告"的内容,但只要该警察的人身安全或者其他人的安全处于危险之中,则被告人所作的供述以及警察从该供述中获取的实物证据——"毒树之果",都可以被用作指控被告人有罪的证据。最高法院认为,如果执法官员以及周围公众的安全处于危险之中,则消除公共安全所受威胁的需要就大大超过了维护第五修正案有关禁止自证其罪条款的需要。因此,警察讯问所得的供述即使没有遵守"米兰达规则",也在这一有限情况下仍可具有可采性。②

17.3.2　律师帮助权与排除规则

根据联邦宪法第六修正案的规定,"在所有刑事控告中,被告人都应享有……获得律师协助辩护的权利"。在早期的判例法中,被告人只在法庭审判中才享有这一宪法权利。但是,在 1964 年 *Escobedo v. Illinois* 案件的判决中,最高法院首次判定被告人在警察的羁押性讯问阶段就享有这一宪法权利,并认为警察以侵犯被告人这一权利的方式获得的被告人供述应属排除规则的适用范围。

在该案中,州警察在向被告人进行讯问之前没有告知其享有保持沉默和获得律师帮助的权利。在讯问过程中,被告人要求与辩护律师进行协商,但遭到警察的拒绝。结果,州法院以被告人所作的有罪供述为依据,作出了有罪的判决。联邦最高法院经过审理,最终推翻了州法院的有罪裁决。该法院认为宪法第十四修正案的正当法律程序条款作为对各州刑事诉讼的限制,已经包含了第六修正案有关律师帮助权的要求;警察在嫌疑人提出要求的情况下,仍然拒绝为其提供与辩护律师协商的机会,这显然侵犯了他的宪法权利。对于这种宪法性侵权行为,法院只能运用排除规则加以必要的制裁。③

根据 Escobedo 案判决确立的规则,法院排除被告人供述的前提之一是被

---

① *Harris v. New York*, 401 U.S. 222 (1971).
② *New York v. Quarles*, 467 U.S. 649 (1984).
③ *Escobedo v. Illinois*, 378 U.S. 478 (1964).

告人在警察调查阶段明确要求辩护律师的帮助,而警察却拒绝为其指定律师。但是,1966 年的 Miranda 案判决则提出了更为严格的法律要求。根据这一判决,警察在对嫌疑人实施羁押性讯问之前,必须明确告知其有权委托律师,并在无力延聘时有权获得一名指定的律师的法律帮助。这就要求警察主动将第六修正案确立的宪法权利告知嫌疑人,并在嫌疑人自愿放弃这一权利之前,终止对其进行的讯问过程。否则,警察所获得的被告人供述也将在法庭上被排除。

很显然,宪法第六修正案确立的律师帮助权只适用于羁押性讯问阶段。不过,嫌疑人究竟从哪一阶段开始就享有律师帮助权呢?这种羁押性讯问必须要由警察亲自实施吗?这些问题涉及排除规则的适用范围问题。

在 1977 年的一项判决中,联邦最高法院确立了这样的规则:"一旦针对某个人的对抗式诉讼正式开始,他就有权在执法官员讯问时获得律师的帮助。"具体而言,被告人获得律师帮助权的时间不得迟于检控方对其提出正式控告之后。警察在检察官提出正式的控告书(indictment)或者法庭举行了堂讯之后,如果在羁押性讯问过程中没有辩护律师的到场参与,则被告人所作的供述不具有可采性。①

而在 1980 年的另一判决中,联邦最高法院认为,正式的诉讼程序一旦开始,警察就不得在辩护律师不在场的情况下,故意从被告人那里获取有罪的供述。除非被告人在作出供述之前业已放弃行使其宪法权利。不仅如此,如果故意诱使被告人在没有律师在场的情况下作出有罪陈述的行为是警方所雇用的密探所为,则该陈述仍然不具有可采性。不过,最高法院对于这种情况作出了以下的限制:警方雇用的密探必须有故意诱使被告人陈述对后者不利事实的行为;被告人必须受到了未决羁押;密探以嫌疑人的身份受到了羁押。②

当然,嫌疑人在接受警察的羁押性讯问时可以放弃获得律师帮助的宪法权利。但是,这种放弃必须是自愿的、有意的和明智的。否则,无效的权利放弃行为并不足以导致排除规则失去作用。在 1981 年和 1990 年所作的两项判决中,联邦最高法院认为,只要被告人提出了通过律师与警方打交道的要求,则羁押性讯问必须立即停止,直到被告人实际得到律师的帮助,或者被告人

---

① *Brewer v. Williams*, 430 U.S. 387 (1977).
② *U. S. v. Henry*, 447 U.S. 264 (1980).

本人主动要求与警察进行进一步的交谈。① 同时，如果被告人在堂讯或者预审阶段向法官明确提出了要求获得律师帮助的愿望，那么，在警察随后主动发动的羁押性讯问过程中，被告人放弃这一宪法权利的行为将被视为无效的。而警察以被告人放弃律师帮助权为由，在没有律师到场的情况下所得的被告人供述，也不具有可采性。当然，警察在这种弃权无效的情况下所获得的被告人供述，仍然可以被作为弹劾证据使用，也就是证明被告人当庭所作证言不可信的证据。②

以上主要是就警察羁押性讯问中所得的被告人供述来讨论的。事实上，以第六修正案为基础的排除规则，并不仅仅适用于排除被告人供述这一种证据。警察在审判前的辨认程序中如果剥夺了被告人获得律师帮助的宪法权利，则排除规则也可以对此适用。

在美国刑事诉讼中，作为警方调查手段的"辨认"（identification）主要有三种：一是"列队辨认"（lineups），也就是将受到警方怀疑的多个人置于一起，由目击证人或被害人对嫌疑人进行的辨认；二是"当面辨认"（show-up），亦即由证人或被害人对嫌疑人所作的一对一的单独辨认；三是"照片辨认"（photographic array），也就是由证人对一系列照片所作的指认。对于这三种辨认程序，联邦最高法院分别确立了不同的限制性规则。

"列队辨认"是排除规则的主要适用领域。在1967年对 *U. S. v. Wade* 一案所作的判决中，联邦最高法院认为，宪法第六修正案确立的律师帮助权只在刑事诉讼的"紧要阶段"（critical stages）适用。所谓"紧要阶段"，是指被告人的实体权利会因辩护律师的缺席而受到不利影响的诉讼阶段。③ 而审判前的列队辨认就是这样的"紧要阶段"。因此，没有辩护律师的到场，警察通过组织"列队辨认"所获取的证据就不能在法庭审判中使用。根据该法院的观点，在列队辨认阶段确保被告人辩护权的最好方式是禁止证人当庭对被告人进行辨认，当然前提是法庭认为审判前的列队辨认由于侵犯了被告人的宪法权利，而对法庭上的辨认造成了"污染"。结果，只要审判前的列队辨认被判定侵犯了被告人的宪法权利，则证人在法庭上对被告人的辨认也就随之失去

---

① *Edwards v. Arizona*, 451 U.S. 477 (1981).
② *Michigan v. Harvey*, 475 U.S. 625 (1990).
③ 一般而言，以下诉讼阶段被认为属于刑事诉讼的"紧要阶段"：辨认阶段；羁押性讯问阶段；第一次出庭接受聆讯阶段；堂讯阶段；预审阶段；法庭审判；量刑听证阶段等。参见 Jerold H. Israel and Wayne R. LaFave, *Criminal Procedure: Constitutional Limitation*, West Publishing Co., 1993, p.345.

了证据效力。①

当然,在排除那些构成宪法性侵权的列队辨认证据方面,Wade 案判决也确立了一些例外。如果检控方能够证明审判前的列队辨认并没有对法庭上的辨认造成任何"污染",也就是证人在法庭上的辨认有其独立的基础,则证人在法庭上对被告人的辨认仍然具有可采性,即使律师并没有参与审判前的辨认活动。这里所说的"独立的基础",主要是指这样一些情况:证人在审判前所辨认出的是被告人之外的其他人;证人在犯罪过程中看到过被告人;证人在审判前没能辨认出被告人;审判前辨认中对被告人的描述与后者的实际情况有明显差距,等等。②

1972 年,联邦最高法院对于被告人在列队辨认阶段获得律师帮助的权利作出了新的限制。该法院认为,只有在检控方向法院提出控告之后,对抗式的刑事司法程序才算正式开始,保护被告人获得律师帮助的宪法权利也才有意义。因此,在被告人遭受逮捕之前,甚至被提出正式控告之前,所有的列队辨认即使没有律师的参与,也可以在法庭上采用为证据。换言之,只有"起诉后的辨认"(post-indictment lineup)才属于"紧要阶段",如果检控方要传唤证人当庭对被告人作出辨认的话,则审判前的辨认必须要有律师的参与。③

至于另外两种辨认程序,即使在辩护律师没有参与的情况下,也基本上不适用排除规则。一般情况下,在检控方提出控告之前,"当面辨认"即使没有辩护律师的在场,以这种辨认为基础的法庭辨认也仍然具有可采性。而在实践中,起诉后的"当面辨认"又几乎从未发生过。④ 不仅如此,起诉后的"照片辨认"也不被视为"紧要阶段",第六修正案中的宪法权利对此阶段也不适用。这是因为,在照片辨认过程中,被告人并没有到场,因此不存在被告人个人与检控方的对峙,被告人当然也就无权要求律师到场。况且,照片辨认一般被视为一种例行的警察调查程序,独立于传统上的辩护活动之外。⑤

17.3.3　正当程序与排除规则

一般来说,联邦宪法第五和第十四修正案所确立的"正当法律程序"条款分别对联邦和各州的刑事案件具有约束力。而联邦最高法院在 20 世纪 60 年

---

① *U. S. v. Wade*, 388 U. S. 218 (1967).
② Ibid.
③ *Kirby v. Illinois*, 406 U. S. 682 (1972).
④ Ibid.
⑤ *U. S. v. Ash*, 413 U. S. 300 (1973).

代运用"并入理论",通过第十四修正案的"正当法律程序"条款,将权利法案中的大部分宪法权利逐渐适用于各州。这样,第十四修正案本身似乎并不具有多少实质性的内容,而主要是权利法案适用到各州的中介和桥梁而已。但是,从20世纪50年代以来,联邦最高法院在一系列的判决中赋予了第十四修正案以独立的意义,使得各州警察以违反"正当法律程序"的方式获取的证据,也被纳入排除规则的适用范围。不仅如此,联邦警察以违反第五修正案"正当法律程序"的方式取得的证据,也不被联邦法院采纳为证据。

当然,迄今为止,最高法院一直拒绝就这种与"正当法律程序"条款有关的排除规则作出明确的解释,使得这种排除规则的内容和范围无法得到界定。不过,根据该法院所作的若干个相关判决,我们不难发现这种排除规则的大致轮廓。

1952年的 *Rochin v. California* 一案为这方面的典型案例。在该案中,洛杉矶警察在强行闯入被告人住处后,曾试图将被告人业已吞入口中的胶囊取出,但没有成功。警察随后将被告人送入医院,并协助医护人员对被告人的胃部实施抽气手术。最后,两粒含有吗啡成分的胶囊被警察取得,并被法庭用作判决被告人有罪的证据。最高法院经过审理,认为警察的这种行为背离了一个文明社会的基本良知,它尽管并不属于强迫自证其罪的情况,却违反了第十四修正案的"正当法律程序"条款。因此,对于这种以违反正当程序的方式获取的证据,法院不得将其采纳。①

按照最高法院的解释,之所以要以排除非法证据的方式制裁那些违反正当法律程序的行为,是因为警察的这些行为具有极大的侵犯性,容易损害人的基本尊严。不将作为这种行为结果的证据加以排除,警察就会继续肆无忌惮地侵犯公民的宪法权利。

另一个例子是警察组织的辨认程序。审判前的辨认通常被用来指认嫌疑人,是一种对被指认者非常不利的调查活动。辨认不论是以列队(lineup)、当面对质(confrontation)或者是以照片识别的方式进行,都不能具有明显的"暗示性"(suggestive),也就是向那些正在进行指认的证人暗示谁可能是犯罪嫌疑人。否则,受到暗示的证人就可能作出错误的判断,法庭审判中举行的辨认也会受到严重的消极影响,甚至受到非法审前辨认的"污染"。按照联邦最高法院的解释,警察通过这种"暗示性"辨认所获得的证据,违反了宪法中

---

① *Rochin v. California*, 342 U. S. 165 (1952).

的正当法律程序,因而不能在审判中采用为证据。①

当然,对于违反正当程序的辨认是否具有可采性的问题,最高法院的解释也经历了一些变化。在1967年对 Stovall v. Denno 一案的判决中,最高法院确立了旨在检验辨认程序是否违反正当程序的标准:在对与辨认有关的全部情况(totality of the circumstances)加以考虑之后,确定辨认是否具有不必要的暗示性并且容易导致不可修复的错误辨认(irreparable mistaken identification)。但是,在以下两种情况下,辨认即使被确定违反了正当程序,也仍然具有可采性:一是存在着一种必须进行辨认的紧急情况;二是存在着一种辨认的独立来源,使得法庭外的辨认并未对法庭内的辨认造成污染。②这些检验标准既适用于"当面辨认",也适用于"照片辨认"。

在1972年的 Neil 案判决中,最高法院认为可靠性(reliability)是法庭外辨认程序的关键。即使某一辨认程序具有不必要的暗示性,但根据对以下情况的综合考虑,法院仍然可以将这种辨认采纳为证据:一是被害人与攻击者遭遇的持续时间;二是犯罪过程中的光线情况;三是犯罪行为的特点;四是其他人目击犯罪过程的不可能性;五是被害人首先提供的"非比寻常的全面性";六是被害人指认犯罪者的确定程度。③ 而在1977年的 Manson 案判决中,最高法院继续将可靠性视为判定辨认可采性的重要标准,并认为法院在确定是否排除某一具有暗示性的辨认证据时,必须考虑其他一些因素,如证人的注意程度;证人以前对犯罪者描述的准确性;犯罪发生与辨认举行之间的时间间隔等。

这样,联邦最高法院对于违反正当程序的辨认证据,从最初的原则上排除走到了后来的利益权衡的立场上。当然,这并不意味着所有那些具有不必要暗示性的辨认证据都具有可采性,而是要求法院对这种暗示性所造成的消极效果与辨认本身的必要性和可靠性加以综合考虑。一般来说,如果某一辨认本身既违反正当程序,又可能导致证人在法庭作出错误的辨认的,法院会考虑将该辨认证据加以排除。

17.3.4 非法窃听与排除规则

在美国法中,刑事执法官员通过非法窃听他人谈话的方式所获取的证

---

① *Foster v. California*, 471 U.S. 440 (1969).
② *Stovall v. Denno*, 388 U.S. 293 (1967).
③ *Neil v. Biggers*, 409 U.S. 188 (1972).

据,也是排除规则的适用对象。从获取犯罪证据的角度来看,非法窃听可分为两种:一是非法监听他人在电话中进行的谈话内容(wiretapping);二是以放置窃听器材的方式非法监听他人的谈话(eavesdropping)。

在 20 世纪 60 年代以前,联邦最高法院曾一度认为电话线不属于宪法第四修正案有关禁止无理搜查和扣押条款的保护范围,警察以非法窃听的方式所获取的证据,当然在法庭上具有可采性。最高法院所持的理由是:第四修正案的保护对象仅仅限于具体的"地点"和"物品",而电话录音所涉及的仅仅是无形的谈话;同时,构成侵犯该宪法权利的前提条件在于侵权者必须实施了对他人财产的身体侵入(physical trespass)行为,而电话录音则不符合这一条件。① 当然,最高法院后来也将这一理由适用到警察利用微型麦克风实施窃听的案件之中。②

1934 年美国国会曾通过《联邦通讯法案》(Federal Communications Act of 1934),对于联邦政府官员任意窃听公民电话的行为作出了一些禁止性规定。1937 年,在 Nardone v. U. S. 案件的判决中,联邦最高法院首次确立了针对联邦警察非法窃听获得的证据的排除规则。该判决排除非法证据的依据不是联邦宪法第四修正案,而是《联邦通讯法案》。最初,这一判决对各州并不适用,但后来许多州逐渐通过立法或法院的解释接受了这一判决所确立的规则。③

真正标志着排除规则对非法窃听所得证据加以适用的是 1967 年的 Katz v. U. S. 案件。在这一具有里程碑意义的判决中,最高法院推翻了该法院原来在非法窃听问题上所持的观点,认为未经司法授权而实施的电子窃听(electronic eavesdropping),仍然属于一种非法搜查和扣押行为,也就是侵犯了被窃听者第四修正案所确立的宪法权利的行为。根据该判决的要求,联邦和各州的刑事执法官员在实施电话窃听或者其他监听行为之前,必须向司法官员提出申请,并提供足以证明窃听必要性和所要达到目的的证据。而未经任何司法授权的窃听行为则被视为违反了宪法第四修正案的禁止无理搜查和扣押条款。④

在 Katz 案判决的影响下,美国国会于 1968 年通过了《犯罪控制与安全街

---

① Olmstead v. U. S., 277 U. S. 438 (1928).
② Goldman v. U. S., 316 U. S. 129 (1942).
③ Nardone v. U. S., 302 U. S. 379 (1937).
④ Katz v. U. S., 389 U. S. 347 (1967).

道统一法案》(Omnibus Crime Control and Safe Streets Act of 1968),对于刑事执法官员为收集犯罪证据而实施的电话窃听和电子监听行为确立了一系列的程序要求。原则上,警察除非遵守了该案所规定的程序要求,否则,所实施的电话窃听或电子监听行为都是违法的。警察要想使其窃听所得的证据具有可采性,就必须遵守该法案所确立的程序和标准。

该联邦法案对联邦和各州刑事执法官员的窃听行为确定了统一的程序。首先,窃听并不适用所有的联邦犯罪和州犯罪案件,而只在一些特定的犯罪案件中采用。例如,可适用窃听的联邦犯罪案件包括赌博、毒品、破产欺诈、伪造、叛国以及大量的公职人员犯罪案件。其次,警察申请窃听许可时,必须以"可能的理由"使法官确信以下事实:嫌疑人已经实施了该法案所规定的某一特定犯罪;窃听将有助于警察收集与该犯罪有关的证据;已经尝试过正常的调查程序但已告失败,或者很可能失败或极具危险性;窃听的方式和地点与该犯罪有关联,或者与某一被监控的嫌疑人有关。再次,警察如能证明案件存在着与有组织犯罪的预谋活动有关的紧急情况(emergency situation),而即使按照正常的申请程序法官也会发布授权窃听的许可令状,则警察可以在未持司法授权令状的情况下直接实施窃听活动。但是,这种无证窃听必须由特别任命的刑事执法官员实施,并且在窃听开始后的48小时之内向法官申请许可令状。但是,窃听持续的时间不超过48小时的情况除外。最后,任何故意违反该法案的窃听行为都构成一项联邦犯罪,有关的刑罚将高达5年监禁或者1万美元的罚金。不仅如此,以违反上述程序的方式所取得的证据,在任何州或联邦刑事诉讼中都不具有可采性。①

当然,对非法窃听行为适用排除规则也有一些法定的例外。例如,刑事执法官员在实施窃听之前如果取得了交谈双方中某一方的同意,则该窃听不需要事先取得法官的司法授权。这样的窃听行为也不被视为违反宪法第四修正案的行为。

1986年,美国国会通过了《电子通讯隐私法案》(Electronic Communication Privacy Act of 1986),对于刑事执法官员的窃听行为提出了更为严格的要求。例如,联邦最高法院曾同意警察可自行使用一种小型半导体无线发报机,来追踪行驶中的汽车或者其他交通工具。但是,该法案现在明确禁止警察在未取得法官授权令状的情况下使用该种窃听设备。又如,联邦法院曾允许警察

---

① John C. Klotter, *Criminal Evidence*, Fifth Edition, Anderson Publishing Co., 1992, pp.408-409.

自行使用一种可安装在电话线上的设备,以便对从某一特定电话机上拨打的号码加以秘密记录。联邦法院和各州法院都认为该种设备并未记录任何谈话内容,而仅仅记录拨打过的电话号码,因此不需要取得事先的司法授权。但是,该法案对于这种窃听设备的使用也提出了与普通窃听同样的程序要求。①

17.4 "毒树之果"规则

根据前面的分析,警察以侵犯公民宪法权利的方式所直接获取的证据属于排除规则的适用对象。那么,警察依据其通过宪法性侵权行为所获得的证据,又获取了其他的证据,这后一种证据是否具有可采性呢?例如,警察在进行羁押性讯问时没有向嫌疑人发出"米兰达警告",在获得其有罪供述后,了解到作为后者犯罪工具的手枪藏匿地点,于是根据嫌疑人提供的信息找到了这把手枪。在这种情况下,嫌疑人向警察所作的供述固然不能在法庭上使用,但是该手枪能否具有可采性呢?对于这一问题,美国联邦最高法院建立了"毒树之果"规则,将排除规则适用于非法证据的"派生证据"(derivative evidence)上面。

17.4.1 什么是"毒树之果"

在1920年对 *Silverthorne Lumber Co. v. U.S.* 一案的判决中,联邦最高法院首次提出了"毒树之果"理论。在这一案件中,联邦警察对被告人实施了非法搜查,并扣押了一些文件。随后,根据警察从被扣押的文件中获得的信息,联邦大陪审团签发了命令被告人交出有关照片的传票。最高法院认为,检察官不仅不能使用警察以非法搜查方式获得的文件,而且对于警察根据大陪审团的传票所获取的其他证据也不能采用为指控的证据。排除规则应当适用于所有业已被宪法性侵权行为所"污染"的证据。因此,非法获取的证据不能被用作继续得到其他证据的目的,这就是"毒树之果"规则的基本含义。②

"毒树之果"规则的确立,使得排除规则的适用范围得到相当程度的扩大。根据这一规则,刑事执法官员侵犯公民宪法权利的行为,如非法搜查、非

---

① John C. Klotter, *Criminal Evidence*, Fifth Edition, p.409.
② *Silverthorne Lumber Co. v. U.S.*, 251 U.S. 385 (1920).

法讯问、非法逮捕、非法辨认、非法剥夺嫌疑人的律师帮助权等,由于违反了宪法,因而被视为"有毒之树";而所有通过该宪法性侵权行为而获取的证据,不论是直接所得,还是间接获取,都由于受到这种违宪行为的影响或"污染",因此都相当于"毒树结出的果实"。排除规则要发挥其抑制警察违反宪法、维护司法诚实性之功能,就不仅要对那些直接来源于违宪行为的证据适用,而且还要将这些非法证据的派生证据纳入到适用对象中来。因此,警察以强迫嫌疑人自证其罪的手段所得到的供述固然不具有可采性,他们根据该供述提供的信息所取得的手枪,作为非法供述的派生证据,也不能在法庭上使用。

"毒树之果"规则最初只被用来限制非法搜查和扣押行为,后来随着最高法院一系列新判决的作出,它逐渐被用作对宪法第五、第六修正案中的宪法权利实施救济的手段。例如,在1967年的Wade案判决中,最高法院认为警察在审判前组织的列队辨认程序,一旦侵犯了嫌疑人获得律师帮助的宪法权利,则该辨认结果不具有可采性。不仅如此,一旦证人在法庭内的辨认受到审判前辨认的直接影响或"污染",则法庭内的辨认也应被法院所排除。最高法院还指出,确定法庭内的辨认是否受到"污染"的标准与适用于第四修正案的标准是完全一致的。①

17.4.2 毒树之果规则的例外

适用"毒树之果规则"的关键问题,在于如何确定违反宪法行为所"污染"的证据范围。一般的原则是,只要由"非法证据"(前提是被宣告为非法证据并被法官所排除)所派生的其他证据,被证明确实受到了违反宪法行为的直接影响,那么,这些派生证据就应被视为"毒树之果"。不过,美国联邦最高法院为"毒树之果规则"确定了三项重要的例外:一是"微弱联系的例外"(attenuation exception);二为"独立来源的例外"(independence source exception);三是"不可避免的发现"(inevitable discovery exception)。

所谓"微弱联系的例外",又被称为"污染消除"(purged taint)的例外。如果违反宪法的行为与某一证据之间的联系极其微弱,以至于违宪行为对该证据的"污染"已经基本上被消除殆尽,那么,该证据尽管为"毒树之果",却仍可以被采纳为证据。为适用这一例外,检控方必须提出证据证明最初的违宪行为与最终的证据之间的因果链条已经中断。美国联邦最高法院认为,法官在

---

① *U. S. v. Wade*, 388 U. S. 218 (1967).

适用这一例外时需要考虑三方面的因素:一是违宪行为的发生与派生证据的获取所间隔的时间;二是在违宪行为与派生证据之间介入的其他情况;三是违宪行为的目的及其恶劣程度。

在最初的违宪行为与最终的证据之间介入一些外部的因素,这是"污染"得以消除或者因果关系得以减弱的原因。这些外部介入因素有的是被告人自己的行为,有的是某一证人的自由意志,还有的是发现了其他方面的证据。例如,在 *Wong Sun v. U. S.* 一案中,警察非法搜查了第一被告人的公寓,使其在被发现的"犯罪证据"面前不得不作出了不利于第二被告人的供述;根据这一线索,警察找到了第二被告人并获得了后者的有罪供述,然后根据该供述查获了一些海洛因,并逮捕了第三被告人;第三被告人起初未作任何供述,不久即被警察释放。但 7 天之后,该被告人主动向警察供述了犯罪事实。最高法院认为,第三被告人的供述与警察最初非法搜查行为之间的因果联系极为微弱,加上被告人自由意志的影响,使得由非法搜查所造成的"污染"已经被基本消除。①

又如,警察在羁押性讯问中违反了米兰达规则,并从嫌疑人所作供述中了解到某一目击证人在犯罪发生时在场。检察官随后找到该证人,并将其传唤到法庭上充当控方证人。在这一案件中,嫌疑人的供述由于受到非法讯问行为的"污染",因而不具有可采性。但是,证人的发现尽管为非法讯问这一"毒树"的一项"果实",却由于证人本人自由地提供证言,因此并未受到非法讯问行为的"污染"。②

所谓"独立来源的例外",是指警察最初通过非法搜查发现了某一证据,但并没有立即将其扣押,而是随后通过与原先的非法行为毫无关联的活动,最终以合法的方式获取了该证据。在这种情况下,该证据不被视为受到最初非法行为"污染"的证据,因而具有可采性。当然,检察官要想使法官适用这一例外,就必须提出证据证明该证据最终是通过某一独立和合法的来源而获得的,该来源与原先的非法搜查行为没有关系。

例如,警察在未持搜查令的情况下进入了某一仓库,并发现了一个被确信藏有大麻的包裹。警察没有立即将包裹扣押,而是离开了仓库,向法官申请搜查令。为证明搜查具备"可能的理由",警察没有向法官提及业已非法搜查的事实,而是根据非法进入仓库之前已经掌握的证据,向法官提出了经宣

---

① *Wong Sun v. U. S.*, 371 U.S. 471 (1963).
② *Michigan v. Tucker*, 417 U.S. 433 (1974).

誓的证书。法官随后签发了搜查令,警察持该令状重新进行搜查,最终扣押了该包裹。最高法院认为,由于警察是依据独立于非法搜查之外的其他合法来源获取的搜查令,因此,该包裹可以在法庭上使用。①

"毒树之果"规则的最后一项例外是"不可避免的发现"。根据这一例外规则,某一证据尽管属于"毒树之果",并且其取得也没有独立和合法的来源,但检控方如果能够证明警察即使采取合法的手段,也最终能够发现该证据,则法官可以将这种派生证据在法庭上使用。

"不可避免的发现"例外经常适用于那些非法取得的证据为武器或尸体的案件。例如,警察在没有律师在场的情况下对嫌疑人进行了羁押性讯问,并从后者的有罪供述中了解到被害人尸体所在的位置。警察随后按照嫌疑人供述的线索找到了尸体。在法庭审判中,检察官提出证据证明,由志愿者组成的搜索队正在对被害人尸体周围的地方进行仔细的搜寻,而且无需太多时间,就可能找到该尸体。最高法院认为,即使被告人不作任何供述,警察采取合法的手段也"最终必将发现"该证据,因此,该证据应当具有可采性。②

联邦最高法院之所以要确立上述三项例外,是因为排除规则与"毒树之果"规则的适用范围都不能是漫无边际的,而应受到必要的限制。在这一问题上,最高法院的大法官们在确立原则的同时,总是要对不同的利益进行合理的权衡。例如,排除规则一直被视为对公民宪法权利进行救济的有效手段,因此,作为"毒树之果"的派生证据必须受到警察违法行为的"污染"。否则,排除那些"污染业已消除"的证据就无法发挥这种救济作用。又如,禁止警察从其违法行为中获得不当的利益,从而有效地抑制警察的违法行为,这被解释为排除某些非法证据的理论依据。为此,检察官就应被置于一种较之没有违法行为发生的情况更为不利的处境。但是,如果某一表面看来属于"毒树之果"的证据,实际上还有其独立和合法的来源,或者某一作为"毒树之果"的派生证据,即使按照合法方式收集也最终必然会被发现,则排除这种证据就会使检察官陷入不必要的不利境地,排除规则的抑制效果发挥得并不明显。

当然,最高法院对于"毒树之果"规则的运用,还有很多较为复杂的具体情况。例如,在被告人供述作为非法逮捕、非法搜查乃至非法窃听行为的"毒树之果"、被告人供述作为一种"毒树"、有罪答辩作为非法讯问的"毒树之

---

① *Murray v. U.S.*, 487 U.S. 533 (1988).
② *Nix v. Williams*, 467 U.S. 431 (1984).

果"、被告人的证言作为非法讯问的"毒树之果"以及非法拦截作为"毒树"等多种情况下,该法院都对"毒树之果"规则的适用建立了较为详细的规则。①

17.5 排除规则的例外

上述"微弱联系的例外""独立来源的例外"以及"不可避免的发现"等,既是"毒树之果"规则的例外,也可以被视为排除规则本身的例外。不过,排除规则的适用还有其他两个重要的例外,即"附带使用的例外"(collateral use exception)与"善意的例外"(good faith exception)。其中,最高法院确立的"善意的例外",被认为对排除规则作出了继 Mapp 案判决产生以来最大的修改,使得这一规则的适用范围受到较大的限制,并引发出有关排除规则是否还有存在价值的激烈争论。

17.5.1 附带使用的例外

无论是排除规则还是"毒树之果"规则,都只对检控方向法庭提出的指控证据具有限制作用。具体来说,对于那些以侵犯公民宪法权利的手段获取的证据,检控方不得将其列入支持本方指控的证据范围。但是,对于检控方提出不利于被告人的指控之外的场合,排除规则则不能发挥作用。例如,在定罪后的量刑听证(sentence hearing)程序、大陪审团审查公诉程序、假释撤销程序、人身保护令申请程序以及民事诉讼程序中,警察以违反宪法第四、五、六和十四修正案的方式所获取的证据,仍然具有可采性,而不受排除规则的直接限制。而在刑事审判程序中,非法所得的证据尽管不能被检控方用来作为支持其指控的根据,却可以用来弹劾被告人在审判中所作的证言(impeach the defendant's trial testimony)。②

在美国法中,被告人在法庭审判中享有保持沉默的权利。但是,被告人一旦放弃沉默权,而选择出庭作证,则他与普通证人的地位并没有大的区别。像其他证人一样,作为辩方证人的被告人也需要当庭宣誓,并保证如实回答控辩双方提出的问题。如果被告人在接受辩护人主询问(direct examination)时作出了与其在羁押性讯问阶段所作的供述不一致的证言,或者检控方认为

---

① Jerold H. Israel and Wayne R. LaFave, *Criminal Procedure: Constitutional Limitation*, pp. 296-310.
② Ibid., pp. 311-320.

被告人在法庭上明显作出了虚假的陈述,则检控方可以将警察在羁押性讯问中获取的供述笔录当庭宣读,以用来证明被告人当庭所作证言的不可靠性。即使警察在羁押性讯问中因为违反米兰达规则或者自由和自愿规则,而使得法庭作出了排除被告人供述的裁定,检控方在对被告人实施"反询问"(crossexamination)时,也可以援引该"非法供述"的内容。这种可用来弹劾被告人在审判中所作证言的非法证据,不仅限于非法获得的被告人供述笔录,而且还可以是其他任何以侵犯公民宪法权利的方式所获取的非法证据。[1]

当然,非法证据只能被检控方用来弹劾被告人在审判中所作的证言,而不能被用来弹劾其他辩方证人的证言或者其他证据。不仅如此,法官在作出同意某一非法证据在法庭上使用的裁定后,需要警告陪审团该非法证据只能被用作证明被告人所作证言不可靠之用,而不能被用作证明被告人有罪的证据。[2]

17.5.2　善意的例外

要准确理解"善意的例外"的形成背景及其具体要素,就必须了解最高法院对排除规则理论依据的解释。按照前面的分析,美国联邦最高法院在 Weeks 案判决和 Mapp 案判决中主要从三个方面论证排除规则的正当性:一是"宪法权利理论",认为排除规则是维护第四修正案所确立的宪法权利的唯一有效的救济手段;二为"抑制理论",也就是把排除规则作为防止刑事执法官员继续侵犯公民宪法权利的有效制裁方式;三为"司法诚实理论",亦即法院要维护其作为司法裁判机构的荣誉,就不能对警察违反宪法的行为视而不见,甚至通过采纳其以侵犯公民宪法权利的方式所获取的那些受到"污染"的证据,而成为这种宪法性侵权行为的"共犯"。但是,从 20 世纪 70 年代以来,最高法院的多数派越来越强调排除规则的抑制功能,并将抑制警察继续侵犯宪法权利视为排除规则的唯一理论依据。这样,如果排除规则在某一特定场合下不可能发挥抑制警察继续违法的作用,或者在发挥这一功能方面效果极不明显,则排除规则的存在价值就可能成问题了。例如,如果警察犯有某一"诚实的错误",也就是在实施后来被证明属于非法的搜查和扣押行为时,根本没有意识到自己违反了宪法第四修正案的条款。法官如果将这种非法搜

---

[1] *Harris v. New York*, 401 U.S. 222 (1971); *U.S. v. Havens*, 446 U.S. 620 (1980).
[2] Joel Samaha, *Criminal Procedure*, p.441.

查所得的证据加以排除,则排除规则的适用就很难具有抑制警察违法的效果。

在这一背景下,联邦最高法院在 U. S. v. Leon 一案的判决中,正式为排除规则确立了一项"善意的例外"。根据这一判决,如果刑事执法官员在实施搜查行为时合理地依赖于(reasonable reliance on)某一由中立的法官所签发的搜查令,而该搜查令最终被发现并没有"可能的理由"(probable cause)加以支持,那么,通过该搜查所获取的证据仍然可以在法庭上使用。这里所说的"合理地依赖于"法官签发的搜查令,是指警察"善意地"认为法官签发的搜查令是合法的,且他的搜查行为也没有违反宪法。当时的大法官怀特代表最高法院的多数派认为:

> 我们经常讨论当违法官员客观上合理地确信(objectively reasonable belief)他们的行为并没有违反宪法第四修正案时,排除规则是否还能发挥任何抑制效果。没有一个支持或者反对这一规则的实证研究者能够确定该规则是否具有抑制效果。但是,即使我们假定该规则已经有效地抑制某些警察的违法行为,并为刑事执法机构在整体上按照第四修正案行事提供了动力,我们也不能期望,也不应该要求,对那些具有客观合理性(objectively reasonable)的执法活动加以抑制。[1]

概括起来,最高法院对于确立"善意的例外"的理由作出了以下几个方面的解释:在搜查和扣押案件中,排除规则并不是第四修正案的必然要求。换言之,排除规则只是一项"司法创制的救济手段",而不是公民所享有的一项具体的宪法权利。这是其一。其二,最高法院的多数派重申,排除规则的唯一功能是通过发挥其抑制警察违法的效果,来维护第四修正案所确立的宪法权利。因此,该规则只能被用来"抑制警察的违法行为,而不是对法官或者治安法官的错误加以惩罚"。但是,如果警察有客观上合理的理由相信法官所签发的搜查令是合法的,则他通过这种搜查所获取的证据就不应被排除,否则,受到排除规则惩罚的将不是警察,而是错误地签发搜查令的法官。这显然违背了排除规则确立的宗旨。其三,最高法院的多数派运用"成本—收益分析"(cost-benefits analysis)理论,对适用"善意的例外"作出了论证。在成本方面,排除规则的适用需要投入"巨大的社会成本"(substantial social costs),

---

[1] *U. S. v. Leon*, 468 U. S. 897 (1984).

也就是"有些有罪的被告人可能逃脱法网,或者接受较轻的刑事处罚"。而在收益方面,排除规则的适用只能带来一些微不足道的效益。而在警察"客观上合理地依赖于"法官签发的搜查令的情况下,排除规则尤其收效甚微。唯一可能的收益也许是对签发搜查令的法官的抑制效果,以及对警察在申请搜查令方面的抑制效果。因此,在警察善意地相信法官所签发的搜查令属合法的情况下,排除规则的社会成本将远远大于它的适用所带来的实际收益。①

当然,最高法院的多数派也指出,确立"善意的例外",并不意味着只要警察得到了搜查令并按其要求实施搜查,就导致排除规则不再适用。该法院也认为警察在以下四种"没有合理的理由相信法官适当地签发搜查令"的情况下,排除规则仍然可以适用:一是警察明知某些信息是错误的,或者轻率地无视其真伪虚实,而以该信息为依据向法官提出了宣誓陈述书(affidavit),从而导致法官错误地签发了搜查令;二是法官完全放弃其司法职能,尤其是没有保持中立无偏的地位,倾向或者从事了刑事调查活动;三是警察提交的宣誓陈述书缺乏"可能的理由"加以支持,使得任何警察都无法对其产生合理的确信;四是法官所签发的搜查令存在着非常明显的瑕疵(facially deficient),实施搜查的警察无法合理地确信其有效性。②

Leon 案判决所确立的"善意的例外",对于排除规则在美国的适用产生了很大的影响。在后来的一些判决中,联邦最高法院又对其适用范围作出了一定的扩展。例如,在 1984 年作出的另一判决中,最高法院将这一例外适用于以下案件之中:法官签发的搜查令对被扣押物作出了错误的列明,而实施搜查的警察合理地相信该搜查令是合法的。③ 1987 年,最高法院认为警察的搜查如果合理地依赖于某一成文法律,而该法律最终被发现违反了联邦宪法第四修正案,则通过该搜查所得的证据也具有可采性。④ 而在 1995 年的判决中,最高法院则把"善意的例外"适用于逮捕后的搜查程序,认为法官所签发的逮捕令即使最终被发现是违法的,但只要警察善意地和合理地相信该逮捕令符合宪法第五修正案的要求,则其在逮捕后立即搜查所得的证据,仍然具有可采性。⑤

可以肯定地说,最高法院对"善意的例外"的适用范围还会继续加以扩

---

① *U. S. v. Leon*, 468 U. S. 897 (1984).
② Ibid.
③ *Massachusetts v. Sheppard*, 468 U. S. 981 (1984).
④ Jerold H. Israel and Wayne R. LaFave, *Criminal Procedure: Constitutional Limitation*, pp.278-279.
⑤ *Arizona v. Evans*, 514 U. S. 1 (1995).

展。而每一次这样的扩展都必将导致排除规则适用范围的缩小。不过,迄今为止,"善意的例外"的适用还只限于与警察搜查和扣押行为有关的案件,所涉及的也只是宪法第四修正案的救济方式问题。至于与宪法第五、第六和第十四修正案有关的排除规则,则尚未有这样的例外。

17.6　审前动议与证据禁止之听证

在前面的讨论中,我们对排除规则的历史发展、适用范围、理论基础、"毒树之果"的效力以及该规则的主要例外,作出了简要的分析。应当说,作为一种最重要的宪法救济手段,排除规则应当有其明晰的法律含义、适用范围和例外规则,这是该规则发挥权利救济和制裁违法机能的前提条件。不过,以上这些规则大都具有实体性制裁规则的性质,属于检控方因其侵犯公民宪法权利而所要承受的消极法律后果。没有这些针对非法证据的排除性规则,则宪法第四、第五、第六以及第十四修正案所确立的诸项宪法权利,就会仅仅流于"宣言"或者"口号",而无法获得有效的救济。但是,从维护宪法权利实施的角度来看,排除规则的建立仅仅到此为止仍然是不完整的。在排除非法证据的含义、范围和例外得到确立之后,如何保证这些规则的实现呢?具体说来,究竟有哪些程序机制来保证排除规则的实施呢?例如,谁有权提出排除非法证据的申请?在哪一诉讼阶段以及向什么机构提出这种申请?受理该事项的机构应当举行什么样的审查程序?这种审查应适用哪些程序规则?受理者应作出怎样的裁决?如果对裁决不服,控辩双方有无机会获得上诉或者其他救济机会?……

针对这些问题,美国法建立了一系列较为具体、实用的程序规则。具体说来,有关排除非法证据的申请,应由被告人在专门的审前动议(pretrial motion)阶段向法官提出。法官受理这一申请后,会就有关证据的排除问题举行专门的"证据禁止之听证"(suppression hearing)。在这一听证程序中,有关非法证据是否构成以及应否排除的问题,会成为控辩双方辩论的核心问题。为解决这些问题,法官需要引导双方提出证据和证人,被告人也有权出庭作证,控辩双方就此进行交叉询问。法官在听取双方证据、辩论和意见的基础上,作出某一证据的取得是否违反宪法、应否禁止该证据在法庭上使用的裁决。在以下的三部分,笔者将首先对审前动议与证据禁止的听证程序作一具体的分析,然后讨论与排除规则有关的证明责任和证明标准问题,并对有关的继续救济程序作出简要的讨论。

17.6.1 动议程序

无论是在审判前还是审判过程中,控辩双方都可以"动议"(motion)的方式向法官提出有关的诉讼请求。在刑事诉讼中,动议往往与被告人的权利救济有着密切的联系。辩护方会通过提出动议程序,来申请法官签发支持其某一权利的命令,或者对于已经受到侵害的权利加以必要的救济。原则上,刑事诉讼中的动议可以在任何阶段提出,接受动议的可以是预审法官、初审法官和上诉法官。但是,考虑到诉讼的成本以及保护被告人权利的有效性问题,为避免法庭审判因控辩双方提出动议而导致审理的反复中断,大多数动议都是在法庭审判之前提出的。因此动议有"审前动议"与审判中的动议之别。①

刑事诉讼中的动议通常针对两类事项而提出:一是申请法官维护其特定的诉讼权利;二是申请法官对于警察侵害宪法权利的行为给予司法救济。在前一情况下,动议不具有典型的权利实现功能,而是被告人实现自己诉讼权利的法律途径,也是检控方要求法官适用某一程序规则的保证。这类动议涉及的程序问题有很多,其中最常见的有:申请法官保证被告人获得迅速审判的权利(speedy trial);为使被告人获得充分准备辩护的机会,要求法官将案件延期审理;申请法官将案件转移至另一司法区审判(change of venue),以保证被告人获得公正陪审团审判的权利;要求那些与案件有着某种关系以至于影响公正审判的法官或检察官回避(change of judge or prosecutor);申请法官将某一同案被告人或者指控罪状分开审理,或者将若干个被告人或指控罪状合并审理;申请法官命令对方(尤其是检控方)将其掌握的证据展示给本方,以做好必要的对抗准备;对于那种没有充分告知指控性质和理由的起诉,申请法官予以驳回;要求对被告人的精神状况进行检查,以便获得于其诉讼资格或精神病状况的鉴定资料,等等。②

在确保控辩双方行使诉讼权利或者程序规则得到适用之外,动议还发挥着权利救济的功能。例如,如果被告人的权利在诉讼中受到严重侵害,以至

---

① 〔美〕彼得·G.伦斯特洛姆编:《美国法律辞典》,贺卫方等译,中国政法大学出版社1998年版,第257页。

② Joel Samaha, *Criminal Procedure*, Wadsworth Publishing Company, 1999, pp. 570-583. 另参见〔美〕爱伦·豪切斯泰勒·斯黛丽、〔美〕南希·弗兰克:《美国刑事法院诉讼程序》,陈卫东、徐美君译,中国人民大学出版社2002年版,第76页以下。

于严重威胁其获得公正审判的权利,被告人可以申请法官宣告撤销起诉;如果诉讼过程中存在的法律错误使被告人受到不利的影响,而这一错误本身又是无法纠正的,被告人可以申请法官宣告误审(mistrial)。当然,审前动议涉及最多的还是证据的可采性问题,尤其是排除规则的适用问题。对于检控方向被告方展示过的指控证据,被告方如果认为它们被非法的搜查、扣押、讯问等行为所"污染",就可以要求法官禁止其出现在法庭上,尤其是防止其出现在陪审团面前。可以说,对于大多数程序性制裁措施而言,动议程序是确保其得以实现的主要途径。当然,动议程序所针对的更多是警察、检察官在审判前侵害被告人宪法权利的行为。至于审判阶段发生的违反诉讼程序的行为,动议当然不失为一种救济途径,但更重要的救济方式则是直接上诉和间接复审。

动议不仅仅是一种诉讼上的申请,而且还包含着一套复杂的救济程序。与直接上诉和间接复审一样,动议程序也是通过程序性裁判的形式而发挥救济作用的。通常情况下,动议应当以书面方式向法官提出。但在法庭审判过程中,动议也可以口头方式提出。在书面提出动议的场合,提出动议的一方需要提交申请书,说明申请的理由并引用相关的判例和成文法,对案件作简要的法律分析。法官将申请书送达对方之后,对方应提交一份答辩状,对申请书所涉及的法律问题作出解释和反驳。对于一些较为简单明了的案件,法官可以在阅读双方的书面意见之后,即可作出裁决。但对于那些对案件有重大影响且存在严重法律争议的动议,法官则可以命令举行专门的听审。在听审中,动议如果仅仅涉及法律适用问题,法官可以要求双方各自陈述意见,然后即作出裁决。但是,动议如果涉及事实认定问题,法官则需要考虑传唤证人出庭,对有关证据进行审核。

目前,除了少数州的法律要求被告人只能在法庭审判阶段提出证据禁止的动议以外,联邦和大多数州的法院都要求被告人在审前动议阶段提出这样的申请。之所以这样做,主要是出于提高诉讼效率、降低诉讼成本的考虑。首先,证据禁止的动议往往只涉及某一证据的可采性问题,尤其关系到警察的某一行为是否违反宪法的问题。而这一问题又与被告人是否有罪问题没有必然的联系。因此,在陪审团组成之前将这一问题及时解决,显然可以避免类似动议事项过多地影响法庭审判的进程。其次,在美国刑事诉讼中,陪审团一旦接触到某一最终被判定为不具有可采性的证据,就可能导致法官宣告审判为"误审",从而使得陪审团的审判全部失去法律效力,案件需要另行组成陪审团进行重新审理。而那些违法证据如果能在审判前及时得到排除，则陪审团接触这类证据的机会就大大减少，案件久拖不决的情况也就不会经常发生了。最后，对于控辩双方来说，在审前动议阶段解决非法证据的排除问题也有"双赢"之效果。某一非法证据的及时排除，将促使检察官在审判前充分地收集其他证据，避免因为某一关键证据被排除而经常出现的证据崩溃的现象。即便因为证据的排除导致指控无法成立，这对于控方来说，也不失为减轻不必要的出庭负担的有效方式。而对于被告人来说，即使所提出的证据禁止动议被法官拒绝，他也可以借着听证程序，了解检控方的证据情况，并准备新的辩护策略。①

17.6.2 证据禁止的申请者

与大陆法国家不同，美国法官无权主动启动某一证据禁止程序。因此，排除规则的适用只能依赖于那些具有法律资格的当事人提出的动议。作为一项原则，被告人只能在其自身宪法权利受到侵犯的情况下，才能对检控方通过该违法方式取得的证据申请排除。而对于警察通过侵犯其他任何公民的宪法权利而取得的证据，即使该证据对被告人不利，后者也无权提出证据禁止的动议。例如，警察为收集被告人 A 的犯罪证据，对 B 的住处实施了非法搜查，并扣押了某一物证。在这一案件中，A 无权以警察违反宪法第四修正案为由，要求法官禁止该物证在审判中使用。而只有在检控方对 B 提出指控时，B 作为警察宪法性侵权行为的受害者，才可以对该证据提出排除的申请。在美国法中，被告人申请证据禁止必须以其自身的宪法权利受到侵犯为前提，这就是所谓的"申请资格"（standing）规则。

在适用排除规则方面，被告人如果以宪法第五、第六、甚至第十四修正案为依据，提出排除证据的动议，则申请资格问题是相对容易解决的。毕竟，根据各种宪法权利性质的不同，可以较为清楚地确定谁是某一宪法性侵权行为的受害者。例如，在那些涉及非自愿供述或者米兰达规则的动议中，有申请资格的受害者一般就是曾向警察作出供述的被告人；如果动议与被告人的律师帮助权有关联的话，则那些被剥夺获得律师帮助权的被告人就具有提出动议的资格；而在那些以"正当法律程序"条款为依据提出的动议中，可以提出

---

① Wayone R. LaFave and Jerold H. Israel, *Criminal Procedure*, West Publishing Co., 1992, pp.499-500.

排除动议的也就是警察违反正当程序的直接受害者。但是,在以第四修正案为依据适用排除规则的情况下,确定谁的宪法权利受到某一特定搜查和扣押行为的侵犯,会经常面临一些困难。这主要是因为,一项特定的搜查和扣押行为经常会使不止一个人的利益受到不利的影响。[1]

在1960年以前,对非法搜查和扣押行为的受害者的范围,最高法院一直没有建立明晰的规则。一般情况下,在警察的非法搜查行为发生之后,那些与被搜查的房屋或者被扣押的物品有着"占有性利益"(possessory interest)的人,在其本身受到刑事指控时,都可以提出证据禁止的动议。但在1960年对 Jones v. U. S. 一案的判决中,最高法院扩大了那些有资格提出证据禁止动议的受害者的范围,认为在警察实施非法搜查行为时,任何"合法地身处房屋之内"(legitimately on the premises)的人,即使他们不是该房屋的所有者或者租用者,都有资格向法官提出排除非法证据的动议。[2]

这样,在1978年的 Rakas v. Illinois 一案判决之前,美国法院是采用两步程序来确定申请者的资格的:首先,需要确定申请者是否(1)与被搜查地有"占有性利益",(2)与被扣押物有"占有性利益",或者(3)在搜查发生时身处被搜查现场;然后,还需要继续确定申请者是否对被搜查地或被扣押物具有"合理的隐私期待"(reasonable expectation of privacy)。换言之,被告人必须能够证明自己为宪法第四修正案所保护的隐私权实际受到了警察非法搜查行为的侵害。

但是,作为上述两步程序的一项例外,Jones 案判决还确立了所谓的"自动获得资格理论"(automatic standing doctrine),认为只要某人能够证明自己为警察非法扣押的物品的所有者,则该人就自动地具有提出证据禁止动议的资格。这是因为,如果被告人实际拥有的是违禁品,则他一方面为证明自己具有提出动议的资格,就需要证明该违禁品为自己所有;另一方面,他向法庭所作的自己为违禁品所有者的证言,又可能被检控方在法庭审判中用作对其不利的证据,以至于使自己所享有的不受强迫自证其罪的权利受到损害。最高法院正是为了避免被告人可能陷入这种两难困境,才确立了自动获得资格的规则。

1978年,最高法院放弃了这种分两步程序来确定申请资格的做法。在该法院看来,那些在警察搜查时合法地身处现场的人,并不必然对被搜查地或

---

[1] Joel Samaha, *Criminal Procedure*, Wadsworth Publishing Company, 1999, p. 448.
[2] *Jones v. U. S.*, 362 U. S. 257 (1960).

扣押物享有为宪法所保护的隐私权；Jones 案判决所确立的规则有着将排除规则的适用范围无限扩大的问题，因此应当将其废弃不用。同时，申请资格问题应当被放置于第四修正案所确立的理论中加以考虑，也就是警察非法搜查行为是否侵犯了申请者为该条款所保护的利益——特定被告人的"合理的隐私期待"。由此，确定被告人是否具备申请证据禁止的资格就只需在一步程序中加以解决：只要被告人"合法的隐私期待"受到非法搜查行为的侵害，则他就有资格提出排除非法证据的申请。①

而在 1980 年，最高法院则最终废弃了"自动获得资格理论"。在该法院看来，被告人可能因为证明自己为违禁物的所有者而被迫自证其罪的危险，已经随着最高法院新作出的判决而不复存在。因为按照最高法院的解释，被告人在证据禁止程序中所作的证言，不得被检控方在审判中用作证明其有罪的证据；被告人可以在听证中承认某一违禁品为自己所有，而在动议被法官拒绝后，他在审判中仍然可以否认该违禁品为自己所有。②

需要注意的是，在涉及非法搜查和扣押问题的案件中，被告人是否具有排除非法证据的申请资格问题，势必转化为证明责任的承担问题。换言之，在提出证据禁止的申请之后，被告人首先需要证明的是其个人隐私受到警察的侵犯，也就是警察侵犯了其所享有的不受无理搜查和扣押的宪法权利。而要证明这一点，被告人就需要在证据禁止的听证中出庭作证。当然，他在该听证中所作的证言是不能被检控方在审判中用作指控他有罪的证据的。

17.6.3　证据禁止申请的受理者

原则上，法官与陪审团在裁判事项方面有一项基本的分工：法官负责对法律适用问题的裁决，而陪审团则享有对事实问题——也就是被告人是否犯有检控方指控的犯罪问题——的裁断权。由于证据禁止涉及较为复杂的法律适用问题，有时还与宪法权利的救济问题密切相关，因此，只有法官有权决定启动证据禁止的听证程序，并作出某一证据是否需要排除的裁定。

在美国刑事诉讼中，被告人要求排除的如果是非法搜查、扣押甚至窃听所得的证据时，这一问题就将由法官独立地作出裁定。法官经过审查，如果判定某一证据为警察无理搜查和扣押所得的证据，则该证据就将被排除于法

---

① *Rakas v. Illinois*, 439 U. S. 128 (1978).
② *U. S. v. Salvucci*, 448 U. S. 83 (1980).

庭之外，也就不会为陪审团所接触了。相反，对于那些由法官判定为具有可采性的证据，检控方在审判中可以提交给法庭，陪审团也有机会对该证据的可靠性和相关性加以裁断。

但是，如果被告人以供述为非自愿或者违反米兰达规则为由，提出排除该供述的动议，则情况就有所不同了。在联邦法院和大多数州法院，被告人供述的可采性要由法官单独决定，陪审团不参与证据禁止问题的解决过程。但在一少部分州，在确定被告人供述可采性时却遵循着被称为"马萨诸塞规则"（Massachusetts rule）的两步式程序：被告人首先向法官提出某一供述的自愿性问题，如果后者裁定该供述不应在法庭上使用，则问题到此结束；如果法官裁定供述具有自愿性，则该供述的自愿性问题还要继续提交给陪审团，后者在法官的指引下独立地判定供述是否具有自愿性。目前，这两种做法都不违反宪法的规定。不过，即使在适用"马萨诸塞规则"的州，这种两步式程序也只对供述的自愿性问题具有约束力。至于被告人供述是否违背米兰达规则的问题，在联邦和所有州的法院都要由法官独自作出裁决，陪审团则不再参与其解决过程。

值得指出的是，即使法官在审前动议阶段有权独自决定证据禁止的问题，被告人在后来的法庭审判中仍有权通过出庭作证，将警察当初在羁押性讯问中获取供述的情况提供给陪审团，从而引起后者对该供述可靠性的质疑。按照最高法院的判决，法庭如果拒绝被告人在法庭上作出这样的陈述，就将被视为侵犯了被告人提出完整辩护的宪法权利。[1]

17.6.4 被告人证言的效力

在证据禁止的听证开始之后，被告人通常都会主动要求出庭作证。这一方面是因为法官会要求被告人提出证据证明某一证据确系违法所得，而被告人的某一宪法权利也受到了侵犯；另一方面，被告人有时还需要提出证据证明自己的宪法权利受到侵犯，从而具有提出证据禁止申请的资格。但是，被告人在审前动议阶段出庭作证也会面临一定的风险：为证明自己的隐私受到侵犯，他需要承认某一被非法扣押的违禁品为其所拥有，或者承认自己是某一犯罪赃物的主人；而这种承认无疑等于主动向检控方提供了证明自己有罪的证据。尤其是出庭作证的被告人在听证中也要接受交叉询问，而检察官的

---

[1] *Crane v. Kentucky*, 476 U.S. 683 (1986).

反询问显然也会将被告人置于非常不利的境地。

在 1968 年 *Simmons v. U. S.* 一案的判决中,最高法院确立了一项极为重要的规则:被告人在证据禁止听证中所作的证言不得在后来的审判中被用作对其不利的证据。换言之,检控方不能将被告人为证明自己有提出排除证据动议的资格而提供的证言,在法庭上作为指控后者有罪的证据加以使用。于是,被告人为证明自己的隐私权受到警察非法搜查行为的侵犯,不得不说出自己为被扣押的毒品的拥有者。如果他提出的证据禁止申请被法官拒绝,则他在法庭上仍然可以否认自己为该毒品的拥有者,他原来所作的证言不得被用作对他不利的证据。因此,检控方既不能将被告人的证言作为控方证据加以使用,也不能利用该证言来对当庭作证的被告人加以盘问,从而将该证言用作弹劾被告人当庭证言的工具。①

Simmons 案判决的主要意义,在于使被告人摆脱了过去一度陷入的两难境地:为维护第四修正案所确立的不受无理搜查和扣押的宪法权利,被告人只能冒险提供证言,来证明其具有申请排除那些非法搜查所得的证据的资格;而为维护第五修正案所确立的不受强迫自证其罪的宪法权利,被告人有时又不能提供证言,因为这种证言很可能被检控方用作对其不利的证据。结果,被告人可以在听证中从容不迫地提供证言,证明自己的宪法权利受到警察的非法侵犯,而不必担心证言会被检控方在审判中所利用。

17.6.5 有关的证据规则

很显然,有关证据禁止的听证程序不同于普通的实体性裁判,而属于一种特殊的程序性裁判。在这一听证过程中,法官尽管也是在针对争议作出司法裁判,但他不能像在法庭审判中一样适用证据规则。换言之,证据禁止的听证不需要受到美国联邦证据规则以及其他证据规则的约束。例如,在决定被扣押物或供述是否为非法所得时,法官可以采用传闻证据(hearsay evidence),而不受传闻证据规则的限制。不仅如此,法官还可以不受证据排除规则的限制,而承认那些具有可靠性的证据的可采性。

不仅如此,被告人在这一听证中所享有的宪法权利也要受到一定的限制。例如,在普通刑事审判中,被告人享有与对方证人进行当庭对质的宪法

---

① Wayone R. LaFave and Jerold H. Israel, *Criminal Procedure*, West Publishing Co., 1992, pp.512-513.

权利。而在证据禁止的听证中,被告人的这一权利则要受到一定的限制。如果警察是依靠某一匿名告发人提供的情报而将嫌疑人逮捕的,则法官将禁止辩护律师就该告发者的姓名和住址作出交叉询问,并允许警察就此类问题拒绝回答。又如,被告人还可获得法官以强制手段确保本方证人出庭作证的宪法权利。但在证据禁止的听证过程中,这一权利就不再是绝对的宪法权利,而要受制于各种政策的考虑。因此,如果有其他的可用来证明"可能的理由"存在的证据,被告人就不能要求法官传唤某一便衣警察出庭,来提供有关被告人在他亲眼目击下进行毒品交易的证言。因为这将威胁该便衣警察的安全,并使警方的侦查策略受到严重破坏。

17.6.6　申请与裁决方式

在审前动议阶段,被告人必须以书面的方式提出证据禁止的动议。该动议需要载明被告人申请排除的证据,并详细说明提出该项动议的具体理由。例如,如果申请排除的是检控方掌握的有罪供述,则被告人需要说明警察在羁押性讯问中违反自愿性规则或米兰达规则的具体情况。而在申请排除非法搜查和扣押所得的证据的情况下,被告人则要提供有关警察缺乏"可能的理由"或者其他违反宪法的事实。在很多司法区,法官还要求被告人提供一份旨在证明警察实施了宪法性侵权行为的宣誓证书(affidavit),以便对证据禁止的申请作出适当的审查。

在证据禁止的听证过程中,法官不仅会允许被告人出庭作证,提供有关警察非法搜查、扣押、窃听、讯问或者辨认的情况,而且还可能接受检控方的申请,传唤原来实施有关侦查行为的警察出庭作证。当然,控辩双方也可以对被告人、警察以及其他证人实施交叉询问,并就法庭应否排除某一证据问题进行辩论。

经过听证程序,法官会就被告人提出的证据禁止动议作出接受或者拒绝的决定。在很多司法区,有关证据禁止的司法决定被要求以正式书面裁定的方式作出。但也有一部分司法区并不要求法官就此作出书面裁定,而只需提供一份旨在说明其决定的记录即可。

17.6.7　治安法官的建议程序

在有些情况下,尽管法官对于决定证据禁止问题负有最终的责任,但实际主持听证的却可以是治安法官等级别较低的司法官员。这种情况经常发生在联邦法院。根据《联邦治安法官法案》,联邦地区法官可以将有关证据禁止的动议授权治安法官作出初步的审查,然后根据后者认定的事实和适用法律的建议作出最终的裁定。当然,联邦地区法官可以作出不同于治安法官所建议的裁定,甚至可以接受、拒绝或者修改治安法官的建议。在司法实践中,联邦地区法官有时还可以直接采纳新的证据,并将某一动议重新移交给治安法官加以处理。

在1980年的一项判决中,最高法院认为联邦地区法官将证据禁止问题授权给治安法官作出初步审查,这种做法并不违反宪法。地区法官虽有权对治安法官的建议作出重新决定,但并不需要对该动议重新举行听证程序。在该法院看来,地区法官对于治安法官审查证据禁止问题实际拥有完全的控制力,而只要最终决定权掌握在地区法官手中,则这种授权听证的做法就没有违反《联邦治安法官法案》。另一方面,尽管根据正当法律程序的要求,法官在作出某一裁决之前必须亲自听取双方的陈述,并直接接触有关证据,但是,证据禁止问题的性质及其所涉及的利益,并不要求地区法官亲自主持听证程序。毕竟,有关非法证据的排除与被告人有罪与否的裁决,在对被告人利益的影响程度上不可同日而语。①

尽管如此,联邦地区法官对于治安法官就有关事实问题所提的建议一般都是言听计从的,而极少作出与后者建议相反的裁决。尤其是在证人证言的可信性以及证据禁止的事实基础方面,地区法官由于不能亲自主持听证程序,因此更是对亲自听取过全部证言和控辩双方交叉询问的治安法官,给予了充分的信任。②

17.7 证明责任与证明标准

17.7.1 证明责任和证明标准的一般理论

一般而言,"证明责任"(burden of proof)是指提出证据证明本方诉讼主张所赖以成立的事实的负担。承担证明责任的一方在提出证据证明某一主张时,还需要使裁判者对该主张的成立达到某一特定的内心确信程度。如果提出主张的一方不能证明该主张,或者所提出的证据尚不足以达到法定的标

---

① *U. S. v. Raddatz*, 447 U. S. 667 (1980).
② Wayone R. LaFave and Jerold H. Israel, *Criminal Procedure*, pp.514-515.

准,则该方就将承担其主张不能成立的消极后果。

在美国刑事诉讼中,证明责任可以分为两个基本的层面:一为"推进诉讼的负担"(burden of going forward),二为"说服负担"(burden of persuasion)。前者又被称为"证据负担"(burden of evidence)或者"举证负担"(burden of production),是指某一方提出证据证明某一特定主张的责任。后者则特指说服事实裁判者(factfinder)接受某一方提出的诉讼主张的责任。如果承担"推进诉讼的负担"的一方没能完成这一证明,则法官将会在该事项上作出对其不利的裁定。相反,"说服负担"只在这样一种情况下才有意义:如果事实裁判者对于所要证明的事实存有疑问,则承担说服负担的一方将会承受败诉的后果。

在证据禁止的听证程序中,证明某一控方证据不具有可采性的责任原则上由提出动议的被告人承担。但是,根据最高法院所作的判例,这种证明责任在很多特定情况下也可以转移给检控方承担。大体说来,在证据禁止问题上,美国联邦最高法院确立了一些不成体系的证明责任分配原则。例如,最有机会获知某一事实的一方承担证明责任;证明责任由希望改变某一诉讼状态的一方承担;证明责任应分配给证明某一特定理由的一方,而不是证明这些理由不存在的另一方,等等。① 不过,这些原则并不具有普遍的适用性,法院经常根据被告人所申请排除的不同证据以及案件的具体情况,来确定相应的证明责任分配原则。

承担证明责任的一方只有将某一待证事实证明到特定的标准,才能使裁判者形成必要的内心确信,从而作出支持其主张成立的裁决。在美国刑事诉讼中,证明标准大致分为两个基本层面:一为"优势证据"(preponderance of the evidence),二为"排除合理怀疑"(beyond a reasonable doubt)。前者通常被确定为民事诉讼的证明标准,是指支持某一诉讼主张的证据较之与其对立的证据而言,在证明力方面具有明显的优势。换言之,当证明责任的承担者能够证明某一诉讼主张的成立要比不成立具有更大的可能性时,该证明标准即被视为已经达到。后者则通常为刑事诉讼中检控方证明被告人有罪所需要达到的最高证明标准,意指指控罪名的每一构成要素都得到了证明,以至于使事实裁判者消除了任何合理的疑问。

在证据禁止的听证程序中,上述证明标准经常被裁判者用来确定有关排

---

① Wayone R. LaFave and Jerold H. Israel, *Criminal Procedure*, pp. 503-504.

除非法证据的内心确信程度。除此以外,民事诉讼中偶然使用的另一证明标准,也就是"清楚和令人信服的证据"(clear and convincing evidence),也被法院在证据禁止听证中采用为证明标准。按照美国法院的解释,"优势证据"的证明是指陪审团必须相信某一事实的成立要比不成立具有更大的可能性。"排除合理怀疑"的证明是指被主张的事实几乎已经达到确定无疑的程度。而"清楚和令人信服的证据",则是介于上述两者之间的证明标准,意指被主张的事实的真实性具有"高度的可能性"(highly probable)。[1]

17.7.2 证明责任

在证据禁止的听证程序中,被告人申请排除的通常有三种证据:一是非法搜查所得的证据;二是非法讯问所得供述的证据;三是非法辨认所得的证据。一般情况下,提出动议的被告人经常要承担证明某一证据系属非法证据的责任。但在很多场合下,这种证明责任也会转移给检控方。在这一问题上,联邦最高法院通过一系列的判例,建立了有关证明责任分担和转移的规则,从而为证据禁止的听证程序设定了基本的规则。在以下的论述中,笔者拟按照证据禁止的动议所针对的不同对象,对此问题作一分析。

17.7.2.1 非法搜查所得证据的排除

被告人申请排除某一非法搜查所得的证据,通常涉及警察的搜查和扣押行为是否违反了宪法第四修正案的问题。在联邦法院和大多数州的法院,有关非法搜查所得证据的排除问题适用以下基本规则:如果搜查和扣押是以法官签发的令状为依据进行的,则被告人有责任证明该搜查和扣押违反了宪法第四修正案,警察所获取的证据不具有可采性;但是,如果警察是在没有取得法官授权的情况下实施了无证搜查行为,则检察官需要证明该搜查和扣押行为的合法性。

上述证明责任的分配规则是基于以下因素的考虑而确定的:在法官签发搜查令的情况下,警察搜查所依据的"可能的理由"业已得到法官的审查和确认,因此这种搜查和扣押应被推定为合法的行为。被告人如果对该搜查和扣押行为的合法性提出异议,就需要提出证据证明其不合法性,由此才能推翻上述"合法性推定"。[2] 相反,警察如果实施的是无证搜查,则该项搜查是否具

---

[1] John C. Klotter, *Criminal Evidence*, Fifth Edition, p.35.
[2] Wayone R. LaFave and Jerold H. Israel, *Criminal Procedure*, p.504.

有"可能的理由"以及搜查是否是在紧急情况下不得已而为之的,都属于警察所独知的事实。同时,警察事先并未向法官作出过宣誓陈述,搜查所依据的理由也未曾经受过法官的事先审查。因此,被告人一旦对这种无证搜查所得证据的合法性提出质疑,则检察官需要承担证明责任。①

当然,也有少数州的法院并不以法官是否签发过令状作为确定证明责任的依据。有的州将证明责任一律归由检控方承担,理由是既然检控方要求法院采纳该证据,因此该证据的合法性当然要由该方加以证明。但是,有些州则持完全相反的做法,将证明责任一律分配给被告人,其理由主要有这样几个方面:证明责任应一律由提出动议的一方承担;对于刑事执法官员的搜查和扣押行为应有一种"合法性推定";一般而言,凡是具有相关性的证据也就具有可采性,被告人如果提出例外,就需对这种例外的成立承担证明责任;由被告人承担证明责任可以有效地减少无根据的动议,避免诉讼成本的过多投入。

在非法搜查所得证据的证明责任问题上,联邦最高法院还建立了专门的规则。首先,警察的搜查如果是在被告人同意的情况下实施的,则检控方需要证明被告人的同意是自由和自愿的。在1968年所作的一项判决中,最高法院认为,如果检察官试图以被告人同意为依据证明搜查的合法性,他就需要承担证明被告人是在自由和自愿的情况下同意搜查的责任。否则,该搜查就将被视为非法的。该法院还将这种证明责任视为宪法的要求,各州不得建立相反的规则。②

其次,被告人对于自己的申请资格需要承担证明责任。根据前面的分析,被告人只有提出证据证明自己"合法的隐私期待"受到了损害,他才有资格提出排除某一非法搜查和扣押所得证据的动议。因此,被告人有责任证明自己的隐私权受到警察宪法性侵权行为的伤害。

第三个问题涉及作为"毒树之果"的派生证据的排除问题。在1969年的一项判决中,最高法院认为,被告人一旦申请排除某一非法证据的派生证据,就需要提出证据证明该派生证据业已受到非法搜查、扣押或窃听行为的"污染"。也就是说,被告人需要承担证明某一证据受到警察宪法性侵权行为直接影响的责任。但紧接下来,检察官"要承担一项最终的说服责任,以证明他的证据未受任何污染"。因此,如果检控方提出非法搜查、扣押或窃听行为对

---

① Wayone R. LaFave and Jerold H. Israel, *Criminal Procedure*, p.335.
② *Bumper v. North Carolina*, 391 U.S. 543 (1968).

该证据的"污染"业已消失,该证据具有合法的、独立的来源,或者警察即使按照合法的方式收集该证据,该证据最终也会"不可避免地"被发现,就需要对此承担证明责任。① 于是,对于"毒树之果"规则的例外,检控方如果以此为依据来反驳被告人的证据禁止动议,就需要承担证明该例外成立的责任。

不仅如此,最高法院还针对一系列特殊的问题,确立了相应的证明责任分配规则。例如,被告人如果申请排除某一非法窃听所得的证据,就需要承担证明该窃听确实发生的责任。②

17.7.2.2 非法讯问所得供述的排除

如果被告人以供述属于非自愿为由提出排除证据的动议,则检控方应承担证明该供述为自愿供述的责任。这是联邦法院和大多数州法院所确立的证明责任分配原则。但是,在少数州法院,提出排除动议的被告人则需要对供述的非自愿性承担证明责任。

1972 年,最高法院在 *Lego v. Twomey* 一案的判决中对于上述后一种做法的合宪性提出了强烈的质疑。在该法院看来,检控方证明被告人供述的自愿性,这是一项宪法责任(constitutional obligation),而且这种对被告人供述自愿性的证明必须至少达到"优势证据"的证明程度。③

至于警察在羁押性讯问中是否遵守了米兰达规则的问题,需要对此承担证明责任的也是检控方。最高法院认为,如果在警察的讯问过程中辩护律师没有到场,而被告人又作出了有罪供述,则检控方需要对被告人自愿和明智地放弃不受自证其罪的特权以及获得律师帮助的权利承担证明责任。不仅如此,最高法院还为这种放弃宪法权利的证明设定了较高的证明标准。

如果被告人供述本身成为其他非法证据的"毒树之果",或者某一派生证据业已受到非法供述的"污染",则被告人都需要对其所申请排除的证据与警察的某一宪法性侵权行为之间的联系承担证明责任。但是,被告人一旦承担了这种证明责任,检控方就需要对适用"毒树之果"的例外承担证明责任。换言之,检察官需要证明该派生证据所受的非法"污染"已经消失,该证据有合法的独立来源,或者即使警察采取合法的调查方式该证据最终也会被获取。

17.7.2.3 非法辨认所得证据的排除

如果被告人申请排除的是警察非法辨认所得的证据,则证明责任需要按

---

① *Alderman v. U. S.*, 394 U.S. 165 (1969).
② *Nardone v. U. S.*, 308 U.S. 338 (1939).
③ *Lego v. Twomey*, 404 U.S., 477 (1972).

照一些特有的规则加以确定。这些规则有的涉及第五修正案有关获得律师帮助的权利,有的则与第五和第十四修正案的正当法律程序条款有着密切的联系。

在刑事审判前的"紧要阶段",被告人应享有宪法第五修正案授予的获得律师帮助的权利。如果在这一阶段警察组织了对被告人的列队辨认或者其他形式的辨认程序,而辩护律师又没有在辨认过程中在场,则检控方需要承担证明被告人自愿放弃律师帮助权的责任。否则,先前曾作过审前辨认的证人在法庭上所作的辨认,就被视为受到警察违反宪法行为的"污染"。当然,在1967年对 U. S. v. Wade 一案的判决中,最高法院认为,检控方如果提出证人在法庭上所作的辨认并非来源于其审判前的辨认,而有其他独立的来源的,则需要对此承担证明责任。①

被告人如果以警察违反正当法律程序条款为根据提出排除证据的申请,则证明责任的分配就有较大的特殊性了。一般情况下,被告人如果以某一审判前辨认具有"不必要的暗示性"作为申请排除的理由,则他本人需要对该辨认活动违反宪法的正当法律程序条款承担证明责任。这是因为,被告人作为提出动议的一方,需要对其动议的主张承担举证负担。但是,如果这种具有暗示性的辨认活动是在律师没有到场的情况下举行的,则证明责任将转由检控方承担。之所以作此规定,是因为在律师未曾参与的辨认活动中,被告人可能意识不到证人正在试图对他进行辨认;而他即使已经有所察觉,也仍然无法知道究竟什么原因使得辨认程序具有不必要的暗示性。因此,一旦审前辨认具有这种暗示性,由检控方来正面证明其必要性,要比由被告人来否定其必要性更具有正当性。

与违反宪法第五修正案的辨认程序一样,违反宪法正当法律程序条款的辨认程序也适用"毒树之果"规则。因此,审前辨认一旦具有"不必要的暗示性",并很可能导致"一种不可修复的错误辨认",检控方就需要证明法庭上的辨认没有受到该审前辨认的"污染"。

17.7.3 证明标准

一般情况下,提出动议的被告人如果需要承担证明责任,则这种证明最多只需达到优势证据的程度。而在检控方承担证明责任的场合下,其证明标

---

① *U. S. v. Wade*, 388 U. S. 218 (1967).

准一般也是优势证据,但在特殊情况下则需达到"清楚和令人信服的证据"的程度。对于这一问题,笔者也拟按照所要申请排除的证据的不同,来作出具体的分析。

17.7.3.1 非法讯问所得供述的排除

在20世纪70年代以前,美国许多州的法院都要求检控方对被告人供述自愿性的证明,需达到排除合理怀疑的最高程度。但在1972年,最高法院的立场发生了重大的转变。在该法院看来,对被告人供述自愿性的审查与陪审团裁决的可靠性并无必然的联系。仅仅因为检控方在证明供述的可采性时只需遵循不太严格的标准,一项有罪判决的可靠性是不会因此而受到不利影响的。另一方面,排除规则固然要发挥一定的诉讼功能,如抑制警察宪法性侵权行为,维护司法的诚实性等,但这并不意味着检控方非要将被告人供述的自愿性证明到排除合理怀疑的最高程度不可。结果,最高法院认为检控方对被告人供述的自愿性只需证明到优势证据的程度即可。①

尽管联邦最高法院认为检控方只要提供优势证据的证明,被告人供述的自愿性即可成立,但是,这只是对各州提出的一项最低宪法要求,各州仍然可以自由地确定更高的证明标准。在1972年以前,不少州的法院就将被告人供述自愿性的证明标准确定为排除合理怀疑。在1972年最高法院的新判决作出之后,有些州法院就改采优势证据标准,但仍有一些州法院仍继续坚持排除合理怀疑的证明标准。当然,目前在联邦和大多数州的法院,检控方对被告人供述自愿性的证明标准都是优势证据。

至于警察以违反米兰达规则的方式所取得的供述,有关的证明标准也是优势证据。1972年,最高法院曾强调,检控方对被告人自愿和明智地放弃自证其罪的特权以及获得律师帮助的权利,都要承担较高的证明标准。② 但是,在1986年的判决中,该法院却认为,既然证明供述的自愿性只需达到优势证据的程度,那么,证明被告人自愿放弃米兰达规则的保护也就不需更高的证明标准了。③

17.7.3.2 非法搜查所得证据的排除

在1974年的一项判决中,最高法院认为,在证据禁止的听证程序中,证明

---

① *Lego v. Twomey*, 404 U.S. 477 (1972).
② Ibid.
③ *Colorado v. Connelly*, 479 U.S. (1986).

标准不得高于优势证据。结果,对于非法搜查和扣押所得证据的排除问题,各州普遍以优势证据作为有关的证明标准。即使在那些坚持将排除合理怀疑作为证明被告人供述自愿性的标准的少数州,有关排除非法搜查所得证据的问题也以优势证据作为证明标准。

各州之所以将优势证据作为排除非法搜查所得证据的证明标准,是因为非自愿的供述通常被认为是不可靠的,而非法扣押的证据在可靠性方面并没有太大的问题。同时,在羁押性讯问中,警察通常会作出较为详细的笔录,并对证明供述的自愿性有着充分的准备。而在非法搜查和扣押——尤其是无证搜查——的场合,检察官很难从警察那里获得可用作证明"可能的理由"的证据。

当然,也有少数州在特定情况下将非法搜查和扣押问题的证明标准确定为"清楚和令人信服的证据"。这主要适用于被告人同意接受搜查的情况之下。由此,检控方要以高于优势证据的可信程度,来证明警察的无证搜查事先取得了被告人的自愿同意。这主要是考虑到警察特别容易虚构事实,来为其无证搜查作正当化解释,而被告人有时又很难对警察的这种辩解作有力的反驳。

17.7.3.3 非法辨认所得证据的排除

如果被告人以警察违反宪法第六修正案为由申请排除非法辨认所得的证据,则证明责任要由检控方承担。一般说来,检控方需要将法庭上的辨认没有受到审前辨认的"污染"这一点,证明到"清楚和令人信服的证据"的程度。但是,在警察违反宪法正当法律程序条款的情况下,被告人对审前辨认具有"不必要的暗示性"这一点,则只需证明到优势证据的程度。

17.8 证据禁止的再救济程序

17.8.1 动议的再次申请

那么,如果被告人提出的排除非法证据的动议遭到拒绝怎么办?具体说来,被告人申请法官否定某一证据的可采性,但法官经过动议听审程序,作出了不利于被告人的裁决,被告人应有何种救济手段呢?对于这一问题,不同的司法区有各不相同的处理方式。但一般情况下,法官在审前动议阶段作出不利于被告人的裁定的,被告人不能在法庭审判阶段再次提出这一方面的动议。换言之,在初审法院的裁决产生之前,在同一问题上是不允许重复提出同一动议的。但是，如果被告人在法庭审判中提出了新的证据，而该证据与申请的事项有较大的关联性，或者对原审前动议阶段提出过的证据的可信性产生了重大的影响，那么，被告人还可以向负责初审的法官再次提出新的动议。

不过，对于这一点，各州法院的态度一般是初审法官可以重新接纳被告人的动议申请，而联邦法院则认为初审法官有"义务"对被告人的申请进行重新审查。不仅如此，在一部分司法区，如果法官在审前动议中批准了被告人有关排除某一证据的申请，检控方也可以得到初审法官再次审议此问题的机会。不过，检控方也必须提出新的证据，并就该证据为何没有在审前动议阶段提出的问题给予说明。①

17.8.2　检控方的中间上诉

对于法官拒绝排除某一有争议的证据的裁定，被告人除了可以在法庭审判阶段重新提出排除的动议之外，还可以通过直接上诉和间接复审程序获得救济。事实上，对于应当排除的证据没有排除，或者对于那些具有可采性的证据却予以排除，这都足以构成法律上的错误，甚至成为可撤销的法律错误。上诉法院可以此为根据，将初审法院所作的有罪判决加以推翻。一般情况下，被告人只能在初审法院的最终裁决宣布之后，才能集中提出法律适用问题的上诉。而对于法官在审前动议或者法庭审判中作出的裁定，或者发布的命令，美国法原则上是禁止控辩双方提出即时上诉的。

不过，这种要求控辩双方只能在初审裁决产生之后才能上诉的原则，也有一项重要的例外，这就是所谓"中间上诉"（interlocutory appeal）的问题。中间上诉是指在初审法院的裁决最终产生之前，控辩双方就某一司法裁定或命令所作的上诉。一般情况下，只有为了纠正那些可能对某一方造成不可弥补的非法损害，中间上诉才被允许提出。在一些司法区，初审法院在动议程序如果排除某一重要证据（如供述笔录）的效力，以至于导致检控方无法证明其指控的，检控方就可以对这一排除证据的裁定提出中间上诉。不仅如此，如果某一裁定一旦被推翻就可能对案件结果产生重大影响时，法院也会允许控辩双方提出直接上诉的申请。② 可见，中间上诉作为一种针对法官所作裁定

---

① Wayne R. LaFave and Jerold H. Israel, *Criminal Procedure*, Second Edition, pp.514-516.
② 〔美〕爱伦·豪切斯泰勒·斯黛丽、〔美〕南希·弗兰克：《美国刑事法院诉讼程序》，陈卫东、徐美君译，中国人民大学出版社 2002 年版，第 603 页以下。

的即时复审,在特定场合下也可以发挥司法救济的作用。

当然,美国有少数州的法院允许被告人在法官作出拒绝排除某一控方证据的裁定之后,立即就此提起中间上诉。不过,在大多数司法区,对于法官在动议阶段所作的这类裁定,被告人是不得提出中间上诉的。甚至在联邦法院系统,被告人在法官作出拒绝排除某一证据的裁定之后,只能等到法庭作出有罪裁决之后,才可以在直接上诉中将此作为初审法院的法律错误提出。因此,为了尽快将拒绝排除证据的裁定提交上诉法院审查,很多司法区的被告人都选择了有罪答辩,并在法院很快作出有罪裁决后,以初审法官拒绝排除证据不当为由,提出直接上诉。被告人在这种上诉中一旦获得胜诉,原来所作的有罪答辩还可以撤销。①

17.8.3　直接上诉

在申请排除非法证据问题上,被告人固然可以在审判前提出有关的动议,并可以在审判过程中重新提出这一方面的动议,但是,这些动议一旦被法官拒绝,那些有争议的证据就有可能被初审法院采纳为定罪的根据。在这种情况下,被告人还能否获得其他的救济呢?另一方面,如果对于检控方提交给法庭的某一证据,被告人在审判前和审判过程中都没有提出有关证据禁止的动议,但在自己被定罪之后,却发现被初审法院作为判决基础的某一证据属于非法所得的证据,那么,被告人还能否以法庭错误地采纳了非法证据为由,获得上级法院的救济呢?

在美国刑事诉讼中,被告人是有机会获得这方面的救济的。这是因为,初审法院无论是在审判中侵犯被告人的宪法权利,还是错误地采纳了某一非法证据,也就是对于警察侵犯被告人宪法权利的行为没有给予任何制裁,其审判过程都被认为存在着法律错误。例如,初审法院在审判中没有为被告人提供必要的法律援助,以至于侵犯了宪法第六修正案所确立的获得律师帮助的权利,这就属于一个典型的审判错误。又如,警察通过非法搜查和扣押所获取的证据,在法庭审判中被错误地采纳为定罪的根据,这也属于一种审判错误,因为法庭对警察的宪法性侵权行为未采取任何制裁措施,也没有为被侵权的被告人提供任何救济。只要初审法院的审判存在这种法律错误,被告

---

① Stephen A. Saltzburg and Daniel J. Capra, *American Criminal Procedure: Cases and Commentary*, Sixth Edition, West Publishing Co., pp.464-465.

人就可以此为依据,向上级法院提起上诉。为与作为特别救济程序的"间接复审"(collateral attack)相区别,美国法往往将上诉称为"直接上诉"(direct appeal)。

在美国,直接上诉基本上被设计成被告人就有罪裁决向上级法院寻求司法救济的制度。① 在联邦和大多数州的司法区,上诉都具有两级结构。也就是说,对于初审法院所作的有罪判决不服,被告人可以首先选择向中级上诉法院——在各州为州上诉法院,在联邦则为联邦上诉法院——提出上诉,这是被告人的一项诉讼权利。如果对上诉法院所作的复审裁判仍然不服,被告人则可以向州最高法院继续上诉。但在此时,上诉已经不再是被告人的一项权利。对第二次以及以后上诉的受理已经不再是法院的义务,而属于法院自由裁量权的范围。与此相适应,被告人在提出第一次上诉时,有权获得政府提供的律师的法律援助;而在申请第二次上诉时,则无权获得法律援助。

位于美国司法制度顶端的是联邦最高法院。美国联邦宪法授权该法院除了对来自联邦法院系统的上诉案件进行审查以外,还对各州法院所作的涉及重大联邦法律问题的判决实施司法审查。联邦最高法院对各州和联邦法院判决行使最终的司法审查权,其目的在于确保联邦宪法所规定的个人权利在联邦和各州的审判中同时得到尊重。案件被提交联邦最高法院复审的方式主要是申请调卷令(certiorari)。那些被各州最高法院或者联邦上诉法院裁判为有罪的被告人,有权向该法院申请发布调卷令,也就是对有关的裁判结论举行听证和进行审查。在决定是否发布调卷令之前,最高法院的九名大法官需要对上诉人的申请进行研究,然后在大法官会议上投票决定是否对上诉来的案件加以受理。发布调卷令的决定必须在至少四名大法官同意的情况下才可以作出。当然,联邦最高法院受理的上诉案件必须涉及美国联邦宪法和其他重大的联邦法律问题。②

原则上,对案件事实问题的裁断,属于陪审团在初审中所要解决的问题。因此,在审理上诉案件时,上诉法院一般不审理案件事实问题,而只负责审查初审中是否违反了法律,也就是初审法院的审判是否存在着法律上的错误。经过上诉审查,上诉法院一旦发现原来的审判存在着违反法律程序的情况,并且使得被告人的某一宪法权利受到了侵犯,就可以推翻原来的有罪裁决。不过,上诉法院在推翻原有罪裁决之后很少直接裁判被告人无罪,而大多是

---

① Joel Samaha, *Criminal Procedure*, Wadsworth Publishing Company, 1999, p.649.
② Ronald L. Carlson, *Criminal Justice Procedure*, pp.284-286.

将案件发回初审法院重新审判。

例如,警察在没有告知嫌疑人"米兰达警告"的情况下获取了一份有罪供述。然而,在法庭审判中,审判法官不顾被告人一方的反对,错误地允许该警察向陪审团宣读这份供述。陪审团据此判决被告人有罪。在上诉时,被告人认为法官让陪审团听到这份证据,犯下了严重的法律错误。如果上诉法院推翻了原审判决,它一般会将案件发回原审法院进行重新审判,但同时会要求下级法院在重新审判时将该非法所得的供述加以排除,不使其出现在陪审团面前。按照上诉法院的要求,原审法院重新组成陪审团后,将根据那些没有受到非法取证手段"污染"的证据,重新作出有罪或者无罪的裁断。

但是,初审法院在审判中存在的法律错误并不都会导致原有罪裁决被撤销。根据上一章的分析,如果有关错误属于"无害错误",也就是不会导致被告人的实体权利受到不利影响的错误,则上诉法院仍会维持原来的有罪裁决,而不会将该裁决予以撤销。相反,如果初审法院的错误属于极为严重的宪法错误,并导致被告人无法获得公正审判的机会,则原来的有罪裁决就将因此而被"自动撤销"。

在20世纪60年代以前,初审程序中存在的任何宪法错误都不被视为"无害错误"。初审法院对检控方非法证据的错误采纳,也会导致其有罪裁决被上诉法院撤销。但是,随着1967年Chapman案判决的作出,最高法院正式建立了所谓的"无害错误规则"。根据这一规则,初审程序中的错误即使导致被告人的某一宪法权利受到了侵犯,也并不必然属于"可撤销的错误"。只有那些足以对被告人的实体权利造成不利影响,也就是足以改变原有罪裁决结果的错误,才会导致原有罪裁决的撤销。但是,这一判决也认为,"有些宪法权利对于公正审判如此重要,以至于对它们的侵犯将永远不能被视为无害错误"。其中就包括宪法第五修正案所确立的禁止强迫自证其罪的特权。因此,初审法院对那些违反自愿性规则的被告人供述的采纳,就属于这种绝对不属于无害错误的宪法错误。①

在此后的三十年里,最高法院通过判例的积累逐渐将绝大多数宪法错误都纳入"无害错误规则"之中。例如,初审法院在审判中错误地采纳了某一经非法搜查、扣押、窃听乃至辨认所得的证据,但是,如果检控方运用其他证据也能够证明被告人有罪,并能达到排除合理怀疑的程度,那么,采纳该非法证

---

① *Chapman v. California*, 386 U. S. 18 (1967).

据并不会对案件的裁决结果产生影响。在此情况下,采纳非法证据的行为就可以被认定为无害错误。因此,初审法院错误地采纳检控方的非法证据,并不必然导致其有罪裁决被上诉法院推翻。

不过,初审法院如果错误地采纳了被告人的非自愿供述,则这一审判错误仍然不受"无害错误规则"的检验,而可以直接导致原有罪裁决的撤销。这一情况一直延续到20世纪90年代。而在1991年 Arizona v. Fulminante 一案的判决中,最高法院开始将"无害错误规则"适用到法院对非自愿供述的采纳问题上。根据这一判决,上诉法院如果确信即使初审法院错误采纳的被告人供述根本不曾存在过,陪审团根据其他证据也能够作出有罪裁决,它就可以继续维持原有罪裁决的效力。上诉法院在作出这一决定时,需要考虑三个方面的因素:一是有罪裁决是否取决于陪审团对该供述的确信;二是陪审团对其他合法供述证明力的评价是否依赖于它与非自愿供述之间的关系;三是对该非自愿供述的采纳是否导致了对其他证据的采纳。①

从此以后,直接上诉程序为被告人申请证据禁止问题所提供的再救济,就有了内在的限制。初审法院对检控方某一非法证据的采纳,即便后来被证明是一种宪法性错误,也不一定导致上诉法院撤销其原来所作的有罪裁决。而只有当这种由采纳非法证据所导致的错误,对案件的裁决结果造成直接影响时,上诉法院才会将原有罪裁决予以推翻。不仅如此,根据"提出或者放弃"(the rise of waive doctrine)的原则,被告人在法庭审判中必须对某一法律问题提出反对意见,向法官陈述理由,并促使法官就此事项作出裁定,否则他将丧失就此事项提出上诉的权利。因此,如果被告人在审判前和审判过程中都没有提出有关证据禁止的动议,也没有取得过法官有关排除非法证据问题的裁定,那么,被告人在是否排除非法证据问题上就丧失了上诉权。当然,如果初审程序存在"明显的错误",也就是那些影响了被告人的重要权利,以至于造成严重的非正义或者司法误判的错误,那么,即使被告人当初没有提出排除证据的动议,上诉法院也可以受理被告人的上诉申请,审查初审法院错误地采纳非法证据的行为应否导致原有罪裁决被推翻的后果。②

尽管联邦和各州法院在上诉问题上有着不尽一致的实践,但直接上诉的程序一般都具有以下大体相似的特征:三名法官组成法庭,负责上诉案件的重新审理,陪审团不得参与上诉审查活动;上诉法院所要审查的不是证据的

---

① *Arizona v. Fulminante*, 499 U.S. 279 (1991).
② Joel Samaha, *Criminal Procedure*, pp. 650-652.

可信性和事实的认定问题,而是原审法院在审判中是否违反了程序规则,尤其是是否侵害了被告人的宪法权利,换言之,原审法院的审判是否存在法律上的错误;上诉状必须记明原审法院审判中的错误,指出这种错误所触犯的成文法或判例法的依据,并说明这些错误存在于原审法院的审判记录之中;被上诉方收到上诉状后,应提交答辩状,对上诉状中指明的法律错误进行反驳;上诉审查以原审法院的审判记录为依据,而不传唤证人,不实施交叉询问,也不对证据进行当庭审查,而只是听取上诉方与被上诉方的口头辩论,双方的辩论往往集中在上诉状载明的法律错误是否成立这一问题上。经过听审,法庭如果认定原审法院存在法律错误,并且这种法律错误又属于可撤销的错误,就会撤销原审判决,并将案件发回原审法院重新审判。相反,上诉法院如果认为原审法院没有任何法律错误,或者仅仅存在一定的"无害错误",就可以继续维持原有罪判决。①

17.8.4 间接复审

如果初审法院错误地拒绝了被告人有关排除某一非法证据的动议,而上诉法院也没有将此判断为"可撤销的错误"并提供被告人有效的救济,则被告人还可以通过"间接复审"程序获得非常救济的机会。其中,最重要、适用最普遍的间接复审程序是人身保护令程序(habeas corpus proceedings)。

从性质上看,人身保护令属于一种特别的民事诉讼(a civil action),而不是旨在对被告人是否有罪加以裁判的刑事程序,也与那种旨在寻求推翻有罪判决的上诉程序有所不同。实施这一程序的法院所要审查和裁判的不是被告人是否有罪的问题,而是嫌疑人、被告人所受的羁押措施或监禁刑是否合法的问题。正因为如此,申请者不享有法律援助的特权,也不能行使其他一系列的宪法性权利。甚至在整个人身保护令程序中,无罪推定原则都不再发生作用。无论是针对未决羁押措施还是定罪后的监禁行为,人身保护令的申请者都必须承担提出证据证明羁押违法性的责任。② 但是,作为一种为被定罪者提供的非常救济程序,人身保护令的申请是没有时效限制的。被告人在被初审法院定罪并用尽上诉程序之后的任何时间里,只要掌握了重要的新证据,证明自己符合发布人身保护令的条件,就可以向法院提出这方面的申请。

---

① 〔美〕爱伦·豪切斯泰勒·斯黛丽、〔美〕南希·弗兰克:《美国刑事法院诉讼程序》,陈卫东、徐美君译,中国人民大学出版社 2002 年版,第 601 页以下。
② Joel Samaha, *Criminal Procedure*, p. 657.

在利益平衡理论的影响下，人身保护令程序的适用既保留了历史上的一些基本特征，又受到了一些必要的限制。例如，从历史上看，一个受到羁押的人可以向英格兰的任何一个法官反复提出人身保护令的申请。因为那种旨在禁止对已决事项重开诉讼的既判力规则(the rule of res judicata)，对于人身保护令的申请并不适用。因此，被羁押者在首次申请发布人身保护令遭到失败之后，仍然可以向上级法院继续提出类似的申请。但是，在现代美国司法制度中，无限制地提出人身保护令的申请还是要受到禁止的。一般而言，申请者如果在后来的申请中没有提出一项原来在初次申请时并未提出过的问题，那么，法院有权拒绝这种重复提出的申请。

不仅如此，人身保护令的申请还要受到以下的限制。首先，对于由各州法院终审裁判有罪的人而言，要想获得向联邦法院申请人身保护令的机会，就必须事先将该州法院系统提供的非常救济手段加以用尽，然后沿着联邦地区法院、联邦上诉法院和联邦最高法院的顺序，逐级申请人身保护令的发布。因此，一个受到州法院定罪的人，一般应首先向负责审判其案件的初审法院提出人身保护令申请，并在失败后逐级向州上诉法院、州最高法院提出申请。其次，向联邦法院申请人身保护令救济的人还必须证明原审有罪判决损害了某一重要的联邦宪法权利(a federal constitutional right)。否则，申请者就只能在州法院提出人身保护令申请。再次，接受有关人身保护令申请的联邦法院必须尊重州法院对事实问题的判定，而不得审查诸如证人可信性、证据证明力等之类的问题。

那么，对于联邦或者州的初审法院错误地采纳某一非法证据的问题，人身保护令程序又能在多大程度上发挥救济作用呢？迄今为止，这一程序所能发挥救济作用的主要对象是初审法院错误地采纳非法供述问题。换言之，申请者可以第五修正案所赋予的不受强迫自证其罪的宪法权利受到侵犯为由，向联邦法院提出申请人身保护令的程序。至于申请者一旦以警察侵犯其第四修正案的宪法权利，而初审法院没有提供有效的救济为由，提出人身保护令的申请，则联邦法院一般不予受理。由此可见，人身保护令程序在对证据禁止问题提供司法救济方面，就受到了更加严格的法律限制。

在1976年 Stone v. Powell 一案的判决中，最高法院认为人身保护令程序不适用于与联邦宪法第四修正案有关的申请。也就是说，对于警察通过无理搜查和扣押所取得的证据，初审法院错误地加以采纳的行为，联邦法院一般不得以此为根据而启动人身保护令程序。在该法院看来，以第四修正案为基础的排除规则,其首要目的是抑制警察的宪法性侵权行为,其适用会导致一些可靠的证据被排除。而这显然与人身保护令程序的宗旨不相符合,因为后者主要是为防止无罪者受到不公正的定罪而设立的。另一方面,将排除规则扩大适用于人身保护令程序,其收益实际会远远小于所付出的成本,其中不仅包括排除可靠证据的成本,而且还涉及与司法终局性有关的巨大成本。因此,最高法院的结论是,如果各州针对宪法第四修正案提供了充分和公正的权利救济机会,那么,任何州的服刑者都不得以初审法院采纳了非法搜查和扣押所得的证据为由,提出人身保护令的申请。①

尽管最高法院原则上将宪法第四修正案问题排除于人身保护令程序适用范围之外,但如果各州没有为申请者提供"充分和公正的"救济机会,而申请又符合联邦人身保护令程序的其他要求,则联邦法院仍然可以将排除规则的适用问题纳入人身保护令的适用范围。当然,这种情况极少发生。不仅如此,如果辩护律师在初审程序中没有及时地提出证据禁止的动议,从而导致初审法院错误地采纳了某一非法证据的,这通常被视为"无效的辩护"(ineffective assistance of counsel)。对于以此为理由所提出的人身保护令申请,联邦法院一般是可以接受的。② 但这也产生了一个矛盾:如果两个被告人都以第四修正案为根据提出了排除非法证据的动议,而初审法院都错误地拒绝了他们的动议,那个没有获得律师有效帮助的被告人就可以获得人身保护令的救济,而另一个获得有效辩护的被告人却无法获得这种救济。同样的被告人仅仅因为律师辩护效果的不同,而产生如此大的差别对待。③ 这显然是一个需要解决的问题。

尽管最高法院对于人身保护令程序在第四修正案的救济方面作出了严格的限制,但是,对于警察以违反米兰达规则的方式所获得的被告人供述,初审法院如果错误地加以采纳的话,则被告人可以在普通救济程序用尽之后,向联邦法院申请人身保护令程序。

在1993年 *Withrow v. Williams* 一案的判决中,最高法院认为原来所作的 Stone 案判决不适用于初审法院错误地采纳某一通过违反米兰达规则而获得的非法供述的问题上。在该法院看来,以第四修正案为基础的排除规则与米兰达规则具有实质性的区别。前者不是一项独立的宪法权利,而是抑制警察

---

① *Stone v. Powell*, 428 U.S. 465 (1976).
② *Kimmelman v. Morrison*, 477 U.S. 365 (1986).
③ Friedman, A Tale of Two Habeas, 73 *Minn. L. Rev.* 247 (1988).

违法行为的手段。在审判中排除非法搜查所得的证据,对于第四修正案无法发挥任何救济作用,也无助于通过保证证据的可靠性来维护刑事程序的完善。相反,米兰达规则所要保护的则是宪法第五修正案有关禁止强迫自证其罪的宪法权利,而警察一旦在羁押性讯问中违反了这一规则,则被告人的有罪供述就通常变得不甚可靠。① 因此,对于初审法院错误地采纳了某一非自愿的供述的,被告人在用尽了普通救济程序之后,还应通过申请人身保护令的方式获得非常的救济。

很显然,联邦法院在考虑是否发布人身保护令问题时,固然会以初审法院的审判侵犯了被告人的宪法权利作为极为重要的理由,但是,仅仅有某一宪法权利受到侵犯这一事实,并不足以构成人身保护令程序启动的充分条件。考虑到人身保护令程序属于非常救济程序,它主要为纠正司法误判(miscarriage of justice)和极为严重的程序不公行为而设立,因此,初审法院错误地采纳某一非法证据的情况,一般必须足以导致陪审团根据不可靠性的证据,作出错误的有罪裁决。这一情况才是人身保护令程序得以启动的重要条件。②

最后,由于发布人身保护令的程序不属于刑事诉讼程序,因此这一程序就具有一些有别于直接上诉的特征。一般来说,某一被生效判决定罪并受到监禁的人,向有关法院提出申请时,应将有关刑罚执行机构的看管者(如监狱)作为被告人。法院受理该申请后,首先会要求州司法部长解释不能发布人身保护令的理由,并就此提交一份答辩书。法院收到被告的答辩书后,应根据案情确定是否举行专门的听审程序。这种听审程序由于要涉及申请者的权利是否受到侵害,属于一种事实认定程序,而不仅仅是法律适用问题的辩论程序。因此,负责听审的法庭可以传唤证人出庭作证。经过审理,如果有证据表明申请者的权利确实受到侵害,法院就可能同意发布人身保护令。但是,这并不必然引起申请者的释放。由于联邦宪法有关"禁止双重危险"的原则在此并不适用,因此州检察部门可以对申请者重新提起刑事诉讼。当

---

① *Withrow v. Williams*, 507 U. S. 680 (1993).
② 在美国刑事诉讼中,联邦法院发布人身保护令的主要理由除了初审法院错误地采纳了非自愿的供述以外,还有以下情况:在审判开始之前,被告人的案情被不适当地公开,致使审判的公正性受到影响;在预审、法庭审判或上诉程序中被非法剥夺了法律援助的机会;在上诉程序中被非法剥夺查阅案卷的机会;检控方故意使用了错误的证据,而法官也没有加以纠正;被告人在作出有罪答辩或接受审判时心神丧失;检控方没有向被告人披露对后者有利的证据,等等。参见 Ronald L. Carlson, *Criminal Justice Procedure*, p. 229.

然,对于法院所作的发布人身保护令的裁决,州检察部门也可以向上一级法院提出上诉。事实上,无论是申请者,还是应诉的一方,都可以对法院有关是否发布人身保护令的裁决提出上诉。

17.9 几点结论

结论之一,排除规则的本质是法院以证据无效的方式来制裁警察的程序性违法,也就是通常所说的"程序违法直接导致实体无效"。

在这一制度的影响下,诉讼程序相对于实体刑法的独立性、自主性达到了极致。而在 1961 年 Mapp 案判决产生之前,甚至在 1914 年 Weeks 案判决产生以前,最高法院的大法官对于警察的程序性违法,充其量也只是求助于刑事诉讼程序之外的实体性制裁措施,如民事侵权诉讼、追究警察的刑事责任或者对违法警察科以纪律惩戒措施等。但是,即便实施过违法搜查、扣押、窃听、讯问、逮捕、羁押等行为的警察,确实被受害者提起民事侵权诉讼,该警察甚至他所在的警察机构也随即被要求作出巨额民事赔偿,或者违法警察本人被警察机构内部的纪律惩戒机构作出严厉的处分,如开除出警察队伍,甚至被检察机关提起公诉,并最终受到定罪判刑,这也只是使实施过程序性违法行为的警察本人受到了法律制裁,而警察以这种违法手段所获取的证据却未必受到消极的影响,警察以违反法律程序的方式所进行的刑事追诉活动却仍然可能成功。假如没有证据排除规则,则上述所有实体性制裁对于预防警察违法至多只能发挥带有功利性和实用性的威慑作用,也就是抑制警察将来的破坏法律程序的行为。但是,对于警察业已实施的程序性违法行为所造成的损害司法正义、侵犯公民权利的结果,却未必有明显的补救效果。尤其是,在警察违法所得的证据经检察官的传递,而摇身一变为法院对被告人加以定罪之依据的时候,在非正义的诉讼程序本身仍然具有创制有罪裁判之结果的时候,刑事诉讼程序依然无法摆脱实体刑法之附庸的地位。

结论之二,在美国刑事诉讼中,"程序性违法"并不具有形式化的意义,而实质上相当于警察侵权行为,尤其是"宪法性侵权"行为。

这一方面是因为美国实行的是判例法,有关排除非法证据的全部规则都是美国联邦最高法院通过逐案审查的方式在判例中逐步加以确立的。无论是在联邦司法系统还是在各州司法区,都不存在全面系统的刑事诉讼法典,更不存在有关排除非法证据的成文规则。因此,判断警察的侦查行为是否构成"程序性违法",就不可能依据成文法所确立的规则来进行。另一方面,美国联邦宪法所确立的"权利法案",将刑事被告人所享有的几乎全部权利都确立为"宪法权利",并赋予刑事被告人就警察的侵权行为寻求宪法救济的机会,使得警察为搜集犯罪证据而进行的侦查行为,一旦被认为侵犯了被告人的某一宪法权利,就可以成为宪法性裁判的对象。因此,美国的"程序性违法"就等于警察的"宪法性侵权行为",而排除非法证据也就等于针对警察侵权行为的"宪法性救济"方式。

表面看来,法院通过程序性裁判活动所排除的都是警察"非法所得的证据",但实际上,这种排除所针对的都属于警察通过侵犯被告人的某一宪法权利而获取的证据。所谓"毒树之果"的提法,本质上就体现出这些证据已经受到警察违宪行为的"污染",因而已经在法律程序上具有"毒素"的意思。在长期受大陆法思维影响的中国法学者的眼里,美国排除规则仿佛所针对的都是警察的"非法取证"行为,如非法搜查、非法扣押、非法窃听、非法逮捕、非法羁押、非法辨认或者非法进行的羁押性讯问等。但略微考察一下联邦最高法院的相关判例,我们就可以发现,这其实也属于一种重大的"误读"现象。因为该法院在涉及排除非法证据的每一判例中,都是以警察的侦查行为是否以及在多大程度上侵犯了被告人的宪法权利为根据,来确立几乎所有新规则的。因此毫不奇怪,联邦最高法院于 1914 年所作的 Weeks 案判决,就被认为是以宪法第四修正案有关进行无理搜查和扣押的规定为根据,首次在联邦司法系统确立了排除规则;而该法院于 1961 年所作的 Mapp 案判决,则属于第一次在各州司法区确立排除规则,成为使联邦宪法第四修正案有关禁止无理搜查和扣押的宪法权利,成为各州法院排除非法证据的宪法依据。不仅如此,联邦最高法院后来对排除规则的逐步发展,使得联邦宪法第五修正案有关禁止自证其罪的宪法权利,第六修正案有关获得律师帮助的权利,以及第五和第十四修正案有关正当法律程序的权利,都成为法院适用排除规则的直接宪法依据,也成为排除规则所要发挥救济作用的对象。需要注意的是,上述任何一种宪法权利并不总是与某一种特定的"非法侦查行为"具有对应关系的。事实上,违反宪法第四修正案的侦查行为就不限于非法搜查和非法扣押行为,还包括非法窃听行为;侵犯被告人获得律师帮助的权利也不仅仅发生在警察组织的辨认阶段,还有可能发生在羁押性讯问环节。至于侵犯被告人"正当法律程序"权利的行为,则更可能涉及警察的辨认、讯问、勘验、检查、侦查实验等多种侦查行为。很显然,这种以是否侵犯被告人宪法权利为根据来确立是否排除非法证据的做法,具有极大的灵活性和开放性,并可以在判例制度的背景下拥有进一步发展的余地和空间。毕竟,在刑事诉讼中,警察的侦查活动种类多样,方式繁多,且处于不断变化之中。俗语说:"道高一尺,魔高一丈"。在成文法中对排除规则所针对的非法侦查行为逐一作出列举,不仅较为困难,而且很容易遗漏一些潜在的宪法性侵权行为,并使得排除规则在制裁警察宪法性侵权行为方面有百密一疏之偏失。

结论之三,自 1944 年 Weeks 案判决和 1961 年 Mapp 案判决产生以来,美国联邦最高法院从多元化的角度来论证排除规则的正当性,但后来经过伯格和伦奎斯特两任首席大法官的努力,排除规则的合理性最后只被认为具有唯一的抑制警察违法这一实用性作用。这是对排除规则正当性的较大否定,也直接导致排除规则适用范围的大幅度缩小。

结论之四,排除规则作为针对警察程序性违法和侵犯公民宪法权利之行为的制裁方式,不仅要在实体层面上有其适用的范围和后果,而且在程序层面上还要建立一系列的法律保障规则。由此,一种极为丰富的程序法治体系在这一规则的实施过程中逐渐得到建立,并达到了较为完善和严密的程度。

在前面的论述中,笔者对美国排除规则的分析不仅涉及排除规则的历史发展、适用范围、法律后果以及主要的例外,而且还包括了以往为法学者所忽略的申请排除非法证据的程序机制问题。应当看到,尽管美国在排除规则问题上并没有系统的成文法,联邦最高法院对于该规则的解释也发生了前后的反复和变化,但是,排除规则仍然在判例法中具有一个大体明晰的框架。当然,基于实用主义和经验主义的哲学传统,美国联邦最高法院对于排除规则仍将会作出各种各样的调整和改革,排除规则也如同一种富有生命力的有机体一样,还会继续成长和发展。不过,作为一种最为重要的程序性制裁机制,这一规则对于抑制警察的违法行为,促使警察在调查证据过程中遵守宪法和法律,仍具有较为有效的作用。同时,作为一种公民宪法权利的救济方式,排除规则仍将对于警察实施的那些宪法性侵权行为,具有相当程度的惩戒作用。

或许,我们从美国联邦最高法院围绕着排除规则的实施问题所作的一系列判决之中,可以发现一些有益的线索,以帮助我们了解如何建立一种较为完善的程序性制裁机制的问题。毕竟,相对于其他形式的程序性救济方式而言,排除规则具有最为完整的实体性制裁要素和程序性裁判要素。而在美国刑事诉讼中,即便是与排除规则具有相似救济功能的其他制裁形式,如"有不利影响的撤销起诉"和推翻原来的有罪判决等,不仅在适用范围和例外规则上不甚清晰,而且在程序性裁判机制上也有不少含混之处。因此,在对排除规则的总体情况有所了解之后,对这一规则的基本构成要素作出实证性分析,将有助于我们理解该规则之所以能够发挥权利救济作用的基本原理。大体上看,刑事诉讼中的程序性制裁机制有三个方面的构成部分:一是"程序性违法"规则,也就是确定程序性违法之构成条件;二是程序性违法的实体性制裁规则,亦即程序性违法行为的法律后果;三是程序性违法的程序性裁判规则,也就是为实施程序性制裁而建立的专门裁判机制。

18. 德国的证据禁止制度

18.1 证据禁止的概念和分类
18.2 自主性证据使用禁止
18.3 非自主性证据使用禁止
18.4 证据禁止与宪法救济

德国尽管为重要的大陆法国家，法律渊源主要由成文法构成，但其刑事诉讼法却深受《基本法》的影响，并有着较为发达的违宪审查制度，使得刑事被告人的宪法性权利可以获得有效的司法救济。这种宪法性救济最重要的表现就是证据禁止制度。

证据禁止（德文 Beweisverbote）作为一种刑事诉讼概念和制度，在德国已有上百年的历史。但自 20 世纪 60 年代以来，伴随着德国联邦宪法法院和最高法院一系列司法判例的作出，证据禁止无论从理论上还是从实务上都得到了前所未有的发展。值得注意的是，德国联邦宪法法院和最高法院在判例中越来越多地将证据禁止制度与被告人权利——尤其是宪法性权利的保障结合起来，使得这一制度客观上成为刑事被告人宪法性权利的主要救济机制。[1]

18.1　证据禁止的概念和分类

德国法中的证据禁止，是指禁止特定的收集、取得、提出和使用证据方法的法律规范。大体说来，证据禁止有两种基本的形态：证据取得之禁止（德文 Beweiserhebungsverbot）与证据使用之禁止（德文 Beweisverwertungsverbote）。前者是指有关证据收集、取得程序和方式上的禁止性规范，主要用来限制警察、检察官的侦查活动，当然也可以直接对法官依据职权调查证据的活动产生规范作用。换言之，证据取得之禁止主要是指一系列有关警察、检察官和法官取得证据的禁止性规范，它与这种违反法定禁止性规范所取得的证据的可采性并无直接的关系。原则上，警察以一种违反法定禁令的方式所实施的调查活动，可能招致警察机构的纪律处分、有关的刑事责任追究等法律后果，当然也可能导致法庭排除这种非法所得的证据。但是，警察以非法手段所获取的证据即使违反了法定的禁止性规范，也不一定会带来证据排除之后果。在证据取得之禁止与证据排除之间，并不存在必然的因果关系。[2]

所谓"证据使用之禁止"，大体相当于英美法中的证据排除，是指作为事实裁判者的法官对于特定的证据不得用作裁判的根据。这种被法官排除于法庭之外的特定证据，既可能是侦查人员非法取得的证据，也可能是侦查人

---

[1] 赵彦清：《受基本人权影响下的证据禁止理论——德国刑事诉讼法中的发展》，载《欧洲法通讯》第四辑，法律出版社 2003 年版，第 139 页以下。另参见〔德〕克劳斯·罗科信：《刑事诉讼法》（第 24 版），吴丽琪译，法律出版社 2003 年版，第 210 页以下；〔德〕托马斯·魏根特：《德国刑事诉讼程序》，岳礼玲等译，中国政法大学出版社 2004 年版，第 187 页以下。

[2] 参见〔德〕克劳斯·罗科信：《刑事诉讼法》（第 24 版），吴丽琪译，法律出版社 2003 年版，第 210 页以下。

员合法取得但使用该证据本身将侵犯公民权利的证据。证据使用之禁止,按照法官是否依据法律明文规定的证据取得禁令来确定其成立的标准,可以分为"自主性证据使用禁止"(德文 selbstverständige Beweisverwertungsverbote)与"非自主性证据使用禁止"(德文 unseibstverständige Beweisverwertungsverbote)两大类。

所谓"自主性证据使用禁止",是指法院不是依据法律中的证据取得禁令而作出排除证据的裁定,而是从宪法有关保障公民基本权利条款中所推导出来的证据使用禁止。因此,法院在作出这种证据使用禁止裁决时所要考虑的不是证据取得方式和手段是否违反了刑事诉讼法的禁止性规则,而是使用该种证据是否会直接造成对基本法所确立的基本权利的侵害。正因为如此,自主性证据使用禁止就不是由普通法院依据刑事诉讼法而适用的证据排除规则,而主要是由德国联邦宪法法院和最高法院依据德国《基本法》的权利保障条款所建立的宪法性救济制度。根据其发挥的法律功能,自主性证据使用禁止又被称为"宪法上的证据使用禁止"。[1]

与此相对应,非自主性证据使用禁止又称为"依附性证据使用禁止",它是由证据取得之禁止所推导出来的,意指法院将那些以严重违反法定禁止性规范的方式所取得的证据排除于法庭之外,拒绝将其作为裁判的根据。需要注意的是,非自主性证据使用禁止尽管是以证据取得方式违反法定禁令为根据的,但证据取得方式违反法定禁令本身,并不必然导致证据使用之禁止。[2]

尽管非自主性证据使用禁止并不是直接依据宪法所发展出来的,但仍然受到《基本法》有关公民权利保障条款的直接影响。尤其是德国联邦最高法院,在一系列司法判决中借助于《基本法》的有关权利保障条款,使得这种证据禁止的范围得到逐步的扩展。

18.2　自主性证据使用禁止

自主性证据禁止是德国联邦宪法法院和最高法院依据《基本法》的权利

---

[1] 赵彦清:《受基本人权影响下的证据禁止理论——德国刑事诉讼法中的发展》,载《欧洲法通讯》第四辑,法律出版社2003年版,第139页以下。

[2] 按照德国法院所作的判决解释,对于那种违反了法定禁止性规则的证据取得方式,法院在作出是否排除证据的裁决时,通常需要考虑以下因素:一是违法取证行为是否损害了那些能从排除证据中受益的人(通常是被告人)的法定利益;二是该证据是否非使用违法手段不能取得;三是该证据的排除是否与那些被破坏的程序规则之目标相称;四是证据排除是否与"依据实体真实裁判案件"这一最高利益相冲突。参见〔德〕托马斯·魏根特:《德国刑事诉讼程序》,岳礼玲等译,中国政法大学出版社2004年版,第195页。

保障条款所发展出来的证据禁止制度。由于这种证据使用禁止不取决于收集证据手段和方式的违法性，而是根据使用该证据是否导致某一宪法性权利遭受侵害来确定的，因此，它不可能依靠成文法来规定，而是通过宪法法院和最高法院的司法判决而得以建立。但是，正是因为德国联邦宪法法院和最高法院是通过逐案解释的方式确立了这种证据使用禁止的类型，也使得研究者对它的范围和内容产生了较大的争议。不过，根据德国联邦宪法法院所作的司法判例，我们大体可以了解这种不以取得证据方式违法为前提的自主性证据使用禁止的适用情况。

判例解释之一：根据联邦宪法法院的解释，一个纳税人在履行纳税义务过程中，向国家税务部门提供了有关的事实和信息。这些事实和信息即使是税务部门依法获取的，也一般不得被用作指控纳税人犯罪的证据。同样，一个宣告破产的人依法向接受人提供了有关其经济状况的所有信息，这类信息也不得被用作指控他犯罪的证据。在以上情况下，使用这种合法取得的证据来实施刑事起诉本身，就侵犯了被告人不受强迫自证其罪的特权，从而最终侵犯了该人受宪法保护的人格尊严。[①]

判例解释之二：根据联邦宪法法院的解释，侦查人员所掌握的秘密录音、摄影、照相、私人日记本等，即便是经过合法的搜查和扣押程序所获得的，也一般不得被作为法院裁判被告人有罪的根据。宪法法院对这些证据加以排除的基础不是侦查人员取证程序的违法性，而是基本法上的人格权保护条款。在宪法法院看来，公民的隐私权可以分为"核心隐私领域""纯私人领域"和"社交领域"等三个层次。其中，涉及"核心隐私领域"的部分，应受到绝对的保护，并无利益权衡的余地。因此法院即使是在重大犯罪案件中，对涉及侵犯该种隐私权的证据都无权加以使用。而在"纯私人领域"，法院则可以衡量个人权利保护与国家追诉犯罪的利益，来决定是否使用涉及权利侵害的证据。而至于"社交领域"的隐私权，则并无受证据使用禁止法则保护之必要，法院对此类证据一般都可以使用。[②]

德国联邦宪法法院提出的这种"三阶理论"，固然有助于建立一个相对明晰的标准，来适用自主性证据使用禁止之法则，但在实务中其可操作性仍然

[①] 参见〔德〕托马斯·魏根特：《德国刑事诉讼程序》，岳礼玲等译，中国政法大学出版社2004年版，第192页。

[②] 赵彦清：《受基本人权影响下的证据禁止理论——德国刑事诉讼法中的发展》，载《欧洲法通讯》第四辑，法律出版社2003年版，第139页以下。

存在问题。按照宪法法院的判例,即便是私人日记本,也一般仅涉及"纯私人领域"的隐私权而已,法院在某一类案件中固然不能将其用作裁判的依据,但在另一类案件中,却可以不受此限。例如,侦查人员合法取得的私人录音带,如果涉及一重大犯罪事实,如关于被告人有关纵火计划的讨论过程,则法院可将其用作证据;但如果录音带仅仅涉及侮辱、毁损等轻微犯罪之事实时,则法院可以拒绝将其采纳为证据。①

判例解释之三:根据联邦宪法法院的解释,私人以非法手段所获得的证据,如私自所作的秘密录音等,尽管并不为刑事诉讼法所禁止,却仍然被禁止采用为证据。其理论基础与禁止采用侦查人员合法取得的日记本、录音、摄影的情况相似,都旨在保护基本法上的公民人格权。尽管刑事诉讼法所禁止的一般都是警察、检察官、法官的违法取证行为,但这种由私人违法取得的证据却因为侵犯公民宪法性权利,而成为法院排除的对象。②

18.3 非自主性证据使用禁止

与自主性证据使用禁止不同,非自主性证据使用禁止通常被称为"依据刑事诉讼法的证据排除",它与美国、英国、加拿大等国所讨论的非法证据排除属于同一层面的问题。

然而,对于非法证据的排除问题,德国《刑事诉讼法典》只在第136条a中明确规定了针对非法讯问所得的证据的排除规则。按照一般的理解,该条款前半部分确立的是"证据取得之禁止",也就是法律明文禁止的取证手段,包括(1)对被告人意思决定和活动自由加以侵犯的行为,如虐待、伤害身体、服用药物、折磨、欺诈和催眠等;(2)在刑事诉讼法准许的范围之外实施强制措施;(3)以刑事诉讼法所禁止的措施相威胁;(4)以法律没有规定的利益相许诺;(5)有损被告人记忆力、理解力的措施。该条款的后半部分确立的是证据使用之禁止,也就是对于违反上述禁止性规则所获得的被告人陈述,即使被告人本人同意,法院也不得采用为证据。

按照德国联邦最高法院的解释,被告人所作的陈述只要受到法律所禁止

---

① 参见〔德〕克劳斯·罗科信:《刑事诉讼法》(第24版),吴丽琪译,法律出版社2003年版,第218页以下。
② Craig M. Bradley, The Exclusionary Rule in Germany, in 96 *The Harvard Law Review*, March, 1983, p. 1032.

的讯问行为之影响的,即不得作为证据使用。不仅如此,该条款所确立的证据使用禁止具有继续性效力,也就是被告人即使在后来的程序中接受合法的讯问,但只要其陈述仍然受先前违法讯问行为的继续影响时,则该陈述仍然不得作为证据使用。①

德国联邦最高法院在一系列司法判决中大大发展了这种非自主性证据使用禁止制度。这种发展可以表现为两个方面:一是对《刑事诉讼法典》第136条a作出了进一步的解释,使得法院对非法取得的证据的范围能够有更加明晰的理解;二是将其他方面的证据取得之禁止性规定采纳为证据使用禁止的直接依据,从而使非法证据排除规则大大突破了《刑事诉讼法典》第136条a所限定的范围。而在这些发展证据使用禁止制度的过程中,该法院还直接借助了《基本法》的权利保障条款,使得非自主性证据使用禁止制度也与宪法性权利的保护发生了有机的联系。以下就是德国联邦最高法院以《基本法》为依据对非自主性证据使用禁止制度所作的发展:

司法解释之一:按照德国联邦最高法院的解释,《刑事诉讼法典》第136条a系《基本法》第1条保障人性尊严的具体体现。正是由于对人性尊严的尊重,因此需要禁止损害被告人受宪法保护、在社会中对自我价值以及受他人尊重的请求权,也禁止将被告人当作纯粹对抗犯罪活动中的客体看待。同时,该条也是法治国思想在诉讼程序中的体现,也就是刑事诉讼并不能为发现真相而可以不计代价,而只能在法治国所规范的程序之下进行。因此,不能因为被告人有犯罪嫌疑和受到刑事起诉,就可以任意剥夺其人性尊严。

正是基于上述解释,联邦最高法院在一系列判例中发展了《刑事诉讼法典》所明文确立的非法证据排除规则。例如,法院所要排除的非法证据并不限于《刑事诉讼法典》第136条a所列出的非法讯问手段。原则上,只要某一讯问手段侵害了被告人的意思决定和活动自由,即应在排除规则所禁止之列。德国联邦最高法院曾明确表示,禁止将测谎器所得的结论用作证据,因为以身体的反应作为判断未知的心理状态的标准,侵害了人格中不受侵犯的最深处部分,因此应将这种测谎行为视为侵害嫌疑人宪法人格权的不正当讯问方式,由此所获得的证据也应排除。②

司法解释之二:对于德国《刑事诉讼法典》第52条有关被告人亲属之拒

---

① 赵彦清:《受基本人权影响下的证据禁止理论——德国刑事诉讼法中的发展》,载《欧洲法通讯》第四辑,法律出版社2003年版,第139页以下。
② 转引自同上书,第141页以下。

绝作证权问题,联邦最高法院认为其基础在于维护家庭的和谐以及共同生活的可能性,这与德国《基本法》第 6 条第 1 款有关保护家庭生活的基本原则关系密切,赋予被告人亲属以拒绝作证的特权,其目的在于保护被告人的家庭生活,避免因为强迫被告人亲属承担如实作证之义务而侵害被告人的家庭生活之宪法保障。正因为如此,该法院将排除非法证据扩展到有关违反亲属拒绝作证特权之规则上面。例如,警察、检察官和法官在每次询问享有拒绝作证权之被告人亲属时,都应告知其享有此项权利。否则,不明确告知该项权利的,被告人亲属所作的陈述不得作为证据使用。不仅如此,不告知此项权利,即使享有拒绝作证权的亲属已经去世,其生前所作之陈述仍然不得作为证据加以使用。①

司法解释之三:根据《刑事诉讼法典》第 168 条 c 和第 168 条 d 的规定,法院在询问证人时应当通知被告人到场。按照联邦最高法院的解释,这一规定与《基本法》第 103 条第 1 款有关依法定程序接受审判的权利有着密切的联系。因此,法官违反被告人在场权所获得的证据不得作为证据使用。不仅如此,法官由于过失而没有通知被告人到场时,其结果也不得作为证据使用。②

当然,德国联邦宪法法院在其他的判决解释中,还将警察、检察官和法官侵犯诸如告知沉默权、告知并切实保证被告人获得律师帮助或者保证律师参与和到场的权利,作为法院适用证据使用禁止规则的直接依据。这些为保障被告人基本权利而确立的新的排除规则,尽管并不一定直接以《基本法》为依据,却最终体现了《基本法》有关权利保障条款的精神和理念。③

18.4 证据禁止与宪法救济

对于刑事被告人的权利保障问题,不论是由刑事诉讼法来规定的,还是

---

① 参见〔德〕克劳斯·罗科信:《刑事诉讼法》(第 24 版),吴丽琪译,法律出版社 2003 年版,第 216 页以下。
② 同上书,第 222 页以下。
③ 当然,德国的非法证据排除规则,也就是非自主性证据使用禁止规则,在司法实践中远不限于本书所讨论的范围。事实上,刑事诉讼法典所确立的所有限制侦查行为的程序规则,都有可能构成法院排除非法证据的基础。但是,正如本书所分析的那样,非自主性证据使用禁止尽管以证据取得禁止为前提,却还必须附加其他方面的条件。在这方面,诸如非法搜查、非法扣押、非法监听、为实施鉴定而非法采集身体样本等行为,尽管有可能导致非法证据的排除,但法院仍然需要权衡一系列相互冲突的利益。参见〔德〕托马斯·魏根特:《德国刑事诉讼程序》,岳礼玲等译,中国政法大学出版社 2004 年版,第 194 页以下。

由宪法所宣示的,只要不存在一种最起码的权利救济机制,也就是在宪法性侵权行为发生之后,能够有效地纠正这种法律错误的规则和裁判体系,那么,这些权利甚或宪法性权利就都将形同虚设。如果仔细分析和比较美国、加拿大和德国的宪法性救济制度,我们可以发现三个国家都建立了一种违宪审查制度,使得作为公共权力受害者的刑事被告人,在用尽了普通权利救济途径之后,能够有机会向宪法性裁判机构提起最后的诉讼救济,以便使某一官方诉讼行为的合宪性受到全面的审查。可以说,没有这种合宪性审查或违宪审查机制,上述任何一种宪法性救济制度都是不可能建立和发展起来的。

所谓"违宪审查",又称为"司法审查",是指国家司法机构对于行政机构、立法机构为行使公共权力所实施的行为是否违反宪法的问题所作的司法裁判活动。违宪审查一旦启动,行政机构、立法机构所颁布的法律文件以及所实施的具体行为在合宪性问题上就处于被审查、被裁判的状态;违宪审查一旦结束,那些有违宪法原则和宪法条款的行政决定和立法行为,就可能被宣告为违反宪法,并最终导致其丧失法律效力。

尽管违宪审查是一个国家践行法治原则的重要体现,但迄今为止,即使在法治较为发达的西方各国,违宪审查并不存在一个整齐划一的标准模式。不过,无论是在实行普通法的英美法国家,还是传统上实行成文法的大陆法国家,违宪审查制度所解决的争议大体可以分为两种基本类型:一是国家公共权力机构之间的诉讼纠纷,如联邦政府与某一地方政府之间的宪法争议、若干个地方政府之间的宪法争议、联邦政府不同部门之间的宪法争议,甚至就连不同政党之间的一些法律争议也可以被列入广义上的宪法争议之中;二是个人以其宪法性权利遭受侵犯为由所提起的宪法诉讼,也就是发生在个人与某一国家公共权力机构之间的宪法争议。刑事被告人以其宪法性权利受到任意侵犯所提起的司法救济,就属于上述第二种违宪审查所要解决的问题。[①]

在解决刑事被告人控告侦查、审判机构侵犯其宪法权利的诉讼中,西方国家的违宪审查具有以下几个鲜明的特征:(1)存在一个有权受理宪法性争议的最高裁判机构,这种宪法性裁判机构在美国、加拿大都是其联邦最高法院,在德国则是其联邦宪法法院;(2)与宪法性侵权行为的发生存在利害关系的人提起该种宪法性争议,通常情况下,那些受到刑事追诉的被告人就是

---

① 有关西方违宪审查制度的比较研究,读者可参见沈宗灵:《比较宪法——对八国宪法的比较研究》,北京大学出版社2002年版,第332页以下。

这种利害关系人,也是宪法性侵权行为的直接受害者;(3)宪法裁判机构通过个案审理的方式,审查侦查或审判机构是否存在违反宪法的行为,并就此作出专门的合宪性裁决;(4)宪法裁判机构通过专门的裁判活动,不仅要解决涉讼双方的宪法争议,也就是作出支持一方、反对另一方的裁决,而且还要制作司法判例,通过解释裁判理由的方式制定新的法律规则;(5)宪法裁判机构所制作的司法判例,具有解释宪法的效力,这种判例不仅对下级法院具有直接的法律约束力,而且具有高于成文法律的效力,任何与该种判例存在冲突的法律都应被宣告为无效;(6)宪法裁判机构以宪法原则和宪法有关公民权利保护的条款为直接依据,对于宪法性权利保障和宪法性救济本身建立新的规则。

正是通过这种违宪审查机制,美国联邦最高法院通过宪法第十四修正案的正当法律程序条款,对权利法案所确立的各项被告人权利保障条款在各州的适用作出了各种解释,逐步发展出了包括"排除规则""米兰达规则"在内的一系列法律规则,也逐步发展和完善了排除规则、撤销起诉和推翻有罪裁判等程序性救济制度。同样,加拿大《公民权利与自由大宪章》所确立的各项被告人权利,也只有通过该国最高法院的违宪审查活动,才可以得到逐步的解释和发展。尤其是该《大宪章》第24条所确立的两个宪法性救济条款,假如没有违宪审查机制的保障,那么不仅包括诉讼终止在内的一系列新的救济制度无从发展出来,而且就连宪法上的"排除非法证据规则",也将形同虚设,而根本无法发挥纠正宪法性错误、提供宪法性救济的功能。

假如没有联邦宪法法院的违宪审查活动,德国《刑事诉讼法典》中的排除规则就将永远局限于该法第136条a所确定的范围,而不可能有后来令人惊异的重大发展。事实上,在德国这样一个典型的成文法国家,《刑事诉讼法典》所确立的任何程序规则,假如没有一个宪法裁判机构根据《基本法》的原则和条款加以解释和发展的话,就可能永远处于一种技术性和手续性规则的层次,而根本不可能与宪法性权利的保障和救济发生有机的联系。在这一方面,不仅那种直接建立在宪法基础上的"自主性证据使用禁止"制度,完全依赖于宪法法院的违宪审查活动,而且就连那种"非自主性证据使用禁止"制度的发展,也与德国联邦最高法院对《基本法》有关权利保障条款的解释有着极为密切的联系。因此,在《基本法》相关条款的支持下,在联邦宪法法院的违宪审查活动之中,也包括在联邦最高法院的法律审查活动中,德国证据禁止制度就不再仅仅是一种针对程序性错误加以纠正的救济机制,而事实上具有为被告人宪法性权利提供司法救济的机能。

19. 大陆法中的诉讼行为无效制度

19.1 诉讼行为无效制度概述
19.2 法国:法定无效与实质无效
19.3 澳门—葡萄牙:不可补正之无效与取决于抗辩之无效
19.4 意大利:一般无效与相对无效
19.5 诉讼行为无效的实施程序
19.6 初步的评论

19.1 诉讼行为无效制度概述

针对警察、检察官和法官的程序性违法行为，大陆法建立了一套程序性制裁制度。与英美法相似，大陆法也确立了非法证据排除规则，使得侦查官员以非法手段所获得的证据被禁止在法庭上采纳。与此同时，对于审判程序中存在的程序性违法行为，如违反公开审判制度、侵犯被告人辩护权等方面的行为，大陆法也建立了推翻原审判决制度，使得这种发生在法庭审判中的违法行为受到诉讼程序方面的制裁。

例如，根据意大利现行《刑事诉讼法典》第191条的规定，对于违反法律禁令所获取的证据，在任何诉讼阶段和审级中均不可采用。① 而根据该法典第606条、第620条和第623条的规定，如果下级法院在审判中没有遵守或者错误地适用了刑事法律，则公诉人和被告人都可以按照法定程序向最高法院提出上诉。后者经过对上诉进行审理，可以作出撤销原审判决的终审裁决。②

但是，除了排除规则和撤销违法判决制度以外，大陆法国家还确立了一种独特的诉讼行为无效制度。本来，大陆法中的刑事诉讼理论是以诉讼主体、诉讼行为和诉讼客体（诉讼标的）为框架而建立起来的。其中的诉讼行为又被视为刑事诉讼法之中心点。③ 传统上，诉讼行为无论是从概念、要素、分类、效力还是从成立与不成立、有理由与无理由、合法与不合法、有效与无效等各个方面，都深受民事法律行为理论的影响。这种理论不仅本身晦涩模糊，而且对于刑事诉讼制度缺乏令人信服的解释能力，以至于使人将警察、检察官、法官与被告人、辩护人的"诉讼行为"混为一谈，甚至错误地将民事诉讼的基本理念不加区别地套用到刑事诉讼之上。④

不过，从法国、意大利等国刑事诉讼制度的发展动向来看，警察、检察官和法院的诉讼行为与被告人、辩护人的诉讼行为是不具有同等的法律效力

---

① 《意大利刑事诉讼法典》，黄风译，中国政法大学出版社1994年版，第67页。
② 同上书，第215页以下。
③ 德国学者Sauer的观点，转引自曹鸿澜：《刑事诉讼行为之基础理论——刑事诉讼行为之效力》，载台湾《法学评论》1974年第6期。
④ 有关刑事诉讼行为理论的分析和评价，读者可参见陈瑞华：《刑事诉讼的前沿问题》，中国人民大学出版社2000年版，第二章以下。事实上，民事诉讼是解决平等的个人与个人之间民事争端的诉讼形态，而刑事诉讼则属于强大的国家与弱小的个人之间的理性争讼活动。因此，几乎所有诉讼原则和规则的建立，所有诉讼理论的创建，似乎都不能离开如何维护控辩双方的"平等武装"、如何维护弱者的"诉讼特权"、如何防止警察、检察官和法官滥用权力这一永恒的命题。

的。毕竟,警察、检察官在审判前阶段可以通过实施强制措施来限制、剥夺嫌疑人的人身自由,也可以通过强制性侦查行为来侵犯公民的人格尊严、隐私和其他权利。在法庭审判阶段,法官则在确定被告人刑事责任的过程中,还可以对被告人、辩护人的诉讼权利和参与机会作出各种各样的决定。可以说,无论是警察、检察官还是法官,在刑事诉讼中都有权决定被告人、辩护人的权利行使范围和方式。而作为防御者的被告人和辩护人,则不仅没有主导诉讼进程和作出诉讼决定的权利,更在各个阶段处于申请者和被裁决者的状态。因此,刑事诉讼所面临的一个永恒问题就是如何限制警察、检察官(在审判前)和法院(在审判前和审判过程中)的权力问题,他们所实施的诉讼行为当然也应受到更加严格、更加明确的法律约束。

结果,那种以合格的主体、适当的意思表示和明确的内容为基本要素的诉讼行为,作为民法理论的派生概念①,已经在大陆法各国的刑事诉讼法典中失去了影响力。各国刑事诉讼法典试图通过使违反法律规定的诉讼行为失去法律效力,来对警察、检察官和法院的程序性违法行为加以制裁,并使这种制裁尽可能在诉讼程序的轨道内进行。因此,从一些传统诉讼理论上看,大陆法中的诉讼行为无效制度似乎所针对的是所有各方所实施的具有诉讼法律效果的行为,其中当然也包括了被告人、辩护人的诉讼行为。但实际上,诉讼行为无效制度所发挥作用的对象,则不可能是被告人、辩护人的诉讼行为,而只能是警察、检察官、法院实施的"官方诉讼行为"。

与针对非法证据的排除规则一样,诉讼行为无效制度也可以在刑事诉讼程序的各个阶段和法院的所有审级中发生作用。但是,排除规则的效果主要是法院宣告检控方提交的某一控方证据不具有可采性,也就是不具有出现在法庭上的法律资格。而诉讼行为一旦被宣告无效,则该诉讼行为以及受其影响的诉讼行为和决定都将全部丧失法律效力,诉讼程序将退回到该诉讼行为没有发生的初始诉讼阶段。正因为诉讼行为无效制度对于警察、检察官和法院的程序性违法行为具有如此严厉的制裁效力,一些学者直接将它与英美法中的非法证据排除规则相提并论。②

在近期的研究中,笔者基于对刑事诉讼中的权利救济课题的浓厚兴趣,一直准备对大陆法中的诉讼行为无效理论作一系统的研究。但苦于手头研究资料的严重匮乏,也基于对大陆法各国诉讼行为无效制度的实践情况没有

---

① 〔德〕Claus Roxin:《德国刑事诉讼法》,吴丽琪译,台湾三民书局1998年版,第221页以下。
② John Hatchard and Others, *Comparative Criminal Procedure*, p. 48.

任何直观的了解和感性的认识,因此一直不敢将此问题落笔成文。但考虑到研究刑事诉讼与权利救济问题,不能仅仅局限于英美法的视野(尽管笔者毫不掩饰对英美法尤其是美国法的推崇),而必须对大陆法中的程序性制裁作出考察,因此,笔者拟根据手头有限的资料,对大陆法中的诉讼行为无效制度(笔者不敢妄言"诉讼行为无效理论")作一初步的分析。本着"有一分证据说一分话,有九分证据不说十分话"的胡适精神,本章将考察若干个刑事诉讼法典有关诉讼行为无效的规则,从而以法律文本分析入手,来解释大陆法中的诉讼行为无效制度。或许,这种研究方式尽管无法对诉讼行为无效制度作出全面的分析,但至少可以使读者对法律文本中存在的"诉讼行为无效制度"有更加深入的了解。

在以下的论述中,笔者将就法国、意大利和我国澳门特别行政区刑事诉讼法典所确立的诉讼行为无效制度作一规范性实证分析。之所以将上述三个法律文本作为考察的对象,是因为德国尽管也属于有代表性的大陆法国家,但其刑事诉讼法典并没有确立诉讼行为无效制度,宣告诉讼行为无效也不是德国程序性制裁的一种法定方式。而对于葡萄牙的刑事诉讼制度,笔者并没有太多的研究和了解。不过,考虑到澳门特别行政区以前曾长期为葡萄牙的殖民地,而现行的澳门刑事诉讼法典则直接以葡萄牙刑事诉讼法为蓝本,两者的绝大多数规定是完全一致的。因此,通过对澳门刑事诉讼法典的研究,我们对葡萄牙的刑事诉讼制度会有大致的了解。当然,在以下的分析中,本书不仅将讨论这三个法律文本所确立的诉讼行为无效的分类、意义和效果,而且还将解释诉讼行为无效的申请程序和救济程序,并以英美法中的权利救济方式为参照,对这种诉讼行为无效制度作一总结性评价。

19.2　法国:法定无效与实质无效

对于法国的刑事诉讼制度,笔者在近年的研究中一直给予高度的关注,但在讨论有关法国的问题时却经常产生犹豫和困惑。这是因为,自 1975 年法国大规模修改刑事诉讼法典以来,其刑事诉讼制度一直处于持续变化的过程之中。从 1980 年以来,法国几乎每隔几年就以颁布新法律的形式,对刑事诉讼法典作出修改。尤其是 1993 年 1 月 4 日,法国议会对刑事诉讼法典作出了重大的修改,对一系列涉及诉讼程序的问题进行了改革。但时隔不过 8 个月,即同年 8 月 24 日,法国议会又将这些改革的大部分内容加以废止。

如此频繁不断的修改法律活动,使得研究者对法国的刑事诉讼制度多少有些把握不定。而到了 2000 年 6 月 15 日,法国颁布了关于加强无罪推定和被害人权利的法律,对刑事诉讼法典作出了自 1958 年以来最大规模的修改,其中涉及若干项刑事司法体制的重大变革。其中影响最大的改革包括:设立自由与羁押法官,使其享有对逮捕、羁押、保释等涉及公民人身自由事项的司法审查权,使得预审与羁押职能产生分离;建立重罪案件的上诉程序,对于重罪法院的一审判决提出上诉的案件,由最高法院安排给另一重罪法庭进行复审,这一负责上诉审理的重罪法庭由 12 名陪审员和 3 名法官共同组成审判法庭,以区别于那种由 9 名陪审员和 3 名法官组成的一审法庭;减弱上诉法院的第二级预审之功能,将原来的上诉法院审查起诉庭改名为"上诉法院预审庭",使得重罪案件只能在被告人提起上诉或者提审等较为罕见的情况下,才可以由上诉法院预审庭决定向重罪法院提起公诉。不仅如此,这部法律还就被害人的诉讼地位以及刑罚执行程序作出了较大的改革。①

诉讼行为无效制度是法国极为重要的程序性制裁制度。作为制裁警察、检察官和法官程序性违法行为的重要手段,该制度自 1897 年在法国建立以来,经历了一系列的改革和变化。② 特别是 1975 年对"附条件无效"制度的建立,从根本上改变了诉讼行为无效制度的功能和方向。1993 年 1 月的改革和同年 8 年的改革又使这一制度发生了先激进后保守的变化。至此,以法定无效和实质无效为框架的诉讼行为无效制度开始在法国刑事诉讼法中稳定下来。

尽管法国的刑事司法制度在 2000 年发生了影响深远的改革,但对于诉讼行为无效制度却没有作出任何实质性的修改。考虑到法国的诉讼行为无效制度对其他大陆法国家具有较大的影响,并在不少方面独具特色,因此,本章拟对这一制度作一初步的分析。

19.2.1 预审程序的无效与审判程序的无效

广义上看,诉讼行为无效制度贯穿于整个法国刑事诉讼的始终。这是因为,无论是在预审阶段还是在审判阶段,法国刑事诉讼法典都确立了大量的

---

① 赵海峰:《法国刑事诉讼法典的重大改革评价》,载《欧洲法通讯》第一辑、第二辑,法律出版社 2001 年版。

② Christine Van Den Wyngaert and others, *Criminal Procedure Systems in the European Community*, Butterworths & Co. (Publishers) Ltd. 1993, pp.133-134.

诉讼行为无效的规定,也就是在确立了一系列诉讼程序要求之后,对于那种"违反上述程序规定的行为"则明确宣告"无效"。

预审阶段的诉讼行为无效制度,与针对预审法官所作裁定的上诉制度一起,构成上诉法院预审庭对预审程序加以监督和控制的两种基本手段。[①]

对于预审法官在预审阶段所实施的诉讼行为,上诉法院预审庭要采取各种司法监督措施。尤其是对于预审法官实施的诉讼行为及其诉讼决定,一旦存在违反刑事诉讼法规定的情况,或者侵犯某一方当事人的利益,就必然面临如何纠正违法行为、撤销违法决定的问题。对此,法国刑事诉讼法典确立了双重司法监督机制:首先,对于预审法官所作的带有司法裁判权性质的决定,检察官和当事人都可以向上诉法院预审庭提起上诉。所谓"带有司法裁判权性质的决定",主要是指预审法官所作的各种裁定。例如,在正式侦查开始时,预审法官所作的拒绝侦查的裁定、命令检察官报送案卷的裁定等,在侦查过程中,预审法官所作的拒绝实施某一侦查行为的裁定、延长拘留期间的裁定、对被扣押物品处理的裁定等,在侦查终结后,预审法官所作的终结侦查的裁定等,就都属于这种带有司法裁判权性质的决定。对于这些裁定,检察官和当事人不服的,可以依法向上诉法院预审庭提起上诉,从而引发上诉法院的上诉审程序。

其次,对于预审法官、检察官或警察在预审过程中所实施的不具有司法裁判权性质的行为,预审法官、检察官以及当事人都可以向上诉法院预审庭申请宣告无效。[②] 从法国刑事诉讼法典所列举的无效情况来看,这些可被宣告无效的行为主要是有关警察搜查、扣押、检查、讯问、窃听等侦查行为违反法定诉讼程序的情况。与上诉一样,申请宣告某一诉讼行为无效,也要向上诉法院预审庭提出申请,由后者对申请的无效事项进行审查,并作出是否准许的裁决。当然,预审法官可以主动要求上诉法院宣告无效,上诉法院预审

---

① 与其他大多数大陆法国家不同,法国至今保留了预审法官领导侦查和审查起诉的制度。这一制度作为欧洲纠问式制度的遗留物,在20世纪70年代以来曾被一些大陆法国家所废除。例如,德国于1974年、意大利于1988年相继废除了那种由预审法官领导侦查的制度,而改采由检察机关指挥、指导警察从事侦查活动的新制度。法国的预审法官领导侦查制度,特别是与此相关的两级预审制度,曾一度受到法国各界的猛烈抨击,预审法官甚至被讥讽为"超级警察",被视为法国刑事司法中人权记录较差的重要原因之一。但是,由于事关复杂的政治和法律传统问题,加上其中涉及较为激烈的利益斗争,因此,即使是2000年发生的重大司法改革也没有使这一制度被最终废除。目前,全部重罪和较为严重的轻罪仍然适用预审程序,预审法官也仍然有权领导和指挥这些案件的正式侦查工作。参见〔法〕卡斯东·斯特法尼等:《法国刑事诉讼法精义(下)》,罗结珍译,中国政法大学出版社1998年版,第655页以下。

② 〔法〕卡斯东·斯特法尼等:《法国刑事诉讼法精义(下)》,罗结珍译,中国政法大学出版社1998年版,第660页以下。

庭也可以依据职权作出无效之宣告。

需要指出的是,作为预审法官司法裁判活动的重要组成部分,有关先行拘留、司法管制(又称司法监督)等强制措施的决定或裁定,并不属于宣告无效的对象,而是检察官和嫌疑人提起上诉的对象。因此,即使预审法官就强制措施问题所作的决定存在违法现象,检察官和嫌疑人也无权申请上诉法院预审庭宣告无效,而应向该法庭提起上诉,从而引发上诉法院的第二审程序。

如果说在预审阶段宣告无效制度主要是上诉法院监督、控制预审程序的法定方式的话,那么,审判阶段的宣告无效制度则属于上诉法院和最高法院纠正下级法院程序性违法行为的重要手段。大凡审判阶段需要宣告无效的诉讼行为,其法律后果通常是上诉法院或最高法院将有关的裁判加以撤销。

法国《刑事诉讼法典》第592条和第593条规定了审判程序无效的具体情形。这些情形主要包括:(1)法庭的裁决不是由法定数目的法官作出的;(2)法庭的裁决是由没有出席案件全部庭审活动的法官作出的;(3)法庭的裁决是在没有检察官出席的情况下作出的;(4)没有在公开法庭上宣告的裁决,或者没有在公开法庭上经过辩论而作出的裁决;(5)法庭的判决和裁定没有说明理由,或者理由不充分而有碍于最高法院审查其是否尊重法律的;(6)法庭的裁决对当事人的一项或多项诉讼请求或者检察官的起诉没有作出裁决,或者拒绝作出裁决的。

遇有上述六种情况之一的,上诉法院在就针对轻罪法院、违警罪法院所作判决提出的上诉加以重新审理时,都要将其视为无效的理由。同时,当事人向最高法院提起非常上诉时,上述违反审判程序的行为也将成为最高法院撤销下级法院裁判的重要依据。

19.2.2 法定无效与实质无效

法国的诉讼行为无效制度主要是针对预审程序中的违反行为而建立的。法定无效与实质无效就是这种诉讼行为无效制度的两种基本分类。根据法国《刑事诉讼法典》第802条的规定,即使是法定的无效一般也必须以程序性违法行为损害了当事人的利益为前提,因此又被称为"附条件的无效",也就是以损害利益为前提的法定无效。与此相对应,那些尽管没有损害当事人的利益,却使司法权威和公共利益受到侵犯的违法行为,也有可能带来诉讼行为的无效。这种不以损害当事人利益为前提的法定无效,可以称之为"公益性无效"。以下的讨论就对这些基本理论问题作一简要的分析。

19.2.2.1　法定无效

法国《刑事诉讼法典》明文规定了一系列"以无效论处"或者"否则无效"的条款，使得那些不遵守法定诉讼手续的预审行为丧失法律效力。例如，根据该法典第 30 条的规定，省长如果在和平时期行使司法警察的职权，从事侦查工作，就应立即通知设在国家安全法院的检察官，并且在开始行动后的 48 小时内，将有关证据材料和捕获的嫌疑人移送检察官，"否则，逾期的全部诉讼程序无效"。又如，该法典在第 56 条、第 56-1 条、第 57 条以及第 59 条就搜查、扣押、封存等侦查行为作出程序规定之后，又在第 59 条明文规定，"如果欠缺本法第 56 条、第 56-1 条、第 57 条和本条所规定的程序，其行为应视为无效。"①

这种由刑事诉讼法典所明文规定的诉讼行为无效，在法国刑事诉讼中被称为"法定无效"（法文 nullité textuelle）。原则上，法国《刑事诉讼法典》对于一些重要的预审行为在提出了义务性或禁止性要求之后，为使那些违反这些要求的行为受到制裁，会提出明确的"违法即无效"的要求。但对于其他预审行为，则不明确提出这方面的要求。也就是说，对于那些不属于法定无效情形的程序性违法行为，《刑事诉讼法典》并没有规定"宣告无效"的后果。例如，该法典第 100-2 条规定，预审法官决定截留电讯信息的，作出此项决定的最长期限为 4 个月，继续截留必须按照同样的条件、方式和期限作出决定。又如，该法典第 116-1 条规定，如果嫌疑人书面要求向预审法官作出陈述，预审法官应在接到此项要求后的 15 日内讯问嫌疑人。这类法律条文尽管都属于义务性规范，而不是预审法官自由裁量的范围，但是，预审法官如果在采取电讯截留和讯问时违反上述两个法律条文的规定，这并不会带来行为无效的后果。

根据传统的"无明文则无无效"的原则，在 1993 年以前，除法国《刑事诉讼法典》第 30 条第 2 款、第 59 条第 3 款、第 78 条最后一款以及第 393 条第 4 款的规定以外，其他法律条款均没有作出法定无效的规定。1993 年 1 月 4 日，法国议会在新通过的法律中大量增加了法定无效的情形，尤其是在第 171 条中将明文规定无效的情形增加到 19 种之多。但是同年 8 月 24 日的法律却将该条所列举的"否则无效"的情形全部予以废止。② 当然，现行刑事诉讼法

---

① John Hatchard and Others, *Comparative Criminal Procedure*, p.48.
② 〔法〕卡斯东·斯特法尼等：《法国刑事诉讼法精义（下）》，罗结珍译，中国政法大学出版社 1998 年版，第 661 页以下。

典对法定无效的情形仍然作出了一些增加。迄今为止,该法典明文将法定无效作为程序性违法行为的制裁方式的条款主要有第30条第2款、第56条、第56-1条、第57条、第59条、第78-3条、第100-7条、第393条第4款等。具体说来,法国《刑事诉讼法典》以法定无效作为制裁方式的程序违法情形主要有:

根据该法典第30条的规定,省长在和平时期行使司法警察职权时,没有在开始行动后的48小时之内,将有关证据材料和捕获嫌疑人移送检察官的,全部诉讼程序无效。

根据该法典第56条、第56-1条、第57条、第59条的规定,司法警察为获取犯罪人所持有的证件、文件或其他物品,而前往嫌疑人的住所进行搜查,应当制作搜查笔录;在扣押文书或物品之前,司法警察依照第57条和第60条要求应当允许有关人员对有关文书或物品进行辨认;经扣押的一切物品和文书,司法警察应当立即制作清单并予以封存;搜查律师的办公室或者住宅,应当由一名法官进行并有律师公会会长或其代表在场;对医师、公证人、诉讼代理人或执达员的办公室进行搜查,应当由一名法官进行,并有其纪律负责人或利害关系人所属职业组织的负责人或其代表在场;司法警察在依法遵守职业秘密和保护被告人权利的前提下,搜查应在被搜查场所的物主或物主、警察指定的代表在场下进行,并制作搜查笔录,并由在场的物主或代表签字;除非物主提出要求或者法律另有规定,否则搜查不得在6时以前和21时以后进行……违反上述法定的程序,都将导致诉讼行为无效。

根据该法典第78-3条的规定,司法警察在查验身份时,应当告知被扣留人,他有权将这一侦查行为报告检察官,并有权随时与自己亲属或自行选择的人联系;如果案件涉及18岁以下的未成年人,则从扣留一开始就应报告检察官,并有其法定代理人协助;司法警察为查验身份之目的而对被扣留者加以拘留的,依法不应超过4小时;司法警察应在取得检察官或者预审法官授权后,对被扣押人留取指印和拍照,将其记入笔录,并特别注明这一措施的理由;司法警察应当在笔录载明进行身份检验的理由和方式,告知权利以及被扣留者行使权利的情况,检查开始和结束的时间,并将该笔录交由受检查人签名确认,笔录最后应移送检察官,笔录的副本则应交给受检查人;如果身份检查不是针对侦查程序的需要而进行,也不是执行司法机构的指令而采取的拘留,则与此检查有关的笔录和其他证据,应当在6个月内在检察官监督下予以销毁;如果是因侦查的需要或者为执行司法机构的指令而采取的拘留,则应告知受检查者,他有权将拘留问题报告给检察官……违反上述法律程序的诉讼行为,都应被视为无效。

根据该法典第 95 条和第 96 条的规定,搜查如果针对嫌疑人的住所而进行,则司法警察应遵守第 57 条有关物主或其代表在场的规定,并遵守第 59 条有关搜查时间的规定;搜查如果是针对嫌疑人以外的其他人的住所而进行,则司法警察应要求居住者协助;如果居住者不在或者拒绝协助,则司法警察应在其父母和亲属或者两名证人在场下进行。违反上述法定程序的,有关诉讼行为应依据第 59 条的规定宣告为无效。

根据该法典第 100-7 条的规定,预审法官在对国会议员实施电讯截听之前,应当通知国民议会主席;在对律师办公室或者住宅实施电讯截听之前,应当通知律师公会会长。违反这些法定的诉讼程序,警察所截留的信息应被视为无效。

根据该法典第 393 条的规定,在轻罪案件中,检察官在查明被告人的身份、使被告人了解被指控的事实并在其要求下听取其陈述后,认为没有必要继续进行侦查的,可以按照第 394 条、第 395 条和第 396 条有关立即出庭受审的各项规定处理;检察官应当随即告知被告人有权获得自己委托或者法庭指定的律师的帮助,律师的姓名应毫不迟延地通知律师公会会长……对于上述程序的进行,检察官应当在笔录中予以载明,否则将被宣告为无效。

根据该法典第 107 条的规定,预审法官在询问证人时所作的笔录,行文不应有任何空白;增删和涂改应经预审法官和证人认可,如有翻译人员在场,则应由其认可。未经认可,任何增删和涂改都将被视为无效。

19.2.2.2 实质性无效

所谓"实质性无效"(法文 *nullité substqntielle*),是指警察、检察官或者预审法官的行为违反了刑事诉讼法所规定的程序,尽管法典并没有针对这一违法确立法定的无效后果,但由于该违法侵犯了当事人的权利或者损害了当事人的利益,因此,上诉法院预审庭也可以宣告其无效。与法定无效相比,实质性无效的适用前提是某一程序性违法行为损害了当事人的权益。上诉法院在确定实质无效时,需要首先判定警察、检察官或预审法官是否有程序性违法行为,该违法行为是否损害当事人的权益以及对有关权益所造成的损害程度等,因此拥有一定的自由裁量权。

实质性无效制度最早确立在拿破仑 1808 年颁布的《刑事诉讼法典》第 408 条第 2 款中。根据这一条款,即使法律条文中并没有规定"如果要求或应当履行的某一手续没有得到履行即引起无效",但如果法院疏于审理涉及行使某一法定权利的诉讼请求的,它所作的裁判也应被撤销。依据这一条文,法国最高法院曾通过判决确认,刑事诉讼法典确立的某些诉讼手续应被视为"实质性手续",不遵守这些手续则应引起有关行为或文书无效。

但是,究竟什么是"实质性手续"呢?根据法国最高法院的解释,与嫌疑人、被告人行使辩护权有关的所有程序都属于"实质性手续"。任何损害这种权利的预审活动,只要"与法律的一般原则有抵触",那么,不论它是否看起来违反某一条文,都应被列入可撤销之列。受其影响,《刑事诉讼法典》第 172 条曾一度确立了这样的条款:"在违反本编第 170 条之规定以外的实质性规定,尤其是危害辩护权利的情况下,也产生无效。"当然,这一规定后来被 1993 年 8 月 24 日的法律所废止。不过,这一法律显然仍然保留了实质性无效这一制度。

根据现行《刑事诉讼法典》第 171 条的规定,"违反本法典或其他刑事诉讼条款所规定的实质性手续,已经危害与诉讼有关的当事人的利益时,即产生无效。"这一条款是实质性无效制度的直接法律根据。①

从法国的司法实践来看,在那些侵犯议员豁免权、侵犯既决事由的权威效力、违反有关公诉时效的规则,或者妨害相互通报鉴定报告的情况下,都会产生实质性无效的问题。不仅如此,法院还曾以预审法官在讯问被告人过程中侵犯法典第 116 条所规定的被告人委任律师或者由法院指定律师的权利为根据,宣告预审法官的讯问行为无效。当然,在辩护方申请宣告某一警察、检察官或预审法官的行为无效时,法院经常要对这种法典并未规定为无效的违法行为是否"损害了辩护权",作出适当的判断。例如,如果在预审程序中提供给辩护律师的案卷不完整,则这种违法行为并不足以构成对辩护权的侵犯。②

19.2.2.3 附条件的无效与公益性无效

尽管《刑事诉讼法典》就诉讼行为的法定无效作出了明确的列举,并确立了旨在赋予上诉法院自由裁量权的实质性无效制度,但是,警察、检察官、预审法官的行为即使符合了宣告无效的条件,具备了宣告无效的事由,也并不一定会导致该行为最终必然被宣告无效。换言之,只有那种存在宣告无效事

---

① 〔法〕卡斯东·斯特法尼等:《法国刑事诉讼法精义(下)》,罗结珍译,中国政法大学出版社 1998 年版,第 662 页以下。

② 同上书,第 663 页。

由的诉讼行为"已经危害当事人的利益"时才会被宣告无效,而那种未曾使任何一方当事人的利益受到损害的程序性违法行为,则不一定会被宣告无效。

这种"无利益则无无效"的原则是在1975年8月6日的法律中开始确立的,并最终体现在《刑事诉讼法典》第802条之中。这一条款历经1993年1月和同年8月的立法反复而最终被保留了下来,并成为《刑事诉讼法典》第171条的直接立法依据。按照法国学者的解释,确立这一原则的主要理由是,立法者担心当事人会利用申请宣告无效制度,来反复提出一些毫无价值的诉讼行为无效之申请,并最终导致诉讼之拖延。正是基于这一考虑,法国立法者才对宣告无效增加了"损害当事人利益"这一附带的要求。因此,法国学者将这种以"损害当事人利益"为前提的无效称为"附条件的无效"(法文 nullité conditionelle)。①

法国《刑事诉讼法典》第802条是这样表述的:"违反法律规定程序而造成无效或不遵守主要的程序手续时,所有法院包括最高法院在内,当其受理一个申请撤销或者依职权提出这样一个不合理规定时,如涉及侵犯有关当事人利益的情况,可以宣布无效。"②

法国学者认为,这一法律条款明显地受到民法上有关"未造成损害,则不成立无效"这一规则的影响,使得诉讼行为无效的宣告以当事人利益受到损害为前提。但根据大陆法国家的法律传统,建立刑事诉讼程序的主要目的并不只是维护当事人的利益,而是保障司法之最高利益,也就是所谓"公共秩序性质"的利益。因此,立法者在讨论这一条款的表述时,曾有过激烈的争论,以至于这样的补充条款曾一度被大多数人所接受:"这一规则不适用于公共秩序性质的无效事由,也就是绝对的无效事由"。当然,在最后的法律表述中,这样的补充规定还是被删除了。③

尽管如此,法国的刑事司法实践表明,诉讼行为无效的宣告并不以损害当事人利益作为唯一的事由。实质性无效制度固然建立在"无利益则无无

---

① John Hatchard and others, *Comparative Criminal Procedure*, p. 48.
② 上述译文引自《法国刑事诉讼法典》,余叔通、谢朝华译,中国政法大学出版社1997年版。但是,法国学者卡斯东·斯特法尼等对此条文的表述却是:"在法律规定某些形式如未遵守即以无效论处时,未遵守这些形式或未遵守基本手续(实质性手续)的情况下,受理有关撤销申请后依职权指出此种不符合规定之情形的法院,其中包括最高法院,仅在此种无效损害当事人的利益时,始予宣告之。"这种表述显然对法定无效和实质性无效均提出了"损害当事人利益"这一前提性要求。参见〔法〕卡斯东·斯特法尼等:《法国刑事诉讼法精义(下)》,罗结珍译,中国政法大学出版社1998年版,第669、663页。
③ 〔法〕卡斯东·斯特法尼等:《法国刑事诉讼法精义(下)》,罗结珍译,中国政法大学出版社1998年版,第669页。

效"这一理念的基础上,但在司法实践中也将无效的理由扩展到侵犯司法利益和基本法律准则这一点上。因此,所谓"实质性手续"当然包括旨在维护当事人权利的手续和维护基本司法利益的实质性手续。同时,上诉法院在适用法定无效时,不仅要确认警察、检察官或预审法官的行为违反了法定的程序,而这种程序性违法也有着明确的"否则即以无效论处"之类的制裁性条款,而且还必须确定这种违法行为已经对某一方当事人的利益造成了损害,或者这种行为对司法的利益造成了损害。可见,无论是实质性无效还是法定无效,在司法实践中都有着"附条件的无效"和"公益无效"这两种基本形态。

当然,附条件的无效——也就是以损害当事人利益为前提的无效——仍然是最主要的无效形态,也代表了法国诉讼行为无效制度的未来发展方向。不过,以公共利益(法文 ordre public)的损害为前提的公益性无效,作为附条件的无效的一种例外,在法院的司法判决中也越来越有明确的适用对象。如果警察、检察官、预审法官的行为违反了刑事司法的基本原则,或者违反了适当的司法程序,那么,公益性无效制度就可以适用。例如,负责案件预审活动的预审法官又主持该案件的法庭审判;预审法官没有确定举行言辞辩论程序的日期;在预审期间预审法官没有对被告人进行任何讯问,等等。这些违反基本司法组织原则和诉讼程序的行为,就属于最典型的公益性无效的事由。[①]

19.2.3 诉讼行为无效的适用范围与后果

法国实行职权主义的诉讼制度,法官在诉讼中拥有依据职权主动实施诉讼行为的权利。在宣告诉讼行为无效方面,上诉法院预审庭也可依据职权自行确定需要宣告无效的预审行为或预审文书的范围。一般情况下,需要宣告无效的预审文书可以仅限于那些不符合法律规定的诉讼手续的部分。但是,如果后来制作的预审文书因为受到前面违法诉讼行为的直接影响,并因而存在瑕疵,则无效的事由也可以扩大到在无效诉讼行为之后制作的各项诉讼文书。但是,如果随后制作的诉讼文书与那些被宣告无效的文书之间没有任何关联,则上诉法院预审庭就没有必要将其撤销。

那么,某一诉讼行为一旦被宣告无效,其直接法律后果是什么呢?原则上,依据该项无效诉讼行为而制作的诉讼文书应被视为"不曾制作",要从预审案卷中予以撤除。如果只是部分文书不符合法律规定,则该文书可以存留

---

① John Hatchard and Others, *Comparative Criminal Procedure*, pp. 48-49.

在案卷之中;但如果该诉讼文书全部不符合法律规定,则该无效文书就不应继续留在案卷之中,而应被全部撤除,并不再对诉讼程序的进展有任何积极的影响。无论是司法官员还是律师,都不得再从那些被撤销的诉讼文书中引述任何对某一方当事人不利的情况。否则,该司法官员或律师将受到纪律惩戒。不仅如此,上诉法院预审庭经过审查,如果认为搜查、扣押所得的文件材料不符合法律规定的手续,那么,依据该文件材料所作出的决定或裁定均不具有法律效力。甚至在一些极端的情况下,特别严重的程序性违法将导致整个预审程序的无效。

正常情况下,被撤除的诉讼文书如果并非刑事追诉所不可或缺的,则刑事诉讼活动将继续进行。否则,上诉法院预审庭可以在宣告无效之后,重新提起刑事追诉行为,或者指令同一预审法官或者另一预审法官重新进行预审活动。

很显然,诉讼行为无效的宣告不仅仅带来与该行为有关的诉讼文书的撤除,而且还可能导致有关证据材料的排除。而诉讼文书和证据材料的排除,还可能带来依据该文书和证据所制作的裁决无效这一间接的后果。正因为如此,这种诉讼行为无效制度可以发挥与英美非法证据排除规则极为相似之诉讼功能,对预审程序中发生的程序性违法行为具有重要的制裁作用。于是,本来是为规范诉讼行为而建立的宣告无效制度,在法国越来越成为当事人尤其是辩护方对抗非法预审行为的武器。毕竟,上诉法院预审庭考虑是否撤除某一诉讼文书、排除某一证据材料的依据,不是它们是否可靠,而是警察、检察官或预审法官是否遵守了法律所规定的程序。[1]

19.3　澳门—葡萄牙:不可补正之无效与取决于抗辩之无效

中国法学者在研究大陆法的问题时,通常是以法国、德国、意大利等"重要国家"的制度为蓝本而展开的,而很少直接涉及葡萄牙的法律制度。但是,由于目前有关大陆法国家刑事司法制度的中文资料极为匮乏,而国内已经有澳门刑事诉讼法典的完整中文版本,并且已经有澳门学者论及刑事诉讼法的著作,加之澳门为葡萄牙的前殖民地,曾经完全施行葡萄牙的刑事诉讼制度,

---

[1]　John Hatchard and Others, *Comparative Criminal Procedure*, pp. 48-49.

而目前的澳门刑事诉讼法典更是以葡萄牙刑事诉讼法为蓝本而制定的,因此,研究者通过分析澳门的刑事诉讼制度,就可以大体上了解葡萄牙的相关制度。而在诉讼行为无效制度方面,澳门刑事诉讼法典也基本上沿袭了葡萄牙刑事诉讼法的大多数规定,澳门刑事诉讼法教科书则直接大量引用葡萄牙的法律概念、理论和思维方式来论述之。① 正因为如此,本书将澳门的诉讼行为无效制度直接称为"澳门—葡萄牙的诉讼行为无效制度"。

不仅如此,无论是在理论还是制度设计上,澳门的诉讼行为无效制度都有不少有别于法国的地方。例如,法国刑事诉讼法典将非法证据排除规则放置于诉讼行为无效制度之中,而澳门则在诉讼行为无效制度之外,单独设立非法证据排除规则;法国在法定无效之外,建立了较为重要的"实质性无效"制度,使得法院可以在那些法律没有明文规定需要以宣告无效作为制裁程序性违法之手段的场合,直接宣告某一违法行为无效,而澳门的诉讼行为无效制度则基本上是以"法定无效"制度为前提而构建起来的。更为重要的是,法国的诉讼行为无效制度,越来越遵从"无利益则无无效"的原则,以损害当事人利益作为诉讼行为无效的主要理由,而澳门的诉讼行为无效制度则并不完全以此为法定事由和依据。可以说,"澳门—葡萄牙的诉讼行为无效制度",在大陆法中具有一些自成体系的理论和规则,研究诉讼行为无效制度的法学者应当对其格外重视。

19.3.1　诉讼行为无效的合法性原则

在澳门—葡萄牙刑事诉讼制度中,宣告诉讼行为无效是与排除非法证据并立的程序性制裁制度。澳门《刑事诉讼法典》第三卷第一编"一般规定"对于排除非法证据问题确立了重要的法律原则。根据该法典第112条之规定,"凡非为法律所禁止之证据,均为可采纳者。"根据这一规定,证据的可采性应以不为法律禁止为前提。该法典第113条明文确定了法律所禁止的证据范围:(1) 通过酷刑或胁迫,或者通过侵犯人的身体或精神的完整性而获得的证据。(2) 不论有关之人是否同意,采用下列侵犯人身体或精神之完整性的方法所获得的证据:以虐待、伤害身体、催眠或其他残忍、欺骗手段,扰乱意志自由或者决定自由的;以任何手段扰乱人的记忆能力或评判能力的;在法律容许的情况和限度之外使用武力的;以法律不容许的方式或者以拒绝或限制

---

① 徐京辉、程立福:《澳门刑事诉讼法》,中国政法大学出版社1999年版,第50页以下。

给予依法应获得之利益相威胁的;承诺给予法律所不容许之利益的。(3) 在未经有关权利人同意的情况下,通过违法侵犯人的私生活、住所、信件或电讯而获得的证据。对于上述三类以非法手段所获得的证据,在任何诉讼阶段都不得作为证据使用。

尽管澳门《刑事诉讼法典》也有非法所得之证据"均为无效"的表述,但是,非法证据排除规则并不属于诉讼行为无效制度的一部分。首先,非法证据排除规则所针对的主要是侦查官员以违法手段所获得的证据,是法院对违法侦查行为施加程序性制裁的一种方式;而诉讼行为无效制度则贯穿于刑事诉讼的始终,既是法院宣告警察、检察官诉讼行为无效的重要方式,也是上级法院宣告下级法院审判程序无效的重要手段。其次,法院排除某一非法证据至多使该证据不得再出现在法庭上,更不得作为法院裁判的依据;而宣告诉讼行为无效的结果则不仅使有关违法行为被撤销,而且还有可能使依附于该违法行为的其他行为失去法律效力。

根据澳门《刑事诉讼法典》第 105 条之规定,违反或者不遵守刑事诉讼法的规定,只在法律明文规定诉讼行为属于无效之时,才会导致有关诉讼行为被宣告为无效。而在刑事诉讼法没有明文规定以宣告无效作为制裁违法行为之方式的情况下,违反诉讼程序的行为只属于不当情事或不规则(葡文 irregularidade),而可以不带来诉讼行为无效之后果。换言之,只有在刑事诉讼法明文规定某一违法行为将被宣告为无效的情况下,法院才可以作出诉讼行为无效之宣告。这就是澳门—葡萄牙刑事诉讼中的"合法性原则"(葡文 Pricipio da legalidade)。

之所以要确立诉讼行为无效的合法性原则,是因为对于违反诉讼程序的行为,应当依据行为不完善或者瑕疵的严重程度,分别设立不同的法律后果。原则上,刑事诉讼法为各种诉讼行为的生效确立了法律要求和限制,只有依照法定诉讼程序来实施,诉讼行为才会产生法律上的后果。而对于那些违反法律程序的诉讼行为,刑事诉讼法必须确立相应的法律后果,以使其受到适当的法律制裁。但是,违反法定诉讼程序的诉讼行为,尽管本身有着不完善或瑕疵之处,但不应按照等同划一的方式加以制裁,更不应都采取宣告无效这种最为严厉的制裁方式。毕竟,诉讼行为的瑕疵大都属于形式上的瑕疵(葡文 vicios formais),而与那些实质性的瑕疵(葡文 errores in iudicando)迥然有别。后者被认为是法律决定的内容有错误,因此通常以上诉作为救济的手段。而对于前者,则不应一律采取宣告无效这种制裁手段。因为根据诉讼经济原则,刑事诉讼法在确定诉讼行为无效之前,应当对诉讼行为瑕疵的轻重程度进行适当的区分,从而使其得到有区别的对待。尤其是在一些法律并未明确规定"不遵守即无效"的情况下,诉讼行为纵然有程序上的瑕疵,但考虑到这些行为的作出并不会影响案件的公正审判,而对于这些程序瑕疵又没有人提出抗辩,或者有关程序上的瑕疵已获适当的补正,因此就没有必要再行宣告无效,而可以使该诉讼行为发生法律效力。①

正因为如此,澳门—葡萄牙刑事诉讼法才确立了诉讼行为无效的合法性原则,使得那些在刑事诉讼法上有"否则无效"之后果的违法行为,才会招致宣告无效之制裁,而对于其他没有法定无效之诉讼后果的违法行为,则不作宣告无效之制裁,而将其仅仅视为诉讼行为之不规则或者不当情事。

当然,将诉讼行为无效与不规则加以区分,并不是合法性原则的唯一要求。事实上,这一原则又被称为"特定性原则"和"限定性原则",它还要求将诉讼行为的无效继续区分为不可补正之无效与取决于抗辩之无效。前者又称"绝对无效",是指即使没有任何人提出无效之申请,法院都可以依据职权加以宣告的诉讼行为无效。这类无效是不可补正的,其无效之事由一经出现,即应有无效之法律后果产生。后者则称为"相对无效",是指只有在利害关系人提出申请的前提下,法院才可能作出宣告之无效。就对程序性违法行为的制裁程度而言,不可补正之无效显然要比取决于抗辩之无效严厉得多。

因此,合法性原则要求宣告诉讼行为无效应以刑事诉讼法有明文规定为前提,否则程序性违法就只能按照诉讼行为规则加以制裁;合法性原则还要求只有法律明文规定采取不可补正之无效的情况下,才可以作出这类无效之宣告。而在法律仅仅规定"否则无效"的场合下,诉讼行为之无效则应一律视为取决于抗辩之无效。②

19.3.2 不可补正之无效

根据合法性原则,凡不可补正之无效必须以法律明文规定者为限。澳门《刑事诉讼法典》第106条集中规定了适用不可补正之无效的法定情形。这些情形共有六项:一是组成有关审判组织的法官人数少于法定应有之数目,

---

① 徐京辉、程立福:《澳门刑事诉讼法》,澳门基金会1999年版,第78页以下。
② 澳门《刑事诉讼法典》第105条明确规定了诉讼行为无效的合法性原则:"一、违反或不遵守刑事诉讼法之规定,仅在法律明文规定属无效时,方导致有关诉讼行为无效。二、法律未规定诉讼行为无效,则违法之诉讼行为属不当之行为……"参见《澳门刑事诉讼法典》,中国政法大学出版社1997年版,第177页。

或者违反有关法庭组成方式的规则;二是检察机关没有依据《刑事诉讼法典》第 37 条的规定促进有关诉讼程序进程,或者在法律明确要求其到场的行为中缺席;三是嫌疑人或其辩护人在法律明确要求其到场的行为中缺席;四是依法应当进行侦查或预审而没有进行侦查或预审;五是违反有关法院管辖权的法律规则;六是在法律规定情形之外适用特别诉讼程序,尤其是在法律规定应采取某一特别诉讼程序的场合,却采用了另一种特别诉讼程序。①

当然,除上述六种法定情况之外,澳门《刑事诉讼法典》第 302 条还规定了一项适用不可补正之无效的法定情形。根据这一条款,除在法定情形之外由法官对审判之公开性作出排除或限制的情况以外,法庭审判必须公开进行,否则这种审判行为即被宣告为不可补正之无效。因此,法庭审判一旦违反《刑事诉讼法典》第 77 条有关公众旁听诉讼行为的法律规定,就构成不可补正之无效。

很显然,这些可导致不可补正之无效的法定情形,既可以发生在侦查和预审阶段,也可能出现在审判阶段,有的甚至可能贯穿于整个刑事诉讼程序。对于这些可适用不可补正之无效的行为,控辩双方固然可以向法院申请宣告有关诉讼行为无效,法院也可以在任何诉讼阶段依据职权主动作出无效之宣告。

19.3.3　取决于抗辩之无效

在刑事诉讼法典明确规定以宣告无效作为制裁手段的场合下,如果法律没有特别指明需要宣告不可补正之无效,则这种诉讼行为之无效需要由利害关系人提出抗辩,也就是提出要求法院宣告无效的申请。否则,法院在任何诉讼阶段将不会依据职权自行作出无效之宣告。这种"取决于抗辩之无效",在澳门刑事诉讼法典中占据了诉讼行为之无效的绝大多数情形。这种无效之所以又被称为"相对无效",不仅因为它们以利害关系人提出有关申请为前提,而且因为它们都属于"可补正的无效",也就是在符合法定条件的情况下,这种无效也可以获得补救并且不再导致无效之法律后果。

---

① 澳门《刑事诉讼法典》规定了三种特别诉讼程序:简易诉讼程序、最简易诉讼程序和轻微违反诉讼程序。原则上,在依法不应采取特别诉讼程序的场合适用特别诉讼程序,或者在依法应当适用某一特别程序却采用另一特别程序的,都属于不可补正之无效。相反,在那些应当采用上述三种特别诉讼程序的场合却采用普通诉讼程序的,则属于取决于抗辩之无效。参见徐京辉、程立福:《澳门刑事诉讼法》,澳门基金会 1999 年版,第 80 页以下。

19.3.3.1 取决于抗辩之无效的情形

澳门《刑事诉讼法典》第107条规定了四种取决于抗辩之无效的情形。除此之外，该法典还有大量的条文有诸如"否则无效"之类的表述，以显示这些条款所规定的诉讼程序是可以通过宣告无效的方式来制裁违法行为的。限于篇幅，本书不可能将这些诉讼行为无效的情形全部加以列明，而只对这些情形作一概要性的说明和分析。

取决于抗辩之无效首先适用于诉讼行为违法的一般情况。这种程序性违法行为往往没有遵循刑事诉讼法所确定的诉讼行为方式。例如，根据澳门《刑事诉讼法典》第76条之规定，诉讼程序自作出起诉决定时起以公开方式举行。而在不举行预审的情况下，则自指定审判日期之时起公开举行。否则，业已举行的诉讼程序一律无效。根据该法典第82条之规定，诉讼行为不论以书面还是口头作出，均应使用本地区的法定官方语言，否则无效。该法典第93条第3款则规定，讯问嫌疑人不得在零时至六时之间进行，否则无效。不仅如此，该法典第107条还集中规定了四种取决于抗辩之无效情形：法律规定应采用特别诉讼程序的场合，却采用了普通诉讼程序的；没有及时通知依法应当到场之辅助人或民事当事人，致使其缺席的；依法应当指定翻译人员而没有指定的；依法必须实施的侦查、预审行为而没有实施，且其后没有采取为发现事实真相所必需的措施的，等等。

尽管非法证据排除规则可用来制裁违法侦查行为，但对于那些严重的违法侦查行为，法院还可以作出无效之宣告。当然，诉讼行为之无效所适用的主要还是搜查、扣押和窃听行为。例如，根据澳门《刑事诉讼法典》第159条第5款之规定，警察如果有理由相信延迟进行搜查或搜索将对一些法益之实现构成严重威胁，可以不取得司法机构的许可或命令，而直接采取搜查或搜索行为。但是，警察随后应将所实施的措施告知预审法官，并由后者对该措施的合法性进行审查。否则，该搜查或搜索行为无效。又如，根据该法典第164条之规定，扣押书信、包裹、有价物、电报或其他函件，即使系在邮政及电信局进行，也均要经法官作出许可或者命令，并且要基于有根据的理由相信有该条第1款多规定之法定情况出现，才可以进行，否则无效。同时，对于嫌疑人与其辩护人之间的来往信件，法官只有基于有根据之理由相信该信件即为犯罪对象或犯罪要素的，才可以实施扣押。否则，扣押行为无效。再如，根据该法典第165条之规定，对涉及律师和医生职业秘密的文件，除了该文件本身即为犯罪对象或犯罪要素之外，不得实施扣押。否则，所作之扣押无效。

澳门《刑事诉讼法典》第172条、第173条和第174条对于电话监听行为的无效作出了较为严格的规定。总体上,实施电话监听必须符合法律所规定的条件和程序,否则监听行为一律无效。首先,电话监听依法只能针对下列犯罪案件而进行:可判处3年以上徒刑的犯罪,关于贩卖麻醉品的犯罪,关于禁用武器、爆炸物等方面的犯罪,走私罪以及通过电话来实施的侮辱、恐吓、胁迫及侵入私人生活等犯罪;其次,电话监听只能由法官通过命令或者许可才可进行,但法官必须有理由相信电话监听对于发现事实真相或在收集证据方面非常重要,才可以发布授权监听的命令;再次,法官只有基于有根据的理由相信嫌疑人与其辩护人之间的谈话或通讯为犯罪对象或犯罪要素的,才可以对这种谈话和通讯进行监听;最后,电话监听的录音及其他材料必须交由法官,使法官在知悉有关内容的前提下,负责对这种录音和材料的保管,并使嫌疑人、辅助人以及电话被监听人依法查阅有关的笔录,或者获取有关笔录之副本。对于这些法定程序,警察、检察官和法官必须遵守,否则,有关的电话监听行为无效。

取决于抗辩之无效还适用于审判阶段的程序违法情形。这些无效情形涉及起诉书的格式、连续审判、被告人在场、自认、审判程序以及判决书的格式等多方面的问题。这些无效情形包括:(1)根据《刑事诉讼法典》第265条第3款之规定,检察机关的起诉书如果没有记载该条所明文规定的五方面内容,则一律无效。(2)根据该法典第309条第6款之规定,法庭审判必须连续进行,在依法不得不中断审判的情况下,中断持续的时间不得超过30日,如未能在该期间内重新恢复法庭审判的,则业已进行的证据调查行为将被宣告为无效。(3)根据该法典第313条第5款之规定,被告人在法庭审判过程中必须始终在场,如依法不得不将其带离法庭时,则法官应在其返回法庭之后,向被告人扼要告知在其不在场时法庭上所发生的事情,否则,在被告人不在场的情况下进行的审判行为一律无效。(4)根据该法典第325条第1款之规定,被告人如准备对起诉事实作出自认的,审判法官必须询问其是否基于自由意思以及是否在不受任何胁迫的情况下作出了自认,并询问其是否准备作出完全和毫无保留的自认,否则,这种自认行为无效。(5)除了法律明文规定以宣读笔录方式进行调查的证据以外,凡未在审判中调查或审查的任何证据,在审判中均属无效,尤其是在法院形成心证方面无效。(6)根据该法典第337条第8款之规定,有关笔录、声明的当庭宣读及其法律依据,都必须记载于审判记录之中,否则无效。(7)在调查证据结束后,审判法官依次让诉讼各方作口头陈述,但辩护人只要提出有关的要求,就必须为最后发言者,否则口头陈述无效。(8) 法官宣读判决时,必须公开宣读判决之理由部分,对于理由篇幅较长的判决,则对该判决的理由摘要和主文,必须加以宣读,否则宣判行为无效。(9) 根据该法典第 360 条之规定,判决书未曾记载法典第 355 条第 2 款所规定之判决理由,或者没有记载该条第 3 款所规定的有关有罪决定或无罪决定的判决主文的,一律属于无效判决;在不属于法典第 339 条和第 340 条所指的情况下,对起诉书中未曾描述的事实作出有罪判决的,该判决也属无效。

19.3.3.2　无效的提出期限

原则上,不可补正之无效在刑事诉讼的任一阶段均可以宣告。这就意味着,法院可依据职权主动宣告此种诉讼行为之无效,与有关诉讼行为有利害关系的当事人也可以在各个诉讼阶段申请法院作出此种无效之宣告。

取决于抗辩之无效之所以被称为"相对无效",是因为这种无效之宣告取决于利害关系人依法及时提出有关的申请,也就是要以诉讼各方依法行使诉权为前提。为促使利害关系人尽快提出这种申请,澳门《刑事诉讼法典》第 107 条第 3 款规定了提出无效抗辩的期间。例如,如果无效行为系有利害关系人在场的行为的,则有关无效之抗辩应在该行为结束之前提出;如果无效行为为侦查或预审行为的,则应在预审辩论终结前提出,等等。按照该法典的要求,凡取决于抗辩之无效,未在法律规定期间内提出有关抗辩的,该诉讼行为之无效即应被视为获得补正。

19.3.3.3　无效的补正

与不可补正的无效相反,取决于抗辩之无效是可以获得补正的。所谓"诉讼行为无效之补正",是指有瑕疵的诉讼行为由于有法定的情况发生,其本应被宣告无效的法律后果不再发生。换言之,诉讼行为之无效一旦获得补正,该诉讼行为即与合法行为一样,能够产生法律所规定的效果,从而变成有效行为了。

按照前面的分析,如果取决于抗辩之无效在法律规定的期限之外才提出,则有关诉讼行为就将获得补正,从而变成有效行为。但除此以外,《刑事诉讼法典》第 108 条还规定了其他的无效可以获得补正的情况。其一,有利害关系之诉讼参与人一旦实施以下行为,则有关诉讼行为之无效即可获得补正:(1) 明示放弃就该诉讼行为之无效提出抗辩的;(2) 明示对有关可撤销的诉讼行为加以接受的;(3)可撤销的行为系为某种权能得以行使而作出,而有关权能确实已经行使的。其二,如果诉讼行为之无效系因为欠缺诉讼行为之通知或传召,或者该通知或传召有瑕疵所引致,那么,利害关系人一旦在作出该行为时到场或者放弃到场,则该无效即获得补正。

这些无效可获得补正的情况,一方面是基于对利害关系人自由选择权的尊重而确立的,另一方面也是根据诉讼经济原则,对那些并没有造成消极法律后果的违法行为,并不是必须非得采取宣告无效这一制裁措施不可。例如,可撤销的行为如果是为实现某种权能而实施的,那么,在有关权能已经得到行使的情况下,法律所追求的效果已经得到实现,因此就没有必要再去撤销先前的无效行为了。最典型的例子为澳门《刑事诉讼法典》第121条第2款。根据这一条款,依法接受证人证言的机构,应当提醒证人在其配偶或其他近亲属为嫌疑人时,有权拒绝作出不利于后者的证言,否则,所获取的证言无效。因此,如果警察、检察官或者法官在询问证人时未作这种提醒,则该询问行为即为相对无效之诉讼行为,但是,如果证人在没有获得警告的情况下,依然拒绝提供证言,也就是行使了有关的权能,则原询问行为的无效即可获得补正。[①] 同样,诉讼行为的通知或传召也是为保证利害关系人及时到场行使诉讼权利而规定的。即使没有依法传召或通知,或者这种传召或通知存有瑕疵,因而属于相对无效之行为,但是利害关系人一旦到场或者明确放弃到场权,也就是行使或者放弃行使有关的"权能",则该诉讼行为之无效也能够获得补正。

19.3.3.4 宣告无效的法律后果

如果说非法证据排除规则的适用只会导致非法所得的证据被排除于法庭之外的话,那么,法院一旦宣告某一诉讼行为无效,即带来该行为被撤销的后果。但是,诉讼行为并不是孤立地存在着,而与其他诉讼行为存在着前后时间顺序上的联系,甚至具有直接的因果关系。那么,某一诉讼行为的无效是否会影响到其他诉讼行为的法律效力呢?

根据澳门《刑事诉讼法典》第109条第1款之规定,无论是不可补正之无效,还是取决于抗辩之无效,都不仅会带来有瑕疵的诉讼行为被宣告无效之法律后果,而且还会使依附于该行为之各诉讼行为,以及可能受该无效宣告影响的其他诉讼行为均失去法律效力。但是,无效之宣告并不影响那些不受

[①] 徐京辉、程立福:《澳门刑事诉讼法》,澳门基金会1999年版,第83页以下。

该无效行为影响的其他行为继续有效。

当然,法官在宣告诉讼行为无效时,必须明确指出那些失去法律效力的诉讼行为之范围,并在必要时命令警察、检察官或者其他法官重新实施该项诉讼行为。

19.3.4 不当情事或不规则

根据合法性原则,宣告诉讼行为无效必须以法律有明确的无效之规定为前提,否则,一种有瑕疵的诉讼行为即使存在违反诉讼程序的情况,也不能被宣告为无效,而只能被宣告为"不当情事"或者"不规则"。

考虑到被宣告为不规则的行为尽管为有瑕疵的诉讼行为,但它比无效行为的瑕疵程度要轻得多,因此,刑事诉讼法允许这种瑕疵较为容易地获得补正。

另一方面,不规则行为与相对无效一样,也需要利害关系人在法定期间内提出抗辩。否则,有关的行为瑕疵即被视为获得补正,该有瑕疵的诉讼行为也就仍然具有法律效力。

相对于相对无效而言,对不规则行为提出抗辩的期间较为短暂。根据澳门《刑事诉讼法典》第 110 条之规定,对于诉讼程序中存在的不规则行为,利害关系人只能在该行为作出后立即提出有关的抗辩,才会促使法官对该行为作出无效之宣告,并使那些可能受到该行为影响的其他行为失去法律效力。但是,如果利害关系人在有关行为作出时不在现场,则在他们被通知参与诉讼程序或者实际参与诉讼程序之日起的 3 日内,必须提出无效之抗辩,否则,该不规则行为之瑕疵即获得补正。

19.4 意大利:一般无效与相对无效

受研究资料的限制,我们无法对意大利的诉讼行为无效制度作出全面的考察。但是,从意大利《刑事诉讼法典》中译本和一些零星英文资料所显示的情况来看,意大利的诉讼行为无效制度不仅与法国迥然不同,而且即使与澳门—葡萄牙的制度相比也颇有独特之处。因此,为了全面、客观地了解大陆法中的诉讼行为无效制度,笔者拟对意大利的诉讼行为无效制度略作分析。

19.4.1 诉讼行为无效的基本种类

与澳门—葡萄牙一样,意大利刑事诉讼法也对诉讼行为无效制度与非法证据排除规则分别加以确立。根据意大利《刑事诉讼法典》第190条和第191条之规定，侦查官员在违反法律禁令的情况下所获得的证据不得使用；利害关系人（通常是被告人）可以向法院申请排除非法证据，法院也可以依据职权主动排除某一非法证据。在意大利普通审判程序中，法官在开庭前的准备程序中，允许控辩双方提出采纳证据的请求，也允许他们提出有关排除某一非法所得的证据的申请。法官在对该申请进行审查后，需要作出专门的裁定。

与非法证据排除规则相同的是，诉讼行为无效制度一旦得到实施，诉讼行为即被宣告为无效，那些依赖于该行为的执行活动则丧失法律效力，而宣告行为无效的法官在必要时可以决定重新实施该行为。但与排除非法证据不同的是，某一诉讼行为一旦被宣告为无效，即导致诉讼程序退回到无效行为出现的诉讼阶段和审级。①

但是，并不是任何形式的程序性违法都会带来诉讼行为无效的后果。原则上，只有在法律有明文规定的情况下，不遵守法定诉讼程序的诉讼行为才可以被宣告为无效。根据意大利《刑事诉讼法典》第124条的规定，刑事诉讼法所确立的各项诉讼程序规范固然需要严格加以遵守，但不遵守这些诉讼程序规范的行为也并不必然导致诉讼程序的无效。换言之，对于法律没有明文规定行为无效这一制裁后果的程序性违法行为，法院一般不得宣告无效。很显然，意大利刑事诉讼法典既没有确立法国的实质性无效制度，也没有采纳澳门—葡萄牙的诉讼行为之不规则制度，而是将诉讼行为的无效严格限制在法律明文规定的情形之下。就此而言，意大利的诉讼行为无效几乎都是"**法定无效**"。

而在刑事诉讼法明文规定的行为无效中，那种因为违反重要诉讼程序规范所导致的无效被称为"**一般无效**"（意大利文 *nullità di ordine genarale*）。这些重要诉讼程序规范大都是与法官、检察官、被告人及其辩护人参与诉讼程序有关的诉讼规则。根据意大利《刑事诉讼法典》第178条之规定，构成一般无效之原因的情形主要有三种：一是有关法官任职条件以及为组成合议庭所需要的法官数目方面的违法；二是有关公诉人提起刑事诉讼行为及其参与诉讼程序方面的违法；三是有关被告人和其他当事人的参与、救助和代理以及传唤被害人、告诉人参与诉讼等方面的违法。

对于一般无效的情况，除了利害关系人可以申请法官宣告无效之外，法

---

① 参见《意大利刑事诉讼法典》黄风译，中国政法大学出版社1994年版，第65页。

官也可以依据职权主动作出诉讼行为无效之宣告。但根据宣告无效的期间范围的不同，一般无效又被分为两类：一是"**绝对无效**"（意大利文 *nullità assolute*），二是"**中间无效**"（意大利文 *nullità intermedie*）。根据意大利《刑事诉讼法典》第 179 条之规定，一般无效的第一种情形、因公诉人在提起诉讼中的行为而造成的无效情况以及因传唤被告人或者没有保证必须到场的辩护人到场所引起的无效情况，都属于不可补正的无效，也就是绝对无效。可见，适用绝对无效的情形都属于一般无效情形中最为严重的程序性违法。这些程序性违法行为不仅是永远不可补正的无效，而且可以在诉讼的任何阶段和审级中提出和宣告。而在第 179 条规定的情形之外，适用绝对无效制度的前提是刑事诉讼法有明文之规定。①

而在绝对无效的情形之外，其他一般无效（也就是中间无效）只能在法院宣告第一审判决之前提出，而对于审判阶段出现的无效情况，则只能在下一审级的判决作出之前提出。这样，相对于绝对无效的情况而言，中间无效的提出和宣告在期间上就受到了一定限制。

在适用绝对无效和中间无效的情形之外，刑事诉讼法所明文规定的无效一律为"**相对无效**"（意大利文 *nullità relative*）。与澳门—葡萄牙的制度一样，相对无效也属于取决于抗辩之无效。只有在某一方当事人提出宣告无效之申请的情况下，法院才可以作出诉讼行为无效之宣告。相对于绝对无效和中间无效而言，相对无效在提出的期间上要受到更为严格的限制。例如，对于侦查和初步庭审中出现的无效行为，当事人应当在主持初步庭审的法官作出裁定之前提出。又如，在审判阶段出现的相对无效理由，当事人应当在就判决提起上诉的同时，一并提出。超过法定期限未能提出抗辩的，有关诉讼行为的无效也就得到了补正，该行为的违法性也将被忽略不计，而不会产生消极的法律后果。

19.4.2　适用相对无效的主要情形

意大利《刑事诉讼法典》所确立的诉讼行为无效情形种类繁多，贯穿于侦查、预审、初审和上诉等程序之中。其中的绝大多数情形都属于相对无效，也就是以当事人提出抗辩为前提的无效。通过具体分析这些无效的根据和理

---

① Christine Van Den Wyngaert and Others, *Criminal Procedure Systems in the European Community*, 1993, p.234.

由,我们可以发现意大利诉讼无效制度的主要特征。

19.4.2.1 诉讼行为、笔录以及裁判文书的形式要件不合法

根据意大利《刑事诉讼法典》第109条和第110条之规定,刑事诉讼行为应以意大利语实施,在使用少数民族语言的地区,司法机关可以根据有关公民的申请使用其母语进行询问或者讯问,有关笔录和诉讼文书也应使用同一语文制作。违背上述规定的诉讼行为,一律应被宣告为无效。同时,在诉讼文书上进行签名应以亲笔签署,采用机械手段或不同于文书文字的其他记号签署的,一律无效。

根据意大利《刑事诉讼法典》第142条之规定,诉讼笔录应确切记录被询问人的情况并有制作该笔录的公务员的签名,否则,该笔录无效。

根据意大利《刑事诉讼法典》第125条、第292条、第426条、第546条之规定,法院的裁判文书必须符合法律所规定的要件和格式,否则无效。首先,法官的判决和裁定都必须说明理由,否则无效。而在法律明确要求法官对其命令说明理由时,命令也必须附具理由,否则无效。其次,法官在适用防范措施方面所作的裁定,应当包括法律所要求的内容,如被告人的一般情况、有关案件事实的概要以及所要适用的法律规定、有关的事实材料和主要理由、该防范措施的适用时间等,否则,有关适用防范措施的裁定无效。再次,预审法官在就案件是否需要移送法庭审判的问题作出判决时,必须在判决书中记载法律所要求的内容,如果判决书的实质要件中缺乏决定部分或者该部分不完整,或者判决书缺乏法官的签名,那么,该判决书就应被宣告为无效。最后,法庭制作的正式判决书也要符合法律所要求的格式,如果判决书的决定部分缺乏基本的内容或者该内容不完整,或者没有法官的签名,则判决书无效。

19.4.2.2 侦查行为的无效情形

与法国和澳门——葡萄牙的情况不同,意大利并没有将诉讼行为无效制度作为惩治违法侦查行为的主要手段。对于侦查官员实施的违法侦查行为,意大利法院更多地采用排除非法证据的方式加以制裁。

例如,根据意大利《刑事诉讼法典》第103条之规定,对辩护律师办公室的搜查、扣押以及对辩护律师与其委托人谈话和通讯的窃听,必须按照法律规定的程序进行。具体而言,只有在调查辩护律师本人涉嫌犯罪,并为了寻找特定人、犯罪痕迹和其他犯罪物品的情况下,才可以对辩护律师的办公室

进行检查和搜查;对辩护律师和技术顾问的物品和文件,只有在其本身属于犯罪物品的情况下,才能加以扣押;对辩护人办公室的检查、搜查和扣押,应当由法官亲自进行,但在初步侦查阶段则可以由公诉人根据法官的授权实施这些活动;禁止对辩护人、技术顾问及其助手的谈话和通讯进行窃听,也不得对这些人与其委托人之间的谈话和通讯进行窃听;除非司法机关有充分理由认为被告人与其辩护人之间的通信属于犯罪物品,否则不得对其进行扣押或检查。在违反上述法律程序的情况下通过检查、搜查、扣押或窃听所获得的材料,不具有证据资格,在任何诉讼阶段都不得加以使用。

又如,根据意大利《刑事诉讼法典》第 267 条和第 271 条之规定,窃听行为如果违反了法律规定的诉讼程序,则通过该窃听所获得的材料不得作为证据使用。具体而言,窃听应严格限制在法律所明确规定的犯罪案件,如依法可能判处无期徒刑或者 5 年以上有期徒刑的非过失犯罪、涉及麻醉品和精神药物的犯罪、涉及武器和爆炸物的犯罪、走私罪等。否则,窃听所得的材料不得作为证据使用。这是其一。其二,实施窃听,应当由公诉人向负责初期侦查的法官提出申请,并向法官证明存在重大犯罪嫌疑并且为侦查工作所必需,法官以附理由的命令决定进行窃听。否则,窃听所得的证据不得使用。其三,公诉人在紧急情况下可以作出附理由的窃听命令,但应在 24 小时内通知法官,法官则应在上述决定作出后的 48 小时内予以认可。如果公诉人的决定在规定期间内未获得认可,则不得继续进行窃听,窃听所获得的材料也不得作为证据使用。其四,公诉人在决定窃听的命令中应说明窃听的方式和持续的时间,窃听不得超过 15 日。但法官可以附理由的命令将此期限加以延长,每次延长的时间不超过 15 日。否则,窃听所得的材料不得作为证据使用。其五,如果窃听所针对的是律师、法律代理人、技术顾问、公证人、医生、药剂师以及其他依法有权不就职业秘密作证的人员,则通过窃听所获得的有关其职业秘密的材料,不得作为证据使用。

在对违法侦查行为适用排除规则的场合之外,意大利《刑事诉讼法典》仅就侦查行为无效的情形作出了有限的规定。这些情形主要涉及辨认、防范措施等侦查活动。首先,根据该法典第 213 条和第 214 条之规定,在进行辨认活动时,法官应要求辨认者描述有关人员的情况,列举他所记得的特征,询问他以前是否对该人进行过辨认,在案件发生前后是否见过被辨认者或其照片,是否有人向其描述过该人,以及是否存在其他可能影响。同时,对于所有的辨认活动,法官都必须在笔录中加以载明。违反上述法律程序的辨认行为,一律无效。

其次，司法警察在实施逮捕或者拘留之后，应在24小时之内将被逮捕者或被拘留者交给公诉人，并在同一期限内将被逮捕者或被拘留者解送到有关的羁押场所。不遵守上述期限的逮捕或者拘留应被宣告为无效。公诉人认为应当继续羁押的，应在逮捕或拘留后的24小时之内，要求负责初期侦查的法官给予认可。法官应在随后的48小时之内作出是否认可的决定，并立即通知公诉人和辩护人。如果上述法定期限未能得到遵守，则逮捕或拘留应被宣告为无效。不仅如此，对于法官所作的有关适用某一防范措施的裁定，被告人可以在法定期限内向有关法院提出复查的申请，如果该法院在法定期限内未就复查申请作出决定，则有关适用防范措施的原裁定立即丧失效力。

19.4.2.3 审判程序中的无效情形

意大利《刑事诉讼法典》对于法庭审判程序中的行为无效问题作出了一系列的规定。(1)根据法典第471条之规定，法庭审判必须公开进行，否则审判活动无效。(2)根据法典第497条之规定，在询问证人之前，法庭庭长应告诫证人如实陈述，向其告知证人所要承担的法律责任，并要求证人发表以下声明："我意识到作证的道德责任和法律责任，保证全部说实话并且不隐瞒任何我所知晓的情况。"随后，要求证人提供自己的一般情况。不遵守上述规定，询问证人行为应被宣告为无效。(3)根据法典第516条、第517条、第518条、第519条、第520条、第521条和第522条之规定，审判法庭在法庭调查中发现预审法官的审判令中所没有记载的新事实或者其他加重犯罪情节的，应当允许公诉人依法变更指控，或者对新事实重新提起公诉，但应立即通知诉讼各方，在取得被告人同意且不会对诉讼的进行造成妨碍的情况下，庭长可以允许公诉人在同一庭审中进行通知。庭长应当告知被告人有权获得必要的休庭期限，以便充分地准备辩护；被告人也可以申请法庭中断审理，但最长不得超过40日。不仅如此，法庭在判决时可以作出不同于公诉人指控的法律评价和罪名，但所认定的犯罪不能超出其管辖权。不遵守以上规定的变更起诉行为，应被宣告为无效。(4)在任何法庭审判中，被告人、辩护人一旦提出最后陈述的申请，法庭都应予以许可，否则将导致诉讼行为无效。

19.4.3 无效的补正与治愈

与澳门—葡萄牙的宣告无效制度一样，意大利的相对无效也是可以补正和治愈的。但是,诉讼行为无效的补正和治愈是有条件的。首先,凡是在法律明确规定的期间内未能提出无效之抗辩的,该诉讼行为无效即自动获得补正和治愈。其次,如果有关当事人明确表示放弃提出无效之抗辩,或者愿意接受有关违法行为的法律后果,或者当事人运用了为实施的行为或无效行为所涉及的权利,则诉讼行为无效即获得补正。再次,凡是涉及传唤、通知和送达等方面的无效情形,如果有关当事人出庭或者放弃出庭,则该行为无效即获得补正。

19.5 诉讼行为无效的实施程序

诉讼行为无效之宣告,一般取决于三方面的因素:一是该无效应由法院依据职权主动加以宣告,还是只有作为利害关系人的当事人可以申请宣告;二是该无效在宣告的时间上是否受到法律的限制;三是对该无效之情形是否可以提起救济程序。

对于上述第一个问题,法国刑事诉讼法无论是对法定无效还是对实质性无效,都允许预审法官主动向上诉法院提出,或者由上诉法院预审庭依据职权主动加以宣告,也允许检察官和当事人向法院提出宣告无效之申请。而在澳门—葡萄牙以及意大利刑事诉讼中,诉讼行为之无效被严格地区分为不可补正之无效(绝对无效)与取决于抗辩之无效(相对无效)两种。对于前一种无效之宣告,法院可以依据职权主动加以宣告,当事人也可以申请法院宣告。而对于后一种无效,则只有在当事人提出有关申请之后才可以由法院宣告。应当说,只有在利害关系人(当事人)提出宣告无效之申请的情况下,才会有较为完整的诉讼行为无效的实施程序。一旦行为无效系由法院依据职权主动加以宣告,则该种宣告将更多地取决于法官的自由裁量权,而很难有完整的实施程序。

根据前面的分析,上述三种诉讼行为无效制度都要求宣告无效有时间上的限制。尤其是在澳门—葡萄牙以及意大利的制度中,几乎所有取决于抗辩之无效(相对无效)在宣告的时间上都要受到严格的限制。而澳门—葡萄牙的诉讼行为之不规则在宣告时还要受到更加严格的时间限制。当然,在这两种无效制度中,不可补正之无效(绝对无效)在宣告方面是没有时间限制的,法院可以在刑事诉讼的任一阶段加以宣告。

在诉讼行为无效的救济方面,上述三种制度都允许当事人在法定情况下就法院所作的相关裁决提出普通上诉,甚至允许当事人在法定范围内向最高司法裁判机构提出非常上诉。不过,对于那些在申请时间上有明确限制规定的无效,如取决于抗辩之无效(相对无效),在申请无效之宣告方面就受到严格的时间限制,当然也不能无限制地提出无效之上诉。尤其是侦查、预审阶段的诉讼行为之无效,在获得上诉救济方面所要受到的限制更为明显。

在以下的论述中,笔者拟以法国和意大利的诉讼行为无效制度为范例,对这一制度的实施程序略作分析。

19.5.1 法国诉讼行为无效制度的实施

在1993年以前,只有预审法官和检察官可以直接向当时的上诉法院审查起诉庭申请宣告某一预审行为或预审文书无效。当然,上诉法院审查起诉庭也可以依据职权自行宣告某一预审行为无效。作为当事人的被告人、被害人则无权直接向上诉法院提出宣告无效的申请,而只能通过预审法官提出这种申请。经过1993年1月和8月的两次刑事司法改革,当事人申请宣告无效的权利得到了扩大和加强,以体现保障当事人权利尤其是被告人辩护权的理念;同时,法律对申请宣告无效的期间作出了限制,以防止各方尤其是当事人过于迟延地提出宣告无效之申请,从而避免诉讼程序的拖延和诉讼效率的下降。

19.5.1.1 宣告无效的启动方式

申请宣告某一预审行为无效,首先是预审法官和检察官的权利。预审法官如果发现某一诉讼文件或证据具备宣告无效之事由的,在事先听取检察官的意见并通知各方当事人之后,可以向上诉法院预审庭提出宣告无效之申请。检察官如果发现存在预审行为无效之事由,则可以直接要求预审法官将案卷材料转过来,以便向上诉法院预审庭提出宣告无效之申请,并通知各方当事人。

从1993年开始,申请宣告无效也属于当事人的一项重要诉讼权利。包括被告人、被害人在内的当事人,对于预审法官主持的正式侦查活动以及司法警察实施的调查过程,发现存在宣告无效之事由的,可以向上诉法院预审庭提出一份附理由的申请书,并向预审法官提交该申请书的副本。但是,对于任何可通过提出上诉来获得救济的事项,当事人均不得提出宣告无效之申请。

当然，如果案件涉及实质性无效之事由，任何权益受到损害的当事人都可以在法定期间内放弃提出实质性无效的申请。这种放弃一旦成立，则警察、检察官、预审法官实施的诉讼行为即使符合实质性无效之情状，也不会再被上诉法院预审庭作无效之宣告。但是，当事人的这种放弃必须以明确的方式提出，并在律师到场或者依照规定传唤律师的情况下作出，方才属于有效的放弃。

上诉法院预审庭自始至终可以依据职权主动宣告某一预审行为的无效。即使预审法官、检察官以及各方当事人都没有提出有关宣告无效之申请，检察官、当事人也没有就预审法官的司法裁判行为提出上诉，上诉法院预审庭也可以主动对案件的诉讼程序是否合法问题进行审查，并对具备无效事由的诉讼行为宣告无效，从而将附于案卷中的某一诉讼文件予以撤除。

19.5.1.2　宣告无效事项的受理者

一般情况下，宣告无效被视为上诉法院预审庭监督和控制预审行为的重要方式。因此，对于侦查——也就是预审法官主持的预审——过程中出现的任何无效事项，有关申请只能向上诉法院预审庭提出。但是，如果无效事由是在侦查结束后才发现的，各方在法定情况下也可以向审判法院提出宣告无效之申请。这里重点分析审判法院受理宣告无效之申请的情况。

传统上，重罪案件需要经受预审法官和上诉法院预审庭的两级预审程序，因此，上诉法院预审庭所作的将重罪被告人移送重罪法庭审判的裁定，具有排除预审程序之瑕疵的法律效力。因此，重罪案件即使在预审法官的侦查结束之后，仍然要由上诉法院预审庭来宣告某一预审行为无效。但根据法国《刑事诉讼法典》第305-1条的规定，在重罪法庭审判过程中，有关宣告无效之申请除了法定特殊情形下以外，均应在审判陪审团组成以前提出。

根据法国《刑事诉讼法典》第178条和第179条第5款的规定，预审法官所作的移送违警罪法院和轻罪法院的裁定一经生效，则侦查阶段可能存在的任何诉讼程序上的瑕疵和缺陷都将获得补正。这就意味着，违警罪案件和轻罪案件一旦移送法院，侦查和预审中所存在的程序性违法行为就将不再受到制裁。但是，轻罪法院如果发现预审法官或上诉法院预审庭所作的终结侦查的裁定并未按照法定条件告知各方当事人，或者未按照法定要求制作裁定书，就应将案卷移送检察院，由检察院再次要求预审法官受理本案，以纠正原来预审程序中的错误。显然，轻罪法院在上述情况下并没有直接受理有关宣告无效之申请。

事实上，根据法国《刑事诉讼法典》第385条第1款和第3款的规定，轻罪法院只有在案件没有经过预审法官或上诉法院预审庭管辖的情况下，才有权对当事人提交处理的程序无效事项加以裁决。这就意味着，轻罪法院只有在案件不必要经过侦查而由检察官直接起诉到法院的情况下，也就是法典第394条、第395条和第396条所规定的"立即传讯"和"直接出庭"的情况下，才有可能受理有关侦查程序无效之申请。

19.5.1.3 提出宣告无效事由的期间

原则上，当事人对于侦查、预审程序中存在的无效事由，只能在侦查、预审结束之前提出有关宣告无效的申请。而移送法院的裁定作出之后，有关侦查、预审程序无效的申请就不允许再行提出，或者即使提出也不再有受理的可能。

但是，对于那些不受预审法官管辖的程序中所发生的无效事由，轻罪法院可以直接予以受理。不过，无论是法定无效还是实质性无效，当事人向审判法院所提出的有关宣告无效之申请，都只能在当事人提出实体上的辩护之前提出。

19.5.1.4 证明责任和证明标准

为使申请宣告无效制度得到有效的实施，就必须明确哪一方需要提出证据证明程序性违法行为的存在，该种行为是否损害了当事人的利益或者损害了司法的最高利益，以及是否需要对该行为及有关诉讼文书加以撤除。否则，这种针对程序性违法行为的宣告无效申请即使提出，也很难有较为理想的诉讼效果，上诉法院预审庭也很可能拥有几乎不受限制的自由裁量权。

证明责任的分配和证明标准的确定，只有在当事人提出诉讼申请的情况下才有存在的余地。在预审法官主动要求上诉法院审查某一预审行为合法性的场合，或者上诉法院预审庭依据职权主动启动宣告无效程序的情况下，上诉法院对于宣告无效拥有较大的裁量权，当事人的参与范围和效果较为有限，因此这种宣告无效程序不可能有证明责任规则的存在。事实上，只有在当事人申请上诉法院宣告无效，而该无效的宣告又建立在当事人利益受到损害的基础上，才会有证明责任分配的必要。

但是，对于这一点，法国《刑事诉讼法典》第802条和第171条只是简单地将损害当事人利益作为宣告诉讼行为无效的前提条件，而没有确定申请无效的当事人是否承担证明责任。不过，从法国最高法院的判决来看，提出无效事由的当事人既要在适当时间内提出请求,又要提出证据证明诉讼程序的违法已经或者可能给他造成的利益损害。①

19.5.1.5 非常上诉程序

对于上诉法院预审庭所作的裁定以及审判法院的终审裁决,当事人可以向最高法院提出上诉。原则上,这种"为当事人利益向最高法院提出的上诉",是一种在普通上诉程序之外设立的非常上诉。最高法院并不对案件的实体问题进行审判,而只是审查原审裁决是否正确地适用了法律。经过审判,最高法院在听取各方律师口头辩论和意见的基础上,将作出驳回上诉,或者撤销原判、发回重审,或者撤销原判、不发回重审的裁决。当然,绝大多数的撤销原判都将导致发回重审的结果。

大体上看,当事人向最高法院提出非常上诉的理由主要是下级法院在审判中违反《刑事诉讼法典》所规定的诉讼程序以及实体法的有关规定。具体到诉讼程序方面的违法,主要有四种情况:一是作为裁决的法院的组成不符合法律规定;二是审判缺乏法律所要求的公开性;三是作出裁决的法院没有审判管辖权;四是在法律明文规定某种程序"如不遵守,以无效论处"时,或者即使没有法律条文规定,但最高法院的判决将其视为"根本性"程序并且也认定"如不遵守,以无效论处"时,那么,不遵守这些程序也构成向最高法院提出上诉的理由。

当然,在重罪案件中,被告人没有依法向重罪法庭提出的无效事由,即使后来向最高法院提出上诉,也将不被受理。而在轻罪案件中,被告人没有就第一审程序中的程序无效向上诉法院提出上诉的,即使后来向最高法院提出上诉,后者也同样不予受理。

如此看来,为当事人利益而向最高法院的上诉主要针对的是审判程序中存在的法律错误,而对于侦查、预审程序存在的错误,上诉法院预审庭应当宣告无效而没有宣告无效的,最高法院能否受理这方面的非常上诉呢?

事实上,上诉法院预审庭的审判一旦发生上述四个方面的程序错误,都可以构成当事人向最高法院提出非常上诉的理由。这就意味着,上诉法院在受理有关宣告预审行为无效的申请时,如果在审判中存在这些程序上的法律错误,最高法院都应予以受理。但对于上诉法院所作的宣告无效或者拒绝宣

---

① 〔法〕卡斯东·斯特法尼等:《法国刑事诉讼法精义(下)》,罗结珍译,中国政法大学出版社1998年版,第670页。

告无效的裁定,究竟是否具备合法的根据,最高法院并不进行实质性审查。不仅如此,法国《刑事诉讼法典》第595条还规定,在上诉法院预审庭进行审判时,当事人应提供其所要求的宣告侦查行为无效的理由。否则,当事人将无权再向最高法院提出宣告侦查行为无效的请求。当然,当事人如果不了解有关情况,或者最高法院可以依据职权接纳这些理由的,当事人仍可提出有关侦查无效的上诉请求。这显然说明,对于上诉法院预审庭所作的裁定仍然不服的,当事人还有向最高法院提出非常上诉的机会。

19.5.2 意大利诉讼行为无效制度的实施程序

原则上,所有的绝对无效都可以在任何阶段和审级中宣告。而绝对无效之外的其他一般无效则一般要在第一审判决产生之前宣告,审判程序需要作一般无效之宣告的,则只能在下一审级的判决作出之前加以宣告。当然,即使在上诉程序中,上诉法院发现案件存在法定的绝对无效或其他一般无效情形的,如果该情况将导致提交审判的决定或一审判决本身无效的,该法院应以判决的形式作出无效之宣告,并将有关诉讼文书移送给发生无效情况时正在审理案件的法官。

但是,大量的相对无效都要以当事人提出有关的抗辩为前提,而这种抗辩的提出则有严格的时间限制。这种时间限制显然对该种无效的实施程序产生直接的影响。一般来说,针对初期侦查行为的无效抗辩以及针对预审程序中的无效抗辩,都只能在预审法官结束预审并宣告不追诉判决或者提交审判令之前提出。而对于预审法官提交审判令以及庭审准备行为的无效抗辩,则需要在负责庭审准备的法官就有关当事人的设立问题进行首次审查之后提出。同时,在没有举行预审程序的情况下,针对初期侦查行为的无效抗辩,也需要在这一期限之前提出。当然,针对审判期间出现的无效理由则需要当事人在就有关判决提起上诉时一并提出。

如此看来,至少对于审判程序中的无效抗辩事由,当事人是可以向上诉法院提起上诉的。而对于初期侦查行为和预审行为的无效抗辩,预审法官在作出宣告或者不宣告无效的裁定之后,当事人究竟能否将此上诉至上诉法院,这一点在意大利刑事诉讼法中并没有明确的规定。但是,根据意大利《刑事诉讼法典》第827条之规定,在最高法院通过非常上诉程序撤销原审判决、发回重新审判之后,当事人不得再行提出原来的审判或者初期侦查行为无效之抗辩。这种禁止就侦查和预审行为之无效提出抗辩的规定在其他场合并不存在。这似乎表明,当事人就预审法官或初审法官所作的无效之宣告或者拒绝作此宣告的裁定,是可以继续上诉至上诉法院的。

不仅如此,对于上诉法院所宣告的判决或者不可向上诉法院提出上诉的判决,被告人、公诉人还可以法院违反法律程序为由,向最高法院提起非法上诉。其中的上诉理由就包括下级法院未能遵守可能导致行为无效、不可采用、不可接受或逾期无效的诉讼规范的情况。这显然表明,针对诉讼行为无效的裁决,被告人仍然有机会向最高法院提起上诉。

19.6　初步的评论

在前面的论述中,笔者通过分析三个"法律文本"中的相关规则,对大陆法中的诉讼行为无效制度进行了初步的考察。这种研究对于读者了解诉讼行为无效制度的真实面貌是有帮助的。但是,仅仅研究三部刑事诉讼法典有关诉讼行为无效的规则,也有其不可避免的局限性。其中最主要的是缺乏体系性和整体性,而极容易陷入琐碎的技术性分析之中。尤其是对那些初步涉猎刑事诉讼领域的人士来说,大量有关诉讼行为无效问题的条文分析和制度比较,足以令人对这一课题退避三舍。有鉴于此,笔者拟以美国法中的权利救济制度为参照,对大陆法中的诉讼行为无效制度作一总结性评论,以使读者对诉讼行为无效制度有整体性的理解。

大体上看,大陆法中的诉讼行为无效制度与美国刑事诉讼中的三种权利救济制度都有相近或相似的诉讼功能。首先,诉讼行为无效制度与非法证据排除规则都可以对侦查官员的非法侦查行为具有制裁作用。在法国刑事诉讼中,非法证据排除规则本身就是诉讼行为无效制度的有机组成部分,宣告某一诉讼文件或证据材料无效,并使其从案卷中撤除,这在客观上使非法所得的证据被禁止在刑事诉讼中使用。而在澳门—葡萄牙以及意大利刑事诉讼中,宣告行为无效与排除非法证据尽管属于两种独立的程序性制裁制度,但两者从不同的角度对违法侦查行为具有惩罚之效果。其次,美国刑事诉讼中的撤销起诉制度所针对的是较为严重的程序性违法行为,其适用将导致整个刑事指控被撤销的后果。而大陆法中的诉讼行为无效制度在适用过程中,不仅会带来违法行为以及受其影响的附带行为被撤销的后果,甚至在极端的情况下,也会带来整个刑事诉讼程序均被宣告无效的情况。再次,美国的上诉法院对于那些违反法定程序的审判活动,可以通过撤销原来的有罪判决、发回下级法院重新审判的方式,来实施程序性制裁。而大陆法国家的刑事诉讼法则对审判程序中的违法行为,直接采取了宣告无效的制裁方式。一般情况下,上诉法院宣告下级法院行为无效的后果,就是撤销原判,发回下级法院重新审判。

很显然,大陆法中的诉讼行为无效制度与美国法中的权利救济制度所针对的似乎都是各种程序性违法行为,它们也确实可以发挥相似的程序性制裁作用。但是,这种比较只具有一种形式上的意义,而无法说明两种制度在各自刑事诉讼中所具有的真实功能。事实上,美国刑事诉讼中的权利救济制度之所以名为"权利救济",是因为这些制度首先所针对的不是一般意义上的程序性违法行为,而是那些侵犯公民基本权利的行为,尤其是涉及侵害公民宪法权利的行为。对于这些行为,作为被侵权者的嫌疑人、被告人可以直接诉诸法院,并追求后者排除非法证据、撤销起诉或者推翻有罪裁决等方面的救济结果。可见,无论是从所针对的行为还是启动的方式上,美国刑事诉讼中的权利救济制度都不是一般意义上的"程序性制裁措施",而更主要的是权利救济手段,甚至是针对宪法性侵权行为所建立的宪法救济方式。

相反,大陆法中的诉讼行为无效制度所针对的主要是明确违反刑事诉讼法某一条款的行为,属于典型的针对"违法行为"的制裁措施。当然,在大陆法国家所要制裁的程序性违法行为中,有相当多的行为在违反法定诉讼程序的同时,也损害了某一当事人的合法权益,构成一种程序意义上的侵权。但是,除了这些以侵权为前提的程序性违法以外,还有大量的违法行为与侵权行为没有任何实质性关系,它们或者被认为违反了基本的司法组织制度和司法程序原则,或者未能遵守刑事诉讼法所规定的程式、步骤、格式,而这些程式、步骤和格式本身则并无太多的价值含量和政策考虑,而为单纯的诉讼习惯或传统程序方式。不仅如此,诉讼行为无效经常由法院依据职权主动加以宣告,而可以不依据利害关系人的申请而实施,这也显然说明无效的宣告重在对诉讼程序规范之维护,以及对违反法定诉讼程序行为之制裁,而不单纯是为被侵权者的当事人伸张正义、提供权利救济之方法。

当然,这种格式化的比较分析如同过去人们对所谓"职权主义"与"当事人主义"诉讼模式的区分一样,极其容易陷入简单化和标签化的泥潭中不可自拔。为避免这一危险,笔者拟从以下六个方面,对大陆法中的诉讼行为无效制度作一全面的总结。通过这种分析,我们将发现这一制度与美国刑事诉讼中的权利救济制度具有极为复杂的联系,在作比较分析时确实需要谨慎行事。

19.6.1 作为一种程序性制裁制度,诉讼行为无效之宣告所针对的不是当事人和其他诉讼参与人的诉讼行为,而只是警察、检察官或法官的诉讼行为。

这是我们理解诉讼行为无效制度的前提。考虑到刑事诉讼活动是由警察、检察官或法官主导进行的,他们所实施的诉讼行为或所作出的诉讼决定可以直接影响诉讼活动的进程,并对包括当事人在内的各方诉讼参与人的权利有直接的影响,因此,所谓"程序性违法"行为主要是指警察、检察官或法官违反法定诉讼程序的行为。毕竟,无论是嫌疑人、被告人还是被害人,在提出某一申请、主张,或者行使某一权利时,如果不遵守法定诉讼程序的话,其结果必然是该申请、主张不被接受,或者他们无法实现其诉讼权利。换言之,对于不遵守法定诉讼程序的嫌疑人、被告人和被害人,警察、检察官或法官可以立即作出对其不利的决定或者裁决,而无须作出其行为无效之宣告。如果为了纠正当事人或其他诉讼参与人的"违法行为",大陆法国家就根本没有建立诉讼行为无效制度的必要。

当然,一些大陆法国家的刑事诉讼法就有需要当事人加以遵守的诉讼程序规定,并对不遵守这些程序的当事人科处"无效"或"不被接受"等方面的制裁。尤其是在法律赋予当事人提出某一诉讼申请的权利时,通常会规定行使该权利的时间期限,一旦当事人在法定期限内没有提出有关申请或者实施有关诉讼行为,则该申请就将不被接受。例如,根据意大利《刑事诉讼法典》第21条之规定,当事人在法定明确规定的期限届满之后提出有关管辖权的异议申请的,该申请一律归于无效。根据该法典第80条之规定,公诉人、被告人和民事当事人应当在法定期限内提出有关在法庭审判中排除某一民事当事人的申请,否则,该申请无效。根据该法典第173条之规定,在法律有明确规定的情况下,享有某一法定期限保护的当事人必须遵守有关的期限规定,否则其行为逾期无效。

实际上,就如同当事人对一审法院的判决不服的,必须在法定期限内提出上诉一样,法律所赋予当事人的几乎所有申请或主张权利在行使时都是有严格期限限制的,当事人一旦未能在法定期限内实施有关诉讼行为,则其提出申请或主张的权利,也就自动丧失。这种权利的丧失并不是诉讼行为无效之宣告,而是当事人为其不遵守法律程序的行为所承担的法律后果。当然,大陆法国家的刑事诉讼法典为那些不遵守法定程序的当事人所规定的法律后果,还不仅仅限于这一点。例如,当事人如不按照法律的要求提出本方证据,则该证据将不为法庭所采纳。正如当事人享有某一权利并不意味着他必然实现这一权利一样,当事人有权提出程序申请、主张或者抗辩,也仅仅意味着他拥有这样做的资格而已。而他的这一权利如果要切实得到实现,还必须符合其他方面的法律要求。否则,这种权利就注定无法在现实中得到实现。

因此,当事人的诉讼行为即使有违法之处,也通常会带来他的权利得不到实现、其申请的事项得不到认可的法律后果,而不至于使其他当事人的权益受到消极的影响,更不会使司法制度的基本原则受到损害。事实上,警察、检察官和法官的主导性地位足以使当事人因其违法行为而承受不利的法律后果。相反,警察、检察官作为刑事侦查行为的实施者,其逮捕、羁押、搜查、扣押、窃听、辨认、讯问等侦查行为通常带有一定的强制性,会使嫌疑人的人身自由、人格尊严、个人隐私等权益受到直接的侵害,操之不当甚至会对司法公正造成消极的影响。法官作为司法裁判权的行使者,其行为和裁决过程直接影响到当事人的利益,如不能维持审判的公正性和程序的正当性,则当事人就无法获得公正的对待。因此,对于警察、检察官、法官所实施的程序性违法行为,应当视为程度不同地破坏国家程序法制、违反司法正义、损害当事人权益的行为。对于这些行为,当然应当通过诉讼程序层面的途径加以制裁和惩戒,否则,不仅刑事诉讼法无法得到实施,而且当事人的合法权益亦得不到维护,司法正义的基本原则也将遭到破坏。

19.6.2 原则上,宣告无效以刑事诉讼法有明文规定为前提,但一些大陆法国家也将那些法律没有明文规定的重大程序性违法作为制裁的对象。

宣告诉讼行为无效一般应以法律有明文规定为前提。这是诉讼行为无效制度中的基本原则。澳门—葡萄牙刑事诉讼法甚至将其归结为"合法性原则"。在本章前面所分析的三种诉讼行为无效制度中,意大利只将"法定无效"作为诉讼行为无效的唯一形态,而没有确立任何超出法律明文规定以外的诉讼行为无效。结果,即使警察、检察官、法官的行为违反法定诉讼程序,但只要法律没有明确以宣告无效作为制裁该种违法行为的手段,则法院无权将该行为宣告为无效。

澳门—葡萄牙以及法国的制度则在法定无效之外,确立了新的诉讼行为无效之形态。其中,法国明确建立了"实质性无效"这一独立于法定无效之外的形态,使得那些严重损害当事人权益或者破坏司法制度基本原则的程序性违法行为,即使在法律没有明文规定以宣告无效加以制裁的情况下,仍可以被法院宣告为无效。澳门—葡萄牙尽管没有确立这种"实质性无效"形态,但仍然在"法定无效"之外,规定了诉讼行为之不规则或不当情事,并以此作为制裁那些没有为法律所明确规定为无效的程序性违法行为。这种诉讼行为之不规则或不当情事,尽管本身不属于典型的行为无效,但其一旦宣告,即可能产生类似于行为无效的法律后果。

当然,即使在严格奉守"无明文则无无效"的意大利,其刑事诉讼法有关一般无效的规定也是极为抽象和概括的,因此可以适用于大量涉及违反有关检察官、当事人和法院参与刑事诉讼程序的法律条文之情况。至于坚持在法律规定之外制裁程序性违法行为的法国和澳门—葡萄牙,则更是摆脱了法律条文的形式限制,克服了成文法的局限性,使得诉讼行为无效制度越来越明显地具有权利救济功能和价值实现效果。这显然说明,大陆法从"无明文则无无效"走向"无利益则无无效"的结果,是作为利害关系人的当事人行使诉权范围的扩大及其效果的增强,也表明法院在制裁程序性违法方面越来越具有自由裁量权。

19.6.3 传统上,宣告无效以形式上的程序性违法为根据,但那种以损害当事人权益为特征的侵权性违法越来越成为程序性制裁的对象。因此,诉讼行为无效制度具有越来越明显的权利救济色彩。

与法国的"实质性无效"以及澳门—葡萄牙的"诉讼行为之不规则"制度的出现相对应,宣告无效的事由也越来越从形式上的违反程序走向实质上的侵犯权益。这一点在法国的实质性无效制度中得到最为充分的体现。从历史上看,这一无效形态本身就是为弥补那种仅仅制裁形式上违法之不足而产生的。其长期适用和发育成长的结果,是当事人诉权意识的提高和法院维护实质性诉讼程序观念的增强。目前,法国被告人及其辩护人逐渐将申请实质性无效作为获得权利救济的重要手段,宣告无效制度也越来越具有英美法中非法证据排除规则之功效,其重要原因可能就在于实质性无效制度的存在,以及那种将损害当事人权益作为宣告无效之基础的立法思想之转变。

实质性无效固然将那些带有侵权后果的程序性违法作为制裁的对象,而大陆法在确定法定无效的事由时,也将那些与侵权有关的违法作为重点制裁的对象。可以说,在三种法律文本中,以侵权为核心特征的程序性违法已经成为法院宣告无效的主要事由之一。诸如警察在侦查阶段实施非法的搜查、扣押、窃听、辨认、逮捕等,法官在审判中非法侵犯被告人的在场权、申请调查证据的权利以及有效参与法庭调查和法庭辩论的权利等,都可能成为法院宣告行为无效的直接理由。仔细鉴别起来,那些被列为"取决于抗辩之无效"的事由,大部分都包含着侵权要素。只不过,这种侵权不一定都损害嫌疑人、被告人的利益,而有时也涉及侵犯其他诉讼参与人的利益,有时还与侵犯特定职业(如律师、医生等特定的职业)的利益有关。

尽管大量适用相对无效的程序性违法都包含有侵权要素,但还有不少违法行为是与侵犯公民权利问题毫无关系的违法行为。在这些程序性违法中,有的纯属于形式上的违反程序步骤、格式和方法,也就是所谓的"形式性违法",而很少涉及侵权、损及利益或者违反诉讼原则之情事;而有的违法则属于违反司法制度和诉讼程序的基本原则,属于所谓的"公益性违法",与当事人的权益也没有直接的关系。"形式性违法"的典型例证,莫过于有关起诉书、判决书的格式和内容不符合法律规定,以及有关材料未列入案卷或者案卷笔录没有必要的签名等"违法"情形。而"公益性违法"之情况,则有法庭合议庭的组成不合法、公开审判制度之违法、主持预审程序的法官成为法庭合议庭之成员等各种情形。

可见,将程序性违法大体确立为"侵权性违法""形式性违法"和"公益性违法"等三种形态,这是大陆法中的诉讼行为无效制度得以区别于美国刑事诉讼权利救济制度的重要标志。

19.6.4 宣告无效的后果不具有非法证据排除规则那样的明确性,使得法官在宣告无效时拥有较大的自由裁量权。

与大陆法国家的其他诉讼制度一样,诉讼行为无效制度也确立在成文法中,具有逻辑上的严密性和理论上的根据,但在实施中却未必能达到立法者所预期的效果。自然,由于缺乏必要的实证资料,笔者对诉讼行为无效制度在各国的实施状况并没有直接的了解,对其实施效果也无从作出评论。不过,与非法证据排除规则相比,诉讼行为无效制度对于程序性违法的制裁后果较为模糊不定,使得法官在适用时享有较大的自由裁量权。毕竟,法官一旦适用排除规则,其结果一般是非法所得的控方证据被排除于法庭之外,而不得被作为指控证据加以使用。在适用这一规则时,法官在是否排除非法证据以及排除哪些非法证据方面确实也有一定的裁量空间。尤其是在依据利益权衡原则确定是否排除某一实物证据以及"毒树之果"是否需要排除的问题上,法官更是有相当大的解释余地。但总体而言,排除规则的运用至多会导致有争议的证据不具有可采性,而不会影响其他证据的法律效力,更不会带来整个起诉或有罪裁决被推翻的后果。这是确定无疑的。

但是,法官一旦宣告某一诉讼行为无效,其法律后果就没有那么明确了。根据笔者前面分析过的三部法典之相关规定,宣告无效不仅导致有争议的诉讼行为丧失法律效力,而且还会使受其直接影响的其他诉讼行为失去法律效力,甚至一些依据前一行为而制作的诉讼文书或所作的决定也被宣告失效。那么,这些行为或文书、决定失去法律效力又当如何呢?按照法国和意大利刑事诉讼法典的规定,诉讼行为被宣告无效之后,案件的诉讼程序将退回到无效行为出现的那一阶段或者审级,受该无效行为影响的诉讼文书一律视为不曾制作,而被从诉讼案卷中撤除。当然,被宣告无效的行为被撤除后,刑事诉讼活动如果不会因此而受到影响的,则该诉讼活动将继续进行下去。否则,法官可以命令警察、检察官或者其他法官重新实施有关诉讼行为。甚至在一些违法情况特别严重的案件中,诉讼行为被宣告无效还可能导致整个侦查、预审程序失去法律效力。

可以看出,宣告诉讼行为无效的后果并不像排除规则的适用那样单纯、明确,而具有相当大的不确定性。假设某一被宣告无效的诉讼行为对后来的诉讼行为或诉讼决定具有直接的影响,则法官就要考虑哪些行为、文书和决定应被列入宣告无效的范围。然后,法官还要评估该诉讼行为的无效对于整个刑事诉讼活动的影响,以便决定将诉讼程序退回到哪一诉讼阶段或者审级。更为重要的是,法官不能仅仅宣告将诉讼行为撤除了事,还必须命令警察、检察官、其他法官或者下级法院重新实施该诉讼行为。尤其是考虑到这种诉讼行为无效之宣告尽管由当事人通过提出抗辩而启动,但法官在宣告无效时是完全不必考虑当事人有关诉讼行为无效之范围等方面的诉讼请求,而可以自行加以确定;而在法官依据职权主动宣告程序无效的场合下,宣告无效的范围和后果则更是不容当事人施加任何影响。这样,法官在宣告无效问题上似乎就拥有几乎不受限制的自由裁量权。对于诉讼行为无效问题,他既可以自行决定违法行为以及受其影响的其他行为的范围,确定哪些诉讼文书和决定需要从案卷中加以撤除,还要决定诉讼程序因为无效之宣告而可以退回到哪一阶段和审级,更要确定哪些诉讼行为需要由哪一个警察机构、检察机关或者法院重新加以实施。完全可以认为,在排除了当事人有效参与的情况下,法官对如此繁多的事项很难不独断专行。

诉讼行为无效制度在适用后果上存在的这一问题,显示出任何由法学家通过理论研究而创造、由成文法通过富有逻辑性的规则加以确立的制度,与司法实践的现实状况都会存在大小不等的距离。毕竟,诉讼行为无效的后果是由刑事诉讼法典加以确定的,而不是由法官基于长期的司法裁判实践并通过司法判例而逐渐加以发展、积累起来的。这就注定使法官在宣告无效方面具有相当大的裁量空间和解释余地。当然,这一点在任何制度下都是不可避免的。但问题的关键在于,大陆法国家缺乏通过司法判例制度来纠正下级法官错误适用宣告无效制度的基础,法官的宣告无效裁决——尤其是对侦查、预审行为无效之宣告决定——甚至在法庭审判阶段就大多不被允许重新申请无效,更不用说在上诉法院甚至最高法院重新被列入裁判对象了。

19.6.5 宣告无效既可以当事人行使诉权为前提,也可以由法官依据职权而自行进行,使得诉讼行为无效制度在实施中很难具有司法裁判的完整形态。

按照职权主义的诉讼模式,大陆法国家允许法官依据职权主动发动一系列的诉讼程序。在诉讼行为无效之宣告问题上,各国都允许负责侦查、预审之控制的法官自行宣告行为无效,也允许法庭合议庭在审判程序中作出这种宣告。甚至在法国刑事诉讼中,上诉法院预审庭还可以对那些未曾被提交的诉讼行为无效事项,主动作出无效之宣告。可以这样说,在法院依据职权主动发动宣告无效程序的场合下,宣告无效制度的实施将很难保持完整的诉讼形态。毕竟,这种宣告无效程序不是公诉人或者当事人通过行使诉权而启动的,法官在作出宣告无效之决定时,或许会告知控辩双方,有时也会听取控辩双方的意见,但他绝不可能像在法庭审判程序中那样允许各方充分、有效地参与其中,并对其宣告无效之裁决施加积极的影响。在这种依据职权而发动的宣告无效程序中,诸如申请、答辩、听审、提交证据、证明责任和证明标准、裁决等一系列的司法裁判要素,都不可避免地受到忽略。宣告无效程序在运作上不可避免地陷入行政决定的制作模式之中。

而在当事人提出无效之抗辩的场合下,尤其是在那些相对无效(取决于抗辩之无效)得到实施的程序中,被告人、被害人通常为宣告无效程序的启动者,法院为宣告无效问题的裁判者。这种程序的诉讼色彩较之那种法官主动发动的无效宣告程序要浓烈得多。但是，大陆法各国的立法者显然对法官主动实现司法正义的能力显得过于迷信，而对控辩双方通过行使诉权来推动诉讼进程则明显持怀疑态度。结果，各国刑事诉讼法典有意无意地忽略了申请宣告无效程序之具体建构。假如被告人认为警察非法实施了某一窃听行为，那么他一旦提出要求宣告窃听行为无效之申请，法官是否都会启动宣告无效程序呢？法官会不会直接加以驳回呢？而在法官启动有关程序之后，究竟由谁来提出证据证明窃听行为系属违法呢？这种证明需要证明到什么程度，才足以促使法官作出宣告无效之决定呢？在涉及宣告无效的范围和后果问题上，法官是否应将此问题交付控辩双方加以辩论呢？……如果在这一系列涉及当事人行使诉权的问题上，法官都享有不受限制的自由裁量权，则当事人的申请和参与都将失去意义，法官对于宣告无效问题仍将拥有独断的权力。

相比之下，美国的排除规则在适用时往往被纳入一种类似于上诉审查的程序性裁判程序之中。提出排除非法证据申请的被告人为该程序的启动者，检察官则为答辩者，法官为专门的裁判者。该项申请有专门的提出和裁决阶段，如审判动议阶段。法官在该阶段将就排除非法证据问题加以专门审查，并作出专门的裁决。当然即使在法庭审判阶段，被告人仍有机会提出这样的申请。不过，法官这时对非法证据的排除就只能在法庭审判过程中附带加以审查和作出裁决。在长期的司法判例中，美国联邦最高法院为这种程序性裁判程序制定了详细、具体的实施规则。从排除非法证据的申请、受理、答辩、听证模式，到证明责任的分配和证明标准的确定，有关证据规则的运用，司法裁决的作出方式，再到控辩双方对法官裁决提出再救济的途径等，都按照上诉审查的程序模式加以构建，以体现控辩双方对抗、法官负责司法裁判这一诉讼要求。

很显然，不建立专门用来实施诉讼行为无效制度的司法程序，不使这种宣告无效活动被纳入诉讼的轨道，则宣告无效制度就注定在实施中遇到困难。当然，依据职权发动宣告无效程序的法官，或许也可能及时有效地将那些违法诉讼行为宣告为无效，并使这一制度得到较好的实施。但是，这种以行政方式行事并拥有无限裁量权的法官，面对其利益处于冲突之中的检察官、被害人和被告人，如何才能保持中立、超然的态度，不使其天平任意倒向其中任何一方，这是极为困难的事情。更何况，诉讼行为无效所针对的程序性违法行为分别属于侵权性违法、形式性违法或者公益性违法，而有的违法行为则可能同时包含着两种以上的违法要素。在此情况下，法官对程序性违法行为所采取的宣告无效措施，又如何使不同的违法得到相应的有效制裁呢？毫无疑问，在当事人不参与或者参与效果不明显的宣告无效程序中，法官既不可能使相互冲突的各方利益都得到适当的保护，也无法使诉讼行为无效制度得到妥善的实施。诉讼行为无效制度的实施在很大程度上将取决于法官的价值判断和利益考量。这显然是并不安全的一种制度设计。

20. 英美法中的诉讼终止制度

20.1 英国的诉讼终止制度
20.2 美国的撤销起诉制度
20.3 加拿大的诉讼终止制度

20.1 英国的诉讼终止制度

在英国刑事诉讼中,法官对于检控方滥用法庭程序的行为,可以作出诉讼终止之宣告,从而终止业已进行的诉讼程序,使得被告人获得立即释放。作为一种程序性制裁措施,"诉讼终止"(judicial stays)制度所针对的主要是检控方滥用诉讼程序(the abuse of process of the court)的行为。而这里所说的"滥用诉讼程序"的行为,大多属于检控方违反禁止双重危险原则、造成诉讼拖延等方面的程序性违法行为。当然,从近年来的制度发展来看,诉讼终止制度所针对的不仅仅是上述两种"滥用法庭程序"行为,还越来越有可能包括那些由警察所实施的不当侦查行为,如非法引渡(illegal extradition)、警察圈套(entrapment)等。而这些非法侦查行为也有可能被视为新型的"滥用法庭程序"行为。①

与大陆法国家的诉讼无效制度不同,英国的诉讼终止制度并不存在于成文法之中,而是由法院通过判例法的形式逐渐发展出来的。其中,上议院在发展诉讼终止制度方面发挥了至关重要的作用,而高等法院则在探索这一制度的适用范围方面富有开拓性。同时,与美国联邦最高法院依据宪法发展排除规则和撤销起诉制度也不相同,英国法院更多的不是依据宪法而是一系列法律理念来发展诉讼终止制度。归根结底,英国的诉讼终止制度是法官行使自由裁量权的产物。这势必使诉讼终止制度在发挥权利救济之功能方面受到显著的影响。

20.1.1 终止诉讼的性质与后果

在英国刑事诉讼中,控辩双方可以向法官提出以下四种诉讼申请:申请法庭对起诉的罪状进行分案审理(to sever the indictment);申请对起诉书作出补充(to amend the indictment);申请撤销起诉(to quash the indictment);申请诉讼终止。其中,有关撤销起诉和诉讼终止的申请通常是由辩护方基于其辩护的策略而提出的。

---

① 目前,英国法院已经作出判例,对那种警察实施的特别严重的非法绑架行为,采取终止诉讼的制裁措施。而对于警察所实施的诱惑侦查行为,英国法院则几乎不采取诉讼终止的制裁措施,而至多在量刑方面给予适当的补救。参见 Andrew L. T. Choo, *Abuse of Process and Judicial Stays of Criminal Procedure*, Clarendon Press(Oxford), 1993, pp. 78-118, 148-181. 另参见 Andrew L. T. Choo, Halting Criminal Prosecutions: The Abuse of Process Doctrine Revisited, *Criminal Law Review*(1995), 864.

从形式上看,"撤销起诉"与诉讼终止具有相似的诉讼效果:法官一旦作出这种决定,检控方的起诉即被撤销,有关的法庭审理程序即告终止;法官既可对全部起诉罪状予以撤销,也可对其中的部分罪状加以撤销。但是,法官所作的撤销起诉决定一般不具有禁止继续追诉的效力,检控方可以随后对同一事实再行提起公诉。法官还有权自行对起诉书作出补充,以避免起诉被撤销。不仅如此,撤销起诉仅适用于一些极为有限的场合,如提交起诉书的机构并不具有法定的起诉权;起诉书的表述存在严重的法律错误;起诉书中的某一罪状属于治安法院没有移送审判的罪行,或者治安法官在移送审判阶段即发现罪状为无辩可答(no case to answer)的罪行,等等。[①]

与撤销起诉不同的是,诉讼终止是一种旨在阻止刑事诉讼程序继续进行的司法命令。顾名思义,"诉讼终止"就是法官命令某一诉讼程序不再继续进行,检控方提出的有关起诉被法官拒绝继续审理。因此,在法律英语中,"诉讼终止"可以有 stay、halt、discontinue 以及 to be not proceeded with 等多项表述。从形式上看,法官所作的诉讼终止决定仅仅具有终结诉讼程序的效力,但在大多数情况下,诉讼终止往往具有宣告被告人无罪的实体效果。因为英国法官对于检控方滥用诉讼程序的行为在宣告诉讼终止之后,既可以责令检控方以后不得对同一事实再次提出起诉,也可以允许检控方在去除原先被非法行为所污染的程序的前提下,对同一行为重新提出起诉。但无论如何,未经法官的批准,检控方擅自对法官已宣告诉讼终止的起诉事由再行提起公诉,这本身就属于一种新的"滥用法庭程序"行为,一般将招致法官宣告终止诉讼的后果。[②]

传统上,英国法官只对法庭审理程序开始后的检控方行为实施司法审查,以促使其遵守公平游戏规则,而对于警察和控方律师在审判前所实施的各项调查和公诉准备行为是不予干预的。事实上,无论是对警察的侦查行为还是控方律师的诉讼准备行为,检察机构的负责人尤其是总检察长负有监督的责任,并根据案件的情况可以作出终止诉讼或撤销起诉的决定,但这毕竟是存在于检察机构内部的行政化的诉讼终止制度。而法院一旦以检控方滥用诉讼程序为由作出诉讼终止的决定,就意味着司法机构对于检察机构的行政行为施加了积极的司法审查。这种"司法化的诉讼终止"制度无疑对司法权与行政权的关系产生了重大的影响。

---

① John Sprack, *Emmins on Criminal Procedure*, pp. 220-221.
② Andrew L. T. Choo, *Abuse of Process and Judicial Stays of Criminal Procedure*, p. 7.

从 19 世纪后期以来,司法化的诉讼终止制度最先产生于英国民事诉讼之中。根据英国普通法,法庭为维持民事当事人的公平游戏,既可以对那些违反法庭规则、故意拖延诉讼的当事人判处蔑视法庭罪,也可以对那种蔑视法庭权威、带有欺诈性或没有充分根据的指控作出诉讼终止的决定。刑事诉讼中的诉讼终止制度是在司法实践中逐渐由英国法院所创立并发展起来的。1964 年,英国上议院在 Connelly v. DPP 一案的判决中,才正式承认法官对于那些滥用诉讼程序的起诉,可以享有终止诉讼的自由裁量权。最初,诉讼终止的裁量权主要适用于起诉有缺陷、被告人提出先前已被判决有罪或者无罪的法庭抗辩、总检察长已经决定撤回起诉、法院没有管辖权的案件之中。但后来,法官们逐渐接受了"滥用诉讼程序法则",从而将诉讼终止更多地适用于那些滥用诉讼程序的公诉案件。①

所谓"滥用诉讼程序",其实是指控方律师利用其所享有的公诉权和所占有的诉讼资源,故意操纵诉讼程序,在诉讼中不公正地占据诉讼优势,从而非正当地损害被告人的辩护效果的行为。② 在英国判例法中,这种被法庭所禁止的"滥用诉讼程序"行为,主要有两种表现方式:检控方对于某一业经法庭宣告为无罪或有罪的行为,再次提出重复的起诉;控方律师故意拖延诉讼,在合理的诉讼期限内迟迟不向法庭提起公诉。在前一情况下,检控方的重复起诉行为将被告人置于被反复追诉的不利境地,使得被告人因为同一行为而无休止地陷入困境,其财产、自由长期处于被追究的危险之中,其命运也因此处于不确定的状态。而在后一种情况下,检控方的故意拖延势必导致潜在的辩方证据难以保存甚至被毁灭,潜在的辩护证人则可能遗忘有关事实、移民出境甚至死亡,从而导致辩护方难以提出足以削弱或推翻指控的证据。上述两种起诉方式都构成了恶意滥用诉讼资源的行为,并足以使被告人的辩护效果受到损害,被告人也因此无法获得公正的审判。

20.1.2　终止诉讼与禁止双重危险

作为滥用诉讼程序的重要形式,检控方对某一业经法院判罪或者宣告无罪的事实重新提起公诉的行为,属于诉讼终止制度的主要适用对象。换言之,对于那种违反禁止双重危险规则(the rule against double jeopardy)的滥用

---

① Andrew L. T. Choo, *Abuse of Process and Judicial Stays of Criminal Procedure*, pp.2-7.
② John Sprack, *Emmins on Criminal Procedure*, p.273.

诉讼程序行为,英国法官有权作出终止诉讼的决定。

传统上,英国法中存在一种特殊的阻止审判之抗辩(the pleas in bar of trial)制度。根据这一制度,被告人在法庭一旦提出法定的无罪抗辩事由,陪审团或法官就可以直接宣告被告人无罪。其中,与禁止双重危险规则有关的抗辩有两种:一是"先前已被宣告无罪的抗辩"(the pleas of *autrefois acquit*);二是"原来已经被判罪的抗辩"(the pleas of *autrefois convict*)。根据前一抗辩理由,被告人一旦被法院宣告无罪,那么,检控方就不得对同一罪行再次提起诉讼;而按照后一抗辩事由,法院一旦对被告人判处有罪,就不得再次受理针对同一罪行而提出的起诉。当然,上述两种抗辩的法律效果也并不是完全相同的:前一种抗辩的成功一般都会使被告人获得无罪开释的结果,而后一种抗辩则有可能促使法庭宣告被告人无罪。①

原则上,这种旨在阻止法庭审判的抗辩可以在刑事诉讼的任何阶段提出。但通常情况下,被告人都是在移送审判程序以及审判前的动议阶段提出。而按照英国判例法,刑事法院甚至在被告人向法官作出有罪答辩之后,仍然可以接受这种无罪抗辩。只要案件存在上述无罪抗辩理由之一的,法官就有责任审查有罪答辩是否违背了禁止双重危险的原则。

英国法院在以检控方违背禁止双重危险原则而作出终止诉讼决定方面,通常会遇到两个困难的问题:一是如何确定"同一罪行"(the same offence)的标准;二是如何为上述无罪抗辩确定一个适当的外部范围。在这些方面,英国法院通过判例制定了一些可操作的规则。

被告人一旦以原案已有无罪判决或者原案已被判罪为由提出无罪抗辩的,法官就需要确定前后两次起诉的罪行是否为同一罪行。一般说来,只要在法律上后一罪行与先前已经过裁判的罪行"实际效果上是同一罪行"(in effect the same)或者"实体上是同一罪行"(substantially the same),则法官就可以针对后一起诉作出诉讼终止的决定。当然,法院对于究竟什么属于"实际效果上的同一罪行"和"实体上的同一罪行",并没有提供明确的解释。②

至于上述法庭抗辩的适用范围问题,英国判例法则建立了"陷入危险"标准(the In Peril test)。根据这一标准,只要被告人在先前的诉讼程序中曾经遭遇可能被定罪的危险,则对同一罪行的第二次起诉就应被禁止。具体而言,只要检控方对被告人已经被判无罪或者已经被定罪的同一罪行再次提出起

---

① Andrew L. T. Choo, *Abuse of Process and Judicial Stays of Criminal Procedure*, pp. 18-19.
② *Connelly v. DPP*(1964) AC1254,1305 per Lord Morris.

诉,或者对被告人可能被定罪并已陷入被定罪危险之中的罪行再次提出起诉的,法官都有权作出终止诉讼的决定。在英国刑事司法中,控方律师对同一罪行前后提出重复起诉的情况甚少发生,而对在前一诉讼中已经是被告人陷入被定罪危险的罪行提出重新起诉的情况,发生的频率则是较高的。

那么,究竟什么算作是被告人陷入危险呢？按照英国判例法的解释,在对同一罪行的第一次审判中,只要陪审团当庭组成并宣誓完毕,而被告人已经开始接受审判,或者在治安法官主持的法庭上,被告人已经作出有罪或者无罪的答辩,被告人即被认为已经陷入被定罪的危险。[①]

英国法院还对前后两罪存在包容关系的情况作出了解释。举例来说,英国刑法将普通伤害罪(common assault)与严重伤害罪(aggravated assault)确定为两种独立的犯罪,但前者被认为包容于后者之中。检控方假如原先起诉的是较重的罪行(如严重伤害罪),而随后又对包容于前者的轻罪(如普通伤害罪)提起公诉,法官究竟能否受理呢？按照判例法的解释,如果法庭原先对重罪作出无罪判决的,则检控方就可以自由地提出针对轻罪的重新起诉。毕竟,法庭对被告人严重伤害罪的无罪判决并不意味着被告人不构成普通伤害罪。相反,如果法庭原先对重罪作出了有罪判决,则检控方就无权对包容于其中的轻罪再次提出起诉。因为原先的有罪判决意味着普通伤害行为连同加重的因素都已经得到证明,被告人已经被裁断犯有普通伤害罪。

而假如法庭先前已经对某一轻罪(如普通伤害罪)作出了判决,检控方还能对包容了这一罪行的重罪(如严重伤害罪)提出起诉吗？一般说来,如果法庭原先作出的是无罪判决,则检控方就无权再对重罪提起公诉。因为作为重罪之一部分的轻罪罪行事实上并没有得到证明。相反,假如法庭原先对轻罪作出了有罪判决,则检控方一般可以继续对重罪提出起诉。毕竟,只要那些加重的事实因素得不到证明,被告人仍然无法构成严重伤害罪。当然,判例法也对这些原则性的规则设定了一些例外。

20.1.3 终止诉讼与诉讼拖延

诉讼拖延是英国终止诉讼制度适用的第二大领域。所谓诉讼拖延,并不是指一般意义上的拖延诉讼行为。准确地说,这里所说的"诉讼拖延"并不包括法庭上的拖延诉讼行为,而主要是指警察、控方律师在审判前阶段推迟将

---

① *Williams v. DPP*(1991)3All ER651.

被告人诉诸法庭审理的行为。因此,可导致诉讼终止后果的诉讼拖延可简单地称为警察和检控方的审前拖延行为(pretrial police or prosecution delay)。

在一些西方国家的宪法和各种国际人权公约中,诉讼拖延通常被视为侵犯"被告人迅速审判权利"或者"没有在合理时间内将被告人诉诸法庭审理"的侵权行为。英国尽管迄今为止没有将诉讼拖延等同于侵犯被告人的宪法权利的行为,但其1998年通过的《人权法案》却是承认《欧洲人权公约》第6条(1)有关"在合理时间内获得公正和公开审判"的权利的。而诉讼终止则恰恰属于对警察和控方律师侵犯被告人上述权利的程序救济方式。

之所以要对诉讼拖延行为采取终止诉讼这一略显"极端"的救济方式,就是因为警察、控方律师可通过故意地拖延诉讼行为,使得被告人长期无法获得法庭审判的机会。检控方可借此利用自己的诉讼资源操纵整个诉讼程序,从而获得在法庭对抗中的证据优势,并使得被告方的证人无法获得、证据无法获取,以至于导致被告人无法获得公正的审判。因此,不当的诉讼拖延行为不仅会损害被告人的辩护效果,使其在法庭对抗中处于明显的劣势,而且还将破坏法庭上的公平游戏规则,使得控辩双方在法庭论辩中处于明显的不平等状态。显然,法庭对那些存在严重诉讼拖延情况的案件作出终止诉讼的决定,对于维护公正审判原则、避免被告人受到检控方诉讼拖延行为的损害,可谓是十分重要的救济方式。

那么,警察、控方律师究竟在什么情况下构成诉讼拖延行为呢?而英国法庭对于什么样的诉讼拖延行为可以作出终止诉讼的制裁呢?

要回答前一问题,我们必须提及英国成文法就刑事诉讼期限所制定的一些规则。例如,根据1980年《治安法院法》第127条的规定,在刑事案件发生后的6个月之内,控方律师必须向治安法院提出起诉书,否则,法庭可以控方诉讼拖延为由作出终止诉讼的决定。又如,根据1982年《刑事法院规则》第24条之规定,对于治安法院移送审判的可诉罪案件,刑事法院必须在移送审判后的14日期满后开始审判程序,但控辩双方都同意提前开始审判程序的除外;但这种审判程序开始的时间不得迟于治安法院移送审判后的8周期满的时间。

需要注意的是,成文法就刑事诉讼的期限所作的规定并不具有强制性,而属于一种指导性的规则。违反了这些诉讼期限规则,并不当然意味着法庭会宣告终止诉讼。在英国刑事司法实践中,上述诉讼期限规则被违反的情况还是经常发生的,而法庭对这些情况并不必然会作出程序无效之宣告。事实上,所谓"诉讼拖延",并不仅仅指上述成文法所规定的诉讼期限被超出。因为在没有成文法明确规定诉讼期限的情况下,警察、检控方推迟提起公诉的行为也有可能构成"诉讼拖延"。而对于这些诉讼拖延行为,法院在作出诉讼终止决定时会考虑其他一系列的因素。而警察和控方律师单有"诉讼拖延"行为,则并不足以构成滥用诉讼程序行为。

早在 1985 年,英国枢密院就在 *Bell v. DPP* 案件的判决中确定了一些旨在判定剥夺被告人获得公正审判权利的诉讼拖延标准:(1) 诉讼拖延的时间长度;(2) 检控方拖延诉讼的正当理由;(3) 被告人寻求权利救济的努力;(4) 诉讼拖延给被告人造成的利益损害。这些标准其实也是法院在作出终止诉讼决定时所要考虑的基本因素。① 例如,尽管检控方存在诉讼拖延情况,但假如这种拖延存在正当的理由,或者被告人并未对此情况提出有关的司法救济请求,或者这种拖延对被告人的利益并没有造成明显的损害,那么,法院就不会将此拖延诉讼行为认定为"滥用诉讼程序"。

英国上诉法院对于诉讼拖延问题作出了若干项判例。在这些判例中,上诉法院对于诉讼终止措施的适用采取了较为谨慎的态度。在上诉法院看来,只有在例外场合下,法院才可以诉讼拖延为由作出终止诉讼的决定。因为法院一旦经常适用诉讼终止措施,公众将会对刑事程序产生怀疑和不信任的态度。这是其一。其二,即使在检控方的诉讼拖延被视为不正当的情况下,法院也不应将永久性的诉讼终止(a permanent stay of the proceedings)作为一般适用的规则,而只能将其作为一种例外。其三,在起诉方没有任何过错的情况下,法院更应该慎用诉讼终止措施。其四,假如检控方的拖延诉讼行为仅仅是由案件十分复杂这一因素所造成,或者归因于被告人个人的行为,则诉讼终止措施就绝对不得适用。最后,为防止被告方滥用有关诉讼请求权,上诉法院认为被告人应承担证明责任,以证明检控方的诉讼拖延已经给它造成了如此严重的损害,以至于案件将无法获得公正的审判,并且要将这一点证明到"盖然性优势"(the balance of probabilities)的程度。而在确定被告人是否满足这一证明标准问题上,法官必须谨记在诉讼终止措施之外还有其他两种足以减轻或者消除上述侵权后果的救济措施:一是法官有权采取排除非法证据的措施;二是法官可以促使陪审团将那些由诉讼拖延所产生的相关事实问题加以认真考虑,并且就此给予陪审团适当的诉讼指示。②

---

① John Sprack, *Emmins on Criminal Procedure*, p.274.
② Andrew L. T. Choo, *Abuse of Process and Judicial Stays of Criminal Procedure*, pp.34-35.

20.2 美国的撤销起诉制度

在美国法中,"撤销起诉"(dismiss of charge)是法院基于控辩双方的动议,针对某一指控所作的终止审理的裁定。案件一旦被法院撤销起诉,就意味着起诉方提出的某一指控被法院在未经宣告判决的情况下驳回。一般情况下,无论是民事诉讼还是刑事诉讼,只要起诉方的指控缺乏必要的法律依据,法院就可以作出撤销起诉的裁定。从其法律后果来看,撤销起诉可以分为两类:一是"无不利影响的撤销"(dismiss without prejudice),二是"有不利影响的撤销"(dismiss with prejudice)。在前一情形下,法院撤销起诉仅仅导致审判活动的终止,但并不阻止起诉方针对同一事项重新提起第二次起诉。相反,后一种撤销则相当于法院对该项指控的最终判决,任何针对同一事项而重新提起的起诉都是被禁止的。①

在刑事诉讼中,撤销起诉是一种针对警察、检察官侵犯宪法权利的行为而提供的重要救济方式。与排除规则一样,撤销起诉也属于一种"诉讼程序内的救济",也就是通过宣告检控方提交的证据或指控失去法律效力,而使违法者承受消极法律后果的制度。在联邦最高法院逐年所作的判例中,撤销起诉可用来对联邦宪法第五和第六修正案所确立的各项宪法权利实施法律上的救济。

20.2.1 撤销起诉的适用对象

与非法证据排除规则一样,撤销起诉制度最初并没有为成文法所创设,而是由法院经由判例法的积累而逐步发展起来的。按照美国联邦最高法院的判例,撤销起诉首先被适用于那些涉及侵犯公民正当法律程序的行为,如对同一行为重复提出起诉,剥夺被告人获得迅速审判的机会,剥夺被告人获得律师帮助的权利。不仅如此,对于那些发生在侦查阶段的侵权行为,如非法逮捕、非法引渡以及错误地适用"警察圈套"等行为,美国法院也可以通过撤销起诉来实施程序性制裁措施。在以下的讨论中,笔者将对这种撤销起诉的适用对象作一简要的分析。

---

① 〔美〕彼得·G.伦斯特洛姆编:《美国法律辞典》,贺卫方等译,中国政法大学出版社1998年版,第245页以下。

20.2.1.1 违反"禁止双重危险"之宪法条款的行为

根据美国联邦宪法第五修正案有关"禁止双重危险"的条款,任何人不得因同一行为而受到重复的起诉和审判。因此,法院一旦经过法庭审判作出无罪裁决,检控方既无权提出上诉,也无权以原来的罪名或者新的罪名重新提起公诉。对于检控方针对被告人的同一行为提起的第二次起诉,法院根据被告人的动议,可以作出撤销起诉的裁定。

一般说来,禁止双重危险条款所要保护的是以下几个方面的利益:它促使检控方提高诉讼效率,尽量通过一次成功的起诉来完成对被告人定罪的目标,从而维护有效惩治犯罪的公共利益;它限制检控方不成比例地运用权力和资源将一个公民反复置于被指控的境地,并使其多次面临被定罪的危险;它确保被指控者摆脱那种因检控方反复起诉而带来的尴尬、焦虑和不安全状态。不仅如此,禁止双重危险原则还对政府和被告人的利益产生兼顾作用:它使得刑事诉讼的裁判过程具有终局性和正当性,从而维护诉讼程序的安定性和裁判的权威性;它可以促使检察机关提高诉讼效率,减少因为重复起诉而不得不付出的诉讼成本,同时也使被告人减少因反复应诉而不得不付出的代价。①

在禁止双重危险原则的适用方面,关键的问题是如何确定"一次危险"形成的诉讼标志,以及检控方的起诉如何才算造成了"双重危险"。

在前一问题上,美国联邦法院提出了较之各州法院更为严格的标准。根据联邦最高法院的判例,在有陪审团参加的联邦刑事法庭上,陪审团已经组成和宣誓完毕,检控方对被告人所造成的"一次危险"即告成立;而在那种仅由法官作为裁判者的法庭上,检控方只要开始传唤第一个证人,而该证人业已宣誓完毕,也就相当于对被告人造成了"一次危险"。而在被告人作出有罪答辩的情况下,法庭一经接受被告人所作的有罪答辩,则"第一次危险"也告成立。但相比之下,各州法院所确立的"一次危险"形成的标准则要宽松得多。在绝大多数州,法院一般都将初审法庭对被告人作出有罪或者无罪的裁断,作为"一次危险"形成的标志。② 但无论如何,只要检控方的起诉所导致的"一次危险"被法院认为已经成立,那么,无论案件是以被告人被裁断有罪或者无罪而告终,还是中途被检控方撤回起诉,检控方都不得对该案件重新提

---

① Joel Samaha, *Criminal Procedure*, fourth edition, p.570.
② 参见陈瑞华:《问题与主义之间——刑事诉讼基本问题研究》,中国人民大学出版社2003年版,第七章。

起公诉。否则,法院也会作出撤销这种重新提出的起诉的裁断。

在确定了"一次危险"的形成标准之后,我们需要进一步讨论检控方的起诉怎样才算造成"双重危险"的问题。一般说来,典型的"双重危险"有三种情况:(1) 在被告人被作出有罪裁断之后,对其同一行为提起了第二次起诉;(2) 在被告人被作出无罪裁断之后,对其同一行为再行起诉;(3) 对被告人的同一行为实施了双重处罚。事实上,检控方就某一业经法庭作出有罪或者无罪裁断的案件重新提起公诉,这是极为罕见的。美国法院经常遇到的是对于初审法院作出无罪或者有罪裁断的案件,检控方究竟可否提出上诉的问题。

原则上,对于初审法院所作的无罪裁断,检控方是不能提出上诉的。但是,假如陪审团起初作出了有罪裁断,而法官则以该裁断与案件证据情况明显不符为由将其撤销的,检控方可以对该项撤销裁决提出上诉。而在初审法院作出有罪裁断的情况下,检控方一般不可以提出上诉。但是,被告人假如在初审程序中被裁断有罪,并通过上诉促使上诉法院作出撤销原判的裁决,那么,上诉法院是可以将案件发回重审的。这通常发生在上诉法院确认初审法院存在明显法律错误的场合。不过,如果上诉法院撤销原判的理由是检控方在初审中提出的证据不足以支持有罪裁断的成立,那么,上诉法院的发回重审将是被禁止的。检控方事实上也就失去了对同一事实再次提出起诉的机会。

不仅如此,在涉及所谓的"包容性犯罪"(included offence)问题的场合,检控方一旦对一项包容其他轻罪的重罪或者被包容的轻罪提起公诉,并对被告人造成"一次危险"的,就不能对其中所涉及的重罪和轻罪提起新的起诉,法院也不得对其重新加以定罪和处刑。例如,如果被告人被控犯有一级谋杀罪,而法院也对此作出了有罪或者无罪的裁断,那么,检控方就不得对同一行为以二级谋杀罪再行起诉;反过来,假如被告人被指控犯有二级谋杀罪,并被法院作出有罪或无罪的裁断,则检控方也不能对同一行为以一级谋杀罪再行起诉。①

20.2.1.2 侵犯迅速审判权的行为

美国联邦宪法第六修正案确立了迅速审判权利的条款。根据这一条款,"在任何刑事诉讼中,被告人都享有获得迅速和公开审判的权利"。按照联邦最高法院的解释,这一宪法权利所保护的至少有三方面的利益。首先是被告

---

① Joel Samaha, *Criminal Procedure*, fourth edition, p.570.

人在法庭审判之前不受长期羁押的利益。未经审判,就将被告人监禁几个月的时间,这很显然是不公正的。其次,迅速审判也可以确保被告人在被提起公诉后不受长时间的焦虑情绪之困扰,并尽快消除被告人因受到起诉和羁押而招致的不利影响。再次,迅速的审判还可以防止证据因为拖延审判而可能出现的灭失,避免证人因为记忆不清而无法提供可靠的证词,从而确保裁决的公正性。①

在美国刑事司法的历史上,联邦和州法院为确保被告人获得迅速审判的权利,曾采取各种不同的救济方式。其中最常适用的是加速审判(to expedite the trial)的裁定。也就是在检控方拖延了将案件提交法院审判的时间之后,法院基于被告人的申请而作出立即开始法庭审理的裁定。但如果加速审判由于种种原因不太可行的话,法院通常根据拖延诉讼的具体情况采取若干种补救方法。例如,如果审判前的拖延只是造成被告人羁押期限的不当延长,法院会命令将被告人解除羁押,予以有条件的释放;如果被告人因为长时间的羁押而受到严重的精神和社会生活的困扰,法院会考虑撤销起诉,但这种撤销一般都是无不利影响的撤销,检察官还可以对被告人的同一事实再次起诉。只有在诉讼拖延对被告人的辩护活动可能造成严重损害的罕见情形下,法院才会作出"有不利影响的撤销",使得检察官永远不得对同一事实重新起诉。②

在 1972 年判决的 *Barker v. Wingo* 一案中,联邦最高法院撤销起诉的方式开始发生一定的变化。在此之前,大多数司法区都默认一种"事先要求规则"(demand rule),也就是被告人不可能在申请"有不利影响的撤销"上获得成功,除非他原来曾提出过迅速审判的要求,并遭到法院的拒绝。这一规则被认为有助于督促被告人主张迅速审判的权利,以防止法庭审判因为无人提出要求而陷入长期拖延的局面,同时也避免法院轻易动用撤销起诉而带来的消极后果。而通过 Barker 案件,联邦最高法院放弃了"事先要求规则",认为"被告人对其迅速审判权利的主张或者没有主张,只是在审查侵犯此项权利问题上需要考虑的众多因素之一"。表面看来,这种态度的转变似乎为法院采用"有不利影响的撤销起诉"开了绿灯。不过,最高法院也承认,"有不利影响的撤销"作为对迅速审判权利的救济方式,是难以令人满意的,因为"它意味着

---

① Anthony G. Amsterdam, Speedy Criminal Trial: Rights and Remedies, *Stanford Law Review*, Vol. 27, Feb. 1975.
② Ibid.

那些可能被定重罪的被告人未经法庭审判就逃避了制裁。相对于排除规则而言，这种救济方式会产生更为严重的消极后果"。①

联邦最高法院在第二年的 Struck v. U. S. 一案的判决中，对"有不利影响的撤销"的适用作出了极为重要的解释。在此判决形成之前，上诉法院曾认定该案确实侵犯了迅速审判的宪法权利，但宣布"有不利影响的撤销起诉"属于一种"极端"的救济方式。上诉法院认为"更为适当的救济"应当是减少被告人 Struck 的刑期，以补偿其因为不必要的拖延而被延长了的羁押期限。联邦最高法院撤销了上诉法院的裁决。② 在由全体大法官一致同意的裁决意见中，最高法院认为，这种情形下的拖延"可能使被告人不得不长期受到巨大的精神压力"，结果使被告人"回归社会的前景受到了影响"。因此，"根据迅速审判权所依据的政策，撤销起诉必须……成为唯一可能的救济途径"。这里所说的"撤销起诉"指的是"有不利影响的撤销"。③

20.2.1.3 侵犯律师帮助权的行为

撤销起诉也可以被用来救济有关获得律师帮助的宪法权利。如果警察在讯问过程中剥夺了嫌疑人获得律师帮助的权利，被告人在必要时可以将提出撤销起诉的动议作为救济手段。不过，法院在考虑此类动议时一般较为慎重。联邦最高法院在1981年对 U. S. v. Morrison 一案的判决中认为，除非有证据证明警察的违法行为给被告人造成了不利的影响，或者产生了这方面的重大威胁，否则，撤销起诉就不得作为针对警察违法的救济手段。④

20.2.1.4 错误适用警察圈套的行为

被告人如果有证据证明自己的犯罪行为是在执法官员诱惑下所实施的，就可以提出有关"警察圈套之辩护"(the defense of entrapment)。这种辩护尽管不属于联邦宪法中的一项权利，却为美国联邦最高法院确立为一种积极抗辩(affirmative defense)。原则上，警察及其他执法官员一经引诱某人实施其

---

① Akhil Reed Amar, *The Constitution and Criminal Procedure—First Principle*, p. 96.
② Stephen A. Saltzburg and Daniel J. Capra, *American Criminal Procedure: Cases and Commentary*, Sixth Edition, p. 1023.
③ Wayne R. LaFave and Jerold H. Israel, *Criminal Procedure*, Second Edition, pp. 789-790. 在美国联邦最高法院看来，"有关被告人被剥夺迅速审判权利的司法决定一经作出，法院所能提供的唯一救济就是'推翻定罪(to reverse the conviction)，撤销量刑(to vacate the sentence)，甚至撤销起诉(to dismiss the indictment)'。"显然，在诉讼程序内使违反宪法的追诉行为招致不利的法律后果，这是撤销起诉与排除规则、推翻定罪等救济方式的共同特点。参见 Anthony G. Amsterdam, Speedy Criminal Trial: Rights and Remedies, *Stanford Law Review*, Vol. 27, Feb. 1975.
④ *U. S. v. Morrison*, 449 U. S. 361 (1981).

本不会实施的犯罪行为,而该引诱犯罪行为又构成一项抗辩理由的,那么,法院就有可能作出撤销起诉的裁决。

警察的诱惑侦查手段通常被大量应用于涉及毒品、赌博、卖淫、色情出版物以及官员职务犯罪等方面的案件之中。这些案件往往都属于没有具体被害人的犯罪案件,行为人大都是职业犯或惯犯,所从事的又都是高度隐蔽的犯罪活动,因此,对此类案件的侦查十分困难,警察采用诱惑手段进行侦查实属迫不得已的事情。但另一方面,诱惑侦查的负面效果又是十分明显的:警察很可能会利用这种手段诱使一个本来不会实施犯罪的人成为犯罪人。这就意味着警察实际成为犯罪的制造者,诱惑侦查行为也成为犯罪的实际诱因。而这显然是十分危险而又不具有正当性的。按照联邦最高法院的观点,被告人尽管不享有提出警察圈套之辩护的宪法权利,但警察在诱惑侦查行为中的暴虐行为却违反了正当法律程序的宪法原则。对于这种行为,撤销起诉将是制裁警察之程序违法行为的适当措施。

正因为如此,美国联邦最高法院对警察圈套的使用采取了越来越多的限制措施,从而在合法与非法的诱惑侦查行为之间划出了一些可操作的界限。一旦超出有关的法律限制和界限,诱惑侦查就属于非法的和不正当的,被告人就可以此为依据作出积极的抗辩。所谓"积极的抗辩",是指被告人必须首先承认实施了检控方所指控的犯罪行为,然后再提出警察对其使用了不当的诱惑侦查手段,并需要对此提供证据加以证明。在被告人提出一定证据证明警察圈套的存在之后,证明责任随即转移给检控方。按照美国联邦最高法院的判例,检控方需要证明被告人没有受到警察的不当诱惑,并要将这一点证明到排除合理怀疑的程度。否则,法院要么可以直接撤销起诉,要么可以直接宣告被告人无罪。

在有关警察圈套的辩护中,关键的问题在于如何确定警察圈套的检验标准。美国联邦最高法院以及绝大多数州的法院坚持一种"主观性检验标准",而有少数州的法院则接受了一种"客观性检验标准"。

按照前一标准,被告人在实施犯罪时的心理倾向是确定警察圈套之构成的关键要素。根据这一标准,只有那些同时具备以下两个条件的被告人方可提出警察圈套之抗辩:一是被告人并无实施犯罪的主观意图;二是执法官员诱使被告人产生了犯罪意图。换言之,主观性检验标准的关键要素在于被告人犯罪意图产生的时间。假如被告人在警察实施诱惑行为之前即已产生了犯意,则警察的行为即构成警察圈套;相反,假如被告人的犯意系警察的诱惑行为所引发,则警察圈套就无法构成。

而"客观性检验标准"所关注的并不是被告人犯意的产生时间,而是执法官员诱使被告人实施犯罪的具体行为。根据这一标准,只要警察实施了那种可能导致一个普通守法公民从事犯罪活动的行为,法院就可以作出撤销起诉的裁定。①

20.2.1.5 违法逮捕或非法绑架行为

警察如果在逮捕嫌疑人过程中使用了严重违反正当法律程序的方法,被告人也可以向法院提出撤销起诉的动议。在1974年对 U. S. v. Toscanino 一案的判决中,美国第二司法巡回区上诉法院判定警察以绑架方法逮捕某一意大利公民的行为,违反了联邦宪法有关正当法律程序的权利。被告人曾向联邦地区法院提出撤销起诉的动议,但遭到拒绝,并随即被判决有罪。第二巡回法院最终撤销了地区法院的有罪判决,并将案件发回重审。该法院在判决中认为,根据正当法律程序的要求,法院在警察"故意地、不必要地并且不合理地剥夺公民宪法权利"的情况下,应当拒绝对其提请起诉的案件行使管辖权。"这一结论所表示的不过是一项众所周知的联邦法院民事司法权的延伸",而根据这一权力,对于那种以暴力或欺骗手段强制被告人出庭的案件,法院可以拒绝审判。②

在涉及非法逮捕问题的案件中,撤销起诉一般都属于"无不利影响的撤销"。在法院作出撤销起诉的裁定后,如果警察或其他执法机构重新以合法方法实施逮捕行为,检察官仍然可以启动一项不受原先非法逮捕行为"污染"的新的起诉程序。当然,警察绝对不能等候在法庭之外,并在被告人走出法庭后立即重新逮捕他。不过,一旦警察消除了原来逮捕行为的"污染",检察官就可以对被告人的同一事项重新提起公诉。

20.2.2 1974年《迅速审判法案》与撤销起诉

"有不利影响的撤销"尽管受到一些学者的批评,但它仍然是法院用来为迅速审判权提供救济的重要方式。不仅如此,就连美国国会都通过制定成文法,对于撤销起诉的适用对象作出了明确的界定。1974年,美国国会通过了《迅速审判法案》,就诉讼拖延的标准和撤销起诉的救济方式建立了明确的法

---

① Joel Samaha, *Criminal Procedure*, pp. 451-460.
② Ibid., p. 451.

律规则。该法首先规定了将被告人诉诸法庭审判的期限。例如,在警察实施逮捕行为之后,检控方必须在 30 天之内向法院提交起诉书,重罪案件(在不实行大陪审团审查公诉的司法区)则最多可延长 30 天;在检察官提交起诉书 10 天内,法院必须举行答辩程序(arraignment);被告人作出无罪答辩后的 60 天之内,法庭审判必须开始。该法还对那些不计入诉讼期间的拖延情况作出了明确的规定。这些"可排除的拖延"情况包括:确定被告人精神状况的时间;由其他对被告人的审判活动所带来的迟延;由中间上诉程序所引发的拖延;由审前动议程序所导致的拖延,以及为"正义的利益"所需要的拖延等。

该法还规定,一旦法定的诉讼期限没有被遵守,法官可以作出撤销起诉的裁定。这种撤销可以是"有不利影响的撤销",也可能是"无不利影响的撤销"。在确定是否适用"有不利影响的撤销"时,法官必须考虑以下三个方面的因素:所涉及的罪行的严重程度;导致撤销起诉的具体事实和情节;对被告人重新起诉可能对确保迅速审判以及实现司法正义所带来的影响等。

在 1988 年对 *U. S. v. Taylor* 一案所作的判决中,联邦最高法院认为,1974 年《迅速审判法案》并没有对"有不利影响的撤销"或"无不利影响的撤销"表现出明确的偏爱。它只是要求法院正确地行使自由裁量权,在这两种撤销起诉之间作出适当的选择。法院在适用救济手段时除了要考虑该法所确立的三种因素以外,还应审查诉讼拖延是否使被告人的辩护权受到了损害。①

美国法院在适用撤销起诉这一救济手段时,对"有不利影响的撤销"还是给予了相当程度的重视的。一般情况下,只要被告人及时地提出了撤销起诉的动议,并提出证据证明那种违反成文法和判例法的情况存在,被告人的迅速审判权确实受到了侵犯,那么,法院完全可以作出撤销起诉的裁定,并禁止检控方重新就原来的事实提起公诉。尤其是被告人在上诉期间就已经服完大部分刑期的情况下,上诉法院如果认定其迅速审判权受到了侵犯,那么,通常的救济方式都是"有不利影响的撤销"。不过,有些州法院除了在一些情节轻微的案件中适用"有不利影响的撤销"以外,在更多的场合则采取另一种撤销起诉方式。尤其在短期拖延诉讼的情况下,法官更倾向于适用"无不利影响的撤销"。在这些州,法官在选择撤销起诉的形式时就拥有更大的自由裁

---

① Stephen A. Saltzburg and Daniel J. Capra, *American Criminal Procedure: Cases and Commentary*, Sixth Edition, p.1025.

量权。①

20.3 加拿大的诉讼终止制度

与英国一样,加拿大法官在刑事诉讼中也享有作出终止诉讼决定的自由裁量权,而且这种终止诉讼的决定也主要是针对警察、检察官的"滥用诉讼程序"行为的。但与英国不同的是,加拿大法院所享有的终止诉讼权力,是直接针对那种违反加拿大《权利与自由大宪章》的宪法性侵权行为而实施的,具有明显的宪法性救济之功能。尤其是刑事诉讼中一旦出现违反加拿大《权利与自由大宪章》第 7 条和第 11 条(b)的行为,则终止诉讼就几乎成为加拿大法官优先选择的程序性制裁措施。而该《大宪章》第 24 条(1)所确立的宪法性救济条款,也赋予终止诉讼制度以更为重要的宪法依据。在这一点上,加拿大与美国又具有很多相似之处。

在以下的讨论中,笔者将首先分析加拿大的终止诉讼制度与宪法性救济的关系,然后就终止诉讼制度在两大诉讼领域——无理的诉讼拖延以及不当的诱惑侦查——中的适用情况,作出简要的考察。

20.3.1 终止诉讼与宪法救济

作为一项普通法上的救济方式,终止诉讼远在《大宪章》颁行之前就已存在于加拿大刑事司法制度之中,并作为法官以行使自由裁量权的方式对那些"滥用诉讼程序"行为加以制裁的重要措施。② 传统上,"滥用法庭程序"的原则是指维护诉讼程序不被检察官滥用的法庭内在司法权。在那些检控方严重滥用法庭程序以至于给被告人带来不公正的审判的案件中,法院可以作出终止诉讼的决定。当然,法官之所以采取终止诉讼的措施,也不仅是为被告人提供权利救济,而且还将其作为一种强制不公正的追诉程序得以终止的"自我保护"机制,其最终目的在于维护法庭审判的公正性和正直性。因此,按照加拿大法院的传统解释,并非任何一种滥用法庭程序行为都会导致法庭作出终止诉讼的决定,而只有在那些"最清楚的案件"中才可以适用,也就是说,只有在检察官以强迫的(oppressive)或无根据的(vexatious)方式滥用和操

---

① Wayne R. LaFave and Jerold H. Israel, *Criminal Procedure*, Second Edition, p.798.
② Don Stuart, *Charter Justice in Canadian Criminal Law*, 3rd Edition, pp.136-151.

纵法庭程序,已经达到破坏基本的司法正义原则的情况下,法庭才可以诉诸终止诉讼措施。

然而,在《大宪章》颁行之前的很长一段时间里,加拿大法院对于审查警察和检察官之自由裁量权问题都显得较为犹豫,以至于诉讼终止的决定往往只被适用于那些特别严重的滥用诉讼程序案件中。按照加拿大法院的解释,基于权力分立的原则,刑事司法制度中的裁判与行政(侦查和起诉)功能不应被混合在一起。因此,承担司法裁判职能的法院不应对执行行政职能的警察、检察官享有自由裁量权的事项过于频繁地实施司法审查,否则,刑事司法的效率就有可能被这种不受限制的司法审查所损害,而法官一旦过多地代行警察、检察官所享有的自由裁量权,就有可能承担一种类似于公诉的责任。这显然会损害其司法裁判的公正性。①

法院的上述观点在 1982 年加拿大《大宪章》颁行之后逐渐发生了转变。在 1985 年所作的一项判例中,加拿大最高法院认为政府行政分支包括内阁所作的决定,都要接受法院以维护《大宪章》名义而进行的司法审查。而在此后相继所作的一些判例中,加拿大最高法院坚持认为法院应拥有控制自己诉讼程序的权力(a power to control its own process),而不得将防止诉讼程序滥用的责任转移给警察和检察当局。最高法院在一起涉及警察滥用诱惑侦查措施的案件中指出,一旦强迫被告人出庭受审将侵犯那些构成一个社会公平游戏和尊严感觉之基础的基本正义原则,或者一旦诉讼程序属于强迫性和毫无根据的,那么,法院就应通过终止诉讼来干预警察、检察官自由裁量权的行使方式。当然,最高法院再次强调终止诉讼只能在警察、检察官滥用法庭程序"最为清楚的案件"中适用。

尽管加拿大法院对于审查警察、检察官的自由裁量权问题越来越采取积极的态度,但诉讼终止毕竟属于一项传统普通法上的制度,而滥用诉讼程序原则在《大宪章》颁行之前即已被法官们所普遍接受,这就不可避免地促使加拿大最高法院对于诉讼终止制度与《大宪章》的关系作出必要的解释。然而,迄今为止,加拿大最高法院对此问题并没有给出明确地回答。而一些省级上诉法院对此也有过相互矛盾的理解。

首先,滥用诉讼程序的行为究竟属于一种独立的行为,还是可以被归入侵犯《大宪章》权利的行为? 换句话说,在那些侵犯《大宪章》权利的行为之

---

① Don Stuart, *Charter Justice in Canadian Criminal Law*, 3rd Edition, pp.136-137.

外,是否还存在着独立的滥用诉讼程序行为?

根据《大宪章》第7条之规定,"每个人都享有生活、自由及个人安全的权利,除非根据最根本的正义原则,此权利不容侵犯。"而《大宪章》第11条(b)则规定任何被指控犯罪的人都享有在合理时间内接受审判的权利。在加拿大最高法院所作的相关判例中,警察、检察官违反上述两个宪法条文的行为,已经成为法院作出终止诉讼决定的最主要根据。有时,最高法院还有意地将警察、检察官违反《大宪章》第11条(b)的行为,解释为不合理的审判拖延行为(unreasonable delay),而将违反《大宪章》第7条的行为则解释为"滥用法庭程序"(abuse of process of the court)的行为。① 这很容易令人解读为"审判拖延"是一种独立于"滥用法庭程序"之外的不当行为。

的确,按照最高法院的一些解释,以前作为普通法原则的滥用诉讼程序原则,现在已经被纳入《大宪章》第7条之中。也就是说,所谓"滥用诉讼程序",也就等于那些侵犯个人生活、自由或安全之权利的行为。但是,作为终止诉讼措施经常适用对象的审判拖延行为,也就是侵犯《大宪章》第11条(b)的行为,难道不属于一种"滥用诉讼程序"的行为吗?不仅如此,警察、检察官的行为完全可能因为具有压迫性和无根据性而构成滥用诉讼程序行为,而这种行为可能并不明显地违反任何宪法条款。加拿大最高法院在1989年的一项判例中就指出,滥用诉讼程序行为更主要地针对那些带有压迫性的或无根据性的起诉行为,而《大宪章》第7条和第11条(b)所强调的则是警察、检察官的滥用诉讼程序行为是否足以对被告人的公正审判权造成实质性的损害。正因为如此,一些上诉法院就指出,滥用诉讼程序原则与《大宪章》第7条所确立的基本权利之间是紧密相连,但又相互独立的关系。② 看来,这一问题还有待于加拿大最高法院的进一步解释。

其次,终止诉讼究竟属于一种普通法的救济措施,还是《大宪章》第24条(1)所确立的宪法救济的一种?换言之,终止诉讼是否为独立于加拿大宪法救济制度之外的一种司法救济?

根据《大宪章》第24条(1)的规定,任何人在其宪法性权利遭受官方侵犯之后,可以向一个有合理管辖权的法院申请获得"适当和公正的"救济。而

---

① 〔加拿大〕蒂姆·魁格雷:《加拿大宪章中权利、救济及程序的介绍》,载江礼华、〔加拿大〕杨诚主编:《美国刑事诉讼中的辩护》,法律出版社2000年版,第324页。
② 〔加拿大〕柯特·T.格雷弗斯、西蒙·N.维登—琼斯:《当前刑事诉讼中存在的问题探讨》,载江礼华、〔加拿大〕杨诚主编:《外国刑事诉讼制度探微》,法律出版社2000年版,第235页以下。

《大宪章》第 24 条(2)则明确规定,对于那种以侵犯公民宪法性权利的方式所获取的证据,法院如果认为采纳它们将使司法制度的声誉受到损害的,即可以将这些证据排除。这就意味着非法证据排除规则是以独立的宪法救济方式被确立在加拿大宪法之中的。而《大宪章》第 24 条(1)所说的"适当和公正的救济"显然不包括排除非法所得的证据。

按照一些加拿大学者的解释,诉讼终止尽管为传统普通法上专门针对滥用诉讼程序行为的救济方式,但《大宪章》第 24 条(1)所确立的宪法救济已经将这一救济方式包含其中。因为加拿大法院的很多程序救济方式都是根据这一条款发展出来的。例如,法院一旦宣布警察、检察官违反了《大宪章》所确立的权利,就可以采取以下救济措施:宣告休庭(adjournment),以便为被告方提供准备防御的机会;撤销案件(dismissal),尤其是在法庭以取证手段违法为由排除检控方关键证据,从而导致其指控根据被削弱甚至被推翻的情况;作出适当的减刑(reduction of sentence),尤其适用于被告人没有在法定期间内被带到法庭的情况,等等。而宣告终止诉讼则被视为加拿大法院对那些侵犯公民宪法性权利的救济方式中的一种,当然也是最常适用的一种。[①]

但是,加拿大最高法院在 1986 年的一项判例中指出,由于滥用诉讼程序原则是在《大宪章》通过之前就存在的普通法原则,因此无法确定它是仅仅针对那些侵犯公民宪法性权利的行为而发挥作用,还是作为普通法的一种救济措施而独立存在。当然,在后来的判例中,最高法院越来越倾向于接受那种认为滥用诉讼程序的普通法原则已经被包括进《大宪章》所确立的宪法权利的观点,而这种滥用诉讼程序的行为——也就是宪法性侵权行为——也应随之根据《大宪章》第 24 条(1)所确立的宪法救济原则而给予适当的救济。[②]

尽管在上述两个问题上还存在一些不确定的因素,但有一点是可以肯定的:对于绝大多数侵犯《大宪章》所确立的宪法性权利的行为,尤其是违反《大宪章》第 7 条和第 11 条(b)之规定的滥用诉讼程序行为,加拿大法院一般是可以通过终止诉讼的方式来提供司法救济的,而这种救济的依据显然也就是《大宪章》第 24 条(1)所确立的宪法救济条款。至于在宪法性侵权行为之外是否还存在普通法意义上的滥用诉讼程序行为,以及终止诉讼是否还可依据

[①] Don Stuart, *Charter Justice in Canadian Criminal Law*, 3rd edition, p.459. 另参见〔加拿大〕蒂姆·魁格雷:《加拿大宪章中权利、救济及程序的介绍》,载江礼华、〔加拿大〕杨诚主编:《美国刑事诉讼中的辩护》,法律出版社 2000 年版,第 309 页。

[②] 〔加拿大〕柯特·T.格雷弗斯、西蒙·N.维登—琼斯:《当前刑事诉讼中存在的问题探讨》,载江礼华、〔加拿大〕杨诚主编:《外国刑事诉讼制度探微》,法律出版社 2000 年版,第 233 至 234 页。

《大宪章》所确立的宪法性救济条款而独立存在,则并非关键的问题。

在加拿大刑事诉讼中,法庭一旦作出终止诉讼的决定,整个针对被告人有关犯罪行为的诉讼程序即告终止,被告人在法律上也就等于具有无罪公民的身份。因此,终止诉讼尽管形式上不等于无罪释放,但其效果与无罪判决是相似的。只不过,法庭有权决定是否允许检察官对于某一已经被终止诉讼的案件再次提出起诉。而没有法庭的许可,检察官是不得重新提起这种起诉的。当然,对于一些存在严重滥用诉讼程序或者侵犯公民宪法性权利的案件,法庭也可以作出永久性的终止诉讼决定(a permanent stay of proceedings),检察官将永远失去对该案件再次提出起诉的机会。

那么,加拿大的终止诉讼制度究竟适用于哪些情况呢?原则上,法庭只要认定警察、检察官存在滥用诉讼程序的情况,也就是以压迫的或无根据的方式滥用法庭程序,以至于损害被告人公正审判权、破坏基本正义原则的行为,都可以成为终止诉讼的适用对象。根据这一原则,无论是警察的不当诱惑侦查行为、非法逮捕或绑架行为,还是检察官拒不向辩护方展示本方证据的行为、不当的审前公开案情的行为、多次重复地对同一案件提起公诉的行为,以及警察和检察官严重的拖延审判行为等,都可能属于终止诉讼的适用对象。在这一方面,终止诉讼可以说具有开放性的适用范围。不过,在加拿大刑事诉讼中,法庭对终止诉讼适用最多的还是那些存在不当的诱惑侦查以及严重的拖延审判行为的案件。

20.3.2 终止诉讼与禁止无理拖延

按照加拿大最高法院的解释,《大宪章》第 11 条(b)的主要目的是维护被告人的个人安全、人身自由以及获得公正审判的权利。但与此同时,在这一宪法条款的背后,还蕴含着保护两种社会利益的要求:一是社会使其成员在受到刑事指控时通过获得迅速审判而受到人道的和公正的对待的利益;二是社会确保其受到刑事指控的成员被迅速提交法庭审判并依法接受处置的利益。[①]基于对该项宪法条款立法宗旨的上述认识,加拿大法院对于那些由于警察、检察官的原因所造成的诉讼拖延行为,采取了终止诉讼的救济方式。

在加拿大刑事诉讼中,所谓的诉讼拖延主要是指被告人在被提出指控与被提交法庭审判之间的延误,这种延误又可以被简称为"起诉后的延误"(the

---

① Andrew L. T. Choo, *Abuse of Process and Judicial Stays of Criminal Procedure*, pp. 66-67.

post-charge delay)。而在检察官提出起诉之前的延误一般不被视为这一意义上的诉讼拖延。根据加拿大最高法院于20世纪90年代所作的几个重要判例,诉讼延误并不必然构成宪法性侵权行为,也并不一定会带来诉讼终止的法律后果。法院在面对那些存在诉讼拖延的案件时,一般需要对以下四个方面的因素作综合考虑,然后才能确定这种诉讼拖延是否达到侵犯《大宪章》权利的程度,以及是否需要作出终止诉讼的决定:(1)诉讼拖延的时间;(2)被告人是否存在放弃宪法性权利的情况;(3)造成诉讼拖延的具体理由;(4)诉讼拖延给被告人造成的损害。①

其中,所谓"诉讼拖延",是指在检察官提出起诉书与法庭审判结束之间的时间里所存在的延误诉讼的情况。一般说来,诉讼拖延的时间越长,被告人的权利以及审判的公正性就会受到越加严重的侵犯。有时候,如果诉讼拖延的时间延续得很长,以至于任何为其所作辩解的理由都是不成立的,法庭此时就必须作终止诉讼的决定。同时,法庭必须考虑被告人是否存在"弃权"的情况。如果被告人对于诉讼拖延的情况表示同意或认可,或者对于诉讼拖延行为放弃寻求司法救济的权利,那么,法庭就不一定非得作出终止诉讼的决定不可。但是,被告人的这种弃权必须是明智的和自由的,而且检察官必须对此承担证明责任。不仅如此,法庭还必须仔细审查造成诉讼拖延的具体理由。例如,案件中是否包含了一些内在的时间要求;拖延是否为被告人本人所造成的,如被告人反复要求休庭或者更换自己的辩护律师等;拖延是否为警察、检察官的行为所直接造成;是否存在由诉讼资源的短缺所导致的制度性或机构性拖延(the systemic or institutional delay)的情况,等等。②

最后,加拿大法院在审查诉讼拖延案件时还必须考虑拖延给被告人所造成的具体损害情况。在诉讼拖延时间很长的案件中,法官可以直接推定被告人因此受到了实质性的损害。而在这种推定被告人受到损害的情况之外,控辩双方都可以提出证据证明这种损害的存在或者不存在。例如,被告人可以举证证明检控方拖延诉讼的情况比较严重,说明自己因此所受到的具体损害后果;检控方则可以证明被告人并没有提出尽早举行法庭审判的要求,以及诉讼拖延不仅不会损害被告人的利益,反而会维护被告人的利益。

很显然,加拿大法院只有在综合考虑上述四个因素的基础上,才可以对

---

① 〔加拿大〕柯特·T. 格雷弗斯、西蒙·N. 维登—琼斯:《当前刑事诉讼中存在的问题探讨》,载江礼华、〔加拿大〕杨诚主编:《外国刑事诉讼制度探微》,法律出版社2000年版,第217至218页。
② Don Stuart, *Charter Justice in Canadian Criminal Law*, 3rd Edition, pp. 321-326.

诉讼拖延是否足以导致终止诉讼的问题作出决定。这就意味着法院对于终止诉讼的问题拥有较大的自由裁量权。不过，自1992年以后，加拿大最高法院在判例中对于被告人的申请权作出了一些限制，使得下级法院在作出相关诉讼终止的决定时不得不面临一系列的障碍。例如，在特别严重的犯罪案件中，法官在作出诉讼终止的决定方面就需要格外慎重。这说明，罪行的严重程度会成为法官作出诉讼终止决定时需要考虑的一个重要因素。又如，在存在因资源短缺所引发的制度性拖延问题的案件中，最高法院越来越强调对诉讼拖延问题采取较为灵活的态度。再如，诉讼拖延给被告人造成的损害程度和后果已经成为最高法院所关注的关键问题。除非存在时间很长的诉讼拖延，否则，一般的诉讼拖延假如并没有给被告人造成严重的损害，法院就不会以此为根据作出诉讼终止的决定。①

20.3.3 终止诉讼与诱惑侦查

与英国不同，加拿大将不当的诱惑侦查视为一种滥用诉讼程序的行为，并将其作为诉讼终止制度的适用对象。不过，诱惑侦查问题向来具有两面性：一方面，在一些采用正常侦查措施较为困难的案件，尤其是在一些无被害人的犯罪（如毒品犯罪）案件的侦查中，警察不采用卧底、陷阱或者圈套的手段，几乎是无所作为的。因为这类案件通常并不存在公民的举报，警察也很难抓获那些正在进行秘密毒品交易的犯罪人，甚至无法获取犯罪的证据。但另一方面，诱惑侦查手段如果不受适当的限制，也很容易被警察滥用，甚至成为警察陷害公民、引诱犯罪的普遍手段。因此，简单地承认或者否认诱惑侦查的合法性都是很成问题的。法院需要为诱惑侦查划定一条大致明确的界限。

加拿大最高法院在1988年对Mack一案的判决中，对诱惑侦查与终止诉讼的关系作出了十分重要的解释。在该法院看来，警察不当地适用诱惑侦查手段属于一种滥用诉讼程序行为，法院对此可作出终止诉讼的决定。最高法院在该判决中认为，不当的诱惑侦查主要存在两种形式：(1)除非警察合理地怀疑被告人已经实施了犯罪行为，或者除非警察实施过善意的调查（a bona-fide investigation），否则，警察只要为被告人提供了实施一项犯罪的机会，不当的警察圈套即告成立；(2)尽管警察对被告人的犯罪存在合理的怀

---

① Don Stuart, *Charter Justice in Canadian Criminal Law*, 3rd edition, pp. 327-332.

疑或者实施过善意的调查,但警察不仅为被告人提供了犯罪机会,而且诱使其实施了本来不会实施的犯罪行为。①

在该案的判决中,加拿大最高法院还解释了对不当警察圈套行为采取终止诉讼措施的理由:"实际上,本法院一直宣称,借用一张批准的标签,以政府的名义来实施我们社会容忍范围之外的事情,这是不能原谅的,也是我们不愿看到的。终止诉讼是法院不同意政府做法的一个明显证明。诉讼终止明显有利于被告人,但法院主要考虑的则是另一个大问题,即维护社会公众对正当司法程序的信任。"在这一案件中,卧底警察主动接近了一个曾经吸过毒品但已经长期戒除毒瘾的人,并屡次要求为他提供毒品。被告人甚至有证据证明卧底警察对其采取了胁迫行为。最高法院认为,"这种行为是令人难以接受的","要使这个威胁自己的警察满意并结束以后任何进一步的接触,任何处于被告人境况下的普通人,都可能实施犯罪行为"。②

---

① 〔加拿大〕柯特·T.格雷弗斯、西蒙·N.维登—琼斯:《当前刑事诉讼中存在的问题探讨》,载江礼华、〔加拿大〕杨诚主编:《外国刑事诉讼制度探微》,法律出版社 2000 年版,第 383 至 386 页。

② 同上书,第 383 页以下。

21. 程序性上诉制度的三种模式

21.1 美国的程序性上诉制度
21.2 英国的程序性上诉制度
21.3 德国的程序性上诉制度

21.1 美国的程序性上诉制度

在美国法中,对于初审法院在审判过程中发生的侵犯被告人宪法权利的情况,被告人可以通过向上级法院提出上诉,来促使上诉法院作出"推翻有罪判决"(reversal of the conviction)的裁决。一般情况下,上诉法院撤销原来的有罪裁决后,不会直接宣告被告人无罪,而是将案件发回下级法院重新审判。当然,下级法院必须遵从上诉法院的裁决,消除原来的法律错误,然后才能开始其重新审判程序。因此,与有关排除非法证据、撤销起诉的动议一样,被告方要求上诉法院撤销原审判决的上诉,也属于推动程序性制裁加以实施的一种重要方式。只不过,这种程序性上诉的直接目标一般不是制裁警察、检察官的宪法性侵权行为,而是惩罚初审法院的程序性违法行为。要了解美国的程序性上诉制度,我们首先需要简要考察美国刑事上诉制度的框架,然后再来分析哪些宪法性侵权行为可能导致上诉法院推翻原审法院的有罪判决。本书将提出并分析"无害错误""自动撤销""非宪法性错误"以及"明显错误的例外"等基本概念,从而对美国的程序性上诉制度有较为全面的理解。

21.1.1 美国的上诉制度

美国的法院实行双轨制,也就是在联邦和各州分别设立独立的法院系统。其中,联邦法院可以对所谓的"联邦犯罪"案件行使司法管辖权,而各州的法院则对发生在本州的刑事案件负责进行审判。美国的联邦司法体系由联邦地区法院、联邦上诉法院以及联邦最高法院组成。刑事案件一般由联邦地区法院作为初审法院加以审理,联邦上诉法院作为受理上诉案件的法院,联邦最高法院则负责对那些因涉及普遍的联邦法律问题或者联邦宪法问题而上诉的案件行使终审权。而各州的法院体系尽管可能存在着一系列的差异,但大体上看,几乎所有州都会设立一些负责对刑事案件进行第一审的法院,都会有一种专门受理上诉案件的上诉法院,也都会设立一所作为本州终审法院的最高法院。与联邦法院系统一样,各州的法院体系也都会为刑事被告人提供两种上诉途径:首先,不服初审法院判决的被告人可以向州上诉法院提起上诉;然后,对于那些涉及本州普遍法律问题的案件,被告人还可以向州最高法院提出上诉,并获得受理。当然,假如经过各州法院裁判过的案件涉及普遍的联邦法律问题或者联邦宪法问题,那么,被告人在用尽了州一级的上诉途径之后,还有机会向联邦最高法院提出上诉。可以说,联邦最高法院作为美国法院金字塔的塔尖,既可以对来自联邦法院系统的上诉案件加以受理,也可以对来自各州法院系统的上诉案件进行最终审判。

尽管美国法院系统为被告人提供了上述不同的上诉途径,但上诉权却并非一种独立的宪法性权利。美国联邦最高法院甚至一度认为"各州并无必要为被告人提供上诉的机会"。① 尽管如此,无论是在联邦还是各州,上诉权都被视为被告人所享有的一项极为重要的成文法权利。但在联邦和大多数州的法院体系中,那些被初审法院作出有罪裁判的被告人,都只能有一次向上诉法院提出上诉的机会。这种上诉是无条件的,也是无须提供上诉理由的;上诉法院也不得审查这种上诉的理由,更无权拒绝受理这种上诉申请。但是,被告人在用尽这一绝对上诉权之后,尽管仍然可以向州最高法院或者联邦最高法院提出上诉,但这些法院却要对这种上诉进行审查,并只对那些具备上诉理由、符合法定条件的上诉案件加以受理。正因为如此,那些被定罪的被告人通常只能行使一次上诉权(right to appeal),而向州最高法院或者联邦最高法院提出的上诉案件则属于后者在受理方面享有自由裁量权的案件(discretionary appeal cases)。

原则上,上诉权属于刑事被告人的重要诉讼权利,代表联邦和各州政府利益的检察机构一般是不享有上诉权的,尤其不能对初审法院所作的无罪判决提出上诉。但是,检察官假如认为法官在审判过程中存在不利于控方的法律错误,仍然可以提出上诉。这种上诉甚至可以向州最高法院或联邦最高法院提起。不过,这种上诉最多只能导致上诉法院纠正初审法官的法律错误,而不会给被告人带来不利的影响。

联邦最高法院负责审理的上诉案件,要么属于不服联邦上诉法院裁判的上诉案件,要么为不服各州最高法院裁判的上诉案件。但一般说来,联邦最高法院受理上诉案件主要是通过发布调卷令(writ of certiorari)的方式来进行的。这种调卷令只有在联邦最高法院至少四名大法官同意的情况下才可以发布。对于被告人上诉来的刑事案件而言,联邦最高法院通过调卷令加以审理的主要目的是纠正那些侵犯被告人宪法性权利的行为,从而确保联邦宪法所确立的各项宪法性权利在联邦和各州司法区都能得到尊重和施行。

无论是联邦上诉法院还是各州上诉法院,通常只对初审法院的审判所涉

---

① Joel Samaha, *Criminal Procedure*, p.648.

及的法律问题加以审查,而不会重新审理案件中的事实问题。例如,假如警察在没有告知嫌疑人"米兰达警告"的情况下就对其实施了讯问,并获取了有罪供述笔录,而法官在审判中却错误地允许该警察向陪审团宣读被告人所作的该项供述笔录。结果,陪审团判决被告人有罪。在上诉审程序中,被告人认为初审法官允许陪审员听取这种非法供述笔录,从而构成了一种法律错误。假如上诉法院最终推翻了初审法院所作的有罪判决,那么,案件通常会被发回原审法院重新审判。但上诉法院在发回重新审判的裁定中通常会指示负责重新审判的法官要将该项非法所得的供述证据排除于法庭之外。结果,重新组成的陪审团就会在不接触该项被污染的证据的情况下,对案件进行重新审判,并作出新的裁决。

由此可见,在通常情况下,美国的上诉程序具有以下几个方面的特点:(1) 上诉法院推翻原审判决的结果,除了在极为罕见的情况下是直接宣告被告人无罪以外,在绝大多数情况下都是发回原审法院重新审判。当然,这种重新审判往往是在另行组成陪审团的情况下进行的。(2) 上诉法院推翻原审裁判一般不是基于事实问题,而是因为初审法院的审判存在法律上的错误。而这种法律错误又往往属于技术性的程序错误(technical procedural errors)。在联邦最高法院看来,正当法律程序的原则要求必须纠正刑事法庭上出现的程序错误。(3) 上诉法院在作出裁判时,必须提供书面的裁判理由,以解释和证明该裁判的正当性,并将少数法官的意见附具于裁判书之中。①

21.1.2 无害错误规则

在美国,对初审法院有罪判决的撤销通常不是基于事实问题,而是基于法律上的错误(the legal errors)来作出的。不过,作为上诉法院撤销原判根据的法律错误,一般必须是那些可能使被告人宪法权利受到不利影响的错误。这种可导致上诉法院推翻原有罪裁决的法律错误,一般被称为"可撤销的错误"(reversible errors)。如果初审法院所犯的法律错误尚未达到十分严重的程度,就属于一种"无害错误"(harmless errors)。这种错误一般不会导致上诉法院撤销原判的后果。②

---

① Ronald L. Carlson, *Criminal Justice Procedure*, pp.291-294.
② Joel Samaha, *Criminal Procedure*, p.461.

按照联邦最高法院的解释,所谓"无害错误",是指那些没有对被告人的实体权利(the substantial rights)造成不利影响的法律错误。这类错误不会导致上诉法院推翻原审法院的有罪裁决。例如,初审法院错误地采纳了非法搜查所得的证据,但是即使在该证据被排除之后,其他证据也已经足以证明被告人有罪,那么,初审法院采纳该非法证据尽管构成了法律错误,却对案件的裁决结果不会造成影响,因此属于无害错误。上诉法院不会以此为根据撤销原有罪裁决。

在联邦最高法院就 *Chapman v. California* 一案作出判决以前,联邦和各州法院都已经确立了无害错误的规则。但是,这一规则对于宪法性错误并不适用,因为这种错误会带来侵犯公民宪法权利的后果,因而被认为"本质上是有害的"。但在1967年对 Chapman 案件的判决中,联邦最高法院摈弃了这种将宪法性错误与无害错误对立起来的观点。在该法院看来,除了那些因为严重违反宪法而导致原审裁决自动撤销的少数情形以外,在大多数情况下,初审中存在的宪法性错误都要经受无害错误规则的检验。这是因为,初审法院审判中存在的细小的错误或缺陷,几乎不会导致审判的结果发生任何改变,上诉法院仅仅以这些错误或缺陷为根据,就将原来的有罪裁决加以推翻,这是非常不合理的。适用无害错误规则的目的就在于为那些既不重要也不严重的宪法性错误,确立一种可能的豁免机制,以避免这种错误带来有罪裁决被撤销的后果。①

作为一种诉讼程序内的救济方式,推翻有罪裁决并不针对所有的违宪行为而提供救济。某一侵犯公民宪法权利的行为一经得到其他途径的救济,则上诉法院就没有必要作出撤销原判、发回重新审判的裁决,当然也就不可能再对有关宪法性错误是否属于无害错误进行专门检验了。例如,如果被告人在审前动议中就成功地促使法官排除了某一非法扣押而得的证据,如果初审法院因为检控方侵犯被告人获得迅速审判的权利,或者重新提起某一令被告人因同一行为而受到双重危险的诉讼,因而作出撤销起诉的裁定,那么,案件即使最终被上诉到上诉法院,该法院也不会以推翻有罪裁决作为救济手段。事实上,相对于排除规则和撤销起诉而言,推翻裁决只是诉讼程序内的最后救济手段。

被告人如果以初审法院的宪法性错误作为上诉的根据,而该宪法性错误

---

① Jerold H. Israel and Wayne R. LaFave, *Criminal Procedure—Constitutional Limitations*, pp. 480-489.

又不属于那些可导致自动排除的严重错误的,则上诉法院就需要对该错误实施无害错误规则的检验。一般情况下,这种检验有两个标准:一是实体标准,也就是该错误是否对被告人的实体权利造成不利的影响、是否足以导致法院审判结果的变化;二是证据标准,亦即检控方能否提出证据,以排除合理怀疑的最高标准证明该宪法性错误属于无害错误。联邦最高法院明确指出,在确定有关宪法性错误对于被告人实体权利的影响时,上诉法院必须审查该错误的受益者(beneficiary)——也就是检察官一方——能否证明该错误并没有直接导致原有罪裁决的形成,并且要将这一点证明到排除合理怀疑的程度。①

联邦最高法院在 Chapman 案件中的判决,为美国法院区分"可撤销的错误"与"无害错误"确定了明确的标准。事实上,早在这一判决产生之前,美国国会就曾为法院确立过这样的规则:仅仅因为那些并不影响当事人实体性权利的错误或者瑕疵,上诉法院不得推翻有罪裁决。② 联邦最高法院的上述判决,使得"无害错误"的性质和范围得到了更为明晰的解释。结果,在审判阶段发生的大多数宪法性错误都要接受无害错误规则的检验。换言之,被告人只要提出法院在审判中侵犯其宪法权利的,检控方都可以主张这种侵权行为不过属于无害错误,并不足以成为上诉法院撤销原有罪裁决的充足理由。至于该错误是否属于无害错误,以及原有罪裁决该不该撤销,则要由法院根据检控方是否承担了证明责任而定。

在 20 世纪 90 年代所作的一系列判决中,联邦最高法院对于无害错误的标准作出了一些新的解释。例如,在 1991 年 *Arizona v. Fulminante* 案件的判决中,最高法院改变了过去一直坚持的"法院采纳非自愿供述绝对不是无害错误"的观点,认为这种错误也可以成为无害错误。该法院将法律错误明确区分为一般的审判错误(trial error)与"结构性错误"(structural defect)两种。前者是发生在法庭审判过程中的个别的、不连贯的法律错误,并且很容易被发现。这种错误被确认为无害错误的前提是检控方以排除合理怀疑的标准证明其"无害性"。相反,"结构性错误"则是对整个审判程序造成污染的法律错误,它不需要经过无害错误规则的检验。例如,采纳非自愿的供述属于前一种错误,而完全剥夺被告人获得律师帮助的权利则属于结构性错误。③

---

① 联邦最高法院在 Chapman 一案的判决中认为,上诉法院在运用无害错误标准进行检验时,需要考虑有关错误是否对陪审团的有罪裁决造成了影响,而不是能否在没有该错误的情况下仍然作出有罪裁决。参见 Jerold H. Israel and Wayne R. LaFave, *Criminal Procedure—Constitutional Limitations*, p. 484.

② *Chapman v. California*, 386 U. S. 18 (1967).

③ *Arizona v. Fulminante*, 499 U. S. 279 (1991).

法官向陪审团作出指示时可能会发生法律上的错误。尤其是在解释证明标准和证明责任问题时，法官一旦作出了错误的解释，上诉法院是否都将其视为可撤销的错误呢？在1993年对 *Sullivan v. Louisiana* 一案的判决中，联邦最高法院的大法官一致认为，初审法官就排除合理怀疑的证明标准所作的错误指示，会损害宪法第六修正案有关被告人获得陪审团审判的权利，因此绝对不属于无害的错误（can never be harmless error）。① 而在1999年就 *Neder v. U. S.* 一案的判决中，联邦最高法院认为，初审法官将确定证据的"实质性"（materiality）解释为法官而不是陪审团的权力，这属于在解释犯罪行为构成要素方面发生的法律错误。按照多数派的意见，"与那种完全剥夺被告人辩护权或者由有偏见的法官主持审判的情况不同，在法官指示中对犯罪构成要素的疏忽既不会导致不公正的刑事审判，也不会使确定是否有罪的裁决在可靠性方面受到影响"。因此，法官就犯罪构成要素所作的错误指示，并没有对陪审团的整个裁决造成损害，属于无害的错误。②

21.1.3　自动撤销

联邦最高法院在 Chapman 一案中提出了"自动撤销"（automatic reversal）的概念。所谓"自动撤销"，是指上诉法院对于某些特别严重的宪法性错误，不再将其列入无害错误规则的检验范围，而是直接将初审法院的有罪裁决加以推翻。换言之，上诉法院一旦发现这类宪法性错误，就不再审查该错误是否对被告人的实体权利造成了影响，也不必考虑这一错误是否导致审判结果的改变，而是以这一错误为唯一根据，将原审裁决予以推翻。

在联邦最高法院看来，"有一些宪法性权利对于公正审判是如此重要，以至于侵犯了它们将绝对不能被视为无害错误"③。但是，究竟哪些违反宪法的错误可以导致有罪裁决的自动撤销，这一判决并没有作出全面的说明。对于这一问题，联邦最高法院经过多年的争论，在多个案件的判决中作出了一些明确的解释。迄今为止，这种可导致初审法院的有罪裁决自动撤销的宪法性错误主要有：

（1）剥夺了被告人在中立无偏的法官面前接受审判的权利④；

---

① *Sullivan v. Louisana*, 508 U. S. 275 (1993).
② *Neder v. U. S.*, 527 U. S. 1 (1999).
③ Stephen A. Saltzburg and Daniel J. Capra, *American Criminal Procedure: Cases and Commentary*, Sixth Edition, p.1501.
④ *Tumey v. Ohio*, 273 U. S. 510 (1927).

（2）在初审和初次上诉阶段剥夺了被告人被指定律师帮助的宪法权利[①]；

（3）由于辩护律师与案件存在利益冲突而导致无效的辩护[②]；

（4）损害了被告人获得公开审判的权利[③]；

（5）损害了被告人自行辩护（self-representation）的权利[④]；

（6）在遴选审判陪审团时违反宪法，如不适当地将某一不愿适用死刑的陪审员排除于陪审团之外[⑤]；

（7）法官就证明责任和证明标准问题向陪审团作出了不正确的指示[⑥]；

（8）在遴选大陪审团组成人员时存在种族歧视情况[⑦]。

自动撤销制度的实质在于上诉法院以上述宪法性错误作为推翻原有罪裁决的唯一根据，而不必考虑这些错误对于被告人实体权利和审判结果的影响。换言之，只要初审法院在审判中存在重大的程序错误，而这种错误本身又侵犯了被告人的宪法权利，并对审判的公正进行造成了严重的消极影响，那么，上诉法院就可以宣告初审有罪判决之无效。在这里，程序上的错误和缺陷已经足以对实体裁判的法律效力构成否定的影响。这是一种典型的"程序本位主义"的救济方式。相反，对于上述情形之外的普通宪法性错误，上诉法院则要进行无害错误规则的检验。根据前面的分析，这些在宪法性错误中占大多数的普通错误，如果不会影响被告人的实体权利，也不足以使审判结果发生改变的，则上诉法院不会以此为根据撤销原审判决。因此，这属于"实体本位主义"或者"结果中心主义"的救济方式。

不仅如此，如果重新进行的审判本身就存在法律上的错误，那么，无害错误规则也不再适用了。因此，重新进行的审判如果侵犯了被告人的迅速审判权或者不受双重危险的权利，那么，这种错误就将不被视为无害错误，而实际等于一种会导致有罪裁决自动撤销的严重错误。另外，对于其他一些可导致自动撤销的宪法性错误，联邦最高法院要求提供其具有不利影响的证明。在过去的判决中，被告人如果没有获得律师的有效帮助，或者检控方没有将其

---

① *Gideon v. Wainwright*, 372 U. S. 335(1963); *Penson v. Ohio*, 488 U. S. 75 (1988).
② *Holloway v. Arkansas*, 435 U. S. 475 (1978); *Geders v. U. S.*, 425 U. S. 80(1976).
③ *Waller v. Georgia*, 467 U. S. 39(1984).
④ *McKaskle v. Wiggins*, 465 U. S. 168(1984).
⑤ *Gray v. Mississippi*, 481 U. S. 648(1987).
⑥ *Sullivan v. Louisana*, 508 U. S. 275 (1993).
⑦ *Rose v. Mitchell*, 443 U. S. 545 (1979).

掌握的无罪证据展示给被告人的,联邦最高法院都认为这种错误是有害的,也就是可撤销的错误。①

21.1.4 非宪法性错误

以上就无害错误的分析都是针对初审法院侵犯被告人宪法权利问题而展开的。但是,初审法院在审判中有时尽管没有侵害被告人的宪法权利,却存在明显的法律错误。这种"非宪法性错误"(non-constitutional error)一旦发生,究竟能否导致有罪裁决的撤销呢?

早在 1946 年就 *Kotteakos v. U. S.* 一案的判决中,联邦最高法院就针对非宪法性错误确立了无害错误检验标准。具体说来,如果上诉法院确信某一非宪法性错误并未对陪审团的有罪裁决造成影响,或者只是造成非常轻微的影响,那么,初审法院的有罪裁决就可以不予撤销。相反,如果某一非宪法性错误对陪审团的裁决已经造成了严重的、有损害后果的影响,那么,上诉法院就应当撤销原来的有罪裁决。②

尽管在标准表述上并不十分明确,但是关于非宪法性错误的保护标准显然要比宪法性错误低得多。例如,法官直接将警察提交的某一书面辨认记录采纳为证据,这如果仅仅被认为违反了传闻证据规则(hearsay rule),就属于一种无害错误。相反,如果采纳这份辨认笔录被证明侵害了被告人获得与控方证人对质的宪法权利,那么这种错误就足以构成可撤销的错误了。③

21.1.5 明显错误的例外

无论是宪法性错误还是非宪法性错误,在确定其是否属于无害错误时,法院都以被告人提出适当的动议或申请为前提。但是,如果被告人在审判中并没有及时提出有关的动议或反对意见,却在上诉中认为初审法院犯有某一法律错误,那么,上诉法院还会接受这一上诉,并以该法律错误为基础推翻原审法院的有罪裁决吗?

在美国,被告人在法庭审判中必须对某一法律问题提出反对意见,向法官陈述理由,并促使法官就此事项作出裁定,否则他将丧失就此事项提出上

---

① Stephen A. Saltzburg and Daniel J. Capra, *American Criminal Procedure: Cases and Commentary*, Sixth Edition, p. 1501.
② *Kotteakos v. U. S.*, 328 U. S. 750 (1946).
③ *U. S. v. Owens*, 789 F. 2d 750 (9th Cir. 1986).

诉的权利。但是,这一规则也有一个例外:如果初审法官在审判中存在一个明显的法律错误,那么,即使被告人当时并没有提出动议或者其他反对意见,上诉法院仍然可以将其列入上诉审查的对象。这就是"明显错误规则"(rule of plain error)。

根据这一规则,被告人在初审程序中未能就某一法律问题提出反对意见的,上诉法院仍然可以将其列为上诉审查的范围。但前提是初审法官在这一问题上犯有"明显错误"。一般而言,如果某一审判错误影响了被告人实体权利的行使,而这一错误又不属于无害错误的,那么,上诉法院应当撤销原审所作的有罪判决。相比之下,如果被告人没有就某一法律错误向初审法官提出反对意见,而上诉法院认为该错误属于"明显错误"的,上诉法院可以——而不是必须——将原有罪裁决撤销。

在1993年对 *U. S. v. Olano* 一案的判决中,联邦最高法院对于明显错误规则的适用作出了四项具体的解释。首先,初审程序必须存在某一法律错误,而被告人对于该错误尽管没有及时提出反对意见,却没有放弃对其提出动议的权利。在这一方面,被告人没有行使权利与放弃权利应当得到区分:如果被告人自愿和故意地放弃行使某一权利,则明显错误规则不能适用;相反,被告人如果对初审法院所作的某一错误裁定表示反对,那么,明显错误规则仍然可以适用。其次,初审法院的法律错误必须是清楚的、明显的,即使辩护律师没有当庭提出反对意见,该初审法官也应该已经发现这一错误。再次,这种明显错误必须对被告人的实体性权利造成了影响,也就是该错误已经对案件的裁决结果形成了不利的影响。最高法院就此认为,"负责受理上诉案件的法院应当纠正某一影响实体权利却为(被告人)所忽略的明显错误,但前提是该错误对于司法程序的公正性、正直性或其公共声誉造成严重的影响"。[①]

最后,最高法院还对明显错误与无害错误在适用证明责任方面的区别作出了解释。如果被告人已经对某一错误及时提出了反对意见,上诉法院就可以通过审查初审法院的审判记录,确定该错误是否造成了不利的影响。对于该错误属于无害错误这一点,检控方要承担证明责任,并且要达到排除合理怀疑的程度。相反,如果被告人没有及时提出反对意见,上诉法院也会就该错误是否构成明显错误进行审查,但是,需要提出证据证明该错误有不利影

---

① *U. S. v. Olano*, 507 U. S. 725 (1993).

响的不是检控方,而应属被告人一方。在绝大多数案件中,除非被告人能够证明审判错误具有不利的影响,否则,上诉法院不会对这一被忽略的错误加以纠正。①

21.2　英国的程序性上诉制度

在英国法律制度中,犯罪大体上可以分为两类:一是可诉罪(indictable offence),二是简易罪(summary offence)。与此相适应,对可诉罪案件的初审审判是由刑事法院负责的,而对简易罪的初审审判则是由治安法院负责的。由于刑事案件的初审要由治安法院和刑事法院分别加以承担,因此,针对这两种法院所作初审判决的上诉也有着各自独立的两条途径。

原则上,无论是对于治安法院所作的判决,还是对于刑事法院通过组织陪审团所作的裁断,那些被作出定罪裁判的被告人都可以法院的审判违反法律程序为由,提出专门的程序性上诉。而负责受理这种程序性上诉的则通常是高等法院和上诉法院。前者有权对治安法院的审判以及刑事法院对非可诉罪案件的审判进行上诉审查,后者则有权对刑事法院的程序合法性加以上诉审查。

21.2.1　英国的上诉制度

一般而言,对于治安法院就简易罪案件所作的判决,通常有三种上诉途径:一是向刑事法院提出上诉;二是以判案要点陈述的方式向高等法院提出上诉;三是向高等法院申请司法审查。其中,向刑事法院的上诉只有被告人一方可以提起,对于治安法院所作的无罪判决,控方律师则无权向刑事法院提出上诉。不过,无论是辩护方还是检控方,都有权向高等法院王座庭提出上诉,或者提出司法审查的申请。

而对于刑事法院所作的初审有罪判决,或者那些经治安法院定罪后再由刑事法院科处刑罚的判决,被告人可以向英国上诉法院提出上诉。在1996年以前,就刑事法院审判中的适用法律问题向上诉法院提出上诉,属于被告人的一项诉讼权利,这是无须经过批准的。但在1995年《刑事上诉法》实施以后,被告人的上诉必须经过上诉法院的批准,或者要由负责初审的法官发布

---

① *U. S. v. Olano*, 507 U. S. 725 (1993).

一项书面证书,以证明该案件是适于上诉的。对刑事法院所作定罪裁断不服的上诉要由三名职业法官主持听审,他们主要听取控辩双方的辩论,而不传唤任何证人。但在为司法正义而必要的时候,法庭可允许双方提出新的证据。

原则上,对于刑事法院所作的无罪裁断,控方律师无权向上诉法院提出上诉。但是,如果法官在审判中有错误适用法律情况的,英国总检察长有权将这一法律问题提交给上诉法院,以便在对问题审查后加以纠正。根据1972年《刑事审判法》第36条的规定,英国总检察长(the Attorney-General)可以将法庭审判中涉及的任何法律问题提交给上诉法院,从而要求后者就此问题发表意见,并作出一项对以后的起诉工作有益的裁定。但无论如何,上诉法院的意见和裁定对刑事法院原来所作的无罪判决的效力不会产生丝毫影响。[1]在上诉法院就总检察长提交的事项作出裁定之前,法官应听取他的意见,原来被判决无罪的被告人也有权通过其辩护律师提出意见。当然,上诉法院如果发现总检察长提交的问题超出其裁判的范围,也可以将问题提交给上议院,并要求后者作出最终的裁定。[2]

不仅如此,尽管对于刑事法院所作的量刑判决,控方律师也通常无权提出上诉,但是,如果刑事法院的量刑明显畸轻的,英国总检察长也可以将问题提交给上诉法院,要求后者加以纠正。根据1988年《刑事审判法》第36条的规定,如果总检察长认为刑事法院对有罪被告人判处的刑罚有不适当的从轻情况(unduly lenient sentences)的,他可以在取得上诉法院的同意之后,将案件提交给上诉法院对量刑加以审查。上诉法院的三名法官会就此举行听审,在听取总检察长的代表和被告人一方意见的基础上,科处更重或者更轻的刑罚。当然,在上诉法院作出新的量刑判决之后,无论是总检察长还是被告人一方仍然可以将量刑中涉及的法律问题提交给上议院。但前提是案件必须涉及普遍的重大法律问题,而上诉法院和上议院必须同意案件应由上议院加以受理。[3]

此外,对于高等法院和上诉法院在上述救济程序中所作的裁决,控辩双方还可以继续向英国的最高司法机构——上议院提出上诉。不过,这种上诉

---

[1] John Hatchard and others, *Comparative Criminal Procedure*, The British Institute of International and Comparative law, 1996, p.204.
[2] John Sprack, *Emmins on Criminal Procedure*, pp.425-426.
[3] Terence Ingman, *the English Legal Process*, seventh edition, Blackstone Press Limited, 1998, pp.170-171.

要受到非常严格的法律限制。原则上,控辩双方提出这种上诉,必须首先取得高等法院、上诉法院的司法证明书,该证明书被用来证明作为上诉对象的裁决本身,涉及一项非常重要的法律问题(a point of law of general public importance)。其次,上诉者取得上述证明书之后,还必须取得高等法院或者上诉法院就该案件适于上诉到上议院问题的许可。如果高等法院或者上诉法院不准许这份上诉,那么,上诉者还可以直接向上议院提出申请。该申请将被提交上议院上诉委员会。该委员会由三名以上的法律议员组成,负责对该问题举行听审。只有取得该委员会同意上诉的裁决后,上议院才会正式受理这种上诉。

21.2.2 向高等法院提起的程序性上诉

在英国法中,对下级司法机构的工作加以监督是高等法院的一项重要职能。这种监督的最主要途径就是司法审查(judicial review)程序。通过对下级法院的裁决进行司法审查,高等法院可以发布一些特权性命令(prerogative orders),包括调卷令(certiorari)、强制令(mandamus)和禁止令(prohibition)三种。其中,调卷令可以撤销下级法院的判决,强制令可以迫使下级法院履行自己的职责,而禁止令则能够阻止下级法院从事某一非法的或者超越其管辖权的行为。不过,所有这些特权性命令都只能通过一种方式发布,也就是高等法院根据申请,对下级法院的裁判实施司法审查。在行政法领域,高等法院的司法审查权是极其重要的,它被用来对下级司法机构或者行使司法权的个人的行为加以控制。但在刑事法领域中,司法审查则主要用来对治安法院的裁判加以司法控制。除此以外,刑事法院所实施的"与对可诉罪的审判无关"的裁判活动,也可以被纳入高等法院司法审查的范围。另一方面,在刑事司法中,控辩双方还可以以"判案要点陈述"的方式向高等法院提出上诉。一般情况下,这种上诉一旦未获成功,控辩双方就可以继续向高等法院提起司法审查的申请。因此,"以判案要点陈述"方式提出上诉与申请司法审查就成为英国高等法院提供的两种司法救济途径。

21.2.2.1 "以判案要点陈述"方式提出的上诉

如果经治安法院初审的案件中存在法律适用方面的争议问题,那么,不论是被告人还是控方律师都可以以"判案要点陈述"(case stated)的方式向高等法院王座法庭提出上诉。这种上诉所针对的是治安法院在适用法律方面存在的错误,以及在诉讼管辖方面超越职权的行为。受理这类上诉的高等法院王座法庭经过审判,会纠正下级法院在诉讼程序上发生的错误,但不对案件的事实问题进行任何形式的复审。①

上诉方必须明确列明治安法院在适用法律或管辖问题上存在的错误。通常情况下,这类错误可以有以下表现形式:起诉书不适当地重复;治安法院无权审理检控方起诉的案件;法庭非法地同意或者拒绝了辩护方"无辩可答"(no case to answer)的申请;法庭采纳了不具有可采性的证据,或者排除了具有可采性的证据;即使根据其当庭认定的证据和事实,法庭也不应作出这一裁决……当然,上述最后一种形式是这类上诉最常涉及的法律问题。②

这种"以判案要点陈述"方式提起的上诉,目的在于推翻治安法院所作的有罪或者无罪的裁决,而不是改变原先的量刑结论。这种上诉对针对的只能是治安法院所作的最终裁决,而不是这种法院在移送起诉或者移送刑事法院量刑方面所存在的程序错误。

审判由高等法院王座法庭负责主持进行。法庭通常由两名或者三名法官组成。在审判过程中,法庭不对案件的证据和事实问题进行任何形式的调查,而只是听取控辩双方就法律适用问题进行的口头辩论,以便审查治安法院在初审中是否错误地适用了法律,以及是否超越自己的管辖权。经过复审,高等法院可以撤销、维持或者修正治安法院所作的初审判决,也可以将案件发回治安法院重新进行审判。

"以判案要点陈述"方式提出的上诉,不仅适用于治安法院以简易程序所作的裁决,而且还可用来推翻刑事法院就简易罪案件所作的裁决。这通常发生在辩护方对于治安法院的有罪裁决不服,将案件上诉到刑事法院的情况。但是,这种上诉不能针对与可诉罪的审判有关的决定,而只能适用于刑事法院对简易罪案件的重新审判问题。而且,这类上诉也同样只能涉及刑事法院的审判存在法律错误或者超越管辖权等方面的问题,而不能针对判决中的事实问题。

21.2.2.2 司法审查

申请司法审查的主要目的是阻止下级法院超越其管辖权,强制下级法院行使本应由其拥有的司法管辖权,并且通过纠正其审判中发生的程序违法行为来控制其行使审判权的方式。如果治安法院以适当的方式依法行使了司

---

① Steve Uglow, *Criminal Justice*, Sweet & Maxwell, 1996, pp.150-151.
② John Sprack, *Emmins on Criminal Procedure*, eighth edition, p.449.

法管辖权,那么,在审判中发生的法律错误问题则不属于司法审查的对象,而应被列入"以判案要点陈述"方式上诉的范围。

为实现上述目的,英国高等法院发布的三类令状分别发挥着各不相同的作用。具体说来,强制令被用来要求下级法院履行自己的法律义务。早在1857年,高等法院就曾以强制令的方式命令治安法院受理某一刑事案件。因为在这一案件中,治安法院拒绝受理检控方提起的某一指控,理由是起诉书仅仅将被告人列为起诉的对象是不够的,其他人也应当与被告人一起被纳入同一指控之中。高等法院认为这一理由明显不成立。不仅如此,如果治安法院以申请无意义为由,拒绝一项向高等法院提起的上诉,那么,申请者可以继续向高等法院申请强制令。后者经过司法审查程序,可以命令治安法院将该案件提交高等法院。当然,相对于调卷令而言,强制令的适用范围还是受到较大限制的。它主要在治安法院错误地拒绝受理某一案件时适用。而下级法院一旦受理了某一案件,那么,这种管辖是否正确以及审判过程有无错误的问题,则不能以强制令的方式加以处理。但是,如果治安法院在是否受理某一申请问题上享有一定的自由裁量权,那么,高等法院所发布的强制令就不能用来命令它行使这种权力,而只能要求它考虑是否需要行使这种裁量权。

与强制令相反,禁止令被用来阻止下级法院受理或者继续受理某一案件。这通常发生在治安法院错误地受理了某一不宜由其管辖的案件,如错误地受理了某一案件的起诉,错误地就某一案件举行了移送审判程序。这种情况一旦发生,那么,申请者就可以要求高等法院发布禁止令,以便阻止治安法院继续错误地对案件行使司法管辖权。

与强制令和禁止令不同的是,调卷令可以被用来撤销下级法院的某一裁判,而其中最为普遍的是撤销下级法院的有罪判决。除此以外,高等法院的调卷令还可以用来撤销其他与起诉进程有关的法院裁决或者命令,如移送审判或量刑的裁决,拒绝法律援助的裁决等。当然,根据免受双重危险的理论,任何被作出无罪裁判的被告人都不得因一项行为而受到重新起诉。因此,调卷令极少被用来撤销治安法院所作的无罪判决。也就是说,如果治安法院经过一次完整的审判宣告被告人无罪,而这次审判又确实使被告人面临着受到定罪的危险,那么,该无罪判决是不受重新审查的。不过,这一原则是有例外的。例如,如果治安法院对一起并无管辖权的案件作出了无罪判决,那么,该判决应被视为无效判决,而被告人则被视为未曾经历一次真正的危险,调卷令可以发布。又如,如果治安法院在没有听取任何控方证据,并且无理拒绝传唤控方证人的情况下作出了无罪判决,那么,该判决也是可以撤销的。而无罪判决一旦以调卷令的方式被撤销,被告人就不得不因同一行为而受到重新起诉,这并不违背禁止双重危险的规则。当然,这种情况在实践中是很少发生的。

那么,高等法院的调卷令究竟可以适用于那些情况呢? 一般情况下,这一适用广泛的司法令状可以在以下三种情况下发布:一是下级法院超越了审判管辖权;二是下级法院在审判中违背了自然正义法则(the rules of natural justice);三是仅仅根据下级法院的审判记录,就发现审判存在明显的法律错误。

其中,第一种情况主要是指治安法院在定罪或量刑方面超越了法律授予的管辖权。第三种情况则是指高等法院仅仅通过阅读下级法院的审判记录,而无须审查控辩双方提交的任何证据,即发现审判出现了错误。但是,对于高等法院的司法审查而言,最有意义的莫过于上面的第二种情况。

传统上,自然正义法则有两项基本的要素,即任何人不得担任自己案件的法官;裁判者必须听取双方的意见。治安法院的审判如果违背了上述任何要求,其裁判结论就可能被高等法院以调卷令的方式加以撤销。大量的案例表明,治安法院的法官或书记官如果与案件结局有着经济上的利益,而又参与案件的审判活动的,或者他们对案件有着其他方面的利益关系,以至于可能产生明显的偏见的,高等法院都可以发布调卷令的方式撤销治安法院的有罪裁决。与此同时,如果治安法院的审判存在可能导致一方受到不利对待的程序违法行为,如没有给予被告人充分的时间准备辩护,拒绝发布证人令,没有应被告人的要求及时作出休庭的决定,在没有听取辩护人终结辩论的情况下宣布一项有罪判决,没有及时通知一名能够支持辩方主张的证人出庭等,都违背了自然正义法则,也都可以成为高等法院发布调卷令的依据。另外,如果控方实施的一项错误行为导致辩方受到严重的不公正对待,而治安法院没有及时纠正这一行为的,高等法院也可以据此发布调卷令。

原则上,高等法院的司法审查只能由那些与相关裁判有着充分利益关系的人提出申请。具体到刑事法领域,有资格提出这种申请的主要是控方律师和被告人一方。首先,申请必须得到一名高等法院法官的准许。一般情况下,该法官以不开庭的方式对申请书进行审查,并对申请者提交的宣誓证书进行审核,以便确定申请是否具备"表面的证据"(a prima facie case)。而在申请者提出请求的情况下,这种审查也可以开庭的方式进行,但不得对外公开。申请如果成功地得到批准,就可以被呈交高等法院的一个法庭。该法庭由三名法官组成,要对申请者和其他与案件有利害关系者的辩论作出裁决。在刑事法领域,与案件有利害关系者通常是控辩双方,有时也可以包括下级法院的法官。在听审中,控辩双方的证据都必须以经过宣誓的书面陈述方式提交。所提交的证据必须能够证明申请调卷令、强制令或禁止令的正当性。例如,证据可以被用来证明下级法院的法官存有偏私,下级法院的审判活动违反了自然正义法则,或者下级法院超越了法定的司法管辖权。任何一方都可以申请宣誓证书的制作者出庭接受交叉询问。最后,法庭认为申请符合法定条件的,就可以发布一项或多项司法令状。当然,如果发布的是调卷令,法庭可以将案件发回下级法院重新裁决。

高等法院的司法审查不仅适用于治安法院的审判,而且也可以用来控制刑事法院的审判活动。不过,与"以判案要点陈述"方式提起的上诉一样,司法审查也不能涉及刑事法院对可诉罪案件的审判活动,而只能适用于该法院对简易罪案件的上诉审程序。

21.2.2.3 司法审查与"以判案要点陈述"方式上诉的区别

表面看来,这两种司法救济制度有一些相似之处:它们都可以既针对治安法院的判决,也可以针对刑事法院的审判而提起;它们都不涉及下级法院认定的事实问题,而主要以下级法院审判中存在的法律错误以及超越管辖权问题作为纠正其裁决的依据。因此,初步研究这一问题的人士可能会产生一种疑问:英国为什么要设立两种非常类似的救济制度呢?

事实上,如果将司法审查程序分成三类来分析,那么,强制令和禁止令制度与"以判案要点陈述"式的上诉还是有明显区别的。因为后者更多地针对治安法院在审判简易罪案件中发生的法律错误,而强制令则被用来命令治安法院受理那些它们没有依法行使司法管辖权的案件,禁止令则用以制止治安法院对那些它们依法不享有司法管辖权的案件加以受理。显然,需要加以区别的可能主要是这种上诉与申请调卷令的程序。

应当承认,作为两种司法救济方式,"以判案要点陈述"方式提起的上诉与调卷令程序有着一些相似的救济功能。例如,对于治安法院或刑事法院非法超越司法管辖权的行为,控辩双方既可申请高等法院发布调卷令,也可以向其提出上诉。

而一旦下级法院在行使司法管辖权过程中发生了法律错误,控辩双方可以优先考虑向高等法院提出上诉。但是，如果所发生的法律错误十分明显地存在于下级法院的审判记录之中，那么，申请调卷令也是一种可行的选择。不过，大多数法律错误都不是明显地存在于审判记录中，而具有不同程度的隐蔽性。而隐蔽的、潜在的法律错误则只能通过上诉方式加以救济。

如果下级法院在审判中违反了自然正义原则，那么，申请调卷令是唯一适当的救济方式。同样，如果辩护方希望撤销治安法院所作的移送刑事法院审判或者移送刑事法院量刑的裁决，那么，申请调卷令也是唯一的选择。

当然，如果在一些场合下，向高等法院提出上诉和申请司法审查都是可行的，那么，提出上诉应被作为优先考虑适用的救济方式。这是因为，通过这种上诉，高等法院可以对下级法院审判中认定的事实加以全面的审查，而不像申请调卷令程序那样，只能对申请者提交的正式书证以及审判记录加以间接的审查。

21.2.3　向上诉法院提起的程序性上诉

对于刑事法院所作的定罪裁断，上诉法院要对上诉的根据进行审查。需要注意的是，这种上诉的理由在 1995 年曾发生较大的变化。在此以前，根据 1968 年《刑事上诉法》的规定，上诉申请符合下列条件之一的，上诉法院予以批准，并撤销原审判决：一是考虑到案件的所有情况后，认为陪审团的裁断是不可靠和难以令人满意的；二是原审法院在法律适用问题上作出了错误的决定；三是在审判过程中存在着严重的程序违法情况。但是，根据 1995 年《刑事上诉法》的规定，提起上诉的理由被简化为一条，也就是上诉法院认为原审法院的定罪裁断是不安全的（unsafe）。一般认为，所谓定罪裁断"不安全"并无具体的客观标准，而是主观性较强的理由。在实践中，上诉法院的法官如果对原来的有罪裁断的可靠性产生了合理的或者潜在的怀疑，那么，定罪就被认为是"不安全的"。

但问题在于，那些发生在初审程序中的法律错误和程序违法行为，能否构成上诉的正当理由呢？事实上，法律上的错误和程序上的违法可以被被告人用来作为上诉的直接根据。这些程序违法可以有很多表现形式，其中最为普遍的情况是法官向陪审团作出了错误的指示。例如，法官对指控的犯罪要素作出了错误的解释；没有引导陪审团考虑一项已经有事实支持的辩护主张；没有对证明责任分配和证明标准问题作出充分的解释等。除此以外，审判过程中发生的其他程序违法行为也可以成为上诉的理由。例如，法官允许检控方对指控作出了修正,而这有可能带来司法的不公正;法官同意某一不具有可采性的证据出现在法庭上;法庭没有遵守成文法有关对多数裁决(majority verdicts)的限制性规则等。

然而,无论审判过程中发生的程序错误有多少,有关上诉是否具备法定理由的关键问题是:这些程序违法行为是否会造成定罪裁断的不安全?也就是说,上诉人仅仅证明原来的审判存在这些程序错误是不够的,他还必须证明这些程序错误确实造成了定罪判决的不安全。

经过审判,上诉法院的法官认为案件具有上述理由的,就应当批准被告人的上诉请求,并在听审后作出撤销原判的裁定。否则,就将驳回上诉,维持原判。一般情况下,撤销原判的裁定所带来的是被告人被改判无罪,也就是相当于陪审团对被告人作出无罪的裁断。但在法定例外情况下,上诉法院在撤销原判后,也可以将案件发回重新审判。不过,英国上诉法院实际发回重新审判的案件数量极少。传统上,只有在原审过程中不曾发现的新证据被提出的情况下,发回重新审判才是被允许的。[1] 而在其他任何情况下,发回重新审判都被视为违背了免受双重危险的原则,因而是被禁止的。但是,1988年《刑事司法法》对此作出了一定的改革。根据这一法律,上诉法院一旦决定启动上诉程序,就在是否发回重新审判方面拥有了自由裁量权。当然,上诉法院在作出这一决定之前,必须考虑这是否属于司法正义的利益所要求的。[2]

21.3 德国的程序性上诉制度

一般认为,德国法院实行的是三审终审制。但实际上,这种严格的"三审终审制"通常只发生在对区法院判决的上诉程序之中。对于各个区法院所作的判决,控辩双方都可以向地方法院提起第二审上诉,然后还可以向州高等法院提起第三审上诉。这就是真正意义上的"三审终审"。但是,对于区法院所作的初审判决,控辩双方也可以不经过第二审上诉,而直接向州高等法院提出第三审上诉。这种被称为"越级上诉"的上诉,客观上使得第二审上诉得到了省略。不仅如此,对于地方法院和州高等法院所作的初审判决,控辩双

---

[1] John Sprack, *Emmins on Criminal Procedure*, Seventh Edition, pp.410-411. 根据英国学者的介绍,1990年英国上诉法院对来自刑事法院的上诉案件,在撤销原判之后作出发回重新审判决定的,只有3件。而在1991年和1992年,这一数字也才分别增长到13件和23件。

[2] John Sprack, *Emmins on Criminal Procedure*, Seventh Edition, pp.418-419.

方就无权提起第二审上诉,而只能分别向州高等法院和联邦最高法院提起第三审上诉。事实上,对于地方法院和州高等法院的初审判决而言,真正意义上的三审终审是不存在的。

看来,德国三审终审制的核心特征并不是所有案件都要经过两次上诉和三级法院的审理,而是将上诉程序明确区分为第二审上诉和第三审上诉。前者的提起意味着上级法院可以对下级法院审理过的案件进行重新审判,属于对事实认定和法律适用问题进行的全面复审。而第三审上诉并不意味着当事人的第二次上诉,而是指当事人为纠正下级法院审判中存在的法律错误,而向上级法院——通常是州高等法院和联邦最高法院——所提起的上诉。因此,所谓的"程序性上诉",主要发生在当事人向州高等法院和联邦最高法院所提起的第三审上诉之中。毕竟,这两级法院既然有权受理控辩双方就下级法院所存在的法律错误所提起的上诉,当然就有权根据双方的上诉请求,对下级法院审判程序的合法性进行司法审查。只有从这一角度上,我们才可能对德国的程序性上诉制度作出准确的理解。

21.3.1 德国的三类上诉程序

在德国,对于初审法院的判决、裁定和决定,控辩双方可以有三种上诉途径:一是抗告(德 Beschwerde),也就是针对初审法院就一些诉讼程序问题所作的裁定、决定而提起的上诉;二是第二审上诉(德 Berufung),也就是对区法院所作的初审判决所提起的上诉,这种上诉所引起的一般是地方法院对案件所作的事实复审程序;三是第三审上诉(德 Revision),也就是向州高等法院或联邦最高法院所提起的法律上诉,这种上诉所起的一般是专门就下级法院对实体法和程序法的适用问题所作的司法审查程序。

抗告所针对的不仅是初审法院在审判程序中所作的裁定和决定,而且还有侦查法官在审判前阶段所作的有关处分和命令。德国《刑事诉讼法典》对于可列入抗告对象的事项有较为明确的规定。原则上,初审法院所作的判决以及与判决内容有着直接关联的裁定、决定,并不属于当事人提起抗告的范围。因为当事人对于这种判决还可以提起第二审上诉和第三审上诉,从而获得更加重要的救济机会。而那些与初审法院判决有关联的裁定和决定,通常也可以在第二审上诉和第三审上诉程序中获得重新审查的机会。因此,为了防止整个审判程序变得支离破碎,《刑事诉讼法典》就将这些程序性裁定、决定与判决一起,列为第二审上诉和第三审上诉程序所共同审查的对象。① 结果,除了一些有争议的裁定和决定以外,那些成为控辩双方抗告对象的通常都是初审法庭就审前羁押以及影响个人权利的临时性强制措施所作的决定。不仅如此,侦查法官在审判前就一系列诉讼程序事项所作的裁定、决定,也可以被列入抗告的对象。

与通常的上诉不同,德国法中的抗告并不具有终止司法决定执行的效力。不仅如此,抗告一般也只能向作出有争议的决定的法院提起。该法院可以维持原来的决定,也可以经过重新审查后作出修正或者撤销原决定的裁决。但法院一旦决定维持原来的决定,就要在3日内将有关抗告事项提交上诉法院审查。后者可以在阅卷和了解双方诉讼要点的基础上,不经过口头听证即作出终局裁决。当然,对于区法院就审前羁押问题所作的决定,控辩双方还可以进一步上诉到州高等法院(也就是通常所说的"再抗告")。

与抗告不同,第二审上诉是控辩双方对区法院所作的判决向地方法院所提起的上诉。这种上诉一经提起,地方法院就将对案件进行重新的全面审理,也就是进行所谓的"第二次事实审"。② 地方法院不仅要对初审法院审查过的全部证据和事实安排重新调查和辩论,而且还可以调查那些为初审法庭所没有调查过的新证据。原则上,地方法院对上诉案件也要遵循直接和言辞的原则安排整个庭审程序,但在征得被告人同意的情况下,地方法院如果认为不影响案件事实真相之查明的,也可以不传唤证人出庭作证,而代之以审查初审法庭的相关庭审笔录。

一般情况下,地方法院如果在案件的定罪和量刑问题上得出了与初审法院相同的结论,就可以驳回上诉,维持原判。否则,地方法院就可以根据其在上诉审程序中对事实认定和法律适用的认识情况,作出新的判决。地方法院也可以将初审法院的判决加以撤销后发回重审,但这一般只发生在原审法院错误地行使管辖权的场合之下。

与其他西方国家的上诉制度一样,德国上诉制度的目的主要是保证法院

---

① 〔德〕克劳斯·罗科信:《刑事诉讼法》(第24版),吴丽琪译,法律出版社2003年版,第533页以下。

② 按照德国学者的见解,刑事诉讼法典的立法者当初对于区法院审判质量的不信任,导致了这种第二审上诉程序的设计。而较高审级的法院则拥有数量上较多和素质较高的法官,这就将使得审判的质量能够得到保证,因此不需要再举行一次事实审。参见〔德〕克劳斯·罗科信:《刑事诉讼法》(第24版),吴丽琪译,法律出版社2003年版,第501页;〔德〕托马斯·魏根特:《德国刑事诉讼程序》,岳礼玲等译,中国政法大学出版社2004年版,第220页。

对个案的审判遵循实体法和程序法的规定,确保实体法和程序法的统一实施。在这些目的的实现问题上,第三审上诉制度的设计具有至关重要的意义。与第二审上诉不同,第三审上诉被设计成为一种旨在纠正下级法院法律错误的上诉程序。换言之,负责审理第三审上诉案件的法院要对下级法院的审判是否存在"违背法令"之处进行司法审查。

原则上,第三审上诉所针对的法律错误可以分为两类:一为实体性法律错误,也就是下级法院错误地适用了刑事实体法,从而在定罪或者量刑问题上作出了错误的裁决;二为程序性法律错误,亦即下级法院在审判过程中没有适用《刑事诉讼法典》的规定,或者错误地适用了《刑事诉讼法典》的规定。提出这种第三审上诉的一方必须以书面提出下级法院的法律错误之所在。对于实体性法律错误,上诉人必须指出原审判决违反了哪些实体法的规定。而对于程序性法律错误,上诉人则必须详细描述下级法院违反刑事诉讼程序的具体情形,并说明法庭对此所作的裁决。

总体而言,在德国刑事诉讼中,能够对下级法院审判程序的合法性实施司法审查的主要是抗告和第三审上诉两种程序。但相比之下,抗告所针对的主要是侦查法官在审判前所作的决定以及初审法院在审判过程中所作的与判决无明显关联的裁定,尤其是那些与审前羁押以及其他强制措施有关的司法处分。而第三审上诉则属于专门对下级法院审判程序的合法性加以司法审查的制度,也是程序性上诉所赖以存在的最大制度基础。因此,笔者对德国程序性上诉的分析,主要是通过研究其第三审上诉制度而展开的。

21.3.2 相对的第三审上诉理由与绝对的第三审上诉理由

第三审上诉尽管是针对下级法院的法律错误而提起的上诉,但仅仅因为下级法院存在实体性法律错误或程序性法律错误,并不足以导致第三审上诉的成功。在第三审上诉的理由问题上,德国法发展出了"相对的第三审上诉理由"与"绝对的第三审上诉理由"的概念。

原则上,第三审上诉的提起必须以下级法院违背法令为理由。但是,下级法院在审判过程中尽管存在某种实体性法律错误或程序性法律错误,但这种错误的发生却对其裁判结论没有发生影响的,那么,这种法律错误并不能成为第三审上诉的理由。因此,上诉法院只有在第三审上诉同时具备以下两个条件的情况下,才会受理这种第三审上诉,并作出撤销原审判决的裁定:一是下级法院没有适用或者错误适用了实体法或程序法的有关规则;二是其判决是基于这一错误而作出的。

在法律错误与判决结果之间必须具有关联性,这被视为第三审上诉能否成功的关键条件。但在司法实践中,要对这一点作出准确的判决,有时是非常困难的。毕竟,这种法律错误与判决结果之间的关联性假如仅仅存在一种"纯理论上的可能性"时,则上诉法院往往会不接受这种上诉理由。同时,下级法院若有违反实体法规定的情况,则法律错误与判决结果之间的关联性也会较为容易地得到判断。而问题恰恰在于下级法院违反程序法的情况,究竟对其判决结果有无实际的影响,这一点经常是最难判断的。按照德国法院的解释,只要下级法院的法律错误对于其定罪或者量刑"存在可能的影响",就足以构成上诉法院撤销原判的理由。换言之,只要该判决如果不是因为法院违背实体法或程序法,就可能有不同的结果时,法律错误与判决之间的关联性即告成立。而一项法律错误无论是否发生都不可能影响法院的裁判结论的,才被视为一种"无害的错误",也就是不足以导致上诉法院撤销原判的法律错误。①

下级法院的法律错误必须与判决结果之间具有关联性,这就是"相对的第三审上诉理由"。应当说,这种上诉既有可能涉及实体性法律错误,又有可能涉及程序性法律错误。但是,德国《刑事诉讼法典》还确定了八条绝对的第三审上诉理由。值得注意的是,这八种情形全部都是初审法院不适用或者错误适用程序法的情况,属于最严重的程序性法律错误。初审法院的审判存在其中任何一种情形的,上诉法院就不再审查这些法律错误与判决结果之间究竟有无实际的关联性,而一律推定这些程序性法律错误必会对初审法院的判决产生影响。因此,遇有这八种情形中的任何一种,上诉法院都会作出撤销原判的裁定,也就是自动撤销下级法院的判决。

根据德国《刑事诉讼法典》第 338 条之规定,绝对的第三审上诉理由主要有:(1)审判法庭的组成不符合刑事诉讼法的规定;(2)依法不得执行审判职务的法官、陪审员参与了案件的判决;(3)基于法定理由应当被撤换的法官、陪审员参与了案件的审判;(4)下级法院错误地行使了审判管辖权;(5)法律要求在审判中必须出庭的人(包括被告人、检察官以及在强制辩护案件中的辩护律师),在部分或全部庭审程序中没有出席法庭审判活动;(6)在没有足

---

① 参见〔德〕克劳斯·罗科信:《刑事诉讼法》(第 24 版),吴丽琪译,法律出版社 2003 年版,第 520 页以下;〔德〕托马斯·魏根特:《德国刑事诉讼程序》,岳礼玲等译,中国政法大学出版社 2004 年版,第 224 页以下。

够理由的情况下实行不公开审理;(7)判决书没有明确说明判决理由,或者没有在法定期间内将判决理由装存案卷;(8)在某一对裁判具有重要意义的问题上,法庭以裁定错误地限制了辩护方的权利。

可以看出,上述程序性法律错误涉及审判法庭的组成、管辖、回避、公开审判、各方参与、判决理由、辩护权等诸多方面的程序性违法。这些程序错误都属于较为严重的程序性违法行为,它们不仅侵害了被告方的重要诉讼权利,破坏了公正审判的基本准则,而且牺牲了刑事诉讼程序的法治基础。因此,遇有上述程序性违法情形之一的,上诉法院都不需要再行审查这些程序错误与判决结果之间的关联性,而直接作出撤销原判之裁定。这就以宣告原审判决无效的方式,对下级法院的重大程序错误实施了程序性制裁。

21.3.3 第三审上诉的裁判程序

对法律错误的上诉必须向作出有争议的判决的法院提出。上诉人必须向该法院提交记载有上诉理由的摘要说明。负责受理第三审上诉案件的法院要对这种上诉摘要说明和审判案卷一并进行初步审查。经过初步的审查,上诉法院的法官如果认为第三审上诉存在明显的法律根据的,或者认为上诉"明显没有意义"的,就可以不经过开庭而直接作出裁定。在德国司法实践中,绝大多数第三审上诉都是由被告方提起,并被认为是"明显没有意义的"。2000年,各州高等法院所受理的全部对法律错误的上诉案件中,89%的案件未经开庭审理即被高等法院作出裁定。其中,大多数案件都被高等法院作出驳回上诉、维持原判的裁定。①

经过初步审查,上诉法院对那些既没有直接驳回上诉也没有直接裁定撤销原判的案件,就可以安排举行开庭审理程序。与初审程序和第二审程序都不相同的是,上诉法院的第三审程序必须受下级法院所作事实认定的约束,而不得为任何形式的证据调查。当然,假如对于那些因为存在程序性法律错误而提起的上诉,仅仅通过审查审判笔录而无法判断该项错误是否存在的,上诉法院可不得不就该项程序性错误问题举行证据调查。但这只能被作为一种受到严格限制的例外。

由于第三审程序要就下级法院是否存在法律错误问题举行法庭辩论,因

---

① 参见〔德〕托马斯·魏根特:《德国刑事诉讼程序》,岳礼玲等译,中国政法大学出版社2004年版,第228页。

此,辩护律师的参与就显得异常重要了。原则上,那些正在受到未决羁押的被告人无权出席法庭审理程序,但法庭必须为其中没有律师帮助的被告人指定一名辩护律师。而对于那些没有在押的被告人,法庭则可以允许其参加法庭审理,但不会为其指定律师提供法律帮助。不过,假如案件符合强制辩护的条件,法庭就必须为那些没有律师帮助的被告人指定辩护律师。

上诉法院的开庭审理,以一名法官对案件争议点作出报告为开始。然后,控辩双方依次就上诉所涉及的下级法院是否存在法律错误的问题举行辩论。被告人如果出席法庭的,可以做最后陈述。除非法庭需要对下级法院审判程序的合法性作出全面审查,否则上诉法院一般不调取证据和传唤证人。

经过法庭审理,上诉法院认为下级法院的审判程序和判决都不存在法律错误的,就可以驳回上诉,维持原判。相反,上诉法院认为下级法院存在实体性或程序性法律错误,而这种错误又符合相对的或绝对的第三审上诉理由的,就可以撤销原判,发挥重新审判。但是,负责重新审判的法院必须是与其判决被撤销的法院同级的另外一所法院。假如案件被发回原审法院重新审判,则该法院必须另行组成合议庭。值得注意的是,负责重新审判的法院必须受上诉法院所作裁定的约束。对其所作的判决,当事人还可以继续对其法律错误提起第三审上诉。

第四部分 | 法律移植

22. 意大利1988年刑事诉讼法
23. 美国辩诉交易与意大利简易程序之比较
24. 俄罗斯司法改革与陪审团制度
25. 针对企业的暂缓起诉协议制度

22. 意大利1988年刑事诉讼法

22.1 意大利刑事司法改革的背景
22.2 意大利普通诉讼程序的改革
22.3 特殊程序的确立
22.4 评价

二百年前，法国在其资产阶级革命之后对刑事司法制度进行了根本性的改革，它以英国陪审制度和对抗式程序为模式，第一次作出了在大陆法系法律传统基础上移植当事人主义诉讼制度的尝试。20 世纪 40 年代，作为第二次世界大战战败国的日本，在占领军的压力下，被迫对其宪政制度和司法制度进行了重大改革。这次改革使得日本的刑事诉讼结构向当事人主义转变，并取得了成功。如果说法国和日本对当事人主义制度的移植主要是革命或战争结果的话，那么 1988 年颁布的意大利新《刑事诉讼法典》则标志着大陆法系国家在和平环境中移植当事人主义诉讼制度的最新尝试。本章拟根据国外最新资料，对意大利修改刑事诉讼法的背景以及新法典的主要内容作一简要介绍和分析，并对新法典作出评价。

22.1　意大利刑事司法改革的背景

1865 年，实现了国家政治统一之后的意大利颁布了第一部近代意义上的《刑事诉讼法典》。这部法典以法国 1808 年《刑事诉讼法典》为模式，吸收了法国大革命后所进行的刑事司法改革的许多成果，确立了无罪推定原则、自由心证原则以及陪审制度，并规定由设于法院内部的检察机关专门负责追诉犯罪。此外，这部法典还确立了预审法官主导审判前程序的制度。预审法官有权调查证据，有权决定对某一公民实施强制措施，还有权决定提起刑事诉讼。预审法官的上述活动均采取秘密的方式。1913 年，意大利颁布了第二部《刑事诉讼法典》。受当时的自由主义政治哲学的影响，1913 年法典扩大了刑事被告人在审判前程序中的权利，使其诉讼地位有所改善。1930 年，意大利法西斯主义政权上台，随之颁布了意大利历史上的第三部《刑事诉讼法典》。该法典实行了近 60 年，直到 1988 年被新颁布的《刑事诉讼法典》所取代。

意大利 1930 年《刑事诉讼法典》（以下简称为"旧法典"）是一部受到法西斯主义思想影响的法律文件。这部法典明确地将控制犯罪，维护社会秩序作为刑事诉讼的首要价值目标，而将对公民人权的保障则置于次要甚至无足轻重的地位。在法西斯政权统治下，旧法典实际上成为独裁者镇压民主进步势力、维护专制统治的工具。

旧法典所确立的刑事诉讼程序基本上可划分为侦查和审判两大阶段。除了在证据充分或案情并不复杂的情况下由检察官主导侦查程序之外，侦查一般由预审法官（或译为"侦查法官"）主持进行。预审法官依靠检察官移送的卷宗开始侦查程序。在侦查中，预审法官有权直接采取各种侦查措施，如讯问被告人、询问证人、鉴定人、勘查现场、实施搜查、扣押，等等，还有权决定逮捕、监禁等强制措施的实施。预审法官的侦查秘密进行。被告人（除接受讯问外）及其辩护律师均无权参加，也无权要求被告知侦查的情况。旧法典要求预审法官全面调查证据，并须将其调查证据和审查起诉的情况完整地反映在书面卷宗笔录上。如果预审法官认为有犯罪事实发生，并确认被告人实施了该项犯罪，就可以作出正式起诉的命令。

在案卷移送到法院之后，负责审判的法官可对起诉书和全部卷宗材料进行阅览和研究，并做好审判前的准备工作。尽管旧法典确立了直接、言词和辩论的诉讼原则，但在意大利的司法实践中，预审法官制作的卷宗材料实际成为法院裁判的基础，审判程序则沦落为一种对预审卷宗的内容和结论进行审查或确认的程序。

第二次世界大战以后，随着意大利法西斯主义政权的灭亡和1947年意大利宪法的颁布，意大利宪法法院（意 Cortecostituzionale）率先倡导对旧刑事诉讼法典进行改革的运动。宪法法院认为：随着民主、自由的价值观在宪法中得以确立，刑事诉讼法典应当在保障人权和维护社会秩序的需要之间保持一种高水平的平衡；同时，旧法典所确立的司法权的高度集中性也与作为自由主义哲学核心的分权制衡原则存在着巨大的冲突。因此，为使刑事诉讼法典与1947年宪法所确立的基本原则相协调，就必须对该法典作出彻底改革。从1965年到1972年，宪法法院在其所作的一系列判决中逐步确立了被告人及其辩护律师参加侦查程序的制度。这对于改善被告人的诉讼地位起到了一定的积极作用。

在宪法法院的推动和意大利社会舆论的呼吁下，意大利国会开始了刑事诉讼法的修改工作。早在1955年，国会就曾对旧法典进行过一次小的修改。从1963年开始，国会正式启动了对旧法典的全面修改工作。当时的一个专门委员会向国会提交了一份刑事诉讼法的草案，该草案试图以英美法系国家的对抗式诉讼程序为模式重建意大利的刑事诉讼制度。1965年，国会着手进行新法典草案可行性的研究工作，但由于种种原因，直到1974年才颁布第一部"授权立法案"。然而，70年代末期意大利"红色旅"运动和其他恐怖主义活动的猖獗，致使法典修改工作一度全面停止。1978年，意大利政府将其起草的一部新法典草案提交国会审议。这一草案基于当时形势和政府政策的需要，赋予警察很大的自由处置权，对嫌疑人和被告人的权利和自由作出了一些限制。由于阻力太大,该法典草案没有在国会上通过,进入 20 世纪 80 年代以来,由于司法机关滥用权力,对嫌疑人和被告人的权利和自由任意侵犯的现象日趋严重,在意大利又重新出现了要求彻底改革刑事诉讼制度的呼声。1987 年,国会颁布了一项新的"授权法案",国会下属的一个专门委员会迅速起草了一部新法典的草案。该草案几经修改,终于被国会正式通过。1988 年 9 月 22 日,意大利总统发布命令,宣布意大利共和国新《刑事诉讼法典》颁布。新法典于 1989 年 10 月 24 日起正式生效。新法典所作的最大改革是按照英美法系国家对抗式诉讼制度的标准对意大利刑事诉讼程序进行了重新设计。

22.2 意大利普通诉讼程序的改革

意大利 1988 年《刑事诉讼法典》(以下简称"新法典")将整个普通诉讼程序明确划分为三个诉讼阶段,即侦查阶段、预审阶段和审判阶段。在侦查阶段中,检察官和在其指导下的司法警察专门负责对犯罪的侦查,法官不再负责调查和收集证据,新法典在侦查和预审阶段设立了一名专职预审法官(意 Giudice Per Le indagini Preliminari),该法官负责对检察官和司法警察的侦查活动进行法律监督,并有权主持在检察官和辩护律师共同参加下的预审程序。新法典还设立了一些新的证据规则,以期对司法警察的侦查活动进行有效的制约。在审判阶段,新法典确立了对抗式的庭审程序,各方当事人在对证据的出示和调查中发挥主动作用,但同时要求主审法官在必要时主动调查证据,以弥补当事人调查证据的不足,上述改革标志着意大利在移植对抗式诉讼制度方面迈出了具有历史意义的一步。下面笔者拟对新法典在普通刑事诉讼程序方面确立的新制度作一简要分析。

22.2.1 侦查程序

新法典将侦查程序分为两个阶段,即由司法警察控制的初步侦查以及由检察官控制的正式侦查。初步侦查是指司法警察在收到有关犯罪行为发生的报告(意 notitia criminis)之后 48 小时之内所进行的侦查活动。在初步侦查中,司法警察有权直接采取勘查犯罪现场、讯问犯罪嫌疑人、询问证人、搜查、扣押等措施,还有权对嫌疑人采取暂时羁押等措施。但司法警察在发现犯罪行为发生后的 48 小时之内,必须向检察官提出报告,并将其在初步侦查中所收集的全部卷宗材料移送给检察官,从而开始正式侦查阶段。随后,检察官须在专门的"犯罪登记表"中对该犯罪案件的主要情况(包括嫌疑人姓名和主要犯罪事实)作出记录。在此后举行的侦查活动中,检察官有权对司法警察的侦查行为进行指挥、指导和监督,预审法官有权对司法警察和检察官的各项活动实施法律监督。新法典规定,在一般情况下,正式侦查须在检察官对犯罪案件进行登记后6个月之内完成。然而在复杂案件中,预审法官有权决定延长6个月。但侦查期间最长不得超过18个月,司法警察在此期间之外获得的证据不具有法律效力。

意大利1988年《刑事诉讼法典》在侦查程序中吸收了美国对抗式诉讼制度的一些内容,同时也创立了具有本国特色的新制度。这主要表现在:

22.2.1.1 加强了对司法警察和检察官权力的制约

新法典规定,检察机关是国家公诉机关,它代表国家和社会对一切犯罪活动行使追诉权,司法警察通过其侦查行为对检察官的追诉活动予以辅助。检察官有权对司法警察的侦查行为进行指挥、指导和监督。司法警察虽有对具体侦查行为的执行权,却没有决定权。同时,新法典还要求检察官承担起维护正义的责任,他既要调查对被告人不利的证据,也要调查对被告人有利的证据,甚至证明被告人无罪的证据。

在侦查活动中,预审法官专门负责监督检察官和司法警察的各项活动。预审法官有权决定对被告人实施保释,有权签发逮捕证、搜查证及扣押令,还有权对检察官和司法警察的非法行为和决定宣布无效或进行纠正,以确保侦查活动的公正性。另外,在侦查活动中,检察官撤销案件或终止诉讼,均须获得预审法官的预先批准。这是因为,意大利宪法所确立的"法定起诉原则"(意 Principe delegalite des poursuites)要求检察官对一切经过侦查的案件一般均须向法院提起诉讼,以便把检察官在起诉时所享有的自由裁量权减少到最低限度。新法典规定,只有在检察官认为现有的证据不足以证明一项罪行发生或不足以证明该项犯罪行为为某一特定被告人实施时,他才有权终止侦查,但他必须向预审法官提出要求并说明理由。预审法官在对检察官的要求和理由进行审查后,有权作出撤销案件的命令(decreto di archiviazione)。

22.2.1.2 对刑事强制措施制度作出了重大改革

新法典设立了一系列旨在防止警察滥用强制措施、维护公民人权的程序规则。首先,预审法官控制着各项强制措施的实施。司法警察在对嫌疑人实施逮捕时必须持有由预审法官颁布的逮捕证。在旧法典时期,每当有充分证据证明有犯罪行为发生时,警察即可向检察官要求实施羁押等强制措施。新法典则要求,司法警察适用监禁等强制措施的条件是须有充分证据证明犯罪行为是"重大"的。新法典明确规定,监禁和其他限制嫌疑人人身自由的措施只在下列情况下实施:(1) 嫌疑人可能被判处 3 年监禁以上的刑罚;(2) 嫌疑人可能会妨碍警察收集证据,或者可能逃跑或继续犯罪。但在选择具体的强制措施时,预审法官必须综合考虑案件的全部情况,使强制措施与犯罪的性质相适应,并且只有在其他措施均不足以防止发生上述危险时,才能采取监禁措施。在没有必要对嫌疑人实施监禁等措施的情况下,预审法官有权对其实施财产保释,以确保嫌疑人的人身自由不受无理的限制。意大利新《刑事诉讼法典》对财产保释制度的采纳,标志着意大利在移植对抗式程序方面走在其他大陆法系国家的前面。

其次,新法典还对在各个诉讼阶段羁押被告人的期间作出了明确的规定。例如,一名犯有可能被判处 6 年以下监禁刑罚的嫌疑人,在法院对其所作的终审判决生效之前一般不得被羁押 9 个月以上。即使是那些被控犯有最严重罪行的人,一般也不能被羁押 4 年以上。

最后,新法典确立了遭受错误羁押的公民申请获得国家补偿的权利。新法典规定,如果被羁押的嫌疑人最终没有被法院判决有罪(包括被判决无罪和案件被撤销这两种情况),或者嫌疑人所遭受的羁押期间明显与其所犯的罪行的性质不相适应,他有权根据自己被错误羁押的期间的幅度,要求获得国家的物质补偿。尽管旧法典已确立了被判决有罪的无罪公民获得补偿的制度,但新法典则将嫌疑人的申请补偿权扩展到不公正的判决前的羁押方面。

22.2.1.3　改革刑事辩护制度,改善被告人的诉讼地位

新法典规定,嫌疑人在侦查阶段即有权委托辩护律师(意 difensori)。司法警察在逮捕嫌疑人之后应允许他立即与辩护律师会见和通讯。无论是在初步侦查阶段,还是在正式侦查阶段,司法警察、检察官、预审法官在对嫌疑人进行讯问时,必须通知辩护律师到场。讯问者应首先告知嫌疑人享有由辩护律师协助的权利和在讯问中保持沉默的权利。在讯问过程中,如果嫌疑人开始作出对己不利的陈述,那么司法警察、检察官或预审法官应当打断这种陈述,并及时警告这种陈述可能会导致对他不利的诉讼后果,同时还要为没有律师协助的嫌疑人强行指定一名律师。在没有律师在场的情况下,嫌疑人所作的供述在任何诉讼阶段均不得被采用为证据。上述规定很明显是从美

国最高法院在1964年所确立的"米兰达规则"吸收而来。另外,司法警察进行搜查、扣押、查封等行为时,辩护律师也有权出席和参加,但警察没有义务通知他到场。

意大利新《刑事诉讼法典》确立了公设辩护人制度。如果嫌疑人无力委托辩护律师,他有权得到一名公设辩护人的协助。但这种公设辩护人不是由法院专门设立的,而是由法官在当地律师协会草拟的律师名单中指定的。意大利律师一般被轮流委派担任公设辩护人,他们无偿为嫌疑人服务,且几乎不接受政府的任何物质补偿。为切实保障嫌疑人的辩护权,新法典还规定嫌疑人有权获得一名候补的公设辩护人,以便在第一个公设辩护人无法提供帮助时使嫌疑人的权利得到保障。

22.2.1.4 对司法警察在侦查中所获证据的可采性作出了很大的限制

首先,新法典对嫌疑人向司法警察所作供述的适用范围作出了严格限制。在预审程序中,检察官可向预审法官提出这种证据,预审法官可以此为根据,作出是否将案件移送法院审判的决定。但检察官在正式的法庭审判程序中则不得将这种证据用来支持其指控。然而,如果被告人在庭审中所作的供述与其在侦查中向警察所作的供述在内容上存在明显的矛盾,控诉方和民事当事人就可以将其以前的供述用作证明其法庭上供述不可信的证据。

其次,新法典对司法警察非法取得的证据的可采性作出了明确的规定。新法典第191条规定:"采用法律禁止的手段而获取的证据不具有法律效力"。这一条款所指的证据既包括被告人口供、证人证言,也包括物证和书证。司法警察如果违反了法典关于讯问嫌疑人、搜查、扣押、没收、窃听等的程序规定,他所获取的有关证据就不能在诉讼的任何阶段采纳。这一规定标志着意大利在采纳美国证据法中的"排除规则"方面也走在其他大陆法系国家的前面。但这一规定也有例外。如意大利《统一警察法》规定,司法警察在任何情况下均可以对那些可能藏匿武器的处所进行无证搜查。这种搜查无须事先获得预审法官的批准。这样,司法警察在为寻找武器而进行的搜查中即使违反了刑事诉讼法典的规定,他所获得的证据也可以采纳。因为这种违法是一种"为公共利益的违法",警察在必要和紧急的情况下对公民的自由作出适当的限制是符合意大利宪法的规定的。

22.2.1.5 确立了"证据保全程序"

意大利新《刑事诉讼法典》在侦查阶段增设了一个十分重要的证据保全

程序(意 Incidete Probatorio)。确立这一特殊的收集证据的程序,目的在于确保那些可能在审判时无法再获得或变得不可靠的证据预先得以固定下来,以便在审判中直接使用。证据保全程序适用的条件是,嫌疑人或检察官有合理的理由确信某一证人在法庭审判程序开始前可能会身患重病、死亡,或可能由于受贿、受到胁迫等原因而改变证言的内容。鉴定人的科学鉴定报告如果由于出现某种紧急情况而在庭审前可能会灭失时,也可以实施证据保全程序,在侦查程序终结之前,嫌疑人或检察官可以要求预审法官主持进行这种程序。预审法官必须确信存在法律所规定的某一特殊的紧急情况,然后才能作出对某一证据实施证据保全的命令。

证据保全程序秘密进行,但保持法庭审判的形式。预审法官主持该程序的进行,检察官和辩护律师均有权对有关的证人或鉴定人进行询问和质证,嫌疑人有权与证人对质,受害人及其代理人可以向证人、鉴定人发问。预审法官在必要时也可以直接向证人或鉴定人询问有关的问题。各方还可以就证人证言或鉴定人的结论的证明力进行总结陈述和辩论。证据保全程序进行的全过程均须制成书面笔录,以便检察官在正式起诉时将这种书面笔录连同起诉书一并移送法院。在法庭审判程序中,这种通过证据保全程序而获取的证人证言笔录或鉴定人意见可以经过法庭书面调查而直接作为法庭定案的根据。这样,证据保全程序就可以起到对可能灭失的证据的内容进行"冻结",以确保证据证明力的作用,从而有效地保证刑事诉讼活动的顺利进行。

22.2.2 预审程序

与英国和美国实行的直接和言词式的预审程序不同,意大利新《刑事诉讼法典》将预审程序改造成为一种迅速简易的书面审查程序。预审程序的目的有二:其一,审查检察官是否有充分的理由将被告人移送法院审判,以防止对被告人无根据的起诉,同时做好审判前的准备工作。其二,被告人及其辩护律师还可以利用这一程序来了解检察官所掌握的全部证据材料,从而为在法庭上的防御活动做好充分准备。

新法典规定,在侦查活动结束后,检察官可以要求预审法官举行预审程序,并将全部卷宗材料移交给预审法官。预审以秘密的方式进行。预审法官在检察官、受害人及其代理人、被告人及其辩护律师参加下对检察官提交的侦查笔录进行书面审查。预审程序开始后,检察官不必提出任何证人,他只是利用卷宗材料中所包含的全部证据来说明侦查的情况,陈述对被告人起诉的理由。然后,被害人的代理人、被告人的辩护律师可利用卷宗中的证据资料来阐述其诉讼主张。预审法官可就有关情况对被告人进行讯问,被告人有权拒绝回答。如有必要,预审法官可要求各方当事人补充调查新的证据。预审法官还有权要求检察官变更控诉的内容。

新法典对检察官的起诉采取了极为宽容的审查标准。预审法官只有在下列情况下才能作出撤销起诉或终止诉讼的命令(意 non luogo a procedere):(1)起诉书所记载的据以支持指控的事实并不构成任何犯罪;(2)实际并没有发生任何犯罪行为;(3)被告人确未犯任何罪行。这种撤销起诉的命令一旦作出,即相当于法院宣告被告人无罪的判决。对此命令,检察官、民事当事人和被告人均有权提出上诉。另外,如果预审法官作出将案件移送法院审判的命令,他就不能对证据的证明力问题预先作出任何明确的评论。

22.2.3 法庭审判程序

意大利1988年《刑事诉讼法典》将法庭审判程序改造成为对抗式的诉讼程序,但又保持了意大利的特点。意大利刑事审判构造的这种重大改革,代表了大陆法系国家吸收、移植英美对抗式程序的最新发展的趋势。具体而言,意大利新《刑事诉讼法典》对对抗式审判程序的移植主要表现在以下四个方面:

22.2.3.1 在起诉方式上作出了重大改革

旧法典确立的是一种典型的卷宗移送主义的起诉方式。法官依靠检察官的案卷来进行审判前的准备工作,预先制作好庭审提纲,并确定了法庭调查证据的范围、种类和方法。法庭审判开始后,主审法官往往已对案件的结局产生了预断,这不利于法庭审判的公正性。新法典对起诉方式所作的重大改革是,吸收英美法系国家起诉状一本主义的起诉方式的立法精神,对检察官在正式起诉时向法院移送的卷宗材料的内容作出了很大的限制。新法典第431条规定,检察官在向法院正式起诉时,只应将下面两种证据材料连同起诉书一起移送给法院:(1)预审法官在证据保全程序中收集的证据的书面笔录;(2)司法警察、检察官或预审法官在那些"不可重复进行的程序"中所获得的证据(如在搜查、扣押、窃听等侦查活动中所获得的证据)。其他一切证据则必须在法庭审判程序开始后由当事人各方提出或出示。这样,审判法官在开庭前一般就无法接触和阅览除在证据保全程序中收集的证据以外的其他任何言词证据笔录。这一改革尽管并没有使新法典全面确立起诉状一本主义的起诉方式,但它势必会导致控辩双方对抗性的增强和主审法官作用的削弱。法官的作用在很大程度上局限于对各方当事人提出的证据进行审查和评估。这就为庭审程序的对抗制的建立创造了前提条件。

22.2.3.2 确立了一系列证据法规则

首先,新法典将诉讼的证明对象明确限制在"与起诉和判决有关的事实上"。然而,如果在审判过程中发现被告人所犯罪行的性质与起诉书所主张的不同,或者被告人很可能还犯有另外一项罪行,那么法庭可以允许检察官变更或增加控诉的内容。但同时应给予被告人以充分的准备辩护的机会。

其次,新法典采纳了英美证据法中的传闻证据规则。如果某一证人提供的是从他人处获知的传闻证言,那么各方当事人均有权要求原来直接提供证言的人出庭作证。如果原作出陈述的人不能出庭作证,那么该传闻证言就不能被法庭采纳。但是,原提供陈述的人死亡、身患重病或遇有其他不可抗拒的困难而无法出庭的情况除外。

再次,新法典还对被告人供述的可采性作出了进一步的限制。新法典要求,法庭在审判过程中应当告知被告人有权保持沉默。如果被告人放弃了此项权利,那么他可以作为证人接受控辩双方和民事当事人的交叉询问。在被告人保持沉默的场合下,他在侦查中向检察官或预审法官(在辩护律师在场的情况下)所作的自愿供述可以被法庭采纳为证据。但如果被告人在庭审中作出了陈述,那么司法警察在侦查中所获取的被告人供述的笔录可以(在司法警察不出庭作证的情况下)用作证明被告人法庭陈述不可信的证据。新法典对被告人供述可采性的限制,大大提高了被告人的诉讼地位,并会有效地减少司法警察非法取证的现象。

22.2.3.3 确立了具有意大利特色的对抗式程序

法庭审判由各方当事人主导进行,并通过当事人的攻击、防御活动而展开。参加法庭审判的当事人包括三方,即检察官、民事当事人以及被告人。首先,检察官、民事当事人的律师(即刑事被害人的代理人)以及被告人的辩护律师依次作开头陈述,介绍各自的诉讼主张和在庭审中所要提出的证据。随后,主审法官应告知被告人,他没有作证的义务,他有权在庭审程序的任何阶段自由地陈述。

法庭审判程序的中心阶段是由各方当事人主导进行的交叉询问阶段。各方当事人按照开头陈述的顺序向法庭提出和展示自己一方的证据。各方均有权对他方向法庭提出的证据的可采性提出异议。法庭应及时对此作出裁定。各方提出的证人应首先向法庭宣誓,然后由提出该证人的一方进行主询问,其他各方则依次对该证人进行反询问,提出证人的一方还有权对证人进行再询问。新法典要求证人证言必须与案件事实有关,各方在主询问中不得提出任何诱导性的问题。在对证人的交叉询问程序中,任何一方不得对证人进行故意的刁难或者提出一些明显会导致法庭对该证人产生偏见的问题。这是为了避免对抗式审判程序可能会带来的一些消极的后果。在庭审过程中,鉴定人应当出庭就其鉴定的程序和结论作出说明,并接受各方当事人的交叉询问。但鉴定人有权向法庭提交书面形式的鉴定报告,该鉴定报告与鉴定人的陈述经调查后才可作为法庭判决的根据。

在法庭调查程序终结之后,各方当事人可按照与开头陈述相同的顺序作出终结陈述,对本方的诉讼主张和证据的证明力作一总结。各方还均有一个对他方陈述进行反驳的机会。最后,被告人及其辩护律师还有权作出最后陈述。

然而,意大利新《刑事诉讼法典》没有将法庭审判程序彻底地当事人主义化。这主要表现在审判法官的作用和地位问题上。在庭审程序中,法官不仅要主持庭审程序的进行并运用各项证据规则对当事人提出的证据的可采性进行审查,而且还有权自行或要求当事人进一步调查新的证据。例如,主审法官有权要求各方当事人在法庭上继续调查他认为应当进一步调查的问题,并且在必要时可以直接指定某一鉴定人对案件中的专门问题重新进行鉴定,同时,在各方当事人对证人、鉴定人的交叉询问程序中,法官可直接向证人或鉴定人提出问题,法官的这种询问带有补充询问的性质,当事人仍可继续进行询问。尤其重要的是,新法典第 507 条规定,法官有权在法庭调查结束后要求某一方当事人就他认为是"绝对必要"的证据进行调查,并在指定的期间内向法庭提出这一证据。新法典的上述规定似可认为是对审问式程序的部分保留,但其主要目的在于:使法官有机会对当事人的调查进行必要的补充,从而纠正和克服那种完全由当事人主导法庭调查所带来的弊端。

22.2.3.4 贯彻无罪推定原则,彻底废止"存疑判决"

在旧法典时期的司法实践中,如果法院所掌握的证据尚不足以证明被告人有罪,而被告人又具有很大的犯罪嫌疑,那么法院可以作出一种"存疑判决"(意 Assoluzione per insufficigenza diprove)。这种判决仅认为被告人有罪问题具有很大的可能性,它使被告人在法院审判终结后仍处于一种受怀疑的地位。新法典彻底废止了这种做法，明确规定，如果法庭通过审查全部证据，认为认定被告人有罪并不具有充分的理由，就应当直接判决被告人无罪。根据一事不再理的诉讼原则，这种判决一经生效，即具有法律约束力。除非法律有明文的规定，否则检察官不得因同一案件事实重复提起诉讼，法院也不得对被告人重新进行审判。

22.3 特殊程序的确立

在旧法典时期，法院诉讼活动的效率是很低的，实践中存在着严重的诉讼拖延问题。对一件普通刑事案件的审判可拖延至10年甚至更长的时间。这种情况导致大量刑事案件的积压和被告人羁押期间的一再延长。欧洲人权法院曾反复提出批评。为促进诉讼效率的提高，意大利国会曾试图通过对大批羁押候审的被告人采取一次性大赦的方式来缓解司法机关受到的巨大压力。在这种背景下，立法者们被迫求助于对抗式审判程序，以期对诉讼拖延问题作出彻底的解决。新法典建立了一系列特殊的速决程序（意 procedimenti spcciali），这些程序试图通过简化诉讼程序来达到迅速结案的目的。

在现代各国的刑事诉讼法中，审判程序大致可划分为普通程序和简易程序两种。有的国家根据案件的性质和可判处刑罚的轻重程度，将普通程序又细分为几种在具体运转方式上差异很大的程序。其目的在于根据案件的不同情况，使诉讼程序的效率和其他各项功能同时得到保障。在这方面，意大利采取了更加灵活的方式。新法典建立了一系列不同的速决程序。一个案件可根据罪行轻重程度、被告人和检察官的选择和协议结果，以及案件证据的充分程度等标准来选择相应的程序，以确保其得到迅速处理。另外，新法典还给被告人提供了获得减刑判决的机会，以吸引其选择简易的速决程序。

总体上看，新法典所确立的特殊程序可分为两类，即避免举行预审的程序和可替代法庭审判的程序。

22.3.1 避免举行预审的程序

新法典所确立的预审程序基本上是一种对侦查卷宗的书面审查程序，而这种审查的范围不大，在很大程度上可视为一种形式化的程序。因而，新法典允许下面两种程序可跳越这一阶段，使案件得以迅速处理。

22.3.1.1 直接审判程序(意 Giudizio Diretfissimo)

这一程序在下述四种情形下适用:第一,被告人在犯罪时被当场抓获或逮捕。在此情况下,证明被告人犯罪事实的证据一般是很充分和清楚的,检察官可在48小时之内将被告人带至法官面前,要求对其进行直接审判。第二,被告人尽管未被当场抓获,但检察官掌握有证实被告人犯罪的充分证据,并向法官提出了进行直接审判的要求,被告人未表示异议。第三,被告人在犯罪时当场被抓获之后需要由检察官进行进一步的调查。在此情形下,检察官可在15天后向法官要求进行直接审判,以便有时间对案件作出彻底和全面的调查。第四,被告人向检察官就其犯罪事实作出了彻底供认。检察官可在对犯罪作出记录的15天之后要求法官举行直接审判。

22.3.1.2 迅速审判程序(意 Giudjzio Lmmediato)

新法典规定,在对犯罪开始进行侦查后的90天之内,如果检察官已收集到证明被告人有罪的令人信服的证据,他就可要求预审法官将案件直接交付审判,而不再举行预审。对于检察官的这一请求预审法官可通过直接对其卷宗笔录进行审查的方式在5天内作出决定。被告人也可以直接向法官提出举行迅速审判的要求。

22.3.2 可替代法庭审判的程序

新法典所确立的第二类特殊程序旨在通过避开冗长的法庭审判程序而达到迅速结案的目的。这类程序可分为三种:

22.3.2.1 刑事命令程序(意 Procedimento Per Decreto Penale)

刑事命令实质上是一种由检察官提出的通过对被告人减轻罚金处罚来解决案件的一种建议。对于这一建议,被告人可以接受,也可以拒绝。这一程序只适用于可能适用罚金刑的轻微犯罪案件。在这些案件中,检察官可要求法官直接对被告人判处罚金,并相应减少50%的法定罚金数额。大幅度地减少罚金数额的目的在于鼓励那些被控犯有轻微罪行的被告人接受刑事命令。但如果被告人对被判处的罚金刑不服,或基于其他理由而愿接受法庭审判,那么他有权在法官作出罚金判决后15天之内,提出举行正式法庭审判的要求。这种要求一经提出,法院即应对该案件进行正式法庭审判。

22.3.2.2 辩诉交易程序(意 Applicazione della pena Surichiesta delle pani)

新法典确立的辩诉交易程序(或译为"基于控辩双方的要求对刑罚适用

的程序")是指：在法庭审判开始前，检察官和辩护律师可以就被告人的判刑问题进行协商，达成协议，并请求法官以此协议作为判决内容。意大利式的辩诉交易是在控诉方掌握有充分的有罪证据、双方对被告人有罪问题不存在争议的前提下进行的。检察官可以允诺给予被告人减少三分之一幅度的判刑来吸引他接受这一程序，但法典规定，对被告人实际判处的刑罚不应超过两年监禁。换言之，适用辩诉交易的案件范围应为根据被告人的罪行所适用的法定刑罚不超过三年监禁的案件。控辩双方达成协议后，法官还要对其进行审查，如认为协议结果是适当和合法的，即可据此直接对被告人作出判决。

新法典所确立的辩诉交易程序很明显是从美国辩诉交易的实践中借鉴和移植而来的。然而，意大利对这一程序的适用作出了严格限制。首先，新法典禁止检察官和被告方就被告人是否有罪以及被告人所答辩的犯罪的性质进行协商。如果被告人被指控的罪行与事实是相符的，那么检察官就不能为了降低被告人被判处刑罚的幅度而允许被告人答辩犯有一较轻的罪行。其次，新法典规定的对达成辩诉交易的被告人所适用的减刑幅度，以及对被告人最终可被判处的刑期上限的限制，使得可适用这一程序的案件范围大大地受到限制。最后，达成辩诉交易的被告人可以要求法官根据法律对其作出减刑三分之一的判决，而不管检察官是否同意这一要求。这又反映出新法典对检察官自由裁量权的严格限制。

22.3.2.3 简易审判程序（意 Giudizio Abbreviato）

意大利的简易审判程序是指法官不举行公开、言词的正式审判，而仅通过审查检察官呈送的卷宗材料即对被告人作出迅速判决的特别程序。新法典第 442 条规定，如果被告人选择（或同意选择）简易审判程序，法官可对检察官呈送的卷宗材料进行书面审查，并直接对被告人作出判决。如果法官判决被告人有罪，他可将根据被告人的罪行所应判处的刑罚减少三分之一的幅度。这一程序的适用范围要比辩诉交易广泛得多，它甚至可以适用于最严重的犯罪案件中。

举行简易审判程序的要求既可由检察官提出，也可由被告人提出。控辩双方可通过两种方式提出这种要求：第一，如果是在预审程序举行前，辩护方或控诉方须至少提前 8 天向法院提出要求；第二，如果是在预审程序举行过程中，双方则须在终结辩论前提出要求。法官一旦接受适用简易程序的要求，就可通过审查卷宗笔录来决定被告人是否有罪，以及案件能否以简易方式结案。在审查过程中，法官可对被告人进行讯问。

新法典对法院通过简易程序所作判决的上诉作出了严格的限制：一方面，被告人不能对无罪判决、罚金或缓刑判决上诉；另一方面，检察官也不能对监禁刑判决以外的有罪判决上诉。这种限制是新法典当事人主义化的又一重要标志，因为按照大陆法系的法律传统，任何刑事审判均应受到上级法院彻底的上诉审查和尽可能的修改。

22.4 评价

意大利1988年《刑事诉讼法典》的颁布，在意大利乃至整个西方法律史上都是一个重大的历史事件，为了促进刑事程序的公正性和提高刑事诉讼活动的效率，新法典对诉讼程序的各个方面进行了大规模的改革，从而作出了在大陆法系法律传统基础上移植对抗式诉讼制度的最新尝试，其意义是极为深远的。这次司法改革可以对我国刑事诉讼法学的研究、对我国刑事诉讼法的完善产生一些有益的启示。

公正与效率是刑事诉讼法在其具体实施过程中所要达到的两大价值目标，两者无论在理论上还是在司法实践中均处于相互对立和统一的复杂关系中。多年以来，各国的诉讼法学家们为使两者在立法中达到和谐、减少对立而殚精竭虑，提出了解决两者冲突的种种理论方案，并据此设计了种种理想的诉讼构造模式，但在具体司法实践中却往往陷入困境：有的国家标榜"正当法律程序"，以程序公正作为首要的价值目标，但其司法实务却处于严重的拖延甚至混乱之中；有的国家则以诉讼程序迅速有效地进行为其首要价值选择，强调诉讼法对实体法实现的保障作用，却又无法完善地解决诉讼程序的公正问题。

意大利新《刑事诉讼法典》提供了协调诉讼公正和效率关系的一种新的模式，这种新模式是通过大量吸收甚至移植对抗式诉讼制度而建立起来的。

首先，新法典在其基本诉讼结构方面从职权主义走向了当事人主义，但同时也考虑到了其法律传统的延续性。这主要表现在以下几个方面：第一，新法典加强了对刑事诉讼中公民的人权保护，加强了对司法警察和检察官权力的制约，使其侦查构造从审问制转向对抗制。第二，新法典大大削弱了预审法官调查证据的职能，并对检察官的起诉采取了极为宽容的审查标准，这在很大程度上使预审程序成为一种形式，从而有效地防止了预审法官违法取证的可能性，并使得预审在整个诉讼程序中的地位大为降低。第三，新法典大大限制了检察官正式起诉时向法院移送的书面材料的范围,一般记载强调证据的卷宗材料在庭审前不得移送给法院。这就大大减少了法官在庭审前产生预断的可能性,同时也为控辩双方在庭审中积极地展开举证、质证等活动创造了前提。第四,控辩双方的交叉询问程序成为法庭审判的中心,双方可以在平等对抗的基础上对诉讼的进程和结局发挥更加积极主动的作用,而法官在庭审中的职权地位和主导作用则大大受到削弱。这无疑对于保障直接和言词原则、公开原则、法官独立审判原则以及辩护原则的贯彻具有重大的意义。在新法典所确立的新的诉讼结构中,法官的地位趋于中立,控辩双方的地位趋于对等并可对诉讼的进程和结局发挥更大的作用,法院的判决可以不受控诉方卷宗材料的限制,而建立在控辩双方在庭审中提出的证据的基础之上,从而使法庭审判取代预审而成为诉讼的中心。可以认为,首先新法典在其普通诉讼程序中为确保程序的公正,又创造了当事人主义与职权主义两种诉讼制度相融合的新模式。其次,在解决诉讼拖延,确保诉讼效率方面,意大利立法者也独辟蹊径,显示了巨大的灵活性和创造性。新法典试图通过建立避开预审或法庭审判的五个特殊程序来加快刑事案件的结案速度。这五种特殊程序分别适用于不同的情况,甚至可以涵盖罪行轻重不同的各类案件,但适用任何一种程序均可导致案件的解决。新法典突破了仅以罪行轻重程度作为划分适用普通程序和简易程序标准的传统方法,而且将控辩双方的选择以及双方协商的结果作为是否适用特殊速决程序的前提条件。尤其在刑事命令程序、辩诉交易程序和简易审判程序中,检察官和辩护方主导了程序的进程,双方通过在法律范围内的协商、妥协来达到迅速结案的目的。这无疑是从当事人主义诉讼制度中直接移植而来的。尽管新法典对检察官的自由裁量权作出了各种限制,但这种由双方当事人通过协商而处理案件的方式,无论如何也是对传统职权主义诉讼制度的一大突破。

近年来,几乎所有欧洲大陆法系国家都程度不同地面临着严重的刑事案件积压的问题,解决诉讼拖延问题已成为各国立法者们急待解决的重要课题。在此情况下,有的国家也建立了避开正式法庭审判的速决程序。西班牙于1989年建立了一种简易程序,该程序允许法官通过直接对案卷材料进行审查而对被告人作出判决,不再经过法庭审判阶段,该程序主要适用于被告人已供认了犯罪事实而且可能被判处12年监禁以下刑罚的案件,并须取得检察官的同意。丹麦也建立了一种特殊的速决程序,该程序允许警察官员直接向一名独任法官起诉,该法官可以书面方式对被告人进行判决。这一程序主要适用于被告人已供认了犯罪且同意举行这一程序的轻微犯罪案件。在德国和法国,司法机关已开始采取对各种案件适用简易审判程序的实践,这种程序对抗性小并可以迅速进行,接受这种程序的被告人可以受到相应的减刑判决。尽管这种程序并未为现行立法所确立和承认,却实际被司法机关用来处理大量的刑事案件。但是,上述大陆法系国家的立法和实践均不如意大利新《刑事诉讼法典》所确立的五种速决程序全面和灵活。因为大部分大陆法系国家仍固守其法律传统,未能从当事人主义诉讼制度中为本国的改革寻找新的突破口。可以说,在解决诉讼拖延问题方面,意大利新《刑事诉讼法典》既提供了一种新的模式,也可以成为其他大陆法系国家的立法所效仿的对象。

23. 美国辩诉交易与意大利简易程序之比较

23.1 美国的辩诉交易制度及其发展趋势
23.2 意大利的两种特殊程序
23.3 对美国辩诉交易与意大利特别程序的深层比较
23.4 结论

1988 年 9 月 22 日,意大利共和国颁布了新的《刑事诉讼法典》。立法者按照英美对抗式诉讼制度的标准,对意大利普通刑事程序进行了重新设计。① 同时,它还通过移植美国的辩诉交易(plea bargaining)制度,确立了两种特殊的速决程序——"简易审判程序"和"辩诉交易程序"。这引起了西方法律学者的广泛关注,并被认为在很大程度上背离了大陆法系的法律传统。本章拟对意大利新法典所确立的两种主要特别程序与美国的辩诉交易程序进行一次比较法意义上的考察,并得出若干结论。

23.1 美国的辩诉交易制度及其发展趋势

目前,美国联邦和各州绝大多数刑事案件是通过被告人作出有罪答辩(pleas of guilty)的方式得以处理的。有罪答辩通常发生在法庭审判前的"罪状答辩程序"(arraignment)中。被告人选择了有罪答辩,就意味着他放弃获得陪审团审判的权利,承认犯有检察官指控的某一罪行。法院可据此直接对被告人定罪和处刑,而不再举行复杂的对抗式审判程序。有罪答辩一般采取两种方式:一是无争议的答辩(no-dispute pleas),即被告人自动供认有罪,并希望通过答辩有罪而获得较轻的处刑。这种方式只在极少数案件中采用。二是通过交易和协商而作出的答辩(bargained pleas),即检察官和被告方在答辩前私下进行种种协商、妥协,最后达成协议:被告人答辩有罪,检察官则相应地减少控罪或降低控罪的幅度,或向法院提出对被告人减轻刑罚的建议。检察官与被告方(通常由辩护律师代表)这种就被告人的罪行和量刑问题所进行的协商和交易,即为人们通常所说的"辩诉交易"。目前在美国,被告人作出的有罪答辩绝大部分属于第二种形式的答辩。

辩诉交易制度产生于 19 世纪的美国。当时正值美国资本主义经济蓬勃发展的时期,随着人口流动性的增强,城市化的飞速发展,犯罪率也出现了惊人的增长。为了利用有限的人力物力迅速处理刑事案件,解决刑事案件积压和司法拖延的问题,一些大城市的检察官开始采用交易和协商的结案方式,即减少对被告人的指控,或允诺降低对其判处的刑罚幅度,以促使被告人答辩有罪。由于这种结案方式迅速而灵活,有效地提高了诉讼效率,因而它在美国联邦和各州得到了广泛的采用。1970 年,美国联邦最高法院在 *Brady v.*

---

① 有关意大利新《刑事诉讼法典》的全部内容,详见陈瑞华:《意大利1988年刑事诉讼法典评析》,载《政法论坛》1993 年第 4 期。

U. S[①]一案的判决中正式确认了辩诉交易的合法性。在第二年的 *Santobell v. New York* 案的判决中,最高法院再一次强调了辩诉交易的合理性:"如果每一项刑事指控均要经受完整的司法审判,那么州政府和联邦政府需要将其法官的数量和法庭设施增加许多倍。"它还明确指出:"辩诉交易是(美国)刑事司法制度的基本组成部分,如果运用得当,它应当受到鼓励。"[②]美国1974年修订施行的《联邦刑事诉讼规则》明确地将辩诉交易作为一项诉讼制度确立下来,从而使辩诉交易进一步得以制度化和法典化。目前,美国联邦和各州约有90%的刑事案件是以辩诉交易方式结案的。

辩诉交易的采用,使案件的定罪和量刑问题同时获得迅速解决,从而大大缩短了刑事案件的结案周期。大量刑事案件避开冗长复杂的法庭审判(尤其是陪审团审判)而由当事人以协商和交易的形式结案,这使得有限的司法资源得到节省,整个刑事司法制度的运行效率得以提高。可以说,没有辩诉交易,"整个美国刑事司法制度就会面临崩溃的危险"。[③] 辩诉交易已是美国刑事司法制度得以正常运转的基本保障。

在美国,辩诉交易主要有两种方式:(1) 关于控罪方面的交易(charge bargain),即检察官减少或降低起诉书中所载的罪状,以换取被告人的有罪答辩。例如,检察官可以撤销起诉书中记载的多项罪状中的一项或几项,以促使被告人对其余各项罪状答辩有罪。同时,检察官也可以将较为严重的罪状撤销,以换取被告人对一较轻罪状的有罪答辩。而后一种罪状既可以是已载明的罪状,也可以是重新提出的新罪状。在辩诉交易实务中,检察官将指控的重罪降为轻罪的现象极为普遍,被告人答辩的罪行有时甚至与检察官原来起诉的罪状没有任何关系。(2) 关于判刑方面的交易(sentence bargain)。在这种交易中,检察官可以向法官提出关于对被告人适用幅度较小的刑罚的具体建议,并希望法官能够采纳这一建议。但是,为吸引被告人作出有罪答辩,检察官建议的刑罚往往与被告人的实际罪行不相适应。许多实际有罪的被告人往往被判处极轻的刑罚,甚至被免除刑罚。在司法实务中,上述两种辩诉交易往往在同一案件中同时得到采用。

辩诉交易的举行是十分自由的。首先,检察官和辩护律师可以在审判前的任何时间里进行这种交易。其次,法律和判例对可适用这一程序的案件范

[①] *Brady v. United States*, 379. U. S. 742,752-53 (1970).
[②] *Santobell v. New York*, 404. U. S. 25,260 (1971).
[③] Dawn Reddy,Guilty Pleas and Practice,30 Am. Grin. L. Rev. 1118 (1993).

围没有作任何限制。再次,为促使被告人作出有罪答辩,检察官可以自由地处分自己的指控,而不会受到严格有效的司法审查。法官对控辩双方达成的协议一般都会予以采纳,并将协议的内容作为判决的根据。但法官一般被禁止参与辩诉交易。

美国《联邦刑事诉讼规则》第11条要求法官在接受被告人作出的有罪答辩时,必须审查被告人的选择是否是"自愿和理智的",并须审查这一答辩"是否具备事实上的基础"。为满足"自愿和理智的"条件,被告人必须理解检察官提出的指控的性质,答辩可能带来的直接后果,尤其是答辩所带来的被告人宪法权利的丧失。同时,被告人不得受到任何身体上的伤害或威胁以及违背其意愿的心理强制,而且还必须获得律师的有效协助,并拥有权衡自己选择的能力。为了确定有罪答辩是否具备"事实上的基础",法院应当对控辩双方达成协议的情况进行审查。但是,"规则"并没有明确规定"事实上的基础"对于一个实际案件而言必须具备哪些要求。在实践中,法官通常将其审查局限在询问被告人上,即要求被告人作出一项宣誓陈述。事实上,这种审查往往流于形式。

法律和判例对有效的有罪答辩的条件作出规定,其目的在于确保辩诉交易的公正进行,防止这一制度遭到滥用。然而,由于辩诉交易制度先天所具有的一些缺陷,这种滥用几乎是不可避免的。

在举行辩诉交易的案件中,法官一般很少采取有效措施以确保答辩的自愿性和理智性,也很少审查答辩是如何取得的以及答辩的实质是什么。这样,检察官为促使被告人作出有罪答辩,就有可能在交易过程中有意提出一项或几项与事实明显不符乃至加重了的控罪,而为了达成协议则随后撤销一些指控或减轻控诉罪行的严重程度。同时,检察官在辩诉交易中几乎不受任何外部因素的制约,他在审判程序之前为实现其本部门或者其个人的利益,往往尽可能地促使大多数案件中的被告人作出有罪答辩。

不仅如此,被告人的辩护律师在辩诉交易案件中通常也拥有个人的利益,而且这种利益并不能代表被告人的利益。例如,辩护律师可能希望在处理案件方面不花费任何时间,而仍然能获得同样的律师费用。尤其那些被法院指定来为贫穷被告人服务的公设辩护人(public defenders),常常不为被告人提供有效的法律服务,他们更愿意与检察官合作,使案件尽可能通过有罪答辩的方式得到处理。目前在美国,"公设辩护人与检察官更愿意达成一种'一揽子交易'(a package deal),通过这种交易,被告人答辩有罪并自愿承受刑罚，这是案件积压的结果，而不是因为他被法院正式认定有罪。"①

美国检察官拥有的这种不受约束的自由裁量权极有可能会侵犯被告人的权益。由于检察官通常在辩诉交易中处于支配的地位，被告人往往面临着十分艰难的处境：他要么放弃其应得的获得法庭审判的宪法权利，选择一项有罪答辩，要么甘冒在审判中被判处重刑的危险。根据一些美国学者的实证研究，在被控罪行大体相同的情况下，作出无罪答辩的被告人一旦被法庭定罪，就会受到比那些作出了有罪答辩的被告人重一倍的刑罚处罚。一位美国法官对此不无讥讽地说："选择有罪答辩的被告人得到的是宽容，而经过法庭审判后被判决有罪的被告人得到的则是'正义'。"这种量刑上的重大差异，以及司法实务中广泛存在着的检察官有意加重指控罪行或故意提出多项与事实不符的控罪的情况，使得被告人很难有自由的选择。

辩诉交易制度的批评者们一般都认为，这一制度剥夺了被告人的各项宪法权利，破坏了美国人引以为自豪的"正当法律程序"的理想。他们指出，辩诉交易使得被告人被迫放弃了宪法第六修正案确立的获得陪审团审判的权利以及通过获得法庭审判而可以获得的其他各项权利和程序保障。尤其是放弃了宪法第五修正案确立的免受自证其罪的特权，从而使对抗式法庭审判在刑事司法实务中成为一种例外，甚至成为一种"装饰品"。尤其不幸的是，选择有罪答辩和选择法庭审判的被告人在其所受到的刑罚方面所存在的重大差异，在客观上还造成了这样一种社会现实：不愿放弃宪法权利的被告人将会受到"法律"更加严厉的制裁。这就使一方面崇尚"正当法律程序"理想，另一方面又要提高经济效益的美国司法制度陷入了一种两难境地，同时也使被告人的处境更加不利。

辩诉交易的广泛采用，对美国整个刑事司法制度也带来了消极的影响。辩诉交易带来了极不公正的起诉和判刑程序，因为它允许检察官故意加重控诉的罪行，也默认被告人被判处与其罪行不相适应的刑罚。它实际上将司法权力从法官转移给检察官，从而降低了刑事程序的尊严和权威。这些因素，再加上人们已司空见惯的那种检察官和辩护律师在法院走廊里毫无顾忌地进行讨价还价的情形，已经大大降低了公众对刑事司法制度的信任。同时，辩诉交易也侵犯了被害人的利益，因为他眼看着实际有罪的被告人通过交易而被判处很轻的刑罚，而又无能为力。最后，连被告人也对这一制度采取了

---

① Jeffrey J. Miller, Plea Bargaining and Its Analogues Under the New Italian Criminal Procedure Code and in the Unites States, 22 *N. Y. U. J. Lnt'L L. &Pol.* 215(1990).

蔑视的态度,并且更加难以接受改造,因为他们承认有罪并非出自内心的自我悔过或者愿意接受惩罚,而是看到"金钱和机遇能使他们侥幸地受到很轻的处罚"。①

由于辩诉交易制度存在着上述种种弊端,目前在美国要求对这一制度进行改革的呼声日益高涨。许多人都认识到,检察官在审判前程序及辩诉交易程序中所处的主导和支配地位是产生上述种种问题的主要原因。据此,许多人提出了改革这一制度的种种具体建议。例如:Schlesinger 教授认为,检察官对辩诉交易的支配权可通过在程序中扩大司法机关的参与范围而得到限制。他建议,在举行答辩程序前召开一次会议,届时法官和控辩双方共同讨论被告人可能作出的答辩选择。他认为,法官介入到辩诉交易活动中来有利于达成合适的判刑,减少定罪后被告人的上诉,增加这一程序的透明度。Gifford 教授认为,应当增加对辩诉交易的司法审查,以使法官像在行政诉讼中控制行政部门的权力那样对检察官的自由裁量权予以限制。他建议,检察官在审判前阶段应向法官提出一份有关辩诉交易过程及其结果的书面陈述,以确保法官审查辩诉交易合法与否;同时法官还应当综合考虑种种量刑的因素,以确定检察官提出的对被告人的量刑建议是否适当。②

Hughs 教授提出了一个更为大胆的建议。他认为,辩诉交易与有罪答辩应当进行相对的分离。因为有罪答辩产生的种种弊端只与"交易或协商"有关,如果消除这一制度中的"交易"因素,它就能够避免受到检察官自由裁量权的消极影响,而同时确保诉讼经济目标的实现。Hughs 建议采用一种两步式程序:一是在被告人提出有罪答辩的要求之后,法官须综合考虑据以作出判决的法律、司法实务的状况以及被告人个人的背景,然后才能宣布判刑的结果。二是法官在对选择有罪答辩的被告人量刑时应当将减刑幅度界定为四分之一至三分之一,而不能毫无限制。③

另外,有的学者还提出,应当限制辩诉交易程序适用的案件范围,只有那些案情简单、双方当事人均无争执,并且有罪证据相当充分的案件才能适用辩诉交易程序。而那些重大疑难的案件则必须经过法庭审判程序。

然而,上述改革建议在美国并没有得到积极而广泛的支持,甚至被认为

---

① Jeffrey J. Miller, Plea Bargaining and Its Analogues Under the New Italian Criminal Procedure Code and in the Unites States, 22 *N. Y. U. J. Lnt'L L. &Pol.* 215(1990).

② Ibid.

③ Ibid.

是学者们在书斋中臆造的幼稚理想。法官、检察官、律师以及其他刑事司法活动的参与者甚至将这些视为对美国法律文化传统的攻击和挑战,他们几乎拒绝一切涉及辩诉交易程序的变化。这就使美国学者推动辩诉交易制度改革的努力陷入了困境。

23.2 意大利的两种特殊程序

意大利新《刑事诉讼法典》(以下简称为"新法典")于1989年10月24日起正式生效实施。在此之前的近60年中,意大利实行的是1930年颁布的《刑事诉讼法典》(以下简称为"旧法典")。旧法典是一部受到法西斯主义思想严重影响的法典,它强调迅速有效地惩罚和控制犯罪,明确地将维护社会安宁和统治秩序置于对公民个人权利和自由的保障之上。在这种价值观的影响下,旧法典所确立的程序具有极强的集权性和较浓的纠问色彩。从总体上看,旧法典确立的程序运行方式和结案方式具有单一性:几乎所有刑事案件均按同一种诉讼模式予以处理,而不考虑案件的性质和罪行的轻重,也不考虑检察官是否掌握了确实充分的有罪证据,更不顾及被告人是否供认了罪行并愿意选择简易的结案方式。但是,由于司法机关对程序的集中控制,当事人的选择余地不大,加上各阶段的程序较为简便,旧法典时期的意大利并不存在严重的诉讼拖延和案件积压的问题。

第二次世界大战以后,随着意大利法西斯政权的灭亡和1947年宪法的颁布,法西斯时代遗留下来的刑事司法制度成为人们猛烈抨击的目标。尽管纠问色彩较浓的诉讼程序并非为意大利所独有,它在一定程度上也体现了整个大陆法系国家的法律传统,但是意大利原法西斯政权残酷镇压民主力量、任意侵犯公民人权的经历和教训使人们自然而然地将旧法典及其所确立的诉讼程序与残酷的法西斯统治联系在一起。有人甚至认为,旧法典中的诉讼程序与意大利自由和民主的政治体制是对立的,它是独裁者用来维护其统治秩序的工具。[①] 于是在战后的意大利,要求进行刑事司法改革的呼声日趋高涨。1955年,国会对旧法典进行了第一次修改。从1965年至1972年,宪法法院通过一系列司法判例对旧法典进行了更大的修改。这些修改措施加强了被告人的人权保障,提高了被告人在审判前程序中的诉讼地位。例如,被告人

---

① Lawrence J. Fassler, The Italian Penal Procedure Code: An Adversarial System of Criminal Procedure in Continental Europe, 29 *Colum. J. Transnarlt'l L.* 245(1991).

及其辩护律师可以在调查法官控制的审判前程序中参与诉讼活动的进行,在检察官和调查法官收集证据的过程中,辩护律师有权始终在场,等等。

然而,意大利国会和宪法法院进行的这种持续不断的"小修小补"工作给刑事司法活动带来了更大的混乱。它们打破了旧法典时期勉强维持的一种平衡:一方面,修改工作加强了刑事诉讼中的人权保障,对司法机关的权力进行了更大的限制,但这也使得传统上十分简便的诉讼程序变得越来越复杂和耗费时日;另一方面,旧法典确立的那种单一的程序运转方式使得几乎所有案件均要经过同一种程序才能结案。这样,在意大利,案件积压、司法拖延的问题日趋严重。有资料表明,在旧法典的司法实务中,对一件普通刑事案件的审判可拖延至10年甚至更长的时间。这种低效率的状况导致被告人羁押期间的一再延长,从而对被告人的自由造成了极大侵害。欧洲人权法院曾对此多次提出批评,并要求意大利采取有效的改进措施。为摆脱困境,意大利国会曾对各种案件中的刑事被告人采取一次性大赦,以期解决案件积压问题。[1] 然而,时隔不久,司法拖延现象又日益严重,如此循环往复。

在这种情况下,许多人提出了采纳英美法系中的对抗式诉讼程序的主张。然而,美国的对抗式诉讼程序本身并不能确保诉讼效率的提高,它也同样带来了严重的司法拖延问题,如果不对刑事司法制度从价值目标到具体程序重新进行一次系统的规划和设计,那么司法实务中的这种混乱局面就很难有所改观。因为理想的刑事程序应在加强人权保障和提高诉讼效率之间达到一种平衡,并在具体程序设计中体现这一要求。在这一思想的指导下,意大利立法者在经历了长达40余年的酝酿、争论和反复之后,终于创造性地将对抗式诉讼程序移植了过来,并试图以此来解决其刑事司法制度面临的一切问题。

意大利1988年《刑事诉讼法典》全面确立了对抗式的诉讼程序。新法典将普通程序明确划分为侦查、预审和审判三大诉讼阶段,检察官和辩护方成为各阶段程序的主导者和支配者。在1987年颁布的一项"授权立法法案"[2]中,意大利国会对新法典的立法原则作出了明确的阐释:"在所有与意大利宪

---

[1] William T. Pizzi & Luca Marafioti, The New Italian Code of Criminal Procedure: the Difficulties of Building an Adversarial Trial System on a Civil Law Foundation, 17 *The Yale Journal of International Law*, 5 (1992).

[2] 根据意大利宪法,国会可授权政府根据国会制定的原则从事立法。1987年,意大利国会颁布了一项重要的《授权立法法案》,对刑事诉讼法典修改的内容作出了原则性规定。这一法案实际成为意大利新刑诉法典的立法蓝本和依据。

法原则和意大利签署或参加的国际公约不一致的地方,新法典都应当采用对抗式程序。"新法典采用《世界人权宣言》《欧洲人权公约》等国际条约确定的最低标准,在加强刑事诉讼中的人权保障问题上向前迈进了一大步。但是,权利保障的加强势必会使辩护方在程序中的地位更加积极、主动,程序的对抗性更加强烈,正式的法庭审判程序也将会更加繁琐和复杂,并将面临更加严重的效率低下问题。这对于已经不堪重负的意大利刑事司法制度而言无异于"雪上加霜"。因此,许多人提出了对刑事案件进行适当"分流"的建议:一部分重大复杂的案件以更为正规、繁杂的程序加以处理,另一部分案件则以较为简单、快捷、便宜的方式解决。有人甚至明确建议将进入对抗式审判程序的案件控制在 10%—15% 之间,其余的案件则通过特殊的速决程序加以解决。新法典共确立了五种速决程序,其中最为重要的是简易审判程序(意 giudizio abrreviato)和辩诉交易程序(意 applicazione della pena su richiesta delle parti),因为它们均在不同程度上采纳了美国的辩诉交易制度的内容,使检察官和被告方通过协商来确立程序模式和结案方式,甚至直接处分诉讼的实体问题。这在很大程度上背离了大陆法系的法律传统。

23.2.1　简易审判程序

在 1987 年颁布的《授权立法法案》第 53 条中,意大利国会曾建议授权法官在预审程序中以简易的书面审程序来直接处理大量刑事案件,以避开冗长的法庭审判程序,但前提是被告人提出这样的要求,而且检察官也表示同意。这一建议体现在新法典第 438—442 条确立的简易审判程序中。

简易审判程序一般由预审法官主持进行。在这一程序中,预审法官不再举行公开的对抗式审判程序,而仅通过审查检察官呈送的卷宗材料即对案件作出迅速判决。新法典第 442 条规定,如果被告人选择简易审判程序,法官可对检察官呈送的卷宗材料进行书面审查,并直接对被告人作出判决。如果法官判决被告人有罪,他可根据被告人的罪行所应判处的刑罚减少三分之一的幅度。但对于那些应被判处终身监禁的被告人,法官只能将其刑罚减至 30 年监禁。

举行简易审判程序一般要由被告方亲自提出要求,但须取得检察官的同意。是否举行这一程序,须由法官审查决定。如果法官认为卷宗中的证据不能证明被告人有罪,他有权拒绝举行简易审判程序。一旦法官接受了举行简易审判的要求,他就应当对控诉方的卷宗材料进行全面的审查,而不再举行公开的法庭审判。但在必要时,法官可对被告人进行询问。这样,法官对案件所作的判决就几乎完全建立在控方卷宗材料的基础上。

与美国的辩诉交易程序相同,意大利的简易审判程序为检察官和被告人提供了一个协商和交易的机会。对于被告人而言,选择了简易审判程序意味着他放弃了获得正式的法庭审判的机会。从实质上看,这种选择意味着诉讼以被告人被判决有罪而告终。因为在简易审判过程中,法官通常只是以检察官的卷宗为根据进行书面的、秘密的审查,证人和鉴定人均不出庭,法官通过审查所得出的结论往往与检察官相同。这样,选择了简易审判程序的被告人实际上就等于选择了"有罪答辩"。

与美国的辩诉交易不同的是,意大利的简易审判程序至少在形式上保留了法庭审判程序的特征:首先,即使检察官和被告人都同意进行简易审判程序,预审法官仍有权对其申请进行审查,在必要时对他认为不符合条件的案件给予拒绝;其次,被告人有罪与否,仍然需要由法官通过书面审查作出正式的判决。这样,简易审判的举行和案件的结局均要由预审法官——而不是检察官和被告方——最终作出决定。

23.2.2 辩诉交易

"辩诉交易"是意大利学者对新法典所确立的另一种特别程序的简称,其全称为"基于当事人的请求而适用刑罚的程序"。与简易审判程序相比,它与美国的辩诉交易程序更为接近,因为控辩双方有权就被告人实际所应受的刑罚达成协议,法官所要审查的只是双方协议的内容是否合法和适当,而不再进行任何形式的法庭审判。在1987年的《授权立法法案》第45条中,意大利国会认为,为使一些案件避开法庭审判,当事人在审判前的任何时间里,均可要求法官接受他们事先达成的有关被告人所受刑罚的协议。根据这一原则,新法典第444—448条确立了辩诉交易程序。

新法典规定,适用辩诉交易程序的案件主要包括以下两种:(1)可能对被告人判处罚金刑的案件;(2)考虑到案件中的减刑情节、控辩双方的协商情况以及对被告人所受的法定刑罚可降低三分之一幅度等因素,被告人实际所受刑罚最终不超过两年监禁的案件。因此,选择辩诉交易程序的被告人就像在简易审判中一样可获得较大幅度的减刑。同时,新法典还规定,如果被告人在5年之内未因犯有相似罪行而被定罪,他还有权要求有关部门将其原犯罪记录予以撤销。

检察官和辩护方可以在审判前的任何时间里进行协商和交易,并向法官提出接受其协议的要求。与简易审判程序不同,被告方在"辩诉交易程序"中可单独向预审法官提出直接适用刑罚的请求,而不管检察官是否同意。在此情况下,预审法官应当对被告人的要求进行全面审查。他可以根据检察官的卷宗材料以及双方当事人陈述的情况,确定被告人的答辩是否出于自愿,并且要确定控辩双方协议的刑罚幅度是否适当。另外,法官还要确保被告人被判处的罪名与其犯罪事实相符。如果检察官拒绝对被告人直接适用刑罚,那么法官还可要求检察官陈述其拒绝的理由(第446条)。在预审程序中,如果法官接受了检察官和被告人达成的协议,他应当以此协议的内容作为判决的结果,并应立即宣布。如果法官在检察官不同意举行辩诉交易程序的情况下,接受了被告人的要求,并直接作出了与被告人要求的刑罚大体相当的判决,检察官有权对这一判决提出上诉;但在其他任何情况下,控辩双方均无权对法官在辩诉交易程序中作出的判决上诉(第448条)。

意大利与美国的辩诉交易程序具有很多相似之处。例如,适用这一程序的前提条件是被告人供认有罪或作出"有罪答辩";作为回报,被告人均可获得幅度较大的减刑判决;检察官和被告方在审判前均可就被告人的刑罚进行协商和交易,法院的判决也均可能直接以双方的协议为基础,等等。这样,在意大利,检察官和被告方在刑事诉讼中就获得了比在简易审判中更大的处分权:他们不仅有权主导和支配程序的进程,选择程序运转方式,而且有权直接处分诉讼中的实体问题——对被告人的定罪和量刑问题。

然而,由于受多方面因素的影响,意大利新《刑事诉讼法典》在很大程度上对辩诉交易的适用进行了限制,这些限制显示了意大利立法者在移植美国辩诉交易制度方面的独创性:(1)新法典禁止检察官和辩护律师将被告人所犯罪行的性质问题作为交易和协商的对象。如果检察官原来对被告人指控的罪名与案件事实是相符的,那么他就不能为了降低被告人的刑罚幅度而将其改变为较轻的罪名。(2)新法典将辩诉交易程序的适用范围严格限制在轻微案件中,同时对被告人可获得的减刑幅度作出了明确规定,这样就对检察官的自由裁量权作出了很大的限制。(3)法官以检察官卷宗材料为基础,对控辩双方协商和交易的情况进行审查和监督,以确保定罪判刑的正确性和适当性。(4)即使检察官不同意举行辩诉交易程序,法官也可直接接受被告方提出的适用刑罚的要求。这种情况实际已变成法官越过检察官而直接和被告人达成协议。这样,法官就可以牢牢控制辩诉交易程序,检察官和辩护方在辩诉交易中的处分权受到了比在简易审判程序中更大的限制。

23.3 对美国辩诉交易与意大利特别程序的深层比较

意大利的简易审判程序和辩诉交易程序具有一个共同的特征：它们的举行和案件的结局均要受到严密的司法审查。但是在美国，辩诉交易制度尽管屡遭批评和非议，那些试图通过加强对检察官自由裁量权的司法控制来对这一制度进行改革的建议却很难得到采纳。人们可能会提出疑问：同样采纳对抗制程序的美国和意大利为什么在同一问题上会存在着如此巨大的差异？本节试图通过比较两国的法律传统，从更深层次上对这种差异作出合理的解释。

美国学者对辩诉交易的盛行有两种权威的解释。一种观点认为，采用辩诉交易程序是司法部门为解决日益严重的司法拖延和案件积压问题所作的努力。这一结案方式可使绝大多数刑事案件避开繁琐、冗长的对抗式审判程序而得到迅速解决。这有助于实现司法资源的合理配置，提高诉讼活动的经济效益。另一种观点认为，辩诉交易实质上是控辩双方就被告人的刑事责任问题所进行的协商和交易，它是市场经济中的契约自由观念在刑事诉讼中的直接体现。通过这种交易，控辩双方可避免因举行对抗式审判程序所可能带来的不利后果，双方均可从中得到很大的收益。在美国，契约自由的观念已深入人心，并渗透到包括政治和司法制度在内的各个领域。

上述两种观点从不同的角度解释了辩诉交易存在和盛行的原因，但是它们似乎都具有一定的局限性，因为它们不能解释为什么与英美等国同样采取自由经济政策的大陆法系各国长期以来一直拒绝采纳辩诉交易制度，也不能解释为什么美国学者提出的许多不会带来多少诉讼拖延问题的改革建议却遭到了巨大的排斥。事实上，美国辩诉交易制度所具有的主要特征实际来源于美国的对抗制法律传统。辩诉交易程序与对抗式诉讼制度乃是一对有着千丝万缕联系的"孪生儿"，两者既互为因果，又相互补充。任何一项试图改革辩诉交易程序的建议一旦背离了这种法律专统，就将很难取得成功。

美国的对抗制有两个层次的含义。从其技术意义上来看，对抗制意味着一种用来解决国家和个人之间的刑事争议的特殊方式。在对抗式审判程序中，代表国家利益的检察官和被告一方处于对抗的地位，他们控制和支配着程序的具体运行，有权确定法庭调查的范围和方式，并通过交叉询问程序对证据予以审查。法官处于消极和中立的地位，他一般不直接参与证据的调查，而主要是确定争议的范围，并根据一系列复杂的证据规则来确定证据的可采性。从其实质意义上看，对抗制则意味着控辩双方拥有对案件中的实质问题或诉讼标的——被告人的刑事责任问题——进行处分的权利。在美国，检察官在起诉方面拥有几乎不受限制的自由裁量权。他如果认为某一案件胜诉的可能性很小，就有权直接将案件撤销，而不再向法院起诉。有资料显示，在司法警察移送给检察官的案件中，约有一半得到检察官的自行处分。其原因在于，检察官在这些案件所掌握的有罪证据并没有达到"超出可成立的理由"（beyond probable cause）的程度。这样，检察官就可以在未经法庭审判的情况下处分大量的刑事案件，他的这种处分权也一般不会受到任何约束和限制。另一方面，被告人也可以通过选择有罪答辩，放弃获得法庭审判和获得无罪判决的机会。被告人的这种选择只要是符合法定的条件，法官一般会予以尊重。由此可见，美国的对抗式诉讼制度有两个主要特征：(1) 控辩双方是程序的支配者和控制者，他们有权左右诉讼的进程，选择适当的程序运作方式，甚至有权直接处分诉讼中的实体问题；(2) 法官处于消极、中立和超然的地位，他对控辩双方的处分权和选择权予以最大限度的尊重。

对抗式诉讼制度的这些特征在很大程度上反映了美国人的基本价值观念。在美国，自由被人们高度地重视，人们尤其担心来自政府部门和政府官员的侵犯，并要求对其权力进行最大程度的限制。① 这种观念根植于人们基于对殖民地时期的历史和教训的认识而产生的对政府专制的深深恐惧，并作为美国法律传统的一部分长期以来得到了保留。首先，对抗制程序不仅将程序的发动、支配和控制权赋予了当事人，而且使当事人掌握着案件实体问题的处分权，从而使被告人成为与代表国家利益的检察官相抗衡的诉讼主体。在对抗式诉讼程序中，被告人不是国家专门机关用以维护社会治安和实现社会整体利益的工具和手段。"他本身即是一个目的，而不是用来实现别人乃至社会目的的一种手段。"因此，作为康德所说的"自治的、负责任的道德主体"，被告人的选择权和处分权应当受到最大限度的尊重。这种高度崇尚个人自由和基本人权的对抗式诉讼制度也符合作为自由主义政治哲学核心的"分权制衡"原则。因为被告人在诉讼中越能积极主动地行使诉讼权利，国家专门机关的权力所受的制约和限制就会越多，被告人与代表国家行使诉讼权

---

① 〔美〕哈罗德·伯曼：《美国法律讲话》，陈若桓译，三联书店1992年版，第44—56页。

的检察官在诉讼地位方面就会得到更好的平衡。在美国,作为"对抗制诉讼制度核心和灵魂"的正当法律程序被视为"司法公正的基本保障",因为根据这一原则,被告人在刑事诉讼的每个阶段均拥有与政府相抗衡的能力,政府对被告人所进行的追诉活动要受到一系列程序保障措施的限制,这就使政府部门滥用权力、任意从事追诉活动的行为可以得到有效的抑制。

另一方面,对抗式诉讼程序旨在实现更高层次的程序正义。正义是刑事司法活动的最高目标。公正的审判程序要求法院在国家利益和个人利益之间达到一种高水平的平衡。程序公正具有一些为人们所普遍承认的客观内容,它是对刑事程序进行价值评价的重要标准。英国有句古老的谚语:"刑事司法制度不仅要实现正义,而且要以让被告人看得见的方式实现正义。"被告人在诉讼中通过参与制作裁判的过程,选择适当的程序运作方式,处分诉讼中的实体问题来控制程序的进程和结局。被告人不仅能够充分表达自己的观点、主张和论据,而且还能以自己自愿选择的方式终结诉讼的进程,并通过自己的积极行为影响诉讼的结局。这样,即使被告人最终被定罪判刑,他也会对诉讼过程本身作出积极的评价。

通过上述分析我们可以看出,美国的对抗式诉讼制度有其深厚的法律传统基础,这种传统的特征是经过长期的深化和发展而形成的,并且也将对美国的法律改革产生深远的影响。正是这种独特的法律传统,构成了美国辩诉交易制度得以盛行的基础,也成为对这一制度进行改革的最大障碍。

如果我们把美国学者提出的改革建议与意大利的两种特殊程序进行比较,就可以发现它们在许多方面都有着惊人的相似之处,如加强法官对检察官裁量权的司法审查,确保法官对控辩双方的协议进行正当性审查,明确限制可适用辩诉交易程序的案件范围,等等。尤其是 Hughs 教授提出的"两步式程序"模式,简直就是意大利简易审判程序的翻版。然而,那些要求加强法官司法审查权的建议却可能使法官传统上所处的那种消极、中立、超然的仲裁者的地位受到破坏,这直接违背对抗制的法律传统。同时,法官对辩诉交易程序即使拥有更大的控制权,也未必能够确保辩诉交易的公正进行。正如美国一个禁止辩诉交易的司法区所显示的那样:私下的交易总是在检察官和辩护律师之间进行并被法官所默认,尽管这是非法的。[1] 另一方面,那些要求加强对检察官裁量权控制的建议也很难被广为接受。因为检察官在起诉方

---

[1] Jeffrey J. Miller, Plea Bargaining and Its Analogues Under the New Italian Criminal Procedure Code and in the Unites States,22 *N. Y. U. J. Lnt'L L. &Pol.* 215(1990).

面所拥有的裁量权实质上来源于他们所拥有的对诉讼标的的处分权。限制了检察官的裁量权，就会使他们的处分权受到法官的控制，这与对抗式诉讼制度的内在要求不相符合。

从表面上看，辩诉交易制度似乎背离了对抗式诉讼制度，但它实际上深深地构筑在对抗式诉讼制度所赖以存在的法律传统基础之上。因为辩诉交易是以有罪答辩制度的存在为前提的，而作出有罪答辩则是被告人处分诉讼标的的主要表现。在法庭审判开始以前，控辩双方就被告人所应承担的刑事责任问题进行协商和交易，他们所达成的协议也成为法官对案件作出判决的基础，这是检察官和被告人直接处分诉讼标的的一种形式。由于他们在辩诉交易中能够充分地参与制作裁判的过程，控制案件的结局，因而他们会对辩诉交易程序的公正性作出一定的积极评价。因此，辩诉交易程序与对抗制在其内在精神上是一致的。只有认识到这一点，我们才能对辩诉交易的盛行和改革困境作出合理的解释。

与英美对抗式审判制度过分注重程序过程的公正性和合理性不同，大陆法系国家的审问式（inquisitorial）诉讼制度则更为关注程序结果的正当性。作为一个典型的大陆法系国家，意大利保留了大陆法系的许多传统。这些法律传统集中体现在意大利1947年宪法之中。

传统上，大陆法系国家十分重视其刑事判决的合法性、合理性和统一性。合法性原则要求，如果某一行为发生时不被法律规定为构成犯罪，那么司法部门在任何时候也不能对行为人追究刑事责任。这一原则在意大利《宪法》第25条第2款和《刑法典》第1条中得到确立。合理性原则要求司法部门对任何公民的定罪和判刑都必须建立在查明案件事实真相的基础上，并且所科处的刑罚要与罪行的性质和危害程度相适应。根据这一原则，法院在其刑事判决中必须详细陈述其理由，当事人有权对判决提出广泛的上诉，以确保所有的判决都能受到上级法院彻底的审查。这一原则在意大利《宪法》第111条中得到确立。统一性原则要求司法部门对两个各方面情况相同的被告人给予同样的对待，如他们构成了犯罪，即应对他们判处相同的罪名和刑罚。根据意大利宪法，法官——而不是检察官——在保障上述合法性、合理性和统一性原则方面要承担关键的责任。

另一方面，大陆法系国家传统上对检察官起诉方面的自由裁量权采取了严密的控制措施，使它要受到法官严格的司法审查。一般而言，刑事案件一旦具备了法定的起诉条件，检察官即应将其起诉至法院，而无权单独作出不起诉的决定。意大利《宪法》第112条即规定:"检察官负有执行刑事控诉的义务。"这就将起诉法定原则作为一项宪法原则确立了下来。这一原则与上述合法性、合理性和统一性原则结合起来,构成了新法典有关法院在两种特殊程序中进行司法审查的宪法基础,也是意大利宪法法院通过司法判例对新法典进行进一步修改的直接法律依据。

意大利的两种刑事特别程序尽管在不同程度上赋予控辩双方选择程序运作方式和处分诉讼实体问题的权利,但预审法官在这两种程序中仍拥有很大的司法审查权,他尤其要对案件的实体处理进行监督和控制。例如,预审法官在简易审判和辩诉交易程序中均要审查控诉方的卷宗材料,并对被告人的罪名和刑罚作出独立的决定;一旦他发现仅根据案卷材料尚不能认定被告人有罪,或者某一案件不适于通过特殊程序处理,那么他可以拒绝举行任何一种特殊程序。又如,新法典明确规定对选择了特殊程序的被告人可作出较大幅度的减刑,但法官仍需对案件事实、被告人的个人情况等因素进行综合考虑,首先确定被告人应受到的法定刑罚之后,才能适用上述条款。预审法官在特别程序中的这种独特地位和作用在很大程度上源于意大利宪法所确立的原则:要确保刑事判决的合法性、合理性和统一性,就必须给予法官——而不是控辩双方——对案件作出最终处理的权利。同时,根据法定起诉原则,检察官在起诉方面的自由裁量权也要受到法官的严密控制。这在意大利的两种特殊程序中也得到了充分体现。例如,意大利检察官不能像美国同行那样通过撤销一项或多项起诉来换取被告人的有罪答辩。又如,法官只要认为合适,可以直接接受被告方提出的适用刑罚的要求,而不管检察官是否同意案件适用辩诉交易程序。

这样,意大利立法者一方面试图通过移植美国的辩诉交易程序来增强控辩双方的积极性和参与性,使他们拥有更大的选择权和实体处分权,另一方面又要遵守宪法的原则,确保法官对这两种特殊程序从运作方式到案件结局方面的严格审查和控制。这两个方面势必会发生矛盾和冲突。这种矛盾和冲突在很大程度上体现了意大利固有的大陆法系法律传统与它所引进的辩诉交易制度背后潜在的英美法系法律传统的冲突和碰撞。但是,由于意大利的法律传统毕竟过于浓厚,力量也很强大,新法典从美国移植来的"南橘"难免会在其影响下逐渐变成一种奇异的"北枳"。意大利宪法法院在新法典颁布后不久,即相继作出了一系列司法判例,对两种特殊程序的许多内容进行了修改。这又进一步显示了意大利法律传统的巨大影响力。

意大利宪法法院在1990年7月3日对一个案件的判决中指出,新《刑事诉讼法典》有关辩诉交易程序的规定违背了宪法上的无罪推定原则,因为它并没确立较为完善的司法审查程序以确保在被告人的实际罪行与控辩双方协议中所提出的刑罚之间保持适当的平衡。该法院要求预审法官在根据控辩双方的协议作出判决后还应将该判决提交其他法官再进行一次司法审查,以确保判决的合理性和统一性。这样,在意大利的辩诉交易过程中,控辩双方提出的直接适用刑罚请求必须经过预审法官和其他审判法官主持进行的两次司法审查,这就使法官对该程序的控制得到了进一步加强。[1]

1991年1月28日,意大利宪法法院又作出了一项涉及简易审判程序的判例。该法院认为,新法典确认检察官对简易程序的举行拥有"绝对否决权",这明显违背了有关给予被告人同等保护的宪法原则。因为两名各方面情况完全相似的被告人可能会受到两种截然不同的判决结果,其原因仅在于检察官在其中一个案件中同意举行简易审判程序。宪法法院明确要求,检察官如果不同意被告方提出的有关举行简易审判的要求,就必须向法院提供充分的理由。在案件经过正式法庭审判以后,如果法官认为检察官的理由不充分,他仍有权对被告人作出降低三分之一幅度的判刑。该法院还要求,检察官所提出的有关拒绝举行简易审判的理由必须与证据有关,即他确信法官仅根据案卷材料并不能公正地处理案件,因而需举行正式的法庭审判以补充新的证据。这一判决对检察官在举行简易审判方面的裁量权作出了更大限制,并朝取消检察官的否决权迈出了第一步。[2]

在1991年作出的另一项判例中,意大利宪法法院对简易审判程序的适用范围作出了限制。该法院认为,新法典规定简易审判程序可适用于那些被告人可能被判处终身监禁的案件,这违反了《宪法》第76条有关"授权立法"的规定。因为新法典的起草者们超越了国会在1987年《授权立法法案》中明确规定的授权范围。《授权立法法案》第53条曾明确要求,法院在简易审判结束后,将被告人所受的刑罚减少三分之一。这就意味着简易审判程序只能适用于那些被告人可能被判处罚金刑或具有固定刑期的监禁刑的案件,而不能在那些被告人可能被判处终身监禁的案件中适用。宪法法院的这一判决是

---

[1] William T. Pizzi & Luca Marafioti, The New Italian Code of Criminal Procedure: the Difficulties of Building an Adversarial Trial System on a Civil Law Foundation, 17 *The Yale Journal of International Law*, 5 (1992).

[2] Ibid.

对新法典所作的一次重要修改,它显示出意大利人对于运用简易审判程序能否公正处理那些最严重的犯罪案件怀有深深的疑虑。①

意大利宪法法院对颁布不久的新法典进行的频繁修改表明,新法典对美国辩诉交易制度的移植与意大利的法律传统产生了背离。人们有理由相信,如果潜存在法律移植背后的法律传统冲突不能得到适当的调和和解决,那么宪法法院对新法典的"违宪性审查"还将继续下去,意大利的两种特殊程序也将会受到更大的修改。

23.4 结论

现代比较法的研究揭示出这样一个规律:法律是特定民族的历史、文化、社会价值观念和一般意识与认识的集中表现,没有两个国家的法律体系是确切地相同的。"法律是文化表现的一种形式,而且如果没有经过某种本土化的过程,一种文化是不可能轻易地移植到另一种文化里面的。"②有的学者也深刻地指出:"立法者大笔一挥,条文就可以修改或废止,但法律条文背后的一些根本因素却不是他能左右的,因为它同一个国家的文明和思想方式密切地联系着。"③所谓法律条文背后的"根本因素"不仅包括一国法律的渊源、立法技术、法律概念、推理方式、法律思想等,而且还包括那些"共同制约法律制度并且决定法律制度在整个社会文化中地位的价值和观念"④,即一国的法律文化传统。一般而言,法律文化传统具有较强的稳定性和持久的生命力,它既可以作为一种阻止法律改革的保守力量,也可以通过一国法律条文的各种变化,对已经进行的法律改革产生种种影响和制约。

意大利对美国辩诉交易制度的移植,是大陆法系国家在刑事司法改革方面所作的最新尝试。从表面上看,这种移植只是对一些法律规则的吸收、采纳或借鉴,但它实际上却代表了两种法律传统的一次融合。在意大利的两种刑事特别程序中,法官拥有巨大的司法审查权,检察官的自由裁量权受到了

---

① William T. Pizzi & Luca Marafioti, The New Italian Code of Criminal Procedure: the Difficulties of Building an Adversarial Trial System on a Civil Law Foundation, 17 *The Yale Journal of International Law*, 5 (1992).
② 〔美〕M. A. 格伦顿等:《比较法律传统》,米健、贺卫方、高鸿钧译,中国政法大学出版社1993年版,第7页。
③ 〔法〕勒内·达维德:《当代主要法律体系》,漆竹生译,上海译文出版社1983年版,第页。
④ 〔美〕埃尔曼:《比较法律文化》,贺卫方、高鸿钧译,三联书店1991年版,第20页。

严密的司法控制。这虽与对抗制的内在要求不相符合,却体现了意大利法律传统,并得到意大利宪法法院的肯定和加强。

在美国,辩诉交易制度正遭到人们越来越多的批评,许多人还提出了种种改革建议,但是那种认为辩诉交易不仅是解决司法拖延和案件积压的有效办法而且符合美国对抗制法律传统的观点,正在抵制任何相关的变化。

美国辩诉交易程序与意大利特殊程序之间的差异表明,在进行法律改革或法律移植过程中,必须对本国及外国的法律文化传统及其可能产生的影响作出充分的认识和估计,并在本国法律传统所能承受的范围内进行具体的法律设计。法律改革和法律移植也只有这样进行,才能得到广泛的支持并具有现实的可行性。

24. 俄罗斯司法改革与陪审团制度

24.1 俄罗斯建立陪审团制度的背景
24.2 俄罗斯陪审团制度的主要特征
24.3 俄罗斯陪审团制度实施的效果

苏联解体以后,俄罗斯联邦进行了大规模的宪政改革和司法改革。改革者们对实行七十余年的法院组织制度、法官制度、检察制度和诉讼制度进行了影响深远的变革。① 在这一系列的司法改革措施中,陪审团制度的建立颇为引人注目,但也一直为我国法学界和司法界所忽视。这种陪审团制度与俄罗斯长期以来实行的人民陪审员制度具有本质上的区别,甚至与法国、德国等大陆法国家实行的陪审法庭制度也不是一回事。这种制度的实施实际意味着俄罗斯一步跨越了其本身所属的大陆法的传统,而从英美法中寻找其司法改革的灵感。鉴于这一问题在法律上的极端重要性,也鉴于我国曾经在不少方面模仿苏联构建起自己的司法制度,我们本能地对俄罗斯司法制度的变革动向保持高度的关注。本章拟从三个方面,对俄罗斯新建立的陪审团制度进行简要的介绍和分析。

24.1 俄罗斯建立陪审团制度的背景

今日的陪审团制度在俄罗斯并非初创。在 1864 年进行的影响深远的司法改革中,俄罗斯就曾经以英国为模板,建立了陪审团制度。1917 年"十月革命"以后,陪审团制度在俄罗斯法律体系中不复存在。苏联时代的司法制度中存在着一种类似于大陆法系国家陪审法庭制度的人民陪审员制度。在普通的刑事和民事审判中,一般由职业法官一人和经过专门程序选举产生的人民陪审员两人一起组成合议庭,负责对案件事实和法律问题的裁判。这种人民陪审员制度不仅存在于苏联司法制度之中,而且还在苏联解体后一直沿用到今日的俄罗斯联邦,成为社会公众参与行使审判权的重要途径。

戈尔巴乔夫当政以后,伴随着苏联政治、经济、社会、文化等各方面的深刻变化,苏联法学界和司法界逐渐有人提出在个案审判中增加人民陪审员人数的改革建议。也就是使原来一个合议庭由两名人民陪审员参加变为由四名、六名甚至更多的陪审员参加。比较一致的看法认为,这样做可以给公众提供更多的参与行使司法权的机会,并减少政治对司法裁判进行干预的可能性。不过,一些激进的学者对在苏维埃长期的司法实践中无法真正发挥制约

---

① 有关俄罗斯司法改革的情况,详见 Peter H. Solomon(edited), *Reforming Justice in Russia*, 1864-1996(1997 by M. E. Sharpe. Inc.) 以及 Gordon B. Smith, *Reforming the Russia Legal System* (1996 by Cambridge University Press)。我国学者对俄罗斯司法改革较为全面的介绍,可参见廉雅荣、薛瑞麟:《俄罗斯的司法改革》,载《诉讼法论丛》1998 年第 2 卷。

法官作用的人民陪审员制度,已经完全丧失了信心,而建议恢复俄罗斯1864年到1917年期间曾实行过的陪审团制度。①

苏联解体以后,最早明确将陪审团制度确立为俄罗斯司法制度有机组成部分的法律,是1991年10月由当时的俄罗斯最高苏维埃通过的《司法改革的构想》。这部由俄罗斯最著名的刑法和刑事诉讼法学者在1990年到1991年间起草的法律,将改革整个法院和司法制度作为其主要的使命。在改革者们看来,苏联司法制度的最主要的弊端有:立法和司法过于严苛,既不能全面体现社会公众的意见,更不能反映公众的基本价值观念;司法制度实际成为政府实现政治目标和进行社会控制的手段;由于不能有效地参与行使司法审判权,公众对司法制度和司法机构的态度极为冷漠;腐败和违背职业伦理的现象在司法人员中普遍地存在;检察机关所具有的一般监督职能,使得司法独立、控辩双方平等对抗等司法原则名存实亡;法院作为司法机关缺乏起码的独立自主性,在国家权力结构中仅具有极为有限的权威性,等等。② 这些问题尽管在民事审判和司法制度的其他方面都普遍存在,但是在刑事司法领域中体现得尤为明显。改革者们认为,司法改革的各项设计,包括将检察机关的职能限定在追诉犯罪,建立对审判前程序的司法控制,以及建立陪审团制度等,都与刑事司法有着密切的联系。正是因为改革者们对刑事司法改革表现出的特别关注,俄罗斯陪审团制度才首先在刑事审判中得以恢复建立。

改革者们还意识到,苏联司法制度中的上述问题与1864年改革前俄罗斯司法制度面临的问题极为相似。这促使他们从1864的司法改革中寻找当前改革的灵感。《司法改革的构想》序言的第四段就明确表达了这样一种立法思路:

> 通过提出更新俄罗斯司法权的方式,确立加强审判前程序的司法控制的观念,重申辩论原则……《俄罗斯联邦司法改革的构想》将恢复实现1864年《司法法》确立的司法文化。

当然,改革者们并没有一味地美化沙皇时代的陪审团制度。鉴于沙俄政权的集权主义性质,由极为有限的人士参与的陪审团不可能成为真正意义上的"民主的良心"。不过,改革者们相信,在新的宪政制度和司法观念基础上

---

① Gordon B. Smith, *Reforming the Russia Legal System*, p.147.
② Sarah J. Reynolds, Drawing upon the Past: Jury Trials in Modern Russia, in *Reforming Justice in Russia*, 1864-1996.

重新建立的陪审团制度将能克服这一制度在沙俄时代出现的弊端,而发挥其推动整个司法改革朝良性发展的作用。

按照俄罗斯改革者的观点,重新引进陪审团制度是整个司法改革的核心组成部分。1995年俄罗斯不同部门曾向议会提交了三部有关司法改革的法律草案,而建立陪审团制度在这些草案中都有一席之地。由改革者起草的一部法院组织法甚至将陪审团制度作为其开篇内容。作为司法改革主要设计师的雅可夫列夫和帕辛就认为,陪审团制度的引进对于彻底打破法官与检察官之间存在的过于紧密的关系是十分必要的,而这种导致法官偏听偏信、危及法官中立的关系在苏联的刑事司法制度中曾长期存在。另一方面,让由普通公民临时组成的陪审团取代职业法官成为公民有罪与否的裁判者,会确保法庭审判不再仅仅沦为对侦查结果的草率审查,而成为完全意义的控辩两造的理性对抗。帕辛明确指出:"在陪审团审判中,检察官不再仅仅是刑事指控的发动者,而且还必须(向陪审员)证明自己的指控。"改革者们还论证说,让法官不再对定罪问题承担法律责任,也会使他们不再成为"众矢之的",从而免受行政部门可能出于维护治安而进行的指责和攻击,法官更可能在法律程序中保持中立无偏的地位。改革者们预期的目的是在陪审团审判中发展出一种新的行为模式,并为所有刑事审判设定基本的标准。①

这些都属于陪审团制度在刑事程序中可能具有的功能。而从更广的角度着眼,陪审团制度对于重建俄罗斯司法文化、保障司法改革的成功还具有关键的作用。首先,通过陪审团制度的审判活动,公众有了广泛参与司法活动的机会,他们对法律改革和政府活动的关注会有所加强,一种更加人道和平等的公共哲学有望在俄罗斯建立起来,法院的裁判也能够反映公众的道德信念,而不再仅仅是政府的利益。其次,陪审团制度可以激发其他各项改革的活力,使法律机构和司法人员不再保持过于消极的稳定,而感受到变革的压力,从而引导出进一步的改革。最后,陪审团制度在整个司法改革设计中所处的核心位置,也使它的实施效果直接关系到司法改革的效果甚至成败。陪审团制度的预期目标一旦不能得到实现,司法改革的其他设计就有可能受到人们广泛的质疑甚至批评。

当然,这只是来自陪审团制度支持者们一方面的声音。在有关陪审团制度是否重新建立的讨论中,俄罗斯检察官们一般表示了更多的担忧和怀疑。

---

① Eugene Huskey, Russia Judicial Reform after Communism, in *Reforming Justice in Russia*, 1864-1996.

他们担心由普通民众组成的陪审团会作出过于"主观性"的裁判,并认为这一制度既不适合俄罗斯现阶段的国情,也有悖于俄罗斯的法律传统。萨拉托夫的首席检察官尼古拉·马克茹夫就表达了一种带有普遍性的观点:

> 犯罪正在大规模地增加,我可以肯定陪审团在量刑时不会像职业法官那样考虑(不同的案件)在法律适用上的细微区别,这会导致大量案件向最高法院的上诉。①

俄罗斯副总检察长奥洛夫更是认为陪审团审判将大大延长法庭审判的时间,造成严重的审判拖延和案件积压。他尤其对于在俄罗斯九个地区进行陪审团制度的试验感到不满:

> 他们说这仅仅是一场试验,但是你怎么能在对谋杀案的审判中拿一个人的生命进行试验呢?如果法庭判决一名真正的谋杀犯无罪,这不会是好事,但如果法庭冤枉了无辜者,这同样是坏事。(无论如何)法院的裁判必须由专门从事法律职业的人士作出。②

俄罗斯检察官们的担心还有:陪审团可能因为种族、宗教信仰等原因而作出带有偏见的裁断;陪审团容易受到能言善辩的辩护律师的左右,从而导致有罪的人逍遥法外;引进陪审团制度难以有足够的司法资源的支持,等等。

与检察官的一般态度不同,辩护律师、法官和法学家们对陪审团制度表示了极大的热情和信心,认为陪审团能够使政府的刑事指控受到有效的审查。俄罗斯律师协会主席格拉诺夫就曾表示:"在我们看来,陪审团的审判将对错误裁判的作出构成巨大的障碍。"著名的司法改革设计师帕辛则强调指出,陪审团审判将会使俄罗斯刑事诉讼真正出现控辩双方平等对抗的局面:"我希望陪审团制度改变我国司法的面貌。我们将看到,控辩双方在法庭上通过攻击防御来证明被告人有罪或者无罪,将取代过去那种审问式的司法审判。"相当多的俄罗斯法官赞成采纳陪审团制度,认为这是维护法官中立地位、防止法院受到外界不当压力的可靠保证。有人甚至将陪审团审判视为司法独立的基石之一。③

随着1993年俄罗斯联邦现行宪法的生效实施,司法改革的很多设想都得

---

① Gordon B. Smith, *Reforming the Russia Legal System*, p.148.
② Gordon B. Smith, "The Struggle over the Procuracy", in Reforming Justice in Russia, *1864-1996*.
③ Gordon B. Smith, *Reforming the Russia Legal System*, p.149.

到法律的确立。同年,俄罗斯议会通过了旨在规范陪审团制度的法律。同年 12 月,陪审团参与审理了第一起案件。

24.2 俄罗斯陪审团制度的主要特征

尽管在不少俄罗斯人看来,现行的陪审团制度是对"十月革命"以前实行近六十年的陪审团制度的恢复,但以美国为代表的西方国家对这一制度的建立实施了不小的影响。在美国国际发展署(USAID)和美国律师协会(ABA)的帮助下,一些西方法学家就陪审团制度与俄罗斯同行进行广泛的接触和讨论。他们为俄罗斯起草了一部旨在帮助法官引导陪审团审判的法律手册。这一手册以美国有关诉讼程序为模式,确定了诸如呈交证据、质询证人、出示物证、向陪审团进行法律指导等程序事项。而这些在俄罗斯现行的刑事诉讼法典中并没有明确的规定。

鉴于俄罗斯国内的政治、经济、社会、文化等方面的情况,陪审团制度实际上还只是处于试验实施的阶段。首先,它的适用范围只限于较为重大的刑事案件,也就是被告人可能被判处 10 年以上监禁或者死刑的案件。而在此以外的刑事案件和所有民事案件中仍延续苏联时代的人民陪审员制度。其次,即使在允许适用陪审团制度的案件中,被告人也享有自由选择的余地,即在有陪审团参与的法庭和普通法庭中任选其一。而普通法庭仍然由一名职业法官和两名陪审员组成。另外,陪审团制度在俄罗斯各地的实施也采取了逐步推开的方式。1993 年最早确定的实施地区只有莫斯科、萨拉托夫、伊万诺夫等五个。到 1994 年才扩展到阿尔泰等另外四个地区。1996 年,改革者们试图将陪审团制度继续扩展到俄罗斯更多的地区,但由于财政困难和其他方面的原因,这一扩展计划没有成功。

陪审团由 12 名年龄在 25 到 70 岁之间的俄罗斯公民组成。与英美一样,俄罗斯的陪审团也是在案件开庭审判之前临时随机遴选产生,该案件审判结束即告解散。也就是实行所谓的"一案一组成"的原则。在负责审判每一案件的 12 名陪审员产生以后,法庭还要确定两名候补陪审员出席法庭审判,以便在有的陪审团成员因为生理或精神方面的原因无力行使职能时及时递补进陪审团之中,从而保证审判的顺利进行。根据俄罗斯的有关法律规定,担任陪审员是俄罗斯公民的一项不容推脱的法律义务。但曾经或者正在被追究刑事责任的人,在生理、精神上不适宜担任陪审员的人都应该被排除于陪审团之外。同时,从事特定职业的人士,如教师、神职人员、特定政府官员、法律职业者等一般也不能担任陪审团成员。

鉴于苏联后期曾广泛地出现公民不愿担任人民陪审员的现象,从而造成基层法院人民陪审员数量严重不足的教训,俄罗斯改革者们建立了一种独特的陪审员补偿制度。公民经法定程序被委以陪审员的重任以后,在其参与的整个审判活动期间,将获得相当于本法院的一名法官同时间应得工资的二分之一数量的经济补偿。陪审员获得补偿的时间可以延伸到法院一开始将其召集来接受法庭审查的时间。同时,陪审员如果能够证明法院给予的经济补偿要少于他们在其同时间的本职工作中所获得的报酬,法官将根据后一种标准计算补偿费用。不仅如此,陪审员在参与法庭审判期间所花费的食宿费用以及他们来往法院所需要的交通费用等都要按照职业法官所享有的待遇加以补偿。改革者们期望通过实行这些制度,确保俄罗斯公民对承担担任陪审员的法律义务产生足够的动力,并获得与其职责相适应的体面的待遇。

组成陪审团要在法庭上经过法定的遴选程序。法官事先对候选陪审员进行询问,以决定其是否有资格担任陪审员。候选陪审员如果被证明对所要审判的案件情况有所了解,与案件当事人之间存在某种关系,或者对案件保有足以影响公正审判的偏见,就失去担任陪审员的资格。

与英美陪审团一样,俄罗斯陪审团在法庭审判中有权对事实问题,也就是被告人被指控的罪行是否成立的问题进行裁断,主持法庭审判的职业法官有权决定法律适用的问题。但是,俄罗斯现行陪审团制度还包含了英美法中不具有的一个特征:陪审团不仅有权裁断被告人被指控的罪行是否确已发生,以及被告人是否实施了起诉书载明的犯罪行为,而且还要决定另外一个独立的问题:被告人是否应被判决犯有该罪行。也就是说,陪审团的裁判包括两个部分:一是被告人事实上是否犯有起诉书指控的犯罪行为,二是被告人应否在法律上被判决有罪。按照俄罗斯学者的观点,陪审团可以在裁断被告人实施了刑法典所明确禁止的某一行为的情况下,判决被告人在法律上无罪——也就是不应受到刑事处罚。这实际上就等于赋予陪审团宣告定罪无效的权力。按照帕辛的说法,陪审团通过实行这种权力,可以向政府发出这样一种信息:当他们认为刑法确定的犯罪范围过于宽泛,或者刑罚过于苛刻时,就可以宣布根据这种规定本应作出的定罪结论无效,从而促使刑法典朝更加宽容的方向进行修改。①

俄罗斯陪审团的裁判按照所谓的"多数裁决"原则作出,定罪裁断必须在至少七名以上陪审员同意的情况下才能作出,主张定罪的陪审员人数低于七人的,被告人将被作出无罪裁断。陪审员在进行评议、表决时单独秘密进行,法官不得参与或者在场。但是与英美不同的是,俄罗斯陪审团在对被告人作出定罪结论后,可以根据该被告人的具体情况,向负责量刑的法官提出宽大处理的建议。这种宽大处理有两种情况:一是在刑法对被告人的罪行规定的最高刑和最低刑之间确定一个平均量刑幅度,然后在此之下进行量刑;二是进行所谓的"特别宽大处理",即在刑法所确定的最低刑以下进行量刑。对于陪审团的这种建议,法官一般应当接受。这样,俄罗斯陪审团就不仅拥有对被告人有罪与否的问题的裁判权,而且还可以在对有罪被告人的量刑方面对法官施加限制。

陪审团参与进行的第一次审判是 1993 年年中在萨拉托夫进行的。所涉及的案件是一起谋杀案。两名被告人被指控在一次打牌游戏后杀死了三名同伴。案件进入审判阶段后,被告人都要求获得陪审团的审判。被告人之一承认杀死了三名被害人,但辩解说是出于自卫。法官裁定检察官提交的许多对被告人不利的证据都是用非法手段取得的,因此不能在法庭上使用,并建议检察官提出降低指控罪行幅度的申请。经过两天的法庭审判,陪审团裁定两被告人犯有因正当防卫过当而实施的杀人罪,并一致建议法官在量刑时予以从轻处理。结果,一名被告人被判处一年半的监禁刑,另一被告人则被判处一年监禁。有评论者认为,如果按照过去的法律程序和刑法进行审判,他们很可能都被定为谋杀罪,并且可能被判处死刑。显然,在对被告人进行定罪和科刑方面,由普通公民组成的陪审团要比职业法官宽容得多。②

24.3　俄罗斯陪审团制度实施的效果

俄罗斯陪审团制度是与其他司法改革措施同步实施的。20 世纪 90 年代中期以来,俄罗斯改革者设计的不少司法改革方案都已被议会采纳,以具有法律效力的法律文件的形式获得人们的广泛接受。例如,为维护司法独立,

---

① Sarah J. Reynolds, Drawing upon the Past: Jury Trials in Modern Russia, in *Reforming Justice in Russia*, 1864-1996.
② Gordon B. Smith, *Reforming the Russia Legal System*, pp. 147-148。

最大限度地减少地方政府对法院审判的干扰和影响,俄罗斯改变了过去那种让法院在财政拨款上依附于各级政府的做法,建立了由联邦政府统一管理法院财政预算的制度。也就是由国家财政机构根据预算将经费划拨给联邦最高法院,再由后者逐级往下划拨。为此,俄罗斯专门在联邦最高法院设立了司法财政管理局,负责整个法院系统的财政管理。① 同时,为了实现真正意义上的司法独立,俄罗斯建立了保证法官个人独立的职业保障制度,实行法官任职终身制,未经法定程序并符合法定的理由,不得剥夺其职权;保证法官的经济收入和物质生活条件,禁止降低法官的工资,等等。这些改革措施显然为陪审团制度的运用创造了良好的制度环境。不仅如此,鉴于俄罗斯陪审团制度试验最初主要在九个地区的区法院一级进行,1997年通过的《联邦司法体制法》在普通法院体系中新增设了治安法院,使其负责受理法定刑不超过一年监禁的刑事案件,以减轻区法院的压力。另外,尽管早在苏联后期起检察制度就引起人们的广泛批评,20世纪90年代初一些激进的司法改革者甚至主张按照西方国家的检察制度模式全面改造俄罗斯的检察制度,废除检察机构的一般监督权,将检察机关定位于代表国家提起公诉的机构,但是由于反对者的力量过于强大,加之检察机关的地位逐渐"政治化",目前检察机关作为集中、统一的法律监督机关的地位仍然得到保留。然而,俄罗斯法律毕竟对检察机关的职能进行了改革,其中尤其值得注意的改革措施是检察机关对法院的法律监督权受到剥夺。这无疑有助于检察官与辩护律师在法庭上进行平等、理性的对抗,使得陪审团制度的顺利实施具有了较为理想的外部条件。②

正是在上述司法改革措施的保障下,俄罗斯陪审团制度的实施出现了令改革者们大体上满意的效果。根据俄罗斯学者在萨拉托夫等地就陪审团实施情况进行的调查结果,俄罗斯陪审团制度的许多方面都有效地发挥了作用,或者至少没有明确有人表示不满的报告。例如,有关将教师和神职人员排除于陪审团之外的做法,在实践中得到人们的平静接受,没有人(包括教师、神职人员在内)对此提出异议。陪审团成员的遴选程序也运作良好,由检察官和辩护律师在不附理由的情况下要求候选陪审员回避的做法,也没有导致人们所担心的陪审员人数不够的现象发生。调查者发现,从1994年6月到

---

① 廉雅荣、薛瑞麟:《俄罗斯的司法改革》,载《诉讼法论丛》1998年第2卷。
② 参见 Gordon B. Smmith, The Struggle over the Procuracy, in *Reforming Justice in Russia*, 1864-1996. 另见 Eugene Huskey, Russia Judicial Reform after Communism, in *Reforming Justice in Russia*, 1864-1996.

1995年3月,萨拉托夫地区的法官在每一个有陪审团参与的案件中一般需要提供25到35个候选陪审员来接受相应的挑选。而这一数量完全可以为法院所接受。当然,根据有关材料,检察官和辩护方有时难以行使申请回避权,是因为他们无法获得更多的信息,对候选陪审员的个人情况(如宗教信仰、种族观念等)以及他们是否对案件持有偏见进行了解。调查结果还显示,法律尽管赋予陪审团判定被告人有罪与否的权利——也就是肯定被告人实施了起诉方指控的行为,却宣告他在法律上无罪,但这一情况在实践中极少发生。不过,陪审团向法官建议对被告人宽大处理的情况却较为常见,尽管建议"特别宽大"的情况也不多。当然,改革者们预期的那种由陪审团通过行使有罪否决权来向立法者传达某一改进立法的信息的结果并没有出现。

当然,陪审团制度的实施也出现了一些问题。例如,控辩双方在法庭审判中的平等对抗,作为俄罗斯《刑事诉讼法典》第429条确立的原则,在许多法院的司法实践中并没有得到真正实现,甚至在有陪审团参与的法庭审判中,这一原则的贯彻也存在着问题。因为根据《刑事诉讼法典》的规定,检察官在法庭审判开始后要宣读起诉书和侦查阶段的结论,而辩护律师却无权作开头陈述。法官也不愿放弃其传统上过于主动的角色,如询问证人,禁止辩护律师提出某一问题,甚至在检察官并未提出异议时也是如此。另外,被告人与苏联时期一样,仍须坐在周围有法警监视的"被告人席"上,这使得辩护律师几乎不可能有与其委托人为进行抗辩而进行有效的协商的机会。

一些地区在遴选陪审员时也存在一些问题。按照法律的要求,陪审员应当从选民名单中以随机的方式予以抽取。但有些试点地区的法官仍然按照过去选任人民陪审员的方法选出陪审员,也就是要求当地的企事业机构提供有关名单。这种做法无疑会损害陪审团的中立性和公正性。

困扰陪审团制度实施的另一问题是财政预算的严重不足。法院拿不出足够的钱来支付陪审员的报酬,保证他们的人身安全。由于工资的增长赶不上通货膨胀的变化,许多法官不得不私下兼职或担任私营企业的法律顾问,以便增加自己的收入。检察官们经常抱怨说,许多法官都太年轻和缺乏经验,这一问题在较基层的地区法院尤为严重。一位高级检察官对此总结道:"或许我们需要更加强大的法院,但要建立这样一种制度则需要15到20年的时间。"财政预算的不足也阻碍了法院基础设施的改善速度。目前在俄罗斯各地的法院,法庭设施的严重不足已经成为影响法庭审判顺利进行的一个因素。很多地方法院都在没有电梯的陈旧大楼里办公,那里经常发生供热和下水管道不能正常运转的情况。按照前任司法部长费得罗夫的说法,有1000所以上的法院坐落在危旧大楼里。许多法院都没有电脑、照相机、复印机甚至打字机等基本的办公设备。由于缺少警力和用于将被告人从拘留所送往法院的交通设备,审判经常出现不必要的拖延。另外,法庭内的设施也明显不能适应陪审团制度的需要。就是在莫斯科地区的法院,法庭内通常都没有可容纳12名陪审员就座的空间。看来,在俄罗斯经济情况不能得到改善的情况下,陪审团制度甚至新的司法制度的实施将面临重重问题。

随着俄罗斯司法制度转型的结束,法律传统文化上的冲突将在陪审团问题上逐渐显现出来。因为陪审团制度在法国、德国、意大利等大陆法国家都曾经历过移植—异化的演变过程,今日的陪审法庭制度在一定意义上可以说是英国陪审团制度在大陆法国家的变种。而且,这一制度即使在其发源地英国和发达地美国,也正呈现出日渐衰落的趋势。在这种情况下,人们有理由提出这样一个问题:俄罗斯能将"原汁原味"的陪审团制度保留下来吗?另一方面,陪审团与对抗式诉讼程序可以说是一对"孪生兄弟",有陪审团制度的存在就离不控辩双方对法庭举证、质询和辩论活动的主导和控制,法官也就不得不充当法律仲裁者的角色。但是,俄罗斯目前沿用的依然是略加修正过的原苏俄时期通过的刑事诉讼法典,其诉讼程序中职权主义甚至纠问的气息仍然较为浓厚,法官更愿意充当积极的案件事实调查官而不是争端解决者的角色,加之俄罗斯刑事诉讼程序中缺乏一些基本的证据规则,检察官由于保留有一般法律监督者的地位,因而不可能甘心仅仅充当与辩护律师平起平坐的公诉人,辩护律师的数量和素质又很难在短时间里得到增加和改善。这些都为俄罗斯陪审团制度的顺利实施埋下了长期的隐患。

当然,我们也应看到事情的另一方面。俄罗斯毕竟有过近六十年实施陪审团制度的经历,这也许可以成为激发俄罗斯人"民族感情"、使陪审团制得到人们普遍接受的基础。今天的俄罗斯学者、法官甚至普通公民,在提及正在试验的陪审团制度时,往往认为是对1864年至1917年就已有过的制度的恢复或重建,而几乎没有人明确承认它属于来自英美的"舶来品"。陪审团制度的实施也确实重新点燃起公众对司法制度的热情和信心,使得越来越多的人关注起俄罗斯司法改革的命运和前景。而且更为重要的是,这一制度显然有助于那种重国家、轻个人甚至视个人为国家附庸的观念的改变。这似乎才是陪审团制度所具有的真正价值。

25. 针对企业的暂缓起诉协议制度

25.1 暂缓起诉协议制度的由来
25.2 暂缓起诉协议的检察官裁量模式
25.3 英国的司法审查模式
25.4 法国、加拿大、澳大利亚、新加坡的司法审查模式
25.5 暂缓起诉协议与企业合规的关系

25.1 暂缓起诉协议制度的由来

传统上,无论是对自然人犯罪案件,还是对公司犯罪案件,检察机关都可以作出提起公诉或者不起诉的决定。但对于被告人自愿认罪的案件,检察机关可以通过与其达成控辩协议的方式,建议法院作出宽大的刑事处理。在英美法国家,对于被告人自愿作出有罪答辩(plea guilty)的案件,检察机关还可以通过减少指控罪名、改重罪为轻罪或者建议降低刑罚幅度等方式,申请法院在宣告有罪的前提下,作出从轻量刑。尤其是在美国,在这种有罪答辩制度的框架下,发展出一种得到广泛适用的"辩诉交易"(plea bargaining)制度。据此,检察官可以与辩护律师就起诉的罪数、罪名和量刑进行协商,在经过双方妥协达成协议之后,再将协议的内容提交给法官,法官经过司法审查,一般会根据该项协议作出定罪判刑的裁判结果。迄今为止,几乎所有西方国家都接受了这种"控辩协商"的理念,或者直接引入了"辩诉交易"制度,或者确立了与"辩诉交易"制度较为类似的"量刑协商"制度。

但是,在检察机关提起公诉、作出不起诉决定以及与被告方达成"认罪量刑协议"之外,美国还确立了一种"审前转处协议"(pre-trial diversion agreement)制度,也就是检察官与被告方达成协议,承诺设置一定的考验期,在考验期之内暂时不对其提起公诉,而被告方在此期间要履行一系列的义务,如自愿承认被指控的犯罪事实、赔偿被害方、承诺全力配合调查等。在考验期结束后,检察官经过审核认为被告方履行了协议义务的,就可以放弃对被告方的起诉,案件以被告人受到无罪处理而告终。最初,这种审前转处协议制度出现在美国少年司法程序之中,被用来处理那些涉嫌犯有轻微犯罪的未成年人,后来逐渐被扩展适用到那些需要适用强制性治疗措施的毒品犯罪案件。1974年,美国国会颁布的《迅速审判法案》,正式确认了审前转处协议制度。1990年,美国司法部颁布的《联邦检察官手册》,对于检察官适用审前转处协议的目标、条件和程序等作出了详细规定。迄今为止,审前转处协议制度仍然是美国检察机关处理轻微刑事案件的一种重要方式。

自20世纪90年代以来,美国联邦检察机关逐步将"审前转处协议"制度适用到公司涉嫌犯罪的案件之中。尤其是在公司涉嫌商业贿赂、洗钱、违反出口管制法律、个人数据信息保护、金融欺诈、环境污染、违反医疗监管等犯罪的案件中,美国联邦检察机关要么通过与涉案企业达成"暂缓起诉协议"

（Deferred Prosecution Agreement，DPA），要么通过与其达成"不起诉协议"（Non-Prosecution Agreement，NPA），来替代原来的提起公诉或者不起诉决定。与辩诉交易制度明显不同的是，检察官对于接受上述两种审前转处协议的企业，在考验期结束后一旦认为企业遵守了协议要求的，就可以不起诉而结案。换言之，与检察官达成辩诉交易的企业，最终仍然要被法院作出有罪裁决；而与检察官达成暂缓起诉协议或者不起诉协议的企业，在考验期结束后会被宣告为无罪。①

与传统的针对自然人的审判转处协议制度不同的是，这种适用于公司的暂缓起诉协议和不起诉协议，对被告方提出了新的义务：一方面要缴纳高额罚款，被没收所有违法所得，向所有因犯罪行为受到损失的被害方进行赔偿，另一方面还要承诺在配合检察官调查的前提下，重建合规计划，或者完善合规管理体系，接受检察机关派驻的合规监督员，定期就其完善合规计划的进展情况向检察机关汇报。检察机关在对涉案公司进行持续合规监管的基础上，在考验期结束后，根据该企业重建或者完善合规计划的情况，最终决定是否作出提起公诉的决定。

从制度设计上来看，暂缓起诉协议与不起诉协议具有一些细微的差异。通常说来，检察官对于已经提起公诉的案件，可以与涉案企业达成暂缓起诉协议。暂缓起诉协议会记载有关的犯罪事实，需要取得法官的批准。而对于尚未提起公诉的案件，检察官则可以与企业达成不起诉协议。这种协议不需要法官的批准，也一般不需要记录有关犯罪事实，完全由检察官与涉案企业通过协商来达成协议。在美国检察机关的司法实践中，暂缓起诉协议与不起诉协议一旦达成，在协议条款的设定上几乎没有任何实质性的区别。1992年美国一个联邦地区检察官办公室对所罗门兄弟公司（Salomon Brothers）证券欺诈一案，第一次适用了不起诉协议制度。而在两年后，该联邦检察官办公室对于普鲁顿特证券公司（Prudential Securities）虚报投资收益一案，则第一次适用了暂缓起诉协议制度。②

美国针对公司案件实行的审前转处协议制度，由于在降低诉讼成本、预防公司再次犯罪、避免损害无辜者利益等方面产生了积极效果，因此对其他

---

① See Cindy R. Alexander and Mark A. Cohen, The Evolution of Corporate Criminal Settlements: An Empirical Perspective on Non-Prosecution, Deferred Prosecution, and Plea Agreement, 52 Am. Crim. L. Rev. 537(2015).

② 参见叶良芳：《美国法人审前转处协议制度的发展》，载《中国刑事法杂志》2014年第3期。

国家刑事诉讼制度的发展产生了较大的影响。但鉴于其中的不起诉协议制度赋予检察官过于宽泛的自由裁量权,且规避了法官的司法审查,因此,一些国家对于美国推行的暂缓起诉协议制度更为青睐。继美国之后,英国于2014年实施了《犯罪与法院法》,正式确立了暂缓起诉制度。① 2018年6月,加拿大仿效英国,修订了刑法典,正式确立暂缓起诉协议制度,授权检察官在企业涉嫌欺诈、贿赂、洗钱等严重经济犯罪案件中,可以与涉案企业达成暂缓起诉协议。② 2018年,澳大利亚也以英国立法为范本,通过了《刑事立法修正案》,在对刑法有关跨国贿赂犯罪条款作出修订的同时,确立了暂缓起诉协议制度。③ 2018年3月,地处亚洲的新加坡,也仿效英国确立了暂缓起诉协议制度。该国议会通过了《刑事司法改革法》,允许检察官与那些涉嫌贿赂、洗钱等犯罪的企业达成附条件的暂缓起诉协议。④

2016年12月8日,法国议会通过了旨在严惩企业商业贿赂行为的《萨宾第二法案》,在推行了强制性企业合规制度的同时,引入了法国式的暂缓起诉制度。这是法国继确立英美式的认罪量刑协商制度以来,再次对源自普通法的协商性司法制度的接受。根据这一制度,检察机关在与那些涉嫌商业贿赂的企业进行庭前认罪答辩(CRPC)的基础上,可以达成附条件的和解协议。这项被称为"基于公共利益的司法协议"(CJTP)制度,又被视为法国式的暂缓起诉协议制度。这标志着美国式的起诉和解制度被正式引入欧洲大陆法国家。⑤

值得关注的是,无论是美国的暂缓起诉协议或不起诉协议,还是英国、加拿大、澳大利亚、新加坡、法国等国确立的暂缓起诉协议,都将企业重建合规体系纳入协议之中,并将其作为检察机关暂缓起诉的重要附加条件。可以说,那些涉嫌严重经济犯罪的企业承诺重建合规计划,已经成为检察机关与其达成暂缓起诉协议的前提;这些企业对合规计划的完善情况,也成为检察

---

① See "Deferred Prosecution Agreements: Key Differences Between the US and UK", https://www.marsh > research, 2019年8月24日访问。
② See "Deferred Prosecution Agreements in Canada: Now in force", https://www.osler.com > blogs > risk, 2019年8月24日访问。
③ See "Australia's New DPA System and What It Means for General Practitioners", https://www.medrecruit.com > blog, 2019年8月24日访问。
④ See "Commentary: Deferred Prosecution Agreements in Singapore", https://learn.asialawnetwork.com, 2019年8月24日访问。
⑤ See "French Announces Its First Deferred Prosecution Agreement", https://www.skadden.com > 2017/12, 2019年8月24日访问。

机关最终放弃起诉的重要依据。在一定程度上，与检察机关达成暂缓起诉协议，并进而说服检察机关放弃对企业的刑事指控，这已经成为众多企业重建或者是完善合规计划的最大动力之一。

目前，我国政府监管部门正通过行政主导的方式全力推进企业的合规管理体系建设，越来越多的国有企业和民营企业也开始重视合规计划的构建问题。但与此形成鲜明对比的是，我国刑法对于单位犯罪的定罪量刑规则显得过于墨守成规，而我国刑事诉讼法对于单位涉嫌犯罪的案件也没有确立特殊的诉讼程序，尤其是没有将合规机制引入这两部法律之中，没有为企业建立合规机制确立刑法上的激励机制，也没有为企业以合规换取宽大处理设定诉讼程序上的空间。结果，企业在推进合规体系建设方面就缺乏足够强大的动力。

有鉴于此，笔者拟从比较法的角度，对于美国、英国、法国、加拿大、澳大利亚、新加坡等国的暂缓起诉协议制度作出初步的研究。本章将这种暂缓起诉协议制度划分为检察官自由裁量与司法审查两种模式，分析暂缓起诉协议制度与企业合规制度的关系，并对这种暂缓起诉协议制度的正当性作出论证。在此基础上，本章将对这一制度引入中国的必要性和可行性作出初步的评论。

25.2 暂缓起诉协议的检察官裁量模式

在美国，对涉嫌犯罪的企业是否适用暂缓起诉协议或不起诉协议，完全由联邦或州检察官自行决定。法官对暂缓起诉协议的审查或者批准，经常是形式上的，而不具有实质性的意义。暂缓起诉协议可以被应用于包括垄断、欺诈、贿赂、逃税、环境污染、违反出口管制、侵犯个人数据信息等在内的诸多公司犯罪案件，这些案件通常涉及证券法、贸易法、反不正当竞争法、环境保护法、反海外贿赂法、食品药品安全法、税务和货币交易法、反欺诈法和反洗钱法等诸多方面的法律法规。

美国法律赋予检察机关较为广泛的执法权，也授予检察机关与涉案企业较为自由地达成暂缓起诉协议或不起诉协议的权力。在实践中，由于几乎所有企业违法违规行为都可能同时构成犯罪行为和行政违法行为，因此，检察机关经过会同其他政府监管部门与涉案企业达成所谓的"一揽子和解协议"。例如，经常随同美国检察机关与涉案企业达成暂缓起诉协议的政府监管部门有：美国证券交易委员会、美国食品药品监督管理局、美国商务部、美国财政部、美国联邦贸易委员会、美国国土安全部，等等。在不少案件中，美国各州的检察机关也经常会同州政府监管部门与涉案企业达成这种暂缓起诉协议。例如，在著名的西门子海外贿赂案件中，美国司法部就会同证交会与西门子公司达成了暂缓起诉协议；而在中国中兴通讯公司违反出口管制法案件中，美国司法部就会同商务部、财政部与中兴公司达成了暂缓起诉协议。①

在美国检察官适用的审前转处协议中，不起诉协议的适用在比率上明显大于暂缓起诉协议的适用。这在一定程度上反映出检察官对自由裁量权适用的偏好，因为不起诉协议的适用就连最起码的司法审查都规避了。而在适用暂缓起诉协议的案件中，检察官通常会与涉案企业进行长达数月乃至一年以上的和解谈判，只有在双方达成协议后，才会将暂缓起诉协议的文本提交法官面前。而法官通常只是进行形式上的审查，几乎不会推翻或者改变检察官提交的暂缓起诉协议。在法官批准 DPA 之后，对于整个协议的执行情况也很少进行监控。例如，在 2016 年的 USA v. Fokker Services BV 一案中，一名联邦地区法院法官以检察官没有对涉嫌犯罪的公司高管起诉，以及暂缓起诉协议内容对于被告公司过于宽大为由，没有批准检察官与被告公司达成的协议。但在上诉程序中，华盛顿特区的巡回上诉法院撤销了地区法院的判决，认为是否签订暂缓起诉协议以及如何设定 DPA 的具体条款，都完全属于联邦检察官的职权范围。② 而在 2017 年的另一起案件中，联邦第二巡回上诉法院对于法官监控 DPA 执行过程的权力作出了明确限制。③ 有资料表明，迄今为止，无论是对暂缓起诉协议的审查和批准，还是对这一协议执行情况的监控，美国法官几乎都采取听之任之的态度，而几乎没有施加实质性的干预。至于在考验期结束后，对企业遵守协议情况的评估以及是否提起控告，则几乎完全由检察机关自行确定，法官几乎没有改变过检察官的决定。对于这种司法审查流于形式的问题，越来越多的评论家批评说，美国检察官在签订 DPA 方面基本上绕开了正式法律体系，引发了宪法和公共政策上的危机。同时，也有不少人担心检察官在签署 DPA 方面占据了不正当的优势地位，使其在与被

---

① See Peter Spivack and Sujit Raman, Regulating the "New Regulations": Current Trends in Deferred Prosecution Agreements, 45 *AM. Crim. L. Rev.* 159 (2008).
② See *United States v. Fokker Services B. V.* , 818 F. 3d733, 742-45(D. C. Cir. 2016).
③ See *United States v. HCBC Bank USA*, N. A. , 863 F. 3d 125 (2d Cir. 2017).

告公司的谈判和协商中滥用公诉权力。①

在适用暂缓起诉协议方面,法官通过司法审查对检察官自由裁量权的约束是十分有限的。为防止这种自由裁量权的滥用,美国司法部持续不断地发布有关对企业提起刑事指控的指南或者备忘录,为检察官确立一些可供遵守的行为规范。其中,1999 年发布的霍华德备忘录以《对公司提起刑事指控》为题,列明了检察官对企业提起公诉时需要考虑的八个因素;2003 年发布的汤普森备忘录,以《联邦商业组织起诉原则》为题,要求检察官将企业与政府合作及其对违规行为披露等作为宽大处理的依据,并强调尽量通过达成 DPA 和 NPA 来代替提起公诉;2008 年发布的菲利普备忘录,对汤普森备忘录进行了修订,并被纳入《美国检察官手册》之中;2006 年发布的麦克纳蒂备忘录对检察官为获得涉案企业合作所采取的措施作出了一些限制;2008 年发布的莫德福备忘录,为检察官任命合规监督官以及划定监督官的职责范围等问题确立了一些指导意见;2010 年的格林德勒备忘录,对检察官与企业达成的暂缓起诉协议中有关合规监督官的角色定位问题,尤其是解决协议履行中公司与合规监督官的争议问题,提供了指导意见。②

那么,一份典型的暂缓起诉协议究竟包括哪些内容呢？通过考察诸多美国检察官与涉案企业达成的暂缓起诉协议,我们可以简要列举一下检察机关要求企业履行的基本义务:一是涉案企业承认其犯罪事实;二是涉案企业接受执法机关提出的处罚、罚款、恢复原状、没收违法所得、向被害方予以赔偿以及其他补救措施;三是涉案企业有义务配合执法机关的持续调查;四是执行有效的合规计划,预防和杜绝今后发生类似的违法违规行为;五是撤换乃至改组董事会或公司高级管理团队,对于企业违法违规行为的发生负有直接责任的员工或公司高管,作出严厉处罚;六是接受检察机关委派的合规监督员,接受为期三年以上持续的合规监管;七是在考验期内不得重新实施该项犯罪行为,也不得以任何方式违反协议条款;八是涉案企业放弃迅速审判的权利以及有关诉讼时效的抗辩权;九是禁止涉案企业作出与协议相矛盾的陈述,等等。

美国联邦检察官通过推行暂缓起诉协议,责令涉案企业缴纳动辄高达数

---

① See Wilson Ang and others, Deferred Prosecution Agreement—Justice Delayed or Justice Denied? *Norton Rose Fulbright*, March 2018.

② See Matt Senko, Prosecutorial Overreaching in Deferred Prosecution Agreements, 19 *S. Cal. Interdisc. L. J.* 163(2009-2010).

亿美元的高额罚款,并通过每年与全世界企业达成暂缓起诉协议和不起诉协议而获得数十亿美元的"经济收益"。近年来,这种通过罚款所获取的收益还呈现出逐年递增的发展趋势。特别是对在美国开展业务或者上市的外国公司,这种"和解罚款"正面临着越来越大的争议。不少人士指责美国联邦司法部"动机不纯",甚至构成对外国企业的"敲诈勒索"。但从客观上讲,联邦检察官通过实施暂缓起诉协议和不起诉协议,也确实使那些存在贿赂、洗钱等不法行为的公司受到了强有力的惩罚。而最引人关注的是,检察官通过设定考验期,在责令涉案公司缴纳罚款的同时,还要求该公司建立或者完善合规机制,使得合规制度和合规文化在全世界范围内得到全面的推行。在一定意义上,美国的暂缓起诉协议制度,促使全世界的跨国企业不得不重视合规机制的建立和完善,这一制度成为合规制度的最重要推动者。

25.3 英国的司法审查模式

英国的暂缓起诉协议是指检察机关在对涉嫌犯罪的企业提起公诉后,在法官的监督下与该企业达成的一项附条件的暂停起诉的协议。有权与涉案企业达成这一协议的主要是英国反严重欺诈办公室(SFO)和皇家检察署(CPS)。这两个机构享有对刑事案件提起公诉的权力,也可以对那些符合条件的刑事欺诈、贿赂及其他公司犯罪案件提出暂缓起诉的申请。

与美国暂缓起诉制度不同的是,英国的暂缓起诉只针对涉嫌犯罪的企业,而不适用于涉嫌犯罪的自然人。这一协议由检察官与涉案企业自愿达成,但需要法官进行审查并作出批准,方可产生法律效力。生效后,暂缓起诉协议具有中止诉讼程序的效力。在协议所设定的考验期之内,涉案企业需要履行协议所确立的各项义务,特别是缴纳罚款和推进合规计划的义务。在考验期结束后,检察机关经过审查认为涉案企业履行了暂缓起诉协议所确立的各项义务,撤销起诉更有利于维护公共利益的,就可以正式撤销起诉,案件最终以检察机关不起诉、涉案企业避免定罪结局而告终。

为避免检察官滥用自由裁量权,英国法律为检察官在适用暂缓起诉方面设立了两方面的检验标准:一是证据检验,二是公共利益检验。

在证据检验方面,检察官要适用暂缓起诉制度,就需要确信案件有足够证据证明所指控的犯罪事实,或者基于一些可接受的证据表明对企业构成犯罪具有合理怀疑,并且有合理的理由相信通过进一步调查就可以获得可接受的证据,以便现有证据能够证明犯罪事实。

而在公共利益检验方面,检察官要考虑假如不对企业提起诉讼,而是达成暂缓起诉协议,是否更有利于公共利益的实现。检察官在考虑公共利益时,需要兼顾多个方面的因素:涉案企业过去是否实施过类似行为,假如该企业被采取过刑事、民事或监管执法方面的处罚措施,那么,暂缓起诉就难以适用;公司是否制定了积极有效的合规计划;假如涉嫌违反 2010 年《反贿赂法》,该企业是否遵守了有关适当程序的指导意见;在被发现存在不法行为之后,涉案企业是否与检察官保持了合作,等等。

通常情况下,一份完整的暂缓起诉协议包括以下条款:支付经协商确定的罚款;对受害者作出经济补偿;支付检察机关的相关费用;与执法机构进行合作;遵守禁止从事特定活动的禁令;提交财务报告;建立强有力的合规计划或监督计划;对于检察机关将来起诉公司内部员工保持合作,等等。

与美国模式相比,英国的暂缓起诉协议制度具有一个鲜明的特征,那就是这种协议必须取得法院的审查、批准和监督。在与涉案企业进行协商过程中,检察官可以提交自行作出的事实陈述以及有关每项罪行的详情,双方可就商谈的事实信息作出保密承诺,只有在就事实陈述达成一致意见的情况下,才能达成暂缓起诉协议。在签订暂缓起诉协议之前,检察官必须向法官证明,签订暂缓起诉协议可能更符合司法公正的要求,所有条款都必须是公平、合理和相称的。在检察官提交暂缓起诉协议后,法官会举行秘密的听证会,对协议条款进行审查。一旦接受了暂缓起诉协议,审判法官就要在公开的听证会上正式批准该项协议。只有在这个时候,检察官才可以将暂缓起诉协议的内容公之于众。[1]

具体说来,英国法律确立了以下四个阶段的 DPA 适用程序:一是 DPA 启动程序,通过涉嫌经济犯罪的公司进行自我举报,或者举报人进行报案,或者检察机关初步调查,检察机关与涉案公司进行初步协商,出现达成暂缓起诉协议的意向;二是检察官邀请涉案公司进行 DPA 谈判,一般会提出正式邀请函,双方需要确定涉嫌违规的事实以及所适用的法律条款;三是检察官与涉案企业根据检察官法和检察指南来形成初步的 DPA 草案;四是法院审查和批准,检察官与涉案企业达成协议后,将协议提交法院,后者要经过两道程序来

---

[1] See E. Chua and B. Chan, Deferred Prosecution Agreements in Singapore: What Is the Appropriate Standard for Judicial Approval? *International Commentary on Evidence*, published online: 2019-08-01, https://doi.org/10.1515/ice-2019-0002, 2019 年 8 月 24 日访问。

进行审查:(1)法院秘密举行预先庭审,检察官向法院提交包含事实陈述的相关证明文件,并证明所提交的 DPA"可能符合司法利益",并且 DPA 的相关条款是公平、合理和相称的,法官在此环节既可以修改 DPA 的条款,也可以拒绝接受所提议的 DPA;(2)在随后举行的最终庭审中,检察官需要申请刑事法院的法官宣布 DPA 符合司法的利益,DPA 的条款是公平、合理和相称的。一旦协议得到批准,法院应当以公开听证会的方式公布 DPA 的全部内容。①

从 2014 年《犯罪与法院法》生效以来,到 2018 年 12 月为止,英国检察机关一共与四家企业成功达成了暂缓起诉协议。这些企业分别是:标准银行(2015 年);一家匿名公司(2016 年);劳斯莱斯(2017 年);特易购(2017 年)。作为协议的主要内容,上述四家公司共向英国政府支付罚款 6.7 亿英镑。2018 年 11 月 30 日,英国反严重欺诈办公室宣布,英国首个暂缓起诉协议正式终止,涉案企业标准银行(PLC,现称为 ICBC)已经完全遵守协议条款,被最终撤销起诉。

2015 年 11 月 30 日,英国反欺诈办公室与标准银行达成的暂缓起诉协议正式生效。此前,检察官曾向法院提起诉讼,指控标准银行违反 2010 年《反贿赂法》第 7 条,未能防止公司员工发生在坦桑尼亚的商业贿赂行为。反欺诈办公室与该公司达成了以下协议:(1)标准银行必须与调查机构进行充分而诚实的合作,包括披露有关个人活动的信息和材料;(2)向坦桑尼亚政府提供 600 万美元的经济赔偿,并支付相关利息;(3)所获取的 840 万美元利润将由 SFO 予以没收,并转交英国财政部;(4)调查机构对标准银行罚款 1680 万美元,并转交英国财政部;(5)重建公司合规计划;(6)标准银行将向反欺诈办公室支付 3.3 亿英镑的费用。对于上述协议所确立的义务,标准银行在 2017 年 8 月之前,全都履行完毕,这种履行协议的情况得到了反欺诈办公室的肯定。经法院批准,反欺诈办公室撤销了对该银行的起诉。②

25.4 法国、加拿大、澳大利亚、新加坡的司法审查模式

在英国模式的影响下,加拿大、澳大利亚和新加坡也接受了这种暂缓起

---

① See "The Mechanics of Deferred Prosecution Agreements in the UK", https://www.gov.uk, speeches, 2019 年 8 月 7 日访问。

② See "SFO Agrees First UK DPA with Standard Bank", https://www.SFO > News Release > SFO Agrees first UK DPA with Standard Bank, 2019 年 8 月 7 日访问。

诉协议的司法审查模式。法国所确立的"基于公共利益的司法协议"（CJIP）制度，包含着检察机关与涉案公司达成和解协议的因素，并将该协议严格控制在法院的司法审查轨道之内，因此，我们也将其视为法国式的暂缓起诉协议制度，并将其归入"司法审查模式"。

例如，加拿大检察机关可以与涉案企业达成一项暂缓起诉协议，也就是在设定的考验期内，涉案企业只要按照协议所约定的要求履行了诸如罚款、赔偿和建立或健全合规计划等义务，检察机关在考验期满后将放弃对该企业的刑事指控。与英国相似，加拿大的 DPA 制度也仅适用于公司，而不适用于自然人；检察官经过与涉案企业进行商谈，达成暂缓起诉协议后，应将该协议提交法院加以审查；法官在对协议的合法性进行审查的过程中，要确保该项协议的公平、合理和相称；法院一旦批准，该协议还要被公之于众，以确保 DPA 的透明性和公开性。

与英国同行相似，加拿大检察官是否签署暂缓起诉协议，以及在该项协议中确立何种条款，也要考虑以下因素：一是涉案企业是否就其不法行为作出过报告和承认；二是企业是否与政府保持了合作；三是企业是否表现出对其商业行为和企业文化加以改革的真诚意愿；四是涉嫌犯罪的性质和严重程度；五是责任程度（如高级管理层是否纵容了不当行为）；六是公司是否加强或采用了合规计划；七是定罪会否对无辜的第三方造成重大的负面影响。[①]

又如，在澳大利亚，DPA 是检察官与涉嫌犯罪的公司自愿达成的一种协议，后者可以通过履行特定的义务，如向受害者赔偿、支付罚款、建立合规计划等，来换取检察官对起诉的撤销。与英国的暂缓起诉协议非常相似，澳大利亚的 DPA 也只是适用于公司，而不适用于自然人；DPA 仅适用于那些较为严重的公司犯罪，如贿赂、欺诈、内幕交易以及其他涉及市场交易的不法行为；DPA 的条款由检察官与涉案公司通过协商加以确定，一般包括涉案企业缴纳罚款、赔偿受害者、实施合规计划，等等；法官对 DPA 的条款负有审查职责，会考虑这些条款是否符合司法公正的原则，是否公平、合理和相称；DPA 一旦得到法官的批准，即应公之于众；DPA 得到批准后，检察官要承诺对遵守协议的被告公司在考验期结束后，不再提起刑事诉讼。

根据澳大利亚法律，一份完整的暂缓起诉协议通常包括以下内容：其一，DPA 会对涉案公司实施的所有违法行为都列出事实陈述，但并不强制要求其

---

① See "Features of Canada's New DPA Scheme", https://www.mondaq.com > canada > crime, 2019 年 8 月 24 日访问。

承认检察官指控的罪行。其二,DPA 会向涉案公司提出遵守协议的要求。必要时,检察官可以指派专门的监督员来监督公司对协议的遵守。其三,DPA 会列出涉案公司需要支付的罚款额度。检察官会根据公司的合作情况、定罪所带来的刑事处罚的严重程度以及所获取的收益等因素,来确定罚款的额度。其四,DPA 会列明涉案公司违反协议的各种情形以及相应的后果。其五,对于针对公司员工的调查和起诉,公司有义务加以配合和支持。其六,DPA 会确立公司加强合规计划或者实施补救措施的义务。其七,DPA 也可以规定涉案公司支付检察官因达成协议所产生的费用、未遵守 DPA 条款所产生的后果以及向受害者所支付的赔偿金,等等。①

再如,与英国模式相似,新加坡的暂缓起诉协议也是检察官与涉嫌贿赂、洗钱等经济犯罪的公司所达成的附条件的延期起诉协议,根据这一协议,涉案公司承诺遵守特定的义务,如实施合规计划,加强内部政策,设立合规监督员,对针对员工的调查和起诉进行合作,补偿受害者,缴纳罚款,等等。假如公司未能履行 DPA 所确立的义务,检察官可以重新对该公司提起公诉。对于涉案公司而言,选择 DPA 意味着避免被法院定罪的后果,避免因此定罪所带来的利益和声誉损失,受到较之刑事处罚更为轻微的惩罚。

检察官在与涉案公司达成暂缓起诉协议后,需要将协议提交新加坡高等法院加以审查。该法院必须确信该协议符合司法公正的原则,其条款是"公平、合理和相称的",才会批准该项协议;在协议得到批准后,检察机关需要将其公之于众;在 DPA 生效期间,检察机关对于 DPA 条款可以作出变更,但要取得新加坡高等法院的批准;假如检察机关认为被告公司在考验期之内没有遵守协议的条款,应向法院寻求救济,后者只有在对公司破坏协议的行为达到优势证据的情况下,才能批准检察机关的起诉请求。②

无论是加拿大、澳大利亚还是新加坡,都属于曾接受英国殖民统治多年的英联邦国家,也都实行普通法制度,对于暂缓起诉协议制度的接受并不存在制度和文化上的障碍。但是,作为大陆法国家的法国,所确立的 CJIP 制度究竟与英国的 DPA 制度有何异同呢?

与英国和美国都不相同的是,法国法律对于检察官与涉案公司达成协议

---

① See "How Might a Deferred Prosecution Agreement Scheme Work in Australia?", https://www.lexology.com > detail, 2019 年 8 月 24 日访问。

② See Wilson Ang and others, "Deferred Prosecution Agreements in Singapore—five things you should know", https://www.regulationtomorrow.com, 2019 年 8 月 24 日访问。

的内容作出了严格限制,并赋予法官依据职权对于这种和解协议进行实质审查的权力。

根据法国《萨宾第二法案》,检察机关签署暂缓起诉协议的条件是,企业需要交纳不超过过去三年平均年营业额30%的罚款,并且同意在AFA(法国反腐败局)监控下,在第三方独立专家的协助下,在三年之内建立或完善合规制度。在那些有明确被害人的案件中,企业还需要在一年之内按照约定方式赔偿被害人的损失。

在与企业达成上述协议后,检察机关将协议文本提交法院,法院经过听证程序加以确认之后,和解协议正式生效。在经过不超过三年的考验期之后,经过审核企业履行协议所确定的各项义务的情况,检察机关认为涉案企业履行了各项义务的,将向法院提出申请,放弃对该企业的公诉程序。而假如企业没有遵守协议所确立的义务,检察机关可以向法院汇报,由法院决定是否恢复公诉程序。

与美国和英国的暂缓起诉协议相比,法国的这种"基于公共利益的司法协议"(CJIP)具有以下几个方面的特点:一是涉案公司不需要承担认罪的义务,但需要承认检察机关提供的"事实陈述"及其法律意义,也就是承认这些事实构成公司被指控的罪行。但这种承认并不等于有罪供述,也不会产生任何犯罪记录。二是检察机关与公司签订这类协议,而不与任何自然人达成协议。三是这类协议只适用于特定的违法行为,包括腐败、洗钱等行为。四是协议通常包括涉案公司的各项义务,包括支付罚款、向受害者支付赔偿金、在反腐败局监督下实施或加强企业合规计划。①

在接受法院的司法审查方面,法国的CJIP与英国的DPA更为类似,赋予法官对检察官所提交的协议进行全面审查和持续监控的权力。检察机关向法院提交该项协议后,由法官审查后予以批准,批准后,协议文本应在相关网站上予以公布。法官对该项协议的审查主要集中在以下方面:是否有适用暂缓起诉协议的必要性;程序是否得到适当的执行;所提出的制裁性措施是否在法律所容许的范围之内;处罚措施是否与不法行为所带来的收益成比例。除此以外,法院对于检察机关提交的协议,只能予以接受或者予以拒绝,但不能对其条款加以修改;法官在协议被批准后也不承担监督职能,也没有对协议是否被违反作出评估的权力。

---

① See "The French Prosecutor Office Has Entered Into the First French DPA in History With HSBC Private Bank Suisse", https://www.kramerlevin.com, 2019年8月24日访问。

2017年11月27日,法国负责起诉严重金融犯罪案件的金融检察官办公室(PNF),与涉嫌洗钱犯罪的汇丰银行瑞士支行达成了第一项和解协议。该项协议得到了巴黎高等法院的批准。经涉案银行确认,检察机关指控的事实陈述是,该银行的一位前雇员从银行窃取了一些客户资料,并将这些资料提交给法国当局。资料显示,多位法国客户向法国税务机关隐瞒了自己的真实收入和资产,存在着逃税行为。而银行则涉嫌实施洗钱以及其他非从事银行业务的行为。在此后的调查过程中,汇丰银行对其银行机构和业务程序作出了全面改革,在防范法律风险方面作出了积极努力。

经过长达六个月的协商,金融检察官办公室宣布了经巴黎高等法院批准的和解协议。根据这一协议,汇丰银行瑞士支行同意支付总额达3亿欧元的罚款和赔偿,其中1.42亿欧元属于对法国的赔偿金,8600万欧元属于对涉案银行利润的没收金,7200万欧元属于对涉案银行的罚款。后两项没收款项没有超过汇丰银行瑞士支行前三年平均收入的30%。但赔偿金不受此额度的限制。[1]

值得注意的是,检察机关与汇丰银行签订的和解协议并没有包括银行建立或加强合规计划的内容。这是主要是因为,在达成该项协议之前的数年时间里,汇丰银行作为一家总部在英国的跨国银行,已经针对瑞士支行在信贷管理上的违规情况,加强了在反洗钱和税务合规方面的机制,对于防范合规风险作出了一些积极努力。

综上所述,无论是加拿大、澳大利亚、新加坡,还是法国,基本上是仿效英国模式,确立了一种暂缓起诉协议的司法审查模式。检察官在与涉嫌经济犯罪的企业达成初步的和解协议之后,会将协议文本提交法院审查;法院经过听证审查,认为协议的内容符合司法的利益,并满足了公平性、合理性和适当性等方面的要求,就可以批准该项协议;检察官必须将协议文本和内容向社会予以公开;在该项协议履行过程中,遇有涉案企业违反协议条款的情形,检察官应提请法官进行审核,法官有权决定终止该项协议,允许检察官对企业提起公诉,案件由此进入法庭审判程序;在约定考验期结束后,法官有权对协议履行情况进行全面审核,并最终批准案件终止诉讼,或者允许检察官提起公诉。一言以蔽之,尽管检察官在和解协议的达成、履行和监控方面仍然享有较大的自由裁量权,但法官对这种裁量权进行了很大程度的限制和约束。

---

[1] See "The French Prosecutor Office Has Entered Into the First French DPA in History With HSBC Private Bank Suisse", https://www.kramerlevin.com, 2019年8月24日访问。

25.5 暂缓起诉协议与企业合规的关系

暂缓起诉协议制度发端于美国,目前同时被适用于涉嫌轻微犯罪的自然人以及涉嫌经济犯罪的企业。对于涉嫌犯罪的自然人而言,暂缓起诉协议无非是检察官根据被告人改过自新的意愿和可能所签署的一种附条件不起诉协议而已,与企业合规没有任何关系。但对于那些涉嫌商事犯罪的企业而言,暂缓起诉协议已经与企业建立合规计划具有极为密切的联系。特别是在美国,20 世纪 90 年代对企业适用暂缓起诉协议的案件还并不多见,直到 21 世纪初期,随着安然案件、世通案件以及安达信案件的发生,联邦检察官尽管对这些企业提起公诉并达到了对其定罪的结果,但也造成了诸如企业破产、员工失业、经济和金融遭遇严重动荡等方面的后果。自此以后,美国司法部才开始大规模适用暂缓起诉协议,并在几乎每一个达成和解协议的案件中,将企业合规机制融入这种审前转处协议之中。而自 2014 年以来,英国、法国在确立暂缓起诉协议制度的同时,也将企业合规机制吸收进来,使企业完善合规计划成为和解协议的重要内容,也成为检察机关最终不起诉的前提条件。直至 2018 年以后,加拿大、澳大利亚和新加坡在仿效英国确立暂缓起诉协议制度时,也无一例外地将企业合规机制引入到这种协议之中。

尽管上述各国对于暂缓起诉协议吸收企业合规机制的方式和程度存在一定的差异,但大体说来,企业合规机制的构建都已经成为暂缓起诉协议的有机组成部分。具体而言,在这些国家,企业合规与暂缓起诉协议存在三个方面的关系:一是涉案企业建立合规计划,是检察机关与其达成暂缓起诉协议的前提条件之一;二是在暂缓起诉协议中,企业通常都要承诺完善合规计划,也就是提出全面重建合规管理体系的具体方案;三是在考验期之内,检察机关会对企业重建合规计划的进展情况进行持续不断的监控,包括派驻独立的合规监督员进行持续不断的监督,或者由企业自行定期提交合规进展报告。下面依次对其加以简要分析。

25.5.1 作为签署暂缓起诉协议之根据的合规计划

无论是在美国,还在英国,对于涉嫌经济犯罪的企业,检察机关不仅要将该企业建立合规计划作为是否提起公诉的考量因素,而且在决定是否与其签署暂缓起诉协议时,也要考虑企业是否已经确立了合规计划。相对于那些从来没有建立合规计划的企业而言,那些已经初步建立合规计划的企业,与检察机关达成暂缓起诉协议的可能性要大得多。对于这些企业而言,暂缓起诉协议往往会包含一系列有关加强合规管理的条款,其目的在于确保合规计划的有效性。但对于一个从未"有合规计划"的企业而言,检察机关无法相信通过达成暂缓起诉协议,会促使其从无到有地建立起"有效的合规计划"。

根据美国《联邦检察官手册》(U. S. Attorney Manual),检察官在决定是否提起公诉,以及是否达成暂缓起诉协议或不起诉协议时,要考虑至少以下十个重要因素:一是犯罪的性质和严重程度;二是公司内部不法行为的普遍性;三是公司类似行为的前科,包括民事不法前科和犯罪前科;四是公司是否愿意协助调查其代表人;五是公司是否建立了合规计划;六是公司是否及时并自愿披露不法行为;七是公司是否采取补救措施,如解雇实施不法行为的员工,并与政府机构进行合作;八是起诉可能引起的附带后果,包括对股东、员工等的影响;九是对公司采取民事或行政监管措施是否已经足以产生惩罚效果;十是对公司员工的起诉是否充分,等等。

检察官在考量以上因素时享有较大的自由裁量权。通常情况下,从检察机关启动调查程序到暂缓起诉协议的达成,都要经历时间不等的谈判期间。在此期间,涉案企业为促成和解协议的达成,通常会采取诸如披露违法信息、与调查部门展开合作、完善合规计划等方面的工作。这些工作的进展情况都会成为检察官决定是否签署暂缓起诉协议时需要考量的重要因素。大量的案例显示,检察官对于那些已经建立合规计划,与调查机构展开充分合作,但合规计划有待完善的涉案企业,更愿意通过签署暂缓起诉协议来督促其完善合规计划,以实现刑罚的惩罚、威慑和矫正功能。①

例如,2018 年 11 月 18 日,美国联邦司法部和纽约南区检察官办公室与法国兴业银行(SG)达成一项暂缓起诉协议,兴业银行同意向美国政府和纽约州政府支付 8.8 亿美元的刑事罚款,以换取联邦和州检察机关在约定的三年考验期内不对其涉嫌共谋犯罪提起公诉。根据该暂缓起诉协议所附的"事实陈述",该项协议的达成充分考虑了兴业银行与调查机构的实质性合作和完善合规计划的情况。在调查机构启动调查程序后,兴业银行除了就其违法行为作出信息披露以外,还进行了广泛而彻底的交易审查,与政府签订了罚款和延期罚款协议,向调查机构提供了大量书面材料,提供了调查结果,回答了

---

① 参见郭林将:《论暂缓起诉在美国公司犯罪中的运用》,载《中国刑事法杂志》2010 年第 7 期。

调查机构的问题,安排有关员工接受各种面谈。不仅如此,兴业银行在调查开始之前,就终止了违法行为,对其遵守制裁法方面的合规计划进行了重大改进。从2009年到2017年,该银行增设中央制裁法合规职能部门,将其员工增加到31名,而且将其全球合规部员工从169名增加到785名;对其合规IT进行了改进,总体合规预算从2010年的5380万欧元,增加到2016年的1.86亿欧元;针对遵守制裁法的问题,兴业银行发布了有关遵守制裁法的合规政策,建立了对参与违反制裁法业务的员工辞退政策,并就与制裁法合规政策进行了员工培训。①

而在英国,根据反严重欺诈办公室和皇家检察署公布的DPA守则,检察官在考虑是否对涉案企业适用DPA时,要进行证据检验和公共利益检验。涉案企业是否建立合规计划,被视为公共利益检验的重要考量因素。为确定签署暂缓起诉协议是否更符合公共利益,检察官通常要考虑企业所犯罪行的严重性,同时也要考虑以下四个因素:一是企业类似不法行为的历史;二是企业在违规之前、其间和之后的合规计划;三是企业什么时间披露其不法行为以及所提供的信息的准确性和完整性;四是企业配合刑事调查的情况。与此同时,在对检察官提交的暂缓起诉协议进行司法审查时,法官同样要对包括企业建立合规计划等因素进行考量,以便确认批准暂缓起诉协议更符合司法的利益。

25.5.2 作为协议重要内容的合规计划

无论是作为暂缓起诉协议制度发源地的美国,还是后来确立这一制度的英国、法国等国,几乎无一例外地将涉案企业完善合规计划作为这一协议的主要内容。为达成这种附条件的延期起诉协议,检察官通常要求涉案企业在缴纳高额罚款的基础上,作出完善合规计划的承诺,接受改进合规计划的持续审查,并且作出与调查机构进行全面合作的承诺。另一方面,为避免受到更严厉的处罚,防止遭受更严重的损失,涉案企业也会承诺在原有披露违法信息、配合监管调查、完善合规计划等项工作的前提下,进一步地作出改进合规管理体系的努力,以便堵塞合规体系的漏洞,防范、识别和有效监控可能的合规风险,有效地惩处违法违规责任人,最大限度地减少再次出现违法行为

---

① See USA v. S. G. S. A., https://www.justice.gov/usao-sdny/press-release/file/1112461/download, 2019年8月24日访问。

的可能性。在一定程度上,所谓的暂缓起诉协议,其实主要是指检察机关与涉案企业在完善、改进企业合规管理体系方面所达成的妥协方案而已。

对于暂缓起诉协议所确立的重建合规计划的条款,任何国家都不会提出千篇一律的要求,而会针对个案中企业涉嫌违规的情况以及特定高风险领域,来确定具体的合规改进条款。在这一方面,美国、英国、法国等国都发布了有效合规计划的最低标准。美国联邦司法部几乎每年都会为检察官确立有效合规计划的规范指引。可以说,在督促企业重建合规计划方面,各国检察机关既要遵循最低限度的有效合规计划要求,又享有一定的自由裁量权,做到了原则性和灵活性的有机结合。

例如,2019 年美国联邦司法部与 Lumber Liquidators 公司达成的暂缓起诉协议,要求被告公司从加强内部控制、政策和程序方面,改进或者重建其合规计划,以确保公司具有有效的内部会计控制系统以及严格的反欺诈合规计划。不仅如此,该项协议还专门将重建企业合规计划的部分作为独立的附件,从高层承诺、政策与程序、定期风险审核、适当监督、培训和指南、内部报告和调查、纪律惩戒、第三方关系、兼并与收购、监控与测试等方面,全面提出了被告公司重建合规体系的要求。①

又如,在经过长达四年的反贿赂调查之后,英国反严重欺诈办公室与劳斯莱斯公司 2017 年达成的暂缓起诉协议,获得了高等法院王座法庭的批准。根据这项涉及高达近五亿英镑罚款的协议,被告公司须继续委托 Gold 爵士领导的团队对其反贿赂和腐败合规情况展开独立审查,在已经完成的两份中期报告的基础上,完成第三份有关重建合规计划的独立报告。在第三份报告完成后,被告公司需要制订一份书面计划,以便对前两份报告就完善合规计划所提出的建议加以落实和实施。同时,建议第三份报告对以下四个领域的合规风险作出重点分析:一是被告公司以现金、信贷或其他方式向客户提供"特许权"的问题;二是被告公司合规员工的地理分布、数量和专业能力问题;三是为防控合规风险而展开合规培训问题;四是劳斯莱斯动力系统的有效反腐败政策、程序和控制问题。②

---

① See *USA v. Lumber Liquidators Holdings, Inc.*, www.justice.gov/opa/press-release/file/1143011/download,2019 年 8 月 10 日访问。

② See *Deferred Prosecution Agreement-SFO v. Rolls Royce PLC*,https://www.sfo.gov.uk/case/rolls-royce plc,2019 年 8 月 10 日访问。

25.5.3 对企业完善合规计划的持续监控

在美国、英国、法国的暂缓起诉协议制度中，检察机关除了要求涉案企业在约定的考验期之内，作出改进合规计划的承诺以外，还要求企业聘请独立的合规监督员（compliance monitor），随时监督和审查涉案企业遵守协议、改变经营方式以及制定或完善合规机制的情况，并向执法机关或监管机构作出定期汇报。这种合规监督员制度对于企业针对合规风险重建合规计划起到了持续监控的作用，是保证企业防止再次出现违法违规情况的重要制度保证。可以说，在暂缓起诉协议制度的实施过程中，没有合规监督员持续有效的监控，所谓重建合规计划的承诺将无法得到落实。

在美国，这种合规监督员一般由从事过检察官、法官或证券管理工作的人来担任，首先由涉案企业提出若干名人选，最终由检察机关确定，但要由企业支付工作薪酬。在实践中，那些曾经在司法部工作过的前任检察官，被委任为合规监督员的比例非常高。在英、法等国，合规监督员也可以由一名德高望重的法律界、财经界或者其他领域的专业人士来担任。

合规监督员一旦得到任命，就要对涉案企业违法违规情况、主要合规风险领域、合规计划的缺陷、第三方监控体系等进行全面审查，并提出改进合规管理体系的建议。涉案企业在接到合规监督员的审查和建议之后，应该有针对性地进行整改和调整，除了按照建议调整公司董事会成员、撤换高级管理层、增加合规管理人员等以外，还要按照有效合规计划的要求，从制定员工手册、建立合规风险防范体系、监控体系和应对体系等角度，全面重建企业的合规管理体系。对于企业整改和重建合规计划的情况，合规监督员要向检察机关提交定期报告。通常情况下，合规监督员要向检察机关提交季度报告，最迟每半年提交一份报告。不仅如此，在整个考验期之内，合规监督员还可以从防范合规风险的角度，对企业日常经营活动、重大公司决策乃至公司人事安排提出建议。

例如，在2015年美国司法部与Louis Berger International公司达成的暂缓起诉协议中，公司被要求在三年考验期内接受一名协议双方都认可的合规监督员。在协议生效后的30日内，公司应提交三个监督员候选人的名单，司法部从中自主选任一位，担任正式的合规监督员。合规监督员必须具有以下资格：具备FCPA及其他反腐败法律方面的专业知识和能力；具备设计或审查企业合规政策、程序和内部控制体系方面的经验（包括在FCPA和反腐败政策、程序和内部控制方面）；具备为履行监督员职责而获取和使用相关资源的能力；具备为有效而公正地履行监督员职责所需要的充分独立性。合规监督员的首要职责是评估和监督被告公司遵守协议条款的情况，包括执行协议所确立的重建合规计划的义务，以便处理和降低任何违法行为再次发生的危险。为有效地履行合规监督职责，合规监督员有权就公司遵守反腐败法律的有效性进行初步审查（initial review），提交初步报告（initial report），然后进行后续审查（follow up review），并向检察官办公室提交后续报告（follow up report）；合规监督员有权就公司相关腐败行为以及虚假报表和记录行为向公司高层披露，并有义务就其中的违法行为向司法部进行报告；合规监督员应在提交报告后与司法部官员会面，就报告中的具体情况进行讨论。[1]

又如，2014 年，英国反严重欺诈办公室与 Standard Bank PLC 达成了英国历史上第一起暂缓起诉协议。根据这份协议，被告公司在考验期之内须与 SFO 和其他调查机构进行充分和诚实的合作。在此基础上，被告公司须委托 PWC 公司就该银行的内部反贿赂和反腐败合规程序进行审查，并接受 SFO 所确定的审查范围和程度。在审查完成后，被告银行须接受相关的合规重建建议，并在审查完成后 12 个月内按照建议采取行动。PWC 公司须向 SFO 提交定期报告，以验证被告银行改进合规计划的进展情况。[2]

当然，检察机关并不是在每起案件中都委任合规监督员。自 2016 年以来，美国司法部实施了一种针对企业主动披露违规情况的合规奖励制度（cooperation credit）。[3] 根据这一制度，在接受检察机关以及其他监管部门调查期间，涉案企业假如主动进行自我披露，就调查机构没有发现的违法行为和违规责任人进行主动报告的，检察机关在与其达成的暂缓起诉协议或不起诉协议中，可以不再提出强行派驻合规监督员的要求。取而代之的是企业承担定期报告的义务。美国检察机关在近年来达成的暂缓起诉协议中，逐步开始使用企业合规报告制度（corporate compliance reporting），也就是要求企业在考验期之内，每年向检察机关或其他监管部门就其完善和执行合规计划的情况提交一份报告。一些暂缓起诉协议的文本，在载明完善合规计划和定期提

---

[1] See *USA v. Louis Berger International, Inc.*, https://www.justice.gov/criminal-fraud/file/642061/download, 2019 年 8 月 12 日访问。

[2] See *Serious Fraud Office v. Standard Bank PLC*, https://www.sfo.gov.uk/download, 2019 年 8 月 10 日访问。

[3] 参见陈瑞华：《企业合规制度的三个维度——比较法视角的分析》，载《比较法研究》2019 年第 3 期。

交合规报告的条款之外,还会附上完善合规计划的详细方案以及有关提交年度报告的要求。

例如,在 2018 年美国司法部与 Transport Logistics International 公司达成的暂缓起诉协议中,被告公司作出了全面完善企业合规计划的承诺,同时还就其完善反海外腐败合规计划的进展情况承担每年至少一次的定期报告义务。根据相关条款,该公司签署协议后的一年以内,完成初步审查并提交初步报告,随后在剩余的两年考验期内完成两次审查并提交两份后续报告。所有审查和报告都要围绕着改进反腐败合规计划,完善有关公司在执行 FCPA 等相关法律方面的内部控制、政策和程序等问题而展开。①

---

① See"Transport Logistics International Inc. Agree to Pay ＄2 Million Penalty to Resolve Foreign Bribery Case", https://www.justice.gov/opa/press-release/file/1043241/download, 2019 年 8 月 12 日访问。

参 考 书 目

一、中文部分(按作者姓氏拼音字母顺序排列)

〔美〕博登海默:《法理学——法哲学及其方法》,邓正来译,华夏出版社,1987年。

〔美〕伯曼编:《美国法律讲话》,陈若桓译,三联书店,1988年。

〔法〕勒内·达维德:《当代主要法律体系》,漆竹生译,上海译文出版社,1983年。

〔美〕艾伦·德肖微茨:《最好的辩护》,唐交东译,法律出版社,1994年。

〔美〕弗洛伊德·菲尼、〔德〕约阿希姆·赫尔曼、岳礼玲:《一个案例、两种制度——美德刑事司法比较》,郭志媛译,中国法制出版社,2006年。

〔美〕弗洛伊德·菲尼、岳礼玲编:《美国刑事诉讼法经典文选与判例》,卫跃宁等译,中国法制出版社,2006年。

〔美〕戈尔丁:《法律哲学》,齐海滨译,三联书店,1987年。

〔日〕谷口安平:《程序的正义与诉讼》,王亚新、刘荣军译,中国政法大学出版社,1996年。

〔美〕汉密尔顿等:《联邦党人文集》,程逢如等译,商务印书馆,1995年。

〔美〕卡尔威因等:《美国宪法释义》,徐卫东、吴新平译,华夏出版社,1989年。

〔德〕拉德布鲁赫:《法学导论》,米健译,中国大百科全书出版社,1997年。

〔德〕克劳斯·罗科信:《刑事诉讼法》(第24版),吴丽琪译,法律出版社,2003年。

〔美〕彼得·G.伦斯特洛姆:《美国法律辞典》,贺卫方等译,中国政法大学出版社,1998年。

〔英〕麦高伟等:《英国刑事诉讼程序》,姚永吉等译,法律出版社,2003年。

〔德〕托马斯·魏根特:《德国刑事诉讼程序》,岳礼玲等译,中国政法大学出版社,2004年。

〔美〕爱伦·豪切斯泰勒·斯黛丽、南希·弗兰克:《美国刑事法院诉讼程序》,陈卫东、徐美君译,中国人民大学出版社,2002年。

〔法〕卡斯东·斯特法尼等:《法国刑事诉讼法精义(上、下)》,罗结珍译,中国政法大学出版社,1998年。

〔日〕松尾浩也:《日本刑事诉讼法》,丁相顺译,中国人民大学出版社,2006年。

〔英〕特纳:《肯尼刑法原理》,王国庆等译,华夏出版社,1987年。

〔法〕托克维尔:《论美国的民主》,董果良译,商务印书馆,1993年。

〔英〕詹宁斯等:《法与宪法》,龚祥瑞译,生活·读书·新知三联书店,1997年。

宋冰:《读本:美国与德国的司法制度和司法程序》,中国政法大学出版社,1998 年。

徐京辉等:《澳门刑事诉讼法》,澳门基金会,1999 年。

赵海峰:《法国刑事诉讼法典的重大改革评价》,载《欧洲法通讯》第一辑、第二辑,法律出版社,2001 年。

赵彦清:《受基本人权影响下的证据禁止理论》,载《欧洲法通讯》第四辑、第五辑,法律出版社,2003 年。

二、英文部分(按作者姓氏字母顺序排列)

Amar, A. R., Fourth Amendment First Principle, 107 *Harvard Law Review* 757 (1994).

Amar, A. R., *The Constitution and Criminal Procedure—First Principle*, Yale University Press, 1997.

Amsterdam, A. G., Speedy Criminal Trial: Rights and Remedies, *Stanford Law Review*, Vol. 27, Feb. 1975.

Bayles, Michael D., *Procedural Justice*, Kluwer Academic Publishers, 1990.

Bradley, C. M., The Exclusionary Rule in Germany, in 96 *Harvard Law Review* 1032 (1983).

Carlson, R. L., *Criminal Justice Procedure*, Fourth Edition, Anderson Publishing Co., 1991.

Choo, A. L. T., *Abuse of Process and Judicial Stays of Criminal Proceedings*, Clarendon Press, Oxford, 1993.

Choo, A. L. T., Halting Criminal prosecutions: The Abuse of Process Doctrine Revisited, in *Criminal Law Review*, 864(1995).

Dandu Shigemitsu, *Japanese Criminal Procedure* (translated by B. J. George), Fred B. Rothman & Co., 1965.

Esmein, *A History of Continental Criminal Procedure*, D Reidel Publishing Company, 1913.

Fenwick, Helen, *Civil Rights: New Labour, Freedom and the Human Rights Act*, Pearson Education Limited, 2000.

Hatchard, J. and Others, *Comparative Criminal Procedure*, The British Institute of International and Comparative Law, 1996.

Griffiths, John, Ideology in Criminal Procedure, 79 *Yale Law Journal* 359 (1970).

Ingman, Terence, *The English Legal Process*, Seventh Edition, Blackstone Press Limited, 1998,

Israel, J. H. and LaFave, Wayne R., *Criminal Procedure: Constitutional Limitation*, West Publishing Co., 1993.

Klotter, J. C., *Criminal Evidence*, Fifth Edition, Anderson Publishing Co., 1992.

LaFave, Wayne R. and Israel, Jerold H., *Criminal Procedure*, Second Edition, West

Publishing Co. , 1992.

Lucas, J. R. , *On Justice*, Oxford University Press, 1980.

Klotter, J. C. , *Criminal Evidence*, Fifth Edition, Anderson Publishing Co. , 1992.

Lucas, J. R. , *On Justice*, Oxford University Press, 1980.

Murphy, P. , *Murphy on Evidence*, Blackstone Press Limited, 1995.

Packer, Herbert, Two Models of the Criminal Process, 113 *University of Pennsylvania Law Review* 1 (1964).

Packer, Herbert, *The Limits of the Criminal Sanction*, Stanford University Press, 1968.

Roach, Kent, Criminology, Four Models of the Criminal Process, 89 *Journal of Criminal Law & Criminology* 671.

Samaha, J, *Criminal Procedure*, Wadsworth Publishing Company, 1999.

Sanders, A. and others, *Criminal Justice*, 2th Edition, Butterworths & Co. (Publishers) Ltd, 2000.

Scherer, Klaus R. , *Justice: Interdisciplinary Perspective*, Cambridge Univ. Press, 1992.

Sprack, J. , *Criminal Procedure*, eighth edition, Blackstone Press, 2000.

Saltzburg, S. A. and Others, *American Criminal Procedure: Cases and Commentary*, Sixth Edition, West Publishing Co. , 2000.

Stuart, D. , *Charter Justice in Canadian Criminal Law*, Thomson Canada Limited, 2001.

Summers, R. S. , Evaluating and Improving Legal Process—A Ples for "Process Values", in *Cornell Law Review*, Vol. 60, November 1974, No. 1.

Uglow, Steve, *Criminal Justice*, Sweet & Maxwell, 1996.

Wyngaert, C. V. D. and others, *Criminal Procedure Systems in the European Community*, Butterworths & Co. (Publishers) Ltd. , 1993.

Zander, M. , *The Police and Criminal Evidence Act 1984*, revised Second Edition, Sweet & Maxwell, 1990.

索　引

（按汉语拼音顺序排列）

A

案中案　307

B

比例性原则　118,121—123,140
必要性原则　118,120—123
并入理论　370,371,380,454
不当情事或不规则　447,454
不告不理　110,113
不可避免的发现　386,388,389
不可补正之无效　432,445,448,449,452,453,460
不利于被告人的再审　185,186
不起诉协议　575—581,588,589,593
不受双重危险　339,507

C

裁决无效　359,445
撤回起诉　228,479,485
撤销起诉　26,147,228,229,319—321,329—336,350,356—360,363,394,431,466,467,476—478,483—485,487—491,501,504,535,546,581,583
撤销原判、发回重审　80,464
成比例原则　122
程序错误　80—82,314,315,339,464,503,507,513,518,523
程序瑕疵　448
程序性辩护　104,136
程序性裁判　98,100,133,136,395,400,420—422,474
程序性法律错误　521—524
程序性法律责任　357,362
程序性上诉　500,501,510,512,517—519,521
程序性违法　321,354,357,358,360,362,363,419—422,433,434,436,438—441,443—446,448,450,455,456,462,463,466—471,474,477,501,523
程序性制裁　80,228,297,321,356,363,365,395,421,422,433,435,436,446,447,466—468,470,477,484,492,501,523
程序正义　56,64,67,557
重复追诉　201,203
惩罚性赔偿　228,328,333,342,347,348,350,353
初次出庭　111
初次聆讯　89—91,137
传闻证据规则　70,163,166,167,212,257,302,340,400,508,536

D

逮捕前置主义　109,113

逮捕先行主义 109

第二审上诉 518—521

第三审上诉 185,518,519,521—524

调卷令 191,316—318,367,412,502,512,514—517

毒树之果 87,90,93,268,306,307,322,361,365,368,377,385,386,388,389,393,405—407,420,471

独立来源的例外 386,387,389

对法律错误的上诉 523

对抗制 67,78,90,113,119,208,218,220,277,536,541,555—558,561,562

F

法定无效 432,435,436,438—444,446,448,455,460,463,469,470

非法证据排除规则 166,167,211—213,250,297,361,373,428,429,433,434,445—447,450,453—455,466,470,471,484,495

非羁押性强制措施 363

非宪法性错误 340,501,508

非自主性证据使用禁止 213,423,425,427—429,431

附带使用的例外 389

附条件的无效 438,442—444

G

公共安全的例外 377

公共侵权 342,357

公益性违法 471,474

公益性无效 438,442,444

公正审判 3,4,6,8—10,18,24,67,81,87,149,229,243,275,288,292,299,300,320,338,364,370,371,394,413,448,482,483,494,496,506,523,569

H

合规报告 593

合规计划 576—578,580—594

合规监督员 576,580,585,588,592,593

J

积极的辩护 236

基本公正理论 370,371

羁押期限 92,104—106,110,111,113,115,123—127,133,137,141,331,332,487,488

羁押性讯问 113,303,375—379,385,387—390,399,401,406,409,418,420

纪律惩戒 82,87,300,319—321,327,353—356,359,360,362,363,419,445,591

既判力 173—186,193,200—204,416

间接复审 395,410,412,415

结果责任 217,220—222

禁止令 316,317,512,514,516

禁止强迫自证其罪 373,413,418

禁止双重危险 173,187,188,329,418,477,479,480,484,485,515

警察圈套 299,330,477,484,488,489,498,499

举证负担 217—219,221,230—237,250,256,268,403,407

举证责任 218

绝对无效 448,456,460,465

K

可补正的无效 449,452,456

可撤销的错误 335,337,338,340,413,415,503,505,506,508

L

滥用法庭程序 477,478,492—494,496

滥用诉讼程序 229,344,477—479,483,
　　492—496,498
利益平衡理论 193,366,415

M

米兰达规则 90,137,376,377,387,390,
　　396,399,401,406,408,417,418,
　　431,532
米兰达警告 90,375—377,385,413,503
免受双重危险 3,19,20,173,174,176,177,
　　187—191,195,200—204,314,514,518
明显错误的例外 340,501,508

P

帕克 63
排除非法证据 75,93,211,230,263,264,
　　298,299,301,302,309,310,312,320,
　　321,323,324,335,356,359,365,369,
　　373,381,383,393,397,398,403,409,
　　411,414,417,419—421,429,431,446,
　　455,457,466,467,471,474,483,501
排除合理怀疑 33—35,54,78,166,167,
　　190,212,219,220,222—226,231,232,
　　234,235,237—240,255—257,259,261,
　　262,286,304,308,309,337,338,341,
　　403,404,408,409,413,489,505,
　　506,509
派生证据 250,268,297,306,307,368,
　　385—388,405,406
平等武装 15,97,277,306,433

Q

强制令 316,317,321,328,342,348,349,
　　353,512,514,516
侵权性违法 470,471,474
清楚和令人信服的证据 404,407,409

取决于抗辩之无效 432,445,448—453,
　　456,460,461,471,473
权利法案 187,364,366,367,370,371,380,
　　381,420,431
权利救济 130,132,228,319—321,323,
　　331—333,350,355,358—360,363—
　　367,393,394,417,422,429,430,434,
　　435,466,467,470,471,477,483,492

R

人身保护令 87,88,130,132,133,136—
　　138,190,192—195,203,333,389,
　　415—419

S

三审终审制 518,519
善意的例外 90,326,389—393
审判之中的审判 307,309—313
审前动议 77,285,286,334,336,361,393—
　　396,399,401,409,410,491,504
审前转处协议 575,576,579,588
实体性裁判 400
实体性法律错误 521,522
实体性救济 356,359,360
实体性权利 337,341,505,509
实体性制裁 356,362,393,419,421,422
实质性无效 441—444,446,455,460—463,
　　469,470
说服负担 217—221,230—234,237,256,
　　268,403
说服责任 218,405
司法诚实性理论 323
司法复核 308
司法复审 123,124,130,133—135,137,
　　138,141
司法最终裁决 100

诉讼构造　46,47,97,99,100,102,152,154,
　　157,158,215,220,221,541
诉讼行为无效的补正　459
诉讼行为无效的合法性原则　446—448

T

堂讯迟延规则　374—376
提出证据推进诉讼的负担　218,231
听取双方的陈述　402
推翻有罪判决　192,319,335,357,360,363,
　　415,501
推进诉讼的负担　403

W

微弱联系的例外　386,389
为当事人利益的上诉　182
为法律利益的上诉　182
违宪审查　141,185,424,430,431
沃伦　193,369,376
无害错误　78,82,335—341,357,413—415,
　　501,503—509
无利益则无无效　443,446,470
无明文则无无效　439,470
无效辩护　73—83
无罪推定　3,9—11,34,53,54,58,90,97,
　　101,114,116,119,140,169,171,177,
　　192,212,221,223,224,226,233,237—
　　240,256,415,436,528,537,560

X

先前已被宣告无罪的抗辩　480
宪法救济　83,247,264,358,393,420,423,
　　429,467,492,494,495
宪法上的证据使用禁止　425
宪法性错误　336—340,414,431,504—508
宪法性侵权　83,266,343,344,346,347,
　　352,353,356—360,363,377,380,385,
　　386,390,396,401,405,406,408,411,
　　416,419—421,430,467,492,495,
　　497,501
宪法性刑事诉讼　363
相对的第三审上诉理由　521,522
相对无效　432,448,449,452—454,456,
　　459—461,465,471,473
行为责任　217,220—222
迅速审判权　331—335,339,370,482,486—
　　488,490,491,507

Y

1983条款诉讼　344—347,351
一般的审判错误　337,505
一般无效　432,454—456,465,470
一事不再理　150,155,174—177,179,182,
　　184,200—204,538
依附性证据使用禁止　425
抑制理论　323,324,327,372,390
银盘理论　368
优势证据　166,167,212,219,223,234,237,
　　403,404,406—409,585
有不利影响的撤销起诉　332,421,487,488
有效辩护　14,73,74,78—83,229,417
预先审核　258,261,262,267,307,309—313
原来已经被判罪的抗辩　480

Z

暂缓起诉协议　574—594
正当法律程序革命　193,366,369
证据负担　218,403
证据禁止之听证　361,393
证据取得之禁止　213,424,425,427,428
证据使用之禁止　213,424,425,427
证据展示　39,227,240—243,276—293,

339,394,507
直接上诉 96,395,410—412,414,418
中间上诉 191,313,334,410,411,491
中间无效 456
终止诉讼 188,189,229,243,477—483,492—499,531,535,587
专家证人 270—274
自动撤销 336,338,339,357,359,413,501,504,506,507,522
自动排除 87,260,336,504
自然正义 256,316—318,515—517
自由裁量的排除 87,304

自由裁量权 26,43,48,87,94,118,135,149,166,167,169—172,230,237,240,242,263,267,291,298—301,304,307,310,312,314,334,335,343,365,412,441,442,460,463,470—472,474,477,479,491—493,498,502,514,518,531,540,542,548,549,554—556,558,559,561,577,579—581,587,589,591
自由和自愿规则 373—376,390
自主性证据使用禁止 423,425—427,431
最高羁押期限 124—126